智慧金融手册

主编◎徐诺金

SMART FINANCE

中国金融出版社

责任编辑：张智慧　王雪珂
责任校对：孙　蕊
责任印制：张也男

图书在版编目（CIP）数据

智慧金融手册（Zhihui Jinrong Shouce）/徐诺金主编.—北京：中国金融出版社，2018.5
ISBN 978 - 7 - 5049 - 9364 - 9

Ⅰ.①智… Ⅱ.①徐… Ⅲ.①信息技术—应用—金融业—研究—中国
Ⅳ.①F832 - 39

中国版本图书馆 CIP 数据核字（2017）第 310905 号

出版
发行　中国金融出版社

社址　北京市丰台区益泽路 2 号
市场开发部　（010）63266347，63805472，63439533（传真）
网 上 书 店　http://www.chinafph.com
　　　　　　　（010）63286832，63365686（传真）
读者服务部　（010）66070833，62568380
邮编　100071
经销　新华书店
印刷　保利达印务有限公司
尺寸　169 毫米 ×239 毫米
印张　34.25
字数　539 千
版次　2018 年 5 月第 1 版
印次　2018 年 5 月第 1 次印刷
定价　98.00 元
ISBN 978 - 7 - 5049 - 9364 - 9
如出现印装错误本社负责调换　联系电话（010）63263947

编 委 会

序　言

我国金融科技的快速发展吸引了全球关注。现代金融业是信息高度集约型行业，信息技术的每一次革新都有力地推动金融业实现跨越式发展。随着移动支付、网络借贷、网络保险、股权众筹等新型金融业态的出现，金融科技不断从后台系统渗透到了金融的核心业务，加速助推我国传统金融产业向智慧金融的转变，未来会使金融与实际生活结合得更加紧密，最终实现金融与社会、经济的各个领域高度融合发展。

近二十年来，信息技术的飞速发展推动了金融业的电子化、信息化建设，萌生了众多基于互联网技术的新型金融业态，互联网金融一度成为传统金融业发展的领航者和革命者。然而，互联网金融的本质仍然是金融，在金融监管滞后的情况下同样蕴含着大量的金融风险，让监管层重新审视互联网金融的创新与监管，催生了互联网金融企业向金融科技公司的转型。金融科技公司通过向传统金融业输出金融科技和共享数据、客户资源，创建更加丰富的金融场景，推动传统金融向智慧金融的发展与转变，肩负起金融业创新、转型的责任与使命。

智慧金融依托于互联网技术，运用大数据、人工智能、云计算等金融科技手段，使金融行业在业务流程、业务开拓和客户服务等方面得到全面的智慧提升，实现金融产品、风控、获客、服务的智慧化。智慧金融更加强调人工智能技术与金融服务和产品的动态融合，所涉及的领域涵盖银行、证券、保险业。未来的智慧金融将为金融供需双方营造一个趋势互动、协同参与的平台和场景，让金融服务更加智能化、场景化、可视化，金融分工更加社会化、市场化。

金融科技风起云涌，智慧浪潮汹涌澎湃，在数字浪潮迎面而来之际，金融业也面临着前所未有的挑战。面对金融科技的迅猛发展，整个金融系统仅靠在原有架构下修修补补很难再维持过去的高速发展。随着各类数据的体量越来越大、计算能力不断提升、机器自主学习和深度学习的算法越来越先进，基于大数据和云计算构建的金融系统智慧化的程度也越来越高，毫无疑问，数字技术将重塑金融组织机构、金融运行模式和整个金融生态。严峻的挑战同时也是巨大的机遇，智慧金融对传统产业的深度冲击将促进其与各产业的深度融合；移动互联的快速增长对传统金融机构形成了全方位挑战，表明智慧移动互联潜力巨大；农村地区和欠发达地区金融急需拓展服务网络和创新金融业务模式，为数字普惠金融的发展提供了广阔的舞台；智慧金融时代的海量数据和数据处理技术在带来便捷、高效的同时，对数据安全、金融消费者保护和金融监管转型提出了全新的要求。

目前，关于智慧金融的讨论较多，但大多是探讨智慧金融的某一方面，系统梳理智慧金融理论体系、揭示智慧金融发展趋势，探讨智慧金融服务与监管的书籍还比较少见。基于对智慧金融的理论认知和现实分析，《智慧金融手册》从科技与金融融合发展的视角，对未来金融业的发展方向和趋势进行了探讨，全书共包括五个部分。第一部分是智慧金融时代的来临，重点介绍智慧金融的概念、特征与发展演进过程，智慧金融生态体系，对传统金融的冲击与变革；第二部分是智慧金融科技基石，重点介绍对智慧金融发展起重要作用的金融科技，主要包括移动互联与物联网、云计算、大数据、区块链与人工智能技术的发展及其在金融领域的应用；第三部分为智慧金融组织体系，探讨银行、保险、证券机构的智慧化发展模式，如智慧银行体系中，智慧网点、电子银行、直销银行、零售银行、交易银行、互联网银行的发展特征与发展趋势；第四部分是智慧金融产品，以智慧型信贷产品和智慧金融资产管理为重点，介绍传统金融业务中"存"、"贷"业务的智慧化发展趋势与创新，如消费金融、供应链金融、智能投顾、股权众筹等业务的发展；第五部分是智慧金融服务与监管，重点介绍智慧金融时代的公共金融服务体系。公共金融服务体系以传统金融中的"汇"为重点介绍现代支付体系建设，征信体系建设和未来的数字货币发展。监管体系通过对全球金融科技监管政策、监管沙盒的理论与实践、新型金融业态的监管模式比较，总结中国金融科技监管的政策演进，提出未来智慧金融监管的基本框架。

智慧金融时代最本质的特点是开放、共享和创新，这是金融发展的内在要求，也是不可逆转的大趋势。诚然，智慧金融在其发展过程中会出现许多观念的碰撞，并给传统金融业带来强烈的冲击，在此次技术革命中，金融与科技的深度融合表现出技术更新迭代更快，影响范围更广，冲击力更强的特点。历次的技术革命，中国都是跟随者，而此次智慧金融的崭新变革中，我国与先进科技的差距最小，在移动支付等很多领域还有领先的可能。因此我们应以开放的心态和不断创新的勇气，紧紧抓住历史赋予的这次"创造性破坏"机遇，实现智慧金融在中国的巨大突破，以科技之美引领世界金融发展未来。

本书整体架构和思路由徐诺金行长把握，写作由丁涛主笔，任远星等参与了书稿的前期准备工作和写作工作，并提供了大量素材与资料。本书在出版过程中得到了中国金融出版社张智慧主任和王雪珂编辑的大力支持，在此一并致以深深谢意！

本书在撰写过程中，参阅和借鉴了一些国内外学者的研究成果和众多咨询机构的投研报告，编者在书中加以标注，或在参考文献中予以列示。由于时间仓促和水平所限，加上金融科技与智慧金融的发展日新月异，本书存在的不足之处，我们会在后续研究中予以补充和完善。

2018 年 5 月

目　录

第五部分　智慧金融服务与监管

第一部分

智慧金融时代来临

第一章　迎接智慧金融时代

第一节　智慧金融的概念与特征

一、智慧金融的概念

2008 年 11 月 IBM 提出"智慧地球"概念，2009 年 8 月，IBM 又发布了《智慧地球赢在中国》计划书，正式揭开 IBM"智慧地球"中国战略的序幕。数字化、网络化和智能化，被公认为是未来社会发展的大趋势，而与"智慧地球"密切相关的物联网、云计算等，更成为科技发达国家制定本国发展战略的重点。智慧概念逐步普及，智慧城市、智慧交通、智慧城管、智慧医疗、智慧金融等概念也逐步映入人们的眼帘。

对于智慧金融的概念，早在 1996 年出版的 *Artficial Intelligence in Finance and Investing* 中，作者把人工智能与金融、投资进行结合，提出了智能金融的概念。2012 年温晓岳提出，智慧金融是依托于互联网技术，运用大数据、人工智能、云计算等金融科技手段，使金融行业在业务流程、业务开拓和客户服务等方面得到全面的智慧提升，实现金融产品、风控、获客、服务的智慧化。他认为智慧金融的特征具有透明性、便捷性、灵活性、即时性、高效性和安全性等特点。隋菱歌（2013）认为，智慧金融是智慧地球理念的重要组成部分，是金融服务行业发展演化的智能化阶段，具有海量数据感知分析、全方位互联互通、协作化社会分工、智能化决策服务等特征。叶秀敏（2015）认为，智慧金融是资金更迅速、更高效、更安全的流通。智慧金融是在信息社会，伴随着社会化网络、物联网、云计算等技术在金融领域的深入应用，带来的金融体系和商业模式的变革；这种金融变革，推动资金更顺畅的流通，更合理的配置，更安全的使用。

尽管对智慧金融的定义尚未形成统一的概念，但智慧金融一词所表达的金融发展趋势得到了普遍的认可。我们认为，智慧金融是在金融技术驱动下，金融业与科技的大融合、金融业与经济的大融合、传统金融与新兴金融的大融合，是以物联网、云计算以及人工智能等新技术为基础的未来金融业发展趋势，是对金融业面临的智慧革命的探索。

智慧金融是现代金融科技与金融服务和产品的动态融合和不断演进的过程，经历了金融的电子化、金融的网络化、金融的智能化发展阶段。纵观现代金融业的发展，科技力量正成为金融迭代升级的核心推动力量，金融行业也一直是信息技术最积极的应用者。早在 2004 年之前，传统金融机构 IT 系统的建立和推广，实现了金融业数据的中心化和扁平化管理，极大地提高了金融机构的数据管理和交易效率。而随着移动支付、网络借贷、网络保险、股权众筹等新型金融业态的出现，金融科技不断从后台系统渗透到了金融的核心业务，金融业的发展进入到网络化与移动化阶段。物联网、人数据、云计算、人工智能等技术手段和技术水平的不断丰富与提高，科技之间的相互吸引与融合，加速助推传统金融产业向智慧金融的转变，未来将使得金融与实际生活结合得更加紧密，最终实现金融与社会、经济的各个领域高度融合发展。

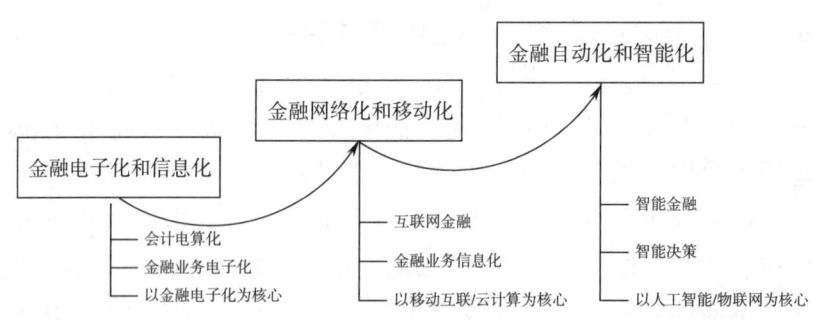

图 1　智慧金融发展经历三个阶段

2017 年，工行将互联网金融 e‑ICBC 2.0 战略升级为智慧银行

e－ICBC 3.0战略，招商银行在其半年报中首次明确提出要做"金融科技银行"，加快向"网络化、数据化、智能化"目标迈进，北京银行明确了全能智慧银行建设的战略定位，提出打造"移动银行、数据银行、O2O银行"，上海银行联手携程成立上海尚诚消费金融公司。

智慧金融的时代已经来临。

二、智慧金融的特点

智慧金融是互联网时代传统金融服务逐步演化的更高级阶段，是移动网络、物联网、云计算、人工智能等技术在金融领域的深度应用，使资金与信息更迅速、更高效、更安全的畅通与交流。与传统金融相比，智慧金融的特征基本体现在以下几个方面。

1. 智能化

智慧金融以金融科技为基石，智能化是其最显著的特征。现代金融业的发展驱动最主要的就是信息技术创新与金融技术创新，包括在风险定价、量化交易、交易决策以及风险控制等核心金融领域，技术化会渗透至金融体系的内核。从金融电子化、金融网络化到金融智能化，技术始终是金融创新的核心源泉，同时这些技术也在不断地集中到移动互联/物联网、大数据、云计算、人工智能以及区块链等核心科技方面。

从金融角度来讲，智慧金融的发展依附金融产业链，涉及从资金获取、资金生成、资金对接到场景深入的金融资金流动全流程。从科技角度来讲，智慧金融发展是基于人工智能等技术的智能风控、智能投顾、智能投研、智能支付等智能解决方案，对银行、证券、保险等金融业态的创新。总体来看，人工智能技术和智能数据是基石，智能解决方案服务于金融产业链各个阶段，如智能风控主要服务于资产获取，智能支付主要服务于各种场景支付领域等。

在金融科技中，移动互联与物联网实现了不同系统节点之间的有效连接，使信息畅通无阻，合作协调高效。互联互通包括三个层面，一是最底层系统之间的对接，按照标准化的接口，统一数据格式，实现银行系统、用户系统、平台、第三方服务机构的无缝连接，实现数据的共享；二是中间层信息流的共享，推动信息流、任务流、信任流和资金流在系统之间的无障碍流动；三是互联互通的最高层——主体之间的合作，主体之间本着开放的心态，形成合作伙伴关系，大家取长补短，优势互补，结成利益共同体，共同成长。互联互通保证了智慧金融生态体系的畅通，可以方便用户即时了解金融机构的产品和服务信息，快捷办理金融业务，促进双方信息共享，完善合作方式，提高协调和快速反应能力。

2. 数据化

金融是个极强数据导向的行业，大数据将对原有结构化数据体系产生巨大冲击。当下，大数据已开始在精准营销、风险控制、风险定价、量化投资等诸多领域展开实质性渗透。随着社交网络和移动互联网的发展，网络空间出现海量数据，大数据时代已经来临，目前的大数据市场规模已达 700 亿美元并且正以每年 15%～20% 的速度增长。几乎所有主要的大科技公司都对大数据感兴趣，对该领域的基础研究、产品及服务进行了大量投入，如 IBM、Oracle、EMC、HP、Dell、日立、Yahoo 等。

大数据分析是智慧金融决策的基础。通过对海量数据的分析与处理，从中寻找相应的规律性，就可以清晰地洞察用户的使用行为、态度、需求和发展趋势，判断其业务范畴、经营状况、信用状况、用户定位、资金需求和行业发展趋势等，从而能够进行市场细分、制定高效的服务和营销战略。因此，智慧金融系统正常运行的前提条件是获得必要的主体和相关的数据，并且能够针对海量数据进行处理分析，得到具有针对性的决策信息，准确把握用户的需求，迅速通过实施营销组合，抢占市场先机。

譬如，阿里巴巴小额贷款公司在解决中小企业信用评价时，就是依托阿里巴巴"草根"征信体系。目前，阿里巴巴中小企业用户已经超过 800 万家，这些企业日常在阿里巴巴平台发布信息、搜索信息、进行交易和资金流动，阿里巴巴不但掌握这些网商的资金流动数据，还了解它们的整个运营细节，包括企业订单数量、销售增长、仓储周转，以及投诉情况等数据信息，这让阿里巴巴比任何一个金融机构更了解这些企业客户。阿里巴巴对这些数据进行挖掘，通过大规模运算和风险模型设计，打造出一条"小贷流水线"，助力融资服务实现标准化，降低成本并确保安全。

3. 模块化

在新一轮技术创新的推动下，单一传统金融主体可提供的服务将被众多的智慧金融模块所分解，实现单一业务类型的差异化和灵活化。从纵向业务流程上看，单一业务流程也被众多智慧金融参与主体拆解，实现金融业发展的社会化分工协作。随着用户的需求个性化、多样化发展趋势，一家金融机构不可能拥有全部资源，面向所有用户提供各种高质量服务，专业化分工和社会化协作必然成为发展趋势。智慧金融通过模块化进行专业化分工，有利于降低生产成本，分散投资风险，更有利于提高产品和服务质量。

智慧金融模块化分工协作既包括主体内部的分工，也包括主体之间的社会分工与合作。金融主体内部以服务用户为导向，设计出不同的部门和岗位，每个部门和岗位都有明确的职责划分。在统一指挥下，严格执行规章制度，按照既有工作流程承担各自职责。而金融主体之间的合作，则完全是自组织的过程。在网络时代，驱动企业不断竞争的传统力量已不可能再确保企业拥有高额利润。只有开放、分享和协作，才能获得更多的市场机会，实现协作链条整体利润的最大化。

4. 普惠化

在智慧金融阶段，用户跃升为整个金融服务链条的核心，形成用户主导型的金融服务体系。科技与金融产业更深度的融合，大数据、人工智能、区块链等最新科技融入到传统金融行业的信息处理与投资决策中，这是传统金融业最为关键的运营环节，也是人力成本最为高昂的环节。随着智慧金融体系的不断发展和完善，全社会的信息透明度更高，资本市场更发达，银行贷款、租赁、证券市场等融资模式更加完善。以往只有资金数额大的重要客户才能享有根据自身情况定制的金融服务，随着智慧金融的普及适用，未来的金融服务将向长尾客户普及，此前高净值客户才能享有的财富管理、投融资服务将向广大的长尾用户群体辐射，智慧金融将会让越来越多的市场主体分享到金融服务所带来的便捷，特别是使得传统的金融服务能够得以面向中小微企业和没有征信记录的个人，让每一位市场主体都能够平等地共享金融服务。

5. 场景化

智慧金融的场景化是金融服务与实体经济结合的必然需求，也是实现从获客、产品 C2B 到风险控制完整闭环的必然需求。在发达经济体和金融服务尚未完全普及的新兴经济体下，智能手机的持有量正在快速攀升。通过这些新型工具，金融科技开创了简单易用、具备较高消费者参与度的产品或服务。金融科技公司非常注重客户体验，包括简化产品和服务流程，听取客户之声，响应并预测客户需求，产品快速迭代，形成传统金融行业所不具备的服务体验。

比如网商银行，是定位于服务小企业的互联网银行，依托丰富的场景及数据支持，在电商平台客户贷款领域具备较强的业务竞争力，成立以来取得了小企业贷款业务的快速发展。网商银行通过 Techfin 平台化合作的方式，服务场景不断多元化，合作的平台超过 50 个，覆盖餐饮、出行、货运、租房、汽车、母婴等各个行业，如淘宝、天猫、阿里巴巴、饿了么、滴滴、运满满等。截至 2016 年末，该行发放贷款及垫款合计 305.21 亿元，较上年增长 312%，已有 300 万户小企业获得了贷款服务。

三、智慧金融发展的 PEST 分析

智慧金融的发展依赖于宏观环境。PEST 分析法即是对宏观环境的分析，P 是政策（politics），E 是经济（economy），S 是社会（society），T 是技术（technology）。这些因素共同决定了智慧金融正成为未来金融业发展的方向。从初期的科技企业围绕金融领域提供技术服务或解决方案，到科技企业试图改变规则、挑战中介、改良赋能，来推动金融领域的创新与重塑，智慧金融发展的轨迹始终是在"金融科技红利"扩大与"人口红利"衰减的背景下，效率和成本两种力量的平衡和驱动。

1. 政策环境（Politics）

（1）人工智能等新技术列入国家发展战略规划

2016 年上半年之前，国家人工智能战略主要集中在智能制造和机器人层面。比如，2015 年 7 月《国务院关于积极推进"互联网＋"行动的指导意见》中，提出培育发展人工智能新兴产业，推进重点领域智能产品创新，提升终端产品智能化水平。2016 年 5 月发改委、科技部工信部、网信办印发的《"互联网＋"人工智能三年行动实施方案》，提

出到 2018 年，中国将基本建立人工智能产业体系、创新服务体系和标准化体系，培育若干全球领先的人工智能骨干企业，形成千亿级的人工智能市场应用规模。2016 年 12 月国务院印发的《"十三五"国家战略性新兴产业发展规划的通知》中，提出培育人工智能产业生态，促进人工智能在经济社会重点领域推广应用，打造国际领先的技术体系。

从 2016 年下半年，国家开始重视人工智能整个生态布局，对金融业提出了自动化和智能化的发展要求，逐渐形成多部门人工智能联合推进机制。比如 2017 年 7 月国务院印发的《新一代人工智能发展规划》，明确了我国新一代人工智能发展的战略目标：到 2030 年，人工智能理论、技术与应用总体达到世界领先水平，成为世界主要人工智能创新中心；并提出六个方面重点任务。

总体来看，国家对人工智能的重视程度不断提高，为人工智能发展提供了强有力的政策支持，部署构筑我国人工智能发展的先发优势，加快建设创新型国家和世界科技强国。

（2）国家对金融提出了自动化和智能化的发展要求

2016—2017 年，基于普惠金融等需求，国家对金融提出了自动化和智能化的发展要求，银行业最早尝试利用人工智能打造智能化运维体系，在十三五国家科技创新规划中也明确移除了重点发展大数据驱动的类人智能技术方法，推动科技与金融融合。比如，2016 年 7 月由人民银行印发的《中国银行业信息科技"十三五"发展规划指导意见（征求意见稿）》，提出构建绿色高效的数据中心，积极尝试开展人工智能、生物特征识别等技术的应用，打造智能化运维体系。

2017 年 5 月金融科技委员会的成立，标志着我国开始拥有专门研究规划和统筹协调金融科技工作的机构。金融科技委员会旨在加强金融科技工作的研究规划和统筹协调，切实做好我国金融科技发展战略规划与政策指引，并积极利用大数据、人工智能等技术丰富金融监管手段。

2017 年 7 月国务院印发的《新一代人工智能发展规划》对智能金融提出了明确的要求，为智能金融的发展创造了优越的政策环境。规划提出建立金融大数据系统，提升金融多媒体数据处理与理解能力。创新智能金融产品和服务，发展金融新业态。鼓励金融行业应用智能客服、智能监控等技术和设备。建立金融风险智能预警与防控系统。

2. 经济环境（Economy）

人工智能和金融科技项目投资热度高涨。2012—2016 年，我国人工智能投资额和投资次数不断上升，特别是从 2014 年开始进入爆发式增长。2016 年，我国人工智能投资金额 166 000 万美元，投资次数 285 次。我国金融科技投资额于 2012—2016 年也呈现快速增长，复合增长率为 119%。2016 年中国金融科技投资额为 46 000 万美元，投资次数 46 次。总体来看，人工智能和金融科技项目投资热度高涨，深受资本市场青睐。

3. 社会环境（Society）

金融在发展过程中积累了大量有价值数据。金融行业在发展的过程中积累了大量的数据，包括客户信息、交易信息、资产负债信息等。麦肯锡研究报告以银行业为例指出，银行业每创收 100 万美元，平均就会产生 820GB 数据。麦肯锡调查显示，金融数据虽然获取难度高，但它是所有数据价值含量最高的数据之一，其占国内生产总值的比重也非常高。

传统金融机构因信息不对称、风险控制等诸多因素制约而忽视了基数庞大的个人借款者及中小微企业这类"长尾客户"，智慧金融的发展在很大程度上提高了对长尾客户金融服务的可得性，有效改善金融服务，提升资金供求的配置效率，降低信息不对称的程度，提高资本资产定价和管理金融风险的效率。

4. 技术环境（Technology）

金融科技的快速发展为智慧金融提供坚实的基石。2006 年，"神经网络之父"Geoffrey Hinton 等人首次提出了"深度学习"（Deep learning）概念。深度学习基于深度置信网络（DBN）提出非监督贪心逐层训练算法，为解决深层结构相关的优化难题带来希望；2012 年，随着深度学习算法逐步实现视觉识别和语音识别，人工智能技术真正开始进入商业化和产品化阶段。与人工智能相比，移动互联和物联网、云计算、大数据等技术已经趋于成熟，在金融领域的应用也越来越为广泛，这就使得传统金融操作的人工成本变得非常低且边际成本递减，推动银行运营成本降低。在成本驱动下，银行业正在向无实体化、智能化方向转变。中国银行业协会发布的数据显示，2016 年，银行业金融机构离柜交易笔数达 1 777 亿笔，同比增长 63.68%；离柜交易金额达 1 622.54 万亿元，银行业平均离柜率高达 84.31%。

四、智慧金融从实体经济发展升级中孕育

1. 金融的本质是服务实体经济

最早的"银行"起源于的意大利。当时的欧洲还处于中世纪的阴霾之中，前后八次、持续二百年的十字军东征不仅掠回了大量财宝，也带回来了丝绸与香料。这些奢侈品贸易使得意大利的商业城邦国家开始兴盛，佛罗伦萨人从东方的穆斯林那里引进了中国的抽丝和纺织技术，开始自己生产丝绸。随着手工业和贸易的繁荣，经营货币兑换和放债的商人越来越多，并且积累了大量的财富。14 世纪早期，佛罗伦萨的金融业一直掌控在巴尔迪、佩鲁齐和阿奇艾乌奥利三大家族的手中。当时，为教廷打理行政管理职能，服务于王室权贵是意大利银行的主要业务。这三大家族银行的两个最大客户分别是英国国王和那不勒斯国王。当这两个大客户先后违约，拒不偿贷的时候，资产和风险都集中在了王室政府身上的三大银行在 14 世纪中叶倒闭。到了 14 世纪末期，商人团体的话语权开始大幅提升，传奇的美第奇家族开始崛起了。美第奇家族第一代话事人乔万尼·美第奇（1360—1429）早期是罗马一家银行的外汇交易员，1397 年在佛罗伦萨创立了美第奇银行。乔万尼强调保持长期的客户关系，他用来记账的"机密簿"（libro segreto）采用复式记账法，一边是记录存款（负债），另一边记录贷款客户和商业票据（资产）。这种资产负债记录的方法，可以说银行经营最早的数据化，也是智慧金融最早期的形态。直到今天商业银行也依然沿用这一思路开展业务，如资本决定资产的扩张，资产扩张需要筹集更多的负债，负债结构需要保证一定的流动性等，即商业银行 CAMEL 管理体系的经典内容。

美第奇银行尽管也像前面的三大家族一样替教皇打理财政，服务于教廷和王室，但吸取了前人的教训，懂得依托实体经济，进行多元化经营。美第奇银行成立初期最重要的业务是商业汇票和贴现。随着财富积累和家族政治势力的壮大，美第奇银行开始广泛投资于手工业、贸易和矿产等实业，比较类似今年的股权基金和投资银行。乔万尼之后的几代

家族统治者不但将家族银行事业经营到顶峰，门下更是庇护资助了达芬奇、拉斐尔、米开朗基罗、伽利略一大批文艺复兴巨匠。当时的佛罗伦萨不仅是世界金融中心，更是文艺复兴运动的中心。可以说，美第奇银行和这个金融家族直接导致了文艺复兴，如果没有美第奇家族的助力，可能整个欧洲近代文明的来临都要晚上许多，由此可见金融的力量庞大。在兴盛了近200年后，随着大航海时代的来临，意大利逐渐失去了通过东方的陆路交通优势，整个佛罗伦萨不可思议地又退化到落后的农业生产状态，失去了实体经济的沃土，美第奇银行和家族的传奇也逐渐式微落幕。

此后荷兰成为海上霸主，1602年荷兰成立了历史上第一家跨国公司——联合东印度公司，阿姆斯特丹在长达两个世纪里占据了金融中心的地位。荷兰人在金融方面建树和创新众多，除了缔造了阿姆斯特丹银行，他们还发明了信用机制，只要还清了贷款，就可以享受更低的利率借款，当时荷兰的资金成本可以说是全球最低的。除了信贷，荷兰人还发明了证券交易所，但上市的只有两家企业，整个交易所完全服务于东印度公司和西印度公司这两家殖民贸易和军工复合体。不过后来，荷兰金融开始脱实向虚，金融炒作盛行，除了众人皆知的郁金香泡沫，期货、期权、卖空、逼空、对敲这些证券交易方式几乎都是荷兰人的原创，史上第一次卖空危机也发生在荷兰。在联合东印度公司和西印度公司倒闭后，阿姆斯特丹交易所的重要性就开始消退，金融和资本中心转向伦敦，现代商业银行和资本市场也开始在世界范围普及和发展。

2. 新经济催生新金融

通过上述的两段金融史，我们清晰地发现，金融发轫于实体经济，并与实体经济共兴衰。现在将时间跳转到今天的智慧金融时代，让我们看看eBay与PayPal分分合合、淘宝与支付宝共生共赢的故事。

eBay创立于1995年，这个互联网界老古董的创办初衷竟然是"秀恩爱"和"撒狗粮"。比较流行的一种说法是，eBay的创始人皮埃尔·奥米迪亚的女友爱好收集Pez糖果盒。为了帮女友寻找到稀缺款的Pez糖果盒，才华和"男友力"同样超群的皮埃尔不但一口气编写了eBay网的源程序，甚至还把女友的个人主页放在了首页。饶是这样，在互联网资源还很稀缺的当时，这个简陋又诡异的网站很快就被Pez糖果盒、芭比娃娃手办爱好者挤爆。随着用户和收入的迅猛增加，网上交易的支付问题就成了 eBay 最头疼的问题。eBay 先是收购了信用卡公司 Billpoint 的支付系统，后联合富国银行对 Billpoint 的支付系统进行大幅改造。当 eBay 忙着打造支付系统的时候，却发现自己的大批用户正被另外一个支付软件拉走。这个支付软件就是 PayPal。PayPal 是一个传奇的企业，不仅是因为它开创了第三方支付的通行模式，更是由于它的初创团队，最著名的有创立了 Telsa 和 SpaceX 的埃隆·马斯克、创办了 YouTube 的查得·赫利和陈士骏，以及 Facebook 的天使投资人皮特·泰尔等。这群特立独行的科技精英可谓是硅谷最强大的创业群体，2007 年 11 月的《财富》杂志给这个团队起名 PayPal 黑帮（The PayPal Mafia）。1998 年 PayPal 成立初期的定位是网上的小额转账，由于当时的通讯和智能手机远没有今天发达，小额转账业务发展很慢。但 PayPal 很快就注意到了网上交易和用户最多的电商 eBay，为此制定了很多营销策略，比如只要来 PayPal 开户奖励 5 美元，推荐朋友来开户再奖励 5 美元，甚至开发了一个功能来方便转账给非 PayPal 用户，收款方如果要提款就必须要开 PayPal 的账户，这样一下子就拉走了 eBay 的很多流量和用户。

　　eBay 当然不能坐视外人垄断了资金支付接口。自从 1997 年，创始人皮埃尔邀请哈佛 MBA 出身，先后在宝洁、迪士尼担任过副总裁的梅格·惠特曼担任 eBay 总裁后，eBay 越来越像一家成熟的传统商业企业，尽管也拥有自己的支付系统，但对涉入金融领域也一直非常谨慎。面对 PayPal 的凌厉攻势，因此 eBay 决定去收购 PayPal，并且掐准了时机。第一次收购正值 PayPal 总裁马斯克出走之际，PayPal 报价 5 亿美元，eBay 还价 3 亿美元，收购失败；第二次收购正值监管部门要求 PayPal 申请支付牌照之时，PayPal 报价 8 亿美元，eBay 还价 5 亿美元，收购再次失败；第三次是 PayPal 上市前夕，PayPal 主动报价 10 亿美元，eBay 还价 8 亿美元，收购依然失败，而精明的 PayPal 竟对外宣称失败的原因是 eBay 报价 9 亿美元太低，这一举动直接拉高了市场对 PayPal 的估值，令 PayPal 股价大涨；最后一次收购是 PayPal 上市半年之后。正是由于 PayPal 的发展得益于 eBay，PayPal 在支付方面制约 eBay 的同时，也高度依赖着 eBay，加上监管越来越严格，在经历了上市之初的大涨后，PayPal 股价出现大幅的下跌。2002 年，这两家共生共赢的企业终究走到了一起，eBay 最终以 15 亿美元的价格达成了对 PayPal 的收购，尽管代价高昂，这一收购依然被业界视为最为成功的商业案例之一。

eBay 创立了"电子商务"这一新的商业模式，催生了网络支付这一新的金融需求，而 PayPal 抓住了这一需求，创立了"第三方支付"这一智慧金融新业态，两者的合并充分的说明了智慧金融如何顺应实体经济的需求应运而生，并因为服务于实体经济而发展壮大。两者的合并，又进一步发挥了优势，整合了资本、技术等各个要素，不但降低了成本，还提高了后来者进入市场的壁垒，提升了整体的竞争优势。在合并后的 10 年间，PayPal 为 eBay 带了 200 亿美元的收入，占到了 eBay 总收入的近四成。

科斯在《企业的性质》中指出市场的运行是有成本的，企业规模的扩大必须达到一个点，即在企业内部组织一笔额外交易的成本等于在公开市场上完成这笔交易的成本。也就是说，当交易内部化的成本已经高于交易外部化的成本时，维持规模就是不经济的。我们在前述提到过，eBay 越来越像一家成熟的传统商业企业，内部的科技驱动越来越弱，随着电子商务市场的饱和，eBay 的核心业务停滞不前，与同侪的谷歌、亚马逊在技术优势上的差距越来越大。根据 Forrester 的数据，39% 的网购消费者从亚马逊开始搜索、11% 从谷歌开始搜索，仅有 6% 从 eBay 开始。eBay 发明了电子商务，却没有跟上电商市场的发展，PayPal 逐渐成了唯一稳步增长的部门，一些大股东公开批评 eBay 这个动作缓慢的老牌公司禁锢了 PayPal 的快速增长。在合并 13 年后，2015 年 eBay 和 PayPal 最终走向了分手，而此时智慧金融这一浪潮早已从网上支付领域席卷到世界各地、各行各业的每一角落。

在中国，智慧金融的兴起同样源于电子商务的需要，也同样是从网络支付这一领域开始。在第三方支付机构出现之前，消费者网上购物有两种选择，一种是消费者先去邮局或者银行给卖家转账，卖家收到付款后发货，相当于买方承担信用风险，另一种是卖方先发货，消费者受到货物后去转账，信用风险由买方承担。于是，信用就成了制约网上购物发展的关键问题。2002 年淘宝网刚成立时，我国的征信体系才刚刚起步（1997 年央行开始筹建银行信贷登记咨询系统，即企业征信系统的前身），甚至连正规金融机构都还没有引入个人的征信数据。此时 PayPal 也已经进入中国，中文名称为贝宝，事实上 PayPal 侧重网络转账的功能，也没能解决这一关键问题。草根出身的淘宝怎么才能破解信用难题呢？

2004 年阿里巴巴决定打造了自己的第三方支付系统——支付宝。支付宝并没有像 PayPal 一样为买卖双方提供直接的支付功能，而是引入第三方支付的服务。这在本质上是一种制度设计，消费者在购买商品后将货款打给支付宝，只有当消费者在确认收货后，支付宝才将款项打给卖方。通过这个帕累托改进的过程，支付宝不仅发挥了信用中介的作用，使交易双方都规避了信用风险，甚至在一定程度上提供了类似公共产品的服务，提升了市场的整体效率与公平。信用是依附在人之间、单位之间和商品交易之间形成的一种相互信任的生产关系和社会关系，信誉构成了人之间、商品交易之间双方自觉自愿的反复交往，消费者甚至愿意付出更多的钱来延续这种关系。第三方支付的金融属性不仅仅在于从事了支付结算的业务，而在于触及信用这个金融的实质，并完成了中介的功能。更重要的是，在网上购物完成后，买卖双方都会在淘宝网上就本次交易进行点评和打分，这种分散、碎片化、大众化的评分，与大数据技术，形成了一个全覆盖的信用评级体系，一端对商户，另一端则针对消费者，这在传统的线下交易中无法实现。在支付宝成立的同年，阿里巴巴推出了"诚信通"指数，建立电子商务平台上企业的信用档案，将认证状态、交易状况、客户评价、商业纠纷、投诉状况等都纳入"诚信通"指数的统计范围，并且展示给买家。同样是 2004 年，央行也开始组织金融机构构建全国集中统一的企业和个人征信系统，可以说我国的国家征信和市场征信其实是同步发展的。

第三方支付解决了网购的支付问题，也成为阿里巴巴在金融领域的一个起点。支付问题虽然解决了，但淘宝在其他经营场景的金融问题又不断地浮出水面。"让天下没有难做的生意"是阿里巴巴提出的一个口号，为了解决做生意难的问题，阿里巴巴逐步扩大金融版图，形成金融生态闭环。在这个金融生态闭环里，阿里作为电商平台遇到的一系列实体经济融资问题得到了很好的解决。

第一步：小额贷款，解决了电商平台上的卖家融资问题

淘宝的生意越好，淘宝平台上的那些小卖家、小企业在经营过程中

的资金需求越来越多。因为抵押不足、缺少担保、财务管理不健全，小微企业融资难、融资贵本身就是个世界性难题。淘宝这些卖家，不仅缺少能去银行抵押的固定资产，连订单、应收账款、销售全都在电子商务平台上完成。传统金融机构没法用查账、上门拜访这些银行擅长的老做法去核查企业供应链的真实性，很难接受这种新的电子商务供应链模式，同时电商卖家的资金需求可能只有两到三天，也很难适应传统金融机构繁琐的审批流程。

面对这样的现状，阿里巴巴又一次发挥了公共服务的功能，从 2007 年开始先后与中国建设银行、中国工商银行合作，以卖家在阿里巴巴平台上信用情况为依据，由阿里巴巴向银行推荐申请贷款。一方面，阿里巴巴将自己掌握的交易和信用信息与银行共享；另一方面，银行同意在不设准入门槛、不强调评级和客户授信的条件下，为阿里巴巴平台上的卖家们提供融资。在近 3 年的合作里，阿里巴巴与建行合作帮助企业获得贷款规模约 100 亿元。尽管这种合作机制很好地解决银企之间的信息不对称问题，但阿里巴巴和银行直接合作并不顺畅。对于建行、工行这种资产规模排在世界前几位的"宇宙大行"来说，淘宝卖家的体量实在太小了。传统金融适应不了网络新经济，无法产生规模效应。阿里巴巴官方坦言"我们现在服务的客户平均贷款金额只有 6 万元，当年我们跟工行、建行平均的融资金额大概在 200 万元，这在我们眼里不叫小微企业。我们喜欢的是更小的企业……只要有信用，我们就愿意借 2 万元、5 万元、10 万元，这是我们喜欢做的事情"。

通过与传统金融的合作，阿里巴巴对信贷流程和风控的理解不断加深。2008 年，央行、银监会出台了《关于小额贷款公司的指导意见》，放开社会资本设立不吸收公众存款、经营小额贷款业务的小额贷款公司。与建设银行、工商银行终止合作后，2010 年阿里巴巴获得了小额贷款公司的牌照，在杭州和重庆分别成立了浙江阿里巴巴小额贷款公司、重庆市阿里巴巴小额贷款公司。根据阿里小贷对外公开披露，阿里小贷的平均单笔贷款余额仅为 4 万元，而累计投放贷款 1 000 亿元仅用了不到两年半的时间。金额小、期限短、随借随还、高速周转是阿里小贷最大的特点。以淘宝卖家使用最为频繁的订单贷款为例，一年内全部贷款客户平均使用贷款近 30 次，平均每次贷款时长 4 天，非常贴合淘宝卖家的融资需求。小贷公司管理规定要求贷款余额不能超过注册资本的150%，也只有加快周转才能满足监管要求。阿里小贷进一步发挥了阿里巴巴在数据金融方面的优势，贷款的审批、发放不靠人对人的服务、人对人的调查，完全依靠网络系统完成，因此效率更高、成本更低，单笔小微贷款的操作成本不到1元，而银行单笔贷款操作成本一般都在2 000元左右。较低的运营成本使得阿里小贷可以大幅降低利率水平，尽管监管部门在当时已放开小贷公司的贷款利率上限，但阿里小贷的实际融资成本不到7%，远低于普通实体小贷公司接近20%的利率水平。对于传统金融机构来说，4万元的平均贷款额度，7%的平均利率水平，一年30次的贷款周转率，几乎相当于天方夜谭。而最值得关注的是，阿里小贷的不良贷款率仅为0.87%。

通过阿里小贷，阿里巴巴成功为淘宝上的中小企业解决了融资难问题，也成为利用互联网思维与技术服务实体经济的经典范本。继阿里小贷之后，2013年阿里巴巴的老对手腾讯和京东也开始涉足金融领域。其中京东成立了京东金融，与阿里小贷类似，京东金融也专注于解决内部卖家和供应商的融资问题，包含应收账款池融资、订单池融资、销售融资等多个产品，都无须担保和抵押。腾讯成立了财付通网络金融小额贷款有限公司，因为主业是社交网络，因此在布局金融的初期，首要目标是满足QQ、微信等自身产品的支付需求。2014年，银监会批准首批5家民营银行试点，腾讯的前海微众银行捷足先登，阿里巴巴的网商银行也随后获批。网商银行与阿里小贷一脉相承，提供20万元到500万元的贷款产品，完全的互联网经营。如果一个淘宝的商户要贷款，只需登录到卖家中心，点我要贷款，系统就会通过云决策将这个客户是否准入，贷款额度和定价是多少实时计算出来，并放款到客户账户里去，全部审核过程可能不到1分钟。

第二步：消费金融，刺激了网络消费大发展

首先是消费信贷。除了解决内部卖家和供应商的融资问题，并且获得了民营银行牌照之后，智慧金融企业的业务空间更加宽广。在电商平台上，除了需要资金的卖家，买方市场同样是一片蓝海，而消费信贷又一直是传统金融的优势领域。在消费信贷方面，在京东首先发力，推出了"京东白条"，符合条件的京东用户在京东商城购物时，可以获得

1.5 万元的信用额度，享受"先消费，后付款"的 30 天免息期或 3～12 个月的分期付款，同时分期利率也低于传统银行。与淘宝等电商相比，京东商城在价值较高的 3C 产品和大家电销售方面有明显优势，非常适合做分期付款，在推出京东白条后，京东的订单数量增长了 33%。在每年的双十一期间，京东、淘宝都会安排大量资金，临时提高消费信贷额度，刺激网购消费，双十一俨然成为一年一度的购物狂欢节，影响力逐渐扩大。2015 年全国社会消费品零售总额达 33 万亿元，同比增长 10.4%，其中实物商品网上零售额占比 12.6%，同比增长 25.6%，网购的发展使得零售业的整体格局都在快速转变。

从本质上看，京东白条、蚂蚁花呗具备了传统信用卡的透支和分期还款功能，可以视为"虚拟信用卡"。但更为关键是，以往银行提供的传统消费信贷，持卡人刷卡消费，银行对消费行为本身并不关注，智慧金融直接嵌入在消费者购买过程当中，消费轨迹、消费习惯、消费记录、评价记录甚至收货地址都会成为授信的有力支撑，这样的优势是传统银行无法具备的。在智慧金融企业的竞争态势下，很多传统银行也推出了自己的电子商务，如建设银行的"善融商务"、广发银行的网上商城，这样的模仿战略并没有触及智慧金融的精髓。传统金融机构可以复制同质的金融服务，但无法复制淘宝、京东电子这样大电子商务规模，缺少了商业和消费这样实体经济的支撑，仅靠"网上商城"也不可能带动"网上金融"的大发展。

然后是消费型保险。网络购物的商品质量、假冒伪劣等问题一直被广泛诟病，随着网购规模不断扩大，网购的买方和卖方都为此承担了很大损失，在一定程度上成为电子商务领域的系统性问题。但是这个问题很快也被智慧金融企业转换成商机。2013 年，阿里巴巴马云、腾讯马化腾、中国平安马明哲共同成立了第一家网上保险公司——众安在线，被媒体称作"三马卖保险"。此后，淘宝推出了运费险、京东推出的保修期延长险等，这些保险品种非常贴合网购特点，受到消费者广泛欢迎，在 2013 年双十一期间，短短一天内，运费险的销量就达到了 1.2 亿份，甚至创造了保险业的世界纪录。还有一系列诸如"衣服褪色险""生鲜腐烂险""化妆品过敏险"等消费保险，在看似另类古怪的背后，依靠的是大数据和云计算，超过 90% 的案件是依靠后台技术识别和判定，无须人工干预。再如，京东推出国内快递送货时间超过 3 天便管赔的保险品种，这个看似以噱头形象出现的保险，在消费者金融上发挥的作用，并不仅限于场景金融，更是切中了"双 11"快递高峰而导致送货缓慢的消费软肋。

同时，智慧金融企业们也针对卖家推出了相应的险种，比如众安在线推出的众乐宝，针对淘宝上的卖家，为卖家提供类似责任险的销售者保障服务，并在理赔和追赔的形式上采取先行垫付、事后追赔的方式，当买卖双方发生维权纠纷时、需要卖方赔偿的时候，众乐宝会向买方垫付理赔，事后再向卖方追索。对于卖家来说，提供了资金的使用效率，对于买家来说，缩短了维权时间。

第三步：普惠金融，走出金融生态的闭环

亚当·斯密在《国富论》中写道：每个人都试图用他的资本，来使其生产的产品得到最大的价值。一般来说，他并不是企图增进公共福利，也不清楚增进的公共福利有多少，他所追求的仅仅是他个人的安乐、个人的利益，但当他这样做的时候，就会有一双看不见的手引导他去达到另一个目标，而这个目标绝不是他决定去追求的东西。由于追逐个人的利益，他经常促进了社会利益，其效果反而比他真正想促进社会效益时得到的效果要大得多。

在开始时，阿里巴巴、京东这些智慧金融企业对金融的理解和战略布局不可能是完全清晰的。比如蚂蚁小贷是为了解决电子商务发展中的卖方小企业融资难的问题，京东白条则是为了刺激买方购买需求，而针对网购的消费型保险则是为了保障电子商务的健康运作。以上金融产品为服务电子商务而生，电商平台所掌握的数据信息，又成为金融产品的支撑。随着电子商务与智慧金融业务的扩大，各家智慧金融企业的金融生态闭环逐步合拢。但智慧金融企业目标并不仅限于此，他们希望卷入更多的应用场景、扩大生态空间，也因为这样，犹如亚当斯密所言，推动了普惠金融的跨越发展。

普惠金融的核心是提升金融服务的可得性和效率，让每个有真实需求的企业和个人，无论是身在城市或者农村，也无论财富多少，都有机会以合理的方式和价格获得金融服务。农村地区、小微企业、贫困人口是现阶段我国普惠金融的重点关注对象，也正是正规金融当前服务的薄弱环节。农村地区由于经营成本高，传统的物理网点为基础的金融服务模式，很难全面覆盖，导致农村地区的金融服务供给不足、渗透率不足。随着移动互联网的普及和生物识别技术的发展，通过互联网来远程提供金融服务的模式，为解决农村地区金融不足的问题提供了新的方法。根据《第一财经日报》的报道，阿里巴巴在2014年开启了"千县万村"计划。蚂蚁金服的农村金融计划的主要思路：一是渠道下沉，跟着村淘进农村，农民朋友上淘宝购物，自然会成为支付宝用户、理财用户；二是农村信贷，买农资农具等生产资料时，可以通过网商银行的小贷、旺农贷等周转资金；三是和农信社、邮储等金融网点深入县城农村的第三方合作，数据互通，挖掘信用价值；此外还有农作物保险等尝试。

在这一系列举措中，"挖掘信用价值"最为关键。信用是金融的核心要素，融资双方的期限错配、利率错配、信息不对称都需要信用来连接，才能使金融有效的发挥资源配置功能，并以此服务实体经济。在改革开放之前，我国的住户部门很少能够向银行融资，随着生产要素的改革，特别是房改的推进，城市居民开始拥有房产，并可以此作为资产向金融机构进行抵押，申请贷款。一旦贷款成功，就开始在央行的征信系统中积累自己的信用信息，并在此基础上扩大融资。但在农村地区，土地、房屋等大量存量资产还没有被盘活，两权抵押贷款仍在试点阶段，农民既缺少抵押资产，又缺少征信信息。智慧金融不通过抵押物、银行流水等传统的信贷模式来评估农户的信用，而是通过"线上数据"的模式，全方位地对他们的信用做考核，再来做贷款。即使从来没有贷过款，这些农村用户通过智慧金融的征信体系积累着自己的信用，很好地避免了"无贷款就无征信记录，无征信记录就无信用"问题。传统金融机构的劣势恰恰是智慧金融的优势。目前中国农村已经有超过1.4亿支付宝用户、超过3 700万余额宝用户在和城市居民享受同样的服务。随着互联网＋农村、大数据＋农业、信用＋农户的深化，智慧金融将在"三农"普惠领域大有可为。

第二节　智慧金融的演进与发展

在过去的十数年中，互联网对于传统金融业态的变革一直在不断发生，而智慧金融则是金融科技与金融业务发展到高度融合的阶段，其演进过程可以划分为起步阶段的金融电子化阶段，发展初期的互联网金融阶段，发展中期的金融科技辅助决策阶段，以及全面智能化决策的智慧金融决策阶段。

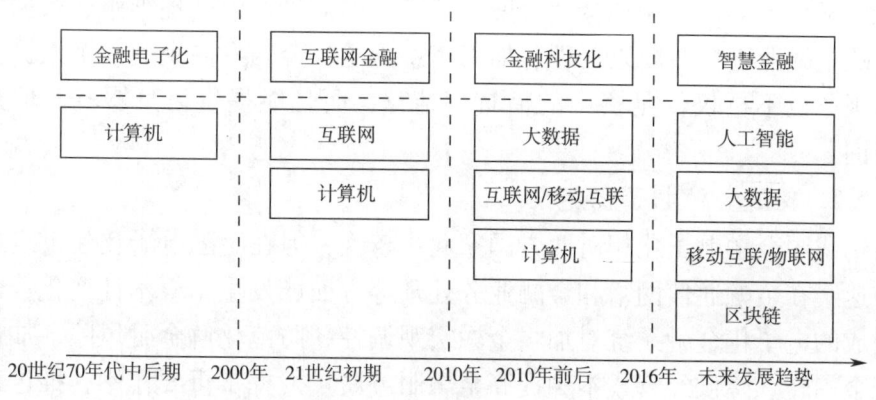

图 1　智慧金融发展与演进

一、金融电子化——传统金融机构的 IT 系统改造

1. 金融电子化的概念

金融电子化（Financial Computerizing）是指采用现代通信技术、计算机技术、网络技术等现代化技术手段，提高传统金融服务业的工作效率，降低经营成本，实现金融业务处理的自动化、业务管理的信息化和金融决策科学化，从而为客户提供更为快捷方便的服务，达到提升市场竞争力的目的。

金融电子化，是计算机技术和通信技术在银行及其他金融机构的业务处理和管理领域的应用。早期的金融电子化主要是把计算机应用于银行传统的存、贷、汇业务处理中，实现会计账务和各项金融业务的电子数据处理。主要目的是提高业务处理的效率，减轻劳动强度，增强服务能力。

20 世纪 70 年代以来随着计算机和通信技术的快速发展，金融计算机网络日趋成熟和扩大，以银行为主的金融界再也不能满足于对传统的存、贷、汇业务实现了电子数理处理，推出了许多新的金融业务服务品种。

如自动存取款机（ATM），商业网点电子资金自动转账（EFT–POS），电话银行，家庭银行以及最新出现的网上银行，以信用卡为代表的各种金融卡的普及，既为银行和其客户增添了新的消费信贷服务项目，又为人类通向无现金社会展示了美好的前景；以处理纸张、票据为主的金融业正在转向以处理、加工信息为主，金融界向企业和个人提供的服务也不再仅仅是资金的借贷、结算，而且能提供信息服务、信息咨询。

2. 我国金融电子化建设

我国金融电子化相对西方国家起步较晚，但在金融电子化建设进展神速，在金融通信网络和金融业务处理等方面已发生了根本性变化，已建成的电子化金融系统对加强金融宏观调控、防范化解金融风险、加速资金周转、降低经营成本和提高金融服务质量发挥了重要作用，推进我国国民经济金融快速、健康和稳定发展。

我国金融电子化大致分为四个阶段：第一阶段是 1970—1980 年，银行的储蓄、对公等业务以计算机处理代替手工操作。

第二阶段，大约是 20 世纪 80 年代到 90 年代中，逐步完成了银行业务的联网处理。

第三阶段，大约从 20 世纪 90 年代中到 90 年代末，实现了全国范围的银行计算机处理联网，互联互通。

第四阶段，从 2000 年开始，银行开始进行业务的集中处理，利用互联网技术与环境，加快金融创新，逐步开拓网上金融服务，包括网上银行、网上支付、手机银行等。

3. 金融电子化向信息化的转变

经过多年来的 IT 系统建设，目前全国金融行业已经实现了业务运营、内部管理、信息处理的全面电子化和网络化。计算机在日常工作中的应用已是十分普遍，但是，从应用对象和应用范围来看，这些系统大多只是局限在特定的部门内模仿传统的手工处理方式进行运行，仅仅发挥着替代手工处理，提高劳动效率，减少人为计算差错的角色，这一应用层次称之为电子化。各个业务系统缺乏分析功能并且系统之间缺乏集成，数据只能在相互分割的特定业务领域中堆积。从电子化向信息化转变是企业发展的重要飞跃。经过几十年的努力，我国已初步形成了一个多功能、开放的金融信息化体系，这为我国金融业实现由"电子化"向"信息化"转变，全面实现金融信息化打下了坚实的基础。

现在电子化设备已经具备相当的规模，全国各类金融机构已全面完成业务网建设，网络覆盖了全国所有城市，银行已建成全国范围的清算系统，保险和证券等行业电子化建设取得突破性进展。

智慧金融是金融信息化的进一步延伸，是在最前沿信息技术基础上，对现有金融系统进行智能提升、智能分析和海量数据处理，搭建高效、安全、智能的便捷金融服务平台；通过金融创新，为国内城市发展传感网、物联网等一系列相关"智慧产业"、战略新兴产业提供了融资渠道和平台，引导着城市经济发展方式的转型；通过金融系统互联以及金融信息化，自助柜台、网络、手机银行等电子支持，构建安全、便利的金融支付系统。

二、互联网金融——新型金融业态的崛起

1. 互联网金融的概念

随着电子商务近几年的蓬勃发展，以大数据、云计算、移动支付、社交网络、搜索引擎等新一代的互联网技术为基础的互联网金融活动迅速展开，互联网金融受到了广泛关注，并对金融行业特别是传统银行业产生了巨大的影响。2012年谢平在《互联网金融模式研究》一文中首次正式提出互联网金融模式的概念，他认为以互联网为代表的现代信息科技，特别是移动支付、社交网络、搜索引擎和云计算等，可能出现既不同于商业银行间接融资、也不同于资本市场直接融资的第三种金融融资模式，称为"互联网融资模式"或"互联网金融模式"。马云

（2012）提出了金融互联网和互联网金融的区别，他认为金融互联网是利用互联网的思想和技术，让金融服务回归本质；互联网金融是金融行业的互联网化。周宇（2013）认为广义的互联网金融分成两部分内容，一是金融互联网业务，由金融机构通过互联网进行的传统业务，即将已有的线下业务转化成线上业务；二是由电子商务企业依托于互联网技术创新而产生的新型金融业务，通常狭义的互联网金融便指的是上述第二种业务。张晶（2014）在总结其他学者的观点时认为，互联网作为金融产品、服务和信息的业务媒介，运用信息技术对金融业务相关流程进行了重组，作为一种为客户提供全面金融服务的模式，既包括传统金融服务在互联网的延伸，也包括信息时代的互联网与金融相结合新业态的金融模式。

徐诺金（2014）将互联网金融定位为利用互联网的网络资源优势、大数据信息优势、云计算处理能力的优势来开展金融业务的一种新兴金融模式或者金融业态，主要有互联网的理财、互联网的支付、互联网的融资、互联网证券销售、基金销售、互联网的保险等。互联网金融不是互联网和金融的简单叠加，而是建立在大数据、云计算、移动支付及网络与通信技术等基础上，是金融活动借助互联网等先进技术进行的金融服务的延伸和普及，突破了传统的金融安全边界和商业可行边界，并带来一系列的创新实践活动。

2. 互联网金融的主要业态

互联网金融的主要业态包括第三方支付、P2P网络借贷、股权众筹以及互联网基金和保险等。

第三方支付。第三方支付广义是指第三方非金融机构为了相对降低网络支付的风险，作为中介向买卖双方提供资金结算担保和支付服务。美国的贝宝（PayPal）公司成立于1998年，在全球范围内拥有1亿多个账户，是全球最著名的第三方互联网支付平台之一。中国第三方支付发展迅速，以电子商务为基础的支付宝和以社交平台为基础的微信支付已发展成为全国规模最大的第三方支付平台，并从线下支付向线下支付快速渗透。2016年中国第三方移动支付交易规模达到58.8万亿元，相较国外发展更为领先的中国移动支付企业，"走出去"建立全球化的移动支付网络。

网络信贷。网络信贷（peer to peer，P2P）最早起源于欧美发达经济体，广义 P2P 是指所有互联网信贷业务，狭义 P2P 是指个人对个人通过互联网实现的信贷业务。典型代表有英国的 Zopa，美国的 Lending Club 和 Prosper 以及国内的人人贷、宜人贷和拍拍贷等。据《2016 中国 P2P 网贷年度报告》，截至 2016 年末，国内正常运营的平台数量 1 625 家，占行业累计上线平台的 33%；全年交易额 19 544 亿元（不含招财宝和纯移动端平台交易额），累计交易额保守估计为 3.36 万亿元，年末贷款余额达到 8 303 亿元，同比增长 95.4%；年平均借款期限和投资利率分别为 231 天和 9.93%；活跃借款人和投资人分别在 572 万人和 998 万人左右；已实现银行直接存管或银行直连的平台共有 117 家；P2P 行业全年获得 VC、PE 等投资约 193 亿元，其中 B 轮及以上投资额共 134 亿元。

众筹模式。众筹（Crowdfunding）是大众筹资的简称，属于众包（Crowdsourceing）的一种类型，大众通过互联网平台为自身项目获得资金支持的集体行动，投资者通过少量的投资金额从融资者那里获得实物或股权回报。众筹的发展模式主要有三类：一是"团购＋预购"模式；二是股权投资模式；三是债券投资模式。众筹最早起源于美国，代表是 2009 年成立的 Kickstarter 公司，属于"团购＋预购"模式。创立至今，Kickstarter 已为 35 000 个创意项目募得了 5 亿多元的资金，其筹资项目偏向于小型的创意项目，投资回报主要为项目产品，包括音乐 CD、电影海报和明信片等，而非提供股权和现金回报。2012 年 4 月 5 日，美国颁布了《促进创业企业融资法案》，批准小微企业通过众筹模式获得股权融资，放宽了对众筹的限制，使其完全合法化。截至 2016 年底，中国众筹平台数量共计 511 家，其中正常运营的众筹平台 415 家。从平台融资项目来看，2016 年中国互联网非公开股权融资平台新增项目数量共计 3 268 个，同比减少 4 264 个，降幅达 56.6%；2016 年新增项目成功融资额共计 52.98 亿元，同比增加 1.08 亿元，涨幅仅为 2.1%。

3. 互联网金融发展的特点

近年来，互联网金融在中国发展极其迅速，呈现出几大特点：

一是移动支付逐渐替代传统支付业务，银行独占资金支付的格局被打破，预计未来几年仍将保持增长。从金融机构的本质和核心功能来看，传统商业银行的核心功能之一便是组织起了完整的支付体系。互联网支付模式的出现打破了银行对于线下支付的垄断，网上第三方支付，尤其是移动支付的兴起将持续分流银行的垄断收益。

二是电商企业涉足金融行业，冲击传统金融行业的获客模式。电子商务、网络社区等平台凭借累积的庞大客户数量以及极强的客户黏性，通过推出简单金融业务，快速掌握了客户的信息流和资金流，从而分流了商业银行的客户资源，在与银行的竞争中占据了越来越大的博弈筹码。依托互联网和大数据技术，电商平台能够更精确高效地评估和控制风险。银行传统的客户基础被分流。

三是P2P网络贷款平台从数量和交易量上均呈快速发展态势，银行单一信贷供给的地位受到挑战。互联网金融信贷业务凭借其资金速度快、覆盖面广的特点，成为了小微企业热捧的融资渠道，改变了以往银行单一信贷供给的格局。对于传统商业银行而言，借贷过程中必须考虑风险的控制与规避，加之法律法规对企业审核有较严要求，小微企业的信贷支持颇有难度。而网络借贷平台由于能够实现"物流、商流、信息流、资金流"四位合一，可以更好评估和控制风险，为小微企业的融资需求设计更为适合的产品。

四是跨界和融合。互联网金融从最初互联网产业中的模糊产业发展中，正逐步明晰发展框架。如阿里金融，从最初担保交易的支付入手，到支付宝的独立运营，再到余额定、阿里小贷、蚂蚁金服的不断完善和扩张，其金融产业不断得到确认和明晰。在金融领域，东方财富网、和讯网等过去只是单纯的媒体角色，现在已掌控多个金融牌照，在线销售数百种类的金融产品。在信息极大丰富的互联网环境中，金融开始泛信息化，并通过跨界融合与产业结合得越来越紧密，不断创造出新的金融模式。

五是互联网金融信息处理高效、成本低，突破规模瓶颈，实现长尾效应。凭借技术优势，互联网企业可以较好地契合长尾需求，突破了物理位置限制导致的需求不满足；依靠数据分析达到定制生产，降低库存成本；依靠网络搜索引擎，客户的搜寻成本得以降低，等等。目前国内的大中型商业银行客户数都在千万级别以上，但是与一些互联网企业相比，用户覆盖率仍不在同一级别。而且互联网公司通过不断升级更新产品，聚合更多新应用新功能，以保持自身用户的黏性。

4. 互联网金融发展的瓶颈与转型

近几年来，我国互联网金融得到了长足发展，互联网金融模式有助于金融创新、有助于完善金融服务、有助于促进金融体制改革。但也要看到，互联网金融的迅猛发展，带来了一些亟待解决的问题。主要表现在：

一是缺乏有效的互联网金融法规。现阶段，我国专门针对互联网金融方面立法文件还不够完善，部分互联网金融业务领域没有受到相关规范制度的统一约束，这不仅会导致交易主体义务、权利混乱，还会诱发一系列金融风险。

二是互联网的金融业务存在风险。互联网金融业的快速发展，促使其潜存的业务风险逐渐暴露，这些风险的存在原因主要为我国缺乏完善的内控体系、监管体系以及制度法规。例如，资金链断裂，导致互联网金融业务面临巨大的信用风险；第三方账户资金被非法挪用进而诱发操作风险；资金诈骗诱发非法集资风险以及声誉风险等。

三是没有完善的互联网金融监管体系。互联网金融作为一种新型金融发展模式，我国既定的相关监管体系无法对其进行完全有效的覆盖，互联网金融监管工作面临着巨大的挑战，而其发展过程中出现的各类风险事件，例如，平台挤兑、非法集资以及信贷诈骗等，表明针对互联网金融业务，构建完善的监管体系，对其发展中的系统性风险进行有效控制非常必要。

互联网金融之所以会出现诸多问题，主要是因为它只是互联网与金融这两个要素简单融合之后产生的，缺少实质性进展的融合手段。对此，未来互联网金融的发展，一是不断建立和完善互联网金融监管体制。2016年以来，中国人民银行及相关部门连续发文，明确互联网金融的监管职责、建立互联网金融管理制度、防范互联网金融风险，成立中国互联网金融协会，严厉打击以互联网金融名义开展的金融诈骗和非法集资等，取得了初步成效，互联网金融的发展正逐步回归到监管框架内。二是积极推进互联网金融向金融科技的转变。随着金融监管措施的不断落地，互联网金融的准入门槛不断提高，部分互联网金融公司开始转型，利用自身的技术、数据等优势与传统金融企业进行合作，从而催生出金融科技的快速发展。金融科技将金融更加深度地与人们的生活产生联系，将金融的逻辑更加符合人们的需求和自身的发展规律，减少互联网金融与外部因素的貌合神离造成的问题。

三、金融科技化——传统金融业加快科技应用

1. 金融科技化的概念

金融科技化，是传统金融企业利用互联网平台扩展自己的客户和业务。随着大数据、云计算、智能认知等新兴技术的逐步成熟，金融科技在传统银行转型发展中的作用日益凸显，让银行业的服务质量和效率变得更高。金融的科技化进程，就是由传统金融向金融科技武装起来的智慧金融演变的过程。但无论金融科技怎么变，金融的本质始终没变，就是经营风险，提供信用。从这个角度说，金融科技永远是金融服务的"加速器"，金融机构永远是金融服务的"压舱石"。

金融科技化的核心是利用新兴互联网信息科技改造和创新传统金融产品和业务模式。根据应用领域，可分为五大类：在支付清算领域，包括网络和移动支付、数字货币等；在融资领域，包括智慧信贷、智慧资产管理与配置等；在市场基础设施领域，包括大数据、云计算等；在投资管理领域，包括电子交易、机器人投资顾问等；在保险领域，包括保险分解和联合保险等。

技术进步一直是驱动金融业发展与变革的重要力量。金融稳定理事会 FSB（2016）将金融科技（FinTech）定义为"技术带来的金融创新"，其创造出新的金融模式、技术应用、产品和服务等，从而对金融市场、金融机构和金融服务的提供与获取方式产生重大影响。技术驱动金融业升级可分为三个阶段：一是金融 1.0 时代。该阶段通过计算机替代手工计算及账簿，提升金融运行效率。二是金融 2.0 时代。在该阶段，技术由工具转向通过业务、产品创新的方式驱动金融变革，使得新兴互联网企业有机会运用互联网技术将金融产品与服务的供需双方相连接，成为传统金融的有效补充。三是金融 3.0 时代。在该阶段，大数据、区块链、人工智能等新兴科技引领金融业全方位变革，通过虚拟方式替代物理方式，使得金融业的边界日益模糊（中国人民银行广州分行

课题组，2017）。

表1 技术驱动金融行业发展的主要阶段

金融发展阶段	驱动技术	主要业态	普惠程度	技术与金融的关系
金融1.0	计算机	ATM、电子票据	较低	技术为工具
金融2.0	互联网	第三方支付、P2P网络借贷	较高	技术驱动变革
金融3.0	大数据、区块链、人工智能等	智能化金融	高	深度融合

2. 传统金融业的科技化转型

传统金融业的科技化转型是以实体机构的优势和特点为基础，立足传统金融业的固有特色，用互联网、大数据、人工智能的理念和手法，打破传统，推动经营理念、组织管理和内部协作等方面的突破和创新，创造出线上线下相结合的银行服务生态圈，激发内生性的发展动能。

一是要有思想上的高度共识和策略上的整体安排。传统银行实施科技化战略极易走入的误区是，以电子银行或网络金融部门入手，结果最终变成了一个部门或一个条线的渠道创新或业务创新，各条线间加深了相互竞争或制衡，最终缩微成一款产品或一个平台的研发。因此，从更宏观的层面来看，互联网＋的价值是行业化，乃至全社会化的，银行业自身抑或单一银行内部尽快统一思想产生共振是首要解决的问题。

二是必须破除壁垒，共享共荣。银行开展科技化转型的重要目的，就是要通过实现客户服务的系统化、互联化和全渠道化，最大限度地获取并维系客户，因此，必须实现跨条线协同，把客户维护作为全行目标，横向进行内部计价，使总分行之间、条线之间、各种板块之间，有机结合起来，通过对各门类业务的交叉、整合、拼接、改良，将价值链条向更宽广处延伸。

三是加速现有业务的互联网化。继针对本行业务和客户、基于网银和手机银行等手段的电子化之后，银行已经不同程度积累了线上线下协同服务客户的经验。在此基础上践行互联网金融战略，不是放弃上述传统电子化渠道和平台建设，而是要把互联网所提供的电子账户体系和以此形成的跨行金融服务，与现有业务结合起来，寻找并服务现有客户未得到响应的金融需求，加速形成本行账户和电子银行渠道、与他行账户（电子账户体系）和网金平台相互融合、渗透的互联网化业态，及与大量实体网点互动协同的差异化竞争优势，实现本行与他行、线上与线下、创新与传统业务的互动共赢。

四是加快互联网化的金融创新。目前，以电子支付为例，银行事实上变成了支付公司的后台清结算中心和客户服务中心。商业银行对于互联网金融的介入和创新多停留在依托银联进行跨行身份验证的直销银行模式，但受限于流量、体验和最核心的产品品类、表现与互联网公司无法相比。因此，银行在互联网＋过程中，一是积极把握监管政策红利，探索运用Ⅱ、Ⅲ类账户，开发新型的服务展业模式，跨行开展负责类、资产类业务乃至全门类业务；二是整合拥有客户资源、渠道资源、强调客群、挖掘客户生命周期未被覆盖需求；三是通过合作、持股、收购等方式部署跨界结盟，进入新的细分市场，延长金融服务价值链；四是加大新技术及其应用的关注和研究，融合技术和业务，对于敞口需求积极寻找革新可能性；五是在组织架构方面，可尝试探索建立更高效、更适合互联网环境和节奏的运营形式和管理模式。

3. 传统金融业科技化的优势

在互联网金融的冲击下，银行的支付类、理财、消费贷款等传统基础业务正逐渐被互联网金融企业蚕食，但与互联网金融企业相比，银行在品牌与信誉、依法合规、风险防控、综合金融服务能力、个性化服务水准、物理网点覆盖等方面仍具优势。这种优势主要表现为：

一是庞大的线下网点。传统银行不但可以通过线下网点或工作人员等服务节点，面对面直接收集与响应客户需求，也使新服务模式发掘和试行更为直接，物理网点的布放还可大大增加银行在客户心中的存在感和安全感，是银行重要的增信保证。

二是既有数据和客户的金融属性较强。银行既有数据和客户通常具有高价值的金融属性，而银行相对高门槛的金融服务和"高大上"的传统形象，又使客户对于银行服务体验、创新速度等方面的预期大大调低，耐受度却相对足够。

三是金融服务综合实力较强。银行资本雄厚，企业信用等级高，拥有金融牌照优势，专业金融人才密集，且有较强的风险管理能力、财富管理能力和账户管理能力。

因此，金融业进行互联网转型时，必须要在巩固现有优势的基础上深耕细作，不但要像互联网公司一般，实现线上批量获客，而且能打破

"二八"原则，让原本长尾的客户逐步成长为反复高频的核心金融客户，并实现获利。

随着科技和金融非常紧密的结合，商业银行唯有积极拥抱金融科技，不断创新求变，方能跟上科技巨变时代的发展步伐。当然也应看到，长期以来，银行业都是新技术应用的积极体验者和尝试者，从电算化、ATM、电话银行到移动互联技术应用、智能网点等，银行业与科技总是互相促进、共同发展，银行往往是各类行业中主动寻求科技变革与创新的典范。展望未来，新技术在银行业具有广阔的应用前景，移动互联和万物互联、ARVR 应用将革新银行与客户接触的渠道与体验，无处不在、无时不在、虚拟化、智能化将是银行未来渠道的主要特征。大数据技术与人工智能技术的应用将推动银行在市场营销、客户服务、风险控制、内部管理上的智能化转型升级。金融科技将提升银行业精准、高效、个性化服务客户、服务实体经济的能力。传统金融业与金融科技企业的融合发展也在不断深入和推进，2017 年工行、农行、中行、建行四大国有商业银行先后宣布与"BATJ"（百度、阿里、腾讯、京东）达成战略协议，共同在金融科技、零售、消费、信贷等多个领域展开深入合作。

4. 金融科技化的主要业态

从金融业务领域看，传统金融业科技化所涉及的重大变革主要有四个方面：

一是支付清算，包括网络和移动支付、数字货币等。支付清算类。支付清算类业务一般是指通过联网终端，发起和执行资金转移和使用的服务。这类业务起步相对较早，且增长迅速。银行是支付电子化的先行者，而第三方支付通过改进消费者的使用体验，对银行形成了补充和竞争。随着第三方支付方式的快速发展，银行业奋起直追，转而适应用户移动支付习惯，发展移动银行业务，手机银行 APP 进入爆发阶段。

二是融资类以及新的融资方式。融资类业务主要包括网络借贷和智能化信贷决策，传统银行机构充分利用大数据、人工智能等技术，开展融资信贷业务，解决"融资难、融资贵、融资慢"问题。发展股权融资不仅要继续发展目前的主板、新三板等正规市场，从长远来看还必须发展包括众筹在内的多层次资本市场。

三是投资管理类，包括机器人（智能）投资顾问等。主要是机器人投资顾问服务。机器人投顾平台借助计算机和量化交易技术，为经过问卷评估的客户提供量身定制的资产投资组合建议。传统的投资顾问需要高素质理财顾问完成，人工费用昂贵从而提高了服务对象的门槛，一般只向高净值人群提供。但机器人投顾则是以最少量人工干预的方式帮助投资者进行资产配置及管理，避免了线下获客、产品销售、投资咨询等人力资本密集环节，节约成本，降低服务门槛，普通投资者缴纳少量费用即可获得服务。此外，智能投顾利用算法、大数据作为投资依据，优化投资顾问模型，且可以避免人工投顾的非理性因素。

四是征信类。传统征信数据源主要来自银行、政府、工商企业等，一般是与信贷直接相关的客户数据，包括资产、借贷及偿还、违约记录等。随着互联网的发展，各类行为数据被记录，社交、电商及搜索等非结构化数据为征信模型提供了更丰富的内容。BAT 等互联网巨头通过电商、社交软件等获得巨大的线上数据优势，一些小的创业企业依靠购买、抓取其他互联网数据来整合、分析数据，提供决策分析、精准营销等信用衍生服务。我国的电商数据、社交数据非常丰富，但仍处于分割状态，不少平台在尝试从数据源端收集第一手数据，从而在源头建立优势。此外目前有些创业企业也尝试收集或生产有价值的数据，并取得进展。

四、智慧金融——未来金融业发展趋势

智慧金融是数字技术对金融服务流程的系统再造与重构，使金融服务流程与其他经济活动流程紧凑融合，形成新的产融生态耦合系统，让金融透射智慧光芒。未来的智慧金融将为金融供需双方营造一个趋势互动、协同参与的平台和场景，让金融服务智能化、应景化、透明可视化，及金融分工更加社会化、市场化。

1. 融合多元场景，打造极致体验

随着金融科技的迅猛发展以及用户对金融科技产品认知、使用习惯的逐渐养成，银行不再单纯是客户需要的地方，而应该是唾手可得的一种金融与生活密切结合的服务。这种服务可通过两种方式实现：一是以

银行金融业务优势为主，横向整合泛金融＋衣食住行娱，打造金融生活一站式生态服务系统；二是纵向延伸服务触角，将金融功能与主流金融科技公司、垂直服务平台等线上线下触点进行深入合作，提升金融服务的覆盖面与可得性。

大力投入科技资源，运用先进技术提升渠道、产品、界面、交互的操作体验，以极简原则为用户提供便捷流程操作与良好视觉效果，提升用户对银行服务的第一印象。在银行金融产品同质化严重的条件下，通过差异化的使用体验打造比较优势。

2. 提升数据驱动，构建智慧金融

一切业务皆数据，一切数据皆业务。数据应用将从分散、被动、辅助的地位，上升为银行的经营核心和创新来源，成为银行不可复制的竞争力。谁能拥有海量数据并从中获取有价值信息的能力，谁就把握了未来。银行在自身经营管理过程中积累了大量的金融交易数据，这将是一笔巨大的隐形资产。此外，随着各种互联网金融平台及一站式服务平台的崛起，用户在金融服务获取方面的转移成本逐步降低，用户对单一银行服务的依赖也逐渐消弱。银行应通过经营业务范围、渠道拓展范围触角的延伸积累更多的用户行为数据，通过海量数据的积累以及先进算法的应用，对客户身份、行为多维属性的立体透视，做到比用户更了解用户，并对银行各种服务进行主动、及时输出，在用户需要的时刻即可获得银行服务，构建智慧型银行。

3. 环境感知与信息甄别成为智慧金融的重要协同系统

信息和环境感知系统是智慧金融的信息捕捉和输入系统，这是由传感器构筑的高效协同的传感系统，负责将与各类金融服务具有相关性的信息收集起来，作为金融服务机构分析市场需求的输入信息，降低信息不对称性和信息的收集成本，进而提高智慧金融体系对经济社会的敏感性适应能力，保持市场供需的动态有效性。信息甄别归类系统是通过人工智能算法，将信息和环境感知系统收集的信息进行分析归类、风险识别，为金融任务执行系统提供全面的金融服务策略，为用户提供量体裁衣、随需而变的个性化金融服务。可见，智慧金融是建立在一个实时无缝对接的互联互通的物联网络系统，降低信息收集成本，强化信息披露制度和促进信息对称性交易的制度场域，实现经济社会各类资源、数据的互联互通和实时共享。

4. 智慧金融服务生态化

智慧金融的商业模式不再以信用利差交易为主，而倾向于中间业务的商业运营模式。智慧金融对资金供求双方深度开放，满足了投融双方的参与需求，即在智慧金融系统开展的金融服务中，用户的需求由过去的因变量逐渐前置为自变量，用户的参与使金融服务具有内生的响应—反馈机制，即实时动态的自我改进机制，从而更加迅捷便利地实现更替，使金融产品和服务实时贴近市场、贴近用户，因时而变、应势而变，成为贯穿整个金融生态系统的主要轴线。这使智慧金融系统相对于传统金融更加具有生命力和创造力。首先，智慧金融服务具有自学习和目标矫正的能力，使金融服务具有动态完善能力，让金融系统的信息流、资金流、信用流、任务流等散放出智慧。其次，智慧金融具有海量数据的感知和匹配能力，提高金融服务机构对经济社会的适应能力和金融资源的配置能力。智慧金融让客户可以自主选择服务时间、服务渠道、并参与产品和服务的定制，从而既可以在线上线下全渠道为客户提供"一站式"解决方案，减少客户切换渠道的空间、时间成本，又可以提升客户的参与度，满足客户社交需求。

第二章　智慧金融生态体系

第一节　智慧金融生态主体

一、智慧金融生态体系的概念

智慧金融通过金融科技的深度应用，创新金融产品和服务模式、改善客户体验、提高服务效率等。智慧金融的参与者不仅包括为金融机构提供金融科技服务的公司，也包括传统金融机构、新兴金融业态以及金融业不可或缺的监管机构等，这些参与者共同构成了智慧金融生态系统。

智慧金融主体是指在智慧金融活动中活跃的元素及其相关者。在智慧金融生态系统中，主体包括从事金融服务的金融机构，以及与他们相关的价值链、平台供应商、其他服务商等。具体而言，智慧金融的生态主体可以划分为三类：一是智慧金融组织体系，主要包括智慧银行系统、智慧证券系统、智慧保险系统；二是智慧金融产品与服务体系，如智能客服、智慧化融资、智慧化资管、支付与征信服务、数字货币等；三是智慧金融监管体系，包括智慧金融的监管机构与政府部门等。

智慧金融环境是指对智慧金融主体活动起到支撑辅助作用的各种力量，如政府的政策调节及法律法规的保障作用；环境还包括相关经济发展水平、社会文化和意识形态、计算机和网络及通讯技术的创新，国内外相同行业的竞争态势等。

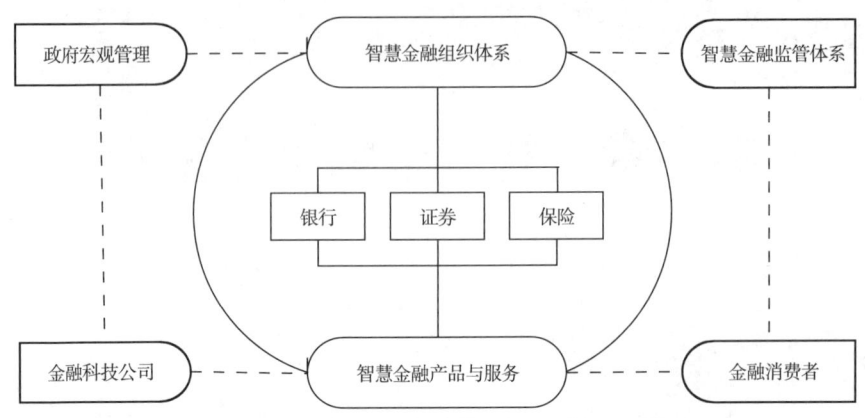

图1 智慧金融系统

智慧金融关系包括三大类，分别是金融主体和主体之间的关系，金融主体和环境之间的关系、子系统和子系统之间的关系。智慧金融系统之间通过信息流、信用流、资金流和任务流，将智慧金融主体紧密地连接在一起。

二、智慧金融生态组织体系

智慧金融的发展既包括传统金融产业的智慧化转型，也包括新型金融业态的创新与发展，但智慧金融的组织体系，仍然可以按智慧银行系统、智慧证券系统、智慧保险系统进行分类与归类。

1. 智慧银行体系

从互联网金融到金融科技，银行业的业务受到许多新兴金融服务公司的冲击。银行业主动出击，引进先进的技术，改变传统的金融经营理念和方式，建设"智慧银行"。

银行业作为信息化程度非常高的行业，对IT系统的依赖度非常高。目前，大部分银行基于IaaS平台（基础设施即服务）、PaaS平台（平台及服务）以及数据平台开展包括渠道、开放、存贷款业务、风控、运营等各项活动。目前，智能金融主要应用于银行业的渠道、开放、风控以及运营四个大方面，主要涉及智能营销、智能客服、智能风控等。除此之外，智能金融在银行业务端也开始渗透，如应用于客户平台的生物识别技术（刷脸认证）、应用于存款业务的智能投顾等。

在智慧银行体系，可以分别按业务渠道与客户类型进行细分。按业务渠道，智慧银行包括物理营业网点的智慧化转型，构建智慧型金融营业网点；也包括电子银行系统，如网络银行、手机银行、微信银行的搭建与运营。按客户类型细分，智慧银行主要可以划分为零售业务为主的零售银行、直销银行，以公司业务为主的交易银行和投资银行。

按照两个标准来分类智慧银行体系，主要是考虑到不同银行的智慧化转型发展规划的差异，既有以渠道建设为核心的智慧化转型架构，也有以围绕客户需求为核心的智慧化金融方案。事实上，在智慧化银行建设中，渠道与客户往往是兼顾和并行的，渠道是基础，客户是关键，以渠道建设服务客户的多元化金融需求，是智慧金融发展的主体方向。

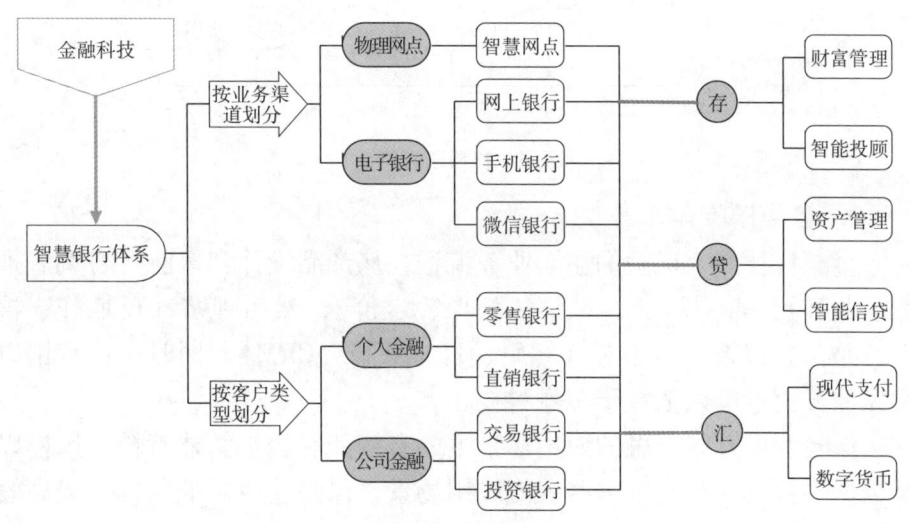

图2 智慧银行体系

2. 智慧证券体系

证券所有的业务基本都是数字处理，跟信息化密不可分。伴随着证券产品种类、上市公司数量以及证券投资者越来越多，交投越来越活跃，推动着证券公司改革 IT 架构。

智慧证券体系既包括传统证券机构的智慧化转型和发展，也包括新型的互联网证券机构。智慧型证券公司比较典型的 IT 架构可分为四个层次，自上而下是：证券公司与客户的交互、各类应用服务、数据平台以及信息基础平台。

目前，智慧金融已经开始应用于证券业 IT 架构的四个层次，特别是各类应用服务中的智能投顾、智能营销、智能客服、智能风控等，以及数据平台的大数据技术和辅助决策。

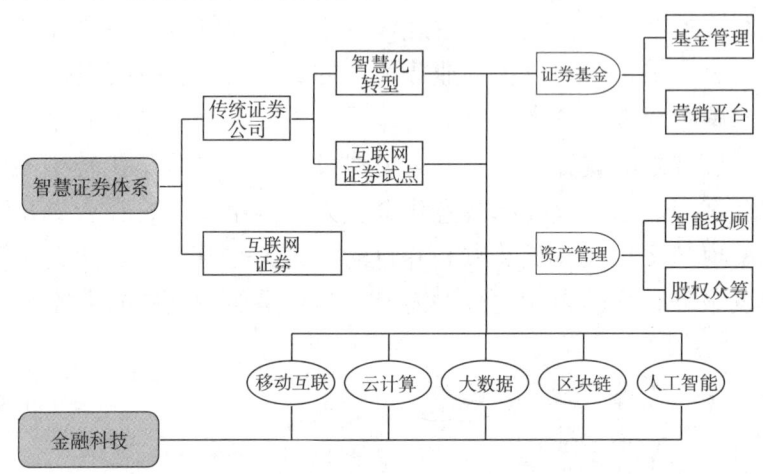

图3　智慧证券体系

3. 智慧保险体系

金融科技介入保险的核心业务流程，从产品设计到售前（咨询、推荐、关怀），再到承保（认证、核保、定价），然后理赔（反欺诈、核损、赔付）以及售后服务（客服、日常分析、CRM）。同时，在营销以及风控方面也可以依托于金融科技。

保险业中智能金融的应用场景主要有智能客服、智能营销、风控以及数据平台搭建，基于这些智能应用场景，保险业将降低成本，提高效率，推动保险生态圈与其他生态圈的融合。

智慧型保险体系主要是以保险科技为基础的传统保险机构智慧化转型、互联网保险机构、专业保险经纪、电商保险营销平台以及另类的保险互助等保险机构与平台。

三、智慧金融产品与服务体系

在注入智能感知、大数据分析与人工智能等金融科技，金融产品与

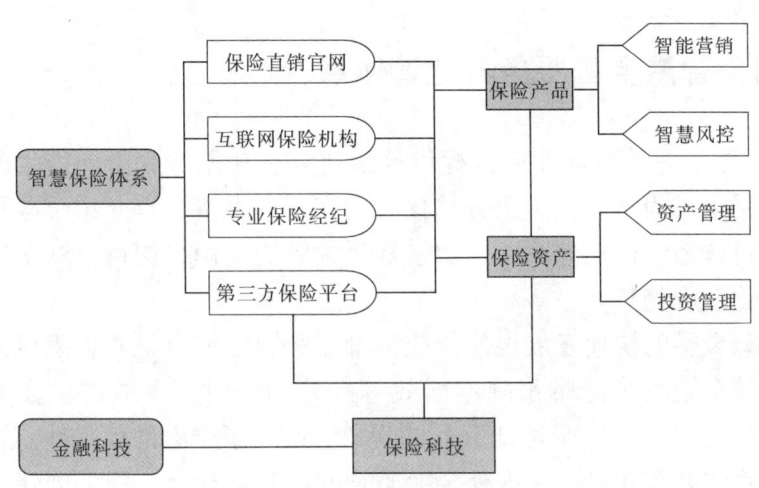

图4　智慧保险体系

金融服务随之向智慧化创新发展，各类新型金融产品层出不穷，金融服务体系不断健全和完善。在本书中，围绕传统银行业的"存"、"贷"业务，这里的存和贷不是单纯的存款和贷款，而是指广义的资产与负债产品，"贷"主要是基于负债端的智慧化融资产品，如消费信贷、公司信贷、供应链金融以及P2P网络借贷等，"存"则是指资产端的智慧化资管产品，如理财产品、互联网信托、投资基金、智能投顾以及股权众筹等。

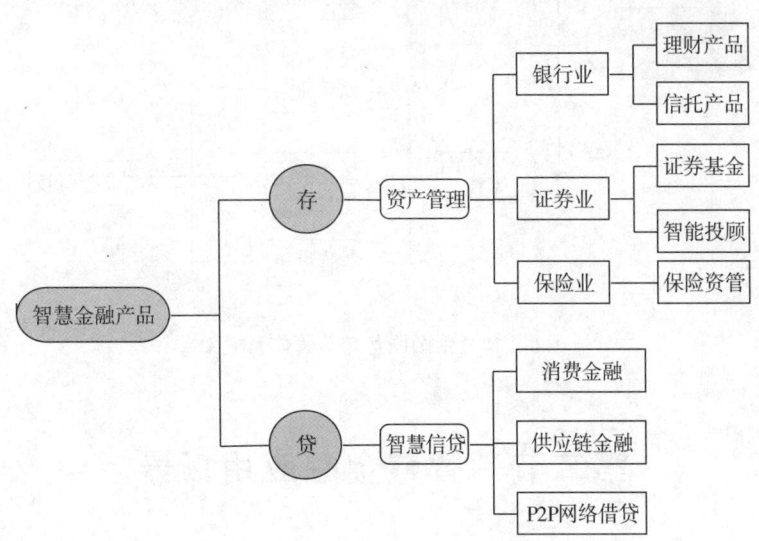

图5　智慧金融产品与服务体系

四、智慧金融服务与监管体系

"汇兑"是传统商业银行提供的最重要金融服务，由此衍生的支付清算体系也成为智慧金融服务的核心内容，本书将重点介绍金融科技在现代支付体系、征信体系以及数字货币领域的应用，探讨公众金融服务的智慧化发展趋势。

智慧金融的快速发展也使传统金融监管制度和金融监管手段面临滞后。智慧金融为金融带来降本增效等好处的同时，也增加了金融的风险，甚至出现"劣币驱逐良币"的现象，破坏了金融的稳定性。智慧型金融监管体系要在借鉴国内外金融监管的经验基础上，积极创建适于中国国情的监管沙盒，以 RegTech 应对 FinTech，构建智慧金融监管的双支柱。

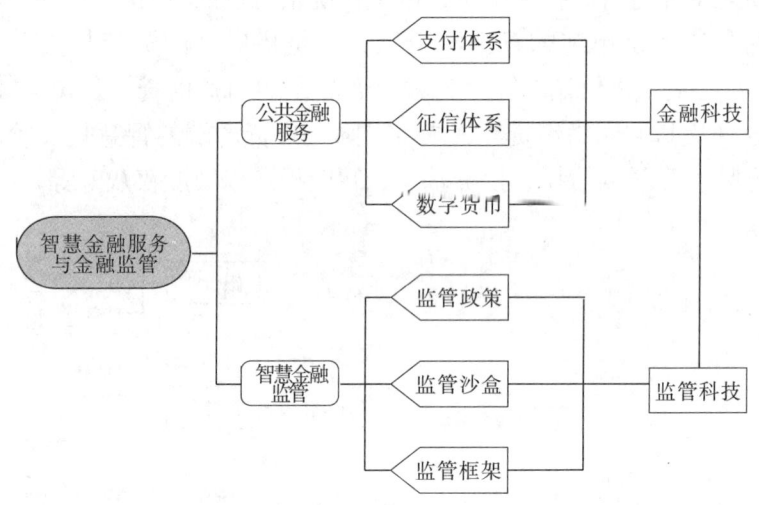

图6　智慧金融服务与监管体系框架

第二节　智慧金融应用场景

场景化是智慧金融发展最重要的特点之一，这种场景贯穿于金融业务的前台、中台和后台。其中前台主要有智能支付、智能客服、智能营销，中台为智能风控、智能投顾和智能投研，后台则主要是智能数据的分析研判。

一、智慧金融的前台应用场景

1. 智能支付

移动支付市场迅速扩张。2016 年中国第三方支付市场规模达到 11.41 万亿美元（包括互联网支付和移动支付），其中移动支付的占比已经超过互联网支付，达到 75%。移动支付在发展过程中，支付验证技术也经历了快速迭代，密码支付、指纹支付、声波支付（支付宝有应用，规模较小），而人脸识别技术的成熟和人们对支付安全便捷需求性的提高，使得刷脸支付出现在大众视野。

刷脸支付，即基于人脸识别技术的新型支付方式，将用户面部信息与支付系统相关联，通过拍照把获取的图像信息与数据库中事先采集的存储信息进行比对来完成认证。支付宝于 2017 年 9 月 1 日在杭州万象肯德基 KPRO 上线刷脸支付；京东在上海、深圳、北京等地 4 家线下零售店开展"刷脸支付"功能的内部测试工作；苏宁无人店目前也使用刷脸支付扣款。从应用现状来看，刷脸支付确实提高了支付的便捷性，支付过程简便，完成整个支付流程不到 10 秒；支付的安全性，通过人脸识别＋手机号验证的方式增加了双重保险。

2. 智能交易

通过建立金融业务智能感知与处理系统，使电脑代替人脑，模拟人脑的逻辑思维完成信息收集、数据建模、推理判断、结果预测等，将交易策略变成电脑程序，做出最优化的交易决策。即用"电脑判断＋电脑操作"代替"主观判断＋人工交易"。

3. 智能客服

随着人力成本的提高、客户消费体验要求的提升以及人工智能技术的发展，劳动力密集型的传统客服已经不能适应市场需求，智能客服开始出现。智能客服通过网上在线客服、智能手机应用、即时通讯等渠道，以知识库为核心，使用文本或语音等方式进行交互，理解客户的意愿并为客户提供反馈服务。目前，已经有智能机器人客服进入银行大厅进行试点服务，如交通银行的智能机器人客服"娇娇"，招行的"小招"，工商银行的"工小智"等。

智能客服的应用场景主要分为售前和售后：售前以销售为导向，交互过程中需要涉及许多销售技巧，目前的人工智能技术并不能满足需求，所以，主要是人机混合作战模式；售后主要是为客户提供购买之后的咨询服务，此阶段问题相对集中，智能客服主要解决一些重复性的服务性请求，应用相对比较成熟。

以招商银行为例，每天在微信上的交互量为150万通，这需要2 000到3 000名人工坐席，而这些工作分配给机器人，只要15个人。98%的问题都交给机器人来回答，准确率高达99%，不仅为银行节约了大量的成本，也给用户带来巨大的价值和体验。交行使用了小i智能机器人后，每月减少了200万通电话，节省了4 000万元的成本。然而，目前的智能客服还处于弱人工智能阶段，无法自给自足，仍然需要大量人力的参与。

4. 智能营销

智能营销是指在可量化的数据基础上分析消费者个体的消费模式和特点，并以此来划分顾客群体，精准地找到目标客户，然后进行精准营销和个性化推荐的过程。精准营销，指的是在精准定位的基础上，依托现代信息技术手段建立个性化的顾客沟通服务体系，实现企业可度量的低成本扩张之路，是有态度的网络营销理念中的核心观点之一。

智能营销相对于传统营销，基于大数据技术、机器学习计算框架等技术，具有时效性强、精准性高、关联性大、性价比高、个性化强等特点。智能营销通过客户分析、营销策划、营销执行和营销评估实现闭环管理流程，通过大数据技术精准刻画用户画像，并基于此策划营销方案，进行精准营销和个性化推荐，同时实时监测，一方面用于优化策略方案，另一方面将数据反馈给数据库系统用于接下来的客户分析。

不同金融用户拥有不同的风险承担能力和意愿，对金融产品与服务的需求具有差异性，而人工智能可以通过大数据技术精准刻画用户画像，并基于此策划营销方案，进行精准营销和个性化推荐，同时实时监测，不断优化营销策略，建立用户数据库，帮助企业引流获客、留存促活。

二、智慧金融的中台应用场景

1. 智能风控

金融的本质在于风险定价，风控对于金融机构和平台来说都是一种保障。传统的信用评分模型主要使用金融领域的历史借贷数据来预测和判断借款人的违约风险，所以传统模型无法给过去没有发生过借贷交易的人进行信用评分，造成"无记录"的借款人风险无法评估。伴随着互联网金融、智能金融的出现，金融业务面临的风险挑战越来越大，对智能风控提出了需求。

智能风控主要依托高维度的大数据和人工智能技术对风险进行及时有效的识别、预警、防识。智能风控一定程度上确实突破了传统风控的局限，在利用更高维度、更充分的数据时降低了人为的偏差，减少了风控的成本。然而，智能风控的核心数据还不够完善，优秀的风控人才也是供不应求，征信的建设也处于初步阶段。

以百融金服为例，依托自身特有的线上线下相融合、多维度海量大数据，通过风险罗盘，大量使用有意识、有目的行为数据及机器学习算法来构建全新的信用模型，帮助金融机构"了解"更多的借款人，在获得更大竞争优势的同时在反欺诈、货前信审等风控管理环节也拥有较强的洞察力。

2. 智能投顾

智能投顾又称机器人投顾（Robo – Advisor），最早在 2008 年兴起于美国。智能投顾依据现代资产组合理论，结合个人投资者的风险偏好和理财目标，利用算法和友好的界面，为客户提供财富管理和在线投资建议服务。

与传统投顾相比，智能投顾具有低门槛、低费用、投资广、透明度高、操作简单、个性化定制等优势，减少投资人的贪婪或恐慌的情绪波动。因此，智能投顾更适合满足投资者的需求。近几年，国内的智能投顾公司开始涌现，但大部分还处于初创阶段。

3. 智能投研

在金融投资研究工作涉及大量的资料收集、数据分析、报告撰写等内容，智能投研是基于知识图谱和机器学习等技术，收集并整理信息，形成文档，供分析师、投资者等使用，辅助决策，甚至自动生成投研报告。目前，人工智能已经在新闻、投研等领域取得了突破性的进展，但智能投研还缺乏创新性，因此在技术提高效率的同时，人机协作可以大大提高投研质量。

三、智慧金融的后台应用场景

1. 智能数据

无论是前台的智能支付、智能营销、智能客服，还是中台的智能风控、智能投顾，都依托于大数据。因此，数据平台的搭建显得尤为重要。金融机构数据生态系统，主要包含金融机构内部结构化数据、非结构化数据以及非金融机构数据，这些构成智能金融的数据源。目前，金融机构正积极的建立自己的数据平台，基于此来进行大数据整合、大数据分析、大数据治理，进而服务于产品和业务的各个流程。

2. 智能监管

全球每年产生约 3 亿条法律法规数据，人工操作难度较高。在金融领域，从金融公司内部的合规性监管，到监管部门的合法性监管，传统的监管手段也远远滞后于金融科技的发展步伐。以科技对科技，通过人工智能学习、积累金融法规，将智能监管规则导入到业务层，从海量的交易数据中学习知识和规则，能够及时发现异常行为，对欺诈与洗钱行为进行警示，有效防范金融风险。

第三章　智慧金融的十大冲击

比尔·盖茨曾有一个著名的预言：商业银行将成为 21 世纪灭绝的恐龙。比尔的这句话不是指银行这个行业，而是指银行这个行业的传统存在形态、传统经营模式。互联网金融出现之后，物理形态上的银行存在方式、组织方式、营销方式、服务方式都将面临革命性的变化，去中介化、网络化、智能化等特征的智慧金融运营模式对传统金融业带来的冲击，倒逼现有金融体系不断改变和创新。

要么改变，要么灭亡！

一、突破传统金融业的时空限制

智慧金融以移动互联和物联网为基础，不仅仅突破了传统物理营业网点的空间限制，更是突破了时间的限制，可以在 7×24 小时的任何时间任何地点处理业务，实现了全时空开放交互。智慧金融对传统金融跨时空的冲击主要体现在营业模式和经营渠道的拓展。

1. 突破实体网点的时空限制

当传统银行网点不断增加，银行大堂永远有等待不完的客户群，当银行殚精竭虑以提高网点的运营效率时，24 小时全天候运行的电话银行和网上银行，以及由网上银行演变而来的手机银行应运而生。

这一切都基于互联网的发展。互联网金融利用互联网平台，运用大数据、云计算技术，信息的收集、加工和传播日益迅速，突破传统银行业务在时间、空间上的限制，实行 7×24 小时全天候运营，使得客户足不出户就可以享受便捷的金融服务。网络银行是虚拟的金融服务机构，银行客户可以随时进入网络银行办理各类业务，不再受到地点和时间因素的限制。网络银行使银行业服务模式从具有物理实在性的传统柜台交易模式延伸到虚拟的柜台交易模式，使传统的销售渠道可以通过因特网实现虚拟再现，相当于将传统的销售渠道延伸到原有企业边界之外，相对扩大了银行的服务空间，形成全天 24 小时的服务模式。

中国互联网数据平台显示，随着互联网功能和应用的不断完备以及智能手机的进一步普及，我国网民数量快速攀升，截至 2016 年底，中国网民数量已达 7.31 亿，手机网民用户 6.95 亿。通过各种移动互联网应用如微信和微博等，金融市场的供需双方可以随时随地互相联系，直接进行信息沟通交流，而不需要中介机构参与其中，从而更加方便快捷。互联网金融的方便、快捷、超时空等优点，极大地提高了金融运行的效率。

如招行正式推出的"闪电贷"，客户可通过招行手机银行 APP 或网上银行自助办理贷款，贷款申请、审批、签约和放款全流程系统自动化处理、无人工干预，7×24 小时全天实时运行。这正是银行的零售贷款在互联网思维和大数据征信技术下的一种展示，其核心就在于招行通过大数据征信技术来快速完成对用户的信贷材料分析和审核，并将客户体验以移动信贷的模式体现出来，更好满足了用户快速、方便、随时随地办理贷款的需求。

2. 改变传统银行的销售理念

传统银行的销售渠道是分行及其广泛分布的营业网点，网络银行的主要销售渠道是计算机网络系统，以及基于计算机网络系统的代理商制度。这样，客户在开放的互联网环境下，可以在有联网电脑的任何地方进行业务处理，如汇款、存款、支票、银行资金调拨、付账、转账、贷款、清算、外汇、证券买卖、托收与信用证、旅行支票、购买保险、贵金属买卖等。显然，网络银行提供的虚拟金融服务品种使金融机构不再需要大量的分支机构和营业网点，这些分支机构和营业网点将逐渐被计算机网络、基于计算机网络的前端代理人，以及作为网络终端的个人电脑所取代。

商业银行可以利用互联网金融模式，深度整合互联网技术与银行核心业务，拓展服务渠道，从以往前后台分离、集约化管理模式中跳脱出来，逐步转向一体化运营，将客户营销、产品定制、风险管控、财务处理等集中到 IT 层面统一设计。如余额宝的出现，促使了传统金融机构纷纷加强同互联网机构的合作，通过互联网发售证券、保险、基金和理财产品，提高了效率，拓宽了投资渠道，打破了传统金融行业的界限，现在证券公司、保险公司纷纷同电商网站合作销售金融产品，为交易者提供更好更多的服务。

智慧金融的发展改变了金融交易方式，借助于金融科技，打破了传统金融的时空限制，依托网络化的虚拟机构可以很大程度上替代物理网点。以互联网 + 证券为例。目前，证券基金涉足互联网金融有两个途径：一是自己开发网络体系，大部分证券公司都已经实现了网上银证转账、网上证券交易。但客户营销渠道的网络化，即网上开户，通过互联网拓展证券基金投资者等方面还亟待挖掘。二是寻求与互联网企业的深度合作。比如，国金证券与阿里巴巴合作，挖掘其线上 8 亿证券基金投资客户的潜力。

智慧金融的发展促进了金融机构的混业经营，打破了银行、保险、证券的行业界限，创造了更多的跨界金融产品。从移动支付、P2P 网贷到直销银行、微信银行、宝宝类理财产品，互联网平台与金融机构的跨界合作越来越广泛、深入。与此同时，金融不再是普通人看不懂的专业术语，理财产品、货币基金也不再是参与门槛极高的权贵产品。

3. 突破传统金融的服务空间

智慧金融利用互联网和手机等渠道收集大数据信息，采用云计算等技术，使得 80% 的、传统金融服务覆盖不到的空间得以覆盖，倒逼整个金融行业发生改变。主要表现在：

一是金融服务的生活化和场景化。金融服务和产品深度嵌入人们日常生活的方方面面，在客户既有的消费体验中无缝提供金融服务，如使用手机应用打车并通过手机支付、查看电影排期并直接购买电影票、购买大型耐用消费品并直接分期支付等。

二是金融覆盖客群的下沉。传统商业银行最关注的是高净值客户群，但智慧金融的出现使得金融服务所覆盖的客户群真正下沉到那些广泛存在却长期受到忽视的普通大众家庭。比如中国民生银行与 2014 年 2 月上线的直销银行，其户均资产管理额不到 3 万元，而余额宝这样推崇真正的"草根"经济的产品，其户均余额更是只有约 5 000 万元。此外，传统金融机构信贷业务对贷款者资质要求较高，使得小微企业融资存在融资难、融资贵等问题，数字金融的发展（如阿里小贷等）使得小微企业资金获得性大大提高。

三是金融服务地域的拓展。一般来说，传统基金公司在渠道拓展方面通常只关注北上广深以及部分东部沿海发达省份，基金理财在三四线城市及农村地区几乎还是一片空白。而新兴的网络货币基金产品则完全打破了传统的地域布局限制。余额宝统计数据显示，截至 2015 年底，从省级行政区域分来看，用户排名前十的城市分别是：北京、上海、广州、深圳、成都、杭州、重庆、苏州、武汉和东莞。更多的余额宝用户增长则来自经济相对落后的地区。其中四五线城市的余额宝用户规模增长速度最快，分别达到 48.1% 和 45.5%。农村地区的用户规模同比 2014 年激增 65%，数量占到用户的 15.1%，相当于每 7 个余额宝用户中就有一个来自农村。

二、冲击传统商业银行运营模式

商业银行的传统业务主要是"存贷汇"，随着智慧金融的发展，这些基本业务受到了来自互联网金融、金融科技公司等多方位的冲击，传统的银行物理网点正在悄然发生着变化，商业银行面临金融中介弱化的风险。

1. 银行的终端服务方式发生变化

长期以来，增设营业网点一直是国内银行进行规模扩张的主要手段，传统物理网点承担了银行的主要销售和服务职能，为银行与客户的沟通提供了实体的渠道。随着现代信息科技的飞速发展，特别是数字技术的普及和客户需求的日渐多样化，银行服务已不再局限于传统物理网点，以自助银行为主要载体的现代网点和以网上银行、电话银行、手机银行等为主要渠道的虚拟网点正以它们独特的方式为客户提供着更多样化、更贴心的服务。超过 90% 的个人业务可通过电子渠道完成，物理网点的客户已经由原来的 62% 下降到现在的 41%。近两年，商业银行物理网点的增长迅速放缓，部分银行甚至出现了负增长也已经说明了银行业的数字时代已经来临，传统的物理银行模式将要发生历史性变革。在这种情况下，传统银行业的终端服务方式发生了明显变化。

第一，商业银行"以客户为中心"的服务模式受到影响。智慧金融体系下，大量的新技术与金融产品融合在一起，基于互联网平台的客户数量大幅提升，商业银行原有的物理网点优势被弱化，这对商业银行原有的服务模式提出了挑战。传统商业银行服务理念与服务模式是以"物理网点"为基点，由此产生出对客户需求的满足以及客户体验的满意度。例如，银行从业人员的服务礼仪、文明用语、网点布置与设计的现代化程度等方面，这些曾是商业银行比拼的重点，但在互联网时代，客户的所有操作均以计算机等设备来完成，原来的比拼重点都显得不再重要。

第二，商业银行针对小微企业的金融服务模式尚需进一步创新。智慧金融体系下，信息更加透明化，资源配置更有效率，交易成本大幅减少，对支持小微企业更有优势。如阿里小贷结合互联网技术，针对国内小微企业数量多，融资需求频率高、需求额度小的特点，建立了以"网络、数据"为核心的小额贷款模式。该模式体现出"小额、信用、期限灵活和较高利率"的特点，在放款规模、贷款方式、社会影响力等方面，都堪称行业内的翘楚。

2. 互联网金融分流银行存款

对传统商业银行来说，储蓄存款是最稳定、最主要、最能够运用使用的资金来源。商业银行赖以发放贷款的资金来源主要是储蓄存款。但随着一款名为"余额宝"的理财产品的出现，让不少市场人士惊呼"银行躺着赚钱的日子到头了"。伴随着它规模的迅速增长以及同类产品的不断推出，银行业面临着存款被分流、利差空间被压缩，利润空间不断缩减的风险。类似余额宝的理财产品层出不穷，腾讯的微信理财通、华夏基金的活期通等互联网理财产品吸引了大量资金，这些资金多数为从银行中"搬家"过来。

3. 冲击银行传统贷款模式

信贷业务是商业银行最重要的资产业务之一，也是传统商业银行最重要的利润来源。在信贷业务中，商业银行与贷款人之间存在着一定程度的信息不对称问题，互联网金融改变了银行单一供给信贷的传统格局，拍拍贷、人人贷等平台的不断涌现，将社会融资从直接融资、间接融资二维模式，延伸到第三种融资模式——互联网融资。在大数据时代，互联网电商企业通过对客户的消费、交易等海量信息进行分析，能够有效的挖掘借款人的征信记录以及消费习惯，信息不对称问题得到了极大的缓解。

以蚂蚁金服为例，其旗下的网商银行信贷产品目前已经对普通会员全面放开，不用提交任何担保、抵押，只需要凭借企业或个人的信用资质即可。用户 24 小时随用随借、随借随还。客户网络申请贷款后，最快只需要几分钟就能够完成贷款审批，申请贷款的会员最快一天之内就能够拿到贷款。与传统商业银行侧重抵押、担保的小微贷款相比，网商银行依托的蚂蚁金服庞大的小微企业信用数据库，在发放信贷时实现成本和风险的平衡，解决信息不对称的难题。

4. 挑战银行支付结算功能

第三方支付平台最初的业务主要是为买方与卖方作交易中介，但随着互联网金融创新的不断推进，第三方支付的业务范围得到了不断的扩大。从互联网金融的现状来看，第三方支付目前涵盖快捷支付、银行卡收单以及互联网支付等领域，力求"一站式"满足客户需求。以目前国内最大的第三方支付平台支付宝为例，其具有信用卡还账、手机充值、转账以及购买车票、机票的功能，甚至在特定城市可以进行网上预约专家就诊。智能手机的日益普及促进了移动支付的发展，线下扫码支付、NFC 近场支付正不断地从线上渗透到线下，刷脸支付、无人超市等越来越多的支付方式也在不断地改变着人们的交易方式和消费习惯。

不仅仅是支付业务，传统商业银行的结算、吸储功能都被第三方支付平台逐渐渗透。第三方支付凭借其更为便利、快捷、人性化的服务，逐渐弱化商业银行的中介功能。未来，电子化的结算方式将进一步普及，传统的支票、汇票、本票等等都将被电子票据取代，对银行物理网点的依赖将越来越小。

5. 冲击商业银行经营理念

数字金融独有的竞争优势，将商业银行的经营理念与经营行为产生重大的冲击，在银行业发展中发挥鲶鱼效应，倒逼商业银行迅速做出调整。无论是宏观上还是微观上，无论是经营理念还是业务结构、盈利模式、客户群体、服务水平等方面上都要进行大规模的调整。尤其是商业银行的价值创造和价值实现方式将被数字金融改变。

首先，商业银行的发展模式和盈利方式方面。近十年，中国商业银行虽处在快速稳定的发展阶段，但到目前为止，仍是传统上"重投入轻效益、重数量请质量、重规模轻结构、重速度轻管理"的外延粗放式增长模式。在盈利方式上，利差仍然是商业银行的主要收入来源，我国银行业利息收入仍占大头，非利息收入占比仍较少。

其次，客户价值诉求发生根本性转变。在数字金融模式下，客户消费习惯和消费模式发生了变化，目标客户类型也悄然发生改变。客户更为大众化，参与各种数字金融交易的人群包括中小企业、企业家和普通大众。互联网技术的日新月异，使得客户更多的关注效率与成本，同时追求多样化，差异化和个性化服务，注重方便、快捷、参与和体验成为客户的基本诉求。

最后，商业银行的竞争基础发生了改变。商业银行为客户提供的是复杂技术的金融产品，而数字金融机构依托互联网技术，提供的是简单、快捷、成本低的金融产品。数字金融模式下，数字金融的发展也将由安全、稳定、低成本和低风险转向快捷、便利，进而对银行核心业务发起猛攻。

三、冲击证券行业投资效率

1. 改变证券行业价值实现方式

智慧金融体系下，为证券行业带来了前所未有的价值创造速度，必然导致价值的扩张，同时数字金融也引发交易主体、交易结构上的变化和潜在的金融民主化，引发券商传统的价值创造和价值实现方式的根本性转变。

一方面，互联网技术能最大限度减小信息不对称和中间成本，把所有的信息由原先不对称、金字塔型转化为信息的扁平化，最终个体可在信息相对对称中平等自由地获取金融服务，逐步接近金融上的充分有效性和民主化，从而证券行业的服务边界得以扩大。近期券商积极布局的非现场开户、搭建网上平台以及移动终端产品等正是券商引入互联网展业模式的尝试，这为公司带来了新的增长点。

另一方面，社交网络、电子商务、第三方支付、搜索引擎等互联网技术形成的大量数据产生价值，云计算、神经网络、遗传算法、行为分析理论等更使数据挖掘和分析成为可能，数据将是金融的重要战略资产。阿里小贷正是基于大数据挖掘小微企业信用完成的价值实现。未来券商的价值将更多通过充分挖掘互联网客户数据资源，并开发、设计针对性满足客户个性化需求的证券产品或服务来创造和实现价值，从而实现"长尾效应"。

2. 引发证券经纪和财富管理"渠道革命"

证券与互联网的加速融合，有助于券商拓宽营销渠道，并优化现有经纪业务和财富管理业务传统的运营管理模式，进一步扩大服务边界。与此同时，网上开户和网上证券产品销售将使得券商的地域和物理网点优势不再明显，佣金率进一步下降，新产品经纪和资管业务的地位逐步提升，这将迫使券商经纪业务由传统通道向信用中介和理财业务终端转型。在不久的将来，网络将成为券商发展经纪业务、财富管理业务的主要平台。随之而来的，将是目标客户类型的改变，市场参与者将更为大众化和普及化，追求多样化、差异化和个性化服务是客户的基本诉求。客户的消费习惯和消费模式的改变，要求券商经纪和财富管理业务适应数字金融趋势，从过去通道中介定位向客户需求定位转型。以客户需求为中心的转型，本质上要求证券公司能够根据不同的客户类型，通过一个对外服务窗口，为客户提供包括融资、投资、理财咨询等一揽子的服务。这意味着证券公司需要对原有的组织模式进行重构，加强各条业务线的协作，提升现有业务的附加值，实现客户与证券公司共同成长。

3. 弱化证券行业金融中介功能

Mishkin（1995）指出，金融中介的存在主要有两个原因：第一，金融中介有规模经济和专门技术，能降低资金融通的交易成本；第二，金融中介有专门的信息处理能力，能够缓解投资者和融资者之间的信息不对称以及由此引发的逆向选择和道德风险问题。媒介资本、媒介信息正是证券行业作为金融中介最为基础的两个功能。媒介资本、媒介信息、挖掘信息等功能的发挥，在根本上都依赖于各类信息的收集和处理能力，而这正是数字金融的强项。数字金融与证券行业的结合，会使得交易双方的信息不对称程度降低、在金额和期限错配以及风险上分担的成本非常低，证券机构发挥的资本中介作用也日益弱化。未来股票、债券等的发行、交易和全款支付以及投资理财等都可直接在网上进行。比如，Google 上市时就没有通过投资银行进行相关上市服务，而是应用了数字金融，其股票发行采用荷兰式拍卖的模式在自身平台上发行。另外，在国外，基于社交网络构建的选股平台，投资收益跑赢大盘，这也一定程度上取代了券商投资理财的业务。

数字金融模式下，资金供需双方直接交易，可以达到与直接融资和间接融资一样的资源配置效率，市场有效性大大提高，接近一般均衡定理描述的无金融中介状态，这将极大地影响证券金融中介功能的发挥。

4. 重构资本市场投融资格局

数字金融平台为资金供需双方易成本，双方对对方信息基本实现完全了解，证券行业投融资格局中，资金中介将不再需要，取而代之的可能将是一个既不同于商业银行间接融资、也不同于资本市场直接融资的第三种金融运行机制，可称之为"互联网直接融资市场"或"数字金融模式"（谢平和邹传伟，2012）。P2P、众筹融资，正是这种数字金融新模式的代表。不同于传统借贷模式，在 P2P、众筹的借贷环节中，由网络平台充当中介的角色。借贷双方在网络平台上自主发布信息，自主选择项目，基本不需要借贷双方线下见面，也无须抵押担保。平台公司则为借贷两方提供咨询、评估、协议管理、回款管理等服务，并相应收取服务费。网络信贷的兴起，打破了传统的融资模式，在解决中小企业融资难题的同时，引领着资本市场投融资领域的革命性创新，这一代表着未来趋势的投融资创新实现了社交网站和种子基金、股权投资的融合，是投融资业务脱媒的开端。

5. 加剧行业竞争

数字金融以其先天的渠道和成本优势迅速改变资本市场的竞争格局，随着监管的放松，这种竞争还将进一步加剧：第一，互联网技术会降低券商业务成本，加剧同业竞争，如各大券商积极布局的证券电子商务，这只是网络经纪业务第一步，非现场开户全面放行后，证券业能以更低成本展业，这不可避免引发新一轮的佣金价格战，通道型经纪收入将更加难以为继；第二，数字金融会改变券商业务模式，催生网络经纪等新业态，这将带来新的竞争机会，使得未来竞争更加复杂化；第三，以阿里巴巴为代表的互联网公司携带客户资源、数据信息积累与挖掘优势向证券行业渗透，加剧行业竞争。近年来高速发展的互联网平台为数字金融奠定了比传统证券行业更广泛的客户资源基础。互联网公司在运作模式上也更强调互联网技术与证券核心业务的深度整合，凸显其强大的数据信息积累与挖掘优势。比如，以阿里小贷为代表的网络贷款正在冲击证券行业资本中介业务模式。以人人贷为代表的 P2P 模式则正在绕开券商实现投融资直接匹配，以余额宝为代表的互联网理财产品更是直接冲击券商理财产品市场。

四、冲击保险业的服务理念

1. 影响保险产品的开发

首先，数字金融的发展为保险业创造了新的需求可能。目前，数字金融的发展以深入到人们生活的各个领域内，保险产品也随之成为其发展中不可或缺的一个环节。新的保险需求既包括生活保障需求也包括理财需求。比如消费者信用保险支付、网上购物的退运保险、网贷的借款人履约保证保险以及互联网平台上的理财产品需求等。2014 年互联网保险的市场规模为 174.1 亿元，同比增长高达 95.7%，占中国保险市场整体市场规模的 0.9%，预计截至 2017 年互联网保险一直会呈现持续高速发展状态。2017 年互联网保险规模有望达到 1 218.8 亿元，渗透率有望达到 4.5%。其次，保险产品的创新体系将会有所改变。互联网保险利用大数据、云计算等技术更加倾向于快速获取客户个性、偏好、信用层级等数据，从而有助于保险企业根据不同的客户群体，针对性的开发出相应的产品和提供服务。再次，数字金融的快速发展要求保险业改变原有的机械式研发流程，变纵向决策链条为横向，以迎合网络环境下更迭交替的产品生命周期。最后，保险产品的形态将会发生变化。数字金融时代背景下，要求保险产品更加注重客户体验，条款说明趋于简单明了，产品形态更加趋于网络化，如电子保单和支付等。

2. 提供了新的产品销售渠道

信息技术的发展更迭促使借助于互联网平台销售其金融商品的保险公司的数量与日俱增。保险业务利用互联网销售主要有自建官方网上直销、专业代销网点和第三方平台代销三种模式。每种模式有其各自的优势和劣势，都需要企业有很大程度的资源投入包括资金和精力。因此，企业需要站在战略的角度从宏观角度考虑模式的选择。数字金融对传统保险的销售渠道也具有一定的冲击力。它既表现在对传统的个人代理和经销、代销模式产生了冲击，同时又随着电商企业加入保险销售得阵营，对传统保险的冲击加剧。主要是由于电商企业掌握着交易入口、又可以凭借计算机技术掌握客户流量、客户的消费数据，并通过线上线下融合方式来提升客户的体验，引领保险企业不断进行销售渠道的创新与发展，更多地参与数字金融背景下行业内竞争。2014 年 2 月 17 日，苏宁经批准开展保险销售业务，自此拉开了互联网巨头涉入保险领域的序幕。互联网保险解决了销售误导，实现了跨地域销售。数字金融借助大数据及绕过中介的优势，能有效地解决保险交易中客户信息不匹配问题，进而在一定范围内规避销售误导并实现跨区域销售。在保险销售方面，2014 年，互联网业务规模大幅增长，当年保费额达到 858.9 亿元，互联网渠道业务收入占比 4.2%，对拉动保费增长有着举足轻重的作用。

3. 影响保险业服务理念和方式

首先，实现"以产品为中心"向"以客户为中心"转变。保险企业既可以通过数据挖掘技术，针对客户的实际需求对客户加以分类、有选择的提供服务，还可以借助网络技术提高客户交互水平，通过改进客户服务来提升客户参与程度以达到"以客户为中心"的目的。如华安保险的微信平台推出的"掌上理赔"项目，它有别于传统理赔流程，属于线下转线上的一种新型理赔模式，它无须到保险公司进行柜面操作，为客户节约了现场等待勘查的时间成本，这种数字金融思维有助于保险企业实现产品、销售和客户的有机融合。其次，随着数字金融催生的新的客户群体，保险企业客户服务的观念及方式将会有所改变。新的客户群体以 80 后、90 后为主，还有部分是长时间内金融需求无法得到满足的"长尾客户"。不同层级的客户有着不同的消费方式和消费习惯。新的客户群体促使着保险企业试图寻求自身的服务方式和服务渠道的改变，如直接在互联网平台、社交平台、APP 上实现服务的供给。最后，数字金融促使着保险企业的客户服务内容更加倾向于客户资源管理类的服务。

4. 对保险业风险监管及规避的影响

风险无处不在，尤其是在行业的信用体系有待完善之前，风险的防范和管控就更不容小觑。只有有效的控制金融风险及其可能引发的一系列连锁反应，才能保证技术进步可以推动金融的快速发展。再者，互联网保险企业可以借助现代信息技术手段分析社交媒体及市场动态，通过风险评估，提高风险预防和声誉风险管控程度，同时，深入的了解客户信息，有助于降低信息不对称、减少逆向选择及定制差异化保费费率等。数字金融实质上是金融的一种创新模式，其发展离不开互联网技术，但更取决于对金融本身的理解。处在数字金融时代下，机遇与挑战并存，我们要有充分的认识，管控好风险，把握住机遇以充足的准备迎接挑战。

五、冲击国家货币主权观念

智慧金融的异军突起不仅造就了全新的金融业态和金融模式，也对传统的主权货币发行产生了冲击。未来中央银行最核心的货币发行业务也将进入数字模式，即基于互联网技术发行和管理数字货币。相比现金货币和电子货币，数字货币流通成本更低，交易效率更高，但数字货币对主权货币发行机制、货币政策、金融监管、国家货币主权让渡等方面的影响程度仍需时日加以测度。

1. 数字货币与货币主权

数字货币（Digital Currency）是一种依靠密码技术、数字签名和校验技术来创建、分发和流通的密码货币，该货币仅以电子媒介形式存在于互联网环境中。按发行主体划分，数字货币可以分为两类，一类是使用密码算法发行、结算清算的类数字货币，以比特币、莱特币为代表。这类数字货币尽管在多个国家央行纳入非法货币范畴，但它仍然可以用于真实的商品和服务交易，可以跨越国界流通，而不仅仅局限在网络游戏等虚拟空间中，具有货币的交易、价值和储存的基本功能。另一种是依托实物主权货币的电子化兑换和使用的数字化货币，即央行法定数字货币（Central Bank – issued Digital Currency，CBDC），是各国央行发行的法定数字货币，尽管直到目前尚没有哪个国家正式推出数字货币，但已有多个国家的央行在开展 CBDC 的研究。

国家货币主权涉及内容十分丰富，戈尼尔将拉斯特诺所著的《国际货币稳定的法律基础》一书中的国际货币主权总结为：（1）发行铸币和纸币（货币铸造权利）；（2）货币使用管理权和银行体制管理权；（3）货币供应控制权和利率权（货币政策权）；（4）汇率控制权（汇率政策权）；（5）外汇和资本控制权。

通过比较央行数字货币与私人发行的数字货币，可以发现央行数字货币的货币主权十分明确，而私人数字货币则有天然的超主权特性。第一，央行数字货币具有国家信用支撑，更容易被社会广泛接受。央行数字货币是主权货币的一种新型形态，具有和主权货币一样的法偿性和强制性。而各种私人数字货币没有国家信用支撑，价格容易波动，在使用过程中则需要对其进行实时重新定价。第二，央行数字货币采用统一的系统标准，更有利于提高经济体系的流动性、降低交易成本。第三，央行数字货币有货币当局作为最后贷款人，为货币稳定提供保障。而私人数字货币没有最后贷款人，一旦出现风险事件，货币供应商和交易平台很容易发生货币挤兑危机。第四，央行数字货币供应量由货币当局根据经济发展需要调控，以满足现代经济发展的需要，而私人数字货币通过程序来控制总量。第五，货币当局能够借助中央调节机制保持央行数字货币币值稳定性。

2. 数字货币具有天生的超主权特性

以区块链技术基础、去中心化为特征密码数字货币在整个世界金融体系里面得到广泛应用后，数字货币可以跨越国家和地区，因而数字货币具有天然的超主权特性，货币当局才必须推出法定数字货币以维护国家货币主权。比特币就是很好的证明，所谓的"去中心化"是类数字货币普遍的特征，没有集中发行和调节机构。这意味着，如果私人数字货币被社会广泛认可，而货币当局却没法借助中央调节机制稳定币值，这无疑会引起经济的大幅波动，势必会撼动以国家信用为基础的货币体系，很难契合现代货币体系稳定的诉求。

3. 货币政策的传导机制和有效性受到挑战

类数字货币的发展或许在不久的将来会对主权国家货币政策造成干扰，如比特币不是法定货币，但类数字货币分流、替代了一部分主权货币的使用，货币政策有效性将被削弱、传导机制将被扭曲。私人货币与主权货币是此消彼长的关系，随着私人数字货币使用范围不断扩大，主权货币使用量将逐渐下降，这无疑会降低货币当局对主权货币的控制力。同时，货币政策调控对主权货币供应和流通的影响力也将下降或不稳定，这将扭曲传导机制，削弱货币政策有效性。

数字货币的发展会导致数量型调控政策的有效性降低，但有助于提高价格型调控工具的有效性。在数量型调控中，中央银行主要通过调控基础货币的数量来调节货币供应量，最终影响产出、通胀等经济变量。数字货币的发展导致了货币需求的不稳定性，各层次货币供应量的可测性和可控性下降，对货币乘数的影响也存在不确定性。这侵蚀了数量型调控的基础，削弱了数量型调控的有效性。同时，数字货币便利了现金和其他生息资产的转换，企业和个人更容易持有生息资产，对利率的敏感度上升，有助于利率等价格型调控工具的发挥。

4. 数字货币或将对宏观审慎管理和反洗钱带来困扰

以比特币为代表的类数字货币，没有国家信用背书，其价格极易受到市场预期影响，货币价值波动率极高，市场流动性难以得到保证。比特币的价格缺乏约束，易被投机者操纵，IMF 最近的报告强调，随着虚拟货币使用范围和规模的扩大，单个虚拟货币体系风险演变为系统性金融风险的概率也将提升。

类数字货币普遍存在交易匿名和资金可跨国自由流动的特征，央行无法像对法定货币一样对其实施全面有效监测，使得不法分子易于掩盖其资金来源和投向，规避换汇额度及外汇汇出境外的管理规定，这给洗钱、恐怖主义融资及逃避资本管控带来了便利，因而容易成为恐怖融资和洗钱活动工具。

5. 数字货币对超主权货币发展带来深远影响

从 2008 年国际金融危机以来，构建稳定安全的全球金融市场越来越成为共识，国际货币基金组织一直在探索推动国际货币体系改革，超主权货币逐渐成为国际货币体系的改革方向。通过主权国家的数字货币创新，以若干主导货币国家的数字货币为基础，创造性改革和完善现行国际货币体系，推动国际储备货币向着币值稳定、供应有序、总量可调的方向完善，维护全球经济金融的稳定。这是站在当前国际货币体系的基础上，寻求超主权货币的创新之路。

2016 年是人民币加入国际货币基金组织（IMF）特别提款权

（SDR），成为五种入篮货币之一的人民币 SDR 元年，这也是国际货币体系改革发展的重要一步。人民币应借助数字货币发展新机遇，在国际货币体系超主权货币建设中发挥重要作用。

六、冲击传统金融业的经营与管理

1. 智慧金融对成本管理的影响

以互联网、大数据为基础的智慧金融而言，对成本管理的突破主要表现在信息成本和运营成本的降低。传统金融机构为了甄别客户的信用需要收集大量的信息，这需要许多人力、物力、财力的投入，对于所获信息的加工又会产生较大的成本，而智慧金融通过大数据和人工智能技术可以节约大量的信息成本。同时，智慧金融体系下，线上业务与线下业务不断融合，实体网点与网上虚拟平台互为补充，大量的金融业务运营基于网络，有效降低了成本。

以余额宝为例，余额宝的成本主要包括资金成本，运营成本，技术成本等。通过对成本进行全方位管理，余额宝成功实现了持续的低成本竞争战略，是对成本管理的一次突破。

一是余额宝充分利用了支付宝的第三方结算功能，降低吸引客户的资金成本。支付宝拥有大量的客户资源和闲散的结算资金。支付宝用户随时可以将资金转入余额宝，没有任何手续费用和审核过程，即视为购买了天弘基金的增利宝货币基金，每天均可获取一定的收益；同时依然不影响网购消费、支付宝转账以及银行卡提现等交易活动。余额宝的这项投资理财业务增加了客户在支付宝平台的消费品类，强化了支付宝的一站式服务理念，使支付宝凝聚了更多客户。而余额宝借助支付宝强大的客户量和支付清算功能，基金销售无条件获得了支付宝客户的广泛支持。构成了两个平台无缝连接，互为推动力，可持续平稳发展的态势。

二是创新设立岗位，降低运营成本。天弘基金年报费用数据（2013年、2014年）显示，余额宝大规模降低了日常运营成本，成本构成集中有效，所有成本中管理人报酬达到 47%，接近一半；销售费用占40% 左右；托管费 12.5% 左右。在管理人报酬中，天弘基金用技术创新取代了传统企业的一般管理开支，而设置了传统基金行业所没有的创新岗位，如宝粉网、电子机构业务、高端财富管理、对公业务等，这些创新岗位的人才不仅使传统运营成本大幅度降低，而且具有强大的价值创造能力。

三是利用新技术保证低成本战略可持续性。互联网基金的基本形式是货币型基金，但没有采用传统的门面销售模式，而是利用大数据、云计算等信息科学技术，及支付宝互联网平台积累的海量用户活动数据，建立评估模型。余额宝每日以自然人为主的客户数量往来交易量近百万笔，所有的业务需要大数据和互联网技术支撑，而节省了巨额的结算成本、人员成本和门面成本，而效率成倍增长。而互联网平台对货币资金的技术管理提出了非常高的要求，如黑客入侵、系统宕机等技术问题威胁资金安全，余额宝在初期研发、上线阶段投入了较高的费用，使之后的运行成本较低且不会随着规模的增长而激增，保证了低成本战略的可持续性。

2. 智慧金融对风险管理的突破

金融风险主要来自于信息的不对称。以银行业金融机构为例，作为债权人可能面临着债务人隐藏信息的道德风险，而数字金融能够利用海量数据对债务人客户进行分析，大数据和云计算等技术也让数字金融对风险评估有更好的把握。在数字金融背景下，通过分析任何有资金需求的借款者的信息，金融机构就可以通过借款者的风险特征计算借款者的违约概率，通过违约概率就可以决定合适的授信额度。

此外，数字金融在其他金融业务风险管控同样具有优势。如在保险行业，数字金融的大数据、云计算在保险风险管控中将得到广泛应用。保险企业利用大数据和云计算，可以进行社交媒体及舆情分析，帮助公司实时了解市场动向，做好舆情监控和声誉风险管理；可以进行风险暴露分析和事件监测，提高风向防御能力；可以更全面地分析客户信息，减少投保信息不对称，降低逆向选择，可以深入地评估保险标的的风险状况，制定个性化差异化的条款费率等。

3. 将更加注重用户体验

智慧金融具有平台开放、尊重客户体验、强调交互式营销等特点，其运作模式是互联网技术和金融核心业务的深度整合，传统金融业面临经营模式和业务流程的深层次变革。针对业务流程繁冗、低效的短板，传统金融机构的业务必须不断革新技术，致力于像互联网金融那样提供方便、快捷、安全、低门槛的金融产品，努力提升用户体验。

从方便、快捷角度提升用户体验。与传统的金融产品相比，互联网金融借助大量的信息和数据挖掘，使得服务完全在线、流程简单快捷成为可能。银行不再需要面对面提交资料、实地核查用户信用状况等传统贷前贷后管理手段，客户不再需要前往物理网点，在手机或电脑上简单操作就可实现。例如，微众银行"微粒贷"主要按照以下流程操作：第一步，基于大数据选取白名单客户。"微粒贷"遵循大数法则构建筛选模型，从腾讯的 QQ、微信、游戏、各类应用等产品中涵盖的海量基础客户和活跃客户中提取客户特征数据，并由客户平台模型、欺诈模型等自动筛选出符合信贷要求的优质客户列入白名单，完成类似传统银行的"贷前调查"工作。同时，将客户名单发送至合作银行机构，即这些客户同时成为该银行的潜在授信客户。第二步，简易化操作完成借款。针对筛选出的"白名单"客户，以微信推送形式向目标客户发送借款渠道，客户即可随心借款还款。合作机构在微众银行设立准备金账户，当潜在客户发生借款时，由该账户转入客户账户中，从而完成借款环节。第三步，依靠线上为主的贷后管理体系实现资金清收。微众银行基于客户还款情况动态调整授信额度，若贷款逾期，通过微信、QQ、移动终端 APP、电话等发送催收通知；贷款发生不良后，由"微粒贷"团队将催收外包收回贷款。贷款收益由微众银行和合作银行按一定比例分成。"微粒贷"业务办理快速、便捷、低门槛，贷款人只要满足了互联网贷款的风控要求（基于互联网身份识别、行为分析和大数据）就可快速拿到贷款，不像线下贷款在提供收入证明、房产流水等资料后还要花 5～6 个工作日，线上模式各种资料审核完毕到确认额度只需要半个小时。

从安全角度提升用户体验。在智慧金融时代，为达到方便、快捷的目的，主要是免去现场人工核对等环节、加快资料审核流程等，传统的安全保障手段有所弱化。加之由于互联网技术的广泛运用，诈骗网站、虚假链接、病毒程序等都可能导致客户资金遭受损失。利用大数据、云计算等互联网技术把控风险的重要性更加凸显，交易的安全性依然成为用户体验好坏的决定性因素。以阿里巴巴为代表的互联网金融公司在提高安全性方面取得了很好的效果，借助其强大的数据基础和分析技术，互联网金融在方便、快捷的同时，也具有很高的安全性。

4. 营销针对性更强

传统银行一般通过营销和广告效应使顾客去银行网点与工作人员沟通，或鼓励顾客致电银行，其营销重点大多是告诉顾客，他们正在考虑的银行就是"最好的银行"，且这个银行有最优惠的利率、离他们最近的网点或最优质的服务。这种首先引起客户关注、然后通过特定推广词锁定客户、再等待客户联系银行的销售方式，在过去被传统银行证实是有效的。但随着互联网的发展，这种等客上门的营销方式有效性大幅下降。招行原行长马蔚华在2003年曾指出，"一对一营销将成为营销的主流模式，未来国内商业银行的营销将面临三大挑战：一是如何更加准确地评估客户价值，区分出赢利性客户，并进一步细分；二是如何进一步通过提供差异化、个性化、人性化的服务，维系现有的赢利性客户；三是如何进一步从满足客户需求，转向培育客户需求，挖掘更多的赢利性客户。"这基本道出了当前金融机构营销模式所发生的变化。互联网技术一方面使得营销更加精准、有针对性，同时也提供了更多新型的营销方式。

让营销更精准。互联网技术给人们的生活带来深刻变化，他们放下报纸、快进电视广告、屏蔽骚扰电话……他们可以自己决定接收哪条营销信息、什么时候接收、在哪里接收，市场影响方式，这就要求市场营销方式随之发生变化，要能够针对消费者的行为和偏好数据做出更加敏捷、整体的分析，来决定营销的内容和时机，以及投递营销信息的渠道。如今社交网络越来越流行，越来越多人使用甚至依赖社交网络，用户产生的数据量持续呈指数级增长，每秒数百万的状态更新、博客发表、相片和视频分享。这些都为数据挖掘提供可能，通过对海量数据的计算分析，得到不同用户对产品要求的细微差别，从而推荐符合其喜好的金融产品，从更多细节给产品提供更好的用户体验。精准营销能够大大提高营销成功的可能性，好的用户体验又可以帮助导入更多的用户，进一步产生更多数据供金融机构用于分析。如花旗银行与脸书的合作，通过打通信用卡积分，基于社交网络收集客户信息和消费资料，在短时间内即可完成对客户的精准营销方案。

提供更多营销方式。近年来，传统的广告收入不断下降，借助传统的广告媒介开展的营销活动效果不佳，越来越多的营销活动转向移动、社交网络等领域。例如在微信朋友圈投放广告可能会比在电视、报纸投放广告取得更好的效果（见专栏）。除营销媒介的变化外，互联网技术发展还催生了新的营销形式。例如，在互联网众筹模式中的盲筹，即在用户不知道产品具体形式、价格和发布时间的情况下下单，最终获得物有所值商品的回报方式。2015 年 7 月，互联网手机厂商 ZUK 在京东众筹平台采用盲筹的形式发布了其首款机型。淘宝众筹后来推出"盲订"机制与此类似，大神手机等项目采用这种模式获得了远超预期的效果。

5. 产品更加契合用户特点

在传统金融体系中标准化设计的产品能够产生规模效应，金融压抑、供不应求的局面也使得传统金融机构没有创新的动力。互联网金融这个"搅局者"的出现，使得传统金融的这一理念也受到较大冲击。在智慧金融时代，大量的数据收集及分析成为可能，利用大数据信息深入挖掘客户需求，从而设计出更加契合用户特点的金融产品，达到私人订制的效果。观察那些取得成功的互联网金融产品就会发现，他们无不是抓住了客户特点，并由客户需求驱动。

挖掘客户需求成为可能。19 世纪以来，受技术限制，当面临大量数据时，社会都依赖于采样分析，这种分析方法是信息缺乏时代和信息流通受限制的模拟数据时代的产物。随着高性能数字技术的流行，人们逐渐认识到，这其实是一种人为的限制，与局限在小数据范围相比，使用一切数据为我们带来了更高的精确性，也让我看到样本数据无法揭示的细节信息。随着大数据的重要性被逐渐发现，新的数据库设计诞生——非关系型数据库，它不需要预先设定记录结构，允许处理超大量五花八门的数据。你每月的消费额、消费频率、是否理财、是否按时归还信用卡等这些在过去看来零碎的信息，都构成了大数据分析的基础，暴露出你的消费习惯、理财意识、财务状况、信用状况能信息，通过这些信息判断你是不是一个好的贷款对象，可能比直接问你是不是一个守信用的人，得到的答案更准确。大数据为发现客户、甄别客户、管理风险提供了数据基础，云计算解决了数据处理问题，这些为互联网公司涉足金融奠定了基础。阿里巴巴、腾讯、京东在涉足金融领域时，其最大的优势就是在电商平台、社交网络中积累的大量数据信息，这些信息在处理技术不发达的时期不被重视，而在大数据分析技术快速发展后已成为挖掘客户需求、提供精准营销的巨大宝藏。

产品由标准化到差异化。信息处理技术的发展，使得针对客户需求设计差异化的产品成为可能。互联网金融公司在这方面做过很多尝试。例如，国内首家完全没有物理网点，所有业务在线完成的互联网保险公司—众安在线，推出的多个险种都达到了私人订制的效果。该公司针对爱运动的客户推出智能健康险"步步保"，以用户的真实运动量作为定价依据，真正实现保费的高互动性，契合了用户在享受运动的同时，主动管理健康的需求。自 2015 年 8 月上线以来，步步保已与小米、乐动力、魅族手机等近 20 家合作伙伴开展合作，已经获得超过 700 万用户的健康数据授权。针对糖尿病患者推出保险产品"糖小贝"，众安保险与移动医疗设备—糖大夫血糖仪，以及专业医疗社区—丁香园连接，通过三方数据，众安保险设计了一套浮动保额奖惩机制，保额与血糖管理情况直接挂钩。

6. 服务对象更加广泛

从互联网金融发展的理论基础看，最早可追溯至 Kreps 的声誉模型，后来诸如互联网经济学、"二次脱媒"理论、新信用理论、长尾理论、普惠金融理论等都推动了该领域理论基础的完善。其中长尾理论、普惠金融理论均追求规模效应是原有金融体系的重要特征，导致资源集中到对其利润贡献最大的"头部"领域，而金融机构难以或者不愿意涉足小额的、风险与收益并不匹配的"尾部"业务。技术的发展在一定程度上使现代金融业分工和专业化被互联网和相关软件技术所替代，产生"长尾效应"，大量的小微企业、个人广泛的接受到金融服务，不受时间和空间限制。在互联网金融实现资金融通的过程中，不仅是参与投资的人更加广泛，融资者的进入门槛也更低，"三农"、小微、个体工商户等传统金融体系中的弱势群体，在数字浪潮中其投融资需求满足度大幅提高。

理财大众化。以余额宝为代表的互联网理财产品的出现，使得广大低净值投资人群也进入理财行列。与传统银行理财产品一般要求 5 万元以上不同，互联网理财产品往往 100 元甚至 1 元、1 分起投，门槛极低，人们的理财意识普遍被唤起，参与理财的群体迅猛增长。通过对这些碎片化资金的规整、集合并构造资金池，不仅提高了投资人的议价能力，也可以通过资金池对资金进一步进行合理投资，搭配适当的风险结构与期限结构，实现零碎资金的受益最大化。互联网理财产品规模因其低门槛、高收益、随存随取等特点而迅速扩张。例如，2017 年 1 月 3 日，余额宝宣布其总规模突破 8 000 亿元，在年末奖金集中下发等因素的带动下，余额宝 2016 年 12 月一个月的规模增长近 400 亿元。用户总量超过 3 亿，其中个人用户占比超过 99%，农村用户数超过 1 亿，在三、四、五线城市和农村地区不断普及。网商银行还针对企业客户推出余利宝产品，相比银行理财产品同样具有 1 元起存、无须线下开户、大额转出秒到账等优势，1 元起存的低门槛，使大小企业均能快速获得融资，截至 2017 年 2 月 20 日，该产品企业客户已达到 146.6 万个。

融资大众化。技术的发展不仅使投资理财更加方便、快捷、低门槛，融资者获取资金的方式也不再局限于传统的银行贷款，网络借贷、众筹等在智慧金融时代应运而生的融资模式也取得了快速发展。以网络众筹为例，企业、个人或其他主体为企业自身、产品、项目、服务或公益事业，可以直接通过互联网平台向公众筹集资金。网络众筹的发展完全基于互联网的发展，目前主要包括权益众筹、股权众筹、公益众筹、收益权众筹和债权众筹等，是除贷款、债券、股票市场融资之外的一种新型融资方式，在 2015 年和 2016 年连续两年被写进政府工作报告。据不完全统计，截至 2015 年底，国内上线过的众筹平台共计 377 家，正常运营的有 283 家，共有 14 773 个项目成功募集到资金，其中股权类成功项目 1 268 个，成功率 76.1%；权益类众筹成功项目最多，有 10 402 个，成功率 79.9%；公益类众筹成功率最高，成功项目 3 103 个，成功率达到 86.9%。众筹的一个重要特点即是门槛低，只要你有想法、有创意都可以发起众筹。例如，在科技类众筹中，创意是决定众筹能否成功的最重要因素，只要你的创意被大家认可，就可以通过互联网众筹平台发起众筹，如果项目认可度比较高，筹得资金可能远远高出开始设立的众筹目标。2017 年 4 月 10 日，苏宁和德 T750 智能锁在苏宁平台上进行的众筹活动共筹得资金 1 003 万元，其众筹目标仅为 100 万元。由于该大数据智能锁对中国家庭结构、消费者使用习惯、使用偏好进行分析，为指纹退化的老人和指纹不完整的儿童配备蓝牙钥匙，具有自动反锁、老少皆宜等特点，这些创意成功吸引到 6 272 个家庭的支持。在传统金融体系中，融资讲究抵质押物、预期现金流，在仅有一个创意的情况下，很难通过贷款审批。智慧金融使这种融资成为可能，金融体系也不再只是富人的俱乐部。

七、冲击现有金融资产格局

1. 中短期内：行业洗牌加速，集中度提升

根据中经未来产业研究院发布的《2016—2020 年中国互联网金融行业发展前景与投资预测分析报告》显示，2015 年，互联网金融整体市场已接近 15 万亿元，预计 2016 年中国互联网金融行业市场规模将达 17.8 万亿元，未来五年行业年均复合增长率约为 24.67%，到 2020 年预计将达 43 万亿元。互联网金融巨大的发展空间以及千亿级别的征信市场现状，使得网贷领域成为传统金融大咖、互联网巨头以及创业者争相抢夺的阵地。独立上市系、银行系、上市公司系等 P2P 派系征伐不断，激战正酣，随之监管部门密集出台了一系列的监管政策。造成的结果是，2013 年、2014 的迅猛发展之后，互联网金融行业竞争不断加剧。以 P2P 网贷行业为例，在经历了"野蛮生长"之后，止逐渐走向平台数量下降、但参与人数及贷款余额保持增长的整合大潮。根据网贷之家数据显示，截至 2016 年 11 月底，P2P 网贷行业正常运营平台数量为 2 534 家，相比 10 月底减少了 90 家，累计停业及问题平台达到 334 家。

从 2016 年网贷行业集中度数据及走势来看，截至 2016 年 11 月末，网贷行业成交量前 100 的平台成交量占到全行业成交量的 75%；前 200 的平台成交量占比为 85%；前 300 的平台成交量占比高达 90%，反映出 P2P 网贷行业距离形成寡头垄断距离尚远，但行业集中度提升，马太效应加剧。

2. 长期看：最终产生金融巨无霸

数字金融时代，能否在行业竞争中胜出，并成为金融巨无霸，主要取决于否有高效率低成本服务能力和是否是有效的推广策略，精准化、规模化获取客户的能力。在这两方面传统金融机构和新型数字金融机构都有可能做得更好。

一方面，传统金融大咖通过拥抱互联网，形成金融巨无霸。

一是构筑线上线下立体化网络。以商业银行为例，互联网的出现打破了时空局限，使金融服务不受地域限制、网点限制、规模限制，有了"无限扩展"的可能。如果不进行新的定位和转型，商业银行的网点将成为自身的包袱。商业银行要通过互联网技术，持续提升网点智能化水平，实现物理网点到智能网点的全面升级，锻造"互联网＋"时代下的线下优势。此外，商业银行还应主动构建"互联网＋"时代下的线上平台，进一步掌握提供金融服务的主动权。二是打造智慧银行。"手续繁琐、效率低下、服务态度差"一直是国有银行客户体验评价。应以客户的需求为前提，通过引入智能终端，敏锐洞察了解客户的需求，进行重新匹配资源，重塑业务流程，实现更加快速办理各项业务目标的同时，为客户提供方便、快捷、全新的银行业务体验，使得银行成为加载服务的开放式平台，为未来开拓更多的服务空间和营销空间提供物理条件的支撑，从而重塑银行的品牌形象。三是实现网点职能的转变。数字金融时代下，银行网点并不会快速消失，很多业务还是要到物理网点办理，智慧网点会把业务办理变得更加简单高效，与银行线上销售渠道相辅相成，在互联网背景下，可以间接带动线上金融产品的销售。线上线下相结合联动营销，使客户全面了解并且体验银行金融产品。不仅如此，在银行基础服务以外，还可以推出更多的便民服务，例如社保和公积金查询等，不断丰富产品和服务的内容，让银行服务渗透到公民的生活之中。

另一方面，新兴数字金融机构不断优化，形成金融巨无霸。

从模式探索到业务构筑，从渠道中介到技术与资产双输出，无论概念怎么更迭、政策风向又如何转变，数字金融始终步履不辍，高歌向前。其中具有代表性的就是由国内知名的互联网公司百度、阿里巴巴、腾讯、京东分别成立组建的百度金融、蚂蚁金服、腾讯、京东金融。它们通过产品对垒、牌照获取、股权渗入等方式，以"竞争者"和"协作者"两种身份，打破了传统金融机构旧有能力疆界，倒逼金融业态重建金融秩序，并逐步走向强大。在数字金融方面，四大互联网巨头明显走在前列的主要原因：

一是用户数量多。资料显示，蚂蚁金服个人客户总数超过 5 亿户，仅 2016 年就新增约 1 亿户；京东金融个人客户总数超 1 亿户；腾讯并未用下设独立子公司的方式将金融业务整体打包注入，其微信支付实名用户在 2016 年上半年末就突破了 4 亿户；百度也是以事业群形式运作金融板块，百度金融的个人客户总数在 2016 年第三季度末达到 9 000 万户。而根据银行财报显示，中型股份行浦发银行在 2016 年 6 月末的个人客户数达 3 563.47 万户；工行虽未披露该项目，但披露其网银平台用户总数为 2.15 亿户。也就是说，四大互金巨头用户数的最低保守估值，已经是我国最大银行零售用户总数最高值的 2.3 倍多，是我国一个普通中型银行的实名用户最高值的近 14 倍。一个蚂蚁金服，其客户规模相当于 1.25 家建设银行，4 家招商银行，20 家北京银行。

二是估值领先传统银行。在 2016 年最新一轮的股权融资后，蚂蚁金服的最新估值为 750 亿美元（其中 500 亿美元来自支付宝）；同样也是 2016 年最新一轮股权融资后，京东金融估值 466.5 亿元人民币。腾讯金融方面，如果参照蚂蚁金服的逻辑将支付公司注入，那么财付通早在 3 年前估值就已达 257 亿美元。也就是说，腾讯金融至少可以贡献近 300 亿美元的估值。全球银行业权威杂志英国《银行家》联合世界知名品牌评估机构 Brand Finance 发布的《2017 全球银行品牌 500 强》榜单显示，工行的品牌价值达 478 亿美元，在全球银行业中超越富国银行排名第一位，富国银行以 416.2 亿美元降至第二位；建设银行以 413.8 亿美元排第三位，中国银行 312.5 亿美元排第五位，农行 285 亿美元排第七位。也就是说，中国的互金巨头第一名，早已在估值方面，遥遥领先于工行和全球零售银行巨头。

三是为机构输出巨量客户。蚂蚁金服提供的数据显示，蚂蚁聚宝的实名登录用户目前接近 1 亿户，余额宝用户已超 3 亿户，在该体系购买保险的保民超过 1 亿。也就是说，仅蚂蚁金服一家为不同的金融业态有效导流就达 5 亿人次。京东金融的产品销售频道，购买过金融产品的人次达 1 亿。腾讯金融方面，申购过理财通产品的用户数目前已超 8 000 万户。仅作为产品销售渠道，3 家互金巨头就为传统金融行业输出至少 6.8 亿人次的客户总量。

四是金融业务涵盖广泛。随着蚂蚁金服旗下"芝麻信用"网站悄然上线，阿里巴巴金融帝国基本成型。蚂蚁金服是马云"平台＋金融＋数据"架构和规划中的重中之重，基本覆盖了金融"存、贷、汇"三大板块。这是一条几乎完美的金融产业链——通过网商银行提供贷款业务，通过支付宝提供支付结算业务，通过资产证券化实现融资，此外还涉及担保、保险、基金等。

八、冲击传统金融监管体制

2013 年被称为中国的互联网金融元年。短短数年里，智慧金融形成强大的"洪荒之力"，加速了金融业内部的融合，在冲击行业限制和分业监管格局的同时，与智能时代的实体经济形成更加紧密融合。

1. 冲击分业监管格局

在我国金融体制的改革发展过程中，一直坚持分业经营、分业管理的原则，并通过立法不断地明确和强化。但随着金融市场的发展，监管政策也逐渐松绑。证券公司、基金公司可以和商业银行一样在银行间市场进行融资；商业银行可以和证券公司一样开展债券承销代销等投行业务；证监会、银监会、保监会在资产管理领域争相放松政策限制；尽管在机构层面仍坚持分业经营、分业管理，但持有全牌照的金融控股公司不断增多，金融业混业经营的趋势日益明显。

金融科技企业也都致力于成立金融控股公司，争取全牌照的优势。如阿里巴巴旗下的蚂蚁金服，旗下拥有第三方支付（支付宝）、小额贷款（蚂蚁小贷）、银行（浙江网商银行）、基金（天弘基金）、在线理财（招财宝）、保险（众安保险）、征信（芝麻信用）等多种金融牌照和多个实体公司。在业务上全面介入金融业的存、贷、汇各个领域，并延伸到财富管理、征信、保险等众多金融领域，特别是在支付领域，支付宝早已成为可以和银联相抗衡的第三方支付平台。蚂蚁金服成为国内混业经营、业务庞杂、关联交易复杂的一个典型样本。它的老对手，京东金融同样体量庞大，拥有供应链金融、消费金融、众筹、财富管理、支付、保险和证券七大业务板块。

一方面是大型金融控股公司不断增加；另一方面是金融创新加速，跨行业、跨市场金融创新活跃，互联网金融、影子银行各类创新交叉嵌套，分业管理的金融监管体制不适应混业经营和金融风险跨市场传播的现状。在分业监管"铁路警察各管一段"的体制下，监管当局只能关注到自身的领域，在资金链条过程、金融产品存在多层嵌套的情况下，即使察觉到潜在风险的苗头，也会因缺少有力的监管协调，无法全面准确的找出原因，甚至得出分管领域业务健康合规的结论。

比如 2016 年底发生的侨兴债违约事件。侨兴集团 2014 年 12 月在粤股交（地方交易中心组织）备案发行 14 期私募债。作为侨兴债的受托管理人，粤股交与蚂蚁金服的理财平台招财宝合作，将债券产品信息发布到招财宝销售。个人投资者最初通过招财宝平台认购侨兴债时，产品类型是"企业贷"，借款人为侨兴集团旗下企业，并由浙商财险提供还款履约担保。购买后，个人投资者还可以通过招财宝上的"个人贷"将购买的债券转让给其他投资人。至 2016 年 12 月侨兴债已有 3 期出现兑付违约，浙商财险先行赔付了投资者后披露，侨兴集团发债募集的资金多数用于置换偿还广发银行等商业银行贷款，而广发银行正是侨兴集团在粤股交发债时的担保人。究根追底，侨兴债的发行目的就是为了置换风险即将暴露的银行贷款。企业由原贷款银行出具保函，在地方四板发行私募债，拆分后经过互联网金融平台，销售给普通个人投资者，虽然引入了保险公司提供履约的信用保险，但对债务进行兜底还是原贷款银行。在一系列跨市场、跨区域复杂交易的背后，原有贷款银行将表内贷款转成了表外的担保，实际的风险并未转移；而资金提供方由原有的贷款银行，分散到数以万计的互联网理财产品的个人投资者，使金融稳定的压力倍增，分业监管的格局受到极大的冲击。

2. 加速金融业内部的融合

突破监管的冲动总会不断刺激金融创新，2008 年以后我国的金融创新趋势越来越大，智慧金融方面的创新尤为引人关注。其中又以余额宝引发的争议最大、影响最深刻。2014 年初，央视评论员钮文新发表了《取缔余额宝》一文，指责余额宝的高收益抬高了全社会的融资成本，挤压实体经济，引起媒体、业界、学界乃至监管层面的广泛关注，几乎与美国商业银行为了规避 Q 条款而发明了货币市场基金如出一辙。时隔多年，重新审视余额宝现象，可以发现余额宝抬高了全社会融资成本的结论虽然并不准确，但在余额宝的背后，第三方支付、互联网理财、商业银行协议存款、货币市场基金等本应分业经营、分业管理的金融业态，在利率市场化和金融创新的作用下，呈现出高度融合。

先来看余额宝，2011 年央行出台的《第三方支付备付金管理办法》，要求支付机构的实缴货币资本与客户备付金日均余额的比例不得低于 10%。如果按照日均资金沉淀规模约 100 亿元计算，支付宝就需要准备 10 亿元准备金，同时还要增加注册资本。同时，社会各界对支付宝占用客户资金沉淀利息问题也有很多质疑。综合这些因素，2013 年 6 月阿里巴巴推出余额宝作为支付宝的余额增值服务，除了理财功能，余额宝也以直接用于在淘宝的购物、转账、缴款还款等消费支付。这样一来，支付宝成功规避了监管要求，由于余额宝 1 元起购，活期还可以理财，一推出就受到热烈追捧，甚至出现分流银行存款的现象，一时间传统金融机构纷纷效仿推出"宝宝类"产品。

再看货币市场基金。余额宝的理财功能主要通过将客户从支付宝转过来的沉淀资金对接到天弘基金旗下的增利宝货币基金来实现。在余额宝推出的 2013 年，我国的利率市场化进程只剩下存款利率放开这最为关键的最后一步。传统金融机构的利率水平普遍较低，连理财产品也有一个不低的起售点。余额宝引发的银行存款搬家现象，令商业银行开始降低理财产品的门槛来稳定资金来源，也带动了一大批互联网理财产品的出现。因此 2013 年又被称为互联网理财元年。

商业银行协议存款。与多数货币市场基金一样，余额宝的底层投资资产中，除了少部分投资于高评级债券外，绝大多数投资于商业银行的协议存款。这样一来，从银行存款搬家到余额宝的储蓄存款，又以协议存款的形式重新回流到银行体系，区别是储蓄存款的利率较低，而协议存款利率明显较高。在这一点上，商业银行付出的资金成本确实增加了，这也是央视批评余额宝的主要论点。但同业的协议存款虽然比活期存款利率高，但具有更长的期限，更大的单笔金额，与商业银行资金自行去组织分散的活期存款相比，这种批发性大额资金无疑更有价值。更关键的是，在余额宝诞生的 2013 年 6 月，商业银行刚刚经历过"钱荒"，银行间隔夜拆借利率盘中一度飙升到 30%，大额协议存款成为商业银行争抢的资源。所以余额宝初期才会出现较高的收益率，随着银行体系流动性紧张程度的缓解，余额宝的收益率也逐步趋向正常。

从以上三个方面看，余额宝的创新出于规避监管的考虑，但在利率市场的大背景下，这个新的智慧金融产品将理财投资者、货币市场基金、商业银行更加紧密的连接到一起，启发了民众的理财意识，倒逼商业银行降低理财投资门槛，加强主动负债管理，提高自主定价的能力。在余额宝引发争议的后一年，央行决定取消存款利率浮动上限，我国的利率管制时代终结，一个由市场配置资金、市场决定金融产品价格的时代到来了。不能简单的说余额宝创造了历史，但余额宝在其中的推动作用应予肯定。

3. 智慧金融监管手段和措施显著滞后

（1）各国监管措施各异，缺乏全球统一标准

由于各项金融科技的创新性和成熟度不同，目前各国主要考虑并实施的是对网络融资和电子货币的监管。在其他金融科技类别中，各国对支付的监管规则已相对成熟，而区块链等技术本身及其影响还处于探索阶段。总体而言，各国对具体金融科技类别的监管存在较大差异，全球对金融科技的监管缺乏统一标准，呈现碎片化的割裂状态。

就P2P和众筹而言，美国按照金融产品和服务的性质决定适用的法律及监管机构，P2P和众筹一道纳入证券市场的行为监管框架。欧盟和英国对众筹和P2P等业务主要根据审慎监管原则进行监管，比如，英国对P2P网贷和众筹等都明确了最低资本水平等审慎监管指标要求，并要求投资类众筹要加入英国金融服务补偿计划，类似商业银行的金融安全网设计；法国将P2P借贷业务视同银行业务，适用银行监管。

在电子货币方面，监管态度的差异更为显著。根据美国国会法律图书馆环球法律研究中心2014年的一项研究，40个被调查的国家和地区对比特币大致持正面、反对和保留三种态度。在正面态度之下，亦有将其视作商品与货币之分。美国商品期货交易委员会将比特币归类为大宗商品。欧盟最高法院判定比特币为一种货币，而非商品，即电子加密货币为欧盟范围内合法的支付方式。

（2）国际组织着手调研，初步评估框架出炉

2016年3月16日，金融稳定理事会（FSB）在日本召开第16届全会，全球金融监管当局首次正式讨论了金融科技的系统性风险及监管问题，并发布了《金融科技的全景描述与分析框架报告》。

虽然当前全球金融科技尚处起步阶段，对其实施全面评估仍存在数

据不足、技术更新太快等具体障碍，但 FSB 着眼于金融稳定，推出了对金融科技的分析框架，层次清晰，重点突出，实践性强，值得各国监管当局充分借鉴和应用。这一框架分为三个步骤：

第一，需要对各类金融科技产品及其机构的创新内容和机构特征充分分析。特别是一些跨市场跨业的运营，一定要认清其经营模式的实质：是真正市场需要的金融服务创新，还是只是借创新之名牟取暴利、挣快钱；这些机构的管理和内控是否存在着与金融行业特征严重不符的问题等。

第二，对其驱动因素加以区分。对于确实有利于降低成本、优化风险管理、填补金融服务空白、满足市场需求的创新活动应在整改规范基础上给予支持，但对于规避监管或进行监管套利的，甚至涉嫌非法集资的"伪创新"或犯罪行为，则应给予严厉打击。

第三，要注意前瞻评估对金融稳定的影响，从微观和宏观两个层面加以充分评估。微观层面上，应重点评估其对传统金融机构商业模式的影响，对金融市场中各个市场参与主体行为方式和风险状况的相互影响，以及可能给金融体系带来的脆弱性等。也就是说，要注意从微观商业模式或产品入手，发现其可能存在的宏观潜在影响，这有助于我们判断是应该鼓励还是叫停其业务。

宏观层面上，应重点评估金融科技活动是否会对金融体系的复杂性、透明度、流动性、杠杆率、信用风险和交易对手风险方面造成实质性影响，是否会对整个金融系统的期限转换、流动性错配和风险转换造成影响，是否会对市场结构和竞争造成实质性影响，以及其外部性效应大小等。以上这些领域，都是我们全面分析各类金融科技活动是否会影响金融稳定的重要方面，也是我们考虑各细分行业未来去留的重要方面。

此外，在 FSB 之下，巴塞尔银行监管委员会 BCBS 已经成立了金融科技特别工作组，研究金融技术对商业银行的影响以及未来的监管应对，目前，该工作组正在对各成员国对金融科技的基本态度、监管框架、具体监管以及鼓励创新的具体做法进行调研；国际证监会组织 IOSCO 自 2014 年和 2016 年两次发布众筹业发展报告后，下一步将更加全面地评估包括区块链、云技术、机器人投顾等金融科技在证券和资本市场的运用及其影响；国际保险监督官协会IAIS于2015年11月发布了《普惠保险业务准则》，消费者保护、数据保护和反欺诈是IAIS对金融科技的三大核心关注。

（3）金融科技跨境展业，监管合作应对不足

目前，传统金融业已开始逐步受到金融科技业的无国界竞争，但对于金融科技的跨境监管合作安排却明显滞后于跨境展业步伐。以蚂蚁金服为例，其国际化步伐日益加快，支付已覆盖220多个国家和地区，一年服务海外客户超3 300万人，同时已在印度投资支付公司，在韩国的合资互联网银行已获批筹建，计划在东南亚部分国家参股银行或支付机构。欧洲的跨境P2P业务也是一个典型例子。对于商业银行而言，已经有一系列母国和东道国监管当局合作的机制化安排，包括在信息共享、跨境检查、持续协调、处置计划等方面母国和东道国监管当局都已经展开了沟通合作。但对于已经开展跨境经营的金融科技业，无论是在监管还是消费者保护方面，目前尚无任何机制化安排。

鉴于金融科技的跨境展业尚处初级阶段，目前实际遇到的监管合作问题主要集中在市场准入领域。对未来可能出现的"系统重要性"金融科技企业尚无联合评估的安排。目前，已经出现了超级庞大的金融科技公司，部分公司也正在进行全球化扩张。如果其继续目前的发展势头，未来必然需要对全球或国内"系统重要性"金融科技进行联合评估，并在评估的基础上采取相应监管应对。在这一方面，金融稳定理事会的分析框架可资借鉴。

九、冲击传统的金融稳定机制

智慧金融体系下，对金融稳定的冲击主要集中于金融科技的深度应用和金融创新的推陈出新，这种冲击既有潜在的积极因素，也有消极影响。

1. 对金融稳定的潜在积极影响

智慧金融以金融科技为基础，通过金融科技的深度应用，会导致一些领域去中心化和多样化，提高金融效率，增进金融信息的透明度，这些创新可以减少潜在的金融稳定风险。

金融科技会导致许多领域的去中心化和多样化。在贷款方面，技术的进步，如大数据处理和贷款发放的自动化降低了准入壁垒。这一领域的一些商业模式，也可能受益于与贷款相关的分拆存款管制放松。另一个例子是机器人投资顾问，当准入壁垒包括固定成本较低时，规模较小的公司可以与大公司竞争。

金融创新有可能带来更高的效率。采用提高生产力的技术，如机器人投资顾问、监管科技或简化后台功能的应用技术，可以改进现有金融机构业务模式。市场上的贷款和机器人投资顾问的商业模式与银行相比，对物理条件的依赖更小，用算法来评估贷款价值和投资机会让平台运作成本相对较低。通过分布式账户技术执行交易的效率和速度更高，并可以通过缩短结算时间从而减少暴露在交易对手面前的时间，以此来降低风险。

大数据应用可以减少金融科技领域的信息不对称。较好的数据还可以针对用户希望管理的特定风险更精确地创建智能合约。金融科技信贷和股权众筹可以进一步完善家庭和企业（如中小企业）的融资市场。

智慧金融扩展了金融服务的获取渠道和便利性，在几乎无法引进实体银行的农村地区，也可以通过移动银行获得到信贷支持和进行支付交易。诸如数字身份和基于分布式账户技术的应用程序创新，可以支持改善终端用户获取金融服务的渠道和质量。保险领域的创新也扩展了客户保险产品的范围。

2. 对金融稳定的潜在消极影响

所有业务都会受到操作风险的影响，该风险可能源于信息系统、人为错误、管理失误和外部影响。金融科技可能会面临以下主要弱点和相关风险，包括：一是治理/流程控制。提供金融服务但不在监管范围内的实体或受到较低监管程度的实体。例如某些向受监管的金融机构提供服务的第三方，可能不受与其他金融机构同样程度的监督或审查。随着这些实体的增长，金融体系将面临风险。二是网络风险。网络攻击对整个金融系统的威胁越来越大，金融科技可能会加剧这一风险。三是对第三方依赖的风险。一些金融科技活动可能会增加金融体系内的第三方依赖。例如，云计算服务可以由数量有限的几方提供，当出现运营问题时，一系列基于云的金融服务可能会受到重大影响。四是法律/监管风险：金融科技活动具有创新性，不完全在现行法律范围之内，法律和监管框架可能需要与之相适应。这适用于从客户界面到后台系统和基础设施的全方位服务。

现有的案例研究表明，某些创新可能随着时间推移，放大对金融体系冲击的宏观金融风险，并可能提升金融不稳定性。与微观金融风险一样，各种宏观金融风险的来源是相关的，相关程度取决于金融创新的类型以及其随着时间的推移如何发展。

过度波动：金融科技的一些活动旨在提高速度，这可能意味着它们更有可能创造或加剧系统中的过度波动。例如，算法交易者在低波动期间可能会更加活跃，但在市场紧张、流动性需求高的时候，将迅速退出市场，从而增加资产价格波动。与此同时，聚合平台的设计旨在根据价格和相对业绩的变化促进银行系统的现金快速流动。虽然这可能为客户提供更好的价值，但可能会增加银行存款的波动性，影响银行的流动性头寸情况。更广泛地说，在更加竞争的环境中，提高服务提供商之间切换速度和容易程度可能会使金融系统对新闻过度敏感。

系统重要性：在金融科技的背景下，未来最有可能以市场基础设施的形式出现高度关联的实体。例如，分布式账户技术有广泛的应用可能，包括在证券清算和结算方面发挥核心作用。在某种程度上，这可以取代与托管银行和中央交易对手（CCP）相关的现有风险。数字货币和钱包本身可以取代传统的银行支付系统，而聚合平台可能成为接入银行和申请新的银行账户和贷款的默认方式。其他寡头垄断或垄断也可能出现，例如在收集和使用客户信息方面，这对于提供金融服务至关重要。

十、冲击普惠金融发展理念

1. 数字普惠有助于提高金融覆盖率和降低金融成本

金融科技与普惠金融深度融合，对经济、社会的包容性发展发挥重要作用，日益受到各国重视，由此产生了"数字普惠金融"的概念。数字普惠金融是指运用先进的金融科技手段，为无法获得金融服务或缺乏金融服务的群体提供一系列正规金融服务，其所提供的金融服务能够满足他们的需求，并且是以负责任的、成本可负担的方式提供，同时对服务提供商而言是可持续的。具体来说，"数字普惠金融"涵盖各类金融产品和服务（如支付、转账、储蓄、信贷、保险、证券、财务规划和银行对账单服务等），通过数字化或电子化技术进行交易，如电子货币、支付卡和常规银行账户。

金融科技可从三方面降低金融机构成本，提升服务效率，从而解决普惠金融发展的两个可持续性之间的矛盾。

一是降低金融机构的运营成本。金融机构可利用金融科技手段对物理网点和人力资源进行替代、补充和改进，扩大金融服务覆盖面，并有效降低运营成本。受限于机构铺设的高成本，传统金融机构一般将主要资源分布于人口、商业集中的地区，难以渗透到经济落后地区。随着金融科技的广泛应用，一些地区即便没有银行网点、ATM，客户也能通过电脑、手机等终端工具获取所需的金融服务，完成非现金交易，从而有效拓展服务对象。

二是降低商业金融机构信用风险管理成本。一方面，金融科技能促进信用形成价值。征信信息不足和缺乏抵押物造成信息不对称，是发展传统普惠金融的主要障碍之一。利用金融科技，金融机构可通过大数据分析低收入人群和小微企业的信用状况，提升其信用价值，增加其获得金融服务的机会。另一方面，金融科技能提高信用风险管理水平。随着金融科技发展，金融机构能够通过日常交易数据流、现金流、物流等信息，全面、动态实时掌握客户信用风险变化特征，显著提高风险识别能力，降低金融机构贷后管理和信用风险跟踪评估成本。

三是提高金融服务的效率，改善服务质量。金融科技发展使金融机构能大幅度提升服务效率，特别是实时到账的小额移动支付技术发展成熟，不仅消除了传统金融服务时空限制带来的低效率，也大幅度减少了对金融机构物理网点的需求，降低了这一领域进一步融合创新的门槛。同时，基于互联网大数据的信贷审批决策效率也大幅度提升。基于以上三点，金融科技有助于解决普惠金融发展面临的两个可持续性矛盾。当然，金融科技的发展有一个过程，难以在短时间内解决普惠金融发展面临的所有问题，因此金融科技需要与政策扶持相结合，形成合力，共同推动普惠金融发展。

国际上，一些国家注重利用金融科技推动普惠金融发展。非洲的肯尼亚等国广泛利用手机银行发展普惠金融，用户通过手机，可以开账户、支付，可以获得信息，可以贷款、还款、买保险等。印度的 FINO 支付公司以廉价、高效、透明的数字支付平台，为印度 25 个邦 8 500 万人提供了存款、贷款、支付、保险等金融服务，有效缓解了农村地区金融服务不足问题。孟加拉国移动支付公司 bKash 在全国有 12 万个代理点，为 2 100 万用户提供移动支付服务，在降低企业交易成本，创建可靠的征信记录，推动贫困人群获得高效、安全的支付服务等方面发挥了重要作用。

金融科技的快速发展，为中国从推动数字普惠金融发展成为现实。中国人民银行通过政策引导等方式，鼓励金融机构在村里的小卖部或基层行政单位布设 POS 机等自助机具，村民们可以方便地存款、取款、汇款、缴费，满足其一部分金融服务需求。同时，中国人民银行大力发展移动支付，为偏远地区群众获取金融服务提供了更大帮助。截至 2016 年底，全国助农取款服务点有 98.34 万个，覆盖行政村超过 50 万个。另一个例子是农村电商，互联网平台不仅提供工业品下乡和农产品进城的通道，其产生的大量交易数据等信息还催生了供应链金融，并使订单农业和抵押贷款变得比较容易。此外，中国的一些金融科技公司也从信用风险管理、信用信息中介等方面拓展业务，对十数字普惠金融进行了有益的探索和尝试。

2. 数字普惠金融要防范发展中的风险

金融科技在推动普惠金融发展，为社会经济带来福利的同时也带来了风险与挑战。金融科技不改变金融本质，但金融科技在推动普惠金融发展演变过程中，改变了传统金融业务的风险特征。

一是放大金融体系的系统性风险。普惠金融受众群体广泛，金融科技使金融风险更具隐蔽性，风险的传播速度更快，传播范围更广，一旦金融市场出现风险，普惠金融受众风险承受能力低，可能迅速集体行动，最终使局部风险演变为系统性金融风险，危及整个金融体系的安全。

二是增加金融"脱媒"风险。数字普惠金融在便捷居民消费、投资等同时，也改变了资金在支付体系的流转模式，一些资金供给能够绕开商业银行等传统的信贷中介，直接输送给资金需求方，使资金在商业银行体系之外循环，金融交易脱离监管当局的金融管制，并使传统金融"脱媒"风险加大。

三是增加金融机构的技术风险。数字普惠金融对信息技术和网络系统的依赖程度更高。金融机构在依托金融科技发展数字普惠金融时，需要搭建交易平台，建设完整的系统网络，面临诸如系统安全、操作风险等众多和系统技术相关的风险，并可能导致诸如信息泄露、资金安全受影响等重要问题。

四是监管套利风险。以金融科技发展数字普惠金融还可能导致出现监管空白地带。一些金融科技公司处于监管灰色地带，从事类银行业务，但在其运作过程中并未受到金融监管部门规制和监管，导致金融监管套利，同时由于未受到合理规制，交易平台可能出现流动性风险、非法经营风险、非法集资风险等。

对上述存在的风险因素，需要监管部门采取有效手段，加强和改善监管。一是推动监管协调发展。监管当局需要为普惠金融服务供应商提供可预测的、以风险为导向的、公平的监管框架，以保护金融科技创新和投资的意愿。二是完善监管框架。针对数字普惠金融领域发展态势，建立金融科技行业监管准则，适应金融发展与风险防范并存的长效监管机制，积极研究探索分类和分级监管，确保普惠金融精准造福服务对象。三是提升监管能力建设。需要监管部门加强科技力量，应对新型技术对监管的挑战。一方面，监管者需要具备技术驾驭能力，准确理解和把握金融科技对普惠金融服务市场的创新，辨识不断变化的风险，以有效监管相关主体和整个市场。另一方面，监管者也应当能够利用新技术有效、高效地开展监管行动。尝试和探索在监管数字普惠金融时引入人工智能，以加强对普惠金融发展成效的评估和对其潜在风险的管理。

四是加强消费者权益保护。普惠金融主要服务对象是小微企业和中低收入等金融市场的弱势群体，他们在金融知识、风险意识以及风险承受能力等方面都明显不足，保护这些弱势群体的权益是监管部门的主要职责，因此监管部门需要针对金融科技的特点，制定金融消费者权益保护法时，要设定专门条款，加强对普惠金融产品的信息披露，并对金融消费欺诈、虚假宣传、泄露消费者隐私等各类侵害消费者权益行为进行明确规定。

第四章　智慧金融发展趋势

金融科技的飞速发展驱动了传统金融业的智慧化进程，金融与科技的相互融合不断地创造新的业务模式、新的应用、新的流程和新的产品，从而对金融市场、金融机构、金融服务产生重大影响。透过可预期的金融科技进步，未来智慧金融呈现出八个方面的发展趋势和方向。

一、传统金融机构智慧化转型加速

1. 传统营业网点向智慧化、轻型化转型

随着数据安全技术、认证技术、反欺诈技术、交易监控技术的不断升级，金融服务的普惠性、便捷性将进一步凸显，未来的银行也将向轻资产化的金融科技公司方向发展。通过部分上市银行 2017 年半年报数据，五大国有银行物理网点减少逾 200 个，基层柜员减少 27 104 人，其中，工商银行物理网点为 16 270 家，比 2016 年末减少 159 家；建设银行网点为 14 960 家，比 2016 年末减少 25 家。随着物理网点与基层工作人员都在减少，可以预见到银行网点智能化转型正在提速。

依托人工智能和生物识别技术的快速发展，商业银行"超级柜台"正成为传统营业网点智慧化转型的亮点。如农业银行推出的"超级柜台"涵盖业务包括自助办理个人开卡、电子签约、查询转账、自助购汇、投资理财等 7 大类 40 项银行业务，繁琐的签名、打印、回单、交易程序也大大缩减，原来 15 分钟的业务在 3 分钟内就能办结，实现了绝大部分个人非现金业务的自助办理。

随着互联网金融的推进及智能手机的普及，未来银行网点将趋向智能化、轻型化。传统营业网点面积比较大、人员多、运营成本高，今后各银行渠道建设会倾向于自助化、智能化发展，网点将具有面积小、人员少、成本低、业态灵活和多渠道融合等特点，将为市民提供更加便捷、高效的精细服务。

2. 多方竞合将成为金融行业发展常态

金融和技术深度融合带来的成本效率改变日益临近，以大数据、人工智能、云计算为代表的数据、算法、算力三者将合力改变金融的技术基础，由此也将深刻影响银行的获客成本、风险甄别成本、运营成本和资金成本。银行和科技的深度结合将促进银行转型，加快传统业务优势渗透到新的金融服务领域。互联网公司与商业银行将共生合作，构筑新型的竞合关系，共同打造金融科技生态。

金融机构与金融科技企业的合作，一方面，源于商业银行内部技术迭代缓慢，线下获客能力遭遇瓶颈，亟待寻求突破。依托于与具有场景和大数据科技公司的合作，强化客户下沉，提升长尾客户服务力度，将是商业银行转型的重要方向。另一方面，商业银行综合化经营的基础也需要金融科技的助力。通过合作可以快速灵活地借助对方的优势，银行有望加速提升资金流转、客户交叉、产品加载等方面综合化经营能力。

互联网公司与商业银行将共生合作，构筑新型的竞合关系，共同打造金融科技生态。一是可通过合作积极布局互联网经营生态圈。2016—2017年，工商银行、农业银行、中国银行、建设银行四家大型银行分别与互联网金融公司京东、百度、腾讯、阿里建立金融科技合作，传统银行与非金公司通过入口与渠道、流量场景、产品创新及大数据建立联盟伙伴关系，不仅能发挥银行作为资金端的优势，更可以依托互联网获取大数据，更好地提升服务质量，产生"1＋1＞2"的效果。二是加速技术驱动应用于从资产获取到资金对接，乃至用户体验的全过程，提升消费金融业务线上化、移动化、数据化以及智能化，撬动消费金融万亿级市场。三是加强行业内部资源的竞合。以中国银联和网联为主导的清算转接机构通过联合各商业银行，建立行业统一支付标准，推出统一支付品牌、支付产品，统一业务流程及支付体验，引导行业从无序竞争转向产业规范。

3. 商业银行加速调整战略发展方向

金融科技的发展改变了商业银行各个层面的运行模式，将全面颠覆传统金融服务的制度基础和商业流程，促使商业银行调整战略发展方向。互联网、虚拟现实等技术的快速普及，催生了用户服务层面的大量创新和应用，改变了银行客户服务模式；云平台、物联网和人工智能改变了业务处理和基础设施部署的方式，区块链将现有银行体系的基础制度和交易规则固化在底层协议中；区块链技术和市场将快速成熟，促使商业银行调整战略方向，即通过改造传统业务和探索新一代金融服务模式，提供基于价格实时发现、资源精准匹配、产品按需提供、服务随时响应和风险智慧经营的高价值综合金融服务，实现由依赖息差和交易费用的信用中介，向以"理融商投咨"为核心的社会信用价值创造者转变，引领新商业格局的形成，掌握未来市场竞争主动权。

4. 中小银行形成智慧化合作联盟

同大型商业银行相比，中小商业银行发展金融科技的优势更为灵活，但中小商业银行由于盈利水平、人才队伍、资源禀赋等诸多因素，在智慧化转型发展中面临着两大风险：一是自身资本实力不强，科技资金投入有限，智慧化进程受阻；二是中小银行在于金融科技公司开展合作中，由于资金与实力悬浮较大，面临被金融科技寡头控制和吞并的风险。

金融科技的发展，对中小银行是千载难逢的机遇，也是前所未有的挑战，中小银行要紧紧抓住金融科技所带来的机遇，创新思维，抱团取暖，努力融入到智慧金融发展的浪潮中，探索打造金融机构与科技公司共生共荣的"智慧金融合作联盟"，强化科技的支撑和创新引领作用，或将成为未来中小银行的智慧化转型的重要渠道。

2017 年 12 月，山东省城市商业银行合作联盟有限公司发布的"CBUS5.0 - 智慧银行系统"，提出了助力中小银行智慧化转型的综合金融解决方案。该系统是以提升用户体验、控制运营成本、拓展营销渠道和增强风险管控为目标，通过优化柜面业务流程与管理、柜面交易场景化、线上线下渠道业务协同、智慧网点规划、移动展业平台建设、ECIF客户中心和产品工厂建设、柜面无纸化建设、大数据分析和集中作业平台建设等多项举措，打造轻量化、自助化、移动化、集中化、线上化的新一代智慧网点。目前，该系统的基础业务部分已在济宁银行首发上线，集中作业部分已在齐鲁银行上线，泰安银行已经启动实施。智慧银行合作联盟模式通过抱团发展，共同应对挑战，共建金融科技、创新发展的崭新生态圈，为中小银行智慧化发展提供了借鉴。

2017 年 12 月 6 日，另一家中小银行合作组织——"中小银行互联网金融（深圳）联盟"在深圳召开成立大会。该联盟是在深圳市政府金融发展办公室的指导下，由中国平安集团联合各中小银行共同发起，上海壹账通金融科技有限公司承办。目前已有 230 家银行成为联盟会员，资产总规模超过 35 万亿元，聚合中小银行资源，打造一个大平台，形成大投行、大资管、大财富管理。最终任务则是要形成一个联合创新的合作大平台，应用新技术研发新产品新业务，帮助单个银行突破能力的限制，借助外力实现科技转型和金融创新，实现转型发展。

可以看出，"合作联盟"模式在未来金融科技方面的合作会给中小银行的发展带来更多福音和机会。

二、移动支付推动银行卡的虚拟化发展

近年来，伴随着移动互联网的迅速发展和新科技在支付领域的广泛应用，支付市场发生了深刻变革，第三方支付机构引领的移动支付业务规模呈现爆发式增长态势，商业银行面临前所未有的挑战，产业各方积极采取应对措施，加大资源投入，开启以移动支付为重点的无卡支付新局面。

1. 移动支付业务快速增长

根据央行公布的 2016 年支付体系总体运行报告显示，全国银行卡移动支付业务 257.10 亿笔，金额 157.55 万亿元，同比分别增长 85.82% 和 45.59%。支付机构移动支付业务 1639.02 亿笔，金额 99.27 万亿元，同比分别增长 99.53% 和 100.65%。相关机构的调研显示，现在 87% 的人在线下消费的时候更愿意使用移动支付，只有 25% 的人愿意使用现金。未来，随着金融科技向移动支付领域的不断渗透，移动支付将有望取代刷卡以及现金交易。

2. 金融科技进步加快推进支付业务发展

一是技术进步降低了银行的服务成本。运用互联网创新思维及技术，无卡支付具有虚拟化、定制化、及时性等独有优势，支付环节不再

依托传统的收单机具及银行卡介质，结算高效、费率优惠，有效降低了商户和银行的成本。二是技术进步带动支付产品的创新。生物识别、二维码、NFC、支付标记化技术及 APP 应用支付等远程和近场移动支付技术持续发展，推动了无卡支付产品的快速迭代和客户支付体验的不断提升。三是技术进步提升了风险监测能力。技术进步增加了风险监控工具和手段，提升了风险数据获取量和数据分析能力，以大数据等技术应用为支撑，新型风控流程覆盖业务开通验证、限额管理、交易监控及调查处置等各业务环节，对高风险客户和交易进行筛选、甄别、预警。

3. 刷脸支付走向成熟

2017 年 12 月，中国农业银行将为全国的 24064 家农行的分支机构、30090 台柜员机、10 万多个 ATM 安装上人脸识别系统，刷脸取款将真正普及到全中国的千家万户。在农行的 ATM 前，选择刷脸取款模式，按照显示的指引进行操作：看一眼机器上的摄像头，再输入手机号、取款金额即可，机器自动吐钞，拿走现金，整个过程都不再需要银行卡。此前农行已经在全国 37 个支行的超级柜台上启用了人脸识别，经过一年多的安全稳定运行，"刷脸取款"技术已经趋于成熟。此次农行"刷脸取款"全部采用最新的红外活体检测技术，能够完全抵御照片、换脸视频、翻拍、面具攻击。

"刷脸取款"和"刷脸付款"的原理都是一样的，都是"人脸识别"，是活体检测的一种方式。刷脸检测是基于人的脸部特征信息进行身份识别的一种生物识别技术，用摄像机或摄像头采集含有人脸的图像或视频流，并自动在图像中检测和跟踪人脸，进而对检测到的人脸进行相关技术验证。刷脸支付不是用脸做密码，而是作为一种介质，目前刷脸之后还是需要输密码，只是在做匹配的过程中不需要银行卡等其他介质了。

此前，2015 年 10 月 15 日，招商银行在深圳推出了 ATM "刷脸取款"业务；2015 年 12 月 7 日，兰州银行在兰州亦推出 ATM "刷脸取款"业务。互联网企业也纷纷推出刷脸支付，刷脸交易应用到商用领域。例如，2017 年 8 月底，苏宁的全国首家无人店"苏宁体育 Biu"在南京开业，采用了刷脸支付的技术；京东线下的京东之家体验店已经开始内测"刷脸支付"功能。9 月 1 日，支付宝宣布在肯德基的 KPRO 餐厅上线"刷脸支付"，不需要手机，通过刷脸即可支付。

支付宝在肯德基的点餐机上配备的 3D 红外深度摄像头，在进行人脸识别前，会通过软硬件结合的方法进行活体检测，来判断采集到的人脸是否是照片、视频或者软件模拟生成的，能有效避免各种人脸伪造带来的身份冒用情况。

4. 银行卡进入虚拟时代

在银行卡业务中，随着移动支付的快速发展，传统银行卡的虚拟化产品越来越丰富，传统信用卡正越来越具备虚拟信用卡的某些特性，虚拟信用卡和实体信用卡的界限越来越模糊。2015 年 Apple Pay、三星 Pay、华为 Pay、小米 Pay 以及商业银行推出的 HCE 云闪付产品，都是基于 NFC 在绑定实体银行卡基础上的移动支付工具，具有虚假银行卡的特性。2017 年京东、美团分别与银联合作推出了京东闪付和美团闪付，借助 Apple Pay 技术绑定虚拟银行卡盒子，在盒子内部通过京东和美团客户端可以绑定多达十几张银行卡快捷支付。

在实体银行虚拟化加快推进的情况下，虚拟银行卡的发展进程也在持续推进。早在 2014 年，中信银行和众安保险分别联合支付宝、腾讯推出淘宝异度支付信用卡、微信信用卡，但由于在客户识别等方面的原因很快就被"叫停"。近几年，第三方支付机构和电商平台相继推出了如"花呗"和"白条"之类的类似虚拟信用卡的消费授信业务，同时随着账户体系的日益完善，虚拟信用卡产品的合规性与安全性问题初步得到解决，多家商业银行纷纷推出虚拟信用卡。

2014 年 10 月 31 日，浦发银行率先推出"E－GO 卡"。"E－GO 卡"在申请时需要绑定浦发银行的实体信用卡，仅支持线上支付。2015 年 9 月，中国银行推出"中银长城 e 闪付卡"，在客户端中完成数字信用卡的发卡、密钥下载、身份验证和近场支付等一系列交易。建设银行于 2016 年 1 月推出首张具有开关功能的虚拟信用卡——"龙卡 e 付卡"，允许持卡人根据自己的需求停用、启用卡片，或者在额度内自行设置交易限额，开启交易提醒功能。2017 年，农业银行、中信银行、交通银行、平安银行也都相继推出虚拟信用卡。广发银行发布的大学生专属虚拟信用卡，该卡从大学生关注时效性需求入手，采用"即申即用"的虚拟发卡模式，申请当天即可使用。

银行卡的虚拟化和虚拟银行卡的相继推出，意味着银行卡开始进入虚拟时代。虚拟信用卡代表了无卡支付的新趋势，具有巨大的市场潜力，不仅是顺应银行账户虚拟化的需要，也是银行对线下支付电子化挑战的必然选择。虚拟银行对网络消费信贷行业的发展将起到一定的推动作用，未来随着身份认证技术的不断成熟和"互联网＋"的不断深化，虚拟银行卡将成为移动支付的主流工具。

三、场景化、智能化、个性化催生无缝金融

Bret King 在 *Bank* 3.0 中提到"未来银行不再是一个地方，而是一种行为"，当前场景生态趋势已明朗，如支付产品与电商场景无缝衔接，网络贷款产品与在线消费场景等逐渐融合。银行应不断丰富开放平台标准化应用接口（API），建立服务总线并明确业务规则与机制，将专业的金融服务封装为标准化产品，无缝嵌入到客户生态场景中，强化触点延伸、场景融合能力，打造泛在化金融服务新模式。

智慧金融一定要结合必要应用场景。金融并不是"衣、食、住、行、医、育"等人们的基本生活需求，它是基于生活必需品之外的衍生产物，是服务于其他产业的，从某种程度上来说，金融行业自身没有客户渠道。因此，智慧金融的发展一定要结合外部渠道平台，对接必须的应用场景，方能以科技的力量促进金融的大发展。

在工业的时代，金融中心和场景无论是消费、商业和社交的场景是分离的，在智慧金融时代是慢慢合二为一了，就是将来的金融就长在场景里面，不会是分开、分离的情况。比如说我们跟保险公司一起合作的地提供消费保险，我们剁手党经常享受了，但是不自觉的一个保险，比如说退货险，它的金额是如此低，但是让你整个的体验变得非常顺滑。除了保险之，外信用也能很好的跟场景相结合。金融场景最让我们觉得兴奋的是信用在各种生活场景里面的应用，比如在借贷、出行、住宿各个场合帮助客户免押金（抵押），解决押金（抵押）带来的不信任感问题。

场景化是智慧金融发展的必由之路，也将彻底改变传统金融的经营模式。一旦金融业务从渠道的场景化，拓展到产品和服务的场景化，社

会大众将会看到，一群专业的风险管理专家将时刻围绕在自己生产和生活的场景当中，各行各业所面对的纷繁复杂的风险场景随时都在被关注，化解风险的提醒随时会传导过来，风险管理和服务触手可及。金融公司将通过对客户全面的场景化的风险管理服务逐渐将芸芸众生统统纳入其中。

四、数字货币时代到来

随着科技的大发展，数字货币的概念开始进入人们的视野。法定数字货币不仅是简单的将货币进行数字化和网络化，更重要的是可以让货币变的更加智能化，与信用卡、银行储蓄卡、电子支付等传统电子支付工具相比，法定数字货币将会呈现出全新更好的品质，货币用户体验变的更加智能。

在中国，由于电子支付等私人支付工具非常发达，无现金社会、无现金城市等词语频频出现，商业银行必须深入思考狭义银行以及退为资金批发商和系统后台的可能性。按常理，零售端的支付工具本该由央行数字货币为主来实现，但私人部门已经捷足先登，一方面私人部门的支付能力值得称道，另一方面央行应该奋起直追，数字资产的世界里，中央银行发行零售端数字货币，对于健全社会支付体系、维护金融稳定以及加强央行的货币地位，具有重大而深远的意义。

早在 2014 年，央行就已成立发行法定数字货币的专门研究小组，论证央行发行法定数字货币的可行性。2016 年 1 月 20 日，央行召开的数字货币研讨会上，又进一步明确了央行发行数字货币的战略目标，指出央行数字货币研究团队将积极攻关数字货币的关键技术，研究数字货币的多场景应用，争取早日推出央行发行的数字货币。

从国外到国内，数字货币正在成为纸币之后公众关注的新焦点。近年来，比特币的迅猛发展让人们开始注意到了"数字资产"的巨大潜力。随着"数字加密"技术的发展，其去中心化，方便快捷，高安全性以及资料公开透明等优点也让数字资产越来越贴近人们的生活。虽然各国的银行还没有明确承认，但越来越多的用户都承认了现在的数字货币，这已经是一个不争的事实。

随着金融科技的快速发展，数字货币必将成为我们未来货币的主流。未来，每个人的财富都是用数字代表的，而这数字里的每一笔交易，都是有记录的，不仅方便了我们的生活，同时对于反洗钱，避免偷税、漏税都会带来很大的便利，同时也会创造更多的商业机会。

五、智能投顾机器人在财管管理领域兴起

金融科技可以在金融领域创新财富创造模式和提升财富创造效率。当前，不少金融机构和互联网企业将金融科技应用于财富管理业务的开展，通过将人工智能（AI）应用于财富管理，创新"智能投顾"等新模式。

过去几年中，智能投顾在中国快速兴起，率先进入这个领域的是金融科技创业公司，如蓝海智投、璇玑智投、投米 RA、雪球和金贝塔等。商业银行的智能投顾创新则始于招商银行。2016 年 12 月，招商银行率先推出摩羯智投，成为第一家布局智能投顾的银行机构。随着居民财富的增加和投资意愿的增强，带动银行资产管理业务快速增长。而智能资产管理，也称为智能投顾（Robo – Advisor）成为近期创新的热点。从国际上看，先锋埋财（Wealthfront）是世界领先的智能资产管理的代表平台，仅用了两年半的时间，就管理了超过 10 亿美元的资产。从国内看，招商银行于 2016 年 12 月在业内率先推出摩羯智投，目前管理资产规模达到 50 亿元。金融壹账通推出的"智能财富管家"，整合了客户百万级行为数据、平安证券基金投研服务与陆金所资管基金销售服务，独创客户画像智能识别系统，为用户提供智能化、个性化的资产配置方案。之后，浦发银行、兴业银行、平安银行、广发银行、光大银行、江苏银行以及工商银行等不同类型的机构，都积极加入布局"智能投顾"的行列。

从长期来看，智能投顾服务通过大幅降低投资门槛，弥补了中低收入群体投资顾问服务的市场空白，真正实现了金融服务的平等化和普惠化，具有极好的发展前景。

六、普惠金融有望进入发展新阶段

近两年金融科技概念很热，数字科技的确是提高普惠金融获客效率、风险评估能力、降低管理和运营成本的有效手段。

首先，数字科技能提高风险管理的效率和精准度，但并不能提高客户自身的信用水平。从本质上来讲，数字科技仅仅是一种手段和工具，帮助银行更加高效、准确、全面地获取数据、分析数据。在风险评估方面，大多数互联网金融公司考虑的是客户画像，主要是客户的资信评估。但从银行角度看，更重要的是信用评估，这里"信用"不仅是客户还款意愿的资信，更是客户的还款能力，如客户的经营能力、产品的技术水平和市场适销性等。技术本身并不能提高客户的信用程度，也不能提高客户的经营能力，还是需要人去应用这些技术，进行风险评估。

其次，数字科技的应用要注重四个方面的问题。

第一，提升客户端体验以高效获客。线上、移动端是未来商业银行获得小微企业客户的重要渠道。一部手机，一个二维码，随时随地扫码申贷将成为常态。以浙商银行全线上操作的"点易贷"为例，小微企业客户只需通过手机 APP"点一点，拍一拍，刷一刷"等操作，几分钟内即可完成贷款申请，1 小时内就能知道审批结果，极大地提升了客户体验。

第二，运用精准高效的风险评估技术和管控技术。要想实现精准高效的风险预警和标准化产品的风险审批，就必须减少人为操作，实现自动化。仍以"点易贷"为例，该产品采用高仿真线下模式自动审批，既提高了审批效率，降低了人工成本，又避免了人工审批的主观影响，提高审批的严谨性和效率。

第三，实现银行内部管理的全面数字化，推行管理、流程、人力资源配置等全面改革。这是前面两项得以充分实现的基础。

第四，完善社会信息数字化的基础设施建设。这是数字普惠金融得以全面发展的基础。在数字信息建设上，不仅要靠银行自身，更需要社会信息的整合，由于牵涉到信息的安全问题，所以不应该由某个公司，甚至某些个人来垄断信息。数字科技要在普惠金融中真正发挥作用，除了技术本身的能力，更需要完善的社会信息数字化基础设施。

从商业银行角度出发，必须秉持商业可持续之初心，平衡好风险与收益，方能收获普惠金融之美好成果。未来，数字科技的广泛推广运用，必将大大提高商业银行服务普惠金融的水平和能力，让小微金融模式的商业可持续更易实现。

普惠金融的服务对象分布地区广、涉及行业多、商业模式杂，我们需要借鉴国外的成功经验，需要善用金融科技，更需要总结我国自身几十年在这方面的宝贵经验。在这个基础上，各类机构尤其要深入第一线了解普惠金融服务对象的实际状态，依据自身的禀赋，找到自身可持续的普惠金融路径，有效提升普惠金融服务能力。

七、监管科技推动金融业走向合规化监管

金融科技给银行带来资源配置效率提升的同时也带来了风险的挑战：一是新技术及外包服务易带来信息泄露声誉风险及科技操作风险；二是降低客户准入门槛且缺乏周期检验所带来的信用风险和流动性风险；三是全天候、跨地域、线上化的服务特征增加突发事件概率。因此，在推动金融科技生态良性发展过程中，监管科技的及时跟进与有效应对越来越重要。

与金融科技发展相对应的是监管科技。金融监管科技可以运用大数据、人工智能等技术，实现风险特征精准刻划，异常交易自动拦截，增强金融风险的预警预判和应急处置能力。金融监管部门也可以运用数字化监管协议等监管科技手段，实时采集风险信息，透过表象看本质，提升金融监管的专业性、统一性和穿透性。

基于对金融科技本质和价值导向的一个基本共识，我国已经初步搭建了一个涵盖法律规范、行政监管、行业自律、企业内控、社会监督在内的五位一体的多层次金融科技监管框架。在法律规范方面，通过适用已有的法律制度，同时通过发布《关于促进互联网金融健康发展的指导意见》和其他的一些配套性制度，明确了主要金融科技业务模式，特别是一些新兴业务模式，比如说互联网支付、P2P这样的新型业务的规则和监管分工。行政监管方面，力求既体现传统金融监管的继承性和延续性，又体现互联网时代的适应性和包容性，一是强化准入管理和功能监

管，要求所有金融业务都要纳入监管，所有金融活动都要获取准入。二是加强一致性监管，无论是何种类型的机构，只要从事类型的金融业务，应该适用基本一致的监管要求。三是实行穿透式监管，把资金来源、中间环节与最终投向穿透连接起来，综合全环节信息判断业务性质，执行相应的监管规定。四是非常重视金融消费者保护，建立完善资金第三方存管制度，保障金融消费者的资金安全。通过制定信息披露标准和规范，保障金融消费者的知情权。行业自律方面，在 2016 年 3 月正式成立了中国互联网金融协会，加强行业标准和自律规则的制定和实施，搭建市场与监管的沟通桥梁。

八、中国成为全球金融科技创新中心

据花旗集团的研究报告显示，金融科技近 5 年来吸引的投资额累积达到 497 亿美元，从 2010 年的 18 亿美元增长至 2015 年的 191 亿美元，增长超过10 倍。

而毕马威 11 月 17 日发布的报告中指出，第三季度由风险资本（"风投"）支持的中国金融科技公司获得的投资比第二季度增加了67%。这与此领域投资连续两个季度下跌的全球趋势背向而行，第三季度共有超过 10 亿美元的资金投入到由风投支持的中国金融科技公司，共有 13 宗交易。

2017 年 12 月，中国人民银行金融研究所所长孙国峰在《中国金融科技发展报告（2017）新书发布会上表示，2017 年中国金融科技的发展在全球居于领先地位。中国金融科技的应用率达到 69%，美国是33%；2017 上半年全国金融科技投资规模 530 亿元，金融科技的投资是217 亿元，占全球投资的 41%，几乎是美国的两倍。中国的金融科技应用已经大幅超过美国，中国将是全球最大的金融科技应用市场。

资本的不断涌入以及创新公司的崛起，为中国金融科技的发展创造了一个巨大的历史机遇。实际上中国的电商、电子支付领域已经远远超过了欧美的一些国家，如果在底层的关键技术方面获得较大的突破，在未来的 5～10 年内，中国将会成为全球金融科技的创新中心，甚至成为全球金融科技领域的标准制定者和领导者。

第二部分

智慧金融之科技基石

第五章 移动互联与物联网

第一节 概　述

一、互联网相关概念

互联网（Internet），又称网际网络，或音译因特网、英特网，是网络与网络之间以一组通用的协议相连，形成逻辑上的单一巨大国际网络。互联网始于 1969 年美国的阿帕网，二十世纪九十年代进入商用以来迅速拓展，已经成为当今世界推动经济发展和社会进步的重要信息基础设施，迅速渗透到经济与社会活动的各个领域，推动了全球信息化进程。

移动互联网，是移动通讯和互联网融合的产物，继承了移动随时、随地、随身和互联网分享、开放、互动的优势，是整合二者优势的"升级版本"。随着移动通讯技术从 3G 时代进入 4G 时代，移动端已经渐渐成为人们日常使用互联网的主要载体，社交、娱乐、理财、办公等软件已经逐渐沉淀为互联网时代下人们的生活刚需。总之，移动互联网已经成为创新发展新领域、公共服务新平台、信息分享新渠道。据 Zenith Media 的研究，2017 年移动互联网流量占互联网流量的比例达到 75%，2012 年这个比例是 40%，2016 年这个比例是 68%。

物联网（Internet of things），即为物物相联的互联网。首先，物联网的核心和基础仍然是互联网，是在互联网基础上的延伸和扩展的网络。其次，其用户端延伸和扩展到了任何物品与物品之间，进行信息交换和通信，也就是物物相联。物联网的概念最早由凯文·阿什顿（Kevin Ashton）于 1999 年提出。阿什顿认为，计算机最终能够自主产生及收集数据，而无须人工干预，因此将推动物联网的诞生。2005 年，在突尼斯举行的信息社会世界峰会上，国际电信联盟发布了《ITU 互联网报告 2005：物联网》，正式提出了"物联网"的概念。物联网通过智能感知、识别技术与普适计算等通信感知技术，广泛应用于网络的融合中，也因此被称为继计算机、互联网之后世界信息产业发展的第三次浪潮。

二、互联网的起源与发展

1. 国际互联网的诞生与发展

互联网起源于苏联和美国冷战时期，两国在冷战时期的高科技及军备竞赛催生了许多新的科学技术。1958 年，美国国防部成立了"国防高级研究项目署"，其目的之一就是建立一个全球高级情报传输系统。工程指导思想是网络必须经受得住故障的考验而维持正常的工作，一旦发生战争，网络的某一部分因遭受攻击而失去工作能力时，其他部分应能维持正常的通信工作，全网没有控制中心，信息自由流通。

1969 年 11 月 21 日，国防高级研究项目署建成了第一个网络，取名阿帕计算机网（ARPAnet）。ARPAnet 在技术上的一个重大贡献是 TCP/IP 协议簇的开发和利用。作为 Internet 的早期骨干网，ARPAnet 的试验奠定了 Internet 存在和发展的基础，较好地解决了异种机网络互联的一系列理论和技术问题。1983 年，阿帕网上的全部计算机完成了向 TCP/IP 的转换，ARPAnet 也分裂为两部分，ARPAnet 和纯军事用的 MILNET。

1985 年，美国国家科学基金组织（NSF）采用 TCP/IP 协议将分布在美国各地的六个为科研教育服务的超级计算机中心互联，并支持地区网络，形成国家科学基金会网（NSFnet）。1986 年，国家科学基金会替代阿帕网成为互联网的主干网，"Internet"名称正式使用，1988 年互联网开始对外开放，结束了仅供计算机研究人员和政府机构使用的历史。NFSnet 于 1990 年 6 月彻底取代了 ARPAnet 而成为 Internet 的主干网。

1990 年 9 月，由 Merit，IBM 和 MCI 公司联合建立了一个非盈利的组织——先进网络科学公司 ANS（Advanced Network & Science Inc.）。ANS 的目的是建立一个全美范围的 T3 级主干网，它能以 45Mbps 的速率传送数据。到 1991 年底，NSFnet 的全部主干网都与 ANS 提供的 T3 级主干网相联通。

2. 互联网的商用与普及

国际互联网的高速发展归功于 Internet 的商业化。1991 年 6 月，世界联网的计算机中商业用户首次超过了学术界用户。1995 年 5 月，多年资助互联网研究开发的美国国家科学基金会（NSF）宣布退出互联网，把网络经营权转交给美国三家最大的私营电信公司（Sprint、MCI 和 ANS）。这是互联网发展史上的重大转折，互联网发展从此进入了产业化运营和商业化应用阶段，互联网在全球快速得到普及，具体表现在三个方面：

一是个人电脑迅速普及。1995 年 Windows 95 面市，把互联网功能加入其所有产品。2000 年，英特尔公司推出奔腾 4 处理器，运行速度达 1.5GHz，与 1971 年第一个英特尔芯片 108 千赫的速度有着天壤之别。个人电脑的迅速普及为网络传播及博客的大规模发展奠定基础。

二是电子商务蓬勃发展。1997 年 5 月，由美国 VISA 和 Mastercard 国际组织等联合制定的电子安全交易协议的出台，为电子商务提供了一个安全环境；同年欧盟发布了"欧洲电子商务协议"，美国随后发布"全球电子商务纲要"，电子商务受到世界各国政府的重视。在经济全球化的时代，电子商务正对各国经济和社会发展产生深刻影响。

三是网络媒体功能凸显。网络媒体具体包括两大类：一类是传统媒体网站，另一类叫作网络自生媒体。由于互联网具有报纸的详尽深入与可保存的优势，电视的视听合一、形象生动的特点，再加上互动、即时、延伸、融合等特征，很快就对传统媒体形成巨大挑战，同时也为传统媒体发展提供发一个崭新的空间。

3. Internet 在我国的发展进程

互联网在中国的发展历程可以大略地划分为三个阶段：

第一阶段（1986—1993 年）：研究试验阶段（E-mailOnly）。

在此期间中国一些科研部门和高等院校开始研究 Internet 联网技术，并开展了科研课题和科技合作工作。这个阶段的网络应用仅限于小范围内的电子邮件服务，而且仅为少数高等院校、研究机构提供电子邮件服务。

第二阶段（1994—1996年）：起步阶段（Full Function Connection）。

1994年4月，中关村地区教育与科研示范网络工程进入互联网，实现和Internet的TCP/IP连接，从而开通了Internet全功能服务。从此中国被国际上正式承认为有互联网的国家。之后，ChinaNet、CERnet、CSTnet、ChinaGBnet等多个互联网络项目在全国范围相继启动，互联网开始进入公众生活，并在中国得到了迅速的发展。1996年底，中国互联网用户数已达20万，利用互联网开展的业务与应用逐步增多。

第三阶段（1997年至今）：快速增长阶段。

国内互联网用户数97年以后基本保持每半年翻一番的增长速度。增长到今天，上网用户已超过2 000万。据中国互联网络信息中心（CNNIC）公布的统计报告显示，截至2001年6月30日，我国共有上网计算机约1 002万台，上网用户约2 650万人。CN下注册的域名128 362个，WWW站点242 739个，国际出口带宽3257Mbps。2002年，中国电信上海—杭州10G Ip over DWDM建成开通，标志着我国因特网骨干传输网从2.5G步入10G时代。1999年，中国首次批准网上银行业务以来，互联网金融服务快速发展，2015年中国网上银行用户数已达到3.07亿人，网上支付用户数达3.59亿人。

2009年中国发放三张第三代移动通信（3G）牌照，3G用户大幅增长，移动互联网接入流量年均复合增长率超过50%。2013年起中国分两批发放了第四代移动通信（4G）牌照，建成了世界最大的4G网络，移动互联时代在中国正得到全面的普及。2015年3月，"互联网＋"被写入政府工作报告，网络经济成为国家层面的重大战略举措。

第二节　国内外发展现状

一、世界互联网发展现状与趋势

随着互联网的飞速发展以及底层技术的不断迭代更新，互联网早已脱离了以传播信息内容作为主要功用的形式载体，正成为渗透到各个行业、诸多领域的重要的辅助工具。人工智能、AR、云计算、物联网等以互联网为基础的新兴技术不断地涌向互联网的各个领域，从 AlphaGo 到 PokemonGo 的风靡，乃至无所不在的共享单车，新兴技术正在悄然更改着互联网的形态，影响着无数人的日常生活。

2017 年 6 月 1 日，有"互联网女皇"之称的华尔街证券分析师玛丽·米克尔（Mary Meeker）在美国 Code 大会上发布了 2017 年的互联网趋势报告，这是 Meeker 发布的第 22 次年度互联网报告。该报告对全球互联网发展的概况论述为：全球互联网用户数已超 34 亿，同比增长 10%，互联网全球渗透率达到 46%。其中，印度互联网用户数达到 3.55 亿，同比增长 28%，为仅次于中国的全球第二大互联网市场。全球智能手机出货量增长 3%，2015 年增长 10%，2014 年为 28%，增速持续放缓。中国互联网已进入"在线娱乐和共享出行的黄金时代"。中国移动互联网用户数已破 7 亿，同比增长 12%。中国电商在全球各大市场中渗透率增长最快，占全国社会商品零售总额 15%。

《2016 年世界互联网发展乌镇报告》中，对全球互联网基础设施建设进行了概括和总结。报告指出，各国加快互联网基础设施建设，移动蜂窝网络已覆盖 95% 的人口。预计 2016 年底，全球固定宽带用户数将达到 8.84 亿，移动宽带用户数将达到 36 亿。发达国家和发展中国家分别有 75% 和 50% 的用户带宽达到 10Mbps。截至 2015 年底，全球大多数发达国家、83 个发展中国家和 5 个最不发达国家都已实现宽带委员会提出的价格可承受性目标。

云计算、大数据、物联网等产业规模高速扩张。全球云计算市场规模预计 2016 年至 2020 年复合年增长率达 22%，大数据市场规模预计从 2015 年的 0.14 万亿美元将增长到 2020 年的 1.03 万亿美元。随着"工业 4.0""工业互联网"等概念的出现，对海量数据深度挖掘和专业分析、庞大计算能力等的需求，培育了新的市场，云计算、大数据、物联网技术三者结合，成为向各行业渗透的重要切入点。智慧城市项目全面启动，中国、印度、韩国、新加坡、美国等国均推出了智慧城市建设计划和项目。

2016 年 8 月，多个国内外研究机构联合编写的《G20 国家互联网发展研究报告》在北京发布，这是第一份聚焦 G20 国家互联网发展情况的研究报告。G20 国家互联网普及率平均值达到 69%，高于全球平均水平，发达国家已遇到普及率上升瓶颈，新兴国家仍具有较大的上升空间。

二、中国互联网发展状况

中国互联网络信息中心自 1998 年以来每年发布的《中国互联网发展状况统计报告》，对我国互联网发展状况进行了长期、系统的跟踪，对中国互联网基础资源、企业应用、个人应用、政府应用和网络安全等内容进行了客观的统计和反映。

1. 互联网基础资源

据《第 39 次中国互联网发展状况统计报告》，截至 2016 年底，中国网民规模达 7.31 亿，相当于欧洲人口总量，互联网普及率达到 53.2%，超过全球平均水平 3.1 个百分点，超过亚洲平均水平 7.6 个百分点。其中，手机网民规模达 6.95 亿，占比达 95.1%，增速连续三年超过 10%。

在互联网基础资源上，中国 IP 地址在较快增长后进入稳定期。其中 IPV6 地址数量为 21 888 块/32，年增长 2.9%。IPV4 地址数在 2011 年 2 月分配完毕后，我国 IPv4 地址总数基本维持不变，截至 2016 年 12 月，共计有 33 810 万个。中国域名总数为 4 228 万个，其中".CN"域名总数为 2 061 万个，占中国域名总数比例为 48.7%，".中国"域名总数为 47.4 万个。中国网站总数为 482 万个，".CN"下网站数为 259 万个。

2. 企业互联网应用

在企业互联网应用上，截至 2016 年 12 月，全国使用计算机办公的企业比例为 99.0%。经过多年发展，中国企业已基本实现计算机的普及应用。使用互联网办公的企业比例为 95.6%。企业互联网办公的使用比例首次突破 90%，且与计算机使用比例间的差距缩小至近年来最低。通过固定宽带接入方式使用互联网的企业比例为 93.7%、移动宽带为

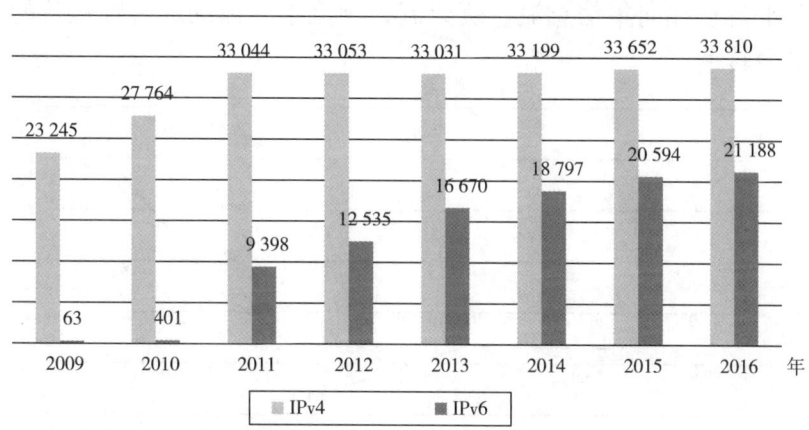

资料来源：CNNIC。

图1　中国IP地址数量（万个）

32.3%。在企业内部支撑类互联网应用上，网上银行、与政府机构互动和在网办事是最主要的两大类应用，占比分别为86.4%和82.3%。

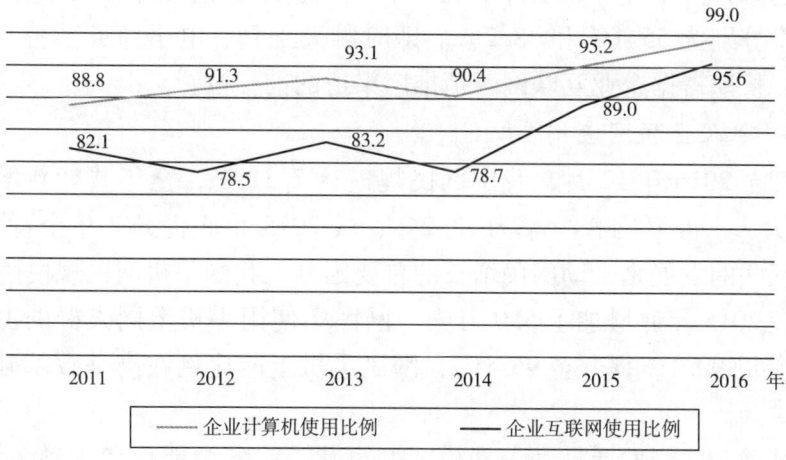

图2　2011—2016年企业IT设备使用比例

在企业运营方面，截至2016年底已有60.0%的企业部署了信息化系统，较上年提高了13.4个百分点。企业信息化系统的主要应用包括OA、ERP和CRM等。"十二五"期间，中国电子商务市场快速发展，交易额翻两番，2016年电子商务市场规模依然保持稳健增速，企业的参与程度持续深入，开展在线销售和在线采购的比例大幅提高，表明电子商务平台正在向集信息流、资金流、物流于一体的综合性供应链协同服务平台转型。

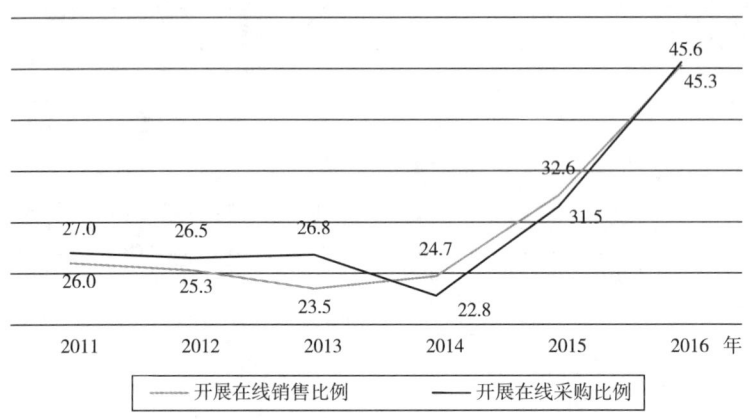

图3 2011—2016年企业电子商务发展

在各种主流互联网营销渠道中，即时聊天工具营销推广的使用率最高，达65.5%；电子商务平台推广、搜索引擎营销推广分列二、三位，使用率分别为55.1%和48.2%。即时聊天工具、电子商务平台、搜索引擎，长期占据企业互联网营销推广渠道的前三位置。

3. 个人互联网应用

截至2016年12月，我国网民规模达7.31亿，全年共计新增网民4 299万人。互联网普及率为53.2%，较2015年底提升2.9个百分点。移动互联网发展是带动网民增长的首要因素。我国手机网民规模达6.95亿，较2015年底增加了550万人。网民中使用手机上网人群的占比由2015年的90.1%提升至95.1%，网民手机上网比例在高基数基础上进一步攀升。

移动互联网发展推动消费模式共享化、设备智能化和场景多元化。首先，移动互联网发展为共享经济提供了平台支持，网约车、共享单车和在线短租等共享模式的出现，进一步减少交易成本，提高资源利用效率；其次，智能可穿戴设备、智能家居、智能工业等行业的快速发展，推动智能硬件通过移动互联网互联互通，"万物互联"时代到来；最后，移动互联网用户工作场景、消费场景向多元化发展，线上线下不断融合，推动不同使用场景细化，同时推动服务范围向更深、更广扩散。

移动互联网与线下经济联系日益紧密，并推动消费模式向资源共享化、设备智能化和场景多元化发展。我国手机网上支付用户规模增长迅速，手机支付向线下支付领域的快速渗透，极大丰富了支付场景。网络购物用户规模达到 4.67 亿，其中手机网络购物用户规模达到 4.41 亿，网购市场已进入成熟期，线上线下融合进一步加深，行业整合、并购更加频繁。

互联网理财进入集成化产品矩阵阶段。截至 2016 年 12 月，我国购买互联网理财产品的网民规模为 9 890 万人。互联网理财已从产品先导阶段进入到集成化产品矩阵阶段，网络已成为网民理财的常规渠道，2016 年网络理财用户规模增长进入相对平稳期。网上支付渗透率稳步提高。截至 2016 年 12 月，我国网民使用网上支付的比例从 60.5% 提升至 64.9%。其中，手机支付用户规模增长迅速，达到 4.69 亿，年增长率为 31.2%，网民手机网上支付的使用比例由 57.7% 提升至 67.5%。网络支付领域不断拓展，支付场景极大丰富，出门"无钱包"时代悄然开启，线下实体店购物时使用手机支付结算的比例已达 50.3%。

三、物流网发展状况

物联网的概念最早由 MIT 的 Kevin Ashton 在 1998 年演讲中提出：把射频识别标签与其他传感器应用于日常物品形成一个物联网。国际电信联盟（ITU）在 2005 年发布了针对物联网的年度报告 *Internet of Things*，指出物联网时代即将来临，信息与通信技术的发展已经从任何时间、任何地点连接任何人，发展到连接任何物体的阶段，而万物的连接就形成了物联网。

1. 物联网技术

对物联网来说，物是载体，是数据的入口，网才是核心，是数据产生价值的地方。根据应用场景不同，物联网的需求可以分为高速、中档、低功率广覆盖（LPWA）三层，现阶段 Bluetooth、WiFi、Zigbee 等短距连接经过近 10 余年的发展，应用广泛、产业成熟度较高。但传统形态物联网的发展瓶颈主要是标准不统一并且缺乏占主导地位的广域接入技术，严重制约了物联网作为网络的价值最大化。从蜂窝通信技术衍生出的窄带物联网（NB－IoT）/强化机器连接（eMTC）可以为物联网带来一个类似于电信网络的"宏"网络，带领物联网从局域走向广域。

窄带物联网（NB－IoT）技术在3GPP Release 13 中正式发布，是基于 LTE 的基本构架的物联网系统，其主要特点包括：一是广覆盖，上行单子载波传输，支持更小的子载波间隔；物理信道支持最大128次的重复发送；基于覆盖等级的寻呼优化和随机接入；二是大连接，一个NB－IOT扇区可支持5万个连接；三是低功耗，5Wh的电池最大可供终端使用10年，系统信息有效时间延长至24小时。

强化机器连接（eMTC）是3GPP在不改变 LTE 自身技术体制基础上，通过适当改造，实现对物联网的支持，核心标志是推出 CatM 类别的终端。eMTC 可以基于 TDD 技术或者 FDD 技术，主要特点包括：（1）降低 UE 上下行带宽到1.4MHz；（2）降低最大发射功率；（3）减少支持的下行传输模式。

与短距离接入相比较，NB－IoT/eMTC 在覆盖范围（根据信道环境不同1KM－10KM 比 10M－100M）和电池寿命（10年比1天~1个月）、移动性和 QoS 方面有绝对的优势；与其他广域覆盖技术相比，NB－IoT比 LoRa 电池寿命也要长一倍以上，移动性也更好；与 Sigfox 相比，NB－IoT 依托的产业联盟史为强大。在技术上环节上 NB－IoT/eMTC 的组合综合实力优于其他对手。NB－IoT/eMTC 具备覆盖90%业务场景的能力，是未来物联网发展的重要技术标准。

2. 物联网发展趋势

物联网已经不完全是纯学术的技术名词，逐渐被应用到社会经济领域，而且上升到国家发展战略层面。美国 IBM 公司在2008年底提出了"智慧地球"的概念，其核心是将新一代信息技术融合到基础设施建设当中。当前，全球物联网发展的趋势主要是：

一是全球物联网技术与应用空前活跃，加速迈向万物互联时代。美、欧、日、韩等发达国家或地区持续加强物联网战略部署，全球物联网技术与应用空前活跃，应用场景不断丰富，跨国公司竞相布局，开源生态加速构建，产业规模持续壮大。万物互联大发展趋势下，接入网络的终端数量正在迎来一轮高速增长的大潮。根据 Gartner 测算，2020年全球 M2M 连接数将达到210亿，年均增速26.8%，其中个人消费类占比2/3，公共事业（智慧城市、交通、抄表等）和垂直应用（医疗、家居等）占比1/3，公用事业类应用的数量将在2020年超过垂直应用类，成为仅次于个人消费类的第二大市场。来自运营商和设备商的预测则更加激进，AT&T和思科预测2020年500亿的连接数。

二是我国物联网"十三五"路线图出炉，NB－IoT建设上升为国家战略。2017年初发布的《信息通信行业发展规划物联网分册（2016—2020年）》，成为我国物联网产业未来五年发展的指导性文件。我国加快推进移动物联网部署，构建NB－IoT网络基础设施。到2017年末，将实现NB－IoT网络覆盖直辖市、省会城市等主要城市，基站规模达到40万个。到2020年包含感知制造、网络传输、智能信息服务在内的总体产业规模突破1.5万亿元，公众网络M2M连接数突破17亿。按照三家运营商2016年约1.7亿的物联网用户计算，市场空间未来4年增长10倍，CAGR达到惊人的77.8%。

三是物联网与新技术加速融合推动技术迭代升级，产业生态全面优化。2016年以来，我国物联网与云计算、大数据、人工智能、5G、低功耗广域通信网等新技术加速融合，呈现集成创新、迭代升级等特征。我国物联网产业生态全面优化，平台化和细分领域应用热度提升。物联网应用价值广受认可，各类应用"接力式"推进。

第六章 云计算

第一节 概　述

一、云计算的概念

云（Cloud）是网络、互联网的一种比喻说法，提供资源的网络被称为"云"。"云"中的资源在使用者看来是可以无限扩展的，并且可以随时获取，按需使用，随时扩展，按使用付费。

云计算是通过网络按需提供的可动态伸缩的廉价计算服务。美国国家标准与技术研究院（NIST）定义：云计算是一种按使用量付费的模式，这种模式提供可用的、便捷的、按需的网络访问，进入可配置的计算资源共享池（资源包括网络，服务器，存储，应用软件，服务），这些资源能够被快速提供，只需投入很少的管理工作，或与服务供应商进行很少的交互。NIST 按照服务模式对云计算分为三类：SaaS、PaaS 和 IaaS。而按照部署模式可分为：公有云、私有云和混合云。

云计算是继 20 世纪 80 年代大型计算机到客户端—服务器的大转变之后的又一种巨变。云计算（Cloud Computing）是分布式计算（Distributed Computing）、并行计算（Parallel Computing）、效用计算（Utility Computing）、网络存储（Network Storage Technologies）、虚拟化（Virtualization）、负载均衡（Load Balance）、热备份冗余（High Available）等传统计算机和网络技术发展融合的产物。

云存储是在云计算（Cloud computing）概念上延伸和发展出来的一个新的概念。云存储是指通过集群应用、网络技术或分布式文件系统等功能，将网络中大量各种不同类型的存储设备通过应用软件集合起来协同工作，共同对外提供数据存储和业务访问功能的系统。使用者可以在任何时间、任何地方，透过任何可连网的装置连接到云上方便地存取数据。

二、云计算的特点

云计算是继个人计算机、互联网之后，第三次信息浪潮的代表，云计算所特有的泛在网络接入、弹性、可扩展性、资源共享和按需付费等技术特征改变了计算模式，代表了更节约、更灵活、更可控的企业未来信息化方向。

1. 超大规模。"云"具有相当的规模，Google 云计算已经拥有 100 多万台服务器，Amazon、IBM、微软、Yahoo 等的"云"均拥有几十万台服务器。企业私有云一般拥有数百上千台服务器。"云"能赋予用户前所未有的计算能力。云计算提供了最可靠、最安全的数据存储中心，用户不用再担心数据丢失、病毒入侵等麻烦。

2. 虚拟化。云计算支持用户在任意位置、使用各种终端获取应用服务。所请求的资源来自"云"，应用在"云"中某处运行，但实际上用户无须了解、也不用担心应用运行的具体位置。

3. 高可靠性和高可扩展性。"云"使用了数据多副本容错、计算节点同构可互换等措施来保障服务的高可靠性，使用云计算比使用本地计算机可靠。云计算具有很高的扩展性，可以轻松实现不同设备间的数据与应用共享，随时扩展计算资源，存储资源等。

4. 极其廉价。由于"云"的特殊容错措施可以采用极其廉价的节点来构成云，用户可以只花费几百美元、几天时间就能完成以前需要数万美元、数月时间才能完成的任务。

5. 按需服务。云计算从消费方（用户）角度出发，而不是从服务提供方出发考虑问题，用户可以根据需求即时得到服务，按需服务和计费。云计算的资源分配可以根据应用访问具体情况进行动态地调整。

6. 潜在的危险性。云计算服务除了提供计算服务外，还必然提供了存储服务。但是云计算服务当前垄断在私人机构（企业）手中，而他们仅仅能够提供商业信用。对于政府机构、商业机构（特别像银行这样持有敏感数据的商业机构）对于选择云计算服务应保持足够的警惕。

三、云计算的发展

早在 1984 年 Sun 公司的联合创始人 John Gage 提出了"网络就是计算机"，用于描述分布式计算技术带来的新世界，今天的云计算正在将这一理念变成现实。1997 年，南加州大学教授 Ramnath K. Chellappa 提出了云计算的第一个学术定义，他认为计算的边界可以不是技术局限，而是经济合理性。在此之后的几年里，很多公司都对云计算的发展做出了里程碑式的贡献，比如 VMware（威瑞公司）成立并首次引入 X86 的虚拟技术，以及 Marc Andressen 创建 LoudCloud，是第一个商业化的 IaaS 平台，还有 salesforce 公司成立和 SaaS 的兴起宣布"软件终结"。

2006 年，Google 首次提出"云计算"（Cloud Computing）的概念，2007 年 Google 与 IBM 开始在美国 6 所大学校园推广云计算的计划，并为这些大学提供相关的软硬件设备及大型分布式计算系统上开发软件的课程和支持服务。

2008 年 7 月，雅虎、惠普和英特尔宣布一项涵盖美国、德国和新加坡的联合研究计划，推出云计算研究测试床，该计划要与合作伙伴创建 6 个数据中心作为研究试验平台，每个数据中心配置 1 400 个至 4 000 个处理器。

2010 年 7 月，美国国家航空航天局和包括 Rackspace、AMD、Intel、戴尔等支持厂商共同宣布"OpenStack"开放源代码计划，微软在 2010 年 10 月表示支持 OpenStack 与 Windows Server 2008 R2 的集成；而 Ubuntu 已把 OpenStack 加至 11. 04 版本中。2011 年 2 月，思科系统正式加入 OpenStack，重点研制 OpenStack 的网络服务。

随着这些企业对云计算的推动，云计算逐渐发展起来，慢慢形成了规模，并且逐渐成为了发展的主流方向。云计算的发展从企业中孕育而生，也将在企业中苗壮成长。

四、云计算的三大模式

根据 NIST 的权威定义，云计算有 SaaS、PaaS 和 IaaS 三大服务模式，这是目前被业界最广泛认同的划分。PaaS 和 IaaS 源于 SaaS 理念。

1. SaaS

SaaS 是 Software－as－a－Service（软件即服务）的简称，随着互联网技术的发展和应用软件的成熟，在 21 世纪开始兴起的一种完全创新的软件应用模式。SaaS 应该是面向直接用户，它是一种通过 Internet 提供软件的模式，厂商将应用软件统一部署在自己的服务器上，客户可以根据自己实际需求，通过互联网向厂商定购所需的应用软件服务，按定购的服务多少和时间长短向厂商支付费用，并通过互联网获得厂商提供的服务。

对于许多小型企业来说，对于广大中小型企业来说，SaaS 是采用先进技术实施信息化的最好途径。但 SaaS 绝不仅仅适用于中小型企业，所有规模的企业都可以从 SaaS 中获利。提供给客户的服务是运营商运行在云计算基础设施上的应用程序，用户可以在各种设备上通过瘦客户端界面访问。消费者不需要管理或控制任何云计算基础设施，包括网络、服务器、操作系统、存储等。

SaaS 与按需软件（on－demand software），ASP，应用服务提供商（the application service provider），托管软件（hosted software）具有相似的含义。Salesforce 和 Netsuite 就是最早的应用服务提供商（Application Service provider, ASP），这些厂商创业时都专注于客户关系管理（CRM）的在线化，但是 ASP 厂商很快遭遇互联网泡沫破裂，风险资本撤离互联网企业，大批 ASP 厂商破产。

2008 年国内传统办公软件企业如用友、金蝶等，陆续开发基于 SaaS 业务用于布局 CRM、ERP 等流程管理系统。2013 年大量的通讯、邮箱、网盘等工具系统开始 SaaS 化，基于移动终端的 SaaS 平台也开始出现。2015 年国内 SaaS 开始得到长足发展，各种创投开始活跃，获取后期融资的 SaaS 企业超过 20 家，融资总额近 40 亿元，市场规模达到 65.6 亿元。

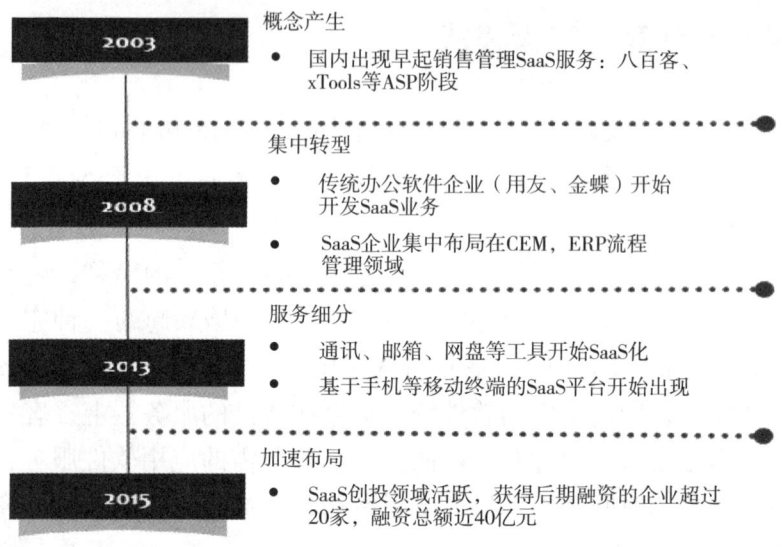

资料来源：慧辰资讯；2016 年中国云服务市场研究报告。

图 1　SaaS 发展现状

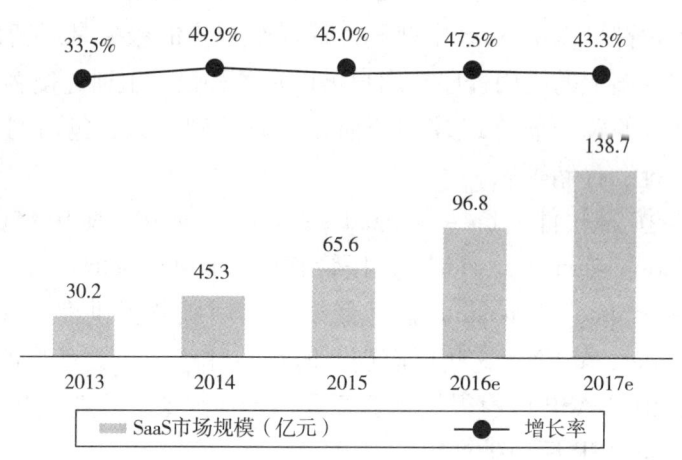

图 2　2013—2017 年 SaaS 公有云服务市场规模

未来 SaaS 的发展趋势，一是智能化推动流程管理效率的提升。人工智能等技术的引入将极大提升流程优化效率，改善服务，成为改进 SaaS 服务的重要推动力。二是行业垂直 SaaS 空间大，在垂直行业积累一定客户的 SaaS 企业，有机会发据供应链上的其他机会，提供更多的增值服务。三是打通碎片化服务，SaaS 流程之间面临服务数据互不连通的问题，提供整合碎片化数据、流程的 SaaS 的服务存在一定的发展机会。

2. PaaS

PaaS 是 Platform – as – a – Service 的缩写，意思是平台即服务，把服务器平台作为一种服务提供的商业模式，主要是面向开发者。PaaS 实际上是指将软件研发的平台作为一种服务，以 SaaS 的模式提交给用户。因此，PaaS 也是 SaaS 模式的一种应用。但是，PaaS 的出现可以加快 SaaS 的发展，尤其是加快 SaaS 应用的开发速度。

在 2007 年国内外 SaaS 厂商先后推出自己的 PAAS 平台，提供给开发者的服务是把客户采用提供的开发语言和工具（例如 Java，python，Net 等）开发的或收购的应用程序部署到供应商的云计算基础设施上去。客户不需要管理或控制底层的云基础设施，包括网络、服务器、操作系统、存储等，但客户能控制部署的应用程序，也可能控制运行应用程序的托管环境配置。

PaaS 之所以能够推进 SaaS 的发展，主要在于它能够提供企业进行定制化研发的中间件平台，同时涵盖数据库和应用服务器等。PaaS 可以提高在 Web 平台上利用的资源数量。例如，可通过远程 Web 服务使用数据即服务（Data – as – a – Service：数据即服务），还可以使用可视化的 API，甚至像 800app 的 PaaS 平台还允许你混合并匹配适合你应用的其他平台。用户或者厂商基于 PaaS 平台可以快速开发自己所需要的应用和产品。同时，PaaS 平台开发的应用能更好地搭建基于 SOA 架构的企业应用。

PaaS 的发展趋势：一是业务类型同质化，提供单一功能的 PaaS 厂商，横向发展为 PaaS 工具商店，可能造成 PaaS 厂商业务范围重合度高；二是开发者增值服务成增长点，在功能模块的基础，形成平台生态，提供满足企业/应用生命周期全流程的技术服务成为发展方向；三是国际化业务或成新地增长点，技术模块在国际化推广过程中受到地理位置、使用习惯的限制较小，海外市场将成为 PaaS 新的增长点。

3. IaaS

IaaS（Infrastructure as a Service），即基础设施即服务。消费者通过 Internet 可以从完善的计算机基础设施获得服务，这类服务称为基础设

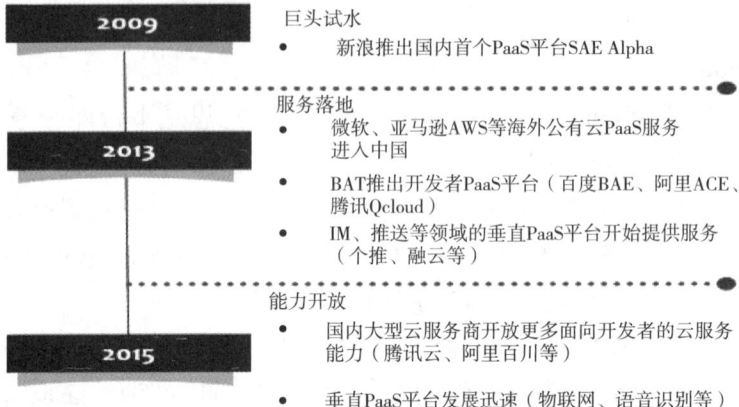

资料来源：慧辰资讯；2016 年中国云服务市场研究报告。

图 3　PaaS 发展现状

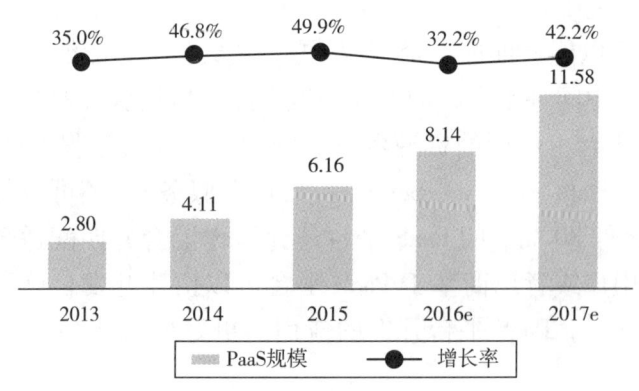

图 4　2013—2017 年 PaaS 公有云服务市场规模

施即服务。基于 Internet 的服务（如存储和数据库）是 IaaS 的一部分，提供给消费者的服务是对所有设施的利用，包括处理器、存储、网络和其他基本的计算资源，用户能够部署和运行任意软件，包括操作系统和应用程序。消费者不管理或控制任何云计算基础设施，但能控制操作系统的选择、储存空间、部署的应用，也有可能获得有限制的网络组件（例如，防火墙，负载均衡器等）的控制。

IaaS 的发展趋势：一是从业企业面临洗牌期，IaaS 属于资本密集型行业，巨头进入加剧行业竞争，竞争力较差的企业将被淘汰；二是需求差异带来生存空间，企业用户需求差异大，选择供应商考虑因素复杂，因此无法形成完全垄断市场，对于中小服务商而言依然存在生存空间；三是行业解决方案形成差异化竞争，以乐视视频云、京东电商云为代表，依托企业发展背景，针对行业需求开发的解决方案，将成为参与者发展的新方向；四是增值服务成为增长机会点，数据分析、人工智能等服务能够在存储和计算的基础上，帮助用户解决生产经营痛点，对企业用户有较强吸引力。

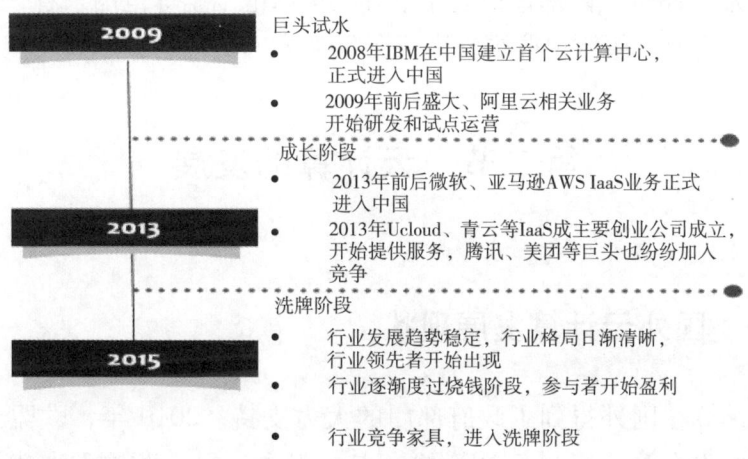

资料来源：慧辰资讯；2016 年中国云服务市场研究报告。

图 5　IaaS 发展现状

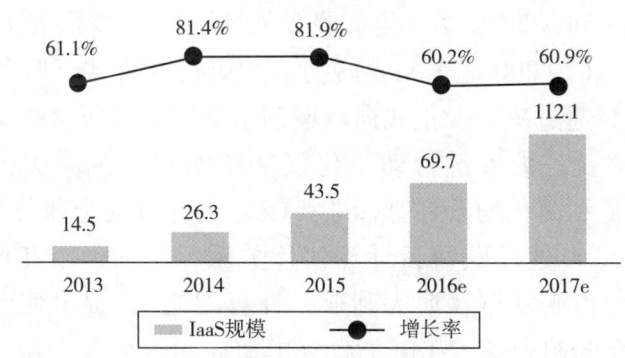

图 6　2013—2017 年 IaaS 公有云服务市场规模

阿里云成立于 2009 年，是国内起步最早的云服务提供商，也是国内最早的 IaaS 厂商之一。阿里云最初只为内部电商和金融业务提供 IT 基础设施支持。2010 年阿里云才开始对外服务，主要提供 IaaS 层服务。经过 8 年发展，阿里云逐步发展成综合云服务龙头厂商，国内市占率遥遥领先，覆盖云计算、大数据、网络安全、人工智能等多个领域。

阿里云业务营收在 2016 年、2017 年都实现 120% 以上增速，连续两年营收翻倍增长，是国内规模最大、世界第三的 IaaS 厂商。而最新的 2018 年 Q1 季报营收达到 24.31 亿元，同比增速仍然达到 96%。阿里云收入占阿里巴巴整体收入比重逐年增加，2017 财年已经上升到 4.21%，去年仅为 2.98%，内部地位逐年上升。全球范围全球范围来看，未来几年阿里云增速有望傲视群雄，维持在 80% 左右的高位。

第二节　云计算的发展

一、国外云计算发展现状

云计算在国外得到了政府部门的大力支持。2010 年，欧盟云计算专家小组发布第一版《云计算的未来》报告，提出两项重点建议：欧盟委员会为云计算研究与技术开发提供激励；欧盟委员会与其成员国制定适当的管理框架以促进云计算的使用。2011 年，美国通过《联邦政府云战略》和《联邦政府共享服务战略》每年将联邦政府原有 IT 支出中的 1/4（约 200 亿美元）转为采购第三方公共云服务。2012 年 10 月，欧委会通过决定，正式向欧盟理事会和欧盟议会提交了《"云计算发展战略及三大关键行动"建议（草案）》。三大关键行动分别为：（1）规范和简化的云计算标准；（2）云计算安全和公平的合同条款及条件；（3）建设欧盟云计算伙伴关系，驱动创新和增长。2013 年 5 月，澳大利亚发布《澳大利亚云计算战略》，提出使政府成为云服务使用方面的领先者；在电子政务中率先引入公共云服务，促进社会和企业对云服务的了解和认同，并通过技术和经济的溢出效应推动 ICT 产业的整体发展。

全球公有云市场规模继续高增。根据 Gartner 研究报告，全球公有云市场规模从 2010 年的 683 亿美元增长至 2016 年的 2 092 亿美元（包括 BPaaS、SaaS、PaaS、IaaS、Cloud Management and Security Services 和 Cloud Advertising），年均复合增速高达 20.51%。预计 2017—2020 年行业规模增速依然维持在 15% 以上，到 2020 年有望达到 3 834 亿美元。全球公有云渗透率快速提升。全球公有云计算市场规模占总共全球 IT 支出的比重快速提升，从 2010 年的 1.99% 上升到 2016 年的 6.16%，预计到 2018 年将达到 8%。云计算的渗透率快速提升在全球范围内得到佐证。

长期来看，IDC 预计，外部部署云计算 IT 支出将以 5 年复合增长率（CAGR）增长 11.7%，到 2021 年达到 472 亿美元。公共云数据中心将占该数额的 80.4%。与内部部署私有云相加，云计算 IT 基础架构的总体支出将以全年同比增长 11.4%，到 2020 年将超过非云 IT 基础架构的支出。内部部署私有云 IT 基础架构的支出将以年均复合增长率 10.3%，而在非云 IT（内部和外部组合）的支出将在同期降低至 3% 的年均复合增长率。

451 Research（位于美国纽约的一家研究研究和顾问机构）对云计算中 PaaS、IaaS、Infrastructure IaaS 的市场份额进行了研究和分析，并给出了从 2017 年到 2020 年 4 年间的预测数据。2017 年 PaaS、IaaS、Infrastructure IaaS 的市场分别预计达到 49 亿美元、154 亿美元、68 亿美元，而到 2020 年，PaaS、IaaS、Infrastructure IaaS 的市场分别预计达到 81 亿美元、245 亿美元、116 亿美元。IaaS 市场的年复合增长率能达到 21%。

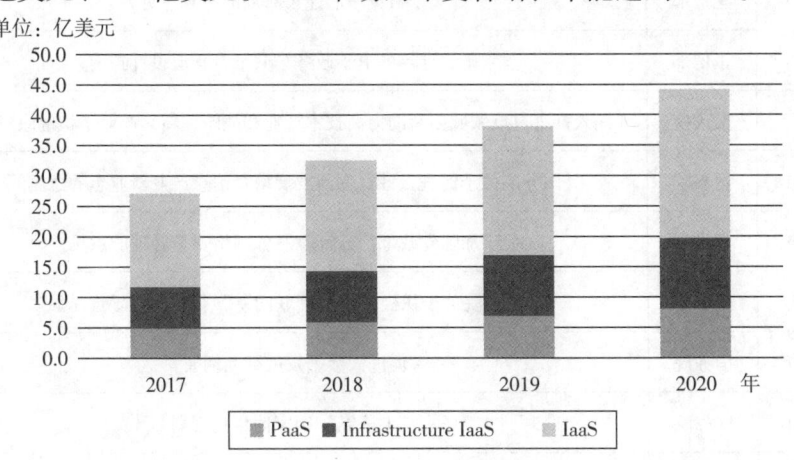

图1 云计算平台市场额度预测

二、中国云计算发展

以美国云计算产业发展经验来看，2005 年由 Amazon、Google 等领导企业逐步推广，2008—2011 年起进入广泛应用阶段，云计算市场整体高速增长，软件的云化逐步实现。而国内市场在 2015 年企业用户才逐步对云计算接受并认可，产业进入广泛应用阶段。

1. 云计算政策环境

国内云计算政策环境基本形成。自 2012 年云计算被列为战略新兴产业以来，我国政府制定了一系列强有力的指导及规划政策促进云计算产业发展。2015 年 1 月，国务院发布《关于促进云计算创新发展培育信息产业新业态的意见》（国发〔2015〕5 号），2016 年国务院正式印发了《"十三五"国家信用化规划》，云计算产业发展、行业推广、应用基础、安全管理等重要环节的宏观政策环境已经基本形成，我国的云计算将迎来创新发展的黄金期。

表1　　　　　　　　　　我国发展云计算的相关政策

时间	部门	政策
2012 年	国务院	《"十二五"国家战略性新兴产业发展规划》
2013 年	工信部	《关于数据中心建设布局的指导意见》
2013 年	工信部	《基于云计算的电子政务公共平台顶层设计指南》
2014 年	发改委	《深入推进重点领域创新助力高技术产业和战略性新兴产业平稳健康发展》
2015 年	国务院	《国务院关于促进云计算创新发展培育信息产业新业态的意见》
2015 年	中网办	《关于加强党政部门云计算服务网络安全管理的意见》
2015 年	国务院	《国务院关于积极推进"互联网＋"行动的指导意见》
2015 年	国务院	《促进大数据发展行动纲要》
2016 年	国务院	《"十三五"国家信息化规划》
2017 年	工信部	《云计算发展三年行动计划（2017—2019 年)》

2017 年 6 月，工信部印发了《云计算发展三年行动计划（2017—2019）》，指出云计算产业已成为提升我国信息化发展水平、打造数字经济新动能的重要支撑。计划明确到 2019 年，我国云计算产业规模达到 4 300 亿元，云计算服务能力达到国际先进水平，云计算在制造、政务等领域的应用水平显著提升，云计算数据中心布局得到优化，云计算企业的国际影响力显著增强，云计算网络安全保障能力明显提高，云计算成为信息化建设主要形态和建设网络强国、制造强国的重要支撑，推动经济社会各领域信息化水平大幅提高。

2. 云计算进入高速发展期

国内云计算市场高速发展，公有云渗透空间较大。根据中国信息通信研究院数据，2015 年我国云计算整体市场规模达 378 亿元，整体增速 31.7%。其中，2015 年公有云市场整体规模约 102.4 亿元人民币，同比增长 45.8%；2015 年私有云市场规模达到 275.6 亿元，同比增长 27.1%。预计 2016—2020 年我国云服务市场规模将保持 30% 左右的增速，整体市场规模保持高速扩张态势。2016 年我国公有云渗透率仅为 4.16%，与全球公有云服务渗透率 6.16% 存在较大差距，未来公有云服务还有较大的渗透空间。

3. 云计算产业发展特点

在国内云计算产业发展方面，IaaS、PaaS 和 SaaS 也呈现出了不同的特点：

（1）IaaS 市场增长迅速，阿里云统治半壁江山。在 IaaS 领域，领先企业如阿里云仍然保持了较为领先的优势，中国电信、中国联通都成立了云计算业务运营实体，国际云计算巨头也为国内 IaaS 领域增加了新的竞争者。2016 年 IaaS 市场规模达到 71.7 亿元，同比增速高达 70.7%。国内 IaaS 市场有众多不同类型玩家，包括国际厂商、互联网公司、创业者、硬件厂商、IDC/CDN 服务商、电信运营商等。阿里占据将近半壁江山，2016 年达到 40%，其次为腾讯、中国电信、金山，UCloud 作为创业公司排名第 5 位。

（2）PaaS "逐渐长大"，互联网创业的孵化器。PaaS 主要面对程序开发者，市场规模较小，2015 年规模仅为 5.2 亿元，2016 年快速增长到 8.5 亿元。由于低成本、快速、灵活的特点，并为开发者提供丰富的

API 接口，PaaS 平台成为互联网创业的孵化器。腾讯、百度、新浪、阿里等向广大开发者提供了开发平台服务。目前，腾讯开放平台已为超过 570 万开发者服务；新浪 SAE 也拥有超过 50 万活跃开发者。

（3）SaaS 市场格局分散。Saas 一直是国内外云计算产业中盈利较早也保持较好发展的领域，2015 年 SaaS 市场规模达 55.3 亿元，超过 IaaS 和 PaaS 市场的总和，增长率为 37.6%，与 2014 年的 15.2% 相比，增速大幅提高。SaaS 很大一部分应用于企业服务市场，格局本就分散，加上版权问题、用户付费习惯问题、产品本身易用性和开放性问题等，导致 SaaS 巨头迟迟未能出现。

第三节　云计算在智慧金融领域的应用

一、金融云

云计算技术的推出，为金融业增强数据的安全性和加快信息共享的速度，提高服务质量、降低成本和赢得竞争优势的一大选择。云计算与金融领域的有机结合，形成了独有的金融云（Financial Cloud）。金融云指基于云计算商业模式应用的金融产品、信息、服务、用户、各类机构以及金融云服务平台的总称，金融云打破了传统金融企业数据中心各自建设、各自运营的模式，中小型金融企业将按照"按需使用、即付即得"的交付模式获得云计算服务，从而节省大量的建设与运营管理成本。金融云将云计算与金融数据挖掘技术结合，增强数据处理能力，有助于金融企业解决信息化建设中遇到的问题。

目前，国内主要云服务厂商都已建成金融云系统，如阿里云系统的金融云服务器，建有专属的物理集群、高级安全服务、高质量 IO 保障、高品质客户服务，在合规方面经过专业金融监管验收和等保四级验收，在稳定上采用四地九中心的同城/异地容灾，资源分配宽裕，可用性超过 99.97%，在安全方面采用了网络隔离、物理安全保障等措施。

腾讯金融云为金融行业量身定制云计算服务，具备低成本高性能、高可用、安全合规的特性，助力金融互联网创新，打造智慧金融。其金融云有三大模式，针对 P2P、小贷、众筹、网销渠道等互联网金融客户在公有云中可享受金融客户定制的安全防护及专属开发测试运营一体化环境；金融专区提供符合一行三会金融监管要求的独立金融行业专用机房，提供金融数据库 TDSQL、物理服务器托管等专属产品服务；金融专有云，为金融机构单客户提供专有物理隔离、独立网络核心的合规 IDC，支持统一管控，共享腾讯网络基础设施及安全防护能力。

百度云提供了全套的金融云解决方案，为银行、证券、保险及互联网金融行业提供安全可靠的 IT 基础设施、大数据分析、人工智能及百度生态支持等整体方案，为金融机构的效率提升及业务创新提供技术支撑。

二、云计算在金融行业的应用框架

智慧金融是在金融物联网的基础上，通过金融云，使金融行业在业务流程、业务开拓和客户服务等方面得到全面的智慧提升，实现金融业务、管理、安防的智慧化。

云计算对于智慧金融的发展的意义：（1）金融企业可以根据自身的需要，通过服务供应商单方面获取计算、存储、应用和决策的能力。（2）金融企业内外部可以通过各式各样的客户端平台按照一定的规范机制进行访问数据。（3）资源共享，供应商提供的计算机资源被集中起来通过一个多客户共享模型，可以为多个金融企业提供服务，并根据其具体需求，动态分配或再分配不同的物理和虚拟资源。（4）可伸缩性，云计算可以有效解决非峰值时段资源的浪费。它所提供的服务是无限、灵活和动态的。

在信息技术高速发展和不断成熟基础上，构建基于金融云的智慧金融框架。根据金融业发展现状和内部业务结构以及外部环境，把智慧金融的发展划分为三大块：智慧业务、智慧管理和智慧安防。智慧业务就是在物联网的基础上，实现金融业业务的智慧化，包括金融核心业务、金融服务和个性化金融体验，具体表现为金融交易、支付、销售、风控等的智慧。智慧管理就是在云计算的基础上，金融企业实现对资产、客户、办公的管理，具体表现为固定资产管理、金库管理、客户关系管理和办公方式的智慧。智慧安全就是通过射频识别技术，实现金融资产、信息、人员的管理，具体表现为有关人员安防、设备和信息安防，金库、现金、尾箱交接的智慧管理和安全交接。

三、云计算在金融行业应用案例

1. 阿里金融云提升金融科技服务能力

2016 年进行的杭州·云栖大会上推出了新一轮的金融战略，蚂蚁金服首席技术官程立宣布启动"蚂云计划"：全面整合蚂蚁金服、阿里巴巴积累十余年的金融科技与服务能力，实现阿里金融云在基础技术、金融核心服务组件和场景连接能力的三大升级，未来服务全球 5 万家金融机构，将阿里金融云升级为融云计算、人工智能、安全、信用支付、金融生态于一体的强大金融云服务。

阿里金融云由阿里云和蚂蚁金服共同发起，是按照金融监管要求打造的云平台。其底层是一整套面向金融客户的独立金融云集群，采用了自主研发的飞天操作系统。过去数年间，阿里金融云在双 11、余额宝、网商银行等支付与金融实践中不断优化改进，具有性能强、安全性高等特点。目前已服务了中国银行、民生银行、银河证券、阳光保险集团、友邦保险、陆金所、红岭创投等超过 2 000 家金融机构。

此前，阿里金融云及蚂蚁金服研发的金融科技产品，已在蚂蚁金服内部进行了大规模的应用实践。比如，网商银行就充分利用了整合后的能力，在 6 个月的时间里即搭建出完整的银行核心系统，实现了基于大数据的互联网贷款，形成了完整的互联网银行服务能力。阿里金融云能让用户 1 分钟生成客户端框架，3 天搭建简单移动 APP，一个月完成金融级 APP 应用。这也是阿里金融云降低创新成本和门槛，提升创新效率的体现。

2. 微众银行借力腾讯金融云发展

微众银行是中国首家互联网银行，以普惠金融为目标，针对目标客户群的需求，提供差异化、有特色、优质便捷的存款、理财投资、贷款、支付结算等服务，全力打造"个存小贷"特色品牌。

　　微众银行服务部署于腾讯金融云，采用分布式架构提高扩容能力。通过腾讯云，构建全新去 IOE 高扩展性架构，快速开业成为全球首家全云上银行，并降低 80% 账户管理成本，同时采用金融云的人脸识别等新技术，打造创新的互联网业务流程。

　　微众银行完全部署在腾讯云提供的金融合规云机房里，可以按需使用，按量付费，避免了传统银行开业时需要投入的巨量资金用于建设数据中心；数据库则采用了腾讯云金融级数据库 TDSQL，相比传统数据库就节约了 50% 以上的成本。TDSql 一直成熟应用于腾讯内部的交易和支付体系中，成功支持日十亿量级的交易量，支撑了数亿用户多年来零故障运营。而 TDSQL 自动支持强同步多地容灾、多份备份等能力，也让银行在享受金融级安全保障的同时，有效减少了维护成本。

　　据不完全统计，小型银行每个账户 IT 成本 100 元，大型银行每个账户的 IT 成本 20～30 元。前海微众银行在腾讯云的基础上，利用海量服务分布式的架构，将成本下降 80%，让银行 IT 的竞争力得到极致的提升。

　　3. 富途证券依托云平台应对业务暴增

　　富途证券是国内第一家把全业务系统放在云上的券商，通过腾讯云的弹性能力快速支持了 2015 年证券业务量的暴发性增长，是典型的行业探索和示范案例。

　　2015 年 4 月，由于国家政策刺激，内地股民热捧港股。伴随港股迎来的这场牛市盛宴，创纪录的开户量、交易量等因素导致多家银行、券商的服务器出现宕机、系统瘫痪状况，无法正常交易。值得注意的是，作为香港唯一支持远程开户的互联网券商港股新锐券商，富途证券却显得游刃有余，为用户创造了稳定的交易环境，在这一轮港股暴涨中一枝独秀。

　　4 月 8 日到 4 月 10 日富途证券同时在线人数和新增客户数同创新高，官网访问量增长 10 倍，交易额也迎来大幅上升，从 60 亿攀升到 150 亿，后台一小时之内腾讯云服务器规模增长了 3 倍。从香港机房到腾讯云国内机房，平均延时 20ms，远远低于公网平均时延 100ms，而腾讯云快速弹性扩容能力也保证了富途证券高质量的应对交易洪峰。在腾讯云的支持下，富途依托腾讯云安全、稳定、可靠的网络基础设施及自主研发的高并发大容量交易系统，确保了富途证券的客户在大行情来临时继续运筹帷幄，进退自如。

在过去3年，腾讯云包揽了基础设施所需的日常维护和复杂管理，而富途可以专注于从底层构建交易、行情系统。其港股、美股、A股行情数均直联交易所，使得富途的行情数据的时延远远小于市场上的同类券商；自主研发的港股交易系统，一次性通过港交所认证，包含网络延时在内的订单成交时间仅需0.003秒，是目前市场上响应速度最快并发处理能力最强的港股交易系统。

富途在网络基础设施中与腾讯云深度合作为富途证券的客户提供高速稳定安全的接入服务，并成为了腾讯云私有网络服务的首家用户，让平台的安全性得到极大提升。借助专线、负载均衡、云主机、云监控以及云安全等云计算的能力，富途将信息处理变得简洁、安全和高效，大大缩短了业务上线时间，依托腾讯云强大的网络接入能力以及易扩展等特点，给富途的港股、美股、A股投资者创造了安全、准确、稳定、快速的交易环境。

4. 网商银行借助云环境，搭建良好的基础环境

浙江网商银行是中国第一家完全跑在"云"上的银行。网商银行系统由蚂蚁金服专家团队自主研发，将最先进的核心银行系统思想与互联网金融理念相结合，采用全分布式的金融架构，完全基于蚂蚁金服和阿里云自主研发的金融云计算平台、移动互联平台、金融大数据平台和OceanBase数据库开发。在不到半年的时间内，通过蚂蚁金融云技术成功地自主研发了网商银行系统，充分证明蚂蚁金融云具备高度的业务扩展性，足以支撑银行核心级别的复杂金融级业务。

网商银行搭建在蚂蚁金融云上，所有的底层和系统都是采用的阿里云计算的技术。蚂蚁金融云覆盖了金融业务系统研发、运行与管理所需要的整套技术服务，包括金融级的云计算基础设施平台IAAS、平台即服务PAAS、数据即服务DAAS、移动互联即服务MPAAS等，未来还会推出面向各个金融行业的业务基础组件云服务平台BPAAS。这些服务大大降低了分布式环境下金融系统的研发与管理的难度，同时将金融级系统标准的安全性、一致性、连续性、可靠性等特性，以及移动互联网时代所需要的高度并发、随时在线、实时互动能力，集成为技术平台的基

础能力。

5. 招商证券提高系统弹性和数据安全

在移动互联时代，越来越多的客户通过移动端接入市场。新技术和新科技在金融领域的应用对证券公司带来了挑战的同时也带来了更多的机遇，数字化转型将是必然趋势。基于此，招商证券在证券行业率先进行了科技创新。

招商证券拥有自己的传统的 IT 基础设施。为了简化 IT 基础架构管理，更好地保障云端的数据安全，招商证券最终决定由传统架构转向混合云架构。招商证券利用 Azure 存储客户在 APP 端浏览产品时的点击行为数据，通过 VPN 模式打通云端与招商证券 DMZ 区，每日批处理后，将云端处理结果推送至 DMZ 区的过渡数据库，再转发至内网核心数据仓库，从而实现本地存储的敏感数据与云端数据的对接。一旦发生突发事故，可迅速实现数据回滚确保数据安全性、完整性。混合云方案的顺利实施，不仅实现了系统弹性与数据安全，而且还实现了百 T 级数据的高效处理与存储，大大节省了人力、电力、网络流量、运维、License 等费用，总体成本降低约 50%。相对传统的部署方式，采用 Azure 后上线新的服务变得十分快捷，服务器故障的风险也得到了转移。

第七章 大数据

第一节 大数据的概述

一、大数据的概念

大数据（Big Data），通常是指无法在一定时间范围内用常规软件工具进行捕捉、管理和处理的数据集合，是需要新处理模式才能具有更强的决策力、洞察发现力和流程优化能力的海量、高增长率和多样化的信息资产。

2008 年 9 月，美国《自然》（Nature）杂志专刊——The next google，第一次正式提出"大数据"概念。2011 年 5 月，麦肯锡研究院发布报告，第一次给大数据做出相对清晰的定义：大数据是指其大小超出了常规数据库工具获取、储存、管理和分析能力的数据集。

大数据技术的战略意义不在于掌握庞大的数据信息，而在于对这些含有意义的数据进行专业化处理。换而言之，如果把大数据比作一种产业，那么这种产业实现盈利的关键，在于提高对数据的"加工能力"，通过"加工"实现数据的"增值"。

从技术上看，大数据与云计算的关系就像一枚硬币的正反面一样密不可分。大数据必然无法用单台的计算机进行处理，必须采用分布式架构。它的特色在于对海量数据进行分布式数据挖掘。但它必须依托云计算的分布式处理、分布式数据库和云存储、虚拟化技术，因为实时的大型数据集分析需要像 MapReduce 一样的框架来向数十、数百或甚至数千的电脑分配工作。

　　大数据需要特殊的技术，以有效地处理大量的容忍经过时间内的数据。适用于大数据的技术，包括大规模并行处理（MPP）数据库、数据挖掘、分布式文件系统、分布式数据库、云计算平台、互联网和可扩展的存储系统。

二、大数据的起源与发展

　　早在 1980 年，著名未来学家托夫勒在其所著的《第三次浪潮》中就热情地将"大数据"称颂为"第三次浪潮的华彩乐章"，这标志着人们首次对海量数据所能够产生的价值有了初步的了解。但由于连接方式的局限，长期以来人们对于数据的应用大多以企业内部的商业智能为主，随着互联网的普及，大数据产业应用的轮廓才渐渐清晰。

　　2000 年初 Google 为了实现对大量网页的信息抓取、存储，并完成索引的建立及排序功能，同时又希望降低硬件采购成本而逐渐摸索出了利用普通物理机实现的分布式存储、计算体系。这一技术以 MapReduce 及 GFS 而为人所熟知，借此大数据得以分布存储在多个数据库中，并进行大规模并发处理，解决了以往单一计算机存储能力不够，计算时间过长而不具备实用性的问题。

　　依据 2003 年底 Google 所发布的论文，前雅虎工程师开发出了类似的分布式存储计算技术 Hadoop，随后围绕 Hadoop 产生了庞大的生态体系，逐渐使大数据基础架构日臻完善。Hadoop 设计之初的目标就定位于高可靠性、高可拓展性、高容错性和高效性，正是这些设计上与生俱来的优点，才使 Hadoop 一出现就受到众多大公司的青睐，同时也引起了研究界的普遍关注。到目前为止，Hadoop 技术在互联网领域已经得到了广泛的运用，例如，Yahoo 使用 4 000 个节点的 Hadoop 集群来支持广告系统和 Web 搜索的研究；Facebook 使用 1 000 个节点的集群运行Hadoop，存储日志数据，支持其上的数据分析和机器学习；百度用 Hadoop 处理每周 200TB 的数据，从而进行搜索日志分析和网页数据挖掘工作；中国移动研究院基于 Hadoop 开发了"大云"（BigCloud）系统，不但用于相关数据分析，还对外提供服务；淘宝的 Hadoop 系统用于存储并处理电子商务交易的相关数据。

而随着技术的发展，一些适应独特应用场景的数据库、计算处理等软件也越发丰富，例如非结构化数据库 MongoDB 就因为其较为强大的条件查询功能以及灵活的数据结构获得了广泛的应用；Spark 则将 Hadoop 中的存储介质替换为闪存，而获得了百倍处理速度的增长。

除此之外大数据生态中还存在着很多的技术发展路径，其中 MPP 技术主要以关系型数据库为主和 Hadoop 技术目标类似，将数据切分、独立计算后再汇总。相对于 SQL on Hadoop，MPP 具有数据优化程度高、计算速度快，擅长交叉分析等优点，适合企业进行数据分析使用，但其扩展性相对 Hadoop 来说较弱，一般在 10 个节点以上便丧失了计算优势，并且由于非开源架构导致其对特定硬件依赖程度较高。

三、大数据的理念

1. 大数据不是随机样本，而是全体数据

统计学的一个目的就是用尽可能少的数据来证实尽可能重大的发现，采样分析的精确性随着采样随机性的增加而大幅提高，但当样本数量达到某个值后，再增加样本就没有显著意义。而随机采样有一个很大的问题：人们只能从随机采样中得出事先设计好的问题的结果，调查得出的数据不可以重新分析以实现计划之外的目的，而且一旦采样过程中存在任何偏见，分析结果就会相去甚远。

在大数据时代，我们可以分析更多的数据，有时候甚至可以处理和某个特别现象相关的所有数据，而不再依赖于随机采样。当我们可以获得海量数据的时候，采样就没有什么意义了。大数据建立在掌握所有数据，至少是尽可能多的数据的基础上，所以我们就可以正确地考察细节并进行新的分析。

2. 大数据不是精确性，而是混杂性

研究数据如此之多，以至于我们不再热衷于追求精确度；之前需要分析的数据很少，所以我们必须尽可能精确地量化我们的记录，随着规模的扩大，对精确度的痴迷将减弱；拥有了大数据，我们不再需要对一

个现象刨根问底，只要掌握了大体的发展方向即可，适当忽略微观层面上的精确度，会让我们在宏观层面拥有更好的洞察力。

在传统数据时代，人们收集、处理数据的能力有限，对数据而言，最基本、最重要的要求就是减少错误，保证质量。人们创造了很多精确的系统，这些系统试图让我们接受一个世界困乏而规整的惨象——假装世间万物都是整齐地排列的；事实上现实是纷繁复杂的，天地间存在的事物也远远多于系统所设想的。

3. 大数据不是因果关系，而是相关关系

我们不再热衷于找因果关系，寻找因果关系是人类长久以来的习惯，在大数据时代，我们无须再紧盯事物之间的因果关系，而应该寻找事物之间的相关关系；相关关系也许不能准确地告诉我们某件事情为何会发生，但是它会提醒我们这件事情正在发生。

第二节　大数据技术与大数据产业

一、Hadoop 系统工作原理

据估计，到 2015 年全世界一半以上的数据涉及到 Hadoop，这是一个处理、存储和分析海量的分布式、非结构化数据的开源框架，最初由雅虎的 Doug Cutting 创建，用来处理分布在多个并行节点的 PB 级和 EB 级数据。其生态技术架构如图 1。

1. HDFS

对外部客户机而言，HDFS 就像一个传统的分级文件系统。可以创建、删除、移动或重命名文件，等等。但是 HDFS 的架构是基于一组特定的节点构建的，这是由它自身的特点决定的。这些节点包括 NameNode（仅一个），它在 HDFS 内部提供元数据服务；DataNode，它为 HDFS 提供存储块。由于仅存在一个 NameNode，因此这是 HDFS 的一个缺点（单点失败）。

存储在 HDFS 中的文件被分成块，然后将这些块复制到多个计算机

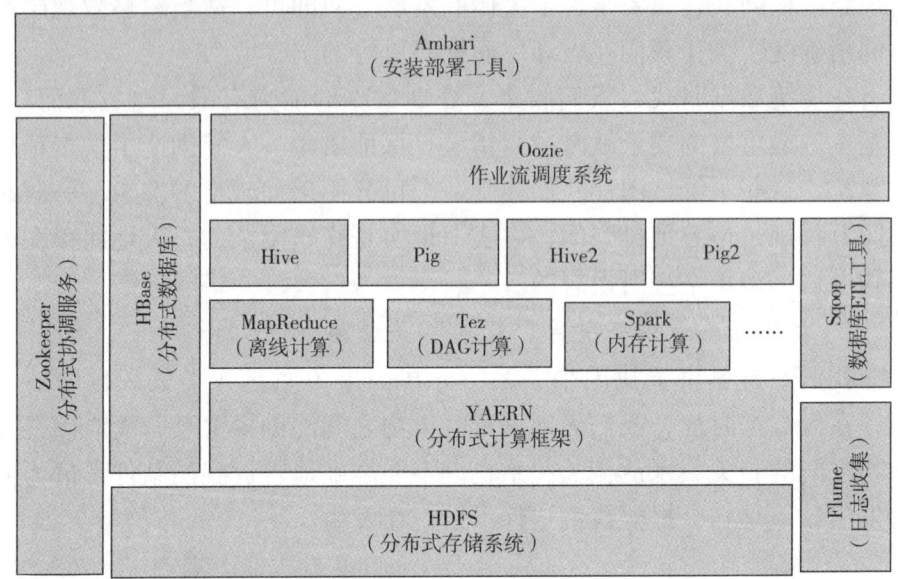

图1 Hadoop 生态技术架构

中（DataNode），这与传统的 RAID 架构大不相同。块的大小（通常为 64MB）和复制的块数量在创建文件时由客户机决定，NameNode 可以控制所有文件操作，HDFS 内部的所有通信都基于标准的 TCP/IP 协议。

2. NameNode

NameNode 是一个通常在 HDFS 实例中的单独机器上运行的软件。它负责管理文件系统名称空间和控制外部客户机的访问。NameNode 决定是否将文件映射到 DataNode 上的复制块上。对于最常见的 3 个复制块，第一个复制块存储在同一机架的不同节点上，最后一个复制块存储在不同机架的某个节点上。

实际的 I/O 事务并没有经过 NameNode，只有表示 DataNode 和块的文件映射的元数据经过 NameNode。当外部客户机发送请求要求创建文件时，NameNode 会以块标识和该块的第一个副本的 DataNodeIP 地址作为响应。这个 NameNode 还会通知其他将要接收该块的副本的 DataNode。

NameNode 在一个称为 FsImage 的文件中存储所有关于文件系统名称空间的信息。这个文件和一个包含所有事务的记录文件（这里是

EditLog）将存储在 NameNode 的本地文件系统上。FsImage 和 EditLog 文件也需要复制副本，以防文件损坏或 NameNode 系统丢失。

NameNode 本身不可避免地具有 SPOF（Single Point Of Failure）单点失效的风险，主备模式并不能解决这个问题，通过 Hadoop Non – stop namenode 才能实现 100% uptime 可用时间。

3. DataNode

DataNode 也是一个通常在 HDFS 实例中的单独机器上运行的软件。Hadoop 集群包含一个 NameNode 和大量 DataNode。DataNode 通常以机架的形式组织，机架通过一个交换机将所有系统连接起来。Hadoop 的一个假设是：机架内部节点之间的传输速度快于机架间节点的传输速度。

DataNode 响应来自 HDFS 客户机的读写请求。它们还响应来自 NameNode 的创建、删除和复制块的命令。NameNode 依赖来自每个 Data-Node 的定期心跳（heartbeat）消息。每条消息都包含一个块报告，NameNode 可以根据这个报告验证块映射和其他文件系统元数据。如果 DataNode 不能发送心跳消息，NameNode 将采取修复措施，重新复制在该节点上丢失的块。

二、其他大数据技术

Hadoop 是大数据领域最流行的技术，但并非唯一，还有很多其他技术可用于解决大数据问题。

1. ApacheFlink：是一个高效、分布式、基于 Java 实现的通用大数据分析引擎，它具有分布式 MapReduce 一类平台的高效性、灵活性和扩展性以及并行数据库查询优化方案，它支持批量和基于流的数据分析，且提供了基于 Java 和 Scala 的 API。这是一种由社区驱动的分布式大数据分析开源框架，类似于 Apache Hadoop 和 Apache Spark。它的引擎可借助数据流和内存中（in – memory）处理与迭代操作改善性能。

2. Apache Samza：是一个开源、分布式的流处理框架，它使用开源分布式消息处理系统 Apache Kafka 来实现消息服务，并使用资源管理器 Apache Hadoop Yarn 实现容错处理、处理器隔离、安全性和资源管理。该技术由 LinkedIn 开发，最初目的是为了解决 Apache Kafka 在扩展能力方面存在的问题，包含诸如 Simple API、Managed state、Fault Tolerant、Durable messaging、Scalable、Extensible，以及 Processor Isolation 等功能。

3. Cloud Dataflow：Dataflow 是一种原生的 Google Cloud 数据处理服务，是一种构建、管理和优化复杂数据流水线的方法，用于构建移动应用，调试、追踪和监控产品级云应用。它采用了 Google 内部的技术 Flume 和 MillWhell，其中 Flume 用于数据的高效并行化处理，而 MillWhell 则用于互联网级别的带有很好容错机制的流处理。该技术提供了简单的编程模型，可用于批处理和流式数据的处理任务。该技术提供的数据流管理服务可控制数据处理作业的执行，数据处理作业可使用 Data Flow SDK（Apache Beam）创建。

4. StreamSets：StreamSets 是一种专门针对传输中数据进行过优化的数据处理平台，提供了可视化数据流创建模型，通过开源的方式发行。该技术可部署在内部环境或云中，提供了丰富的监视和管理界面。

数据收集器可使用数据管线实时地流式传输并处理数据，管线描述了数据从源头到最终目标的流动方式，可包含来源、目标，以及处理程序。数据收集器的生命周期可通过管理控制台进行控制。

5. TensorFlow：是继 DistBelief 之后的第二代机器学习系统。TensorFlow 源自 Google 旗下的 Google Brain 项目，主要目标在于为 Google 全公司的不同产品和服务应用各种类型的神经网络机器学习能力。

支持分布式计算的 TensorFlow 能够使用户在自己的机器学习基础结构中训练分布式模型。该系统以高性能的 gRPC 数据库为支撑，与最近发布的 Google 云机器学习系统互补，使用户能够利用 Google 云平台，对 TensorFlow 模型进行训练并提供服务。

6. Druid：Druid 是一个用于大数据实时查询和分析的高容错、高性能开源分布式系统，旨在快速处理大规模的数据，并能够实现快速查询和分析，诞生于 2011 年，包含诸如驱动交互式数据应用程序，大量并发用户，每天上万亿事件的扩展能力，次秒级查询，实时分析等功能。Druid 还包含一些特殊的重要功能，例如低延迟数据摄入、快速聚合、任意切割能力、高可用性、近似计算与精确计算等。

7. Apache NiFi：Apache NiFi 是一套强大可靠的数据处理和分发系统，可用于对数据的流转和转换创建有向图。借助该系统可以用图形界面创建、监视、控制数据流，有丰富的配置选项可供使用，可在运行时修改数据流，动态创建数据分区。此外还可以对数据在整个系统内的流动进行数据起源跟踪。通过开发自定义组件，还可轻松对其进行扩展。

8. LinkedIn WhereHows：WhereHows 提供带元数据搜索的企业编录（Enterprise catalog），可以快速了解数据存储在哪里，是如何保存到那里的。该工具可提供协作、数据血统分析等功能，并可连接至多种数据源和提取、加载和转换（ETL）工具。该工具为数据发现提供了 Web 界面，支持 API 的后端服务器负责控制元数据的爬网（Crawling）以及与其他系统的集成。

9. Microsoft Cognitive Services：该技术源自 Project Oxford 和 Bing，提供了 22 种认知计算 API，主要分类包括：视觉、语音、语言、知识，以及搜索。该技术已集成于 Cortana Intelligence Suite，并为开发者提供了适用于 Windows、IOS、Android 以及 Python 的 SDK。

三、大数据的技术特点

业界通常用 4 个 V（即 Volume、Variety、Value、Velocity）来概括大数据的特征。具体来说，大数据具有 4 个基本特征：

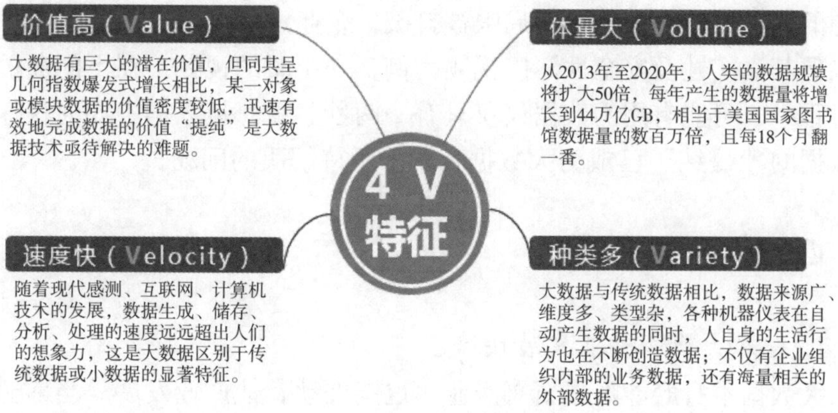

价值高（Value）
大数据有巨大的潜在价值，但同其呈几何指数爆发式增长相比，某一对象或模块数据的价值密度较低，迅速有效地完成数据的价值"提纯"是大数据技术亟待解决的难题。

体量大（Volume）
从2013年至2020年，人类的数据规模将扩大50倍，每年产生的数据量将增长到44万亿GB，相当于美国国家图书馆数据量的数百万倍，且每18个月翻一番。

速度快（Velocity）
随着现代感测、互联网、计算机技术的发展，数据生成、储存、分析、处理的速度远远超出人们的想象力，这是大数据区别于传统数据或小数据的显著特征。

种类多（Variety）
大数据与传统数据相比，数据来源广、维度多、类型杂，各种机器仪表在自动产生数据的同时，人自身的生活行为也在不断创造数据；不仅有企业组织内部的业务数据，还有海量相关的外部数据。

4 V 特征

资料来源：刘鹏，大数据，电子工业出版社。

图 2 大数据的技术特点

1. 数据体量巨大

数据体量大，指代大型数据集，一般在 10TB 规模左右，但在实际应用中，很多企业用户把多个数据集放在一起，已经形成了 PB 级的数据量；百度资料表明，其首页导航每天需要提供的数据超过 1.5PB（1PB = 1024TB），这些数据如果打印出来将超过 5 千亿张 A4 纸。有资料证实，到目前为止，人类生产的所有印刷材料的数据量仅为 200PB。

2. 数据类别大和类型多样

数据类别大，数据来自多种数据源，数据种类和格式日渐丰富，已冲破了以前所限定的结构化数据范畴，囊括了半结构化和非结构化数据。现在的数据类型不仅是文本形式，更多的是图片、视频、音频、地理位置信息等多类型的数据，个性化数据占绝对多数。

3. 处理速度快

在数据量非常庞大的情况下，也能够做到数据的实时处理。数据处理遵循"1 秒定律"，可快速从各种类型的数据中获得高价值的信息，如果超出这个时间，数据就失去价值了。

4. 价值真实性高和密度低

数据真实性高，随着社交数据、企业内容、交易与应用数据等新数据源的兴趣，传统数据源的局限被打破，企业愈发需要有效的信息之力以确保其真实性及安全性。以视频为例，一小时的视频，在不间断的监控过程中，可能有用的数据仅仅只有一两秒。在海量数据中如何快速实现数据的"提纯"已成为大数据背景下亟待解决的问题。

四、大数据产业

1. 全球大数据产业发展快速

大数据本身既能形成新兴产业，也能推动其他产业发展。当前全球围绕大数据采集、存储、管理和挖掘，正在逐渐形成了一个"小生态"，即大数据核心产业。大数据核心产业为全社会大数据应用提供数据资源、产品工具和应用服务，支撑各个领域的大数据应用，是大数据在各个领域应用的基石。根据 IDC、Wikibon 等咨询机构预测，2016 年全球的大数据核心产业规模约为 300 亿美元。

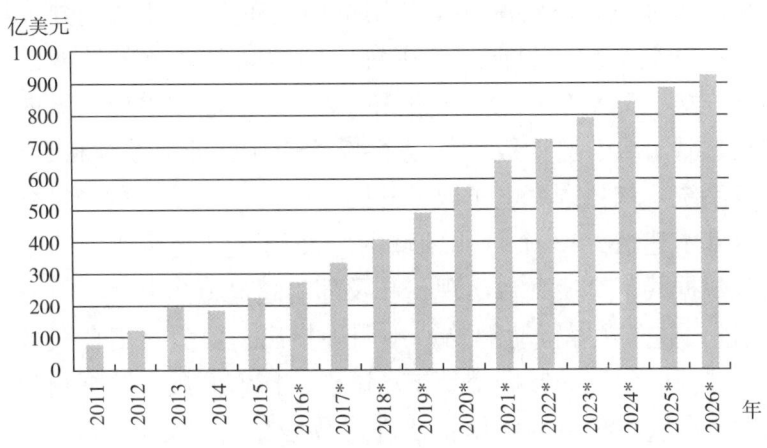

图 3 全球大数据产业规模（2011—2026 年）

从广义看，大数据具有通用技术的属性，能够提升运作效率，提高决策水平，从而形成由数据驱动经济发展的"大生态"，即广义大数据产业。广义大数据产业包含了大数据在各个领域的应用，已经超出了信息产业的范畴。据华沙经济研究所测算，欧盟 27 国因大数据的引进，至 2020 年将获得 1.9% 的额外 GDP 增长。麦肯锡预计，到 2020 年美国大数据应用带来的增加值将占 2020 年 GDP 的 2%～4%。中国信息通信研究院预计，2020 年大数据将带动中国 GDP2.8%～4.2%。

据国际数据公司（IDC）统计，2014 年全球数据总量为 8ZB，预计2020 年将达到 44ZB。同期，我国数据总量为 909EB，占全球数据总量的 13%。其中，媒体、互联网数据量占比为 1/3，政府部门、电信企业数据量占比为 1/3，其他的金融、教育、制造、服务业等数据量占比为1/3。预计到 2020 年我国数据量将达到 8060EB，占全球数据总量的 18%。

2. 中国大数据产业高速增长

（1）大数据政策环境

国家对大数据产业的重视程度不断上升，从数据存储、软件研发到信息安全，从产业链、行业联盟到跨行业融合的新业态，不断完善宏观政策，推动数据互联共享和标准体系建立，引导支持大数据产业健康发展。伴随着宏观政策环境的逐步完善，我国大数据产业茁壮发展。

2015 年国务院印发的《促进大数据发展行动纲要》提出要在 2017 年底前形成跨部门数据资源共享共用格局，在 2018 年底前建成国家政府数据统一开放平台。目前，全国统一的国家电子政务外网已初步建成，横向连接了 118 个，中央单位和 14.4 万个地方单位，纵向基本覆盖了中央、省、市、县四级，承载了 47 个全国性业务系统和 5 000 余项地方业务系统。依托国家电子政务外网搭建的全国统一的国家数据共享交换平台基本建成，13 个行业领域的跨部门共享交换业务已通过或拟通过国家数据共享交换平台实现，涉及部门超过 100 个。

《促进大数据发展行动纲要》中明确指出，要引导培育大数据交易市场，开展面向应用的数据交易市场试点，探索开展大数据衍生产品交易，鼓励产业链各环节的市场主体进行数据交换和交易。2015 年 4 月，全国首个大数据交易所——贵阳大数据交易所正式挂牌运营并完成首批大数据交易。由上海经济和信息化委员会指导的上海大数据交易中心也将于 2016 年 4 月 1 日挂牌成立。此外，北京数海科技、数据堂、TalkingData、中关村大数据产业联盟等企业和产业联盟在数据交易流通也走在了行业前列。

该纲要部署三方面主要任务。一要加快政府数据开放共享，推动资源整合，提升治理能力。大力推动政府部门数据共享，稳步推动公共数据资源开放，统筹规划大数据基础设施建设，支持宏观调控科学化，推动政府治理精准化，推进商事服务便捷化，促进安全保障高效化，加快民生服务普惠化。二要推动产业创新发展，培育新兴业态，助力经济转型。发展大数据在工业、新兴产业、农业农村等行业领域应用，推动大数据发展与科研创新有机结合，推进基础研究和核心技术攻关，形成大数据产品体系，完善大数据产业链。三要强化安全保障，提高管理水平，促进健康发展。健全大数据安全保障体系，强化安全支撑。

（2）国内大数据产业

大数据产业涉及经济社会的方方面面，在各行业各领域中都有大数据产业的融合渗透，其涵盖范围很广。从概念定义上来看，大数据产业指以数据生产、采集、存储、加工、分析、服务为主的相关经济活动，包括数据资源建设、数据软硬件产品的开发、销售和租赁活动，以及相关信息技术服务。

大数据产业包括三个层次：一是大数据核心产业，指专门应用于大数据运行处理生命周期的软件、硬件、服务等，包括大数据硬件、大数据软件、大数据服务和行业大数据。其中行业大数据指的是面向行业特点的大数据解决方案等。二是大数据关联产业，指在大数据运行处理的过程中，为其提供基础设施、处理工具、相关技术等的产业，包括云计算、物联网、互联网、移动互联网、人工智能、虚拟现实等。三是大数据融合产业，指大数据与其他行业领域融合产生的新兴业态、升级业态，包括智能制造、智慧农业、智慧城市、机器人、智能交通、智慧医疗、智能家居、智能网联汽车等。

2017 年 8 月，中国电子信息产业发展研究院发布了《中国大数据产业发展水平评估报告（2017 年）》。《报告》认为，我国区域大数据产业发展表现出明显的梯级分布特征，集聚效应明显。2016 年，在国家大数据综合试验区引领下，大数据产业区域集聚发展格局逐步形成，长三角地区、珠三角地区、中西部地区和东北地区大数据产业集聚发展态势明显，东部地区大数据发展水平最高，占全国大数据发展总指数的44%。重点行业大数据发展水平差异化明显，金融、政务引领行业大数据快速发展。2016 年，我国各行业大数据发展水平由高至低依次为金融、政务、交通、电信、商贸、医疗、教育、旅游、工业、农业。金融、政务大数据发展指数值较为突出，分别占总指数的16%、15%。大数据企业整体呈现"金字塔"状的实力分布，我国大数据企业发展指数高于50的企业数量占比仅为5%。重点行业大数据产业企业聚焦20个行业领域，最高的安防大数据企业发展指数达到39.72。特色细分领域大数据企业主要分为三个发展区间，从事数据中心业务和基因测序的龙头企业处于第一阵营，从事工控安全、数据库、区块链、机器学习、车联网等10类细分领域大数据相关业务的龙头企业处于第二阵营，以虚拟现实、开源技术和计算机视觉为代表的第三阵营。

（3）金融大数据

从数据贡献度上看，银行是金融数据的重要贡献机构和使用机构。截至 2015 年第四季度末，全国共开立人民币银行结算账户 73.7 亿户，环比增长 3.15%；个人银行结算账户 73.25 亿户，占银行结算账户的99.4%，环比增长 3.15%；单位银行账户 4 439.03 万户，环比增长

2.43%，其中基本存款账户增加89.55万户，一般存款账户增加10.91万户，专用存款账户增加5.10万户，临时存款账户减少0.07万户。全国共发生银行卡交易3 343.2亿笔，金额178.14万亿。其中，涉及互联网金融的网上支付发生106.37亿笔，同比增长25.21%；移动支付56.33亿笔，同比增长244.74%（数据来源：九次方大数据）。

中国银行业大数据应用主要集中在客户营销、产品创新、风险控制和运营优化四个领域。比如光大银行研发的"阳光理财"资产配置平台（APP），分析客户需求并设计与之匹配的资产配置方案以支持营销；民生银行通过大数据分析定义营销举措并防止客户流失；招商银行利用大数据发展小微贷款。

第三节　大数据在智慧金融中的应用

从历史的角度看金融业的演变，金融业一直是先进技术的应用者与推动者。每当社会出现重大技术进步时，金融一定会以某种特定的方式与之紧密结合。据贵阳大数据交易所统计，2015年中国金融大数据应用市场规模达到16亿元，预计这一数字在2020年将突破1 300亿元，金融行业有望进入大数据的快车道时代。

一、大数据对智慧金融发展的支撑

1. 大数据有助于实现金融信息的可视化

金融可视化是利用数学算法、网路技术、数据挖掘、计算机文本语言识别技术等一系列前沿科技综合开发的信息动态集成显示成果。一个优秀的金融可视化解决方案应该包括数据搜集整合系统、基于经济管理的程序开放系统、基于图表显示技术的通信信息系统。金融信息可视化将成为经济分析、管理决策、绩效评价等工作的必备工具，它将始终贯穿于金融活动的全过程。

金融大数据可视化应用系统可满足金融机构连续运营的从总部到各分支机构的业务需求，可实时监测设备和业务的运行情况和工作效能，及时响应、快速应对。通过屏幕显示效果，更方便用户集中管理，尤其是在全球化背景下内外资金、资源的流动与并行处理。系统还可以通过网络视频流，实现多地的实时信息共生、共享、同步并行处理，减少设备故障率，降低资源浪费，检测金融信息流、资金流和物流运行，为金融机构的综合运营管理和业务操作提供全方位支撑，增强金融服务效能。

2. 大数据促使智慧金融向个性化、定制化发展

智慧金融有两个核心点，"一是数据，二是技术"，无论是信用评估还是反欺诈等，核心的思想都是通过数据得出更多以前没有得到的结果，而随着数据的越来越多，维度与频度变多，技术也会发生改变。大数据融入到传统的消费金融审核当中，运用客户行为信息、申请信息、征信信息和互联网大数据进行交叉验证和数据建模，对客户进行更加精准和立体的画像，有效的锁定目标客户群体，避免潜在的欺诈和逾期风险。

利用大数据可以搜索影响金融资产变化的大量信息，通过人工智能学习进行分析，让普通投资者也可以享受到与专业机构一样的投资分析信息。基于大数据开展的增值服务是金融信息资讯平台未来的主要盈利方式，依托大数据，信息门户可以对用户搜索、消费习惯进行有效记录和智能分析，向用户智能推送其所需的金融服务，精准匹配降低用户搜寻成本，扩大金融产品交易规模；根据大量用户信息可以分析出客户的金融需求变化和倾向，满足金融消费者个性定制化金融需求。

3. 大数据与物联网技术融合促进金融行业发展

大数据与物联网的结合对金融的影响极为深远，将重塑金融行为模式和存在形态。大数据使得物联网金融更加多维度、更加动态、更加丰富。以前，数据是根据企业的财务报表分析整理的，电商数据虽然丰富但也只能是商户的平台交易数据，而与物联网技术结合后能真正深入实体经济中，让企业的产品质量与数量、物流仓储信息、成本信息、销售信息与金融信息等汇集成综合信息流。

金融服务业正在物联网大数据应用方面努力。物联网大数据在许多行业应用中已经实践，对于银行来说物联网大数据能够用在 ATM 或者移动银行业务中。比如，银行可以根据物联网大数据掌握企业商品的全面信

息，发放贷款时就可能无须抵押物，银行的放贷效率将提升到前所未有的高度。对于电商金融，可以根据物联网大数据实现客户和商品双向信息交互，以此为基础开展的电商金融将有更好的发展空间。在保险行业，即使投保人不和保险公司见面，只要把物联网传感器上收集的信息发送给公司，公司就可以通过大数据分析对保险标的进行精准的风险定价。

4. 大数据应用于高频金融交易中

高频交易是利用证券市场极短时间存在的买卖价差或者套利空间进行的大额、快速交易。高频金融交易的主要特点是实时性要求高和数据规模大，沪深两市每天 4 小时的交易时间内可以产生至少 3 亿条逐笔成交数据，随着时间的积累这些成交数据的规模将相当可观。区别于传统的日志数据，这些成交数据在金融分析与应用领域有相当高的分析价值，投资机构或其他带有投资性质的企事业单位，可以据此判断市场热点及投资人信心，为高层决策及蓝图规划提供基于数据的科学支持；金融研究机构通过对历史和实时数据进行挖掘，可以创造和改进数量化交易模型，并将之应用在基于计算机模型的实时证券交易过程中。

5. 大数据技术为更多企业提供跨界做金融的机会

大数据金融通过海量的数据搜集、分析提供了对单个客户的信用信息、消费倾向、理财习惯进行系统性分析的可能，有效地减少了信息的不对称的问题，大幅度提高了金融风险定价的效率，在此基础上为很多企业提供了跨界进入金融领域的机会。

在互联网企业，只要能够通过大数据掌握客户数据信息，几乎都在试图涉足金融业务。BAT 是这一理论践行的最典型代表，它们本是互联网企业却都开发出了自己的系列金融产品，并依靠大数据不断发展：百度有百信银行、百度金融平台、百度钱包；阿里有蚂蚁金服、网商银行、支付宝、余额宝；腾讯有财付通（微信支付）、理财通、前海银行等。

二、大数据在金融行业的应用场景

1. 大数据在银行业中的应用

（1）帮助银行控制信贷风险

在传统方法中，银行对企业客户的违约风险评估多是基于过往的营业数据和信用信息，这种方式的最大弊端就是缺少前瞻性，因为影响企业违约的重要因素并不仅仅只是企业自身的经营状况，还包括行业的整体发展状况，而大数据手段的介入使信贷风险评估更趋近于事实。西班牙一家大型银行正是利用大数据来为企业客户提供全面深入的信用风险分析。该行首先识别出影响行业发展的主要因素，然后对这些因素进行模拟，以测试各种事件对其客户业务发展的潜在影响，并综合评判每个企业客户的违约风险。这样的做法不仅成本低，而且对风险评估的速度快，同时显著提升了评估的准确性。国内的网商银行通过金融和电商平台大数据开展信贷业务，也取得了较为不俗的成绩。

（2）提升银行的中间收入

坐拥海量数据的银行不再局限于使用数据服务其核心业务，把数据直接变成新产品并用来创造直接收入是新的中间收入拓展渠道。澳大利亚一家大型银行通过支付数据的分析了解零售客户"消费路径"，即客户进行日常消费时的典型顺序，包括客户的购物地点、购买内容和购物顺序，并对其中的关联进行分析。该银行将这些分析结果销售给公司客户，帮助客户更准确地判断合适的产品广告投放地点以及适合在该地点进行推广的产品。银行通过这种方式获得了传统业务之外的收入。更重要的是，银行通过这样的创新为客户提供了增值服务，从而大大增强了客户黏性。

（3）提升银行业务的差异化定制服务

在零售银行业务中，大数据为判断客户行为并匹配营销手段提供了广阔的创新空间。例如，海外银行围绕客户的"人生大事"进行交叉销售。这些银行对客户的交易数据进行分析，由此推算出客户经历"人生大事"的大致节点。人生中的这些重要时刻往往能够激发客户对高价值金融产品的购买意愿。通过对客户的银行卡交易数据进行分析，银行很容易识别出即将添丁的家庭，在这样的家庭中，准妈妈会开始购买某些商品，而婴儿相关产品的消费会不断出现。该行面向这一人群推出定制化的营销活动，获得了客户的积极响应，这种具有差异化的产品设计可以大幅提高交叉销售的成功率。

2. 大数据在证券业中的应用

（1）大数据可以提升证券业的个性化服务水平

证券行业作为综合类金融服务产品的提供者，在大数据的背景下，将有能力快速搜集高质量的信息，以设计出更符合客户需求的产品组合，并且可以根据客户偏好的改变及时调整。同时由于中介服务的竞争逐渐同质化，争夺的焦点将来必然落在价格上。如果标准化同质服务不再能够给券商带来正常利润，那么券商必须转变经营思路，将通道业务转变成包含增值服务的金融服务。

大数据能够通过对客户消费行为模式进行分析，提高客户转化率，开发出个性化的产品以满足不同客户的需求。越来越多的证券公司开始采用数据驱动的方法，通过一系列信息的收集、存储、管理和分析，给客户提供更好的决策，充分体现了以客户为中心的服务理念。

（2）大数据能够帮助证券公司避免客户的流失

依据客户历史交易行为和流失情况创建大数据分析模型，预测客户流失的概率。比如海通证券自主开发的"给予数据挖掘算法的证券客户行为特征分析技术"主要应用在客户深度画像以及基于画像的用户流失概率预测，通过对海通100多万样本客户、半年交易记录的海量信息分析，建立了客户分类、客户偏好、客户流失概率等模型。该项技术最大初衷是希望通过客户行为的量化分析，来测算客户将来可能流失的概率。

（3）大数据在量化投资方面的应用

量化投资策略在欧美发达国家的金融市场已经相对成熟，由于收益巨大，是大数据最早应用的领域。证券业已经进入了一个大数据信息时代，证券的数据模型越来越复杂多样，数据的总量和种类都有着重大的突破。大数据在处理证券数据时，通过对主力和散户的行为、轨迹分析，对主力资金和散户资金的去向追踪，对主力、散户和市场之间的关系理解，能够很好地增加投资胜率。个人投资者将能够轻松使用大数据获得实证支持，降低交易风险，投资能力将大幅提升。大数据也让科技公司第一次有机会能够挑战传统的金融分析师，利用对各种数据的量化、重组和整合，提供不同的交易策略，让投资者能够科学的分析全球投资市场。

3. 大数据在保险行业的应用

（1）帮助保险公司减少赔付

赔付直接影响保险企业的利润，对于赔付的管理一直是险企的关注点。而赔付中的"异常值"（即超大额赔付）是赔付额的主要驱动因素之一。一家领先的美国保险集团通过结合内部、第三方和社交媒体数据进行早期异常值检测，用 1.4 亿个数据点构建预测模型，其中既包括了客户的个人数据（健康状况、人口特征、雇主信息等），也包括了集团的内部数据（过往的理赔信息和已经采取的医疗干预信息等），及时采取干预措施，使平均索赔费用下降了 20%。同时，借助大数据手段，险企可以识别诈骗规律，显著提升反欺诈的准确性与及时性。

（2）提高保险公司的差异化定价水平

对保费的定义是基于对一个群体的风险判断，而大数据无疑为这样的风险判断带来了前所未有的创新。一家澳大利亚保险公司通过分析客户的购物数据来预测驾驶风险。分析显示，饮用大量牛奶并食用大量红肉的客户具有较低的驾驶风险，而食用大量意大利面和米饭并在夜间开车和饮酒的客户则是高风险人群。

（3）大数据的应用可以精细化营销

以淘宝运费退货险为例。据统计，淘宝用户运费险索赔率在 50% 以上，该产品对保险公司带来的利润只有 5% 左右，然而依然有众多保险公司有意愿提供该服务。实际上，客户购买运费险就意味着保险公司获得该客户的个人信息，包括手机号、家庭住址、银行账户信息及产品购买信息等，基于这些数据保险公司能够最大限度实现精准推送。

（4）解决现有的风险管理问题

通过大数据分析可以解决现有的风险管理问题。比如，通过智能监控装置搜集驾驶者的行车数据，通过社交媒体搜集驾驶者的行为数据，通过医疗系统搜集驾驶者的健康数据，以这些数据为出发点，如果一个人不经常开车，并且开车十分谨慎的话，那么他可以比大部分人节省 30%～40% 的保费，这将大大地提高保险的竞争力。

第八章　区块链

区块链技术是一种使用去中心化共识机制去维护一个完整的、分布式的、不可篡改的账本数据库的技术。区块链技术被自 2012 年以来，全球从事区块链领域创业创新的公司数量以超过 65.2% 的速度快速增长，区块链被认为是互联网发明以来最具颠覆性的技术创新。

第一节　区块链的起源与发展

一、区块链的定义

维基百科定义区块链（blockchain）是用分布式数据库识别、传播和记载信息的智能化对等网络，起源自比特币。区块链是一串使用密码学方法相关联产生的数据块，每一个数据块中包含了若干次比特币网络交易的信息，用于验证其信息的有效性（防伪）和生成下一个区块。

《中国区块链技术和应用发展白皮书（2016）》对区块链的定义是分布式数据存储、点对点传输、共识机制、加密算法等计算机技术在互联网时代的创新应用模式。区块链技术被认为是继大型机、个人电脑、互联网之后计算模式的颠覆式创新，很可能在全球范围引起一场新的技术革新和产业变革。联合国、国际货币基金组织，以及美国、英国、日本等国家对区块链的发展给予高度关注，积极探索推动区块链的应用。目前，区块链的应用已延伸到物联网、智能制造、供应链管理、数字资产交易等多个领域。

简言之，区块链实质上是一种管理持续增长的、按序整理成区块并受保护以防篡改的交易记录的分布式账本数据库。与之相关的几个概念有：

分布式账本：不同于传统数据库技术的数字化所有权记录（因不需要中央管理员或中央数据存储）；这种账本能在点对点网络的不同节点之间相互复制，且各项交易均由私钥签署。

共识机制：区块链或分布式账本技术应用的一种无须依赖中央机构来鉴定和验证某一数值或交易的机制。共识机制是所有区块链和分布式账本应用的基础。

节点：保存账本副本的共识网络或服务器的成员或系统，并可担任不同角色，如发出、验证、接收和通知等。

二、区块链的起源

区块链技术起源于化名为"中本聪"（Satoshi Nakamoto）的学者在2008年发表的奠基性论文《比特币：一种点对点电子现金系统》。区块链技术的发展与比特币紧密相连：

2009年1月3日，中本聪制作了比特币世界的第一个区块"创世区块"并挖出了第一批比特币50个。

2010年5月21日，佛罗里达程序员用1万比特币购买了价值25美元的披萨优惠券，随着这笔交易诞生了比特币第一个公允汇率。

2010年7月，第一个比特币平台成立，新用户暴增，价格暴涨。

2011年2月，比特币价格首次达到1美元，此后与英镑、巴西雷亚尔、波兰兹罗提汇兑交易平台开张。

2012年，瑞波（Ripple）发布，其作为数字货币，利用区块链转移各国外汇。

2013年，比特币暴涨。美国财政部发布了虚拟货币个人管理条例，首次阐明虚拟货币释义。

2014年，以中国为代表的矿机产业链日益成熟，同年，美国IT界认识到了区块链对于数字领域的跨时代创新意义。

2015年，美国纳斯达克证券交易所推出基于区块链的数字分类账技术Linq进行股票的记录交易与发行。

区块链技术作为比特币的基础性技术，具有高度透明、去中心化、去信任、集体维护（不可更改）、匿名等性质。这些性质体现了分布式自治的理念，逐渐受到拥有创新意识的金融机构的广泛关注。目前，区块链技术被很多大型机构称为是彻底改变业务乃至机构运作方式的重大突破性技术。同时，就像云计算、大数据、物联网等新一代信息技术一样，区块链技术并不是单一信息技术，而是依托于现有技术，加以独创性的组合及创新，从而实现以前未实现的功能。

三、区块链的技术特征

自 2009 年中本聪提出比特币概念，比特币起初因为其高度的隐蔽性和不可追踪性受到了"黑市丝绸之路"用户的青睐，后期又频繁被当作赎金来使用。虽然博得了眼球，但比特币至今仍没有成为一种主流货币，过高的波动性和各国监管层对其复杂的态度抑制了比特币的发展。但其背后的数据结构——区块链却得到了快速的发展。相比传统网络的支持方式，区块链技术具有其独特的优势。

去中心化：区块链是一个由各矿工节点记账维持，并储存在全球范围内各个去中心化节点的公开账本，因为每个节点和矿工都必须遵循同一记账交易规则，而该规则基于密码算法而非信用，同时每笔交易需要网络内其他用户的批准，所以不需要一套第三方中介结构（比如说银行）或信任机构背书。在传统的中心化网络中，对一个中心节点（例如支付中介第三方）实行有效攻击即可破坏整个系统，而在一个去中心化的例如区块链的网络中，攻击单个节点无法控制或破坏整个网络，掌握网内 50% 的节点只是获得控制权的开始而已。

无须信任系统：区块链网络中，通过算法的自我约束，任何恶意欺骗系统的行为都会遭到其他节点的排斥和抑制，因此其不依赖中央权威机构支撑和信用背书。传统的信用背书网络系统中，参与人需要对于中央机构足够信任，随着参与网络人数增加，系统的安全性下降。与之相反，区块链网络中，参与人不需要对任何人信任，但随着参与节点增加，系统的安全性反而增加，同时数据内容可以做到完全公开。不可篡改和加密安全性：区块链采取单向哈希算法，同时每个新产生的区块严格按照时间线形顺序推进，时间的不可逆性导致任何试图入侵篡改区块链内数据信息的行为很容易被追溯，导致被其他节点的排斥，从而限制了相关不法行为的产生和施行。

"双花"问题：加密数字货币和其他数字资产一样，如同可以将一个文件以附件形式保存并发送任意多次，具有无限可复制性的缺陷。如果没有一个中心化的机构，我们无法确认一笔数字现金或资产是否已经被花掉或提取。为了解决"双花"问题，可以信赖的第三方需要保留交易总账从而保证每笔现金或资产只被花费或提取过一次。在区块链中，每一个区块都包含了上一个区块的哈希值，从创始区块开始连接到当前区块从而形成块链。每一个区块都要确保按照时间顺序在上个区块之后产生，否则前一个区块的哈希值是未知的。同时，由于区块链中所有交易都要进行对外广播，所以只有当包含在最新区块中的所有交易都是独一无二且之前从未发生过，其他节点才会认可该区块。因此在区块链中，"双花"变得非常困难。

"拜占庭将军"问题：拜占庭问题的核心问题是当战场上多个将军互相并不信任彼此（存在叛徒）时，互相相隔甚远无法碰头，但却要保证进攻时间一致，所以某种分布式远程协调沟通机制尤为重要。如果每个将军向其他九个将军派出一名信使，也就是10个将军每个派出了9名信使，即为总计90次的传输，每个将军会分别收到9条信息，可能每一封都附着不同的进攻时间。此外，部分将军会答应超过一个的攻击时间，故意背叛发起人，所以他们将重新广播超过一条的信息链。这个系统迅速变成不可靠信息和攻击时间相互矛盾的混合体。区块链通过为发送信息加入了成本，也就是基于计算一个随机哈希算法得到遗传64位的随机数字和字母组成的字符串的"工作量证明"，并加入了一个随机元素以保证在一个时间只有一个将军可以进行广播，解决了这个问题。

第二节　区块链的构成与发展

一、区块链的构成

1. 区块结构
一个区块主要由区块头和交易记录两部分组成。区块头主要包含上一区块（父区块）的哈希值、时间戳、梅克尔树（一种使用哈希指针的二叉树，记录交易数据，可以实现高效地验证交易）根的哈希值、难度值（用来调整挖矿难度从而控制新区块产生的时间在 10 分钟左右）、随机数（挖矿的过程就是在不断的调整该数值从而使整个区块头的哈希值小于基于难度值产生的某个目标值）。

　　每一个区块都由区块头的哈希值来唯一标识，同时，每一个区块一经产生，那它在区块链中位置（高度）就是固定的。每一个区块中的交易记录部分都包含了被本区块打包的交易记录，这些交易记录以梅克尔树的形式存储。实际上，每一个区块还包含了一部分其他元数据信息，但大都和比特币的实现具体技术细节有关，在这里就不详细描述了。

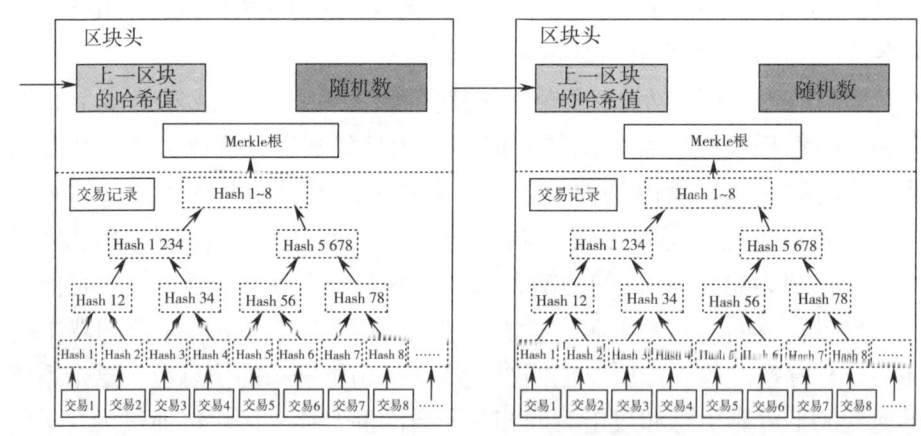

图 1　区块结构

　　通过上面的描述，我们可以看到整个区块链的构成是精简而又巧妙的，所有交易信息特征通过哈希二叉树的形式形成树根保存在区块头中，再对区块头进行哈希运算，就定义了整个区块的特征信息，最后将这个特征信息保存在下一个区块中，形成链条。如果有人修改了区块链中某一区块的任一信息（无论是具体的交易信息还是区块头中的信息），那么该区块的特征信息（哈希值）就必然发生变化，下一区块就会发现现在父区块的哈希值和自己保存的哈希值不同，篡改自然就失败了。

　　2. 分布式结构

　　区块链的分布式结构使得数据并不是记录和存储在中心化的电脑或主机上，而是让每一个参与数据交易的节点都记录并存储下所有的数据信息。为此，区块链系统采用了开源的、去中心化的协议来保证数据的完备记录和存储。区块链中每一笔交易信息由单个节点发送给全网所有节点，并采用非对称加密的数学原理，只有拥有该交易信息私钥才能打开信息读取内容，保证了信息安全性。

区块链构建了一整套协议机制，让全网络的每个节点在参与记录数据的同时，也参与验证其他节点记录结果的正确性。只有当全网大部分节点（甚至所有节点）都确认记录的正确性时，该数据才会被写入区块。在区块链的网络系统中，参与记录的网络节点会时时更新并存放全网系统中的所有数据。因此，即使部分节点遭到攻击或被破坏，也不会影响这个数据系统的数据更新和存储。

3. 非对称加密算法

非对称加密算法是指使用公私钥对数据存储和传输进行加密和解密。公钥可公开发布，用于发送方加密要发送的信息，私钥用于接收方解密接收到的加密内容。公私钥对计算时间较长，主要用于加密较少的数据。常用的非对称加密算法有 RSA 和 ECC。非对称加密算法的过程如图 2 所示。区块链正是使用非对称加密的公私钥对来构建节点间信任的。

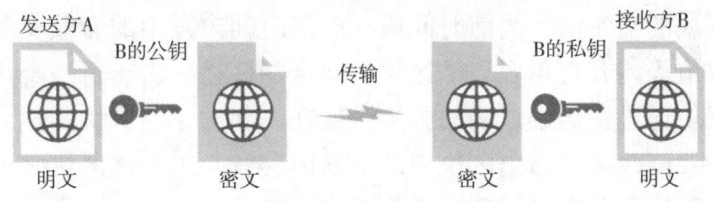

图 2　非对称加密解密过程

二、区块链发展的三个阶段

1. 区块链 1.0——数字货币

2009 年初，比特币网络正式上线运行。作为一种虚拟货币系统，比特币的总量是由网络共识协议限定的，没有任何个人及机构能够随意修改其中的供应量及交易记录。在比特币网络成功运行多年后，部分金融机构开始意识到，支持比特币运行的底层技术——区块链实际上是一种极其巧妙的分布式共享账本及点对点价值传输技术，对金融乃至各行各业带来的潜在影响甚至可能不亚于复式记账法的发明。

比特币背后的区块链技术就是一种无须中介参与，亦能在互不信任或弱信任的参与者之间维系一套不可篡改的账本记录的技术。其技术特点主要是分布式账本、块链式数据、梅克尔树、工作量证明等。

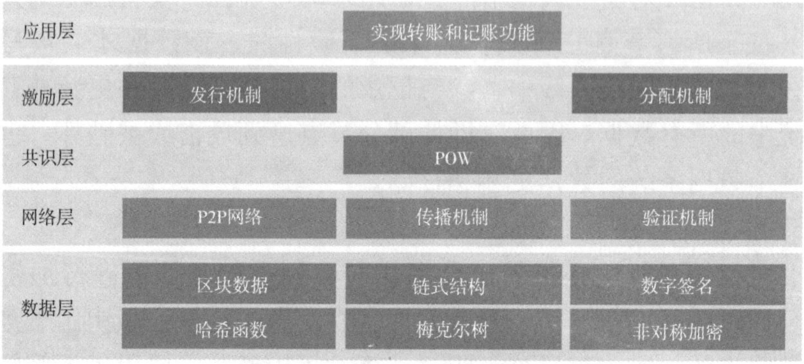

应用层	实现转账和记账功能
激励层	发行机制　　分配机制
共识层	POW
网络层	P2P网络　传播机制　验证机制
数据层	区块数据　链式结构　数字签名　哈希函数　梅克尔树　非对称加密

图3　区块链1.0技术架构

（1）以区块为单位的链状数据块结构。区块链系统各节点通过一定的共识机制选取具有打包交易权限的区块节点，该节点需要将新区块的前一个区块的哈希值、当前时间戳、一段时间内发生的有效交易及其梅克尔树根值等内容打包成一个区块，向全网广播。由于每一个区块都是与前续区块通过密码学证明的方式链接在一起的，当区块链达到一定的长度后，要修改某个历史区块中的交易内容就必须将该区块之前的所有区块的交易记录及密码学证明进行重构，有效实现了防篡改。

（2）全网共享账本。在典型的区块链网络中，每一个节点都能够存储全网发生的历史交易记录的完整、一致账本，即对个别节点的账本数据的篡改、攻击不会影响全网总账的安全性。此外，由于全网的节点是通过点对点的方式连接起来的，没有单一的中心化服务器，因此不存在单一的攻击入口。同时，全网共享账本这个特性也使得防止双重支付成为现实。

（3）非对称加密：典型的区块链网络中，账户体系由非对称加密算法下的公钥和私钥组成，若没有私钥则无法使用对应公钥中的资产。

（4）源代码开源：区块链网络中设定的共识机制、规则等都可以通过一致的、开源的源代码进行验证。

2. 区块链 2.0——智能合约

2014 年前后，业界开始认识到区块链技术的重要价值，并将其用于数字货币外的领域，如分布式身份认证、分布式域名系统、分布式自治组织等。这些应用称为分布式应用（DAPP）。用区块链技术架构从零开始构建 DAPP 非常困难，但不同的 DAPP 共享了很多相同的组件。区块链 2.0 试图创建可共用的技术平台并向开发者提供 BaaS 服务，极大提高了交易速度，大大降低资源消耗，并支持 PoW、PoS 和 DPoS 等多种共识算法，使 DAPP 的开发变得更容易。

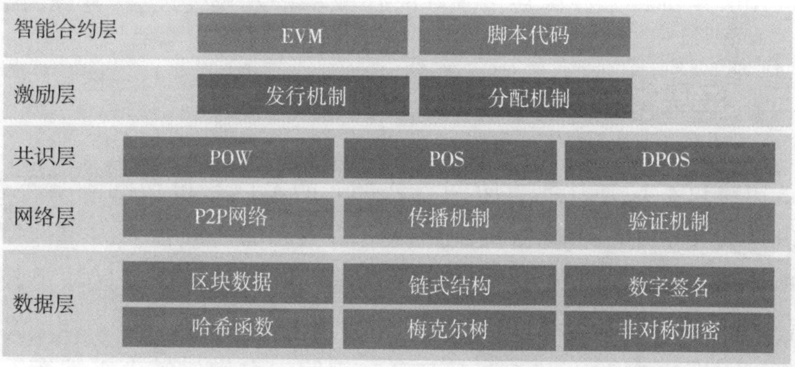

智能合约层	EVM		脚本代码
激励层	发行机制		分配机制
共识层	POW	POS	DPOS
网络层	P2P网络	传播机制	验证机制
数据层	区块数据	链式结构	数字签名
	哈希函数	梅克尔树	非对称加密

图 4　区块链 2.0 技术架构

区块链 2.0 的典型特征如下：一是智能合约，区块链系统中的应用，是已编码的、可自动运行的业务逻辑，通常有自己的代币和专用开发语言。二是 DAPP，包含用户界面的应用，包括但不限于各种加密货币，如以太坊钱包。三是虚拟机，用于执行智能合约编译后的代码。

随着区块链技术和应用的不断深入，以智能合约、DAPP 为代表的区块链 2.0，将不仅仅只是支撑各种典型行业应用的架构体系。在组织、公司、社会等多种形态的运转背后，可能都能看到区块链的这种分布式协作模式的影子。可以说，区块链必将广泛而深刻地改变人们的生活方式。

3. 区块链 3.0——扩展应用

区块链的应用扩展到社会各行各业，甚至政府智能、公共政策领域，区块链也提供了去中心化的解决方案。在金融领域之外，区块链技术也陆续被应用到了多种领域。DHG（Distributed Hybrid Global）是一个区块链技术综合应用平台，融合了 UTXO、侧链、混合挖矿以及智能合约等众多区块链前沿技术，完善并拓展区块链底层协议，构建物联网发展雏形。DHG 区块链设计者 Daniel Gibson 认为，自从 2008 年中本聪发布了比特币白皮书以来，区块链技术一共历经了以比特币、莱特币、Dash 等采用 UTXO 模型及 POW 工作量证明方式的 1.0 时代，和以以太坊为代表的采用智能合约平台、分布式应用底层协议的 2.0 时代，然而由于技术复杂性以及容错成本，区块链和智能合约仍然不尽完美。基于此，DHG 提出了涵盖侧链技术、混合挖矿、SPV 验证方式、智能合约的下一代区块链技术，区块链 3.0 时代或将进入人类社会的发展长廊。

三、区块链的应用

区块链技术具有开放、协同、共享、防篡改、可追溯等基本特征，同时也是共建信用、重构价值、重构网络生态的一股重要力量。作为能够实现数据一致存储、无法篡改、无法抵赖的技术体系，区块链技术应用前景广泛，比较典型的应用如下：

在供应链管理中。由于有众多参与主体，在供应链上必然存在大量的交互和协作，而区块链技术能使得数据和信息在交易各方之间公开透明和快速流动，再加上数据不可篡改的特性带来的天然信任，会给供应链上各方带来极大便利。例如物流中的签名、药品等流通中的可追溯，等等。

在医疗行业，电子病历的保存也可通过区块链来进行。电子病历的保存、流通和信息保护一直是大家关心的问题。通过区块链技术，可以很好地解决病历的留存、查询等问题。根据 IBM 公告，美国食品药品监管局（FDA）正在与 IBM 合作，研究区块链技术应用以交换健康数据。

在数字资产方面，商业积分方面是利用区块链技术的首选。商业积分可以视作是一种数字资产，采用区块链技术，利用区块链"多方发行、自由流通"的特性，无论是再小的商家，也可以很容易地建立积分体系，而客户也能够利用区块链进行积分的自由兑换和交易，实现化零为整，同时给商家带来二次消费。中国银联就尝试与 IBM 合作，建立基于区块链技术的跨行积分兑换系统。事实上，有很多创业公司试图利用区块链技术在数字资产的发行、流通行业有所作为，例如布比区块链、银链科技等。

智能化物联网应用。未来智能设备能够通过智能物联网代替人处理一些日常工作。例如汽车可以自动订购汽油、预定检修服务或清洗服务。冰箱可以自动化订购商品，甚至空调和冰箱可以谈判如何错峰用电。通过区块链的方案，可以在一个分布式的物联网建立信用机制，利用区块链的记录来监控、管理智能设备，同时利用智能合约来规范智能设备的行为。

供应链自动化管理。客户希望知道购买的商品的供应链信息，例如消费者希望知道食品的生产、加工、经销、仓储、运输过程，原材料的来源等，整机集成商希望知道部件的厂商、渠道来源等。采用区块链的方案，可以登记每个商品的出处，提供一个共享的全局账本，追踪溯源所有引起变化的环境。

第三节　区块链技术在金融领域的应用

一、区块链应用的金融优势

区块链技术是去中心化、去信任的底层架构技术，而第一代互联网架构是基于 TCP/IP 协议的中心化架构，这个协议保证了传递信息时信道的可靠性，却没有能解决信息是否真实的问题。区块链技术为解决金融行业需要同时满足开放性与安全性的难题提供了理想的方案，因此区块链最天然适合的领域大概就是金融行业了。

现阶段主要的区块链应用探索和实践，也都是围绕金融领域展开的。在金融领域中，区块链技术在数字货币、支付清算、智能合约、金融交易、物联网金融等多个方面存在广阔的应用前景。典型的应用包括比特币等电子货币，更加安全公开的分布式记账系统、支付清算系统等。

发达国家的清算所、存托所、交易所、投资银行、商业银行、经纪商等金融机构，纷纷开始在跨境支付、证券交易结算和证券发行等领域推进应用探索。国内部分金融机构已开始探讨和应用区块链技术，比如中国人民银行下属的数字货币研究所推动的基于区块链的数字票据交易平台已测试成功，由腾讯主导的微众银行的主力产品"微粒贷"也宣称使用了区块链技术，并与多家城市商业银行进行了对接，中国邮政储蓄银行也上线了其区块链资产托管系统。

区块链实质上是一种创造信任的平台，通过分布式共识机制在两个本是陌生的节点间直接建立起一种信任关系，从而实现点对点的价值传递。在这个过程中，消除了交易中介，消除了增信机构，也降低了成本。同时区块链附带的智能合约又具有强制执行作用，人们可以信任通过区块链达成的交易的可执行性。这一切，本来是由银行、保险公司、交易所来承担，区块链技术的兴起，对银行、保险和证券也有积极的推进作用：

银行：全球知名银行都积极在区块链领域率先布局，直接或者间接地参与区块链技术的模型验证及商业开发，为区块链创业企业的发展提供资金方面的支持。其中瑞银集团及英国的巴克莱银行目前都在尝试运用区块链技术来促进支付条件的完善，据测算该技术可为全球银行业省去 200 亿美元中间费用。

支付：从国际支付平台 Ripple 的实践来看国际支付业务中能节省33％的支付成本；如果在 Ripple 平台上使用 XRP 为国际支付的中间货币，则能节省42％；若在 XRP 波动较小的情况下，则最高能使得国际支付的成本降低60％。

证券交易：纳斯达克目前已经准备将区块链技术应用于其私人股权交易市场，美国知名在线零售商 Overstock 率先建立了区块链技术平台并在上面发行了数字债券，目前准备发行优先股。

二、区块链在金融领域的应用场景

1. 数字货币

比特币是目前区块链技术最广泛、最成功的运用。而在比特币基础上，又衍生出了大量其他种类的去中心化数字货币，统称为"竞争币"或"山寨币"。比较著名的竞争币有IXCoin、莱特币、狗狗币、蝴蝶币、瑞波币等。其中，IXCoin为第一款竞争币，通过更改比特币的一些参数，从而增加了货币的发行量；莱特币通过改善比特币技术的一些算法（主要改善了区块链"挖矿"工作量证明算法），将新数据区块产生的时间从比特币的10分钟缩短为2分半钟。狗狗币（Dogecoin）是一种基于Scrypt算法的小额数字货币，是目前国际上用户数仅次于比特币的第二大虚拟数字货币。全世界前后产生过数千种数字货币，到现在还在运行的大概还有七百多种，其中超过一半的竞争币克隆自莱特币。

2. 支付清算

在区块链支付可以为交易双方直接进行端到端支付，不涉及中间机构，在提高速度和降低成本方面能得到大幅的改善。尤其是跨境支付方面，如果基于区块链技术构建一套通用的分布式银行间金融交易系统，可为用户提供全球范围的跨境、任意币种的实时支付清算服务，跨境支付将会变得便捷和低廉。在跨境支付领域，Ripple支付体系已经开始了的实验性应用，主要为加入联盟内的成员商业银行和其他金融机构提供基于区块链协议的外汇转账方案。Ripple成员银行只要做较小的系统改动就可使用Ripple的"Interledger"协议，行间的支付交易信息通过加密算法进行隐藏，相互之间不会看到交易的详情，只有银行自身的记账系统可以追踪交易详情，保证了商业银行金融交易的私密性和安全性。

3. 数字票据

目前，国际区块链联盟R3CEV联合以太坊、微软共同研发了一套基于区块链技术的商业票据交易系统，包括高盛、摩根大通、瑞士联合银行、巴克莱银行等著名国际金融机构加入了试用，并对票据交易、票据签发、票据赎回等功能进行了公开测试。数字票据主要具有以下核心优势：一是可实现票据价值传递的去中心化，实现点对点交易；二是能够有效防范票据市场风险，区块链由于具有不可篡改的时间戳和全网公开的特性，避免了纸票"一票多卖"、电票打款背书不同步的问题；三是系统的搭建、维护及数据存储可以大大降低成本。

4. 征信系统

目前，商业银行信贷业务的开展，无论是针对企业还是个人，最基础的考虑因素都是借款主体本身所具备的金融信用。在征信领域，区块链的优势在于可依靠程序算法自动记录信用相关信息，并存储在区块链网络的每一台计算机上，信息透明、不可篡改、使用成本低。商业银行可以用加密的形式存储并共享客户在本机构的信用信息，客户申请贷款时，贷款机构在获得授权后可通过直接调取区块链的相应信息数据直接完成征信，而不必再到央行申请征信信息查询。

5. 证券交易

在区块链系统中，交易信息具有不可篡改性和不可抵赖性。该属性可充分应用于股权交易等场景。目前，欧美各大金融机构和交易所纷纷开展区块链技术在证券交易方面的应用研究，探索利用区块链技术提升交易和结算效率，以区块链为蓝本打造下一代金融资产交易平台。在所有交易所中，纳斯达克证券交易所表现最为激进。其目前已正式上线了FLinq 区块链私募证券交易平台，可以为使用者提供管理估值的仪表盘、权益变化时间轴示意图、投资者个人股权证明等功能。此外，纽交所、澳洲交易所、韩国交易所也在积极推进区块链技术的探索与实践。

6. 保险管理

随着区块链技术的发展，未来关于个人的健康状况、发生事故记录等信息可能会上传至区块链中，使保险公司在客户投保时可以更加及时、准确地获得风险信息，从而降低核保成本、提升效率。区块链的共享透明特点降低了信息不对称，还可降低逆向选择风险；而其历史可追踪的特点，则有利于减少道德风险，进而降低保险的管理难度和管理成本。阳光保险于 2016 年 3 月 8 日采用区块链技术作为底层技术架构，推出了"阳光贝"积分，使阳光保险成为国内第一家开展区块链技术应用的金融企业。

第九章　人工智能

第一节　人工智能的起源与发展

一、人工智能的定义

人工智能（Artificial Intelligence）是指使用机器代替人类实现认知、识别、分析、决策等功能，其本质是对人的意识与思维的信息过程的模拟。人工智能是一门综合了计算机科学、生理学、哲学的交叉学科，凡是使用机器代替人类实现认知、识别、分析、决策等功能，均可认为使用了人工智能技术。

IDC 在《人工智能引领全球数字化转型》中提出，人工智能技术旨在根据数据和分析赋予计算机做出类似人类思维方式与判断的能力。该领域的研究包括机器人、语言识别、图像识别、自然语言处理和专家系统等。人工智能的目标是能够胜任一些通常需要人类智能才能完成的复杂工作，帮助人类以更高效的方式进行思考与决策，其核心能力应体现在三个层面：计算智能、感知智能、认知智能。

计算智能是指机器可以具备超强的记忆力和超快的计算能力，从海量数据中进行深度学习与积累，从过去的经验当中获得领悟，并用于当前环境。感知智能是指机器具备视觉、听觉、触觉等感知能力，并以人类的沟通方式与用户进行互动。认知智能是指系统或是机器像人类大脑一样"能理解，会思考"，通过生成假设技术，实现以多种方式推理和预测结果。

二、人工智能的起源与发展

1956 年计算机科学家们在达特茅斯会议（Dartmouth Conferences）上确认人工智能（Artificial Intelligence，AI）这个术语。这也是公认的现代人工智能的起源。

早期，人们对人工智能的发展过于乐观，导致在 20 世纪 70 年代引发了对人工智能的批判。直到 20 世纪 80 年代，一类名为"专家系统"的人工智能程序开始在全世界流行，这类专家系统以"知识处理"为主，能够依据一组从专门知识中推演出的逻辑规则在某一特定领域回答或解决问题。但是，随后人工智能的发展又进入缓慢阶段，直到随着技术的发展、计算机运算能力的极大提高、机器学习、深度学习等理论的出现，人工智能才再次大放异彩。

在 AI 发展的不同阶段，驱动力各有侧重，我们可以将 AI 的发展划分为三个阶段：

弱人工狭义智能（Artificial Narrow Intelligence，ANI）：是专门从事一个领域的 AI。有的 AI 可以在国际象棋中击败世界象棋冠军，但这是它唯一的事情。如果你要求它干别的事情，大概它会无言以对。

强人工智能（AGI，Artificial General Intelligence）：只指达到人类水平的人工智能，届时人工智能可以执行任何人类能够完成的任务。创建 AGI 比创建 ANI 要困难得多，而我们还没有做到这一点。强人工智能应具有推理，计划，解决问题，抽象思考，理解复杂思想，快速学习和从经验中学习的能力。

超级人工智能（Artificial Superintelligence，ASI）：牛津哲学家 Nick Bostrom 将超级智能定义为"在几乎每个领域都具有比最好的人类大脑更聪明的智慧，包括科学创造力，通用的智慧和社交技能"。

人工智能发展进入新阶段。经过 60 多年的演进，特别是在移动互联网、大数据、超级计算、传感网、脑科学等新理论新技术以及经济社会发展强烈需求的共同驱动下，人工智能加速发展，呈现出深度学习、跨界融合、人机协同、群智开放、自主操控等新特征。大数据驱动知识学习、跨媒体协同处理、人机协同增强智能、群体集成智能、自主智能

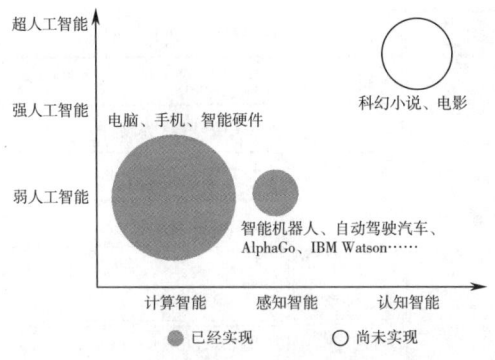

图1 人工智能发展阶段

系统成为人工智能的发展重点，受脑科学研究成果启发的类脑智能蓄势待发，芯片化硬件化平台化趋势更加明显，人工智能发展进入新阶段。当前，新一代人工智能相关学科发展、理论建模、技术创新、软硬件升级等整体推进，正在引发链式突破，推动经济社会各领域从数字化、网络化向智能化加速跃升。

三、人工智能的技术实现

人工智能是一门综合了计算机科学、生理学、哲学的交叉学科，完整的人工智能产业链可以分为技术支撑层、基础应用层和方案集成层，或者说应用场景层。

1. 技术支撑层：数字技术的日益成熟

技术支撑层主要由 AI 芯片、传感器等硬件和算法模型（软件）和两部分构成。其中传感器与 IoT 的感知层相似，包括 GPU、FPGA、NPU 等在内的 AI 芯片负责运算，算法模型则负责训练数据。

人工智能的快速发展得益于云计算、物联网和大数据等数字技术的日趋成熟：云计算为人工智能提供了开放平台，物联网确保数据的实时分享，而大数据则为深度学习提供无限资源及算法的支持。与这些颠覆技术的有机结合驱动了人工智能技术不断升级，为实现其由"智能感知"向"智能思考"与"智能决策"的演进打下了扎实的根基。

人工智能的基础技术主要依赖于大数据管理和云计算技术，经过近几年的发展，国内大数据管理和云计算技术已从一个崭新的领域逐步转

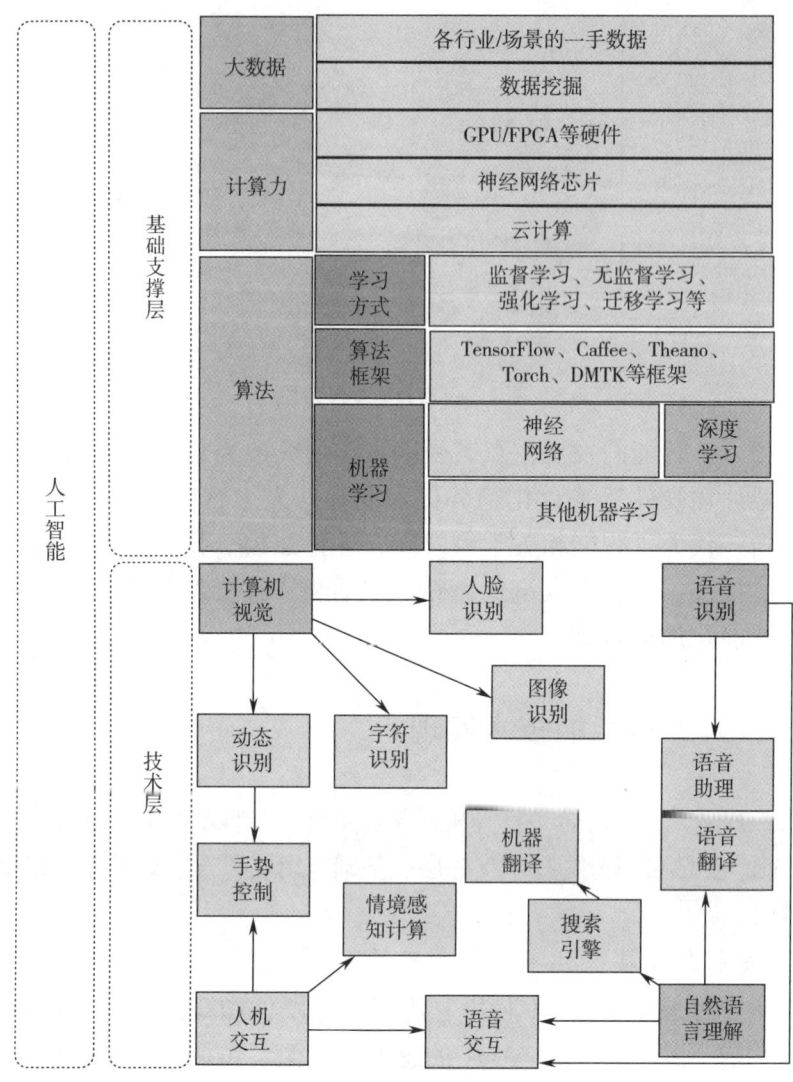

图2　人工智能的技术实现

变为大众化服务的基础平台。大数据的质量、数量以及智能化，影响着人工智能的呈现效果。大规模数据可以反馈到算法及技术本身，让人工智能技术通过数据的不断产生，发展出各种深度学习算法、强化自身能力。如今，拥有垄断性闭环数据并成功实现大数据商业落地的企业，包括美国的谷歌（Google）、脸书（Facebook）及中国的阿里巴巴（Alibaba）、百度（Baidu），都是人工智能的早期受益者。比如，Facebook 的社交图谱、亚马逊（Amazon）的购物推荐系统、奈飞（Netflix）的影片推荐系统，已经依靠深度学习和其他人工智能方法，实现了大数据的商业价值。IDC 预测，到 2020 年，全球范围内商业分析软件的市场规模将达到 60 亿美元，其中 50% 的商业分析软件将引入人工智能技术，通过深度学习与推理增加判断与预测的精准性。

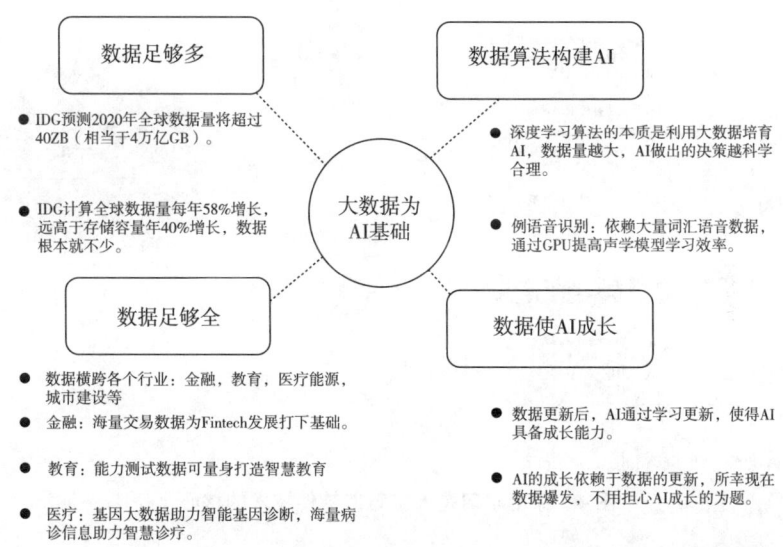

图 3　大数据是 AI 的基础

随着传感器、RFID、GPS 等物联网技术成本的不断下降，互联设备数量正以惊人的速度增长，全球每分钟都会产生 48 000 个物联网终端。当这些数以亿计的嵌入式设备遇上了人工智能，便从最初只具备简单的连接属性发展到对周围环境的感知和设备的远程诊断，再到最终产品的深度学习、自我认知、自主运行等，设备越来越像人类的方式一样思考和行动。

机器学习是人工智能的核心技术，指从数据中自动分析获得规律，并利用规律对未知数据进行预测的技术，是计算机具有智能的根本途径。机器学习中一个重要分支就是深度学习技术，其已经遍及人工智能的各个领域，它的工作流程表现为利用感知层产生大数据，进而进行数据分析处理，处理后数据最后反哺给前台应用系统，使得系统作出相应的反应。深度学习与传统计算机软件不同，它并不要人为的提取所需解决问题的特征或者总结规律。它能够从输入的大量数据中自发的总结出规律，自适应调整自身结构从而举一反三，泛化至从未见过的案例中。用一句话来概括，深度学习最重要的特点就是能自动从历史数据中学习进步。

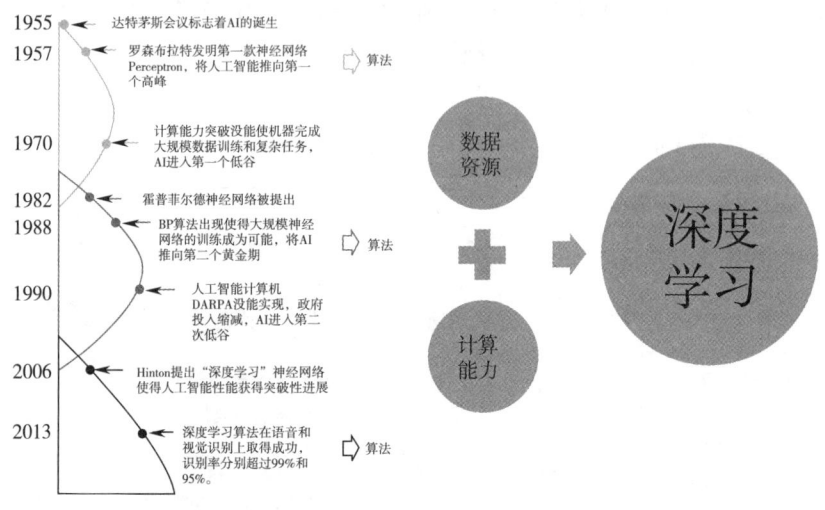

资料来源：艾瑞咨询。

图4　深度学习是人工智能软件技术的核心

2. 基础应用层：外部世界的感知

基础应用层的技术则是为了让机器完成对外部世界的探测，主要由计算机视觉、语音识别等感知层和语义识别等认知层构成，这些技术是机器能够做出分析判断的基础。此外，在感知与认知技术之下还有数据标注作为其底层支撑。

（1）语音识别

语音识别是将语音转换为文本的技术，是自然语言处理的一个分支。前台主要步骤分为信号搜集、降噪和特征提取三步，提取的特征在后台由经过语音大数据训练得到的语音模型对其进行解码，最终把语音转化为文本，实现达到让机器识别和理解语音的目的。根据公开资料显示，目前语音识别的技术成熟度较高，已达到 95% 的准确度。据 Research and Markets 研究报告显示，全球智能语音市场将持续显著增长，预计到 2020 年，全球语音市场规模预计将达 191.7 亿美元。

（2）语义识别

语义识别是人工智能的重要分支之一，解决的是"听得懂"的问题。其最大的作用是改变人机交互模式，将人机交互由最原始的鼠标、键盘交互转变为语音对话的方式。语义识别是自然语言处理（NLP）技术的重要组成部分。NLP 在实际应用中最大的困难还是语义的复杂性；此外，深度学习算法也不是语义识别领域的最优算法。但随着整个 AI 行业发展进程加速，将为 NLP 带来长足的进步。

（3）计算机视觉

计算机视觉（computer vision，CV）是指用计算机来模拟人的视觉系统，实现人的视觉功能，以适应、理解外界环境和控制自身运动。主要解决的是物体识别、物体形状和方位确认以及物体运动判断这三个问题。计算机视觉识别系统通常需要三个过程：目标检测、目标识别、行为识别，分别解决了"去背景""是什么""干什么"的问题。

计算机视觉在技术流程上，首先要得到实时数据，此步骤可通过一系列传感器获取，少部分数据可直接在具备 MEMS 功能的传感器端完成处理，大部分数据会继续传输至大脑平台，大脑由运算单元和算法构成，在此处进行运算并给出决策支持。

3. 方案集成层：人工智能的场景应用

方案集成层是集成了某种或多种基础应用技术的、面向如工业、自动驾驶、家居、仓储物流、金融、医疗等不同应用场景的产品或方案。由于行业不同，人工智能技术的呈现形式、应用场景及其所产生的影响也呈现出多样化。而不同行业在人工智能的接受程度上也存在差异。IDC 发现，当前阶段，在金融、零售、医疗以及智慧城市这 4 个领域，人工智能技术的应用更为成熟，并对这些行业的转型与变革产生尤为深刻的影响。

（1）AI + 金融：AI 技术的融入，赋予了金融行业更多想象力

从信息技术变革角度来看，金融历经金融 IT、互联网金融到金融科技三大发展阶段。金融 IT，通过 IT 软硬件实现传统金融机构办公和业务电子化；互联网金融，利用互联网实现资产端、交易端、支付端、资金端等互联互通，达到信息共享和业务撮合；金融科技，通过大数据、云计算、人工智能、区块链等最新技术，提高金融业务的智能化。

人工智能与金融的结合可从以下三方面展开说明。

生物特征识别功能。一方面活体验证降低了隐藏风险，另一方面远

程身份验证提升了工作效率。

精准营销。基于大数据、机器学习、标签计算，实现实时精准画像描绘，提供个性化营销是未来趋势之一。进一步还可发展为智能投顾、辅助量化交易等。

大数据征信、普惠金融。基于大数据的征信系统弥补了中小型企业的征信空白，扩大了客户范围的同时，也提升了金融机构的风控能力。

（2）AI＋医疗：融合目前主要体现在智能设备和识别诊断两方面

手术机器人领域代表公司 Intuitive Surgical 成立于 1995 年，其产品达芬奇手术机器人是目前全球范围内应用最广泛、技术水平最高的手术机器人之一。达芬奇手术机器人属于人机协作型机器人，主要由医生控制台、机械臂系统、三维成像系统三部分构成。手术实施过程中，主刀医师不与病人直接接触，而是通过三维视觉系统和动作定标系统操作控制，由机械臂以及手术器械模拟完成医生的技术动作和手术操作。目前，整个手术机器人行业正在由大型开放性手术向人体微创精细型手术转型。

截至 2016 年 6 月，达芬奇手术机器人全球累计安装 3 745 台，其中美国 2 474 台，全球累计完成手术 300 万例。达芬奇手术机器人是国内唯一获批上市的医疗机器人，截至 2016 年 12 月，全国各地共引进了 59 台，2016 年度共完成手术 11 445 例，历年总计完成手术 22 917 例，国内渗透率极低。

（3）AI＋零售：零售行业正面临着前所未有的颠覆

数字技术发展催生的"数字型消费者"在不断颠覆着传统的零售业务模式。曾经，百货商店和大型连锁店的市场活动对象是根据年龄、性别和收入而粗略划分的客户群体。而如今，零售行业的客户是由单独个体构成的细分人群。同时，线上线下直至全渠道的融合更是增加了传统零售厂商对数字型消费者需求的辨识难度。许多零售商已经开始尝试使用预测性分析技术来探索如何能够更好地覆盖当今的消费者，应对瞬息万变的市场变化。然而，随着客户数据的激增，零售业高管担心借助现有的分析能力不足以获取必要的洞察力，无法满足消费者全方位需求。针对这一现象，厂商开始利用人工智能技术揭示客户趋势，推动更具个性化的购物。

美国 Prism Skylabs 公司配合商家现有的摄像监控网络，将监控数据传回云端进行分析处理，通过对视频采集的 AI 分析，可以得出客户在商店内单位时间内的行动轨迹、热点图、客流量和区域位置停留时间，从而帮助商家重新调整更好的物品摆放位置或制定更精准的营销策略，同时也为消费者提供更为便捷的服务。

第二节 人工智能产业的发展现状

一、人工智能市场规模

1. 人工智能发展掀起新浪潮

从智能手表、手环等可穿戴设备，到服务机器人、无人驾驶、智能医疗、AR/VR 等热点词汇的兴起，智能产业成为新一代技术革命的急先锋，近期 AlphaGo 大胜李世石的人机围棋对战更进一步掀起了人工智能的浪潮。人工智能产业是智能产业发展的核心，是其他智能科技产品发展的基础，国内外的高科技公司以及风险投资机构纷纷布局人工智能产业链。

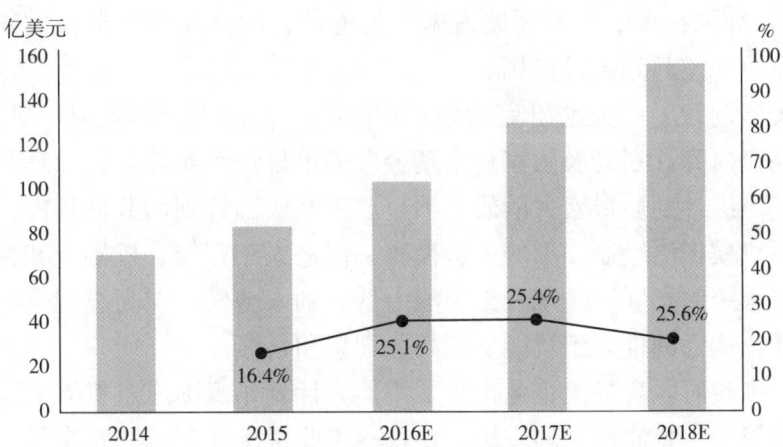

图1 全球人工智能市场规模

据 BBC 预计，2020 年全球人工智能市场规模将达 183 亿美元。在未来 10 年甚至更久的时间里，人工智能将成为众多智能产业技术和应用发展的突破点。瑞银发布的《未来值得关注的九项颠覆性技术趋势》报告预测，到 2020 年，全球人工智能市场规模有望达到 1 200 亿到 1 800 亿美元之巨。而 IDC 预测，到 2018 年，全球 1/3 的行业率领者将被全面执行数字化转型计谋的竞争敌手颠覆，未来人工智能将达到万亿市场规模。

互联网女皇"丽米克"在 2017 年互联网趋势报告中大篇幅提及图像识别、语音交互、智能推荐等 AI 技术，该报告相较 2016 年进一步分析了 AI 在游戏、媒体、医疗健康等领域的落地情况和发展空间。AI 在互联网中的地位越来越高，与世界各国于过去"史诗般的 5 年"在算法、算力和大数据积累的突破密切相关。2017 年将是人工智能发展的变速点，互联网巨头可以巩固优势，新兴初创企业仍有进入的空间，市场环境总体是有利于人工智能行业的。

2. 欧美日国家层面驱动人工智能进入实质性发展阶段

欧盟提出的"人脑工程项目（HBP）"，被确定为未来新兴技术的旗舰项目，汇聚了来自 24 个国家的 112 家企业、研究所、高校等机构，总投资预计将达到 11.9 亿欧元，计划在 2018 年前开发出世界上第一个具有意识和智能的人造大脑。欧盟官员认为，欧洲人脑工程项目（HBP）如果在人工智能领域占据领先地位，则对保持欧洲在世界经济中的竞争地位起到关键作用。

美国制订了"大脑研究计划（BRAIN）"，由美国国家卫生研究院、国防高级研究计划局及国家科学基金会等单位组织实施。该计划被誉为人类基因组计划后最宏大的研究项目。美欧人脑计划的共同目的，是采用计算机模拟法绘制详细的人脑模型，促进人工智能、机器人和神经形态计算系统的发展，实现人工智能由低级别人脑模拟向高级别人脑模拟的飞跃，从而助推人工智能实现终极理想和目标。

日本政府联合各大企业推出了机器人计划，意图通过机器人、无人搬运机等人工智能技术的应用，使日本工业再次走上了世界前列。

3. 案例：IBM 人工智能市场布局

IBM 推出了一种新技术，这种被称为非结构化的信息管理架构

（UIMA）的技术是一种基于 XML 的数据检索体系，它将极大地扩展和增强检索技术。当人们面对越来越多的音频、视频、文本等数据时，这种人工智能技术将极大地改善用户的数据存取状况。一个典型的应用是网上的数据检索，它将使用户检索到的数据只是用户真正想要的内容，而不是现在这样的数十页甚至更多的信息。

表1　　　　　　　　　　　IBM 人工智能市场布局

时间	事件
2011 年	Watson 亮相美国问答游戏电视节目《危险边缘》
2014 年	IBM 专门组建了 Watson 部门
2014 年 5 月	IBM 收购人工智能创业公司 Gognea，Cognea 提供能够个性化对话的虚拟助手。
2014 年 8 月	IBM 收购再度发布能模拟人类大脑的 SyNAPSE 芯片。
2014 年 9 月	IBM 发布沃森分布系统（WatsonAnalytics）。
2015 年	IBM 收购初创搜索引擎企业 Blekko。
2015 年 3 月	IBM 收购具备深度学习语言处理和图片识别技术公司 AlchemyAPI。
2015 年 4 月	IBM 成立 WatsonHealth 部门。
2015 年 12 月	IBM 成立 Watson 物联网慕尼黑全球总部。

资料来源：前瞻产业研究院整理。

二、中国人工智能发展

1. 中国人工智能优势

中国人工智能软硬件齐备，有望快速形成产业。在人工智能领域，虽然美国有先发优势，在当前无论在算法，算力领域目前强于中国，但中国在数据资源、标注成本、市场规模、应用场景四大方面具有优势，在未来仍有机会超过美国。中国在人工智能最关键的数据资源上主要拥有三大优势：

第一，庞大的人口和发达的互联网提供了任何国家都难以企及的数据量优势；

第二，数据使用的限制性因素较少，中国较欧美国家对于数据隐私限制较少；

第三，数据标注的成本较低，可以较低成本快速培训大量人才进行数据标注工作。

2. 人工智能发展的政策支撑

2015 年 5 月国务院发布《中国制造 2025》，将"智能制造"定位为中国制造的主攻方向。

2015 年 7 月国务院发布《"互联网＋"行动指导意见》，将"人工智能"列入重点发展领域。

2016 年 4 月工信部联合发改委及财政部发布了《机器人产业发展规划（2016—2020 年）》，为我国机器人产业发展描绘了清晰的蓝图。

2016 年 5 月发改委、工信部、科技部和网信办联合发布了《"互联网＋"人工智能三年行动实施方案》，提出到 2018 年中国将基本建立人工智能产业体系、创新服务体系和标准化体系，形成千亿级的人工智能市场应用规模。

2016 年 12 月国务院发布《"十三五"国家战略性新兴产业发展规划》，支持人工智能领域软硬件开发及规模化应用。

2017 年 1 月中共中央办公厅、国务院办公厅发布《关于促进移动互联网健康有序发展的意见》，指出要加紧布局人工智能关键技术。

2017 年 3 月政府工作报告中首次提及人工智能，并继续强调"互联网＋"同政务改革以及为"中国制造 2025"助力。

2017 年 5 月国家发改委联合科技部、工信部等共同制定《"互联网＋"人工智能三年行动实施方案》，首次明确提出到 2018 年基本建立人工智能产业、服务和标准化体系，实现核心技术突破，培育若干全球领先的人工智能骨干企业，形成千亿级的人工智能市场应用规模。

2017 年 7 月国务院印发《新一代人工智能发展规划》，捐出了面向 2030 年我国新一代人工智能发展的指导思想、战略目标、重点任务和保障措施，部署构筑我国人工智能发展的先发优势，加快建设创新型国家和世界科技强国。

3. 整体市场发展分析

随着人工智能在我国移动互联网、智能家居等领域的发展，我国人

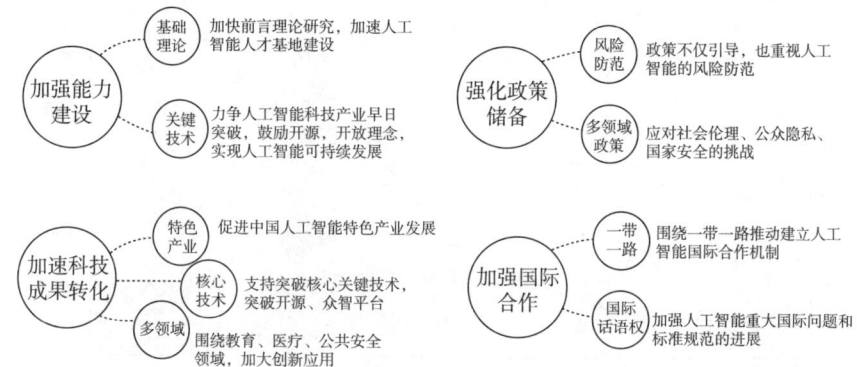

图2 新一代人工智能发展规划

工智能产业将持续高速成长。2015 年，我国人工智能产业规模为 69.3 亿元，同比增长 42.7%；2016 年我国人工智能产业规模达到 95.6 亿元，同比增长 37.9%。

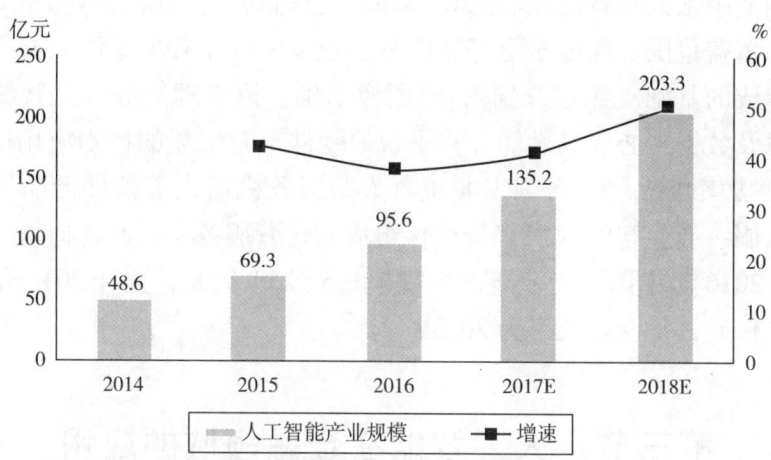

数据来源：前瞻产业研究院整理。

图3 2014—2018 年中国人工智能产业规模及预测

自 2010 年以来，国内人工智能逐渐进入爆发期，人工智能企业大量增长，一系列人工智能领域的创业公司和投融资机构进入大众视野。由下图可知，最近两年来中国在人工智能领域的投资明显加快，但平均每次交易额没有明显增加。2015 年，中国大陆在人工智能领域共涉及 8.15 亿美元 202 次的投资，规模较大。

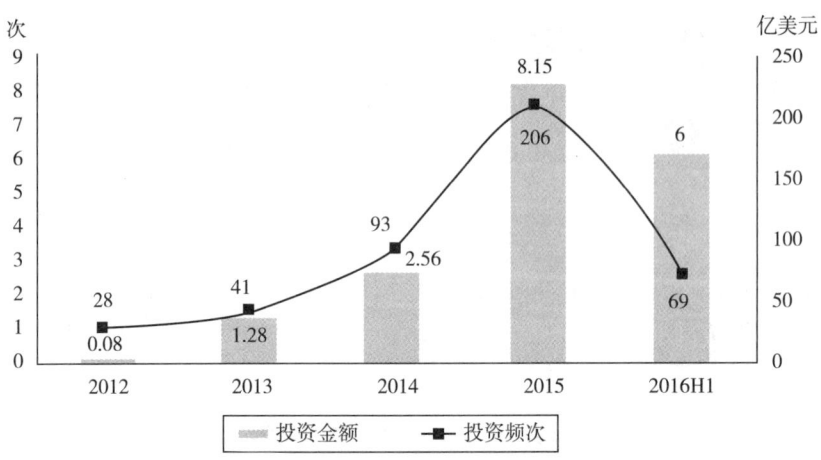

数据来源：前瞻产业研究院整理。

图4　2012—2016年中国人工智能领域投资金额与投资频次变化

当前中国人工智能领域约65家创业公司获得投资，合计29.1亿人民币。覆盖范围从深度学习等软件算法以及GPU、CPU、传感器等关键硬件组成的基础支撑层，到语音/图像识别、语义理解等人工智能软件应用以及数据中心、高性能计算平台等硬件平台组成的技术应用层，到AI解决方案集成层，再到工业机器人、服务机器人等硬件产品层以及智能客服、商业智能（BI）等软件组成的运营服务层。而赛迪顾问数据显示，2016年中国人工智能市场规模达到239亿元，预计2018年将达到381亿元，复合增长率为26.3%。

第三节　人工智能在金融领域的应用

一、人工智能将给金融行业带来深刻的变革

人工智能是一门综合了大数据、机器学习以及各类感知智能等的跨学科、跨领域技术，未来将会给各行各业带来巨大的变革。预计随着人工智能的深入发展和应用，金融业将会受到以下几个方面的影响。

一是金融行业服务模式更加个性化、智能化。在传统技术模式下，受人力资源和数据处理能力的影响，金融行业往往只能对少数高净值客户提供定制化服务，而对绝大多数客户仅提供标准化服务。而人工智能的飞速发展，使得机器能够更逼真地模拟人的功能，使批量实现对客户的人性化和个性化服务成为可能，这对于处在服务价值链高端的金融将带来深刻影响，将对目前银行沟通客户、发现客户金融需求的模式发生重大改变。金融产品、服务渠道、服务方式、风险管理、授信融资、投资决策等都将迎来新的变革。在前端，人工智能技术可以用于服务客户；在中台，人工智能技术可以支持授信、各类金融交易和金融分析中的决策；在后台，人工智能技术可以用于风险防控和监督。总而言之，人工智能技术将大幅改变金融现有格局，使金融服务（银行、保险、理财、借贷、投资等方面）更加地个性化与智能化。

二是金融大数据处理能力大幅提升。长期以来，金融行业沉淀了大量数据，包括各类金融交易、客户信息、市场分析、风险控制、投资顾问等。这些数据容量巨大、形态多样，占据宝贵的储存资源，又无法有效转换成可分析数据以供分析。虽然大数据技术对此有所改善，但依然在数据的有效处理和利用上面临极大挑战。通过运用人工智能的深度学习系统，金融行业有足够多的数据供机器进行学习，并不断完善甚至能够超过人类的知识回答能力，尤其在风险管理与交易这种对复杂数据的处理方面，人工智能的应用将大幅降低人力成本并提升金融风控及业务处理能力。

三是金融服务的广度和深度将极大扩展。互联网时代极大地扩展了客户享受金融服务在时间和地域上的边界。人工智能时代，从广度上看，由于运营模式的变革以及由此带来的运营成本的下降，使得金融服务更加普惠。以往受到自身资源和成本限制，仅为高端客群提供的金融服务，将有可能通过人工智能技术向更多普通客户提供更多人性化、个性化的服务；从深度上看，通过人工智能技术发现和匹配客户的金融需求，降低客户需求成本，将使银行获得更多价值创造机会。

四是金融行业获利模式将产生巨大变化。利用大数据、深度学习等人工智能技术发展的大盘趋势预测、高频交易、经营分析模拟等，正在成为技术驱动的金融业获得利益的来源。特别是在人工智能技术尚未成熟，并未实现广泛应用的当下，具备这种技术优势将给金融企业带来超额的机会收益。

国内外金融机构，特别是互联网金融机构在风险控制、信贷决策、保险定价、服务推荐、客户服务等多种场景中应用人工智能技术，已经取得了丰硕的成果。如 Kensho 公司，研发了一种针对专业投资者的大规模数据处理平台，能实时回答投资者提出的复杂的金融问题。国内的蚂蚁金服运用大数据技术打造了全方位的运营和产品体系：一是打造了蚂蚁智能客服，大规模替代了人工，提升了响应速度和准确度；二是打造蚂蚁安全大脑，通过风险分析网络和决策中枢，对交易风险进行控制；三是打造基于大数据和机器学习的蚂蚁微贷产品，解决小微企业和个人快速授信的问题。

二、人工智能技术在金融领域应用场景

结合目前人工智能技术支持能力和市场实际应用情况看，基于语音识别的技术最为可能优先在金融行业进行应用。市场和同业已经具有成熟的商业运营案例和业务框架，技术实现难度较低，可迅速实现商业价值。其他类人工智能技术目前商业运用仍处于初期阶段，应予以继续进行跟踪研究验证。结合目前行业发展趋势，按照人工智能技术分类，提出金融应用场景设想若干，具体如下。

1. 智能客服

利用语音识别与自然语言处理技术，打造智能的客服机器人，通过整合集团对外客户服务渠道（包括电话、网页在线、微信、短信及 APP 等），提供在线智能客服服务。一是可以为座席提供辅助手段，帮助客服快速解决客户问题。客服机器人通过实时语音识别和语义理解，掌握客户需求，并自动获取客户特征和知识库等内容。还可通过个人网银、掌上银行、微信公众号等，推出个人金融助理等功能。二是可以基于语音和语义技术，可对电话银行海量通话和各种用户单据数据进行识别和分析，挖掘分析其内在价值，为客户服务与客户营销等提供数据与决策支持。同时，这些数据还可以供智能客服系统进行自动学习，生成知识问答库，为后续客服机器人自动回复客户问题提供参考与依据。

应用领域	所用AI技术	应用场景简介	应用成熟度	未来发展预期
智能投顾	• 机器学习 • 自然语言处理 • 知识图谱	利用机器学习技术，结合预测算法，可根据历史经验和新的市场信息来预测金融资产的价格波动趋势，以此常见符合风险收益的投资组合	技术逐步改良、进步	量化投资将大量采用此技术，代替人工投资顾问
征信、风控	• 知识图谱 • 自然语言处理 • 机器学习	知识图谱将提供更深度、更有效的借款人、企业间、行业间的信息维度关联，将企业子母公司、上下游、合作商、竞争对手、高管信息等信息深度呈现	技术较成熟，但数据源是争夺热点	大数据和人工智能将紧密联系在一起，成为征信行业核心竞争技术
金融搜索引擎	• 深度学习 • 自然语言处理 • 知识图谱	高质量的知识图谱提供了信息间的有效关联关系；深度学习的方法方便引擎迭代、重复适用，记录用户偏好	技术较为成熟	未来搜索引擎将大量适用机器学习的技术
身份验证	• 人脸识别	利用人脸识别验证客户身份，用于远程开户、刷脸支付等等需要验证客户身份的环节，帮助金融公司提升客户体验	技术较为成熟，已逐步推广	人脸识别、指纹识别将越来越多的应用于金融领域的身份验证
智能客服	• 自然语言处理 • 知识图谱	利用自然语言处理技术，提取客户意图；通过知识图谱构建客服机器人的理解和答复体系，进而帮助金融企业节省人力客月成本	规则场景的技术较为成熟	机器人客服是该行业大势所趋，将逐渐被机构所采用

资料来源：36Kr 申万宏源研究。

图5 人工智能在金融领域的主要应用

2. 人脸识别与安全监控

计算机视觉与生物特征识别技术，让机器可以更准确地识别人的身份与行为，对于帮助金融机构识别客户和安全监控都有很多便利。一是可以利用网点和 ATM 摄像头，增加人像识别功能，提前识别发现可疑人员、提示可疑行为动作，也可以帮助识别 VIP 客户。二是可以利用网点柜台内部摄像头，增加对员工可疑行为识别监控，记录并标记疑似违规交易，并提醒后台监控人员进一步分析，起到警示作用。三是可以在银行内部核心区域（如数据中心机房、金库等）增加人像识别摄像头，人员进出必须通过人脸识别及证件校验方可进入，同时对于所有进出人员进行人像登记，防止陌生人尾随进出相关区域，实现智能识别，达到安全防范的目标。

3. 预测分析与智能投顾

机器学习与神经网络技术使机器能够通过数据的分析处理去自动构建、完善模型，提前判断事务变化趋势和规律，并提前做出相应的决策。一是使用深度学习技术，学习海量金融交易数据，从金融数据中自动发现模式，如分析信用卡数据，识别欺诈交易，并提前预测交易变化趋势，提前做出相应对策。二是基于机器学习技术构建金融知识图谱，基于大数据的风控需要对不同来源的数据进行整合，检测发现数据当中的不一致性，分析企业的上下游、合作、竞争对手、子母公司、投资、对标等关系，主动发现并识别风险。三是借助机器学习，通过数据筛选、建模和预测对融资企业或个人信用打分；通过提取个人及企业在其主页、社交媒体等地方的数据，判断企业或其产品在社会中的影响力和产品评价；并通过数据分析和模型预测投资的风险点。实现在放贷过程中对借款人还贷能力进行实时监控，从而及时对后续可能无法还贷的人进行事前的干预，以减少因坏账而带来的损失。四是运用人工智能技术，采用多层神经网络，智能投顾系统可以实时采集各种经济数据指标，不断进行学习，实现大批量的不同个体定制化投顾方案，把财富管理这个服务门槛降到一个普通的家庭人群来使用。

4. 机房巡检和网点智慧机器人

运用机器人技术，一是可以在机房、服务器等核心区域投放 24 小时巡检机器人，及时发现处理潜在风险，替代或辅助人工进行监控。二是可以在网点投放智慧机器人，可对客户进行迎宾分流，进行语音互动交流，根据客户知识库内容进行标准业务咨询和问答，减少大堂经理的重复性工作。同时通过前端采集客户数据，可开展精准营销工作。此外，增强银行服务的科技创新感和服务新体验，为银行服务的转型升级注入全新的因素。

案例：广发银行人工智能的应用

广发银行在各个领域积极运用智能技术。大数挖掘据方面，积累了大量行内行外数据，探索各类机器学习算法在实际业务场景中的应用，目前已获得一定的业务收益并获得监管机构的充分肯定。客户接触方面，通过在微信银行、网上银行等渠道接入智能语音机器人，实现自然语言交流和 24 小时不间断客户服务，应答响应率达到 98.5%。生物识别辅助方面，现阶段广发银行已在柜面、ATM、手机银行、直销银行等渠道广泛应用人脸识别技术，用于辅助认证，并通过机器训练等手段不断提升识别准确率，目前已高达 95% 以上。

1. 广发银行人工智能应用的规划

随着人工智能时代的来临，银行作为一个整体机构，围绕以客户为中心提供综合金融服务，信息越丰富越全面，产生的效果越为明显。从这点出发，银行应该具备集中统一的智慧中枢，为从业人员开展各类业务提供智能化的指导或决策。因此，综合人工智能各项技术，打造银行金融大脑将是应对人工智能时代到来的最佳方法。

现阶段，限于人工智能各领域技术的成熟情况不一致，统一大脑的建设业界尚在研究摸索当中，并没有成功先例。广发银行提出的"广发智慧大脑"是以大数据平台为基础打造广发银行训练样本集，通过建设智能分析平台，丰富各类感知和认知技术工具、机器学习算法、专家模型的开发储备，结合接触点、产品开发和内部流程等的创新应用，构建统一、完整的广发银行智慧服务体系，实现精准营销、产品设计、风险控制、智能决策等领域的革新。为建设智慧大脑，广发银行将在以下几方面加强积累。

在基础数据方面，以大数据平台为核心，不断丰富数据的外延和获取手段。逐步将用户行为、系统行为、用户社交行为以及各类外部非结构化数据纳入平台范围，探索和建立行内数据关联。

在技术方面，要实现核心算法和模型的积累和进化。人工智能的相关算法模型种类繁多，每类算法模型都有其优势领域。同时深度学习等认知智能技术需要持续训练和优化，必须与数据体系紧密结合，形成数据反馈闭环，才能不断提升应用效果。因此在各类实际业务场景中，广发银行重视专家经验与技术算法的积累和培育，并在此基础上开发出符合广发银行需要的专家模型，使广发智慧产品真正刻上广发特征的烙印。

在应用创新方面，人工智能的发展将逐渐颠覆传统的业务流程、客户接触交互方式以及产品开发和企业运营决策的手段，因此广发银行坚持科技引领战略，及时与业务部门交流新技术、新思想，驱动新业务、新产品创新，打造智能时代广发银行核心竞争力。

2. 广发银行人工智能应用的推进

人工智能与银行的融合可以是全方位的。它使人和系统间的交互更加深入和充分，可以为银行提供精确的个人和企业画像；人工智能融合产品和服务，可为客户带来更专业的服务和体验；在运营管理上借助人工智能则能够改善预测并提高运营效率。为了尽快见效，反哺业务，在策略推进上，广发银行应用与规划并重，积极跟进业界成熟的技术，应用已可商用的人工智能技术或产品，结合业务场景，解决业务痛点，优先在以下四个领域持续深化应用人工智能技术，形成突破点。

一是智能客服。应用语音识别和语义分析技术，实现对客户来话进行模糊识别和语义解析，智能化判断客户需求并提供快速直达服务，为客户带来全新的互动自助服务体验，既可实现用户行为的关联性分析并进行有效推荐，也可根据各渠道的客户行为和账户行为，分析出潜在风险，并及时处理。

二是智能投顾。目前广发银行已通过搭建资产管理投研应用提供市场数据和外部研究报告的分析和管理，以及内部投资研究工作流程的线上化。未来机器学习算法的引入，将使决策支持系统可综合多方面市场信息，提供智能化分析和多元化的投资建议，实现分析结果驱动产品创新的效果。

三是智能营销。智能化的精准营销结合客户画像和地理位置、时间等因素，自动匹配最适合的产品推荐，并且根据客户响应情况，更新客户画像，提高营销的精准度和成功率。

四是智能分析平台。广发银行正在打造一个面向算法工程师、数据分析师、业务分析人员的智能分析平台，为用户提供数据处理、特征工程、模型构建、模型发布应用等一系列功能，降低算法与模型研究与应用的门槛。

通过上述四个领域智能化的深入应用，广发银行将逐步完成基础数据的积累以及技术平台的搭建，在推进业务和应用创新的同时，不断完善核心算法和计算模型，向"广发智慧大脑"不断演进，构建银行科技的核心资产。

第三部分

智慧金融体系

第十章 智慧银行体系

第一节 银行体系的智慧化转型

一、智慧银行体系架构

1272 年，世界上第一家银行"巴尔迪银行"在意大利佛罗伦萨诞生，几百年来，传统银行的经营模式几乎不曾发生过什么变化。但在近几十年来，银行从最初的完全以营业网点为基础，发展到以网上银行和手机银行为代表的电子银行。伴随着移动互联网、生物识别、视频、大数据、AR/VR 等各种创新技术的高速发展，银行业开始对智慧银行进行了积极的探索，并逐渐找到利用金融科技让机器和后台系统与人更好地配合和交流，提升银行客户体验，提高银行经营效率的方法。

智慧银行是传统银行与网络银行融合发展的高级阶段，是银行以智慧化手段和互联网思维模式，利用金融科技重新塑造新的金融产品与服务，促进银行业达到有高效营销的目的。智慧银行应包含以下几个典型特征：一是多功能，智慧银行既是创新转型的前沿阵地，也是流程再造的实验基地；既是品牌产品的展示中心，更是体验营销的推广平台。二是智能化，智慧银行充分采用用户交互技术和体验设备，吸引客户浏览、试用、比较各类金融产品，辅以人工智能，从客户、地域、产品等多种维度，挖掘特定客户金融需求，并将潜在需求转化为实际交易。三是全渠道，借助网点内面对面和体验式营销促进电子渠道产品签约和使用，通过电子银行系统拓展为客户提供完整交易流程，实现线上业务与线下业务有序交叉融合。

智慧银行体系的构建包括三个层次：一是系统集成层，是指用来支撑智慧金融运转的金融科技服务与商业银行各项业务流程的有机融合，如智能信贷系统、智能风控系统、智能金融数据等，是构成智慧金融体系的科技底层。二是前台管理层，是指用于与客户进行交互、办理各类金融业务的前台业务渠道，如银行网点柜台、电子银行等，是构成智慧银行系统的物理架构。三是后台服务层，是为前台业务提供技术支撑和服务、连接系统集成层与前台业务层的服务后台，是智慧银行系统中各项智慧金融产品与服务的综合，如智能客服、智能投顾等。

在智慧银行体系中，后台服务层是对各种金融产品与服务系统的集成，本书将在第四部分对重要智慧产品产品进行分述。而前台业务层是面向客户的最直接渠道，也是本节重点探讨的内容。我国传统商业银行的智慧化转型趋势一是营销渠道的多元化。按照业务渠道类型进行分类，智慧银行包括建设智慧银行网点（银行网点的智慧化转型）、构建以网上银行、手机银行、微信银行为代表的电子银行系统。二是金融业务的智能化，即对针对特定领域的金融业务进行细化，组建创新的智慧金融业务管理模式。按照银行客户类型进行分类，传统商业银行的客户主要是面向零售客户和公司客户，对其特定领域业务进行专业化管理，可以衍生出以零售客户为主的零售银行、直销银行，以公司客户为主的交易银行和投资银行。此外，近两年由电商平台组建的民营银行，依托电商大数据开展线上业务，具有典型的互联网银行特征。

本章将以智慧银行网点、电子银行、直销银行、零售银行、交易银行和互联网银行为例介绍智慧银行的发展与演变。

二、智慧银行发展的突破——四大行与 BATJ 的合作

2017 年上半年，四大行与 BATJ 合作的消息倍受关注，各商业银行竞相通过跨界合作提升竞争优势，加快推进传统商业银行的智慧化转型进程。

1. 四大行与 BATJ 的联姻

互联网金融巨头 BATJ（百度、阿里巴巴、腾讯、京东）纷纷开始

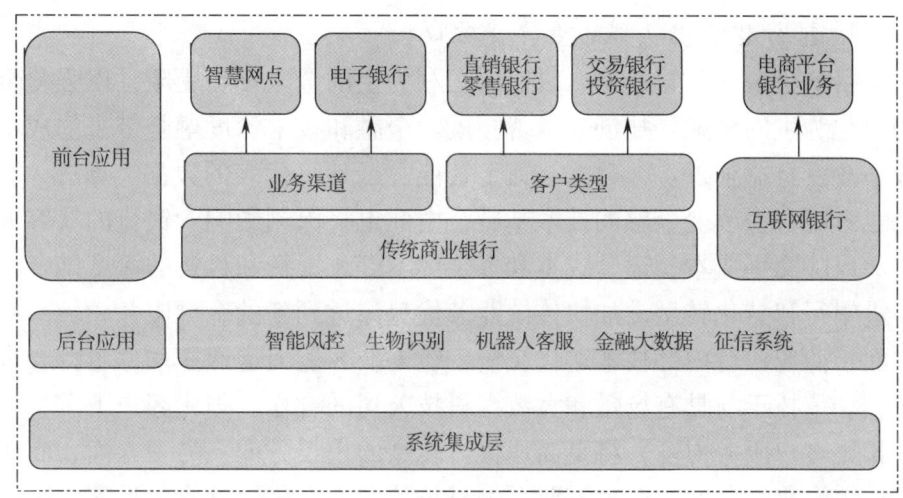

图 1 智慧银行体系架构

向轻资产转型，输出金融科技，谋求与传统持牌机构合作。2017 年 3 月 28 日，建设银行与阿里巴巴、蚂蚁金服签署了三方战略合作协议。6 月 16 日，京东集团与中国工商银行签署了金融业务合作框架协议。6 月 20 日，中国农业银行与百度宣布签署战略框架合作协议。6 月 22 日，中国银行与腾讯集团重点基于云计算、大数据、区块链和人工智能等方面开展深度合作。

对于互联网巨头而言，输出金融科技，提供流量入口以及大数据风控，正在探索新的可持续盈利模式；而对于传统银行而言，早期为了应对互联网金融冲击而布局的电商平台战略并不成功，纷纷觊觎互联网金融公司的渠道和流量。

在与 BATJ 的"联姻"中，传统银行提供信用、资本和相关的风险管控支持，从底层技术（区块链）技术的搭建，到分布式云技术实验室的共同研究，再到场景、客群共享发布联名卡等，合作已经从形式深入底层，开辟出一套不拼"存、贷、汇"的新玩法。

BATJ 和四大行一对一的正式合作是标志性事件，但这并不意味着它们只和对应的银行合作。截至目前，银行与 BAT 三大互联网公司之间，至少累计出现了 22 起战略合作事件，其中阿里巴巴"交际"最广，与 10 家银行建立了战略合作，腾讯和百度则分别与 6 家银行建立了战略合作。

2. 银行智慧化转型的重要突破口

目前金融业监管趋严，以监管套利为主的金融创新受阻，以强化金融深化为主的金融科技创新亟待拓展。金融和技术深度融合带来的成本效率改变日益临近。大数据、人工智能、云计算代表的数据、算法、算力三者将合力改变金融的技术基础，由此也将深刻影响着银行的获客成本、风险甄别成本、运营成本和资金成本等。银行和科技的深度结合将促进银行智慧化转型，加快传统业务优势渗透到新的金融服务领域。一方面，商业银行内部技术迭代缓慢，线下获客能力遭遇瓶颈，亟待寻求突破。依托于与具有场景和大数据科技公司的合作，强化客户下沉，提升长尾客户服务力度，将是商业银行转型的重要方向；另一方面，商业银行综合化经营的基础也需要金融科技的助力。科技已成为重塑银行业重要的内生力量，但是传统银行面对人工智能、区块链等新一轮信息技术革新，在系统开发、重塑产品、客户关系等方面的能力和反应速度已远落后于大型互联网科技公司。通过合作可以快速灵活地借助对方的优势，银行有望加速提升资金流转、客户交叉、产品加载等方面综合化经营能力。

3. 取长补短助推智慧金融发展

跨界合作是扩大金融服务领域的重要手段。在新形势下，曾经弥漫在互联网科技公司和传统金融之间的紧张对峙，也因各取所需而开始加强合作。一方面，受监管约束，互联网科技公司的金融业务发展空间收窄，需要寻找与持牌金融机构合作。虽然许多互联网巨头公司已经取得支付业务等许可证，也有通过小贷公司进入信贷领域，但是伴随互联网金融监管收紧，互联网金融公司转型为金融科技公司寻求监管套利的空间也变得相对窄小。

央行已明确指出要划清互联网金融和金融科技的界限。金融科技不直接从事金融业务，必须与持牌机构合作。迫于压力，互联网科技公司纷纷强调自身技术先于金融的科技属性。蚂蚁金服、京东、百度多次表态将定位金融科技，重在用技术和数据能力帮助金融机构服务客户促进普惠金融。

另一方面，商业银行需要借助互联网科技公司的力量加快自身金融科技的迭代速度。互联网科技公司的强项是技术，银行的强项是金融业务品种丰富。互联网科技公司流程简单快捷、应用场景丰富，在数据、客群积累和信息搜集处理方面优势明显，但在金融服务多样化方面存在短板。银行业务模式齐全、风险管理经验丰富，在提供大额和中长期贷款方面具有优势，但在数据处理、场景、营销以及新模式探索上处于下风。

在此背景下，互联网科技公司与传统银行已经更加清晰地认识到，它们之间并非零和游戏，而是彼此互补、互为生态。二者取长补短，强强联合将会产生"1＋1＞2"的乘数效应，也将形成新的智慧金融发展格局。

4. 智慧金融成合作重点

2017 年之前的合作内容虽然多元化，但真正比较成熟且能切实落地的仍在零售、支付领域，其他领域的合作依旧处在初步阶段。在支付领域，合作主要涉及快捷支付、安全认证、资金结算等。合作的结果是，通过银行卡身份认证，互联网第三支付机构获取了大量客户；银行的支付功能被互联网巨头严重侵蚀。在零售领域，合作主要涉及电子商务平台建设，初步探索基于互联网平台的消费金融和小微企业融资等，但是取得的效果并不显著。比如，2004 年 7 月，工商银行与腾讯就已签署电子商务战略合作协议，但具体落地的内容并不多；2007 年 6 月，阿里巴巴与建设银行、工商银行分别签订协议，共同推出企业信用贷款、网商融资服务等，但相关合作并未取得显著进展，2011 年后基本宣告结束。

对比之前可以看出，2017 年开始的合作重心已转向金融科技层面，推动金融的智慧化转型成为合作重点。一是在数据方面，强化数据基础共享和数据处理应用，在云计算、大数据和人工智能等方面开展深度合作，进而打通信用体系，开展诸如客户画像、精准营销、智能投顾、智能客服、金融反欺诈等方面的合作。比如，2017 年 6 月 22 日腾讯与中国银行、华夏银行分别建立联合实验室，探索深化大数据和人工智能技术在金融服务领域的应用。二是在渠道方面，拓展线上线下渠道，强化物流及电商与金融业务的深度融合，提升金融产品及渠道用户等领域的金融科技应用，共建普惠金融。比如，2017 年 3 月 28 日，建设银行与阿里巴巴宣布双方将共同推进信用卡线上开卡，以及线下线上渠道业务合作、电子支付业务合作。

三、中国银行业智慧化发展趋势

金融科技能够大幅度降低交易成本，改进金融业务信息不对称，催生一系列网络金融新业态模式出现。随着金融科技的快速发展，银行依托对自身优势和对新业态下银行定位的认识，从战略层面强化金融与科技和互联网要素的深入融合，构建新的业务形态，并相应变革组织、流程、运营、技术等，建立新业务体系，从而实现智慧银行体系的战略转型。

1. 构建移动金融平台

随着移动通讯技术的迭代发展和上网费用的不断降低，客户使用偏好向移动端迁移的趋势非常明显，银行也随着手机被装进客户的口袋，移动金融平台正成为国内银行业智慧化转型的重要方向之一。移动金融平台包含五大领域：移动银行、移动支付、移动生活、移动商务、移动社交。其中，移动银行是移动金融的核心组成部分，是银行、保险、证券等金融服务的载体；移动支付在移动金融中起到串联各种金融、非金融应用场景的纽带作用；移动生活是围绕客户日常生活提供缴费、优惠等服务，是移动金融的重要组成；移动商务专注于根据客户消费行为提供全方位服务，提升价值；移动社交是与客户沟通交流，进行业务营销宣传的重要方式。

银行作为金融服务的主要提供方，在移动金融生态建设中发挥引领作用。移动金融生态要围绕以客户为中心，发挥银行在客户、渠道、数据、技术、风控等方面的优势，通过整合银行集团、优质第三方的产品及服务，满足客户金融和相关非金融服务需求，串接资金流、信息流和物流形成闭环，打造客户、银行、第三方"三位一体"的移动金融生态系统。

2. 发展直销银行

直销银行产生于20世纪90年代末，是商业银行针对互联网特性而创新的业务模式。ING的DirectBank是业界的第一家直销银行，直销银行脱离银行的营业网点和柜台，完全立足于数字化的互联网世界，不发放物理介质的银行账户或银行卡，客户主要通过互联网、电话等电子媒介来获取银行产品和服务。直销银行打破了传统银行网点在时间和空间上的限制，实现为客户提供全天候、不间断的金融服务，能够更快地响应客户的各种金融需求，提供更好客户体验。

中国银行业直销银行发展较晚。直至 2014 年初，民生银行才推出第一家完全互联网化的直销银行。中信银行与百度共同发起成立百信银行，则是首家独立法人模式的直销银行。2016 年以来，随着央行建立账户分类监管体系，国内直销银行迎来了爆发式的增长，包括工商银行、兴业银行、北京银行、江苏银行等在内的大型银行、股份制银行、城市商业银行纷纷推出直销银行。据不完全统计，目前共有 70 多家直销银行上线运营。

直销银行使商业银行真正以互联网的方式运作银行业务，而不仅仅是将其作为一个渠道、网点的补充，拥有直接基于互联网进行获客、产品销售、服务提供的能力，使银行跨越时空限制。新的业务模式向手机端延伸，并将移动支付和互联网支付结合起来，形成了完整的互联网金融业务结构。

3. 发展交易银行

交易银行是商业银行利用自身良好的信用、客户生态、信息优势，借助于金融科技，为客户提供投资、融资、支付结算等交易金融服务。交易银行是对传统商业银行公司业务的升级，是商业银行从信用中介向信息中介的转变。交易银行改变了银行在金融服务中信息中介的地位，使资金需求方和资金供给方直接对接，有利于降低企业和个人的融资成本。由于互联网所带来的信息透明、高效、高可得性，使其成为解决中小企业融资困难的一条有效途径。

对商业银行而言，发展交易银行，是提升银行服务实体经济能力，实现银行网络化、轻型化和国际化的重要方向，对银行公司业务的专业化发展具有以下几个方面的好处：一是成为银行在互联网领域有效获取增量客户的手段；二是丰富存量客户的服务内容，增加客户黏性；三是银行作为信息中介，获得中间业务收入；四是可以获得更多客户金融和非金融数据，补充银行已有的客户信息，形成对客户更深入的洞察；五是使银行有机会与客户形成更深入的互惠"伙伴"关系，有助于构建面向未来的生态体系。

4. 建立综合金融服务平台

面对互联网金融的冲击，传统商业银行发挥自己综合优势，借助金融科技，完善综合化的服务体系，满足客户全方位金融需求，创建"一站式"的金融超市，方便客户根据自身需求自行选择金融产品和金融服务。综合金融服务平台是在分业监管模式下，金融控股集团将旗下金融产品进行融合后为客户提供的综合性金融服务方案，构建综合金融服务平台是那些拥有多牌照并拥有丰富产品能力的商业银行，以及综合性的金融服务集团的自然选择。商业银行可以充分利用其关联金融企业的客户关系和交易信息，分析预测客户在各个生命周期潜在金融需求，使客户能够获得所有的金融产品和服务，更深入地加深客户关系，增加客户黏性，这是商业银行对于自身竞争优势的综合利用，也是金融科技公司在短期内无法形成的能力。

平安银行为综合金融服务模式的典型案例。平安银行依托其母公司平安集团的综合金融优势，致力于打造"大投行、大资管、大交易"的综合金融平台，推出了"贷贷平安""橙e网""行E通""平安橙子"等互联网金融特色产品。在零售金融领域，平安银行希望通过一个"智能账户"获客和留客，这一账户不仅能提供储蓄、支付、投资和贷款等基础金融服务，还连接着保险、汽车、健康、住房和托贵等五大生活场景，真正实现"一个客户，一个账户，多个产品，一站式服务"。

5. 打造开放式金融平台

商业银行秉持开放、协作、分享的互联网精神创立开放式金融平台，以共同服务和满足消费者的金融需求、提升消费者的体验为最终目标。比如，将直销银行、网上银行、手机银行、微信银行等，从C端和B端两个层面向非本行用户和金融同业开放，创建开放式网络服务银行平台，实现全渠道向内外部客户的全面开放。以此来丰富产品与服务供应、推动产品创新、改善客户体验、提高客户忠诚度、拓展新客群、创新盈利模式、实现业务增长。这样的开放平台有利于更多伙伴和用户的加入、更多的流量导入，形成以银行为核心的生态系统，打造场景化金融生态。

工商银行较早推出了开放式金融平台。2015年，工行手机银行重构了业务流程和交互界面，没有工行卡的用户同样可以注册使用工行手机银行。2016 年，招商银行也推出了全新的开放用户平台"一网通"，以打破银行之间的壁垒，"一网通"支持多家银行的借记卡和信用卡，用户可以通过"一网通"管理名下所有银行卡资金，也可通过招行在线移动支付功能使用其他银行注册绑定账户进行支付。目前，已有交通银行、建设银行等多家银行推出了开放式的移动金融平台。

6. 主动导入金融场景

场景化是智慧金融的重要特点，银行在智慧化转型过程中，积极与互联网企业建立商业场景业务合作，构筑自金融服务场景，引入供应链、居民生活、娱乐、公共服务等场景，优化银行服务随身性与良好体验。

目前，银行导入金融场景的主要模式一是银行构建自己的电商平台，创建互联网客户流，实现从金融至"场景"再回到金融的转换，也可以成为在数字化世界有效获客和留客手段。由于电商平台的开发、运营需要较大的资源投入，目前尚只有几家大型的商业银行采用，如：工商银行"融 e 购"、农业银行"e 商管家"、中国银行"中银易商"、建设银行"善融商务"等。以交易总金额计算，2016 年工商银行的"融 e购"成为全国排名第三的电子商务平台，取得历史性突破。

另一种模式是与电商平台合作，在金融平台中导入电商业务。这对于商业银行而言，一是商业银行有大量直接面向终端消费者的公司客户及大量的个人消费者，可以通过电商平台将两者对接起来，满足两者所需，增加客户黏性；二是开放式的电商平台可以带来新的客户增量；三是满足对存量客户的积分兑换、网购需求，增加客户的黏性；四是透过电商平台为交易双方提供融资、理财等服务；五是银行客户通过电商平台，获得更多非金融数据，以更好地理解客户日常金融需求，提供更好的金融服务，带来新的业务增量的机会。

第二节 智慧银行网点

相对于互联网、移动互联网等新兴渠道，银行网点有其天然的劣势，但也有其强大的不可替代性。一方面，银行网点的建设成本远高于新兴渠道的搭建成本，互联网金融的低成本和快节奏给传统银行网点模式带来了很大的压力；另一方面，银行网点在满足客户差异化需求和提升客户体验方面仍然发挥着不可替代的作用。在当前传统与新型渠道交替的历史阶段，银行网点仍然是银行服务客户的最重要阵地，这也是银行的优势所在。

一、传统银行网点面临转型压力

1. 线上业务对传统银行的冲击

随着互联网金融的发展，线上金融服务占比不断提高，传统银行营业网点受到较大冲击，功能进一步弱化。银行业协会发布的《2016 年度中国银行业服务改进情况报告》显示，银行业金融机构离柜交易量达 1 777.14 亿笔，同比增长 63.68%；我国银行业平均离柜业务率为 84.31%，同比提高 6.55 个百分点。

金融服务竞争者日益增多，进一步压缩传统银行业盈利空间。不只是以蚂蚁金服、百度金融为代表的网络借贷平台飞速发展，支付宝、京东钱包等支付平台也进一步占领市场，传统银行业在支付、结算、转账、借贷等方面的中介作用遭到弱化，利润增长受到影响。自 2011 年以来，我国商业银行净利润同比增速逐年降低，5 年来下降了 32.8 个百分点。截至 2016 年末，净利润同比增速已下滑到 3.54%。

银行网点承载的基础金融服务和交易功能将越来越少，"柜台银行"式网点在未来将快速减少，而更多的银行网点将是有"个性"和有"内容"的客户服务和体验中心。线上业务对传统银行的冲击将推动未来银行网点智能化的投资将更加理性，以客户体验为核心的"线上线下"渠道融合将成为网点功能提升的重点。

2. 国内四大行加速撤销低效营业网点

长期以来国内的银行业普遍通过增设营业网点提高竞争优势，这些遍布在各大城市角落的网点为银行带来了源源不断的低成本资金，然而在互联网金融尤其是移动支付的冲击下，这些规模庞大的基层物理网点反而成为大银行的包袱，裁撤低效网点成为银行提高效率的必然选择。

据 2016 年年报显示，工行营业网点 16 429 家，较上年减少了 303 家。农业银行对近 1 800 家低效网点实施了瘦身，在 12 000 多家网点推广了标准化转型。在股份制银行中，中信银行、招商银行也在不断压缩线下网点。据银行业协会的数据显示，截至 2016 年末，工商银行共减少柜员 14 090 人，农业银行减少 10 843 人，建设银行减少 30 007 人。对比以往几年银协的数据，2016 年的变化是近年来银行柜员减少规模最大的一次。

3. 欧美银行也在瘦身裁员

不仅国内银行业的营业网点在压缩和瘦身，国外银行业也存在同样的趋势。2016 年底，荷兰国际集团（ING）宣布未来几年将裁员 5 800 人，占员工总数 13%。德国最大银行德意志银行计划在德国裁员 1 000 名员工，德国第二大银行德商银行计划裁员 9 600 人。欧洲银行业近来频频传出裁员的消息，与其受到互联网的冲击有关。

与欧洲银行裁员不同，美国各大银行大幅关闭网点应对冲击。据美国财经网站 Business Insider 的数据，美国银行、花旗和摩根大通自 2016 年第三季度以来，已经关闭了 389 个网点。据 2016 年第三季度财报，美国银行在金融危机以前拥有 6 000 多个网点，目前仅有 4 629 个网点，该银行上一年缩减了 112 个金融中心。花旗银行 2016 年在北美的银行分支机构数量已减少 116 家，同比缩减 7%。摩根大通零售业务分支机构由 5 471 个减少至 5 310 个。

二、智慧银行网点的建设

1. 智慧银行网点特征与优势

IBM 在 2009 年率先提出智慧网点的理念，近几年，伴随着银行网点转型的实施，智慧网点的外延与内涵也在不断地完善和丰富。整体来讲，智慧网点即是合理运用技术、管理等手段，实现网点经营各环节上的数字化、准确量度、互联互通，消除固有的不透明和不确定性，进而实现客户洞察、营销、服务的智能化，同时实现银行配套资源的动态管理和优化。

（1）三个特征

围绕拓展业务、提升效率、降低成本等核心经营目的，智慧网点主要体现三大特征：

更透彻地感应和度量：一方面需要对客户与银行的交互流程进行用户体验分析和数据价值分析，识别需要信息化的关键节点和需求；另一方面，设计合理的电子化机具、设备和系统，替代原有的手工和线下处理环节，并重视数据的整合分析和过程管理。

更全面地互联互通：全面性体现在广度和深度两个方面。从广度来看，首先强调线上线下整合，将客户在电子渠道上产生的业务申请、营销线索、未办理完成环节等，利用客户到网点的机会进行交易落地；其次，打造网点内的信息共享和流程整合，实现客户和银行人员的协同、网点内银行人员之间的协同、网点和后台银行人员的工作协同等多方面协同。最后，智慧网点需要打造 VTM、远程专家、移动化交易受理处理设备，拓展网点服务边界，实现与网点内服务资源的整合。从深度来看，智慧网点成为社会化共享渠道，不仅承载自有业务，还承载非银行业务，如网点周边的衣食住行等信息，全面满足民生基本需要。

更智能的客户洞察：客户洞察源于对更全面数据的更智能化地分析，从而提升客户服务体验，打造网点客户留驻及精准营销能力。智慧网点的客户体验包含视觉形象、内部布局、客户动线、营业时长、渠道配置、办理效率、营销方式、隐私保护、系统界面、纠纷处理、人员素质、科技应用等多个方面，实现客户洞察的全方位提升。

（2）四个优势

智慧银行网点的建设要结合科技创新，通过网点布局改造、智能机具使用和网点服务流程革新与经营理念提升，重塑银行物理渠道的优势和价值。智慧银行网点的建设要体现出以下优势：

智慧环境，智慧分流。根据客户动线规律和模块化布局思路对网点整体空间进行总体设计，由表及里分层优化网点室内功能分区，实现客户快速分流，有效避免不同层级客户间、内部员工与客户间动线的交叉干扰，营造现代、简洁、明亮、科技、有着鲜明品牌特征的、专属的环境风格，提升客户的体验感受。

智慧展示，智慧交易。将传统纸媒、实物展示与多媒体互动展示有机结合，将无形的金融产品有形化包装宣传，为客户提供视、触、听全新体验，将客户被动接受信息转变为客户主动浏览兴趣产品，打造多样化、立体化的营销体验。网点配备自助现金类设备、超级柜台、预填单机、网银体验机、手机银行体验机等大量电子渠道交易设备，实现全业务的智能化、自助化业务办理，使客户操作体验更加直观简便，大幅提升业务办理效率。

精细运营，智慧管理。建立有效的厅堂管理和销售管理，有效识别客户身份，了解客户信息、查询客户销售线索记录、转介等情况，并准确把握客户意向，让客户在网点办理业务的第一步就能有贴心的感受，大幅提高转介成功率。

高效获客，智慧服务。通过现代、时尚、舒适的设计，打破客户对传统银行的庄重、严肃等印象认知，实现生活化、多样化的智慧服务，为客户一站式解决多种问题，打造更加完整的生活金融圈，助力客户的幸福生活。

2. 智慧银行网点创新策略

智慧网点作为渠道建设的一部分，其建设应基于目标客户群分析，通过合适的渠道，为目标客户群提供所需的产品和服务，如流程、体验、机制的优化，而单纯通过硬件设备的升级或网点重新装潢也难以速成的。金融创新视域下的智慧化转型，既要重视智能设备的投入、人机智能交互的操作，更要着眼于打通线上线下业务的交叠发展，使得金融产品的供给与客户需求保持动态一致，为客户提供差异化、个性化的金融产品与服务。

（1）注重客户体验

智慧银行网点建设要充分尊重客户体验、满足客户多元化需求的线下智能渠道，将科技创新融入人性化管理，从而引导和改变客户业务办理的行为习惯，有效提升客户服务体验感受，进而实现网点运营从业务结算型向营销服务型转变，使网点运营模式和服务流程全面转向"以客户为中心"，将网点建设成为客户管理中心、客户体验中心和O2O落地服务中心，大幅提高服务效率，提升客户体验，有效提升网点产能。

（2）强调产品创新

智慧银行网点业务要打通线上线下的界限，要建立基于全渠道的金融服务模式，准确把握各个细分市场的客户需求，确定重点发展的客户群、创新发展的先后顺序。针对物理网点的特点，高效、敏锐地进行新产品开发，灵活、迅速地进行产品优化，持续、有序地进行售后追踪服务，产品要做到差异化、系列化、品牌化。

（3）渠道建设智能化

智慧银行网点要进一步优化业务的整合。随着客户消费习惯的改变、移动金融、在线支付等第三方支付工具的出现，客户对传统商业银行网点的依赖越来越少。丰富、方便、快捷，尤其是"互联网＋电子金融"服务，受到广大客户欢迎。智慧银行网点的建设，可以真正实现以客户为中心，整合线上线下的服务渠道，在现有服务渠道基础上，整合物理网点、手机银行、电话银行、网上银行等渠道以服务客户，建设家居银行等系统使客户享受到更智慧、更快捷、更高效的优质服务。

（4）强化风险管理

智慧银行网点面临着比以往任何时代更大的风险。建设智慧银行网点要以前台业务服务为核心，以风险管理部门为重点，信息技术部门为基础，各个业务部门为主体，对智慧银行网点基础架构、合规情况、交易安全、客户信息等严密监控，打破风险管理的地域、部门限制，做到金融产品、业务、流程的全行内部协同一致。

3. 智慧银行物理网点规划

（1）智慧网点的整体规划

智慧网点的整体规划设计，包括网点装修设计、硬件设备、软件系统，并形成智慧网点建设的设计方案，因地制宜的全渠道运营进行实践探索。

网点智能化的中心是客户，而执行的关键是拆掉传统渠道之间的制约，并利用智能化的技术和手段改造现有的流程和客户服务模式，为客户提供最佳的体验。

智慧网点不是简单的智能终端的拼凑，而是一个架构先进、客户体验良好、安全可靠的整体系统，实现业务系统的全面升级，通过柜员IPAD、预填单机、多媒体终端、便携终端等渠道，智能识别客户、智能管理客户，再通过产品领取机、自助打印终端、大额循环机等，辅助客户完成服务体验，从而达到提高服务效率、改善客户服务体验的最终目的。智能设备能完成业务数据采集功能，实现系统和平台具备完善的内部管理功能，设备满足 7×24 小时稳定可靠运行，充分考虑系统容量和业务应用等的可扩展性，支持未来业务发展时系统平稳升级。

为发挥银行网点的优势并降低运营成本，银行可以根据客户情况和自身业务的需要，对网点进行重新分类和规划，包括旗舰性网点、综合性网点、轻型网点、第三方合作网点。银行可以通过智能外拓设备，实现对工厂、学校、集市的业务覆盖。根据网点的类型和定位，规划高柜、低柜和智能设备的类型和数量。

（2）智慧化自助终端

智能设备是银行实现网点延伸和转型的技术支撑，直接影响银行的效率和效益。国内外相关厂家做了很多尝试，研发出多种类型的金融自助设备，为银行业提供了全系列的产品线，并做了大量的产品和技术创新。目前国内银行网点使用的智慧设备类型主要有：

智能终端机（自助柜员机）

功能：能自助办卡、开立电子银行、理财业务、查询、转账汇款、密码重置、账户挂失、结售汇业务、信用卡申请、信用卡启用、预留安全信息等，让银行客户自助办理业务，大堂经理可视情况而定进行辅助，并通过智能 PAD 和智能终端设备的互动实现大堂经理、后台服务和客户的协同，从而达到"设备替人"，乃至"设备助人"的效果。

产品领取机

功能：除具备智能柜员机的功能外，还具有领取产品功能，目前支持领取的产品包括借记卡、U 盾、密码器，实现网点自助发卡的需求，便携发卡实现银行的外拓需求，即时制卡实现银行客户的个性化需求，智能卡库实现银行网点大量待领、待发卡的需求。

智能打印机

功能：网点打印盖章凭证的设备，能够提供回单、对账单、缴税凭证、个人账户明细的查询和打印盖章等功能，还能办理查询卡信息、转账汇款、修改密码、客户对账、会计凭证预约等业务。

网银体验机

功能：网点线上金融业务办理和体验的设备，主要提供融 e 购、融 e 行等线上产品的业务办理及体验，U 盾证书下载等功能。

小额 CRS 系统

针对普惠金融市场，在重点客户、农村地区布置包括助农终端、小额 CRS 系统等智能终端，实现银行网点延伸到商户合作商，不仅方便客户办理银行业务，而且还大大降低银行的运营成本。

机器人客服

大堂助理机器人给通过触摸屏操作界面，协同搭载的 IC 卡识别器、身份证阅读器等外设可办理个人理财、信贷等非现金业务；专业的语音知识库搭建，为客户提供完美的语音咨询、业务讲解服务，并能向客户推送理财新产品等服务；通过人脸识别功能、自主行走功能能够自主迎宾、导引分流顾客。

三、我国智慧银行网点转型案例

1. 建设银行：用智慧柜员机布局智慧网点

2014 年，建设银行发布了转型发展规划，明确将"智慧银行"作为未来转型的主要方向，即强调发挥移动互联、大数据应用等技术在经营管理中的作用，提升全行的信息化、智能化水平，全面打造适应未来发展需要的金融服务新模式。2016 年底，建设银行运行的自助柜员机为 97 534 台，较上年新增 6 034 台；运营的自助银行为 27 873 家，较 2015 年底上涨 12.87%。自助柜员机账务性交易量达柜面 5.3 倍，柜面业务分流能力持续提升。

智慧柜员机提速最高达 15 倍。智慧柜员机在开户、开通电子银行、结售汇等常用功能方面都比传统的柜台办理节约了很多时间。例如，智慧柜员机上开户仅需 3.94 分钟，柜台办理需要 9 分钟，速度提升 2.25 倍；开通电子银行的速度也从 3 分钟缩短为 1.45 分钟，速度提升了 2.07 倍；而在柜台上办理时长达 10 分钟的结售汇业务，在智能柜员机上的办理时长缩短为 0.67 分钟，速度提升 15 倍。

快只是智慧柜员机最突出的特点之一，面对着利率市场化的提速、金融脱媒的深化、同业竞争的加剧、银行监管力度的加大等压力，银行"躺着赚钱"的时代已经一去不复返。人力的减少与机具的增多是大势所趋，智慧柜员机集合了银行多种设备的功能，节约了大量营业面积，而且，它还改变了以往纸质签名的方式，采取"电子签名"确定模式，在业务流程处理上实现零手工、零复印、零传票、零纸质档案、零盖章，大大减少员工的工作量，节约人力成本，将一大批员工从柜面业务中抽离，转而为更多的客户提供更加个性化、更加高品质的银行服务，真正践行了建设银行"以客户为中心"的经营理念。电子填单优化传统手工流程，开发多渠道协同服务预约，支持客户通过网银、手机银行等多种渠道预约，减少数据输入，提高业务处理效率，减少客户到网点排队时间。

在建设银行深圳前海分行营业部，客户能够充分感受到智慧银行的魅力。智能机器人取代大堂经理，在门口迎接客户、解决问题；智能预处理终端集业务分流、客户识别、排队叫号于一体，通过身份证扫描，把个人信息传输到柜员的操作系统，还可以打印客户手机上的预填单据。而网点中存取款一体机、多媒体自助终端、自助发卡机、VTM 等多种设备进一步提高了物理渠道的覆盖面，极大地满足客户交易需求。

2. 招商银行：互联网＋打造智慧银行网点

在经济转型与移动互联网对银行业传统经营生态的颠覆性冲击下，招商银行开启了以"轻型银行"为方向的战略转型，以 O2O 的方式重构网点经营流程。以客户为本，以产品为魂，以科技为器的总体思路，开启"智慧银行"服务探索新历程。

（1）"智慧网点"新面貌

2016 年 7 月杭州分行钱塘支行试点网点 O2O，进入网点的客户可直接通过手机实现业务智能推荐，最大限度地缩短业务办理时间、降低柜面服务压力。在历经半年的探索与实践，该模式得到了客户的高度评价与认可。

在新设备应用上，招商银行试行了人脸识别技术、大堂营销 PAD、大额存取款机，大力布设推广了柜面无纸化设备、可视柜台（含 PAD 版）、自助打印终端等，通过新设备的布设，在节约运营人员配置的基础上，实现网点服务的有效提升。其中可视柜台（含柜式、PAD 版）可办理约 40 种非现金柜面业务。据测算，一个后台远程柜员加上八台可视柜台，其服务能力相当于 5.8 个柜员。

（2）"线上线下互联"新推广

以手机银行为载体，将线上线下跨界融合、虚拟现实有机统一。手机银行作为明星产品，推出"生活缴费"功能。杭州城区已实现水电煤缴费全覆盖，客户可随时随地使用手机银行进行各种费用的缴纳，便捷生活触手可及。在深入市场调研后杭州分行推出以日常消费、邻里社交、缴费为一体的生活闭环。实现通讯费、水费、电费、燃气费、加油卡等多种传统公共事业缴费服务，更支持学校、园区缴费等新型项目，打造出具有本地特色的金融一体化服务模式。

"一网通支付"战绩满满，在基于互联网线上大数据有机整合银行收支、消费、信贷、财富管理等传统优势业务，重点关注社会热点话题推出：如智慧医疗、智慧校园、电子政务、跨境支付等。

截至2017年，签约合作商户已超千家，其中包括滴滴出行、国美在线、饿了么、优酷等各类行业龙头、大型知名企业。渗透生活支付的衣食住行，建设起一个具有特色的线上线下互联网金融生态圈。

（3）"FinTech时代金融"新科技

2017年推出摩羯智投用智能重新定义理财，满足客户各类精细化的投资需求，服务"千人千面"，客户更可自主进行决策购买该组合并享受后续服务。在FinTech助力下，系统性生成的针对性"喜好"模式，结合业务经验和数据化智慧，将通过机器学习不断迭代优化，从而形成有洞察力和针对性的、动态闭环的服务体系。

3. 工商银行：强化智慧网点体验

工商银行是国内较早布局智慧银行的商业银行之一。早在2012年，工商银行就开始在深圳开立智慧银行网点，并不断迭代更新。2012年6月，工商银行深圳卓越时代广场支行作为第一期项目试点正式营业；2013年末，深圳分行智慧银行网点第二期项目开始在东环支行试点；2014年5月工商银行在深圳龙华支行营业部扩大试点。2014年12月，工商银行先后在北京中关村、西单开设2家智慧银行网点。2015年，工商银行加大网点智能化改造力度，在江苏、广东、上海、重庆、福建、云南、山东、海南、湖北、内蒙古、甘肃等省份的多个城市建立智慧银行网点或者设立智能化服务体验区。位于北京西单的智慧银行网点占地面积2 000平方米，是北京地区最大的智慧银行，是工商银行北京分行打造线上线下一体化服务模式的旗舰店。

依托智能设备改造网点功能。工商银行西单支行，启用了智能化的导览屏、存取款一体机和大量的智能终端机具，辅以现场的产品领取机、智能打印机等自助设备机具，能够实现办理并领取银行卡、卡片启用、开立网上银行并领取 U 盾、转账汇款、账户查询与明细打印、购买理财基金等非现金项目。该支行还专设了一站式的出国金融服务中心，以及集黄金产品购买及综合回购业务为一体的贵金属专区，满足多样化的金融消费需求。网点提供的不再是基本的程式化银行业务，而是为客户提供一个综合的金融平台，将支付、融资、投资等服务融合在一起，改善客户的服务体验。

工行上海分行的智能服务网点已达 443 家，占全部网点的九成多，网点非现金柜面九成以上、超过 180 项个人常用非现金金融服务都已经可以通过智能服务渠道办理。

智慧银行网点的背后是银行服务模式和服务理念的深刻变化。在新颖的形象和用户体验背后，智慧银行所体现的核心内容是商业银行积极应对当前银行传统网点面临的挑战，充分利用最新的信息技术成果，改造银行服务模式和业务流程，提高金融服务效率，贯彻以客户为中心的服务理念。智慧银行网点通过提供自助式、交互式、智能化的快捷金融服务，在满足客户基本金融需要的基础上，优化业务流程、减少客户等待时间，提高服务提供效率，优化客户感受，培养客户忠诚度。同时，以使用者更加感兴趣的方式，提供多样化、互动式的服务，挖掘客户多样化的金融服务需求，延伸金融服务的长度和深度。

2017 年 8 月，中国工商银行公布了 e - ICBC3.0 的战略升级，即智慧银行系统，并将在原有电子银行基础上重新组建网络金融部，负责该行智慧银行战略的落地实施，统筹全行网络金融业务发展与管理、全行网络金融平台的用户发展与建设运营，以及全行与互联网企业的联动、合作。

第三节　电子银行

一、电子银行概述

1. 电子银行含义

2006 年银监会发布的《电子银行业务管理办法》中，定义电子银行业务是指商业银行等银行业金融机构利用面向社会公众开放的通讯通道或开放型公众网络，以及银行为特定自助服务设施或客户建立的专用网络，向客户提供的银行服务。电子银行业务主要包括利用计算机和互联网开展的网上银行业务，利用移动电话和无线网络开展的手机银行业务，以及其他利用电子服务设备和网络，由客户通过自助服务方式完成金融交易的网络服务方式。

可见，电子银行是网上银行、手机银行、微信银行、电话银行、ATM 设备等自助金融交易方式的统称，是基于电子商务平台和银行支付系统的网上金融服务系统，用户使用电子银行进行账户资金查询、对账、转账、银行账号挂失、外汇和基金交易、公共信息查询等一系列业务，享受更贴身、更值得信赖的金融服务。

2. 中国电子银行发展

CFCA 发布的《2016 年中国电子银行调查报告》以电话随机调查的形式，对电子银行的用户行为、综合评测和用户体验进行了调查，大体反映了当前我国电子银行发展的基本概况。

2016 年个人电子银行中，移动渠道用户继续快增长。与 2015 年相比，手机银行用户占比从 32% 上升到 42%，微信银行占比从 18% 上升到 28%。新增客户中，个人手机银行客户占比 41%，微信银行占比 36%，个人网上银行占比仅有 29%。

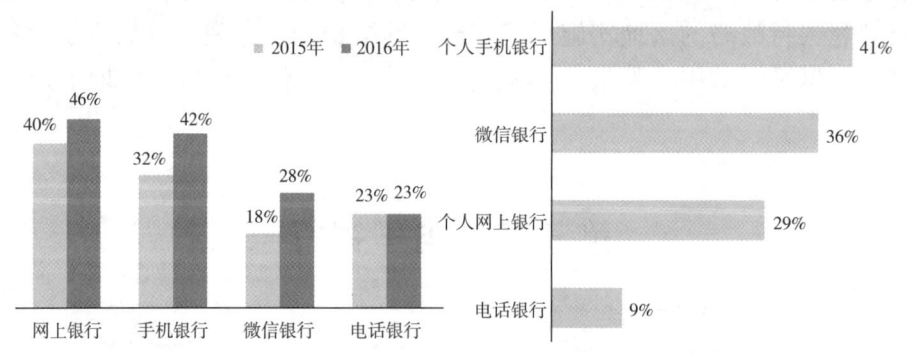

资料来源：CPCA，《2016 年中国电子银行调查报告》。

图 1　个人电子银行用户分布

个人网银的发展障碍主要是第三方支付和手机银行的替代。用户越来越首选使用个人手机银行，但个人网上银行在复杂交易、大额交易场景上还有应用价值，很多手机银行做不了的业务仍然需要使用网上银行或柜台服务。最经常使用电子银行进行转账汇款的用户份额不足四成，电子银行在转账汇款的业务黏性已逐渐落后于第三方支付。

　　3. 电子银行的智能化历程

　　我国电子银行的发展从最基本的信息查询功能，到综合化、智能化的移动终端，仅用了不到 20 年的时间。20 世纪 90 年代中期以来，互联网迅速发展，商业银行开始相继在互联网上建立自己的主页，利用互联网的信息传播功能，进行业务介绍和形象宣传，扩大知名度，并从账户的查询及简单的转账功能开始，逐渐提供全方位的业务处理功能。1997年，招商银行建立的"一网通"，开创我国网上银行的先河，中行、工行、建行、农行等也随后陆续推出自己的网上银行。进入 21 世纪以后，网上银行业务流程更加现代化，网上银行越来越受到企业与个人的青睐。至 2014 年末，全国银行业金融机构网上银行交易达到 608.46 亿笔，个人客户数达到 9.09 亿户，企业客户达到 1 811.4 万户。

　　移动电子银行的发展从最初基于短信息模式的业务查询开始。1999年建行与中国移动合作推出了 STK 手机银行，提供查询等基本服务功能。2000 年 2 月，招行推出了"移动银行"服务，成为国内首家通过手机短信息平台向手机用户提供综合化个人银行理财服务的银行。2002年 6 月，招行率先推出中国的第一个在 PDA 上运行的网上银行产品——掌上银行。2004 年，建行推出联通 BREW 版手机银行，通过下载客户端，用户可以在手机上办理银行业务，进行查询、转账、外汇买卖等。2004 年工行正式推出了基于短信的手机银行，移动客户只要通过发送短信就可享受银行账户信息及金融信息查询、转账、汇款、捐款、缴费、消费支付等金融服务。随后、工行、中行等银行推出 WAP手机银行服务。

　　2010 年 11 月，招商银行推出 IPHONE 版手机银行。2011 年 4 月，工行推出 IPHONE 手机银行客户端。随后包括招商银行、工商银行、中国银行、建设银行、交通银行、中信银行、深圳发展银行、兴业银行、广发银行、北京银行在内的十余家银行均已经推出了支持 IPONE 和 IPAD 移动终端的客户端手机银行。目前，国内商业银行大部分已经建立了自己的手机银行系统。

2013 年 3 月，招商银行推出微信信用卡服务平台，不久就升级全新概念的首家"微信银行"。随后，建行、浦发、交行、中信相继推出微信银行。2014 年 2 月 28 日，民生银行直销银行上线，是国内首家完全依赖线上渠道的银行，实现自动存款、转账汇款和理财产品购买三大功能。

根据 CFCA 发布的《2016 年中国电子银行调查报告》，个人电子银行渠道用户占比的前三位分别是网上银行（46%）、手机银行（42%）和微信银行（28%）。本节将对这三类电子银行进行系统描述和分析，从业务渠道分析银行业务电子化和智慧化发展的路径。

二、网上银行

1. 网上银行的定义及特征

网络银行又称为网上银行、在线银行，以 Internet 作为网络基础的交易平台和服务渠道，在线为公众提供办理结算、信贷服务的商业银行和金融机构，也可以理解为 Internet 上的银行柜台。网上银行拓展了传统银行营业网点的交易时空限制，给客户提供了线上开办银行业务的便利，是商业银行金融服务的延伸。其主要特点是：

网上银行是金融业务创新的平台。网上银行是我国银行业金融创新的业务品种，利用其成本低廉的优势和因特网丰富的信息资源，对网银客户提供账户查询、转账支付、信贷结算、投资理财等金融业务。随着技术的不断发展，网上银行业务不断进行创新和完善，提高网络平台的附加价值，强化银行信息中介职能。

网络银行的业务智能化。网络银行依托终端机和因特网带来的虚拟化的电子空间，主要借助智能资本，客户无须银行工作人员的帮助，可以自助完成账户查询、资金转账、现金存取等银行业务，获得网络银行高质、快速、准确、方便的服务。

网络银行的服务个性化。互联网技术向银行服务提供了交互式的沟通渠道，客户可以在访问网络银行站点时提出具体的服务要求，网络银行与客户之间采用一对一金融解决方案，使金融机构在与客户的互动中，实行有特色、有针对性的服务，通过主动服务赢得客户，因而网上银行拥有更广泛的客户群体。

2. 网上银行发展现状

我国网上银行逐步进入到了成熟稳定的阶段。目前，国内几乎所有的大中型商业银行都推出了自己网上银行品牌。同时，商业银行提供的网上银行业务的数量在逐渐增多，品牌建设逐渐加大力度，对于网上银行的相关产品逐步进行优化、改善，并且形成了自己的优势服务。总体来看，我国网上银行的发展具有如下特征。

一是提供个性化服务。网上银行相较于传统银行更注重以客户为中心。由于其与客户的接触都是通过互联网来完成，比如对于金融产品销售来说，传统银行要受到很大限制，很难为客户提供非常详尽的金融产品的相关信息介绍，而网上银行可以克服这个困难，客户可以通过网页自习研读金融产品的相关信息，从中挑选出最适合自己的金融产品，并且可以利用支付系统，直接在网上进行相关操作，从而满足客户的个性化需求。

二是网上银行的业务品种逐步丰富。在网上银行数量和规模扩张的同时，网上银行业务品种也在不断增加。网上银行除了普遍提供一般信息服务外，大部分银行都能为企业和个人客户提供账务查询、资金转账、账户管理、代理支付、网上支付、银证转账、挂失等服务。一些银行对企业集团客户还能够提供资金监控、指令转账、财务管理、资金划拨等服务，对个人客户提供电子汇款、国债买卖、外汇交易等服务。一些银行已经开通了网上开户、网上银行卡申请、网上贷款、提醒服务等业务。

三是开展网上银行业务发展快速。2016 年第四季度，工行、建行、交行、农行、中行五大行凭借庞大的客户积累分别位列市场前五位，合计拥有 71.3% 的市场份额。招商银行则以 6.5% 的市场份额位居第六位，其后为民生银行、兴业银行及中信银行。由于这些机构对我国金融业的发展影响较大，其网上银行活动对社会经济和金融发展的影响已不容忽视。

四是网上银行产品创新驱动。从产品创新来看，建行新版个人网银优越理财服务升级，新增综合积分，为"健康颐养、住房安居、汽车生

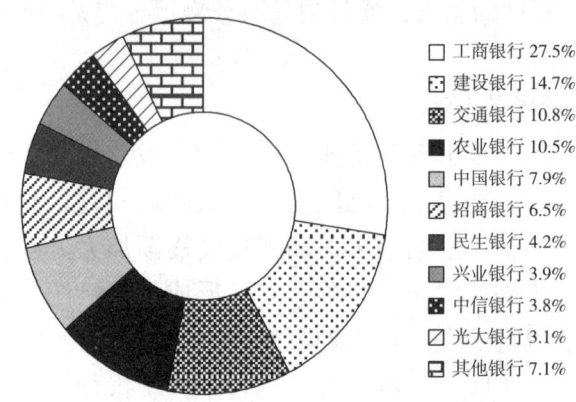

工商银行 27.5%
建设银行 14.7%
交通银行 10.8%
农业银行 10.5%
中国银行 7.9%
招商银行 6.5%
民生银行 4.2%
兴业银行 3.9%
中信银行 3.8%
光大银行 3.1%
其他银行 7.1%

资料来源：易观智库，数据为易观智库根据上市公司财报、企业访谈及易观智库核算模型测算。

图2　2016年第四季度中国网上银行市场交易份额

活、跨境服务"四类客群推出专享服务方案。农行开通个人网银缴纳基本医保功能，为客户提供了更好的使用体验。在电子银行产品服务创新趋势方面，电子银行缴纳服务基本能满足用户的需求，如电费、水费、通讯费、煤气、话费等，未来，银行应逐步覆盖物业费和公交卡充值。

3. 个人网银用户增速回落、企业网银稳步增长

近年，随着移动互联的快速发展，网上银行交易额增速明显放缓，手机银行及第三方支付的替代效应日益明显，但个人网上银行可以着力于大额转账、复杂交易以及特殊授权业务；企业网上银行交易额保持平稳增长，办理的业务主要为账户查询与对账、转账、缴费、收款、代发工资。

2016年个人网银活动用户比例79%，自2013年呈现逐年下降趋势；交易用户比例61%，回落到2011—2012年的水平。下降的主要原因，一是以支付宝、微信支付为代表的第三方支付广泛应用对电子银行渠道的替代作用；二是以手机银行为代表的多种电子银行渠道的替代作用，用户认为有一种银行电子渠道即可，没必要使用更多渠道。

2016年全国企业网银用户比例为75%，与2015年相比增长1.9个百分点，连续三年呈现增长放缓的趋势。企业网银用户比例提升主要受限于微型企业。企业规模越大，网银用户比例越高。百万元以下规模企业的网银用户比例最低为69%，1亿以上规模企业的网银用户比例最高

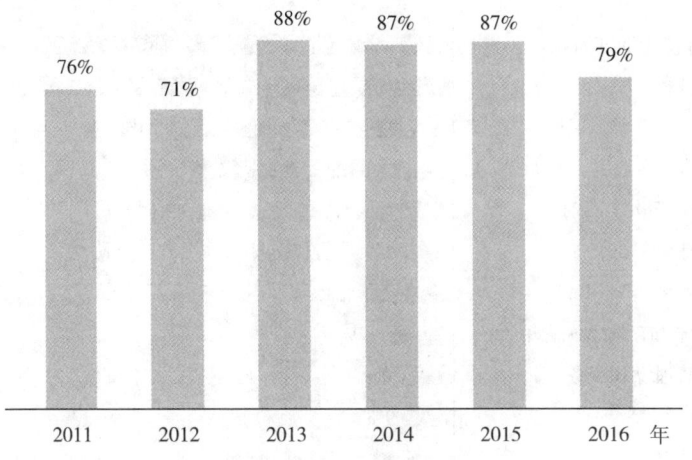

图 3　个人网银活动用户

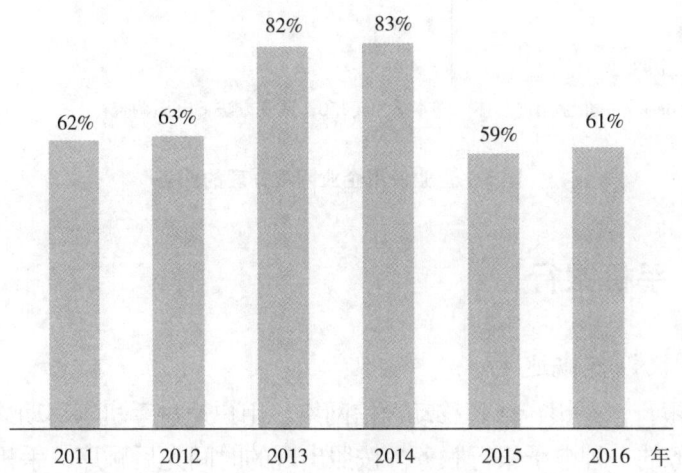

图 4　个人网银交易用户

为 93%，千万以上的企业网银用户比例差异较小。2016 年全国企业网银用户中，企业网银的活动用户比例为 96%，交易用户比例为 94%，相比 2015 年无显著变化。

企业使用网银主要办理的业务为账户信息查询与对账和转账业务，使用比例分别为 88% 和 85%。其次为缴费，收款，代发工资报销代扣，使用比例分别为 54%，50% 和 49%。企业在企业网银上越来越广泛使用票据业务，但进行投资理财的比例仅为 8%。

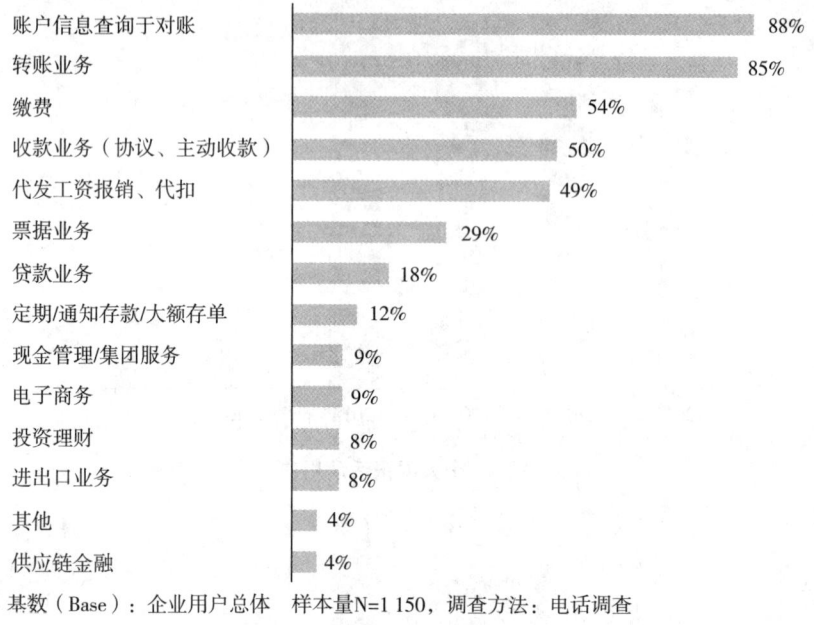

基数（Base）：企业用户总体　样本量N=1 150，调查方法：电话调查

图5　企业使用企业网银办理的业务

三、手机银行

1. 手机银行概述

手机银行，是银行依托移动通信网络，用户通过手机等移动终端办理相关银行业务的一种电子银行服务。按照出现的时间先后顺序，手机银行主要方式可以分为五种：SMS、USSD、STK、客户端和WAP。近几年随着移动互联网的快速了展，IOS和Android等平台的广泛普及，APP形式的客户端手机银行成为手机银行发展的主流。目前国内主要的银行都已经开通了移动互联网手机银行服务。

由于中国市场手机用户的巨大规模，吸引了银行、运营商、第三方服务提供商的广泛参与，并在实践中形成了不同的业务模式。未来，随着通信技术和终端设备的升级、通信基础设施的改进和手机银行自身技术的完善，手机银行必将在中国银行业务结构中占有更重要的地位。

2. 手机银行发展历程

自1999年，中国各银行开始推出手机银行业务，实现技术上以

SMS 和 STK 为主，处理业务简单。国内银行陆续开展手机银行业务，1999 年建行通过 STK 的形式开始向用户提供手机银行服务。2000 年，从招商银行开始，国内各大银行开始推出基于 SMS 的短信手机银行业务，用户通过短信完成简单的银行业务的处理，银行收取增值服务费。从 2004 年开始，应用 BREW、KJAVA 等技术的客户端手机银行开始出现，建行与联通合作推出 BREW 客户端手机银行，同时从 2005 年开始，各大银行纷纷开始推出 WAP 手机银行，手机银行实现手段和技术变得多样化。

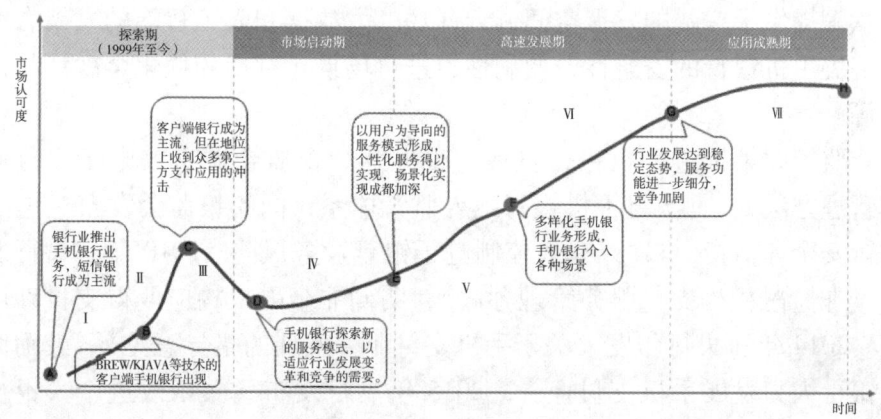

图 6　手机银行发展历程

　　随着 3G/4G 网络覆盖，智能手机的发展和 IOS 和 Android 操作系统的普及，客户端手机银行技术日渐成熟，客户端能实时采集数据，根据每个客户的行为，提供精准的个性化服务，带来良好的个性化体验，增加用户黏度。客户端是连接客户的双向通道，在为用户提供服务的同时，客户端还可以主动向客户推送信息与提醒，这使得客户端与 WAP 手机银行相比，互动体验更好，用户黏度也更强。基于手机客户端的银行服务成为主导。

　　而伴随互联网金融兴起，第三方支付获得快速发展，并在快捷支付、转账、理财等多领域与手机银行展开竞争，手机银行在新的发展形式下面临新的挑战。在技术层面，手机银行的发展已经基本满足用户基本的金融需求，但在服务层面，手机银行仍面临着突破，特别是在第三方支付的挑战下，由于快捷支付、场景支付的缺失，部分第三方支付平台在高频应用场景抢占发展先机，使得手机银行在线下高频应用场景的拓展愈发被动，手机银行在使用场景构建、服务流程优化等方面亟待改善。

3. 手机银行快速发展环境

金融科技推进手机银行发展。截至 2016 年底，我国手机网民达到 6.9 亿人，是手机银行庞大的潜在目标客户，标志着手机银行在我国拥有良好的移动互联网用户基础。互联网金融在移动支付、互联网理财、互联网消费金融等多个领域的快速发展，为手机银行发展支付、理财、贷款等提供了广阔的发展空间。云计算、大数据和人工智能的发展有助于解决手机银行的安全性、便利性，进行场景化营销和优化金融产品设计等。

监管政策推进手机银行发展。2006 年，银监会颁布《电子银行业务管理办法》，首次将手机银行纳入监管体系；同年银监会发布《电子银行安全评估指引》，以有效控制电子银行业务风险。2010 年，央行发布《非金融机构支付服务管理办法》，明确非金融机构应取得支付许可证。2014 年，央行印发《关于手机支付业务发展的指导意见》，鼓励商业银行大力发展手机支付业务。2015 年央行发布《关于改进个人银行账户服务加强账户管理的通知》，建立账户分类管理机制，在现有个人银行账户基础上，增加银行账户种类，将个人银行账户分为Ⅰ类、Ⅱ类和Ⅲ类银行账户。2016 年中国支付清算协会印发《条码支付业务规范（征求意见稿）》，确认二维码支付的市场地位；央行印发《关于落实个人银行账户类管理制度的通知》，重申关于银行账户个人账户分类管理的相关要求，手机银行等电子渠道可以开设电子账户。

据易观统计，2016 年全国手机银行交易规模达 158 万亿元，保持快速增长态势，手机银行客户数超越网上银行。手机银行界面的优化、客户体验的提升、安全性的提高，同时不断丰富手机银行的功能，并放开Ⅱ类户注册功能，支持绑定他行卡为本行客户，手机银行与直销银行功能不断融合。此外，手机银行全面取消转账汇款手续费，相比微信、支付宝转账收费策略有一定优惠，也吸引了相当数量的客户使用手机银行。相对于第三方支付平台，手机银行在银行相关业务方面具有更大优势。大部分手机银行具备账户查询、转账汇款、投资理财和生活服务四大板块的功能。通过手机银行，可以实现银行卡账户查询、信用卡管理等银行业务操作。招商银行手机银行还增加了摩羯智投功能，对 3 400 多只公募基金进行分类优化和指数化编制，给投资者适合的最优风险收益曲线和投资组合方案，开启了零售银行智能投顾时代。

但与支付宝和微信相比而言，手机银行起步晚、推广慢、应用场景缺失，难以吸引用户。需要商业银行顺应移动金融热潮，手机银行应积极整合资源，主动跨界，将手机银行整合为集生活、消费、金融于一体的开放平台，将金融服务融入于生活场景中，以优化用户体验，提升用户黏度。在理财、信贷方面，手机银行具有较为深厚的数据资源，应充分依托大数据应用，为客户提供更优理财体验。在信贷产品方面，应降低门槛、提高效率。

4. 案例：平安口袋银行

口袋银行作为平安银行智能化零售银行转型的重要线上主战场，在内部战略地位不断提升，全面整合平安橙子 APP 和平安信用卡 APP，打通原有账户系统，实现原有三个 APP 功能的整合与优化，同时还新增二维码支付功能，支持注册绑定它行卡，新增加视频直播板块。截至 2016 年末，平安口袋银行累计用户数 2 609.68 万户，较年初增长 1 倍。

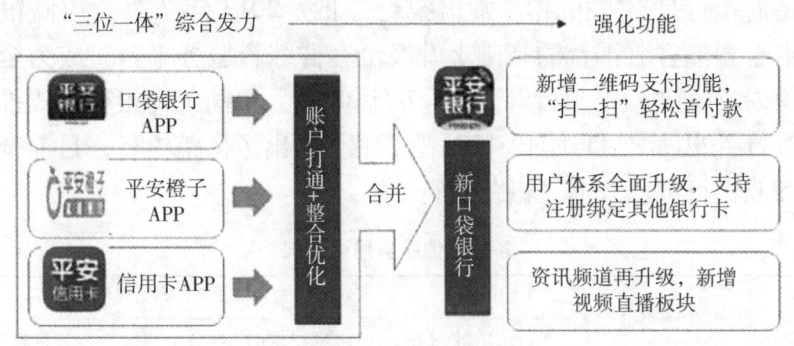

图7 平安口袋银行

平安口袋银行突出的特点：

一是充分利用平安集团综合资源优势，打造一站式综合金融移动服务平台。平安银行充分利用平安集团在客户、产品、渠道、平台等综合资源优势，致力于成为用户的金融管家及生活助手，提供包括理财、融资、信用卡、支付结算及生活服务等功能，为不同类型客群提供一站式、智能化的金融及生活服务，在功能体系整合上已取得明显成效。

二是开放互联网账户注册功能，全面融合直销银行功能。目前，平安口袋银行开放互联网账户注册功能，面向所有客户开放，未来还将接入平安集团内部或其他互联网平台的产品及服务，为用户提供更多选择，构建连通集团内部的互联网生态系统。

四、微信银行

1. 微信银行的产生与发展

微信银行是以微信软件为业务平台、以银行系统为基础提供移动金融服务的瘦客户端应用。微信银行主要有两种形式，一是基于微信公众号/服务号的微信银行，是银行基于微信公众号/服务号建立的金融信息服务平台。客户通过授权绑定银行账户信息，可以获取交易提醒、信息查询、办理金融业务等功能；二是基于微信小程序的微信银行。微信小程序是 2017 年微信系统开发的基于微信系统的瘦客户端程序，具有无须安装，应用简便等特点，并能把客户基本信息保存到智能终端设备上。

招商银行是首家推出"微信银行"的。2013 年 7 月，招商银行在信用卡至智能客服平台的基础上升级全客群综合服务平台，成为全新概念的国内首家"微信银行"；同年 7 月 28 日，中国工商银行正式推出了微信银行；2013 年 11 月 12 日，晋中银行推出了微信银行；目前全国大部分商业银行都已开通了微信银行。

表1　　　　　　　　　　　各行微信服务建设情况

银行	服务类型	功能		
		信用卡服务	借记卡服务	特色服务
工商银行	微信银行	账单/积分查询	账户查询，明细查询，开户行查询	查询金融行情
农业银行	银行客服、信用卡客服并存，未整合	额度/账单/积分查询，优惠信息，申请办卡	—	—
中国银行	微信银行、信用卡客服并存、未整合	额度/账单/积分查询，优惠信息，申请办卡	挂失/解挂，申请贷款	网点查询，查询金融行情

续表

银行	服务类型	功能		
		信用卡服务	借记卡服务	特色服务
建设银行	微信银行	额度/账单查询，快速还款，账单分期，优惠信息，申请办卡	账户查询，理财产品购买	网点查询，生活缴费
交通银行	微信银行	账单/积分查询，快速还款，优惠信息	账户查询，转账支付，理财产品购买，无卡取款	网点查询，查询金融行情
招商银行	微信银行	账单/积分查询，快速还款，账单分期，优惠信息，申请办卡	账户查询，转账汇款，理财产品购买，申请贷款	网点查询及预约，手机充值，生活缴费
浦发银行	微信银行	余额/账单查询，优惠信息	理财产品购买，无卡取款	网点查询及预约，查询金融行情
光大银行	微信银行	余额/账单查询，快速还款，优惠信息	账户查询，明细查询，理财产品购买	网点查询及预约，手机充值，生活缴费
广发银行	微信银行	额度/账单/交易查询，快速还款，申请分期，优惠信息，申请办卡	账户查询，明细查询，理财产品购买	网点查询及预约，生活缴费
中信银行	信用卡客服	余额/账单/积分查询，快速还款，优惠信息，申请办卡	—	—
平安银行	微信银行、信用卡客服并存、未整合	额度/账单查询/积分查询，快捷还款，账单分期，优惠信息申请办卡	账户查询，理财产品购买	网点查询及预约，手机充值，在线客服，每日一乐
民生银行	微信银行（部分功能尚处于建设中）	额度/账单查询，快速还款，办理分期，优惠信息	账户查询，转账支付，理财产品购买，申请贷款	网点查询及预约，生活缴费

2. 微信银行的优势分析

业务功能多样化。目前微信银行业务发展迅速，现可提供除取现之外的几乎全部业务服务。微信银行都提供信用卡功能、理财产品服务功能、信息查询服务功能、业务咨询功能等，很多商业银行还开通了自己的特色功能。例如招商银行微信银行功能主要包括：微信免费账务变动通知、理财日历提醒、无卡取款、一卡通余额查询、信用卡账单查询、朝朝赢、智能客服、为小招点赞、本地特惠、购汇/结汇、办卡/贷款申请等。中信银行信用卡微信公众号提供交易提醒、查账还款、账单分期、服务大厅、积分兑换等功能。中国银行微银行通过微金融、微服务、微生活，建立基于微信系统的移动金融生态系统。

服务方式便捷化。微信客户无须单独安装客户端，只需要关注微信账号或者绑定账号即可。如果客户需要进行一些查询功能或者咨询功能，客户只需要关注微信银行，不需要进行进行身份认证，就可以进行业务咨询或查询功能；如要进行信用卡还款、转账、缴费或者贷款业务，则需要绑定银行卡、进行账号和客户身份认证。

服务模式创新化。随着互联网金融的发展与冲击，微信银行成为商业银行向客户提供创业创新的交互平台。如大多数微信银行都提供智能客户服务。比如招商银行微信银行，不仅向客户提供24小时智能客服，而且将银行卡与微信银行绑定后即可享受微信账务变动通知、理财日历提醒和无卡取款等便捷服务。部分微信银行在智能客服的基础上还提供转人工服务，比如工商银行微信银行提供7×24小时人工咨询服务。从总体上看，招商银行、光大银行、浦发银行和中信银行信用卡的微信平台都形成了自己的业务优势。

降低服务成本。微信银行是基于社交媒体的信息服务主体，其运营成本低廉，对客户而言只需要关注相应的微信公众号即可获取大部分移动金融服务，如智能客服、交易提醒、市场营销。以信用卡业务为例，2012年招商银行信用卡中心客服的人工话务量超过6 000万通，每通电话的成本大约为5元。通过微信银行的智能客服和互动服务能节省大量的费用。各家银行习惯用短信推送优惠活动信息，如果换成通过微信发送，则每年1 000万用户规模的发卡行可节省1 200万元的短信费用。此外，微信银行还可以在很多方面为银行节约成本，如发送电子账单，提供新的低成本办卡、放贷、理财产品销售渠道等。

3. 微信银行的不足

微信银行借助国内用户规模最大的社交程序，主要依托于微信提供的流量端口，为客户提供信息查询和推送服务，本身并没有实体的客户端程序或者仅有客户端系统（微信小程序），由此造成商业银行难以利用自身技术手段提高微信银行使用的安全性，同时也不利于微信功能的开发和拓展。目前，各商业银行的微信银行端所提供的业务还相当有限，主要集中在交易信息提醒、账单推送查询、产品营销与推介、信用卡商城和积分兑换等方面，多数银行还没有把现金业务（存款、贷款、转账等）纳入微信银行系统之中。这也要求商业银行在开发和推广微信银行的同时，还须致力于改良自有手机银行客户端，力争使手机银行客户端的功能体验与微信银行相差无几，以备不虞之需。

其次，虽然微信银行的商业前景广阔，但其前景的实现要依赖于信誉机制是否能够成功建立。现阶段的微信平台管理仍有不完善的地方，在安全机制上仍然存在一定的漏洞，大部分微信银行用户一旦涉及具体的账户交易就表现很谨慎的态度或拒绝使用。

第四节　直销银行

一、直销银行的产生与发展

直销银行（Direct Bank）是指几乎不设立实体业务网点，只通过网上银行、电话银行、ATM、电子邮件、移动终端等渠道，远程实现业务中心与终端客户业务往来的银行。在直销银行的经营模式下，银行的运营成本相对较低，往往能提供更有竞争力的存贷款费率。

互联网直销银行诞生于20世纪90年代末欧美发达国家。近20年的发展过程中，互联网直销银行经受了互联网泡沫、国际金融危机等考验，在加拿大、美国、德国、荷兰、澳大利亚等多个国家已进入成熟阶段，成为金融体系的重要组成部分。

随着互联网金融的产生，余额宝、理财通等互联网理财产品的出现，促使银行业重新审视直销银行业务，应对互联网理财产品在存款和客户分流方面的冲击。2013 年 9 月，北京银行宣布与荷兰 ING 集团合作合作推出直销银行，将采用"线上平台 + 线下门店"相结合的模式。2014 年 2 月，民生银行直销银行上线，成为国内首家正式推出的互联网直销银行。2017 年 1 月，百度与中信银行宣布合作成立百信银行，百信银行将以独立法人的形式开展直销银行业务，利用中信银行的网点优势、金融风控、产品研发、客户经营能力和百度的互联网技术和大数据、流量优势，打造差异化、具有市场竞争力的直销银行。自此，商业银行逐渐掀起了互联网直销银行业务浪潮，众多股份制和城商行的互联网直销银行平台也陆续上线。这些直销银行基本都可提供 7 × 24 小时的全天候服务，支持客户在线开户及办理指定业务。

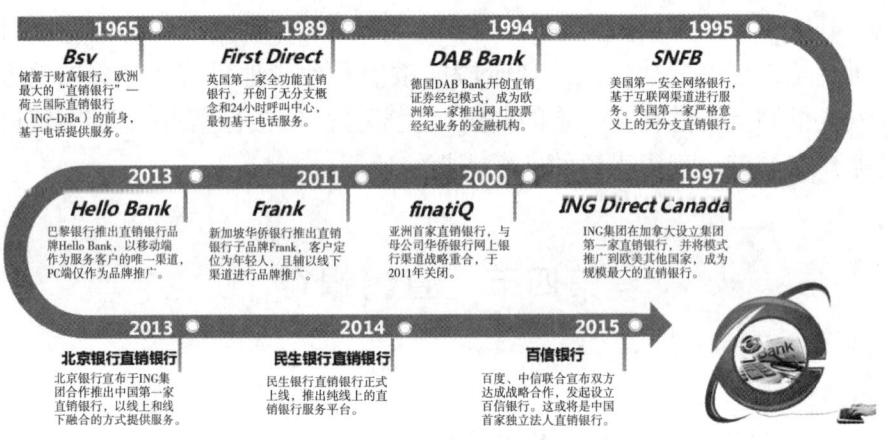

资料来源：易观智库，中国直销银行市场专题研究报告，2016。

图 1　直销银行发展

监管政策的逐步放开，进一步促进了直销银行的发展。2015 年 12 月 25 日，央行正式下发《关于改进个人银行账户服务加强账户管理的通知》，规定银行建立账户分类管理的机制，直销银行属 II 类账户，推动了直销银行理财业务的开展。

表 1 　　　　　　　　　　　　　　　　银行账户分类体系

账户类型	开户方法	渠道			限制
		柜台	自助设备	电子渠道	
Ⅰ	要求由银行工作人员对申请人身份信息进行现场核验	Y	Y	N	全功能银行结算账户
Ⅱ	如通过电子渠道开立，账户必须与申请人持有的 Ⅰ 类账户绑定	Y	Y	Y	可进行存款、理财投资、限定金额消费和缴费支付（每日消费和缴费限额 1 万元）
Ⅲ	账户应通过申请人持有的 Ⅰ 类账户转账激活	Y	Y	Y	只支持限定金额 的消费和缴费服务（不超过 1 千元）

资料来源：根据《中国人民银行关于改进个人银行账户服务　加强账户管理的通知》整理。

二、互联网直销银行的特征比较

1. 不设立实体营业网点

互联网直销银行与传统商业银行在经营特征上存在较大的差异。互联网直销银行具有不依赖实体网点的线上经营特征，使单位产出更高，综合成本更低，可更大限度让利于客户。直销银行可以通过提高存款利率来吸引储户，通过降低贷款利率来降低融资成本。

表 2 　　　　　　　互联网直销银行与传统银行在经营特征的比较

	互联网直销银行	传统银行
空间上	基本不设线下网点，互联网远程服务，无地域限制	线下铺设营业网点，有地域限制
时间上	可全天候、不间断提供服务	受营业时间限制
沟通方式	互联网和其他电子介质	面对面、业务受理单等
系统支持	网络信息平台	柜台交易系统
人员安排	后台人员、授权中心和营销经理组成	需要实体网点和柜台人员

2. 业务轻资产重理财

在具体业务层面，互联网直销银行在获客方式与业务模式上和传统银行存在较大差异。近几年，我国银行业受存贷息差收窄、互联网应用场景接入与线下客户分流的冲击，互联网直销银行开始起步，目前还处于初期发展阶段，业务模式与盈利模式尚未成熟。我国互联网直销银行以负债业务、资产管理和产品代销为主，特别是在银行理财产品方面，往往采用高定价策略，在资金运用上主要通过同业业务或购买其他金融机构产品，或者内部定价转让给其他金融机构或总行等方式。

表3　　　　　　　　　　互联网直销银行与传统银行在业务层面的比较

	互联网直销银行	传统银行
获客方式	应用场景倒入 + 原传统银行线上渠道客户导入	线下客户营销
业务模式特征	轻资产、重同业，向海量客户推广标准化产品；当前主推负债业务，仅部分有具体场景接入或线上客户大数据的互联网直销银行开展了贷款类资产业务，尚未形成统一成熟的盈利模式	存款、贷款、外汇及其他表外业务，以息差和服务费为主要盈利模式

与传统银行的线上渠道——网上银行相比，互联网直销银行在组织框架、成本效率以及业务功能方面也存在一定的差异。互联网直销银行实行完全的互联网运作方式，不依赖于实体网点，具有相对或绝对的独立性，所有服务和产品都是通过客服电话和互联网方式来完成，只需要客户在网上注册电子账户即可进行后续操作，电子账户是真正的虚拟账户。网上银行的业务较直销银行的范围更广泛，除都能购买理财外，网上银行还可以提供转账、支付以及缴费服务等，而大多数互联网直销银行并不支持支付缴费功能。

表4　　　　　　　　　　互联网直销银行与网上银行的比较

	互联网直销银行	网上银行
组织框架	具有相对或绝对独立运营资格的组织	金融业务的互联网办理渠道
效率成本	所有服务和产品都是通过客服电话和互联网方式来完成。客户只需要在网上注册电子账户即可进行后续操作。	传统存贷业务在空间上的拓展，需要办理银行卡并开通网银服务，才能进行后续操作。
功能方面	主要从事投资理财、货币基金和存款业务	提供转账、支付以及缴费服务等

三、国外直销银行的主要模式

1. 纯粹的网络银行

以美国安全第一网络银行（SFNB）为代表，该银行是全球第一家纯网络银行，开业之初，只雇用了 15 名员工，为 12 000 个互联网用户提供几乎全部的金融服务。在完成对 Newark 银行和费城 FirstFidelity 银行的兼并后，SFNB 成为美国第六大银行，资产达 1 260 亿美元。随着电子商务低谷的到来，1998 年 SFNB 因巨额亏损被加拿大皇家银行收购，成为 RBC 的一个有机组成部分。

除 SFNB 外，其他尚在运营的纯粹的网络银行还有 Simple、SmartyPig等。它们通常由互联网公司和互联网从业者创立，有的持有独立的银行牌照，有的则是与传统银行合作，并以传统银行为资金托管方。纯粹的网络银行建立之初，业务模式和用户体验更贴近互联网用户习惯，更能吸引年轻的个人用户，但由于完全缺乏母银行的品牌、安全基因，在商业模式、信息安全和客户服务方面，纯粹的网络银行面临更大的挑战，对所在国网络用户普及率和监管政策依赖度较高。

2. 作为子品牌的直销银行

依靠母公司集团，针对独立的客户群，建立独立的子公司和子品牌，通过电子渠道进行直接销售，这是目前欧洲国家比较多的直销银行模式。作为子品牌的直销银行，不是完全独立的组织架构，基本上是前台独立，中后台与母银行共享。依托母银行集团的品牌影响、企业信誉、资金实力和后台支持发展，并在北欧、德国等互联网渗透率高、市场集中度低的国家成为主流。

如德意志银行集团下除德意志银行外，还有 Postbank 和 Norisbank 两个独立的银行品牌。其中 Postbank 中低端客户居多，大量依靠邮储的网点开展银行业务；Norisbank 则是德意志银行集团的直销银行品牌，瞄准数字精英，有过网点但已经关闭。与此类似的还有由西班牙 Santander 集团全资控股的 Openbank，成立于 1985 年，是西班牙的第一家直销银行，定位为客户的主办银行、母银行的创新试验田；Unicredit 全资控股的Fineco银行，是意大利第二大直销银行，客户数量在 INGDirect 之后。

3. 作为事业部的直销银行

以汇丰 Direct 为代表。2005 年，汇丰银行在美国面临重大挑战：一是网点少，仅在纽约和南加州有网点分布；二是资产业务庞大，而存款规模发展滞后，影响资金供给。因此，汇丰银行计划在 2010 年前新增 500 亿美元存款，其中 250 亿需来自互联网金融。汇丰银行成立 Direct 直销银行，作为客户的附属增值账户，关注能带来存款额的客户，强调模式创新和低成本。汇丰 Direct 仅是汇丰集团的事业部，主要关注存款指标，通过集团内部转移定价确认汇丰 Direct 的盈利水平。

4. 案例：国外直销银行 ING Direct

ING Direct 最初是由荷兰国际集团于 1997 年在加拿大首先设立，在获得成功后迅速将其商业模式复制到美国、西班牙、法国、德国、英国等多个国家。2008 年国际金融危机之后，ING Direct 分别出售了其在北美和英国等地区的业务，专注欧洲业务发展。2015 年，荷兰国际集团已在超过 40 个国家开展业务，主要集中在欧洲，北美，南美，中东，亚洲及澳大利亚。服务客户数达到 3 400 万人，数字业务渠道占比约 90%，存款总额达到 250 亿欧元，净利润 46.6 亿元欧元。

ING Direct 提供的产品结构非常简单而且易于理解。最初，银行的主要产品只有储蓄存款账户和房地产抵押贷款业务以及几种简单的共同基金，而到现在增加的产品也很有限，但这也大大降低了 ING Direct 的运营和管理成本。ING Direct 服务费用多数是免费的，通过以低廉的价格出售简单的金融产品，低成本为客户提供便捷、公平的金融服务，受到了众多用户的青睐。

ING DIRECT 盈利模式并不是欧美银行主流的非利差收入，它主要的盈利来源于利差收入。它采取的是"高买低卖"的方式，即以高利率吸纳存款，而以低利率发放贷款，通过网络和申话服务客户，因此有较低的获客成本和管理成本，低成本使其可以承担相对较低的利差，而积极的返利策略也极大地获得了更多客户的支持。

表 5　　　　ING Direct 的储蓄业务利率具有很大的竞争优势

期限	3 < 4 个月	6 < 7 个月	12 < 24 个月	24 < 36 个月	36 < 48 个月	备注
ING Direct 澳大利亚	2.70%	2.30%	3.00%	3.20%	—	持有到期获得 0.1% 的额外利息
西太平洋银行	2.15%	2.20%	2.25%	2.45%	2.45%	

四、中国直销银行的发展现状

1. 直销银行发展迅速

据统计，截至 2016 年末国内共开通直销银行 113 家，参与主体多为股份制商业银行、农村和城市商业银行，其中农商行/农信社直销银行 68 家，城市商业银行直销银行 30 家，股份制银行直销银行 11 家，其他直销银行 4 家。

我国直销银行尽管数量多，但在实际运营中存在的问题也较多，主要表现在：一是资产规模小，据艾瑞统计测算，2016 年底全国直销银行资产规模仅为 6 300 亿元，占我国银行业金融机构总资产规模的比重只有 0.2%。二是管理体制约束，国内直销银行基本采取在总行设置一级或二级部门的形式经营，缺乏独立法人体制，相当一部分仍是电子银行部门的一个附属部门，多数直销银行没有自己的研发团队。三是监管约束，央行 302 文件规定目前线上只能开立二类账户，资金只能与绑定的银行卡之间进行划转，大大限制了直销银行的功能开发。因此，目前将直销银行作为重点业务领域的并不太多。对此，Analysys 易观智库分析认为：从目前来看，并非所有的城商行、农商行在现阶段都适合开展直销银行，一些规模较小的商业银行在品牌建设、产品研发和风险控制能力有限的情况下不应过早涉及直销银行。

2. 中国直销银行服务趋同

从各家直销银行推出的主要业务来看，60% 以上的直销银行推出了货币基金、银行理财及存款产品，其中货币基金产品甚至达到 81%，其次是贷款、转账、缴费及贵金属业务，少数直销银行还推出了保险及信用卡业务。而作为融资平台使用的直销银行也有不少，21% 的直销银行推出了网络投融资服务。中国直销银行逐渐成为银行理财业务拓展的重要渠道，而在其他服务匹配上还是较依赖于银行机构本身，在服务体系设计和搭建上仍将直销银行作为渠道的一种拓展而存在。

3. 在渠道推广上采取 PC 端、移动端并重的策略

从国内直销银行的渠道选择上，数据显示在移动端的偏多，但与 PC 端的差距并不明显，且多数直销银行采用了 PC 端和移动端并重的策

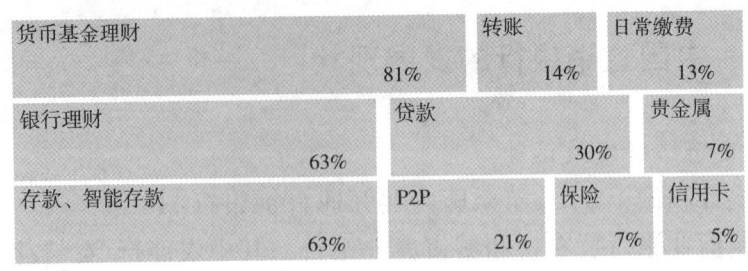

图 2　直销银行服务方式

略，双渠道推出的直销银行占比达 65.9%。通过对比发展，不少仅存在 PC 端的直销银行在产品配置、营销推广等方面均默默无闻，与全渠道的直销银行存在较大差距。

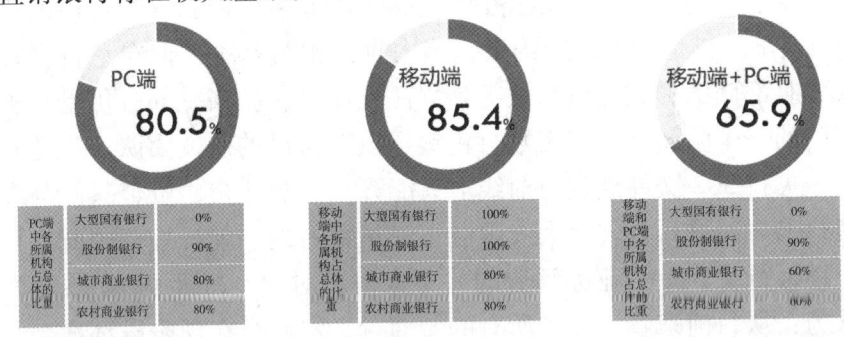

资料来源：易观智库。

图 3　直销银行推广渠道

4. 国内直销银行创新概念大于实质

从目前来看，国内直销银行的数量虽获得较大的增长，但在实质方面无大的进展，在产品特色与竞争、能否独立运营、市场定位以及监管政策突破方面都有待进一步的改善。而在当前互联网金融时代下，商业银行积极开展直销银行更多是为了了解和尝试这种有别于传统金融理念的服务模式，以便在市场竞争中获得先发及客户认可优势。

5. 案例：民生银行直销银行

民生银行直销银行（以下简称民生直销银行）于 2014 年 2 月 28 日在国内正式上线，其通过宇银行理念、互联网思维独立运作，为海量互联网用户提供普惠金融服务。在业务模式、产品、服务、渠道、系统和营销等方面，民主直销银行均作出了全新的尝试。

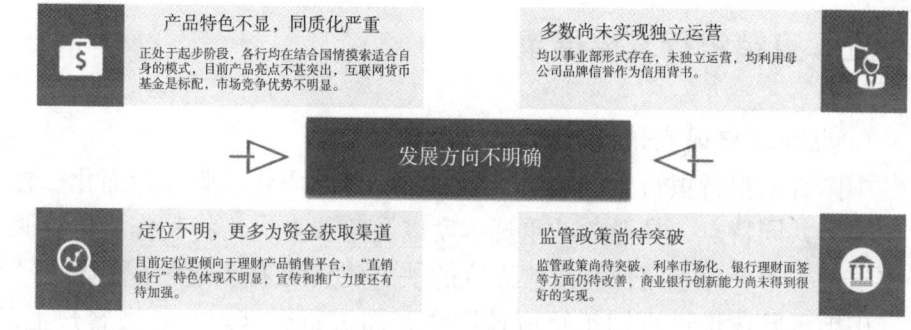

图4 直销银行存在问题

截至 2015 年 12 月底，民生直销银行金融资产近 400 亿元，客户数超过 300 万户。民生直销银行主要通过互联网渠道拓展客户。在客户拓展上，民生直销银行精准定位"忙、潮、精"的客户群；产品设计上突出简单、实惠；渠道建设上充分享重互联网用户习惯，提供操作便捷的网站、手机银行等多渠道互联网金融服务。

民生银行直销银行在设计过程中也加大了对于传统服务方式的改善，通过构建较为独立的组织架构、更强的账户兼容性、广泛的第三方合作、多渠道的服务体系以及收益更高、服务价格更优惠的产品，来支撑其自身服务体系的完善。

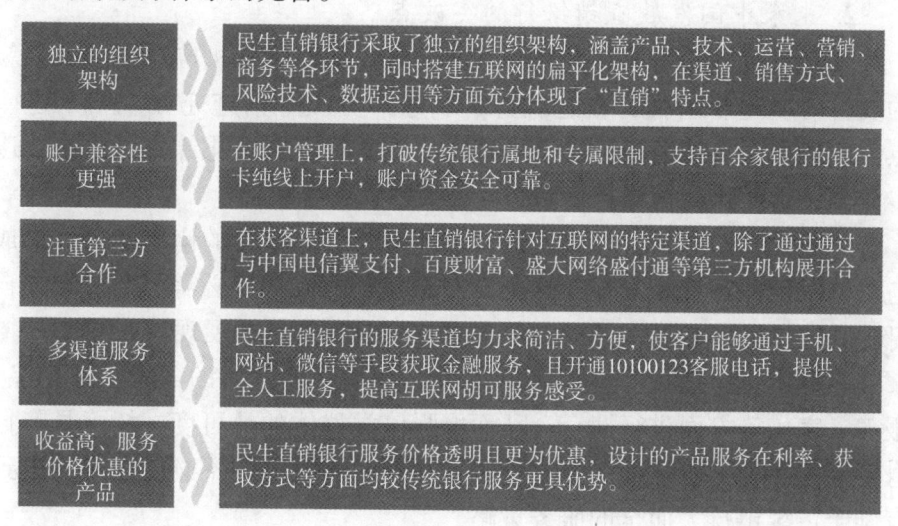

资料来源：易观智库，中国直销银行市场专题研究报告，2016。

图5 民生直销银行特点

五、直销银行发展展望

1. 现阶段中国直销银行的发展思路

中国直销银行银行发展较快，但存在业务同质化、服务片面化、独立性弱等共同特点，在业务的重规程度以及定位上，均将其作为传统服务渠道的一个补充，定位与重规力度的缺失使其尚未具有竞争优势。

中国现阶段推进直销银行应该四个方面进行突破。一是在客户上，处理好现有客户和直销银行目标客户之间的关系，划分直销银行的客户群体，争取在内部竞合中获得有利地位，吸引他行的资金、业务服务部分转移到本行直销银行。二是在产品上，处理好现有产品与直销银行产品的关系，直销银行的产品在于"精"，简单实惠，凸显便捷化服务体验，在收益上也同样需要体现出与传统银行产品的竞争力所在。三是在渠道上，处理好现有线上渠道与直销银行渠道的关系，直销银行应建立自身的独立品牌，并进行有效的战略品牌推广，打消客户对于模式和安全性的疑虑。四是在创新上，推进金融服务产品创新，完善直销银行产品体系，实现市场需求与先进模式的有效结合，体现模式优势、打造更加简单、适用的产品服务体系。

2. 未来中国发展直销银行的突破点

监管政策进一步放开。互联网金融时代下，监管机构对于金融创新的支持力度逐步增强，在远程开户、账户分级等措施充分说明了这一点，而现在影响直销银行发展的理财面签、利率市场化等方面也将会逐步放开，进而将直销银行优势进一步发挥。

业务独立性增强。独立的运营才能摆脱母体银行的诸多掣肘，形成与母体银行并行且相互补充的局面，未来直销银行势必需要通过增强自身独立性，以事业部、子公司等方式实现自身价值的展现。

客群定位更细化。根据客群定位，针对该类群体的需求，在产品、服务、宣传等方面进行迎合，从而增强该类群体的认可度，树立具有自身特点的品牌，也从而降低直销银行在产品、服务中不必要成本，做到有别于传统银行大而全的服务策略。

第五节 零售银行

一、零售银行概述

1. 零售银行概念

零售银行（Retail Banking）是指主要向消费者和小企业提供服务的银行。零售银行业务是指商业银行运用现代经营理念，依托高科技手段，向个人、家庭和中小企业提供的综合性、一体化的金融服务，包括存取款、贷款、结算、汇兑、投资理财等业务。

零售银行业务不是某一项业务的简称，而是许多业务的总称。它有着广泛的业务领域，既可以是传统银行业务，也可以是新业务；既可以是资产业务，也可以是负债业务，中间业务，还可以是网上银行业务等等。负债业务来看，主要有：个人支票账户，活期存款，定期存款，储蓄存款，信用卡存款，金融债券，大额可转让定期存单；从资产业务看，主要有：消费信贷，信用卡融资或透支等；从中间业务看，主要有：个人汇兑结算、个人信托、个人租赁、个人保管箱、个人票据托收、代理支付、个人咨询及理财业务、个人外汇买卖及外币兑换业务等。

零售银行业务相对批发银行业务而言，其主要特征是：客户对象主要是个人客户，交易零星分散，交易金额较小。由此也可以看出，零售银行有费用成本较高、客户流动性较强，但贷款风险极低的特点。在利率市场化、存贷利差空间不断收缩的背景下，零售银行正逐渐成为商业银行新的利润增长点。

2. 零售银行的产生与发展

零售银行业务伴随着银行的产生而产生，但零售银行的概念直到20世纪80年代前后才逐步兴起。受经济增长放缓，主要资本主义国商业银行批发业务受到前所未有的挑战，传统金融制度缺陷逐渐暴露，迫使西方国家进行以"自由"为特征的金融改革，面向私人开办的零售银行业务得到较快发展。

花旗银行在个人银行业务方面独具创意。1977年，花旗银行设立花旗卡业务中心，通过便携而多功能的ATM和花旗卡，一举改变了美国消费者银行业务的面貌；进入20世纪80年代，花旗银行更注重发展个人银行业务，将客户的私人计算机与其系统相连，为客户办理"直接银行业务"；进入90年代后，花旗银行通过电子银行业务、信用卡业务和私人银行业务，为全球客户提供所需服务。

据欧美等国的统计资料显示，20世纪90年代零售业务在商行业务中比重与日俱增，逐渐成为许多商行的主要赢利来源。如1994年花旗银行34亿美元的总收入中，消费者业务就占18亿美元；美洲银行1996年个人银行业务的净收入为13.05亿美元；加拿大皇家银行为私人客户的财富管理业务，1998年股本回报率高达48.3%，1997年达49.7%。

稳定而回报丰厚的市场推动了西方国家零售金融业务快速发展，零售银行的发展也出现了新的变化趋势，主要表现在：一是零售银行的业务模式由分支机构转向以电子化为主的多渠道服务方式。二是以"客户中心型"的私人业务部门纷纷成立，如美国的美洲银行、花旗银行，英国的国民西敏银行、标准渣打银行，德国的德累斯登银行等都纷纷成立个人银行义务部门，集中办理私人客户的金融服务。三是零售银行业务重点由资产业务转向中间业务，从消费信贷扩大到代理收付、结算、担保、投资管理、个人理财、咨询等广泛内容。四是零售银行金融产品日益丰富和个性化，如英国的国民西敏银行推出"从摇篮到坟墓"的"一站式"服务，针对客户人生不同阶段和重要问题诸如婚丧嫁娶、教育、健康医疗保险、搬家、财产投资管理、旅游、退休计划管理等提供"一站式"全面金融服务。

3. 零售银行的业务模式

近年来，在发达国家的零售银行市场中主要呈现出三种新兴经营策略，这些新兴的经营模式特点鲜明，以不同层次的客户群为对象，对国内零售银行的发展具有较强的参考价值。

（1）财务顾问模式

这种模式主要是针对高净值客户，为高价值客户提供多层次的金融服务，如养老金建议、财务优化、风险管理、资产评估等，通过升级服务价值来加强客户关系，最终创造更多的资金流入和资产。HSBC 是这种模式的典型案例，该银行向高潜力客户提供量身定做的财务咨询服务。

（2）社区银行模式

"社区金融"是指社区公众及其组织所产生的一切金融（银行、证券、保险）需求以及金融机构满足其需求的一切活动。这种模式是向具体的社区提供专业服务，通过市场营销实现合理布局，因而能够最接近于客户的个人偏好，满足客户对于品牌的忠诚度以及强烈的归属感。以美国银行为例，其社区银行强调在特定社区范围内提供针对客户的个性化金融服务，与客户保持长期业务关系，以其独特的服务和灵活的收费满足了"金融真空"的金融服务需求，成功抵御风险，赢得了巨大收益。

（3）折扣银行模式

折扣银行模式主要是以较低的价格提供金融产品和服务，以此提高市场竞争能力。很多客户在购买银行产品和服务上，往往会通过比对价格，来决定向哪些银行购买，折扣银行模式就是在保证安全性和质量的同时最低节约客户成本，以市场最低价格来吸引客户。

（4）间接销售模式

间接销售模式是通过网络简便快捷地获得在线服务。越来越多的电商平台开始延伸自己的服务，利用自己的客户优势和流量优势，销售零售银行提供给他们的各类金融服务产品。零售银行可以利用这一业务线，在增加的业务量同时增加交叉销售产品的机会。这种模式下，零售银行将自己定位成单纯的金融产品生产者，而不再参与由渠道商控制的终端客户关系。

4. 零售银行发展趋势

一是场景化批量获客模式，帮助零售银行实现客户的规模化增长。互联网的发展和智能移动终端的普及把客户行为从线下转变为线上与线下并重，在平台和场景中获取金融服务已经成为主流。未来的零售业务必须与各类社会生产、生活场景整合，通过线上平台与各大电商平台、社会资源平台对接，批量获取并经营客户，实现超常规发展。

二是利用智能化、精细化的大数据技术，带来新的客户深度经营和风险控制。银行业正通过数字化和金融科技打造全新客户体验银行，开展重组变革实现精益增长，搭建全新能力平台，大力提高数字化业务能力和客户体验。比如区块链技术的去中介化属性可以推动银行的底层技术革新，实现高速资产认证转移；大数据与高级分析可以帮助银行精准判断客户需求类型，提高销售服务效率，深挖客户价值；云技术可以为银行的财务和运营管理降本提效；人脸识别等新兴技术也允许银行开通远程开户功能。

总而言之，当前集约化、智能化、数字化成为零售银行新趋势，国内银行业需要系统思考如何推动零售银行业务的经营转型和服务创新，把握市场契机，全面发挥零售业务潜力，提高盈利能力，实现更快发展。

二、国内零售银行业务的发展

1. 零售银行发展阶段

我国零售银行的发展大致分为四个阶段：

起步阶段（V1.0，1995 年之前），零售银行客户的业务需求相对简单，提供围绕网点的存、贷、汇业务，服务同质化程度高，银行主要通过扩张网点覆盖获取客源，在经济高速增长中占得先机。零售银行在这一阶段依靠 ATM、电话银行等简单产品打造电子银行。

高速成长阶段（V2.0，1995—2007 年），零售银行业务伴随着网络银行、在线财富管理、数字化信用卡的出现，进入了高速成长阶段，客户对产品和服务的多样化需求提高，银行在竞争中不断推出差异化产品和服务。

移动银行阶段（V3.0，2007—2015 年），零售银行开始逐渐形成基于全功能智能手机金融应用、移动支付和移动终端的移动银行时代，这一期间银行增速放缓，逐步走向"新常态"，银行间的竞争日趋白热化。

智能零售银行（V4.0，2016 年开始），伴随利率市场化、对公不良信贷激增和互联网金融的崛起，零售银行正在全面迈入由全渠道银行、智能投顾、区块链、大数据和物联网为基础的数字化银行。传统银行网点的功能遭到进一步削弱或转型，竞争的核心逐渐转向如何满足客户便捷性需求，提高用户体验。

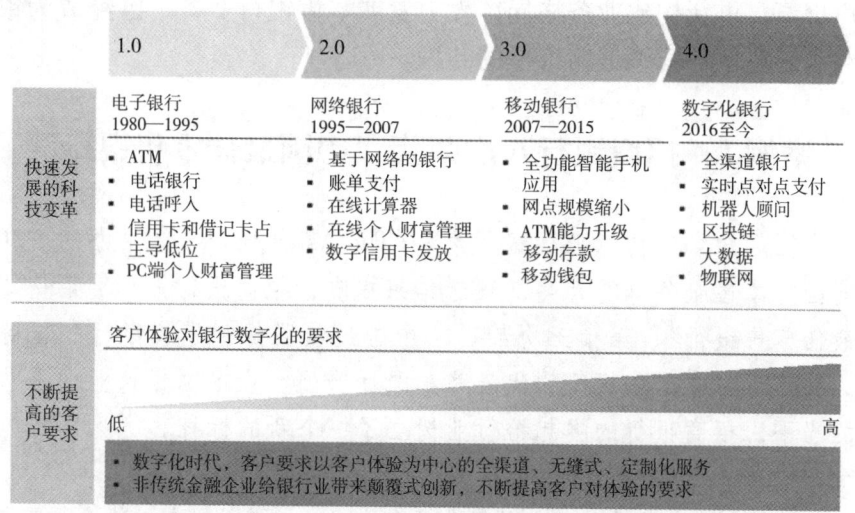

资料来源：麦肯锡中国，集约化智能化跨越式发展零售银行之路，2017.7。

图1 零售银行发展阶段

2. 商业银行的零售业务转型

早在2001年中国加入世界贸易组织时，国内银行业普遍认为未来的中外银行竞争将首先在零售银行和私人理财领域展开。进入2006年，中国的银行业纷纷明确把零售银行作为主要战略方向，工行提出打造"中国第一零售银行"，农行把零售作为战略转型的重点，中银牵手苏格兰皇家银行主攻私人银行和理财业务，建行以加强中小企业贷款为契机，加大向零售银行转型的力度……零售银行战略地位凸显，并且如雨后春笋般迅速的发展壮大起来，在银行业务里的比重越来越大。

2017年前三季度，全国小微企业贷款规模达到23.5万亿元，占企业贷款的32.4%，同比增长17.8%，远高于同期大中型企业贷款增速。个人消费信贷余额30.2万亿元，同比增长29.%，个人经营性贷款余额8.9万亿元，同比增长6.5%。

零售银行在银行内的收入贡献日益提高。自2009年起，零售银行收入以每年23%的速度递增，预计到2020年，整体规模将达到3.2万亿元人民币，成为仅次于美国的全球第二大零售银行市场。以招商银行、平安银行为代表的中国领先银行纷纷构建"大零售"战略发展格局，由产品导向转型为客户导向，拥抱数字化及金融科技的潮流。挖掘客户价值，重新构建业务格局，大力发展零售银行业务，已经成为银行业对未来竞争环境下战略选择的共识。

案例1：招商银行八次荣获"中国最佳零售银行"

由国际知名机构《亚洲银行家》（The Asian Banker）主办的"2017年度国际零售服务卓越大奖"评选结果揭晓，招商银行第八次荣获"中国最佳零售银行"、第十三次荣获"中国最佳股份制零售银行"国际大奖，并作为中国零售银行的代表跻身国际前列。在中国银行业向零售转型的当下，招商银行的崛起给行业树立了一个新的标杆。

1. 二次转型打造零售平台

打造持久竞争优势，建立差异化业务模式，培养关键基础能力是零售银行转型的必由之路。2004年招商银行开启"一次转型"，大力发展零售业务；2010年招商银行开始推进以提升管理水平为核心的"二次转型"；2014年招商银行明确提出"一体两翼"的发展格局，作为"一体"的零售业务，一直是招行的特长：客户获取能力、客户价值挖掘能力、低成本运营能力、精准的风险定价能力和优越的服务体验，是招行能够不断强化零售业务差异化的核心竞争力。

坚持"服务至上"原则，积极创新服务模式。在金融业互联网时代，招商银行敏锐地将"大力推动客群稳健增长，夯实业务发展基础"作为发展重点，多管齐下加强基础客群拓展，优化流程打造多元化中高端获客体系，通过智能数据的使用来提升客户关系管理水平，为其零售业务的发展奠定了坚实的基础。

在专业化领域，招商银行推出了多种差异化、专业化的产品，满足不同层次的客户需求。在信用卡领域也强化产品创新，扩充汽车分期总对总合作品牌，上线掌上分期等新产品，为区域重资产经营注入新动力。

在移动端，招商银行更是将创新做到了极致，构造出全面的投融资平台。招商银行强化了"智慧"逻辑，其APP 5.0创新推出摩羯智投、收支记录、收益报告和生物识别四大金融科技功能，完成121项重大优化，开创了银行业"线上＋线下"、"人＋机器"的融合服务新模式，构建完整的售前、售中、售后金融服务链条，开启智能理财新时代。

2. 零售银行价值凸显

零售客户数量位列股份行第一。作为国内最具零售基因的商业银行之一，招商银行积累起庞大的零售客户，截至 2016 年 6 月末达到 7 231 万户，在股份行中位列第一位。

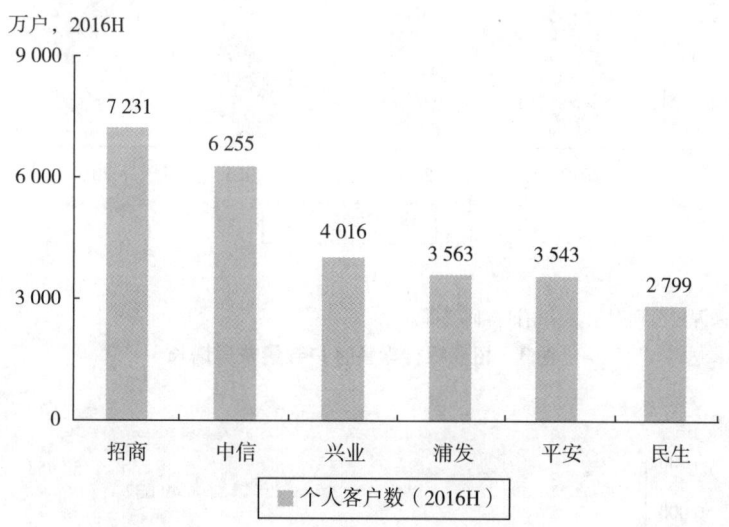

资料来源：公司财报，中信证券研究部。

图 2 招商银行零售客户数领先股价行

零售客户质量优异：金葵花及以上 AUM 占比达 79.28%。公司 5.17 万亿元的零售 AUM 中大部分来自金葵花及以上的高端客户，其中金葵花客户占比 51.76%（户均 AUM153 万）、私人银行客户占比 27.52%（户均 AUM2639 万）。

资产端：积极扩张零售贷款业务。近几年公司零售贷款规模保持快速增长（2011—2015 年 CAGR 为 19.8%），增速远高于贷款总额（CAGR 为 14.6%）。其中住房按揭、信用卡以及消费金融是主要投向，如信用卡贷款余额到 2016 年 6 月末已达 3 406 亿元，仅次于工行和建行，位列行业第三。

零售业务定价能力强（尤其是存款端），存贷款利差领先同业银行。

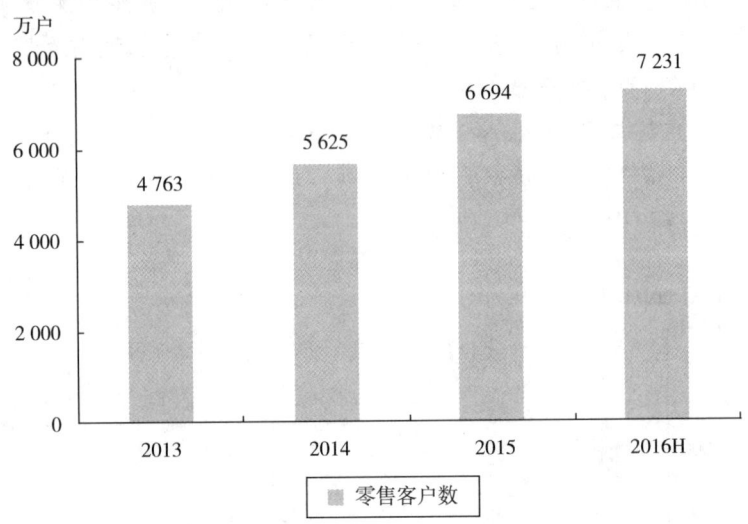

资料来源：公司财报，中信证券研究部。

图3 招商银行零售客户数量快速增长

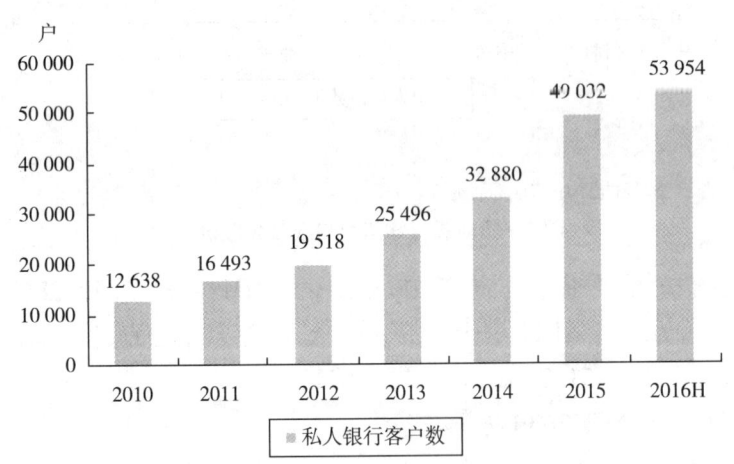

资料来源：公司财报，中信证券研究部。

图4 招商银行私人银行客户数

2016年上半年招行零售贷款收益率6.28%，与同行业相比处于较高水平（可比银行平均5.62%）。而零售存款的成本优势则更为明显，平均付息率仅为0.96%，行业最低（可比银行平均1.89%）。因此公司零售

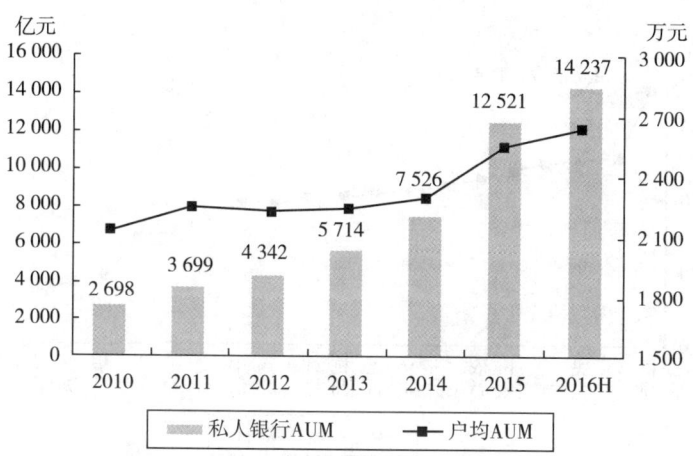

资料来源：公司财报，中信证券研究部。

图 5 招商银行私人银行 AUM

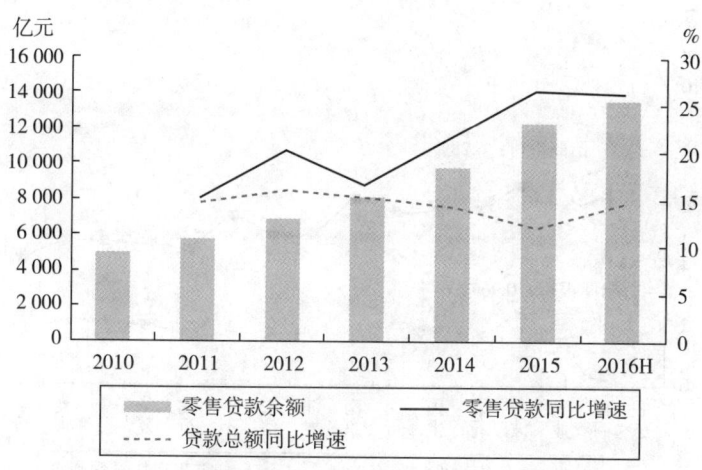

资料来源：公司财报，中信证券研究部。

图 6 招商银行零倍贷款快速增长

业务的存贷利差达到 5.32%，仅次于平安银行（7.68%，行业平均 3.72%）。零售业务对利息净收入贡献度行业最高。近几年招行零售业务在利息净收入中的占比持续上升，2016 年上半年达到 49.29%，远高于可比银行。

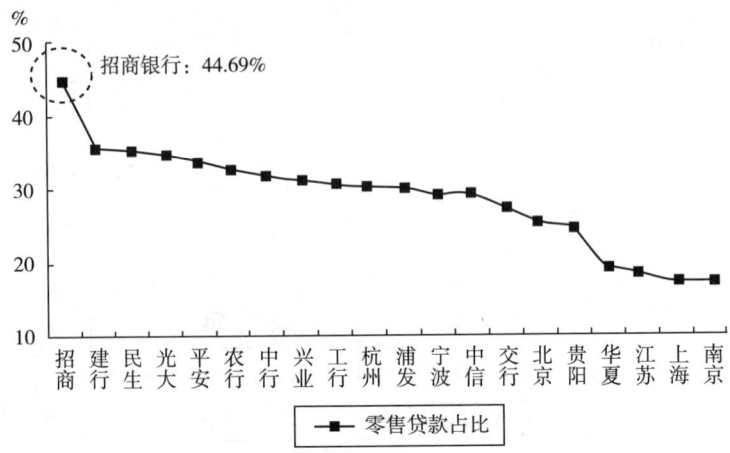

资料来源：公司财报，中信证券研究部。

图7　招商银行零倍贷款占比行业最高

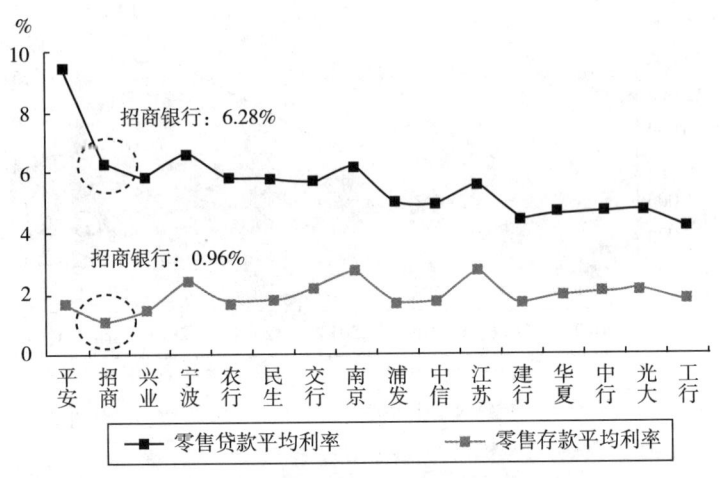

注：江苏、贵阳和上海银行为2015年数据，其余均为2016H数据。

资料来源：公司财报，中信证券研究部。

图8　招行零售存贷款利率

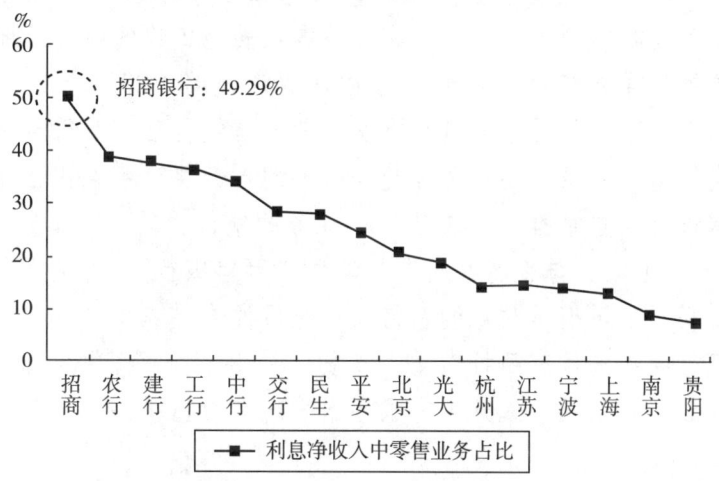

注：江苏、贵阳和上海银行为2015年数据，其余均为2016H数据。
资料来源：公司财报，中信证券研究部。

图9 招行零售对利息净收入贡献度领先同行

案例2：中信银行零售战略二次转型

2014年7月，中信银行重新审视市场环境、客户需求和自身发展，正式启动了零售战略二次转型，全力布局"大零售"。中信银行零售战略二次转型涵盖零售业务六个主要方面：一是全面落实网点硬件转型。统一网点标准管理，优化网点布局，突出小型化、智能化、多业态，实现客户分层、功能分区、产品分销、业务分流的"四分理念"。二是大力推进网点软件转型。通过组建内训师队伍，实现服务标准、客户营销、流程制度及零售文化导入，建立标准化获取客户流程和服务体系，提升网点产能。三是开展综合经营服务。统一开展"中信红"综合营销活动，完善客户分层经营，打造私人银行业务差异化经营体系。四是强化绩效引导。建立大零售投入产出分析体系，全部实现网点零售绩效积分管理，提升资源配置效率。五是加强基础管理，打造零售团队文化。加强队伍培训，厘清总分值各级岗位职责。加快产品创新，优化产品服务流程。六是加强电子银行渠道建设。实现线上线下业务整合，提高零售产品上线率，重点发展直销银行，智慧社区 O2O 建设。中信银行还为此成立了战略转型办公室，切实保障各项转型工作的顺利落地。

中信银行在零售银行不断实施创新驱动战略。2016 年，中信银行与美国国土安全局签署了 EVUS 协议，是中信银行独家获得赴美签证代缴费、代传递和护照返还业务等赴美服务的再升级。而在出国金融业务上，中信银行是首家推出"全球签"业务的银行，其签证业务已扩展到全球 70 多个国家。与百度共同发起设立"百信银行"，开创了传统金融机构和互联网公司携手共赢的新格局；先后发布"信 e 付"、"云闪付"等电子银行创新支付产品打造"房抵贷"、"公积金网贷"、"信用 C 贷"等创新产品，使之成为提升客户服务水平的有力抓手，同业竞争优势逐渐显现。

截至 2016 年末，中信银行零售中高端客户（日均管理资产 50 万以上）50.47 万户，比上年末增长 20.51%；私人银行客户（日均管理资产 600 万以上）2.16 万户，比上年末增长 31.35%，中信银行零售业务个人贷款业务实现突破性增长，全年增速达 43.9%。

3. 零售银行发展中存在的问题

当前，与国外相比，我国零售银行发展中存在的主要问题，一是成本高、投资大、见效慢。国内零售银行业务目前主要依赖线下网点和人力，有些理财经理需要同时服务上千名客户，缺少集约式客户发展模式，造成银行零售业务的成本收入比往往高达 60%～80%。二是风控分散在不同层级，造成系统管理不到位，导致理财、线上贷款等业务的操作风险管理存在疏漏，特别是线下理财还受到个别理财经理"飞单"[①]的风险。三是客户稳定性不高。据麦肯锡分析，国内银行新客户中平均三分之一开户后未发生任何业务，一个月内流失平均 15%，6 个月后留存率不到一半。同时大多数银行的存量客户每个月降级或流失约 4%，大约两年的时间就会经历一次客户的全部轮换。如何用专业化、数字化的全面销售管理方式经营客户、降低客户流失率，是国内银行需要思考

---

① "飞单"简单来说就是销售业务员拿到订单后，不将订单交由自己公司做，却将订单放在别的公司做。银行的"飞单"简单说，就是银行工作人员利用投资者对银行的信任，卖不属于银行自己的理财产品，从中获得高额的佣金提成。对于客户来说，资金失去了银行严格风控的保护就很容易"打水漂"。

的重要问题之一。四是互联网金融蚕食零售市场，国内互联网金融用户人数超过 5 亿，在理财、贷款、支付等业务正不断蚕食传统银行业务。

三、推动零售银行跨越式发展的战略选择

1. 智能化大数据应用

智能化大数据应用是零售银行在未来十年制胜的核心能力。

一是沿客户生命周期诊断分析，找到价值提升关键点。麦肯锡围绕银行整体、获客、既有客户、流失客户、产品、渠道等六大方面进行了分析，零售银行收入变动主要来自既有客户的价值迁移，而新客户在当期的贡献较低。通过增加客户的产品持有数，充分挖掘存量客户，银行能够大幅提升客户价值和价值增长率。

二是聚焦收入增长，通过大数据精准营销大幅提升收入。大数据的应用能够在多个方面提升零售业务——对外销售及收入提升、内部风险控制、管理决策和改善营运效率等方面都存在应用案例。国内零售银行应该首先聚焦提升收入，开发首批大数据精准营销分析用例，通过针对性的客户筛选、产品和营销方案以及渠道等设计大幅提高收入。

三是打造大数据营销闭环体系，保障落地实施。零售银行要建立强大的大数据精准营销能力，需要设计一条环环相扣的闭环通路，确保落地实施。在前端收集客户信息、规划用例分析、建立模型、获得客户洞见；根据结果匹配所需产品、服务和营销方案（统称为综合解决方案）；在支行端引入销售线索跟踪系统，检视管控执行过程；基于结果分析、前线及客户意见形成反馈，持续改善大数据分析和执行能力。

四是打造端到端大数据平台，全面提升大数据分析与应用能力。零售银行应规划搭建端到端大数据平台，打通数据管道，搭建数据分析平台，并将具体用例连接到软件应用和用户界面。目标是做到数据、分析和前线操作之间的无缝连接，全面提升大数据分析与应用能力。

2. 场景化批量获客

在零售银行 4.0 时代，取得突破性发展的前提是整合业务场景、对接各大平台，做到批量获取客户并持续经营。零售银行须重点关注各类零售电商平台、个人与小微企业信息平台等接口，并从多个方向寻找发

展机会。

为核心场景设计针对性拓展策略。包括联名卡/认同卡、代发工资、代扣代缴、小微集群、主题卡、电子会员、批量收单、同业协同等。根据不同客群背景、喜好、习惯等数据，打造针对性产品销售策略与服务模式，突围抢占市场份额。

建立线上平台，与外部互联网平台对接，搭建平台金融架构。通过与衣、食、住、行、育、娱、医等场景平台对接，整合信息流、资金流、物流，将银行金融服务嵌入场景服务，为客户提供综合金融服务。除了可以扩大银行业务覆盖范围、获取优质客户，各平台也有助于银行增效降本，加强上下游合作伙伴的忠诚度。

打造全功能平台金融服务方案也对行内系统提出了较高要求，例如，对接信贷系统实现线上融资、额度管理，对接国际结算实现本外币融资等。通过建设包括人脸识别等生物认证技术在内的支撑技术，打造数据应用平台和连接第三方金融信息平台，可以进一步完善整个平台金融服务功能，更有效达到批量获客，提供综合服务。

3. 低成本负债提升

面对利率自由化带来的存款迁移、存款理财化趋势，低成本获取负债的挑战日益加剧。对此，需要采取三个关键举措：

一是差异化定价。现阶段，国内多数银行的存款定价仍简单通过挂牌利率作为唯一的定价手段。然而挂牌利率缺乏对客户的深入分析，是以银行而非客户为中心的定价导向。对此可以采取金字塔差异化定价策略取代挂牌定价实践，精细匹配定价资源，即高端客户实行 1 对 1 定价或者特惠定价模式，长尾客户采取挂牌定价模式。

二是通过产品创新带动存款。储蓄作为银行最基本的业务，过去因受利率管制，产品创新严格受限。利率市场化给储蓄创新提供了广阔的发展空间。创新通常围绕期限、金额、结构、计息规则、付息规则等要素展开。要实现负债产品的真正创新，应聚焦、洞察客户需求，并力求在账户层面为客户提供创新解决方案。

三是布局新的营销模式。普适性的营销活动成本高、成功率低。部分零售银行尽管在总行层面建立了完善的存款产品体系，营业网点也仅仅是把产品罗列在展板上，顾客并不清楚"××宝"对他们而言意味着

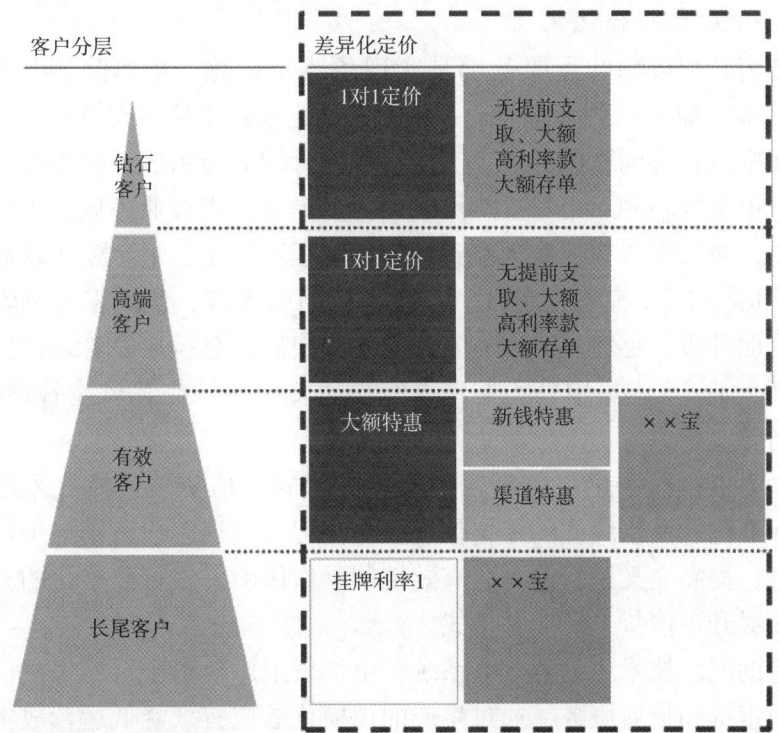

资料来源：麦肯锡中国，集约化智能化跨越式发展零售银行之路，2017.7。

图10　零售银行它价策略

什么。在有限的资源下，零售银行必须将合适的产品和服务定向推送至有需求的人群。通过深入了解相关区域和客群，制定针对性的客户营销活动，让客户先认同目标，再认同产品。

4. 提升客户体验

改善客户体验已成为全球领先银行CEO的核心要务。在欧美等成熟市场，并购整合、产能提升、布局优化等传统零售银行增长手段已难以维系零售银行业进一步的显著增长。金融科技企业加入竞争也倒逼银行业提升客户体验。建立实时客户体验指标监控体系和互动机制，如通过短信、微信、APP客户端等进行交易后的即时反馈；对客户投诉进行产品、渠道、对象、成因的多维分析；网点排队时间、业务端到端耗时等关键运营类指标。将收集的数据汇总制成客户体验仪表板，将抽象的体验转化为直观、可操作的优化举措。

5. 中后台整合优化

零售转型成功的重要基础是实现条线专业化，把风险、财务、人力、IT 等功能内嵌到零售和业务条线，优化整合中后台支撑体系，大幅提升前中后台协同和服务效率。实行风险管理职能内嵌，风险管理重心前移，审批效率和对市场反应灵敏度得以提高，零售业务风控中台更加专业化，协助零售板块实现端到端信贷流程数字化、平台模式发展资产业务、信贷工厂/模型化审批、高效新产品引入等，帮助零售风险管理模式全面升级。零售风险功能实现条线内嵌后，总行风险管理部门也能够"抓大放小"，集中精力制定全行性风险政策、完善风险管理体系、监督指导业务。

大力推行数字化"信贷工厂"业务模式。信贷工厂模式采用专业化、标准化、流水线式的零售信贷业务流程，共享客户营销与中后台管理信息，提高交叉销售能力，有效控制操作风险。银行数字化的大趋势进一步提升了信贷工厂业务模式。

借助网络技术和远程作业系统，由信贷工厂负责全行零售授信业务的集中审批和贷后服务，通过生产的规模化效应有效降低运营成本；建立统一审批标准，标准化每一个岗位的作业流程，实现标准化审批和贷后服务；根据自动审批引擎，设计扁平化的业务流程，将串行流程改造成并行流程，业务由客户经理直接上报至信贷工厂，并在工厂内部实行多岗位并发作业，有效提高作业效率，缩短业务处理时间，加快后台服务的响应速度；充分利用大数据、机器学习、物联网等新技术，在基于多维度征信报告、场景、区域、行业、交易等信息基础上，构建独具优势的量化风险评分模型，通过运用科学模型、量化分析与交叉验证，实现风险的精准识别、计量、控制和预警。

6. 加快构建全渠道和智慧银行

国际领先银行（例如荷兰 ING 银行、西班牙桑坦德银行、美国花旗银行等）借鉴零售业"全渠道"概念，提出打造全渠道银行（Omnichannel Banking），为客户提供一体化全方位的数字化服务，确保各渠道任何触点的客户体验均一致透明，大幅提高客户服务效率。全渠道战略有三个主要组成部分：

强化线上渠道，提升移动平台竞争力。数字化业务已逐渐成为传统银行的重要收入来源。以欧洲银行为例，2010 年到 2016 年，来自数字化渠道的零售银行业务额从 356 亿欧元增长到 763 亿欧元，银行总业务占比从 9% 提升到 20%。金融服务愈加广泛频繁地嵌入零售和公司银行业务场景之中，国际领先银行着眼于移动端和互联网平台的业务模式，不断推陈出新。

明确网点定位，利用新科技推动智慧银行转型。在网络时代，线下渠道仍非常重要，网点和面对面的咨询必不可少，网点的定位从大且同质的全产品服务供应向轻型化、智能化转型，专注于销售和复杂产品服务咨询，注重客户的数字化体验。推动渠道优化和智能化银行转型提升竞争力。以 CBA 为例，通过全面推动线下渠道的数字化升级，融合新技术打造全渠道一体化体验。CBA 的下一代支行设计中，采取了一系列创新技术，比如设置大量移动自助设备，升级自动柜员机，缩短排队时间，通过视频方便客户与专家顾问互动，营造了极具未来科技感的一流网点体验。

打造全渠道一致客户体验，实现线上线下无缝连接。以客户为中心，全面汇集不同渠道产生的交易资料和客户数据，创建客户 360 度全景画像，提供一致的客户体验。其次，通过明确不同渠道的价值定位，帮助客户实现线上线下渠道的无缝连接。

第六节 交易银行

一、交易银行概述

1. 交易银行的产生

交易银行起源于欧美发达国家，是国际化大型银行的重要战略业务模式和主要利润来源。交易银行（TransactionBanking）是银行以客户的财资管理愿景为服务目标，服务于客户交易，协助客户整合其上下游资源，最终实现资金运作效益和效率提升的综合化金融服务的统称。

在互联网时代，企业间的协作方式生态圈化，使企业间的交易关系扁平化、交易行为数据化。在此背景下，"1 即 N、N 即 1"的客户理念和"数据质押"的风险管理理念将成为商业银行开展交易银行业务的核心理念。在国内，作为交易银行业务的主要内容，供应链金融、贸易融资和现金管理业务已经普遍在大中型商业银行开展。

按照交易银行的业务范围来看，现金管理和贸易金融服务是交易银行最核心的两个部分。这类业务的服务对象一般有公司客户和机构客户，各行的具体内容略有差异，但一般包括贸易融资（供应链融资）、支付结算、现金管理等业务，这些业务的一个共同特点是频繁发生、流动性较强、风险较小、资本节约。这非常符合 2017 年全国金融工作会议隐含的低风险和低成本地服务实体经济的转型要求。

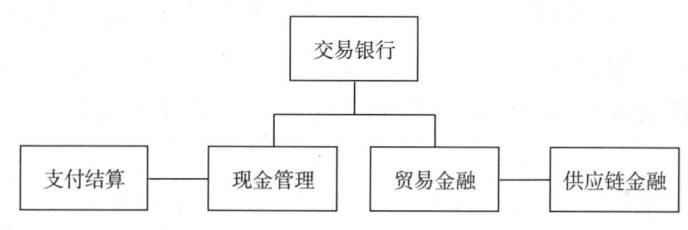

图 1 交易银行的核心业务

从服务方式来看，交易银行虽然也包括传统网点的柜面服务，但是在互联网时代，交易银行更加强调基于互联网渠道的线上化服务，因此可以用一个简单的公式表示：

交易银行 = 互联网 +（公司银行 − 投资银行）

将投资银行除外，是因为投行是服务于大客户的非标产品，需要通过专业团队进行定制化差异化服务，而不能用系统和模型替代。因此交易银行是可以标准化和线上化的公司银行产品和服务。从交易银行的服务场景来看，逐步呈现出以电商平台作为服务场景的趋势，交易银行的产品服务与企业的电商交易以及其他物流、信息流服务四流合一，实现深度融合。

2. 国外交易银行发展

交易银行不是现实中的银行组织机构，而是指一类银行业务，这个概念最初出现在一些大型国际银行的业务板块的介绍中，一般被叫作"全球交易业务"（Global Transaction Business）。

2008 年开始的金融危机对现代金融服务业尤其是商业银行产生了深远的影响，后危机时代全球都在不同程度上完善宏观审慎监管，加强系统性风险的预警和防范，引导金融机构回归本源，服务实体经济。交易银行在危机时期体现出的弱周期性和稳定性，彰显了建立在共赢基础上的银企合作对商业银行业绩的保护，因而在后危机时期获得各国尤其是发达国家监管、业界和学界的重视和研究，在职能整合和架构完善的基础上，与前沿科技应用紧密结合，朝着现代交易银行的方向不断演进。

在国外，经过 20 多年的发展，交易银行制度和运行体系已相对成熟，目前的趋势是根据不同市场的本地化政策对现有机制进行动态调整，同时探索大数据、云计算和区块链等前沿信息技术在现有服务体系中的应用。

在交易银行业务中，花旗银行打造了强大的国际化电子平台，并在组织架构上采取竖线管理，交易银行条线涵盖了营销、产品、实施与售后服务三个部门及对应职能，突破以地域划分板块的束缚。2014 年，花旗银行提出"E－trade"的口号，包括供应链融资、现金管理、电子票据和传统交易的电子化。

德意志银行的组织结构以客户为中心，分为公司机构、个人两大部分。环球金融交易业务部（GTB）板块下的一个单元，分为三部分：公司贸易融资/现金管理、结构贸易融资/现金管理、证券服务。德意志银行的现金管理服务已形成了一个基于电子银行平台的完整服务体系，并能支持十几种语言。在此基础上，企业可根据自身需要选择定制服务和操作。在系统标准化上，德意志银行网络银行系统通过与供应链核心企业的 ERP 系统实时对接，简化传统供应链融资的业务流程，提高支付效率的同时，实现了资金管理的自助化和便捷化。值得一提的是，德意志银行的 FX4Cash 系统涵盖全球 130 种货币，可以为企业和金融机构提供跨比重收付解决方案。

3. 交易银行的特点

交易银行以客户交易为中心，从本质上看更是一种思维模式的转变，即从以产品出发转向以客户需求为导向，解决企业在交易过程中遇到的财资管理问题。近年来交易银行发展的特点主要有：

一是定位平台化。交易银行是基于客户需求的综合服务，其功能必然依托于综合性的服务平台，因此银行的定位不能仅仅是支付渠道和融资中介，还必须有资金、信息、物流、交易的交换和联通功能。

二是渠道电子化。传统银行服务受时间和物理网点的限制，而交易银行服务能够帮助客户摆脱时间、空间的限制，实现各种电子渠道的通畅和融合，这也是定位平台化和互联网金融的必然要求。

三是产品个性化和边界无限化。客户需求的差异化、特殊化必然导致更多的产品和服务方案的个性化。同时，互联网金融决定了边界模糊，跨界经营将会是交易银行追求的目标。

四是盈利集约化。对于大型客户，需要挖掘更多更好的资金来源和融资方式，发展"轻资本"业务；对于中小客户，需要借助信息技术实现批量化营销和管理；对于外部服务，需要实现业务协同和交叉销售，提升营销效率，降低营销成本；对于内部管理，需要以强化差异化定价和综合化定价为主要手段，降低运营成本，提高综合收益。

4. 交易银行基本模式

按照交易银行的组织与核算模式来划分，目前国外的交易银行基本发展模式主要有两种，分别为独立损益线模式和独立报告线模式。

独立损益线模式。交易银行有独立的损益表，具备完整的会计报表体系，可以进行单独核算。此模式下，交易银行作为银行内部独立的利润中心部门，拥有相对独立的自主经营权，能行使部门内所有的基础设施及关键资源的支配权。包括以下两种形式：一种是交易银行属于集团组织结构中的一级层次业务单元，级别最高，代表性银行有苏格兰皇家银行和摩根大通；另外一种是交易银行处于集团最高层次业务单元——公司机构业务单元之下，也属于独立的单元，级别与投资银行、信贷等业务相同，代表性银行有德意志银行和花旗银行。

独立报告线模式。交易银行没有独立损益表，只有独立报告线。该模式下，交易银行不是独立的部门，相对来说级别不高，只是集团层次一级公司客户或业务板块下的一个业务单元。代表性银行有汇丰银行和渣打银行。

二、我国交易银行发展现状

商业银行转型一直备受关注，在利率市场化、人民币国际化、跨境交易以及互联网金融快速发展的背景下，"交易银行"业务逐渐成为商业银行转型、拓展收入渠道的重要途径，交易银行转型承载了传统公司银行战略转型的三大方向，即轻资本、零售化和"互联网＋"战略。

1. 交易银行理念得到商业银行的普遍认可

在中国银行业协会组织开展的"2016年中国银行家调查"中显示，超过六成银行家对发展交易银行持积极态度，其中，20%的银行家认为应加速发展交易银行，46%的银行家认为应稳步推进。交易银行业务备受关注的原因在于它可以对商业银行的传统运营模式加以拓展和补充，例如银行可沿着企业的交易链条沉淀存款，拓展低成本负债来源，还可以提升客户黏度，获得稳定收益，降低业务风险，63%的银行家认为通过交易银行获取新的业务增长点。对发展交易银行业务，70.4%的银行家认为首要任务是整合产品体系，实现综合化、定制化、标准化。同时，强化渠道管理、搭建专业化营销服务体系、优化业务流程、提升线上业务处理能力也是银行家较为认可的交易银行发展重点。

交易银行经营理念最大的变化是商业银行从分享剩余价值的债权人角色扩展到广泛参与企业产、供、销等经营行为（流动资本管理），协助企业客户实现长期稳定增长的战略伙伴关系。这种战略伙伴集中体现在帮助企业客户平衡流动资本、债权和股权资本的关系，维持稳定的企业财务战略，通过提高内生增长能力支持企业客户实现长期增长。

2. 国内交易银行的试点

国内交易银行业务在经历了5年多的发展后，已经初见成效。作为国内较早发展交易银行业务的浦发银行，交易银行部成立后，特色业务量同比增长超过130%，获得的中间业务收入为公司业务贡献占比约63%。招行的交易银行现金管理客户数、网上企业银行客户数三年复合增长率超过50%。越来越多的股份制银行开始布局交易银行业务，如农业银行、平安银行、民生银行等银行在2016年年报中明确提出要将公司业务向交易银行体系转型，抓抢交易银行业务机会。表1列出了国内部分银行的转型发展：

表 1 国内交易银行发展简况

银行	部门	时间	业务板块	业务定位
广发银行	环球交易服务部	2012 年	现金管理、供应链金融、跨境金融	涵盖贸易融资和现金管理两大业务板块及对公电子渠道
中信银行	交易银行中心	2012 年	支付结算、现金管理、贸易融资、资产托管	注重供应链金融、现金管理、保理、资产托管等重点业务，以票据为依托向交易银行转型
民生银行	大交易银行部	2014 年	贸易金融、投贷一体	以贸易金融业务为核心投贷一体化的业务模式打造"商行＋投行"
交通银行	金融市场业务中心	2015 年	跨境金融、固定收益投资	积极介入货币、债券、外汇及衍生产品交易等各个市场，扩大非信贷资金运作渠道和规模，优化资金投向与资产配置
招商银行	交易银行部	2015 年	支付结算、现金管理、供应链金融、贸易融资、互联网金	涵盖供应链金融、结算与现金管理、跨境金融、贸易融资和互联网金融五大业务版块
浦发银行	交易银行部	2016 年	现金管理、贸易金融、贸易服务	围绕"集团资金管理服务方案""跨境联动贸易金融服务方案""国内交易供应链金融服务方案""企业集中收款服务方案"等四大服务方案，集合了支付结算、贸易融资、跨境服务和则资管理等金融产品

资料来源：根据公开资料整理。

以交易银行部门成立和职能调整为内容的顶层架构设计已在各商业银行快速落地，如招商银行、民生银行和兴业银行等几家全国性股份制商业银行已在总行成立交易银行部，一些大型商业银行在现金管理部门的基础上成立交易银行中心，有效推动了中资银行公司业务向交易银行的转型。

3. 交易银行发展趋势

（1）以客户为中心完善银行内部制度流程

以客户为中心，围绕客户需求建立明晰的制度流程，是近几年交易银行发展的主要趋势。一是参考国际交易银行做法，结合国内客户财务及产供销管理的实践，确定交易银行业务范畴，不断加大业务整合，实现"一揽子"服务体验；二是针对交易银行业务客户分布广泛、金融需求复杂、产品种类繁多、服务层次多元等特点，积极推进交易银行服务的标准化、统一化。

（2）围绕供应链融资全面提升交易银行业务范畴

交易银行的快速发展利益于供应链金融的兴起。随着信息技术和运输技术进步所带来的远程生产组织成本的降低，供应链模式成为国际上产业组织的主流模式。在这种模式中，衍生出频繁、大量的交易行为，直接推动银企合作从融资为主的合作模式转向交易银行模式。因此，国内交易银行职能整合的重要趋势是把贸易融资有机嵌入到交易银行体系中，改变原有的单一信贷产品管理模式，不断向供应链上下游企业延伸，为整体供应链提供闭环服务。

（3）增强交易银行业务与企业财资管理的耦合性

交易银行关注企业的生产经营行为以及这些行为背后反映在三大财务报表体系中的流动资本、利润转化和现金流量管理，覆盖面更广，因而不只是直接服务企业的财务部门，还服务企业的销售部门、采购部门和生产部门。随着电子商务的发展，企业的购销交易逐步从线下转到线上，信息的获得和存储方式都更加直接和真实，这为交易银行向企业供销管理服务延伸提供了重要的机遇。通过交易银行与企业财资管理的互动，财资管理在企业经营管理中的作用日趋重要，交易银行业务与企业财资管理的耦合关系得到进一步强化。

4. 国内交易银行发展案例

（1）招商银行交易银行部

招商银行围绕"为客户创造价值"的思路，在结算与现金管理、跨境金融、供应链金融、互联网金融、贸易金融等领域，通过创新的产品、专业的服务、高效的系统，为客户提供便捷的一站式解决方案。

通过深入分析产业互联网交易模式下客户交易需求，招行构建了完全基于互联网思维的"E＋账户"产业互联网金融解决方案。"E＋账户"是互联网下开放式金融账户体系，突破了传统的银行账户体系金融服务边界，开拓了基于互联网账户的广义"存、贷、汇"新疆域。

招商银行在"E+账户"业务体系下，通过深度场景化的定制创新服务机制，为企业提供"互联网+"产业升级的一站式结算、融资、投资的自金融服务方案。"E+账户"业务体系将以一种全新的、开源的、生态化的横纵联合视角，搭建一个以商业银行为核心的产业互联网金融全闭环生态系统。招商银行针对不同行业的供应链管理和经营特征，设计集客户结算、融资、理财和增值服务于一体的创新金融服务体系，重点打造了智慧票据池、付款代理等产品，加速升级跨境金融业务模式，实现跨境金融的境内外、离在岸、本外币、投商行为一体的金融服务体系。

2016年，招商银行继荣获《The Asian Banker》（亚洲银行家）"中国最佳交易银行"之后，又荣膺《The Asset》（财资）"中国最佳交易银行""中国最佳现金管理解决方案""电子渠道解决方案最佳合作银行""中国最佳财资及营运资金管理银行""年度公司支付项目奖"五项国际大奖。多项大奖表明招商银行在交易银行领域的体系竞争优势、专业服务能力已经获得国际权威机构的肯定和认可，成为交易银行业务的"中国标杆"。

（2）浦发银行交易银行部

2016年浦发银行将原贸易与现金管理部整合为交易银行部，为总行一级部门。截至2016年末，浦发交易银行特色业务量5.6万亿元，同比增长134%，相关中间业务收入接近66亿元，占公司业务收入比例的63%，比15年提升12个百分点。

浦发银行交易银行特色业务主要包含三类，其一是"e企付"业务，类似于对公直销银行，占比49.6%，是获客的重要路径。主要面向群体是自身非浦发客户，但业务往来方为浦发客户的企业，通过互联网技术，为资金收付双方提供支付结算、电子台账、自动投资及信息通知等组合金融服务，帮助客户提高到账效率、降低支付成本、提升资金收益。其二是集中代收付业务，占比17.5%，主要面向公共事业收费机构。基于浦发银行从2015年开始启动的智慧支付路由基础建设，把企业可能用到的各类支付通道大整合，可以覆盖包括支付宝、微信等在内的全渠道主流支付工具和支付载体。其三是国际结算业务，占比32.9%。

　　浦发交易银行的拓客思路也专注于中小企业，意在解决中小微企业普遍面临成本高、销售难、融资贵、缺少专业服务等一系列痛点，重构中小微企业经营生态。对此，浦发交易银行的入手点是搭建针对中小企业的综合服务平台，类似于非传统银行业务的基础设施建设。2017 年 7 月 18 日浦发银行发布的"e 企行"，主要提供财务管理，包括在线订单、在线进销存、在线财务和支付结算四项，更像是一个小型的企业ERP 系统，目前向在浦发银行开户的中小企业免费开放。

三、积极推进我国交易银行制度建设

　　交易银行业务承载了目前商业银行对公业务转型升级的三大方向——"轻资本、零售化、互联网＋"的转型。交易银行可以通过更先进的交易技术结合"互联网＋"战略发展，有效降低交易成本并提高运作效率，高效服务于企业的生产经营链，这对于整个社会经济而言，是服务于实体经济，回归商业银行根本的转变。

　　1. 加快交易银行资源整合

　　资源整合是对银行现有的架构、产品、品牌、销售及系统等各个方面进行整合，按照交易银行的体系重新摆布和配置，最终实现深度融合，形成全新的业务体系。架构整合是将原来散落在公司业务、国际业务、托管业务和会计结算部门的职能进行梳理和合并，形成相对完整全面的交易银行业务管理部门，是建立交易银行业务体系的重要基础。产品整合是按照客户交易流程，对产品进行流程再造和梳理，对交易银行相关联的核心系统、现金管理系统、供应链金融系统、国际业务系统、票据系统、网上银行、手机银行和银企直联等系统进行优化，形成交易银行的产品线。销售整合是在现金管理、贸易金融和电子银行等产品经理队伍的基础上，打造一支能够专业交易银行管理团队。

　　2. 推进交易银行产品创新

　　交易银行的产品多数是电子化、线上化、自动化和智能化产品，不仅要消耗大量的银行 IT 资源，还需要外部金融科技力量。对此，一是要实现交易银行产品的电子化，把交易银行过程中的信息转化为数字信息；二是要实现交易银行的线上化，完成所有操作环节的线上化处理；

三是是实现交易银行的自动化和智能化，使用大数据和人工智能的技术，进行业务的自动化处理，提高业务效率。

3. 构建交易银行业务场景

交易银行需要一种开放、生态化的应用场景，客户、银行和第三方的系统和数据需要实现无缝连接。交易银行要积极构建业务服务场景，一是银行自建场景模式。由银行搭建开放的自建生态场景，拉近与客户的距离，努力实现基于客户的交易和数据续作交易银行服务。二是嵌入场景，把银行的产品和服务嵌入到客户应用场景，包括客户电商平台或ERP系统，这就需要银行把自己的产品服务通过API（Application Programming Interface，应用程序接口）方式或者SDK（Software Development Kit，软件开发包）方式嵌入到客户的系统。三是银行输出场景模式。银行为客户提供除了金融服务，还要包括电商、物流、信息甚至安全的服务，形成一个整合的应用场景，为客户提供不止于金融的全面解决方案。

4. 以FinTech助推交易银行发展

交易银行实质上是FinTech背景下对公业务的转型方向，比如，区块链技术与电子票据业务结合，物联网将与供应链金融结合，虚拟现实（VR）技术与支付场景结合等等。强化交易银行业务与金融科技的深度融合与发展，一是引入大数据技术拓展交易银行客户。我国商业银行集中了金融交易的大数据，通过对这些大数据的深度加工发掘，用于交易银行客户营销、风险管理等领域，能够提高客户营销精准度。二是利用金融科技构建交易银行服务生态圈。在竞争压力和技术助推等多种因素的影响下，交易银行的业务内涵不断扩展，实践中各家银行开始借助FinTech构建交易银行生态圈，即广泛联合其他主体共同服务于客户。合作方包括但不限于银行同业、非银行金融机构、电商平台、咨询公司、IT公司等，并且循着客户业务经营、财资管理的逻辑，将上下游主体及更多的利益相关者纳入生态圈。三是金融科技使交易银行更趋数字化。交易银行业务板块的发展改变传统IT系统开发的理念，以满足客户订制化需求和产品快速迭代升级为主要特点。同时，交易银行是全渠道接入的服务，不仅线下和线上、移动互联网，还要和物联网的发展结合起来，依靠人机交互模式提供适时的服务，优化客户体验。交易银行还可以利用 FinTech 帮助客户建立资财运转全流程视图、账户结构视图，推动企业运营的信息化建设。总之，FinTech 的广泛使用将使交易银行向信息化、数字化、综合化、订制化、智能化方向发展。

第七节　互联网银行

一、互联网银行概述

1. 互联网银行概念

互联网银行（Internet bank or E – bank）是指借助现代数字通信、互联网、移动通信及物联网技术，通过云计算、大数据等方式在线实现为客户提供存款、贷款、支付、结算、投资、信息等金融服务的商业银行机构。

广义上讲，互联网银行既包括传统银行的互联网业务，也包括仅以互联网为平台的新型银行运营模式。互联网银行在金融服务中体现共享、透明、开放的原则，目前，传统银行业正在加速布局互联网业务，国内大部分商业银行已经通过直销银行、电子银行等渠道开办金融业务，是未来银行的发展方向。

狭义上的互联网银行仅指由监管部门批准设立的、完全线上运营的新型商业银行机构，与传统银行业的经营相比，互联网银行没有实体营业网点，也无须设立分支行。本书在对互联网银行进行研究时，主要是指狭义上互联网银行。

2. 互联网银行发展现状

2015 年《国务院办公厅转发银监会关于促进民营银行发展指导意见的通知》印发后，民营银行的发展进入摸索和尝试阶段。截至 2017 年初，全国已有 17 家民营银行获批筹建。其中浙江网商银行、前海微众银行、四川新网银行、福建华通银行、武汉众邦银行、中关村银行、苏宁银行、吉林亿联银行等八家银行定位为互联网银行，占到 17 家民营银行总数的将近一半。其他银行虽然没有明确定位互联网银行，如辽宁振兴银行、湖南三湘银行也表示会依托互联网发展网络银行方面的业务。

值得注意的是，具有互联网背景的民营银行，其背后大股东性质和行业地位各有不同，但大都是国内互联网平台领域的独角兽。如微众银行的第一大股东为腾讯；网商银行的第一大股东为阿里，网商银行更是阿里集团中蚂蚁金服下的子公司；四川新网银行的第一大股东虽为新希望集团，但第二大股东为小米（持股29.5%，新希望集团30%）；苏宁银行的第一大股东为苏宁云商；吉林亿联银行的第一大股东虽然为中发金控投资管理有限公司，但第二大股东为吉林三快科技有限公司，与美团网同属于北京三快科技有限公司。可见，在目前"互联网＋"的大环境下，民营银行主打互联网牌，与发起人股东在互联网领域的背景和经验有着较为密切的关系。

二、互联网银行的发展定位

互联网银行是以纯线上业务为主，决定了其运营模式、市场定位与目标客户与传统商业银行有明显的差异。从目前国内互联网银行的运行情况看，互联网银行聚焦于特定的领域，其业务与传统银行非但没有正面的竞争，还在某些领域开展了广泛的合作。

1. 市场定位为交易型银行

互联网银行强化轻资产平台资源，产品定位区别于传统银行。网商银行和微众银行的运营模式上都定位在"轻资产、平台化、交易型银行"，不以吸收存款为主，更注重搭建同业合作平台以拓展业务。微众网商成立之初即强调不同于传统银行面向高净值客户，而专注挖掘后80%长尾市场。受制于远程开立账户等限制，它们尚未表现出与传统银行现有业务直面竞争。

2. 发挥母公司大数据优势

互联网银行依托发起人股东的大数据优势，长尾客户流量转化能力较强。以微众银行、网商银行为例，分别基于社交平台、电商平台服务长尾客户。微众"微粒贷"面向微信和QQ用户，大部分贷款来源于此，放款总量呈指数增长。至2017年第一季度，累计放款量已3 000亿元，开通用户突破 2 000 万元，笔均放款也上升至 8 200 万元。网商银行基于阿里巴巴电商平台，为小微企业提供融资支持。截至 2016 年底累计向小微企业发放贷款 879 亿元，小微企业客户数 277 万户，户均贷款余额约 1.5 万元；旺农贷产品已在 6 624 个村点推开，年末涉农贷款余额 37.6 亿元，平均放款金额近 5 万元。

3. 大数据风控得以创新应用

在风控方面，微众银行和网商银行依托背后都有社交网络的强大数据和云计算能力作为传统风控的补充。"微粒贷"通过社交大数据与央行征信等传统银行信用数据结合，运用社交圈、行为特征、交易网、基本社会特征、人行征信 5 个维度对客户综合评级，快速识别客户的信用风险。在腾讯征信的大数据模型中，可以提取二十多万个数据项，自动生成仅欺诈模型、身份验证模型、预付能力模型、还款能力模型、还款意愿模型以及稳定性模型，避免可能存在的信用欺诈行为。网商银行之前有蚂蚁小贷、芝麻信用的实践基础，已经建立了较为全面的风控数据与模型，其整体贷款的坏账率不到百分之一。

4. 优质客户先期导入

依托大股东的社交平台和电商平台大数据，互联网银行先期导入优质客户，对其业务的快速增长发挥了重要作用。比较微众银行"随机开放"了一部分微信、QQ 用户的"微粒贷"业务，极有可能该部分客户是依据数据库筛选而出的优质客户。微众可以根据掌握的"社交圈、行为特征、交易网、基本社会特征"中的数据，先匹配出一部分拥有较大贷款意向、且信用资质优秀的客户作为第一批试水。同样，网商目前主推的小微贷款业务也是主要采用邀请制，其邀请依据也来自大数据的风控匹配筛选，因此客户质量得到了很好保证。所以，目前两家银行取得的爆发式增长除了基数小的原因外，客户的高质量也是重要原因。

三、案例：微众银行

2014 年 12 月 28 日，中国一直备受关注的"互联网银行"——"深圳前海微众银行股份有限公司"（以下简称微众银行）的官网上线。微众银行由腾讯、百业源、立业为主发起人，注册资本 42 亿元人民币，定位为服务个人消费者和小微企业客户的民营银行，充分发挥股东优势，打造"个存小贷"特色业务品牌，为个人消费者和小微企业客户提供优质金融服务。

1. 微众银行的主要业务

消费金融。"微粒贷"依托腾讯两大社交平台——QQ 和微信，客户只需姓名、身份证和电话号码就可以获得 500 元~20 万元的信用额度，是国内首款实现从申请、审批到放款全流程实现互联网线上运营的贷款产品，具有普惠、便捷的特点。

大众理财。依靠微众银行专业团队的风险把控和质量甄选，微众银行 APP 为用户优选符合多种理财需求的金融产品，且支持实时提现，实现资金调度高效便捷，切实帮助用户轻松管理财富。

平台金融。微众银行与物流平台"汇通天下"、线上装修平台"土巴兔"、二手车电商平台"优信二手车"等国内知名的互联网平台联合，将微众银行的金融产品应用至合作平台的服务场景中，实现互联网金融场景渗透，有效整合资源，达成合作共赢的崭新模型。

2. 微众银行的经营状况

截至 2016 年末，微众银行资产总额约为 520 亿元，同比增加 424 亿元，增幅 440%，其中各项贷款余额约为 308 亿元，同比增加 269 亿元，增幅为 697%。据年报披露，2016 年微众银行全线上运营的信贷产品"微粒贷"主动授信超过 7 000 万人，开通用户超过 1 500 万人；已累计发放贷款约 1 987 亿元，笔均放款约 8 000 元，管理贷款余额 517 亿元。

微众银行 APP 在 2015 年 8 月推出财富业务，为用户提供理财需求，包括 QQ8.53 亿用户和微信 8.46 亿用户，业务规模超过 160 万用户，交易规模 7 371 亿元，资金来源于 QQ 和微信储蓄用户，储蓄存款 1 000 亿元。

2016 年推出的平台金融业务"微车贷"，主要为合作平台用户提供车辆借贷需求，包括优信二手车等平台，业务规模在 55 亿元左右。

在资金方面，各项存款余额 33 亿元，除了部分自有资金，微众银行的资金多数来源于 20 家合作银行，即在每天放的贷款中，微众银行放 20%，合作银行放 80%。截至 2016 年底，微众银行实现净利润 4.01 亿元，不良贷款率 0.32%。

3. 微众银行的模式创新

第一，创新金融业务模式和金融交易方式，实行轻资本运作。微众银行没有网点也没有柜台更不需要财产的担保，主要通过大数据与互联网评级来发放信用贷款，所以微众银行最大的创新就是通过互联网连接一切金融业务，来对互联网平台上面的资源进行金融整合。微众银行实行全线上运行，意味着银行服务突破了传统银行的空间、时间和地点要求，同时也不需要柜台服务人员的专门服务，这种交易模式不仅提升了银行业务的操作处理效率，也大幅减少了人力资源。2016 年底微众银行员工总人数 1 047 人，与传统商业银行相比具有巨大的潜在优势。

第二，微众银行在传统风控手段的基础上，引入神经网络、决策树和机器学习等国外新型风险识别模型和算法技术，陆续建立社交、人行征信、商户授信和反欺诈等系列模型，并在模型中注重运用消费、社交行为等动态数据以及通过文字和图片解析的非结构化数据，真正实现了基于大数据的风险模型构建。无论是刷脸、开户的方式，还是对于客户交易数据信息的积累都显著提高了银行业务处理的效率。同时，由于不设线下网点，员工人数也大幅减少。2016 年底微众银行员工总人数 1 047 人，与传统商业银行相比具有巨大的潜在优势。

第三，借助外力，强化同业合作。由于微众银行没有实体营业网点，吸收低成本资金的难度较大。对此，微众银行避开与实体银行在存款上的竞争，转而通过加强与同业的合作，联合开展银行业务，合作银行已达到 20 家。除资金外，微众银行还在一些金融科技输出上加强合作，如 2016 年 8 月微众银行与华瑞银行合作开发并上线基于区块链的联合贷款备付金管理及对账平台，合作行之间通过系统可以准实时查看备付金账户情况及对账结果等信息，洛阳银行、长沙银行相继接入该平台。

第四，构建"去 IOE"科技架构的银行。微众银行按分布式架构搭建技术平台，实现"去 IOE"，目前已有 21 项新技术应用申请国家发明专利。上线核心系统 56 个，子系统 204 个，并将人脸识别、声纹识别、机器人客服等创新技术运用于实际业务场景。微众银行秉承"科技·普惠·连接"的宗旨，坚持走创新型、差异化、特色化的经营管理道路，追求科技创新以满足多样化业务发展的需求，在互联网银行的创新应用领域积极探索，践行互联网 +，助力普惠金融。

第十一章　智慧证券体系

第一节　智慧证券体系

一、智慧证券概述

1. 证券的相关概念

证券是各类财产所有权或债权凭证的统称，是用来证明证券持有人有权依票面所载内容取得相关权益的凭证。广义上的证券主要包括资本证券、货币证券和商品证券等。狭义上的证券则主要是指资本市场上发行和流通的股票证券，以及由股票证券而衍生出来的基金、债券等。随着经济的发展，尤其是电子技术和信息网络的发展，实物类的证券正逐步被数字化证券所替代。

证券公司是为证券的发行与交易提供服务的机构，是连接证券投资者与筹资人的桥梁。证券公司不仅保证了各种证券的发行和交易，还起到维持证券市场秩序的作用。从功能角度划分，证券公司包括证券经纪商、证券自营商和证券承销商，我们通常所说的证券公司指的就是证券经纪商，简称为券商，它们主要从事代理客户买卖证券，同时收取一定比例的手续费。

随着券商业务的拓展和大数据、人工智能技术的应用，证券业务由原本的单纯代客买卖证券，逐渐转向包括购并咨询、财务顾问、资产证券化、智能投资顾问、战略投资等方向拓展。此外，期货市场由于交易机制与证券类同，在金融行业监管中一般也将期货业纳入证券行业进行统一监管。本章侧重于金融科技与金融业务的协同发展，以证券业的经纪业务为核心，分析和探讨传统券商的智能化发展和新型互联网券商的融合式发展。具体的证券资管产品、投资基金和智能投顾等证券产品和服务将放在后文分述。

2. 智慧证券体系

2017 年初，高盛集团裁员的新闻引起了全球金融圈一片哗然：由于工作都被自动交易程序接管，高盛在纽约总部的美国股票交易柜台的 600 名交易员已被削减至 2 名。而在 2000 年的巅峰时期，高盛在纽约总部的美国现金股票交易柜台雇佣的交易员达 600 名。在过去五年，计算机自动化交易方兴未艾，更新换代进程不断加速，曾经由人类主宰的金融领域，正发生着巨大的变革，金融行业正成为 AI 大规模商业化应用的行业之一，证券行业的智慧化时代正悄然来临。

智慧证券是指在证券市场运行与云计算、区块链、人工智能等新技术不断深化融合，实现证券的存储、发行、交易、投资、流通等环节的智能化升级。证券行业引入了大量的金融科技，但与公众日益熟悉的移动互联网时代的生活工具相比，证券行业的智能化程度还远远达不到公众预期，证券机构的业务大多围绕经纪功能设计，面向财富管理和全能型投资银行的差距很大，证券业务和技术都面临新的挑战和转型。

智慧证券体系就是金融混业经营总的背景下，通过金融科技与资本市场的整体融合发展，以互联网证券为基础，以完善智能投顾和投资银行体系为重点，大幅提升证券业创新速度和券商业务自由度，推动构建多层次资本市场。智慧证券体系的构成主要包括证券监管机构、证券交易机构、证券经纪机构及投资银行业务等。其中，证券经纪机构是本节阐述的重点，随着"一人一户"的放开和互联网证券机构的试点和推进，传统券商面临证券交易代理竞争加剧，佣金下降趋势显著，长期依赖代理买卖证券业务收入的券商迫切需要转型。投资银行业务是国际上资本市场的重要支柱，但国内投行业务监管收紧的思路日益明显，竞争态势难以打破，本书暂不对其深入探究。综上，本节中智慧证券体系的基本框架如图 1 所示：

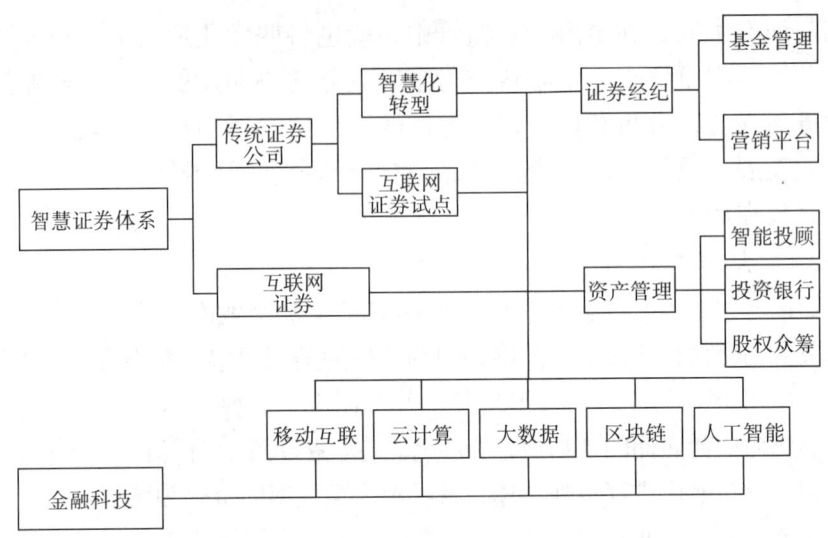

图1　智慧证券体系

二、国外证券智慧化发展模式

国外互联网券商业务发展起步较早，美国互联网券商普遍采用实体与网络结合的混合经营模式，日本互联网券商则是一大批专业的纯网络证券公司，韩国除了与美国类似的网络经纪商模式，还有独特的集团化"金融超市"。国外互联网券商发展的路径值得我们借鉴，但考虑到我国发展互联网券商的时点已在移动互联时代，与美日韩三国 PC 互联时代有很大不同。

1. 美国券商智慧化转型案例

美国是最早开展互联网证券业务的国家。二十世纪八九十年代，随着计算机和信息技术广泛使用，美国对互联网企业从事网上证券经纪业务采取开放制度，吸引了一些拥有互联网技术的公司加入网上证券经纪业务领域。二十世纪九十年代，美国颁布实施《金融服务现代化法》，消除了银行、证券、保险公司和其他金融服务提供者之间经营业务范围的严格界限，引发了网上证券经纪公司一系列的金融创新活动。随着 E-trade 证券公司的快速发展壮大和嘉信理财的成功转型，证券业的互联网化开启了美国智慧化金融时代，互联网开始逐渐向银行、保险、理财服务等领域渗透。

回顾美国互联网证券业务的历史，其起源和发展与佣金制度的改革、计算机及互联网的发展、混业经营的突破紧密相连。

（1）嘉信理财：智慧型经纪服务

嘉信理财是美国市值第三大券商，成立于1971年，是一家以经纪通道业务为支撑、以财富管理为重点的综合性证券机构。嘉信理财在1971—1979年依靠折扣佣金推动了交易量的迅速崛起。此后随着的计算机和网络的发展，将线下营业部和线上交易相结合，嘉信理财逐步形成了聚合低佣金折扣、综合财富管理平台及机构和资本中介三大业务战略，是美国网络券商模式的典范。

智慧型经纪服务。1995年前后，以计算机网络为基础的交易逐渐成为证券交易的主流，嘉信及时抓住这一时机，推出了网上经纪服务系统"eSchwab"，标志着嘉信理财正式开启了线上交易时代。从1996年到1998年，嘉信的网上客户从60万迅速增长至220万，至今已积累了近1 000万客户，并且这些客户多以富裕阶层为主，平均账户资产超过13万美元。在客户数量迅速增长的同时，嘉信开始关注产品设计和客户细分，在资产管理种类和经纪账户分类中均实现了差异化设计，资管业务成为嘉信主要收入来源的同时，金融服务能力也成为了嘉信理财的核心竞争力。

嘉信模式的典型特点是"中等服务＋中端收费"，这种模式更适合国内的中小券商借鉴，弥补中小券商在资源投入、投研能力的不足，同时其相对灵活的组织结构以及多变的业务模式，能够与互联网金融形成更为良好的契合。

（2）TradeStation：智能投顾服务

TradeStation是一家纯粹的网络证券公司，客户的所有业务，包括开户、交易都在互联网上进行。TradeStation仅拥有5万客户，交易量却占美国互联网券商8％，网络影响力已连续两年被评为全美前五名，被誉为美国证券界的一个传奇。TradeStation仅有600名员工，其中近400人是软件程序员和技术人员，其余是销售、运营和行政人员。

TradeStation最为成功之处，就是它可以为客户的投资组合提供模拟交易环境，即准确地运用数据分析帮助客户提高交易成功的概率。

TradeStation 依靠对数据的逻辑分析来支持客户进行交易。策略正式启动前，客户可以根据投资组合模拟交易，测试各种模型，分析投资标的在市场中可能遭遇的波动，挑选最合适的交易策略。TradeStation 的数据库包罗万象，既有几十年来金融市场庞大的交易数据，还有牛市和熊市时期积累起来的客户个人的交易统计数据。通过定制化的投资设计和交易系统的管理，客户可以自己设计出独一无二的交易策略。目前 TradeStation 平台上有上千种交易策略，可以支持客户在美国市场和部分欧洲市场的交易。TradeStation 还根据客户需求，提供量身定制的交易策略。如果经济形势发生变化，交易市场趋势转变，Trade Station 会帮客户调整交易策略，重组投资组合配置，修改交易变量，不断地更新和完善软件技术。

当然，要建立起包罗万象的数据库和各种可靠的交易测试模式，需要强大的技术支撑。TradeStation 的客户的交易活跃度都普遍较高，因此对于交易工具的要求也极高，而 TradeStation 则一直致力于满足客户的各种需求。要做到这一点，最重要的是要有安全高效的交易平台，既要保证客户资金和交易的安全，又要确保平台提供的交易策略能够帮助客户规避风险。TradeStation 还拥有数量庞大的工程师，负责系统维护，以保证客户在使用平台系统时的流畅度和便利性。

TradeStation 在美国属于小型证券公司，却拥有高质量的活跃交易客户。统计显示，TradeStation 目前拥有 5 万个客户，每月平均交易 40 笔至 60 笔，但该公司的总交易量占所有美国网络券商的 8%。而美国一般投资者，在 T+0 交易市场平均每月只有 1 次至 2 次交易。

2. 日本证券公司智慧化转型案例

（1）日本互联网证券的发展

日本互联网券商的突出特点就是出现了一大批专业的纯网络证券公司。1997 年亚洲金融危机后，日本政府开始注重多层次资本市场的培育，分别设立了面向风险企业、高成长新兴企业和面向初创企业的证券市场。如 1998 年设立的加斯达克市场（JASDAQ）主要面向风险企业，名古屋证券交易所设立的 Centrex 市场主要面向初创企业等。1998 年 12 月出台证券行业注册制，这一政策使很多公司包括外国公司及其他行业的公司更容易进入证券行业。1999 年 10 月出台股票交易佣金自由化政策，撤销对银行的证券子公司业务范围的限制。至此，日本政府基本扫清银行证券业务之间的壁垒，进入混业经营的时代。

在佣金自由化和互联网浪潮的共同推动下，日本的证券业正式进入互联网时代。由于互联网证券业务佣金低、交易便捷，互联网券商很快占领了零售客户市场，1999 年，日本互联网券商开户数量为 30 万户，到 2013 年底就达到 1 816 万户，占日本证券账户总数的 90% 左右。

2000 年之后，随着全球金融市场的复苏，股市向好，日本的互联网证券业务迅速发展，交易量逐步攀升，互联网交易占个人投资者股票投资总额的 90% 左右，而排名前 6 的券商就占据了 85% 的市场份额。以 SBI、乐天、Monex 等为代表的互联网券商不断涌现，这几家互联网券商各有特色，如从风投及资产管理业务转型为互联网金融服务，并最终打造网络金融生态系统，以 SBI 集团为代表；从电商起家，不断向互联网金融延伸的乐天集团；主打产品创新、交易的专业性和服务体验的专业互联网券商 Monex。

（2）SBI：风投起家的全能型券商

SBI 证券公司隶属于日本 SBI 集团，成立于 1999 年，是日本第一家互联网券商。2000 年以后，通过互联网证券成功进军网络银行和保险业务，并开展了其他金融相关服务。目前，SBI 旗下包含 212 家公司，包括金融服务、资产管理服务及生物科技相关业务三大中心业务，形成证券、银行、支付清算系统、人寿保险及非人寿保险五大核心金融业务板块。2016 年，SBI 证券的综合评分位列首位。截至 2016 年 9 月，其账户数已突破 367 万，托管资产达 94 920 亿日元，是日本互联网券商的第一名，远远超过第二大互联网券商乐天的 204 万。

开户流程：SBI 证券的开户流程十分简单，只需线上通过 Web 或邮件将身份证明上传，填写个人基本信息（姓名、性别、出生日期等）和联系方式（电话、邮箱、邮政编码），选择是否同时开设 NISA 账户、住友信托 SBI 网上银行，完成邮箱验证，同意各项规章制度即可完成开户。

产品和服务：作为综合型证券公司，SBI 证券提供一系列丰富的产品，包括：国内外股票交易业务及 ETF 业务，其中国外股票交易涉及中、美、韩、俄等 9 个国家的约 13 个股票交易市场，以及美国、中国、韩国、新加坡的 ETF；信托投资、债权、期权期货、权证、年金、小额投资免税（NISA），以及银行和保险相关业务。

盈利模式：SBI 证券的收入主要来源于经纪佣金、理财收入、保证金贷款的收入、股票承销、募集和销售佣金、交易利润、债券、外汇等业务，占比最高的仍是经纪佣金和理财收入、交易利润，2016 年上半财年的合计占比达 88.1%。

交易工具：SBI 的特色交易工具是 HAPPY SBI，并推出了电脑客户端和手机 APP，并可使用手机在线网页浏览，实现一键下单或取消订单，展示市场信息和新闻、报价等信息，并以多种格式显示，便于投资者做出投资决定。

3. 韩国互联网券商

韩国早在 1997 年 4 月就对《证券交易条例》的相关内容进行修改，允许个人投资者利用数据通信在证券营业厅以外的其他场所进行下单、交易。1997 年至 1998 年初韩国 43 家证券公司中有 36 家开展了网上交易。1999 年，大信证券率先降低佣金，成为韩国佣金卡塔尔成员当中第一个出现佣金率松动的券商。

受益于网上交易的兴起，1998—1999 年，韩国证券市场交易量大幅增长 5 倍。之后，随着韩国互联网用户的增加，互联网交易渗透率的提高，网上交易不断增长。截至 2013 年，韩国证券市场约 80% 的交易是由在线交易完成，而二板市场 KOSDAQ 的网上交易比重更是超过了 90%。

从韩国网上交易发展受益最大的是以 Kiwoom 公司为代表的网络券商。Kiwoom 是一家成立于 2000 年初、由一家软件公司控股的公司，以 kiwoom. com 网站为唯一平台，采用超低佣金策略（自 2005 年一直维持在 0.015% 的水平），清晰的市场定位（20~40 岁的年轻互联网客户），经过短短 5 年，完成了从小型券商到韩国股票交易市场份额第一的大型通道类券商的蜕变。即使是在美国次贷危机席卷全球的 2008 年，Kiwoom 的市场份额也不曾下降，反是创造逆势增长奇迹，突破 14%。

Kiwoom 的超低佣金策略、定位年轻网民、移动互联布局是其取得成效的经验。Kiwoom 在认识到移动端将接替 PC 端成为互联网主力渠道之后，公司在 2010 年和 2011 年先后开发出基于 IOS 和 Android 的手机

APP，基于平板电脑的 APP。随后 3 年间，在网上交易渗透率接近饱和的环境下，Kiwoom 依靠对移动市场的先发优势，成功拿下移动交易市场 30% 的市场份额，位居细分市场首位。

韩国在发展互联网券商之初（1998—2000 年），个人投资者占比超过 75%，这与我国证券市场目前的情况类似。韩国 Kiwoom 模式更适合我国的软件提供商，如恒生电子、金证股份。凭借技术壁垒、超前的科技敏感性，金融科技公司有望从软件提供方、系统搭建方，转型为互联网证券，乃至互联网金融生态圈的整合者，分享互联网金融的成长。

三、金融科技在智慧证券体系的应用

回顾中国证券市场 20 多年的发展，依靠技术提升效率、降低成本是一条证券智慧化升级的主线。在 1990 年中国证券市场建立之初，上交所就选择了电子化交易系统，确立了典型的金融科技应用场景。近年证券行业在云计算、大数据领域也开展了大量前沿探索和应用。沪、深交易所分别于 2009 年、2016 年完成系统分布式架构迁徙；交易所、登记公司更是早在 10 多年前就构建了企业级数据仓库，技术挑战丝毫不亚于任何互联网公司。但在证券行业财富管理等方面仍然存在较大的差距，为金融科技与证券行业的深度融合带来了良好机遇。

1. 大数据解决证券行业的信息不对称

大数据技术与云计算使数据的存储及处理能力快速提升，移动端技术的创新和普及性使得金融服务更加便捷化，促使券商从传统的线下服务向线上转移。移动端的快速普及使得在线金融服务规模高速扩展，已经成了券商提升市场竞争力和用户体验的重要手段。未来券商将通过互联网、智能手机、云计算、人工智能和分布式账本技术来提供金融服务，大数据能够有效掌控投资决策和管理风险，解决证券行业的信息不对称，增强对特定场景的把控能力以及风险识别能力，从而在竞争中占据先机。

当前，大数据分析在我国证券行业还处于劣势。首先，我国间接融资仍处于主导地位，金融业中银行主导的局面短期不会改变，券商在数据量上所占有的资源处于天然的劣势；其次，金融行业实行分业经营和牌照管理，券商能够开展的业务比较有限，很难获得客户多维度的数据，券商数据资源以交易和财务数据为主，这些结构化的数据能提供的信息有限，传统数据分析足以应对；最后，我国金融创新和深化也都处于初级阶段，券商的业务条线仍处于各自为政的阶段，数据共享需要多个层面的协调。因此，严格意义上来讲券商还没有真正拥有大数据，数据量和多维度两个基础条件都不能有效满足。

2. 人工智能的应用推进财富管理

在 Fintech 的技术应用中，人工智能是和证券行业现状最契合的技术，应用也最为广泛。从行业特性来看，证券行业工作模式程序性强，流程清晰，任务明确易分解，通过机器学习计算机也能够较好地模拟人的工作流程。目前人工智能最广泛的应用就是智能投顾。传统的投顾服务对象为超高净值人群，券商投顾通过对客户投资偏好、理财需求、风险承受的全方位了解提供定制化的理财管理方案，收取较高佣金。这个过程中有很多流程其实是可以进行标准化，比如了解客户投资偏好和风险承受能力以及遵循一般的资产配置原则下确定大致的资产配置方向和比例，人工智能可以胜任这一点。进一步地，如果券商深耕投顾领域，积累足够多成功案例数据，就可以进行机器学习，逐渐用机器代替人力，最终实现真正的人工参与度很低的智能投顾。机器参与度的提高将直接降低投顾服务的门槛，以低费率覆盖大众投资者，实现互联网的长尾优势。

国内智能投顾的发展还处于探索阶段。第一，我国金融产品发展程度和美国等发达国家相比有很大差距，现存金融产品无法达到分散金融风险的目标；第二，个人投资者观念比较落后，尚未有资产配置观念，如 A 股市场换手率显著高于其他国家金融市场，长效投资机制尚在建设中；第三，刚性兑付环境下智能投顾提供的价值受限；第四，由于分业经营体制下牌照的限制，证券公司很难覆盖多种资产，无法形成交易闭环，业务开展面临天然的壁垒；第五，监管政策方面，目前代客理财和自动交易受限制，投顾和资管牌照分离情况下对机构投资者的服务涉及多个业务牌照审批，未来无人工参与的智能投顾资格认定需要政策支持。

3. 区块链技术有效解决信用根基

券商的清算结算、经纪业务、风险管理、客户服务等将以大规模的信息处理为基础，区块链和分布式账本技术等有望大幅提升现有金融体系的效率，增加其完整性和安全性。在直接的金融收益驱动下，券商收入利润的来源和重心势必将逐渐转向财富管理、资产管理、投资顾问和融资融券等业务。而券商的资金托管、产品登记、信息披露等流程都有赖于信任体系的支撑。

证券交易活动的可追踪、可追溯和不可篡改性是信任体系的基础，未来去中心化的分布式技术框架将对此构成强有力的支撑。区块链技术基于共识的数学算法，通过技术背书而非中心化的信用机构建立信任，有望低成本、高效率、高安全地解决证券行业的信任问题。区块链技术可运用到证券发行阶段、证券登记与存管、清算与交收等环节。美国纳斯达克交易所已经推出了基于区块链的证券交易系统 Linq，为非上市企业提供证券私募融资服务。美国证监会也批准了一家名为 Overstock 的公司通过基于区块链技术的电子平台销售其自身的股票。

从技术路径来看，区块链直接挑战券商存在的基础，短期券商可能在个别业务条线会引入区块链技术提高交易结算效率，但是涉及业务模式重构的更深层次的变革不会从底层自发产生，而依赖于监管层自上而下的推进结果。比如在 A 股市场的交易采用区块链技术，证券交易所、结算中心、托管银行等中介机构都无须存在。

四、智慧型证券体系解决方案

1. 阿里金融云解决方案

阿里金融云为证券行业提供基于云计算的一体化整体解决方案，主要包括行情/资讯云上架构部署、委托交易云上架构部署、金融类交易所核心云上架构部署三大模块，提供金融级别的合规集群保障容灾和高稳定性，全网接入解决全国客户网络体验的问题。

（1）行情/资讯云上架构部署

阿里云部署的行情/资讯云架构主要应用云服务器、CDN、负载均衡、对象存储等产品和技术，其部署架构描述：一是结构简单，把行情接入和转码服务器部署于金融云，同时使用负载均衡提供互联网访问；二是稳定可靠，多地域/多机房部署（金融云 3 个地域，5 个机房）；三是利用 BGP 网络可以实现一个公网 IP 地址服务于所有运营商链路、所有地域的用户；四是 CDN 能够加速资讯类信息的分发速度，同时也能成倍地降低网络成本；五是可以实现快速扩容云服务器。

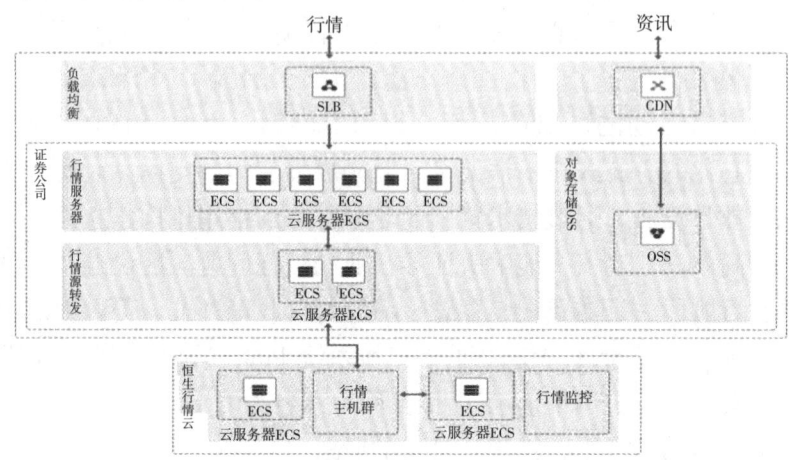

资料来源：阿里金融云平台。

图 2　阿里金融云平台证券行情/资讯架构

（2）委托交易云上架构部署

委托/交易是证券公司最基础的核心，它对网络质量要求很高，同时要必须保证交易时间的稳定性和可靠性。阿里金融云解决委托交易的部署架构：一是多地域/多机房部署提高稳定性；二是把交易接入服务器（和事务处理机）部署于金融云，同时使用负载均衡（SLB）提供互联网访问；三是交易/委托指令通过专线到达核心交易机房（双运营商专线）。专线同时也起到冗余/灾备作用，故障后会把流量自动切换到健康线路（30 秒之内）。

（3）金融类交易所核心云上架构部署

在互联网金融的迅速推动下，金融资产交易呈现井喷式发展，起步较早的金融资产交易所如今已迈入千亿级交易行列，互联网与金融行业的完美结合，让此类平台站在金融创新的前沿。金融类委托/交易它对网络质量要求很高，同时要必须保证交易时间的稳定性和可靠性。部署架构描述：一是利用 ECS 和 RDS 系统实现弹性扩展，以应对预期或突发的性能压力；二是采用成熟稳定的中间件和数据库，系统开发周期短，更稳定可靠；三是云方案初始投资不高，失败后损失小，爆发后扩

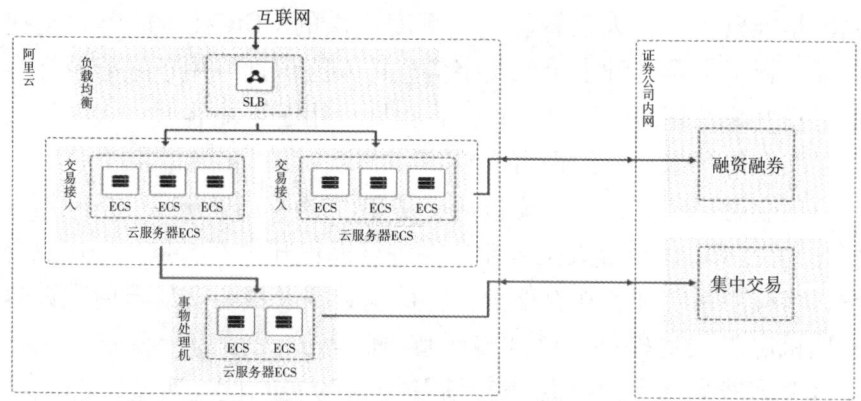

图3　阿里金融云平台证券交易系统架构

展容易。

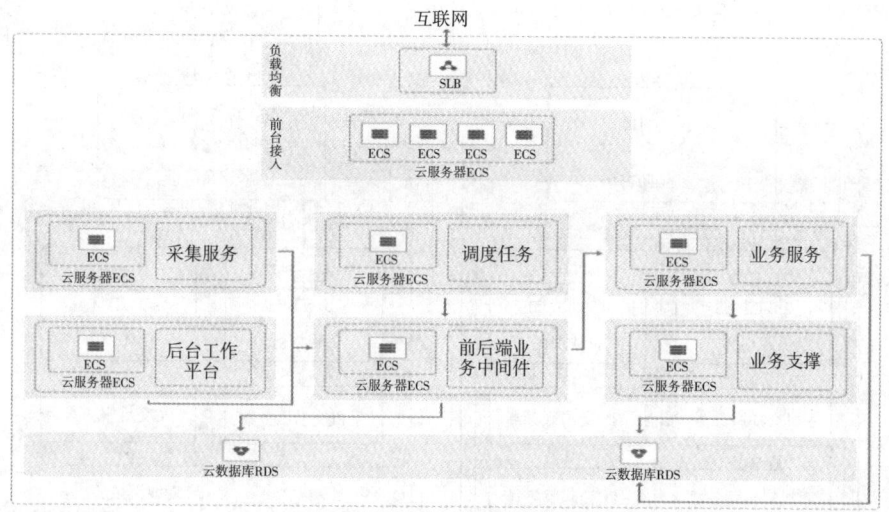

图4　阿里金融云平台证券交易所架构

2. 百度金融云证券解决方案

　　百度金融云平台的核心包括百度生态输出，比如百度大数据、百度人工智能、百度糯米、百度地图及百度在互联网产品测试、性能优化、运维管理等方面的技术与经验。提供大数据分析技术平台及海量用户画像，有助于金融业开展新型业务，降低风险，辅助产品定价及各类金融产品的精准营销。在人工智能上，百度提供的 OCR 技术能够自动提取身份证、银行卡及各种表单的文字信息；人脸识别可用于银行及证券行业的远程开户及用户快速登录；语音识别可用于智能客服、人工客服语音转录文字等场景，节约人力成本。

百度金融云证券系统主要包括交易和行情两大业务：一是利用百度人脸识别、OCR 识别等人工智能技术进行远程开户。二是可采用混合云方案，将应用系统部署在百度云，行情源数据及核心交易保留在证券公司本地机房。三是提供一站式专线服务，客户无须为专线施工花费精力。BGP 多线高速网络，保障行情及交易的实时性。四是资源弹性扩展，应对交易时间的流量高峰。具有完备的安全体系，可防御大流量DDOS 攻击及各类 Web 入侵。

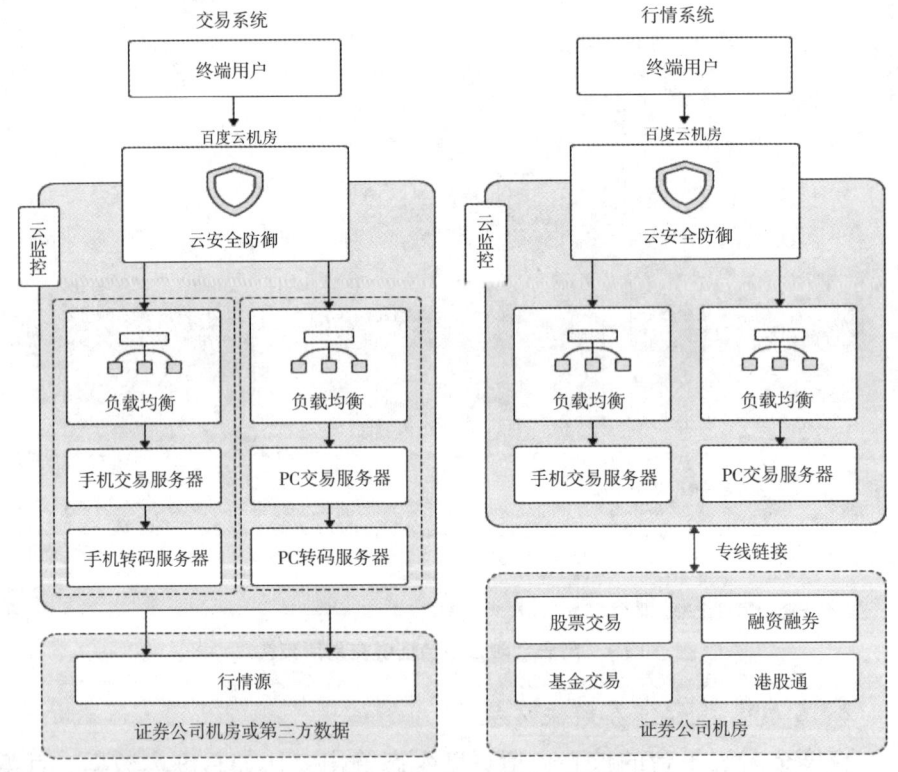

资料来源：百度金融云平台。

图5　百度里金融云平台证券系统架构

3. 腾讯金融云证券系统解决方案

腾讯金融云为证券行业提供一站式解决方案，满足证券行业用户分布广、网络要求高、业务波动大等问题。金融级别的机房提供两地三中心容灾和高稳定性保障，确保证券业务的持续性。高性能基础云产品，从计算、安全、存储、网络等各方面，灵活满足各类需求。专业合作伙伴，为证券客户提供一键使用的证券类应用。腾讯金融云在证券行业的主要应用包括行情系统和交易系统，其总体构架应用部署图如下：

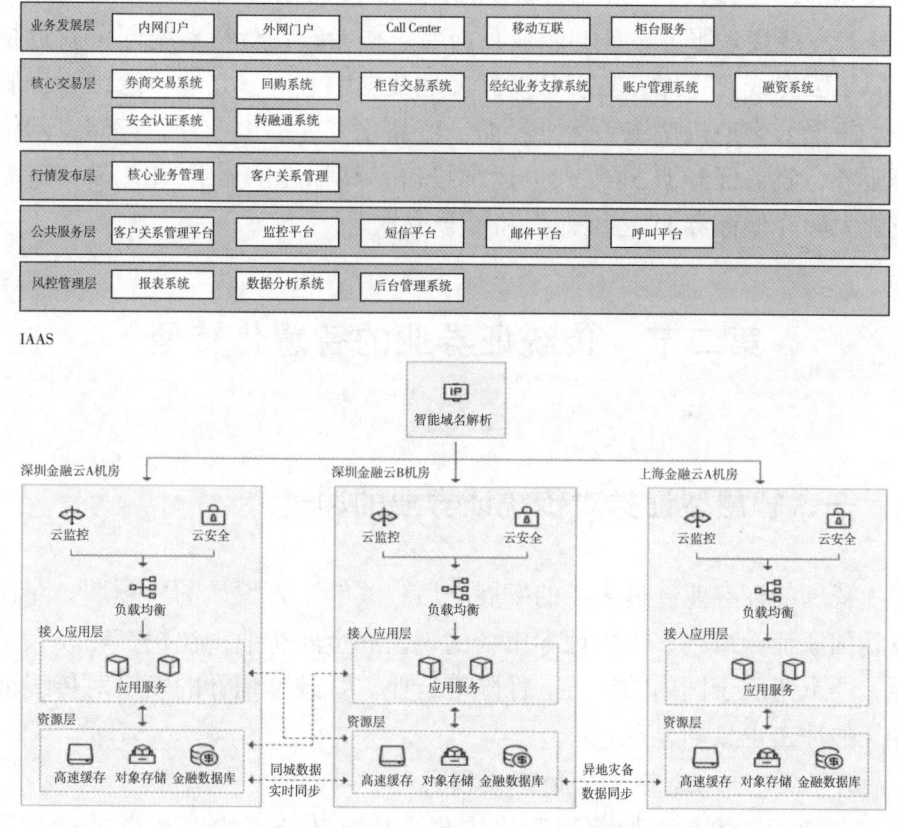

资料来源：腾讯金融云平台。

图6　腾讯金融云平台证券系统基本架构

基于腾讯云平台构建的证券核心交易系统特征：一是建设周期缩短，用户可以按需快速获取资源，加快系统搭建速度，在市场竞争中获得先机。二是节约成本，按使用付费的方式，减少业务扩展的边际成本与时间周期，提升资本市场估值。三是利用腾讯在网络建设、网络优化、安全、大数据处理与应用等方面的能力，帮助证券客户构建海量，高可用服务体系。四是腾讯的社交大数据连接亿万用户，提供开放平台多渠道场景化曝光引流；包括自主可控的金融数据库、人脸识别等创新技术有效支持证券客户进行业务创新。五是分布式架构，提供海量数据和大并发交易的支持。

腾讯金融云构建的行情系统，其特点一是多地布局，提供高质量网络接入。二是云接入与连通性服务缩短建设周期。腾讯云提供高达数10G 的专线接入服务，证券企业只需要一根专线，行情系统即可就近接入腾讯云专线接入点，实现分发到多地数据中心。三是统一运维管理服务。腾讯云多地机房统一运维界面，产品化方式提供计算，存储，网络等服务，收敛证券 IT 运维人员运维接口，高标准的服务 SLA 和快速响应能大幅降低证券 IT 运维人力和资金成本。

第二节　传统证券业的智慧化转型

一、智慧型证券对传统证券业的冲击

我国的证券业经过多年的发展之后，逐渐步入发展的瓶颈期。对比发达国家证券市场，国内证券市场的规模和金融行业占比仍存在较大差距，严重落后于国内的银行、保险等行业。智慧型证券的发展对传统证券业的冲击也日渐显现。

1. 挑战传统经营理念和商业模式

智慧证券体系更加重视用户体验，其业务开展均以客户需求为导向。近年来层出不穷的互联网平台为智慧金融奠定了比传统证券行业更广泛的客户资源基础，显示出强大的数据信息积累与挖掘优势，更加注重平台、渠道和规模建设，能够在短时间内把规模做大，拥有大流量、大数据和大量的账户、客户群。通过提供标准化的产品，展现出规模迅速增加、交易成本迅速下降的特征，并对传统的证券经纪、理财和产品销售都带来了直接的冲击。例如，以"人人贷"为代表的P2P模式则正在绕开券商实现投融资直接匹配，以"余额宝"为代表的互联网理财产品更是直接冲击理财产品市场。

此外，互联网金融也颠覆了传统券商的经营模式。传统券商的经营模式可概括为"客户上门申请——柜员临柜受理"，而互联网证券则是"客户网上申请——总部集中受理"或客户自助办理，由总部客服中心负责业务咨询、办理。这种模式突破了实体网点固定营业时间的限制，实现7×24小时营业，降低了营业网点存在的必要性。因此，各大券商需要对传统的组织架构、业务模式、管理模式、人员分配等进行调整，才能更好地适应互联网业务模式的开展。

2. 打破了传统经纪业务垄断

证券公司是为大众投资者提供股票交易服务的中介机构，经纪服务是证券公司的主要收入来源。据中国证券业协会网站相关数据统计，2011—2016年，我国的证券公司经纪业务收入占总收入比重高于其他类型业务收入。自2013年开始，互联网技术全面渗透券商行业，并快速复制券商经纪业务模式，以互联网证券的形式在市场爆发性增长，给传统券商的经纪业务带来强大的竞争，这也直接导致了近年来传统券商市场佣金率不断下降。根据中国证券业协会披露的数据，2016年证券公司代理买卖证券业务净收入（含席位租赁）合计为1 052.95亿元，与2015年的2 690.96亿元相比，下降幅度超过六成。不仅如此，随着互联网金融以及部分激进券商的冲击，行业整体佣金费率也进一步下降，佣金率由2015年的0.05%下降至2016年的约0.038%。而经纪业务仅仅是冲击的开端，未来，互联网及人工智能技术将会对券商行业各类业务带来更大的冲击。

3. 挑战券商的金融中介地位

金融的本质就是降低交易双方在资金融通过程中，由于信息不对称而带来的交易费用，从而促进双方达成交易，提高社会资源配置的效率。传统证券公司作为证券市场上的交易中介，一直以来的主要作用就是解决证券投融资者之间信息不对称的问题。而互联网和人工智能技术的出现，使得证券交易双方的信息不对称程度大大降低，互联网金融在挖掘信息、融通信息、融通资本的超强能力能够轻易地"秒杀"传统券

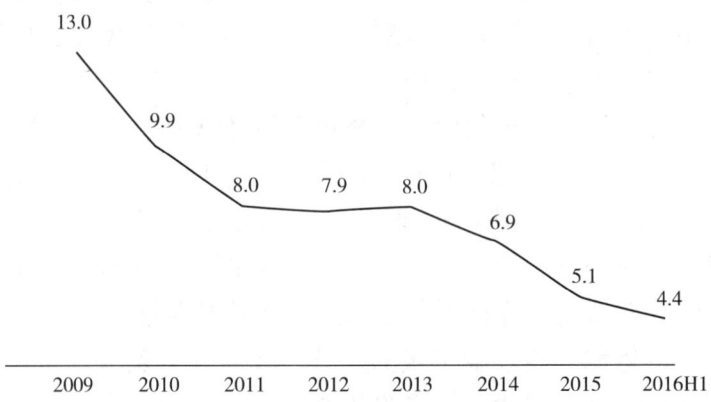

资料来源：中信证券年报。

图 1　证券行业佣金率（万分率）

商，未来证券市场上的股票和债权发行、交易等业务都可以直接通过互联网进行，如 Google 公司在上市时就没有通过投资银行进行相关上市服务，而是应用了互联网金融的创新业务模式，其股票发行更是采用减价拍卖的方式在自身互联网平台上发行。由此可见，券商的金融中介地位已经受到来自智能技术的威胁。

另外，目前国内券商能力与实体经济要求仍差距显著，与银行、信托等金融机构相比，券商长期以来主要在投资和融资领域扮演通道提供者，没有发挥其应该发挥的资源整合、避险等核心作用。作为资本市场的重要参与者，国内证券行业的加速发展和转型势在必行。

4. 倒逼传统券商行业智能化转型

目前，国内券商在传统业务上呈现出低层次、同质化的竞争模式，而互联网券商的出现导致了佣金水平不断下降，牌照垄断的红利时代将一去不返，传统券商高度依赖通道业务赚取佣金的经营模式将不再适应时代发展，行业生存压力正倒逼各家券商寻求更适合自己的方向转型，根据自身所长探索出差异化发展的模式才能走得更远。投资人证券投资倾向互联网渠道，移动 APP 用户数持续增长。我国证券交易以互联网为主，随着非现场开户等政策出台以及移动终端的普及，证券移动互联网化发展迅猛。据易观千帆数据显示，2016 年 9 月，证券服务应用月活跃用户量约为1.3亿，移动端已成为主要发展方向，这也倒逼传统券商向线上业务转型和发展。

二、传统证券向智慧型证券转型的意义及优势

向智慧型证券转型是当前证券业发展转型的必然趋势，从证券自身属性和业务发展来看，证券业转型既对证券行业乃至国内经济发展有至关重要的意义，也有其先天优势。

1. 证券业转型具有重要意义

以证券行业发展较为成熟的美国为例，美国历史上两次重要的经济转型——重工业化、高科技浪潮的背后，都伴随着资本市场的变革与大发展。

美国第一次经济转型：农业经济和以小作坊为主的小工业经济向重工业经济转型。19世纪末20世纪初，美国的钢铁、石油、汽车等重要产业都依托资本市场发生了大量的市场主导型并购。从1895年到1904年的10年期间，每年平均合并301家公司，合并资产为6.9亿美元。重工业部门通过资本市场平台迅速崛起，并在各个领域涌现出一批伟大的公司——美孚石油、通用电气、杜邦化工等。资本市场成功帮助实业完成了重工业化的过程，整合了美国经济，使之成长为全球最大的经济体。

美国第二次经济转型：制造业为主向高科技产业为引领的创新经济时代转型。以纳斯达克股票市场为代表的资本市场、风险投资（VC）和私募基金（PE）对新兴产业的支持作用巨大。美国成为高科技创业者的摇篮，使美国垄断了20世纪最后30年几乎所有的高科技产业，如PC、电信、互联网、生物制药等。尤其是纳斯达克通过制度和技术创新，为新兴产业融资提供了独特的解决方案，为创业投资提供退出通道，造就了微软、英特尔、谷歌和苹果等推动人类进步的世界级大公司。

从美国的经验可以看出，资本市场从两方面推动了经济转型：一方面整合了存量经济以及传统产业，另一方面促进了新兴产业的蓬勃发展。可以说，从长期来看，资本市场配置金融资源的效率远远超越其他

方式。

目前，我国正处于经济转型的关键时期，在某种意义上是美国历史两个阶段的叠加，资本市场对于促进我国经济成功转型意义重大：一是盘活存量，加速并完成我国的重工业化，需要更多地依托资本市场的力量，用并购等手段整合和盘活存量；二是扶持增量，培育战略新兴产业，是我国经济增量的关键，需要更多地运用资本市场的筛选机制来发展增量，提高市场的资源配置效率；三是改革制度，推动包括国企混合所有制在内的体制改革等制度改革，是中国经济转型的基础，需要通过重组、引入战投、整体上市等手段推动。

2. 传统证券业转型的优势

券商是互联网的天然适应者。因为券商提供的商品主要是以数据的形式存在于数据库中，不需要像实物商品那样有配送、运输等环节，其业务属性使其天生便具有电子化、虚拟化和远程化的特征，因此相对其他实体行业更容易与互联网、大数据技术相结合。因此，传统券商应当主动出击，力争赶在互联网对券商行业产生实质性影响之前做出变革，尽早融入互联网金融的大潮。

移动互联成为传统证券业升级的主要通道。由于互联网技术能较好地减小中间成本和信息不对称程度，因此互联网与证券的结合对于市场的拓展起到了十分重要的作用，券商可以升级目前的运营模式，将服务的范围进一步扩大。相较以前的实体网点，网络平台在传播速度以及影响范围方面具有较大的优势，券商对产品的销售可借助互联网的优势，缩小地域限制，扩大和拓宽其营销空间和营销渠道。目前许多券商积极探索非现场开户、搭建网上平台、移动终端产品以及与互联网公司共同成立合资公司等模式，争取成为新的增长点。证券行业与互联网加速融合的发展趋势，也有利于券商优化现有经纪业务和传统的资产管理业务模式。

互联网已成为券商营销的重要渠道。证券与互联网的加速融合，有助于券商扩宽营销渠道，并优化现有经纪业务和运营管理模式，进一步扩大服务边界。同时，网上开户和网上证券产品销售将使得券商的物理网点优势不再明显。佣金率的进一步下降导致新产品经纪和资管业务的地位逐步提升，促使券商经纪业务由传统的通道服务向信用中介和理财服务转型，在不久的将来，网络将成为券商发展经纪业务、财富管理业务的主要平台。当前，传统券商的移动证券用户覆盖率还非常低，即便是覆盖率最高的华泰证券也只有 0.53%，为传统券商"触网"提供了数量巨大的客户资源潜力。

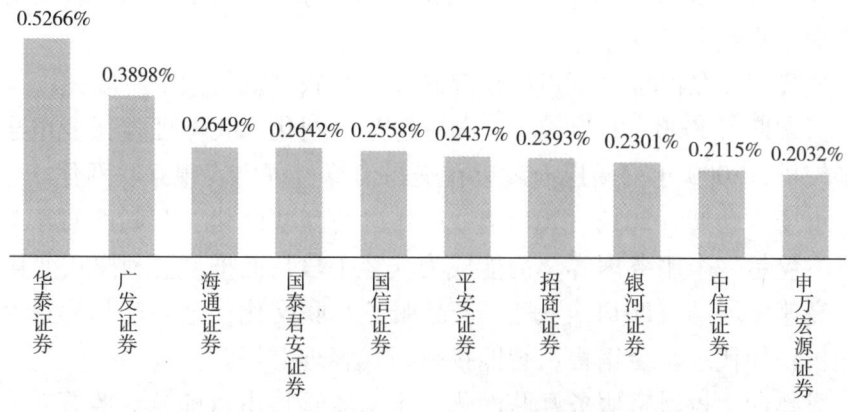

图2 2016 年 6 月传统券商移动证券用户覆盖率 Top10

3. 传统券商的互联网试点

2000 年《网上证券委托暂行管理办法》出台后，我国网上证券业务快速发展，到 2012 年，我国网上证券交易用户数达到 1 350 多万户，年复合增长率达到 13.64%；网上证券交易量占股票、基金总交易额的占比也大幅提升，超过了 90%。2012 年《证券账户非现场开户实施暂行办法》发布，明确证券公司可通过见证、网上为客户开户。2015 年 4 月，中国证券登记结算有限责任公司发布《关于取消自然人投资者 A 股等证券账户一人一户限制的通知》，放开了证券账户网上开户，开始有更多券商涉足互联网证券，探索新的业务模式。截至目前，证监会已分五批核准 55 家券商开展互联网证券试点业务，即国内一半的传统券商已经迈入了"互联网 +"时代，互联网对于证券行业的影响正在持续发酵。互联网证券试点资格的发放意味着互联网券商的发展逐步形成业务规则，相应的监管将更规范。

借助互联网方式，证券公司理财产品销售业务打破了时间、空间限制，理财账户开设数量获得快速增长，产品种类也更加多元化，包括资产管理产品、投资顾问产品、收益凭证、货币基金等。经中国证券业协会统计，截至2016年8月，证券公司理财账户开户数为262万户；参与问卷调查的76家证券公司理财产品销售累计规模达到2 998.7亿元，其中37家试点证券公司理财产品销售规模累计达到2 995亿元，占比达99.9%，试点证券公司在互联网理财产品销售业务方面占据绝对主力。

从我国互联网证券试点的情况来看，大致经历了四个阶段：

探索期（2000—2011年）：交易的互联网化，我国证券行业电子化起步较早，2000年交易层面就以在交易清算过程中实现互联网化。

市场启动期（2012—2013年）：开户的互联网化，互联网对于券商而言不仅是一个服务内容，而能成为获客手段从而推动盈利模式变化。

高速发展期（2014年—）：产品服务互联网化，金融产品通过互联网销售，如代理基金销售、智能投顾、代客理财等。

成熟期：投融资服务互联网化，未来监管将由目前分业监管转向混业监管，互联网证券能够提供全品类金融服务。

目前，我国互联网证券发展已经进入第三阶段——高速发展期，证券行业的产品服务全面互联网化，主要证券金融产品通过互联网销售，互联网证券形成以券商为主导、第三方服务商为补充的格局。互联网证券参与主体为传统券商以及第三方服务商，券商利用互联网改造经纪、资管等零售业务；证券第三方服务商则提供行情资讯、交流社区、投资工具等周边服务。

表1 互联网券商与第三方证券服务商比较

类别	业务	途径	优劣势	成长指标
互联网券商	改造个人零售业务，如经济、资管等。	1. 自建网络平台，为用户提供线上综合理财服务。 2. 与互联网平台合作，导入流量。 3. 入股互联网平台，参与经营。	优势：研究资讯、资产管理、融资以及线下网点服务，在提升高净值客户黏性方面更胜一筹，变现方面有较为成熟和清晰的逻辑。 劣势：流量不足，需借助第三方导流。	转型态度，起步时间，导流能力，研究和资管能力，线下网点规模。

类别	业务	途径	优劣势	成长指标
第三方服务商	行情资讯、社区、智能投顾等个人业务。	1. 提供行情资讯、开户交易、综合金融商城。 2. 低费用投资策略，如智能投顾。 3. 申请网络券商牌照或收购进入券商领域。	优势：流量和数据优势，初期发展速度快，后期将从互联网证券向互联网金融综合平台转变，实现数据变现，未来行业空间巨大。 劣势：研究和资管能力不足。	平台流量、一站式服务能力、研究和资管资产布局以及数据能力等。

随着互联网证券试点的推进，证券行业的竞争加剧，佣金率不断下滑，部分中小券商以逼近万二的成本线，导致经纪业务营收不明朗，试点券商纷纷推出 APP、建立商城、与互联网公司合作，进一步推进了券商行业的整体互联网化。同时，具有互联网使用习惯的 80 后、85 后，逐步成为社会中坚，其财富投资倾向将由银行存款、银行理财、网络借贷，转向股票市场。智能投顾与量化投资初步尝试，利用技术手段降低投资顾问费用，让投资理财在成本上平民化、大众化，进一步助推了券商业务的智能化发展。

三、传统券商智慧化转型案例

2013 年以来，互联网金融在国内掀起热潮，国内券商也加大投入，积极布局，在互联网金融方面进行了许多尝试，并取得了阶段性成果。

1. 国金证券——依托佣金宝转型

2014 年 2 月 20 日，国金证券在国内率先转型互联网证券，其推出的"佣金宝"凭借"万 2.5 佣金率炒股"的无差异佣金战略一炮打响，集合炒股、理财和咨询的"1 + 1 + 1"互联网证券模式，已成为传统券商互联网转型的标杆。

在 2013 年底，国金证券和腾讯签署战略合作协议，双方结成战略合作伙伴关系，在网络券商、在线理财、线下高端投资活动等方面展开全面合作。国金证券第一只"佣金宝"产品在 2014 年 2 月上线，以极低佣金费率吸引了大量投资者转开户，提供在线转签创业板、在线开通融资融券、在线开通港股通等多种便利服务。同时叠加的"金腾通"产品为客户账户的闲置资金提供了投资渠道，盘活资金，成为佣金宝的变现手段之一。2015 年佣金宝闲置资金理财服务对接基金——金腾通货币 A，获 2015 年货币基金市场收益率冠军。

佣金宝	投资宝	投顾宝
行业首个1+1+1互联网证券产品	坐拥六大投资法宝 让财富主动上门	全方位专业投顾服务 助您轻松运筹财富
万2.5佣金率炒股 + 闲置资金便捷理财 + 高品质咨询服务	专属服务人员贴心服务 + 投资咨询轻松获取 + 闲置资金便捷理财	私人订制账户诊断 + 前瞻性专家咨询 + 个性化掘金组合

图 3 国金证券 1 + 1 + 1 业务模式

2015 年 9 月，国金证券又与百度签署《战略合作协议》，由百度向国金证券提供基于大数据的人工智能分析技术，用来进行投资策略和相关基金产品的开发。合作期间，百度主要提供海量数据、大数据处理能力以及人工智能技术，国金证券则主要负责系统策略开发和资金募集工作。2016 年佣金宝入驻百度股市通，并正式上线"理财商城"。

两年多时间内，佣金宝先后推出手机开户、手机极速交易、创业板在线转签、手机端港股通交易、微信服务平台等多项便捷化服务。同时在新股申购新规则出台之后，最先上线新版打新功能，其保姆式的打新服务让中签的股民都能够及时缴款。在推出移动端服务的同时，佣金宝也注重线上线下服务的整合。通过牛人见面会，首席分析师携手牛人金粉，到全国大中城市巡回交流，让普通股民也能享受到面对面的高品质服务。

2016 年，国金证券实现经纪业务收入 17.43 亿元，占营业收入比重为 37.32%；较 2015 年占比下降 13.13 个百分点（2015 年经纪业务收入占比 50.45%）。与之相对应的，是国金证券不断扩大的经纪业务市场份额：2013 年，国金证券代理买卖证券合计市场份额（包括股票、基金、债券）仅为 0.46%，2014 年佣金宝推出后大幅上升至 0.77%，2015 年达到 1.19%，2016 年进一步上升至 1.30%。

2. 平安证券——互推引流

平安证券成立于 1995 年，隶属于平安集团，主营证券期货经纪、投行、资管、财务顾问等业务。平安证券作为首批获得互联网业务资格试点的券商，从资源投入、团队建设和制度搭建等方面加快推进互联网转型，力求为用户提供个性化、一站式的专业理财服务，开始了 3 个关键阶段的蜕变。第一阶段：全面撒网、海量获客；第二阶段：持续海量获客，建设全功能理财账户及一站式理财移动 APP、产品销售及服务全面移动化；第三阶段：全面打造有券商牌照的智能化互联网综合财富管理平台。

一是定位社交化券商平台，抢占高频入口。平安证券发挥证券公司的金融专业优势和交易服务优势，构建以社交网络（SNS）为依托、以金融投资为主题的互联网社交平台。首先是社交化运作，即通过关注、分享、评论、转发、朋友圈、投资小组等基础社交功能，发掘客户的参与感，帮助用户成为自己的基金经理。其次是个性化定位，用户可以自建投资组合，并跟踪、分析组合的收益，同时借助社交网络分享组合配置。用户也可以关注感兴趣的"达人"组合、跟单等，实现投资的社交化、个性化。接下来是投顾开店，通过发展付费阅读、付费服务等商业模式，引入高质量专业投资顾问，通过提供高质量的投资组合、资讯等提升平台访问量。最后则是交易方式的创新，即通过提供内置交易、跟投、实时下单等，发挥平安证券的交易通道优势，为用户提供便捷、低成本的交易服务。

二是全面优化 APP，打造移动证券服务。平安证券全力打造"最佳企业主办财务顾问及个人主办财富管理平台"，并自主研发了集炒股、理财、财富管理于一体的"一站式智能理财平台"——平安证券 APP。APP 聚焦服务、技术和模式三方面进行创新，实现移动端 7×24 小时理财产品交易功能，支持客户在任意时间地点通过微信公众号或"安 E 理财"APP 购买或赎回公募基金和理财产品。对接多家互联网平台，推行万分之 2.5 佣金费率，获得市场强烈反响。2015 年上半年新增客户达 180 万，为过去 20 年累计客户数的 1.4 倍。2016 年 9 月，平安证券 APP 活跃用户同比增长 603%，位居券商类 APP 活跃用户规模第二。合理定位、APP 交叉推荐、新功能开发是平安证券 APP 活跃用户数增长的主要动力。

2015 年底，平安证券营收约为 76 亿元，净利润 24.78 亿元，现资产管理规模达 2 370 亿元。借助集团优势，2015 年共有 83 万平安互联网公司用户迁向平安证券。平安证券加速互联网转型，推进"互联网经济""投行 1＋N"等战略。平安证券在《互联网周刊》发布"2015 互联网＋证券公司 Top100"榜单中以总分 91.93 分的成绩名列榜首，2016年平安证券凭借持续的互联网转型成效和品牌营销表现，南方财经全媒体集团等主办的"金 V 奖"评选获得"最具传播力证券公司"称号。

图 4　平安证券转型战略

3. 中泰证券——抢单问答

2013 年中泰证券谋求移动端转型，通过业务、模式、组织三方面创新支持券商互联网化，针对网络证券业态呈现出的资产碎片化、交易高频化、服务离散化的趋势，积极构建应用场景，打造一站式 O2O 理财平台，以贴心服务帮助客户实现轻松理财。一是利用大数据和移动产品技术，打造移动互联网应用平台；二是大力发挥线上线下相结合、总部与分支机构相结合的运营优势，利用金融科技立体化构建 O2O 体系，提升服务客户和营销推广能力。中泰证券推出的齐富通 APP 运营效果较好，活跃用户数量增长快速，转型效果明显。

中泰齐富通 APP 推出的齐富通答功能，借鉴了打车软件的抢答功能，使得中泰证券全国几千名专业服务人员 7×24 小时即时抢答客户提问成为可能，并特地设计了专业客服兜底服务，确保所有移动端的投资理财类问题得到秒速响应，总部与分支机构相结合的运营优势得到充分发挥。同时创新推出券商 ICC 功能，建立互联网呼叫中心，当用户诉求无人回复时，系统自动转接呼叫中心，保障用户能够实时在线得到服务，提高体验感。

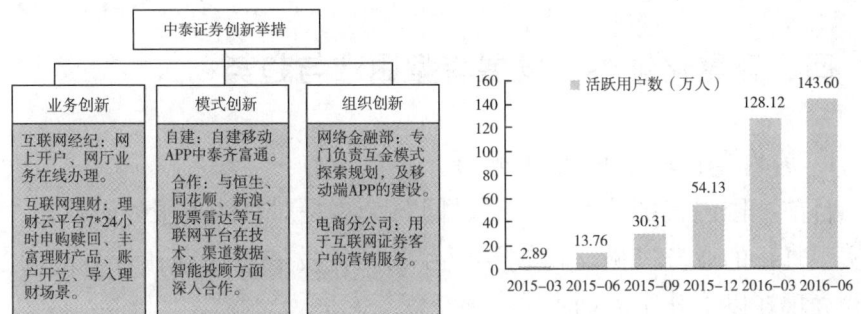

图 5　中泰证券创新举措

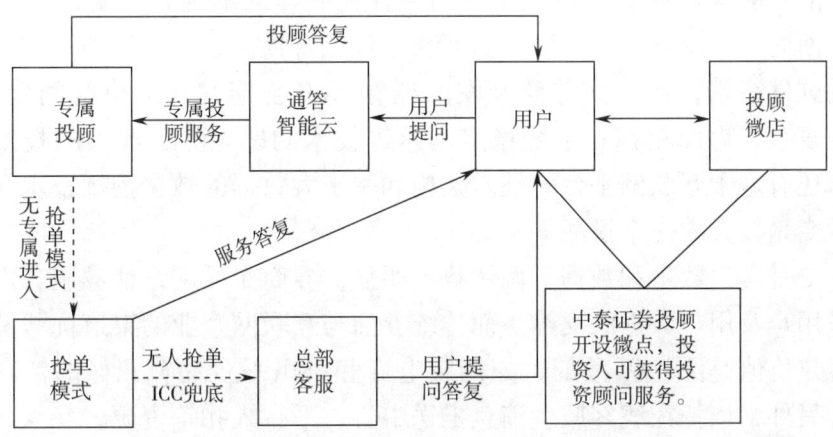

图 6　中泰证券齐富通抢单功能流程

发展智能投顾，弥补服务短板。智能投顾是中泰证券互联网转型工作的又一重点。目前，中泰证券已对机器人投顾核心算法进行了深度研究，并提出了动态 KYC、智能选配以及自学习三大系统，未来中泰证券的机器人投顾系统将开发客户画像系统，根据客户动态变化的风险偏好、风险承受能力，有针对性地提供相应产品，并利用大数据和自学习不断完善客户画像和配置模型，为客户提供择时择势下最适合的产品，充分落实投资者与产品间的适当性管理。中泰证券 2016 年推出的 XTP项目，就是一款为量化投资机构量身定制的兼具高速和个性化等特点的极速交易系统，该系统一经推出便受到了业内多家规模超过 20 亿的私募机构的认可。

四、智慧化证券业发展转型困难与趋势

1. 国内券商转型中的问题

目前，国内大部分券商的"触网"大多是对其线下服务的补充，并未实现真正的业务突破。传统券商互联网化发展中还存在较多的问题，主要表现在以下几个方面：

一是金融科技水平有待提高。相对于具有技术优势的互联网公司，券商的互联网业务试点在技术方面还存在明显的不足。以证券 APP 为例，面向新一轮互联网金融，需要新一代综合性高、便捷性强、交互性好的软件终端，而当前券商开发的证券 APP 普遍存在响应时间较长、操作复杂、界面粗糙、系统稳定度差等技术问题。除了产品的技术不足，还有基于互联网平台的技术架构和基于大数据的数据挖掘技术等也对券商是较大的一个挑战。

二是客户数量和数据资源优势不明显。券商布局网络证券服务需要大量用户及用户数据的支撑。而传统券商与互联网企业的渠道优势和海量客户价值是无法匹敌的，如淘宝电商和腾讯平台动辄几亿的活跃用户。另外，依托在线客服、消息推送中心、平台入扣等资源，互联网公司能实现金融产品服务的靶向营销，这种渠道价值带来的金融服务能力对券商也是较大挑战。

三是过度依赖佣金价格战吸引用户。自 2007 年佣金率放松管制以来，各大券商一直围绕佣金率大打价格战，从 2007 年的 0.3%，佣金率一路下行，2014 年国金证券与腾讯合作的"佣金宝"推出，直接将佣金率拉到行业最低万分之二，这几乎就是网上开户的成本，更有券商以"零佣金"等方式招揽客户。券商的主要业务是经纪业务，而佣金是经纪业务收入的主要来源，不断调低的佣金对互联网券商的可持续发展是一个巨大的考验。

四是业务模式同质化严重。目前几乎各大券商都开设了网上营业厅，也开发了相应的手机 APP 和微信公众号，主要提供远程开户、创业板转签、港股通、OTC 业务办理等服务。但从整体来看，券商当前所提供的服务只是将线下业务简单移植到线上，未能对业务进行更进一步

的创新。此外，目前各大券商提供的服务大同小异，同质化较为严重，未能与互联网公司激荡出创新型的商业发展模式。

2. 券商智慧化转型趋势

在直接的金融收益驱动下，对创新技术和科技手段的重大突破和应用首先也更容易集中在投资管理领域，这是证券行业独到的优势和魅力所在，也决定了证券行业金融科技的实践会成为下一个焦点。未来券商智慧化发展的转型趋势主要有：

一是智能投顾成转型。从成熟度模型和驱动力分析来看，投资管理领域会成为金融科技应用的重点场景。建立在互联网技术基础上的智能投顾，可以利用人工智能，连接现代资产组合理论，分散投资风险，提高资产回报率。智能投顾具有"一对多"的特性，边际服务成本可以忽略不计。由于中国存在数量庞大的长尾人群，智能投顾不仅可以提高服务效率，还能起到普及资产配置服务的作用，使资管服务的对象从高净值人群向长尾用户转移。比如2016年广发证券推出业内第一个证券公司领域的机器人投顾——"贝塔牛"，至2017年2月，"贝塔牛"已拥有30万活跃用户，以月均5万用户的速度增长。

二是投资策略数据化、平民化。在传统证券机构中，投资策略的制定更多是依靠投资专家的个人感觉、容易掺杂主观偏见及个人情绪，因为"羊群效应"，导致失误发生。量化交易以先进的数学模型替代人为的主观判断，从最初的程序化交易应用算法，开始扩展到了人工智能（AI）的全部武器（机器学习、自然语言处理NLP、知识图谱等），从面对结构化数据的证券价格、行情，开始要面对非结构化的文本信息，逐步提高到实时抓取、实时分析计算、实时下单，减少了情绪波动的影响，克服了人性的弱点。市场上量化策略并不少见，但一直属于金融机构"专业玩家"的领域。随着大数据、云计算等技术的成熟，验证策略变得更为简单，量化策略平民化的时代到来了。这些善于使用编程技术的量化工作者，更容易从海量历史数据中，挖掘特有的投资规律，为投资策略多样性做出贡献。

三是证券与消费的双向融合。传统金融的思维模式中，证券机构位于价值链上游，为了业务流程的方便，制定的是"千人一面"的标准化产品，仅能笼统满足投资者的需求，用户只能被动接受设定好的门槛和规则。随着手机的广泛使用，用户的各类使用场景，例如吃穿住行等消费信息，都可以被收集整理。这些海量数据背后对应着一连串经济连接。随着证券机构的前台业务向移动端转移，利用移动互联网的丰富承载能力向用户提供定制化、多元化的资产配置方案和量化策略服务成为可能。

五、传统证券业的智慧化转型发展

传统券商要重视互联网金融对传统金融的冲击影响，积极研究国内外证券行业的发展趋势，引入互联网的思维模式和战略构想，借助客户、数据、系统等各方面资源开展业务。利用互联网快速高效的特点，将传统金融业务和创新业务在线上实现，以低成本支撑业务规模的快速扩张。积极主动地应用网络信息技术，对传统经纪业务的业务模式和服务方式进行创新。在注重前端渠道拓展与资讯服务的同时，也应加强后端系统开发的投入和服务能力的提升，包括账户的全功能建设、平台所搭载的金融产品的丰富，以及投资咨询和信息支持能力的提升。注重加强自主研发能力，积极推进业务互联网化，依托互联网提升服务效率、降低实体网点成本，通过互联网平台向客户提供包括交易、理财、投融资等一站式综合金融服务。随着新业务的不断推出，券商内部各部门之间也应该加强沟通和合作，实现内部信息共享，搭建面向客户的金融产品投融资交易平台。

找准定位，突出优势，提升核心竞争力。互联网企业的优势在于用户和数据，而证券行业的优势在于金融服务与风险控制。券商向智慧化转型需要聚焦在服务上而非简单的获取用户。专业的金融服务能力才是证券行业抵御互联网金融冲击的核心竞争力。目前，我国大部分券商仍然是狭义的"证券电子商务"，即证券的网上委托交易，网络交易平台功能依旧较为单一，仍旧具有较大的改进空间，特别是针对高净值客户的特色服务较少。因此，对于大型券商来说，未来转型可以参考美国嘉信理财发展模式，以中高净值客户群和机构业务为发展方向，侧重于提高客户的附加值。同时，借助互联网渠道进行创新，改良传统业务链条，为客户提供高附加值产品。而对于中小型券商来说，可以充分借鉴日本新兴互联网券商的成功经验，与传统银行或互联网企业开展跨界合作，创新服务方式，以轻资产方式获取增量客户，客户群可以定位以大众客户、长尾客户为主，并通过互联网延长服务链条，并在此基础上重点突破中高净值客户。

应注意到网络金融只是券商营销渠道的一种创新，互联网金融的本质还是金融，互联网只是业务办理的渠道和载体。证券公司应发挥自身优势，做好其金融的本职，这样才能既受益于互联网的发展，又发挥金融的优势。专业能力仍然是传统金融机构应对互联网金融挑战的核心竞争力。证券行业要突出自身专业优势，构建综合服务能力，提供高度专业化、定制化、组合性的金融服务，充分发挥投资银行作为投资中介、融资中介、交易、托管和支付结算的本质属性和业务职能。同时，证券公司应利用自身优势建立与银行、信托、基金、互联网等行业的合作关系，充分发挥各方优势，维护交易市场的良性竞争和稳定。

以客户需求为导向，提供全价值链的金融服务。以客户为本是互联网战略的精髓，庞大的客户群体是互联网经济的重要根基。证券公司互联网化需要从根本上转变定位的思路，加大对客户需求的挖掘和分析，通过数据挖掘充分了解客户的真实需求，从全产业链的角度服务于用户，为用户提供高价值的金融服务，才有可能逐步将用户转化为客户，进而转化为融资客户、资管客户，不断提升转化，实现增值。同时也要注重提升传统业务的服务水平，让金融服务更加透明，最大限度地减小信息不对称和中间成本。另外，随着客户需求的多样化和差异化，意味着能够同时为客户提供包括投融资、咨询等一揽子服务将成为未来券商有效提升客户体验度和喜爱度的重要能力，这也是未来各家券商能否成功将用户转化为客户的重要抓手。要达到这一要求，证券公司需要对原有组织模式进行重构，加强公司内部各业务条线的协作，提升现有业务的附加值。随着未来随着竞争的加剧，券商的服务能力和专业人才将成为其整体竞争力的核心体现。

建立全面的风险管理体系。对于传统的证券行业来说，券商主要涉及的是操作风险，较少涉及信用、市场等财务风险，因此，传统的券商风险管理的主要手段和工具是流程监控，对风险管理人员的要求主要是熟悉业务。随着券商的不断互联网化，各类创新业务不断出现，尤其是对于融资类和销售交易类业务，券商业务开始涉及大量的信用、市场风险。对于这类业务，承担风险是获取收益的前提和手段，传统的风险管理模式将不再适用。因此，券商需要从风险管理目标、工具和人才等方面实现全面转型。

综上所述，传统券商能否把握住新兴产业发展所带来的行业机遇，服务一批在未来经济增长中快速崛起的企业，决定着自身未来的发展前景。面对新的竞争环境与挑战，证券业必须积极应对，转变传统金融业务的经营理念，顺应互联网时代的商业逻辑，加快互联网技术手段和互联网经营理念在经纪业务、投资理财、产品销售等方面的应用；加强网络金融平台、实体渠道和投资顾问队伍建设，强化网上网下有效结合，提升全方位营销服务能力；充分发挥投资银行的优势，提升专业化、综合化的服务能力，发挥资本中介在中国经济转型中的重要作用。

第三节　互联网证券新业态

一、第三方证券服务平台

1. 第三方证券平台的兴起

第三方证券服务商是以证券信息服务为核心的互联网公司，在各类行情软件、股票交流软件、投资社区、财经资讯、电子商务和第三方支付平台等领域发挥其流量优势，在缺乏证券、基金管理牌照的情况下，通过获取证券投资咨询、基金第三方销售等低门槛牌照，加强与传统证券经纪机构的合作，对券商/基金的开户、理财产品销售进行导流，逐渐形成的互联网证券新型业态模式。

近年来，随着移动互联技术的日益成熟，以及"一人多户"推进聚合交易的发展，第三方证券服务商的已进入多寡头垄断。据易观千帆数据统计：2015年在前二十名证券服务APP中，传统券商数量只有5家，占比25%，而第三方证券服务商占15家，占比75%。第三方证券服务商呈现以同花顺、大智慧、东方财富网为主导的市场格局，形成证券的聚合交易、财富管理、理财产品综合性的营销平台。

第三方证券服务商的长足发展，与牌照监管有直接的原因。证券行业乃至金融行业的业务布局多以牌照为出发点，并未对各牌照业务之间的融合通达进行梳理。过去几年，券商多在市场套利机会中运作，并未以客户需求和证券业务为根本出发点来考虑自身业务定位。但显然，监管与市场间的套利机会只是阶段性的，券商考虑长远发展必须走出监管套利思维而进行战略转型。在套利模式转型中，第三方证券服务商以自己在互联网领域的信息交流、行情转发、社会媒介等优势，积极布局证券业务。

与此同时，互联网科技公司与传统证券业的合作不断紧密。仅以2016年为例，华林证券与新浪围绕金融社会、大数据产品开发及品牌推广等方面开展合作，中投证券与腾讯在网络经纪、投资顾问、理财产品、股权众筹、智能投资等领域合作，首创证券与知牛财经在直播平台、开户、在线投教等方面达到合作，长江证券与奇虎360在证券信息技术安全、线上服务系统、产业基金等方面开展深度合作，申万宏源与百度共同开发信用预警模型。

2. 第三方证券服务平台的基本模式

从国内第三方证券服务平台的发展路径看，互联网证券发展的基本模式已经成熟，即线上引流、建立客户粘性、产品销售变现、形成开放式的证券交易服务生态体系。

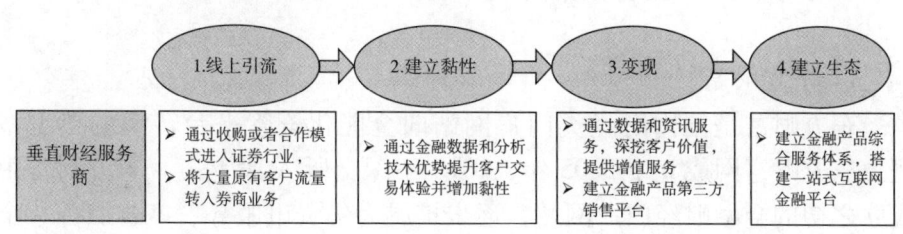

图1 第三方证券服务平台基本模式

（1）第三方证券服务商与传统券商最先切入的是经纪业务。首先通过折扣佣金、免费服务等吸引流量，形成规模优势，或与互联网平台合作进行线上引流，为客户提供线上开户转户等服务。

（2）第三方证券服务商通过资讯服务、研究服务、余额理财、线上线下服务等提高客户体验，为客户提供专业交易信息服务，提供理财产品等，建立客户黏性。

（3）随着客户黏性的增强，第三方证券服务商将渗透合作券商的资产管理、自营和投行等其他业务。互联网券商将基于客户规模积累，提供一站式金融产品服务，包括市场及自身的理财、公私募基金、信托、融资融券等资本中介服务。

（4）第三方证券服务商将整合公司各项业务，建立金融服务生态，实现投融资连接，提供面向零售和机构客户的金融产品投融资交易平台，实现金融需求的对接，形成包括 P2P、股权众筹等在内的金融生态。

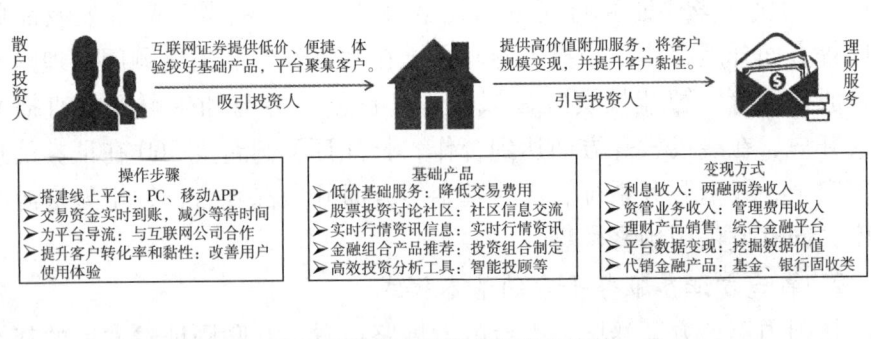

图 2　第三方证券服务商交易流程

二、第三方证券服务商实践

1. 东方财富

东方财富是国内财经类门户网站向全能化资管平台转型的典型案例。东方财富网成立于 2005 年，2010 年深交所 A 股上市。东方财富由成立之初的金融财经门户网站，逐步扩展为集资讯服务、广告服务、金融产品销售，并构建以流量、数据、场景、牌照为核心的生态体系。

（1）打造股市行情互动社区

2005 年 1 月东方财富网正式上线，设有财经、股票、基金、期货、债券等 15 个主要频道，子频道及栏目数超过 150 个，每日更新的上万条最新数据及资讯，为投资者提供了便利的查询，人气逐步提升。股吧日发帖量已经超过 50 万，成为中国最大、最火爆的证券股票讨论专区。

2010年，东方财富在创业板成功上市后，依托东方财富网、天天基金网、股吧三驾马车，围绕上市募投项目持续推进，巩固了垂直财经信息服务商的龙头地位，成功实现了流量导入的目标，成为我国最大的网络财经信息平台综合运营商之一。

（2）从基金代销到基金运营

东方财富旗下的天天基金网2007年就已经成立，初期主要扮演着"引流"角色。2012年政策落地后，公司成为首批获得第三方基金销售牌照的公司之一，开始了基金代销业务的大力布局。自2014年牛市启动，基金销售开始大幅回暖，带动公司销售收入井喷式增长。基金代销业务收入，开始成为东方财富最主要的收入来源。2015年5月，东方财富使用超募资金2亿元投资设立基金管理公司，业务从基金代销扩展到基金运营。

2015年初，天天基金还上线了国内首个私募线上交易平台"私募宝"，东方财富网和天天基金网的用户结构呈金字塔式，上端是高净值客户群，天天基金以线上结合线下的模式，为高净值人群提供服务。2015年初，公司上线中财所，与天天基金共用同一个交易账号，为客户提供丰富且优质的第三方理财的平台，标志着公司的第三方互联网理财平台已经形成。中财所主要销售第三方理财产品，天天基金主要销售公募基金产品等。

（3）布局互联网券商

2015年3月，东方财富成功收购香港宝华世纪证券，取得香港市场券商牌照，成为真正意义上的互联网券商。2015年9月，公司全额收购西藏同信证券，获得A股、港股、美股三类资产配置资质，通过与东方财富通、股吧以及金融数据服务产品的协同，东方财富开始成为国内互联网券商的龙头企业。

（4）强化投顾业务

2015年5月，东方财富以4 000万元增资东方财富证券研究所，用于加大研究所的证券投资咨询业务投入，包括投资顾问业务和金融数据产品的研发、创新和销售等，满足投资者证券投资咨询服务个性化需求，强化公司互联网金融的入口价值。东方财富证券研究所为公司提供专业证券投资咨询服务主体，并为金融数据产品开发提供技术支持。

（5）布局第三方支付

东方财富于 2015 年 7 月投资 2.5 亿元获易真股份 27% 股权。易真股份全资控股的第三方支付企业宝付公司主营业务为互联网第三方支付平台的运营。宝付公司成立以来与腾讯、新浪、完美世界等一线互联网公司、以及 30 余金融机构、电信运营商及 VISA、Master 等国际信用卡组织建立了广泛战略合作伙伴关系。东方财富参股易真股份，打通了客户、银行和东方财富的资金划拨通道。

目前，东方财富网已经拥有基金销售牌照，对接 104 家公募基金，3 763 只基金产品；持有西藏同信证券、香港华宝世纪证券牌照；其互联网证券板块的主营业务包括金融数据服务、广告服务、金融电商、证券服务等，其中金融电商具有高流量、高毛利率的特性，是东方财富支柱产品。2015 年金融电商毛利率高达 93.8%，占东财富营收比重的 83.5%。公司已经形成了如下战略布局：

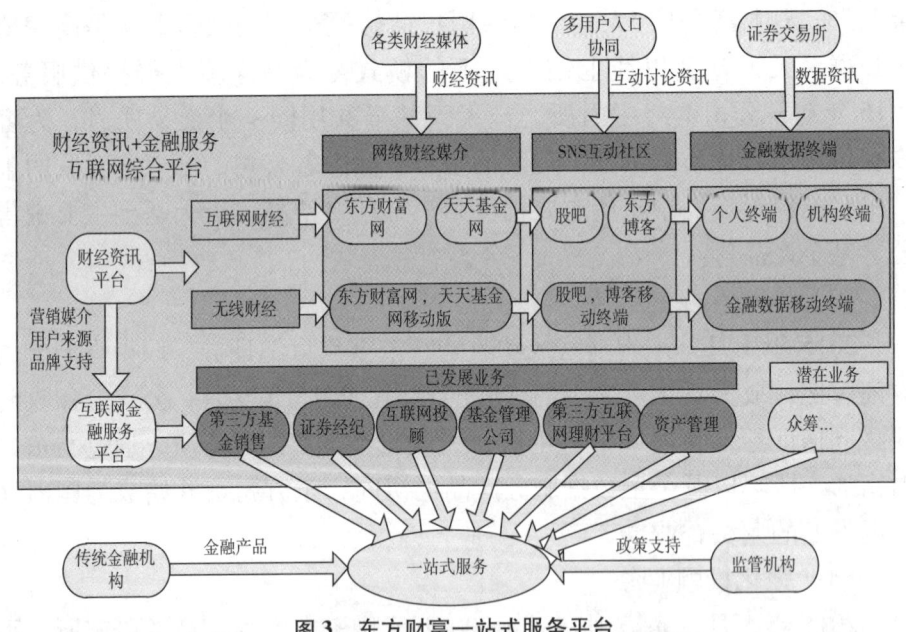

图 3　东方财富一站式服务平台

2. 大智慧

大智慧证券信息平台的前身为上海大智慧网络技术有限公司，该公司成立于 2000 年 12 月，2009 年 12 月整体变更为股份有限公司。自成立以来，公司致力于以软件终端为载体，以互联网为平台，向投资者提供及时、专业的金融数据和数据分析。2011 年在上海证券交易所挂牌上市，主要产品有大智慧 365、大智慧策略投资终端、大智慧手机版等，在行业内具有重要影响力。大智慧上市后的发展分为三个阶段。

（1）金融信息综合服务

2010—2012 年，大智慧的发展定位为打造数据和资讯为一体的国际化金融信息综合服务商。大智慧在成功上市融资之后，在国内业务方面，立足于通过软硬件开发扩大用户规模，开拓机构市场，加大移动终端投入，启动专业财经视频项目；在国际业务方面，收购香港最大的财经信息公司阿斯达克，资讯业务进军日本以及新加坡东南亚市场。2011—2014 年，大智慧花费 8.2 亿元收购 14 家企业，服务范围扩展到基金代销、金融数据舆情、互联网彩票、贵金属交易等多个领域，但数据信息是大智慧投资并购重点业务。

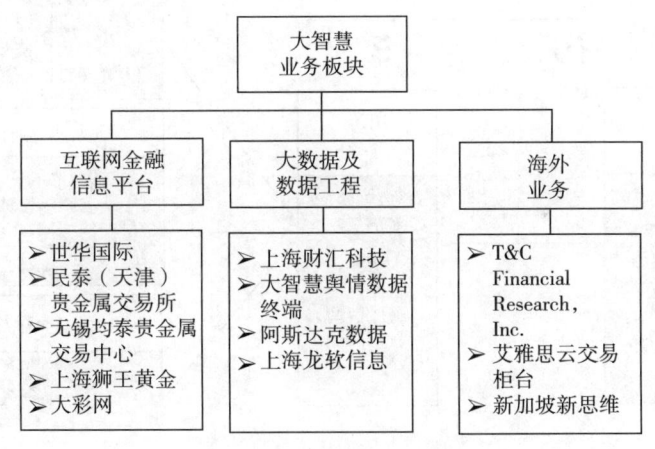

图 4　大智慧业务产品线

（2）聚集大平台实现业务变现

2013 年大智慧发展战略调整为聚焦大平台，推动各方业务变现，开始介入金融信息服务之外的业务以增厚业绩，如彩票、贵金属、化工贸易等。但这些变现路径没有为大智慧带来可持续的业绩，尽管贵金属业务曾一度为大智慧带来不错的现金收益，但却严重伤害了客户以及品牌信誉。

2014 年公司以多年形成的强大的用户平台为核心，以上市三年来公司建立的规模化的数据提供能力和平台服务能力为基础，开展三大内核业务：一是大用户平台，推进在无线移动、PC、网站及视频等方面应用水平，注入有价值的增值业务，努力使平台快速壮大并形成良性循环；二是大数据平台，对金融终端，企业终端，政府终端，数据工程以及交易工程等方面的业务全面推进，使三年以来的开发成果快速地商品化，并形成规模化的产业链及高质量的用户平台；三是金融与投资服务平台，加强适当性管理，向投资者有针对性地提供包括金融信息服务、交易工具、投顾服务及理财服务在内的一系列服务。

2015 年加快向规模化、专业化和一站式的大平台及互联网金融集团转型。加快转型升级，打造以大用户、大平台为基础的互联网金融服务体系，并摸索通过多种方式实现平台价值转化。

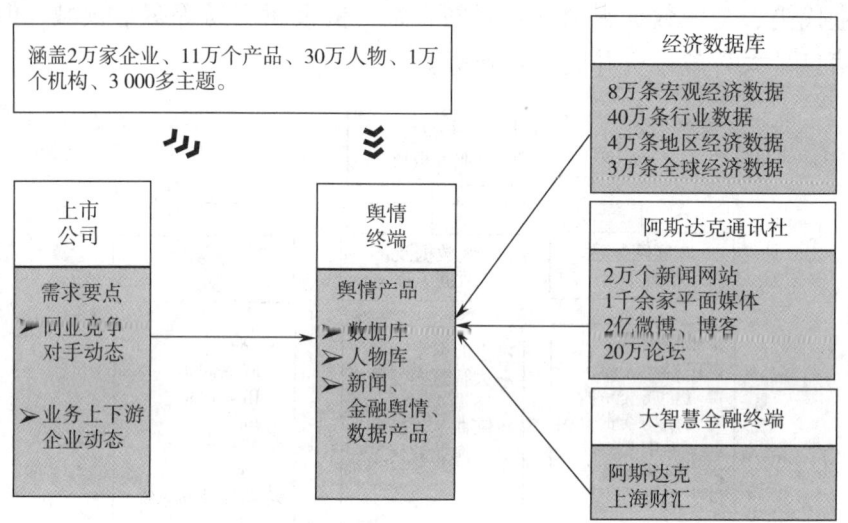

图 5　大智慧综合金融服务平台

（3）"视吧"直播倒逼回归主业

2016 年，大智慧的主要经营聚焦在互联网金融信息服务平台、大数据及数据工程服务、海外业务以及拓展的大智慧"视吧"直播业务。在互联网金融信息服务平台方面，通过核心技术研发和积累，将人工智能、机器学习、云平台和云计算等领域的核心技术成功应用于终端产品，给用户带来更好的智能化服务。

在大数据及数据工程服务，依托大智慧丰富资源，打造财汇金融数据库、大智慧大数据终端、证券风险预警系统和金融解决方案等优势产品。海外业务以大智慧全资子公司香港阿斯达克网络为依托，已成为香港地区最大的金融信息服务商和财经网站，公司在新加坡及日本均收购信息服务商及交易服务商，形成完整的服务模式，有效打通了国际国内投资通道。

大智慧"视吧"直播业务。2016 年，大智慧公司基于智能手机、4G 网络及大数据的技术发展，拓展了大智慧"视吧"直播业务，致力于发展全民主播时代。根据猎豹全球智库 2016 年中国直播类 APP 年度排行榜显示，视吧直播 APP 周活跃渗透率 0.108%、周人均打开次数 44.2 次排名第 13 位。但"视吧"也成为大智慧"烧钱"的典型案例，投入了 16 亿元的巨额资金。但收入仅有 5.53 亿元，远远小于公司投入的各项成本，导致该业务严重亏损，拖累了大智慧集团的业绩。2017 年，大智慧因亏损严重被实施"退市风险警示"，上市公司名字变更为"＊ST 智慧"。目前，大智慧的总市值仅为 90.4 亿元，与同行业的东方财富 471 亿元的市值、同花顺 301 亿元的市值相去甚远。

3. 同花顺

同花顺 2001 年成立之初，定位于行情资讯及金融咨询提供商，数据质量较高，未来数据变现空间巨大，利用自身极强的技术优势，执行平台战略，目前与多家券商合作，流量空间提升明显。

（1）同花顺发展历程

同花顺是依靠软件起家的互联网金融资讯服务商。1995 年 2 月，创始人易峥创办核新软件。1999 年核新软件在国内率先研发成功能与国外完全兼容的有中国自主知识产权的 128 位 SSL 安全代理协议，并推出基于浏览器上的 Web 版网上证券交易行情和委托系统。2000 年，国内最早开展网上银行业务的招商银行选定"核新 SSL 安全代理"为其数据安全加密软件，这是国内银行首次采用国产 128 位以上强加密数据安全系统。

随后几年，核新软件通过增资扩股，得到快速发展。2009 年，同花顺成功登陆创业板，专注于综合金融信息服务领域，个人投资者市场和机构市场。2011 年，同花顺业务发展方向更加多元化，延伸公司产品链，首次提出向投资者教育和基金销售这两个发展方向，创建全资子公司浙江同花顺经济信息咨询有限公司，具体负责公司第三方理财产品销售与服务。

2012 年，同花顺继续坚持信息技术创新，将云参数、语义识别、智能选股等部分新技术应用到产品中；通过深度数据挖掘，并结合量化投资、程序交易等投资方式，开发高端金融信息产品。2013 年，研发了量化交易平台、可变利率下债券定价模型、量化平台的 ETF 高频配对交易等项目。互联网券商平台战略初现，与多家券商合作，提供个性化的交易系统。涉足理财平台业务，基于基金销售业务，推出货币基金平台"收益宝"。基于大数据环境下运用云计算、语义识别、人工智能等新技术开发的财经垂直搜索引擎"爱问财"上线。

2014 年，同花顺发展利用大数据、人工智能来帮助投资的战略初现，成功研发了实现自动交易和风控，可模仿人类投资逻辑，并具有自主学习的"金融大脑"——投资机器人。

2015 年以来，同花顺新战略的两条主线，一是垂直流量入口公司中唯一的互联网券商导流平台，自身不持有券商牌照；二是开拓人工智能投资领域。设立全资子公司浙江同花顺人工智能资产管理有限公司，探索和发展人工智能在金融投资和资产管理领域的创新应用，重点研发人工智能技术，一方面提高效率，保持领先地位，另一方面挖掘发行主动型的管理产品。

据《证券日报》统计，截至 2017 年 6 月，包括同花顺、新浪财经、BAT 等在内的 7 家互联网企业已与 55 家券商合作提供股票开户服务和交易服务，同花顺是最受券商"宠爱"的互联网企业，与 38 家券商达成合作。

（2）主要产品与服务

同花顺业务分为 B2B、B2C 两类，其"网上行情交易系统"主要为券商提供行情资讯的软件开发及维护；B2C 业务包含了金融咨询、数据服务及基金销售业务。PC 端还集合了大数据分析与量化交易功能。目前同花顺总日活跃用户约千万，移动端日均活跃用户约 400 万。依据 TalkingData 监测数据，同花顺安卓设备总覆盖率超过 4%，远超同类软件。

B2B 主要产品是 iFind 金融数据终端，是面向机构用户的高端金融产品。2013 年公司完成"可变利率下债券定价模型""量化平台的 ETF

高频配对交易"等多个项目研发，并运用在 iFind 中。至 2015 年 6 月底，iFind 客户涵盖超过 100 家券商，200 家私募，数十家基金以及各高校，政府机构等，但 iFind 累计带来效益仅为 3 388 万元，其客户主要是其合作关系的券商以及对价格敏感的私募。

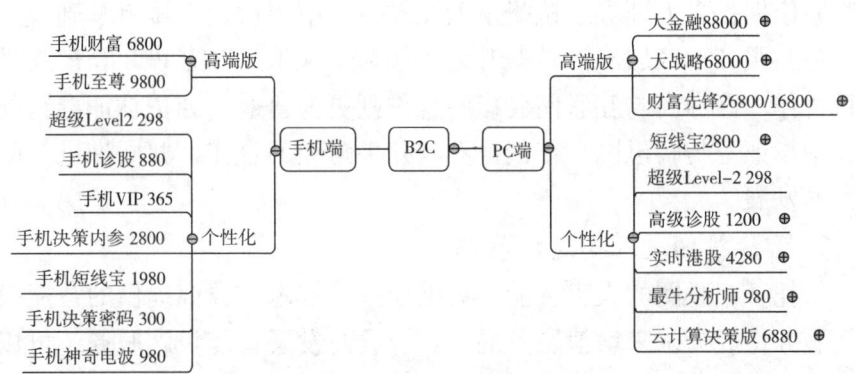

图 6　同花顺 B2C 产品线

投顾平台。同花顺的投顾产品线分为两类，一类是针对中高端用户的收费终端，提供专属的投顾服务，可以通过在线问答、电话咨询、短信邮件提醒等多种方式为投资者提供从资金管理和实时操盘的咨询服务。另一类是针对普通投资者的同花顺圈子。同花顺圈子已和上海证券、齐鲁证券、东吴证券、中山证券、太平洋证券成为合作伙伴，并有望通过 IFind＋爱问财打造 motif 投顾模式，将 B 端的策略通过平台传递给 C 端客户，形成产品提供—C 端客户集聚—更多 B 端用户创设产品的良性循环，增强客户黏性和变现方式。

三、智慧证券服务商发展趋势

1. 券商跨界布局加速

证券经纪机构通过跨界机构的合作，实现证券业务的延伸、产融结合以互联网证券的转型，已成为当前国内券商实现智慧化、多元化发展的重要渠道。2016 年，在业务延伸上，华泰证券以 7.68 亿美元收购统包资产管理项目平台 AssetMark，主要服务于资产配置和投顾服务的中台建设；太平洋证券与加拿大达博奥盛金融集团合作，开拓北美市场、加强跨国投资银行与财务顾问业务；东方财富、中证信、深圳市云兴企业发起设立中证信用云公司，完善公司一站式互联网金融服务大平台服务内容。在产融结合上，国信弘盛、支点创投、广电运通合资设立基金管理公司并成立金融服务产业基金，为金融服务产业项目的投资管理提供判断依据；光大证券、杭州市人民政府、中国铁建在城市基础设施建设、公共服务、区域经济转型升级等领域，采取 EPC、PPP 等模式进行项目合作。而券商与互联网公司的合作则更为普遍，如华林证券与新浪网、中投证券与腾讯网、首创证券与知牛财经的合作，共同推进互联网证券的发展。

2. 智能投顾进入高速发展期

依托于互联网的人工智能、数据挖掘等技术，券商提供的智能投资顾问服务将成为未来增值服务的重点。券商发展智能投顾服务，可以解决证券公司投资顾问与市场需求难以完全匹配的难题，更重要的是，它可以突破时间和空间的限制，更精准地满足客户个性化、多样化的投资需求。智能投顾能够有效减少人工干预，实现标准化客户操作流程，利用模型和算法得出定制化资产配置方案，实现资产自动再平衡。截至2014 年底，投顾机器人行业的资产管理规模已经具有 140 亿美元的资产管理规模，根据知名咨询公司 AT Kearney 预测，到 2020 年，资产管理规模有望突破 2.2 万亿美元。目前，国内智能投顾领域已经进入在起步阶段，已经投入运行的主要类型一是量化选股，如广发证券的贝塔牛；二是基金组合，如平安证券推出的基金组合产品；三是智能定制，如蚂蚁聚宝提供的相关金融产品。智能投顾是未来券商财富管理的蓝海领域。

3. 证券经纪人模式渐成体系

随着佣金的全面放开，移动互联和 O2O 拓客模式的出现，线上获客成本与线下趋于一致，网点 + 经纪人将成为证券体系运行的新模式。据中国证券业协会统计，2016 年底全国证券经纪人数量已达到 8.4 万人，较 2012 年翻了一番，经纪人占比也从 2012 年的 17.1% 上升到 2016年的 25.8%。目前互联网券商吸引更多的虽然是长尾的中小散户，但是随着国内大众收入水平的提高和投资市场的活跃，高净值客户的占比会逐渐增多。经纪人队伍的快速增长，能使得这部分客户与证券公司之间建立起了良好的信任关系。因此，推进证券经纪人队伍的建设，能更好的为这部分客户提供丰富全面的金融服务，是未来券商竞争的主要集中点。

4. 证券业务趋向多元化和差异化

当前，我国券商收入主要来源于通道佣金收入，业务模式相对简单，同时，监管部门长期以来对证券行业的牌照实行较为严格的管理，导致我国券商市场化程度不明显，竞争能力普遍较弱。随着互联网金融的发展，未来我国证券行业将面临重新洗牌的形势，混业经营将成为大趋势，不仅是银行、信托等金融机构将陆续进入证券行业，随着牌照的放开，互联网企业等新型机构也将进军证券行业，进一步加剧市场竞争，证券行业市场化程度将大大提高。2015 年以来，跨界并购已成为多元资本进入证券业的主要通道，如九鼎投资收购九州证券，交通银行收购华英证券33％股权，东方财富收购同信证券。多元资本的进入，进一步削弱了通道业务牌照价值，大金控、产融结合步伐加快，有助于提升行业的集中度。预计经过一段时期的竞争和发展，国内可能会有少数几家脱颖而出的券商不断发展壮大，成为证券行业巨头，而大部分券商将需要根据自身资源禀赋选择更加特色化的发展道路，在某一特定领域发挥自身优势，否则同质化业务模式，很有可能被行业巨头兼并甚至走向消亡。

5. 构建综合性财富管理平台

由于政策监管方面的原因，相较于银行、保险或是第三方支付，证券公司在金融产品交易领域具备绝对的优势，因为只有证券账户才可以实现主流投资市场金融产品的交易。证券公司应当充分发挥证券账户的价值，构建综合性的账户体系。在该账户体系下，以互联网技术为依托，为不同的投资者提供包括在线理财、资产配置、投融资业务在内的综合金融服务，打造综合性的财富管理平台。按照牌照资源、自身业务实力来看，互联网证券机构未来将呈现全能财富型、大众理财型、服务优化型三大类别。

全能财富型：为高净值人群提供综合财富管理服务，金融产品种类丰富齐全，覆盖高中低风险产品。线上公布金融信息，线下综合营业部提供投资顾问与投资人面对面金融服务。参与机构为金融牌照齐全、实力雄厚的大型综合券商。

大众理财型：为大众人群提供理财服务，受制于金融牌照及自身资金实力限制，此类平台为用户提供线上经纪以及收益稳健的中低风险理财产品。金融产品营销、购买交易线上化，同时借助自助服务的 C 型营业厅，降低成本。参与机构为中小券商，主打低风险金融理财。

通道服务型：围绕经纪业务，优化信息技术产品，如行情资讯、提供行情个股预测、社区交流等。以流量和基金等理财产品费用为主，为投资人提供便捷服务来获得核心能力，优势及关键在于保持流量。参与机构为信息外围服务商及互联网公司。

第十二章 智慧保险体系

第一节 智慧保险概述

一、智慧保险体系架构

智慧保险是保险机构应对客户行为模式和服务需求，充分发挥保险科技的力量，使用人工智能和大数据助力保险业实现跨越发展，通过人脸识别和声纹认证技术为客户建立档案，通过物联网、智能闪赔，结合机器深度学习技术，实现保险精准定损、精准定价和智能风险控制，让保险服务变得更智能、更可靠、更创新。随着移动智能设备的全面普及，客户对保险服务需求的渠道越来越趋于便捷，从投保到理赔的全程电子化，将人工智能客服应用于理赔环节，节约90%的客服沟通成本；将区块链保单存储技术应用于保险业务上，保障保险信息安全性及逐步实现智能合约等。

保险行业的智慧化发展一方面是保险科技在保险行业的深度应用，为保险行业的产品设计、保险销售、风险防范、后续服务提供智能化的流程，提高保险保障效率；另一方面是对保险渠道的创新和发展，将保险科技与保险渠道深度融合，建立以互联网为基础的线上保险平台。

智慧保险生态圈主要包括传统保险公司、保险中介机构、保险消费者、保险科技企业、金融投资机构和保险监管机构等主体，不同的主体之间既有其主攻区域，也互有交叉和涉猎。

传统保险公司是市场上主要的保险产品和保险服务提供者，也是目前参与保险科技的重要力量。传统保险公司通过手段参与了保险科技的布局，实现智慧化升级发展。保险中介机构受保险科技影响较大，为寻求在保险领域内的优势，正不断通过加强线上线下服务联动的方式，增强保险客户的黏着度。保险消费者位于生态圈的需求端，供给端的改革和科技的发展将给予消费者更多物美价廉、公开透明的选择，也悄然地改变着消费者的消费行为，使认知风险、紧密沟通、有效交互、主动消费成为保险消费的"新常态"。保险科技企业拓展了保险服务的外延，在寿险、财险、健康险等方面都扮演着"以技术促服务"的角色，通过改变信息采集、分析和使用方式，使服务更准确、更安全、更高效、更直观，如无人机信息搜集、可穿戴设备和医疗服务的结合等。金融投资机构是保险科技生态圈的推动者，既是保险科技的风向标，表明了领域内能够引起资本注意的热点，也是保险科技企业起步的助推器，能够通过充沛的资金、优秀的管理经验帮助保险科技快速起航，步入正轨。保险监管机构是保险科技生态链条的守夜人，同时承担着鼓励、引导和监管的职责，在很大程度上决定了保险科技的健康发展状况。

本章内容以金融科技在保险业的应用为基础，论述传统保险公司、保险中介机构、新型互联网保险机构、互联网电商网站的发展进程。此外，近年来互联网上兴起的"互助"模式也产生了较大的影响，本章也将对"互助"进行揭秘。

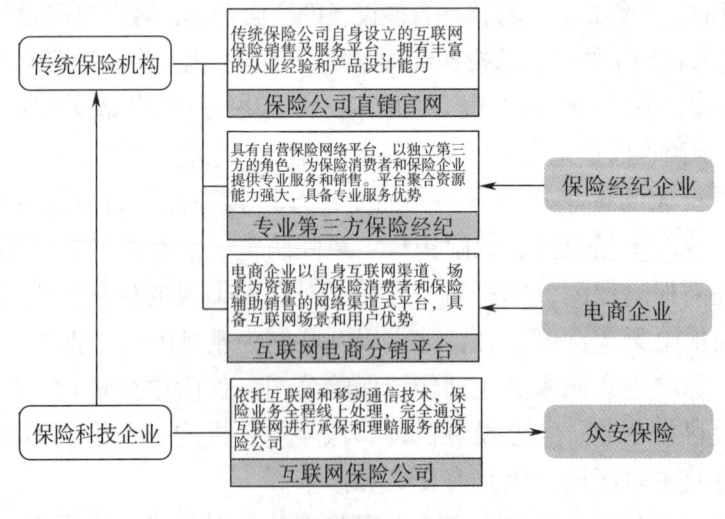

图1 智慧保险架构

二、保险科技的行业应用

保险业的智慧化发展与信息技术变革正在发生共振，将保险业带入一个更广阔的全新发展领域。随着金融科技（FinTech）的发展和应用，保险科技（InsurTech）从金融科技的范畴脱颖而出，许多国家相继成立专门机构或者创新特区。保险科技中的每一项技术都不是独立存在的，产品和服务的创新、运用和发展往往离不开多项技术的糅合和互相渗透。

1. 区块链应用于保险智能合约

区块链传递和储存的信息具有去中心化、开放性、透明性、匿名性和数据不可篡改性等特征。区块链的这些特质减少了供给端和需求端的信息不对称问题，使保险信息的存储更加准确、连续、安全，降低了合同实施可能产生的纠纷。目前，区块链技术在保险领域的运用主要有以下几个方向：一是实现数据和企业的分离，使授权第三方能够对数据进行梳理和分析，尤其是在投保人更换保险公司的场景下，数据连续性的意义更加重要；二是能够用智能合同代替人工合同，订立合约、索赔理赔时通过区块链技术杜绝虚假信息和恶意行为，有利于合同公平地执行；三是能够有效追溯和标记投保标的信息，有助于进一步改进产品，精准评估风险。当然，看似完美的区块链技术在实际应用中仍然存在着技术上的瓶颈，主要体现在耗能大、存储空间不足、处理效率不够等方面，并在可期的未来对保险监管将产生一定冲击。

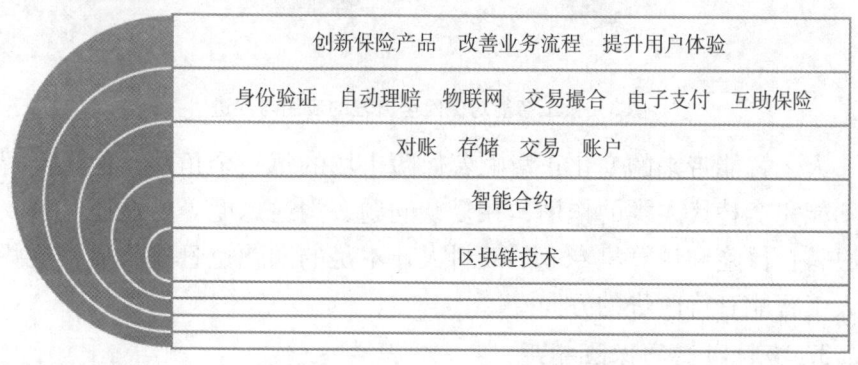

图 2　区块链对保险全流程的应用和促进

2. 人工智能渗透保险全程

人工智能通过计算机的强大数据处理能力和对人类思维方式的模仿、学习，提高工作效率和精度，减少工作中人为的扰动因素。在保险领域中，人工智能正逐步渗透到保险技术的方方面面。

在营销过程中，智能机器人对保险中介的替代可以在一定程度上降低渠道费用、提高营销团队专业性、降低投保人退保率，同时还能够促使消费者在场景中主动思考自身风险，对自身风险进行积极的管理。在核保、承保和理赔过程中，以人工智能为核心的无纸化系统可以减少重复性的人工工作，降低运营成本，加快环节流转，提高正确率，减少保险欺诈。在厘定费率的过程中，人工智能和其他科技技术的结合，能够个性化评估风险，提高精算和实际风险水平的契合度，并使部分过去不可保、不愿保的风险转化成可保、能保、愿保的实际产品，扩大了保险人的服务范围。

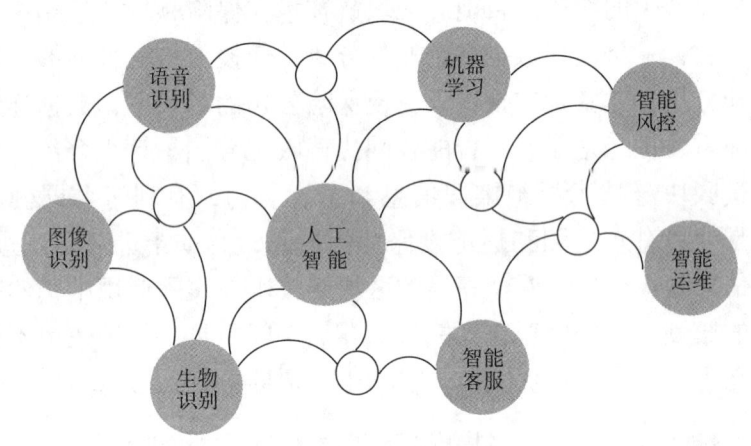

图3　人工智能对保险全流程的应用与促进

人工智能带来的变化正影响着保险市场的每一个角落，但人工智能还不能完全替代人类的作用，在复杂问题、沟通态度等方面还有赖人工解决，且保险和计算机专业的双料人才不足的问题也日益凸显，这些都是人工智能有待改进的方向。

3. 物联网提高保险精度

物联网以互联网为基础，通过传感设备搭建一个物品识别和管理的自动化系统。物联网目前在保险领域较为成功的使用，主要包括车联网和可穿戴设备。车联网通过车辆状况、位置、速度和路线构成了信息网络，实现对车辆的自动化管理。随着车联网的推广，保险公司既可以根据驾驶行为风险进行产品定价，也可以通过消费者的驾驶里程进行定价。车联网有助于打破传统"保险随车走"的模式，创新"保险从人、保险从用"的方式进行费率厘定，使保险定价更为精准、风险管控更加到位、信息不对称得到控制、理赔成本逐渐减少，也能使消费者拥有更多的选择，创造车险市场的细分子市场。

可穿戴设备在医疗上的使用是物联网的另一大亮点。可穿戴设备对被保险人健康的管理，实现消费者和保险人的双赢局面，降低发病率和死亡率，减少赔付，并加强了保单主体间的联系，无形中提高了客户对保险人的品牌忠诚度。除此之外，智能家居等方向也是物联网大展身手的领域，智能家居和家财险产品的合作使得家庭风险进入智能化管理时代，在智能家居和移动设备的辅助下，实现事先做好风险预防准备、及时通知户主和保险公司、自动联系援助的一条龙保险服务。

目前，物联网的软硬件还有待进一步的发展。从前景角度看，物联网的运用可能会在一定程度上削减保费，但也有利于助推保险公司进行彻底的改革，跳出"收取保费—进行理赔"的粗放模式，实现真正的风险管理服务的转型。

案例1：车宝

全球最大咨询公司埃森哲（Accenture）发布的《物联网：中国产业转型加速器》研究报告中，认为车宝是"保险业互联网创新先驱"。车宝是国内第一家直接打出 UBI 车险"旗号"的第三方车险平台。

车宝通过多个数据纬度，精准打分驾驶行为。车宝通过智能手机 GPS 和传感器配合软件算法，可以自动获取车辆行驶中的各项指标，量化分析司机的驾驶行为，使驾乘环境更加安全高效。这些行为数据包括车速，紧急转向，紧急加速，紧急制动，驾驶里程，驾驶时长等。通过大数据建模，可以评估车主的驾驶行为，预测车主的风险程度，为实行 UBI 提供技术基础。这些数据可以用于保险公司精准定价。国内首个按里程付费的车险 APP，囊括了车险按行驶里程投保、在线理赔、道路救援服务及安全驾驶等功能，其车险后台直接与中华联合、亚太财产、人保、三星、阳光等保险公司系统对接。

在用户端，车宝用户可能通过手机端关注每日驾驶水平，远离驾驶风险，真正实现文明驾驶、安全驾驶。在文明驾驶期间，车主还可以获得奖励，用于抵扣车险，提高用户的体验。车宝鼓励车主邀请好友加入小组，一人不出险，小组将获得高额车险奖励。

4. 云计算与大数据提升保险效率

云计算具有高效、快捷、数据庞大的特点，使得其可以广泛运用于保险业领域，并尝试解决保险市场的信息不对称问题。在保险领域，大数据和云计算相辅相成，大数据需要借助云计算的高效能力，云计算需要使用大数据的庞大信息，共同解决保险行业存在的客户拓展成本高、产品同质化严重、产品创新性不强、定价不精准、理赔难等问题。

云计算、人工智能和大数据的结合，保险人可以对客户进行类型细分，精准定位客户需求，实现差异化定价和差异化产品。通过使用大数据技术，计算机也通过大量数据的学习和积累，加快对索赔请求的处理，降低失误率，及时识别保险欺诈案例。云计算提高了信息的实时交互性，有利于构建标准化的工作流程，加快了保险的审核、埋赔环节速度。

相对于其他几项技术，大数据技术的运用更为成熟，一旦大数据技术和区块链技术、云计算技术有了更深的融合，能够实现信息的完整迁移，打破保险行业的公司壁垒，实现全行业的提升。

图 4　云计算与大数据双保险流程的支撑

三、保险科技对保险业的改造

凭借物联网、大数据、云计算、区块链、人工智能等技术，保险科技正不断与保险行业融合，推进保险业的智慧化发展。

1. 改造需求获取：卖你所需

互联网技术使得企业可以用极低的成本，实现极大范围的信息交互，便于企业收集到边缘化、碎片化、个性化、长尾化的客户需求。互联网对保险行业的重塑同样是从边缘化、碎片化的需求扩展开来，基于技术创新和成本优势，对需求获取环节进行变革。

在保险类别方面，互联网技术将使保险种类得到大幅扩展。一方面，互联网的应用环境本身就催生了大量的保险需求，需要开发新型产品予以满足，如淘宝退货运费险的横空出世等；另一方面，部分囿于成本因素无法开发却又真实存在的保险需求，如以加班险为代表的小额、高额险种，可能会借助互联网低成本因素逐步显现。这种变化极有可能打破传统保险固有的"我生产什么，你买什么"模式，如何借助互联网去捕捉和满足用户真正的保险产品需求，成为这一环节的核心工作。

在获取方式层面，互联网可从渠道上拓宽保险的使用场景，从技术创新上协助保险研发。一方面，在互联网应用环境里寻找新的互联网场景是保险公司创新产品的主要方向。O2O 的兴起，推动了消费者线上购买服务、在线下实体店享受服务的模式，可能催生资金、人身安全、财产安全、线上教育、医疗、旅游等方面的需求。另一方面，在技术层面对保险业的发展提供支撑。互联网交互技术拉近了客户与保险公司间的距离，便于保险公司针对客户的真实需求快速响应；同时，借助积累的海量数据，验证新需求是否真实存在，优化保险产品的定价模型，提升用户体验。

总的来说，互联网保险实际上正在进行一场以产品的用户体验为中心、替代原有的保险机构研发保险产品为中心的变革，借助互联网，未来更多低价格（甚至零价格）、易传播、简单易操作的保险产品将出现在保险市场，有针对性地解决不同场景下的特定风险，在保险标的、责任范围、保险费率等层面进行差异化定制，从"我生产什么，你买什么"逐步过渡到"你需要什么，我卖什么"。

2. 改造产品定价：同险不同价

保险产品的价格是体现供求关系的一个重要方面。在整个保险产品的开发中，定价或者叫费率的厘定是最为核心的环节之一。一般情况下，保险费率由两部分组成；一部分是根据不同种类保险标的损失概率大小、损失程度高低而确定的纯费率，用于支付损失；另一部分则是根据保险公司经营成本的大小而确定的附加费率，用于支付费用、利润以及意外事件，通常保险费率（毛费率）＝纯费率＋附加费率。因而，保险行业真正的实质是通过聚合大量风险，降低整个客户群的风险溢价，使保险公司需要收取的总保费和客户自担风险时需要做的储蓄产生价差区间。

互联网给保险带来的变革在产品定价环节作用明显。在技术创新层面，大数据和互联网将传统的"一概而论"的精算定价方式替代为差异化的定价方式。保险产品所依据的数据基础发生了巨大变化，量级更大、实时性更强，产品定价面临更为灵活和差异化的挑战，以提高保险理赔的效率。以退货运费险为例，保险公司可以根据每个买家购买运费之后的历史理赔成功次数与投保成功次数的比值决定其保费水平，实现差异化定价；再以众安保险和小米手环联合推出的"步步保"为例，以用户的真实运动量作为定价依据，用户的运动步数可以抵扣保费；再以车险定价为例，车险费率市场化改革之后，定价差异化和产品的差异化将越来越大，而 UBI 的脚步也在临近。未来以驾驶习惯定价，开车加油和刹车的次数、行驶习惯等都会决定保费的高低。

案例 2：Metromile 个性化定价

Metromile 是 2011 年在美国旧金山成立的一家汽车保险机构，它提供的是按里程收费的汽车保险，以改变传统的固定收费模式，让开车少的人支付更少的保费，实现里程维度上的个性化定价。

Metromile 提供的车险由基础费用和按里程变动费用两部分组成，其计算公式为：每月保费总额＝每月基础保费＋每月行车里程×单位里程保费。其中，基础保费和单位里程保费会根据不同车主具体的年龄、车型、驾车历史、驾车习惯等情况有所不同，基础保费一般在 15～40 美元，按里程计费的部分一般是 2～6 美分/英里。Metromile 还设置了保费上限，当日里程数超过 150 英里时，超过的部分不需要再多交保费。

之所以能够实现按里程计算保费，源于物联网等信息技术的应用。车主需要安装一个由 Metromile 免费提供的 OBD 设备 Metromile Pulse，以计算每次出行的里程数。配合手机 APP，Metromile 还能为车主提供更多的智能服务，例如最优的导航线路、查看油耗情况、检测汽车健康状况、汽车定位、一键寻找附近修车公司、贴条警示等服务，并且每月会通过短信或者邮件对车主的相关数据进行总结。此外，Metromile 也为没有加入其保险计划的车主免费提供一款 Metromile Tag 的智能设备，通过这款设备，这些非保险车主也能享受 Metromile Pulse 相似的智能服务。不同的是，Metromile Tag 是通过蓝牙技术实现与手机的连接，而Metromile Pulse 则是通过 OBD－II 端口。同时 Metromile Tag 在功能上也有所简化，例如不能检测汽车健康状况以及实现一键寻找附近修车公司的功能。

Metromile 的创新在于利用最新的物联网技术，突破了传统汽车保险保费固定的模式，为不同的人群提供了定制化的选择，让每个人可以根据自己的风险情况更加公平地支付保费，根据 Metromile Tag 给出的数据，对于每年行驶不高于 8 000 英里的车主来说，平均可以节省 424 美元的保险费用支出。

在成本优势层面，互联网渠道可将保险产品定价中的风险溢价降低到最低，明显消减佣金等附加费用，还原保险产品最真实的价格，使精算环节的价值重新得以体现。同时，互联网公司"出售"免费的产品和服务，然后通过流量置换、广告出售等方式来获取利润，看起来并不是直接由消费者埋单，这可能会成为一些新型互联网保险产品的商业模式。例如一些平台利用推出免费险种吸引大量用户，在这个过程中获取大量数据，数据积累形成规模之后，平台就可以找到新的盈利突破点，来协助保险公司定价、更精准地寻找用户、用户增值付费服务等。

3. 改造保险销售：用户交互

保险销售是互联网保险带来革新最直接的环节。保险机构普遍倚重中介销售渠道，传统保险主要依靠代理人、担保、经纪公司等，中间渠道具有较强的议价权，并获取了较高的佣金费率，这也是制约传统保险发展的因素之一。而互联网对保险行业的改造，不仅体现为广泛获客、降低成本，而且表现为用户交互、数据积累和数据反馈。

在广泛获客方面，互联网打破了传统保险营销渠道的边界，超出了地域、群体和服务的原有限制，充分发挥互联网普惠性特色，实现客户的广泛获取。在降低成本方面，互联网渠道比传统渠道的成本要低廉许多，由于销售成本的降低，以某外资寿险公司为例，其去掉附加费用后设计出的产品保费减半。在用户交互方面，互联网渠道借助用户社群、社交传播等方式，实现了用户的高频次交互，在未显著增加成本的前提下，提升了品牌形象和用户黏性，增强了用户的信任感和忠诚度。在数据积累和反馈方面，互联网的销售渠道逐渐不再是单纯的销售环节，同时承载产品需求、产品动态调整等环节的职责，从而满足用户的个性需求，形成精细化市场增量。

4. 改造后续服务：优化保全与理赔

互联网模式下，传统的人工核保和人工出单正在被集中化、自动化的操作流程取代，集中运营模式使服务效率不断提升、差错率不断降低，保险机构和用户的交互方式更简单、便捷。在保全服务方面，自动化让保险机构的年处理量大幅提升，保险机构正在精减流程环节，避免多次打扰客户，优化系统规则，提高系统自动化率，提升流程效能，以改善客户感受。在理赔服务方面，改变传统公司坐等客户提交理赔申请的服务模式，消费者在报案后保险机构即可启动主动理赔服务。

这仅是开始，互联网技术给保险行业带来的变革需要后端整个运营环节的支撑，使其在互联网保险中得以前置，让运营参与到需求、销售、衔接等过程中，与各个环节彻底融为一体。如业务管理规划和业务流程的制定、产品相关的 IT 系统开发、运营体系人员的思维互联网化等。

案例3：金融壹账通的"智能闪赔"

2017 年 9 月，中国平安集团旗下金融科技公司金融壹账通在京召开"智能保险云"产品发布会，首次推出"智能认证""智能闪赔"两大产品，面向全行业开放。基于全球最前沿的 AI 技术，"智能保险云"以线上线下的交互为特色，为保险公司提供"灵活接入、快速升级、自主开发、全程响应"的智能化服务和极致化体验，全面提升保险行业科技运用水平。

"智能闪赔"是此次"智能保险云"面向行业开放的核心产品。该产品包含四大技术亮点：

一是高精度图片识别：覆盖所有乘用车型、全部外观件、23 种损失程度，智能识别精度高达 90% 以上；

二是一键秒级定损：以海量真实理赔图片数据作为训练样本，运用机器学习算法智能对车辆外观损失的自动判定，只需一键上传照片，秒级完成维修方案定价；

三是自动精准定价：通过主机厂发布、九大采集地采集与生产数据自动回写三种方式，构建覆盖全国，精准到县市的工时配件价格体系，实现定损价格的真实准确；

四是智能风险拦截：构建承保到理赔全量风险因子库，应用逻辑回归、随机森林等多元算法，开发 30 000 多种数字化理赔风险控制规则，覆盖理赔全流程主要"个案"与"团伙"风险，实现对风险的事中智能锁死、智能拦截与事后智能筛查，有效降低理赔成本。

"智能闪赔"是目前国内车险市场上首个投入真实生产环境运用的人工智能定损与风控产品。基于"智能闪赔"技术，2017 年上半年平安产险处理车险理赔案件超过 499 万件，客户净推荐值 NPS 高达 82%，智能拦截风险渗漏达 30 亿。面向全行业推广后，预计为车险行业带来超过 200 亿元的渗漏管控收益，带动 40% 以上理赔运营效能提升。

四、智慧保险构架案例

1. 百度金融云保险系统架构

百度金融云提供了保险业整体解决方案，主要包括底层数据库、核保出单支付等核心业务后台、网络系统及业务前台系统等。其特点一是利用百度 OCR 技术，提高营销员录单及理赔现场信息收集速度；利用百度大数据，降低承保风险、辅助保险产品定价。二是低成本高可靠海量存储空间，可用于保单图片、视频等归档备份。三是提供弹性可扩展架构，保障出单的低延时，静态资源通过 CDN 快速分发，为用户提供良好体验。四是提供专线及 VPN 服务，将数据安全回传到保险公司本地机房。

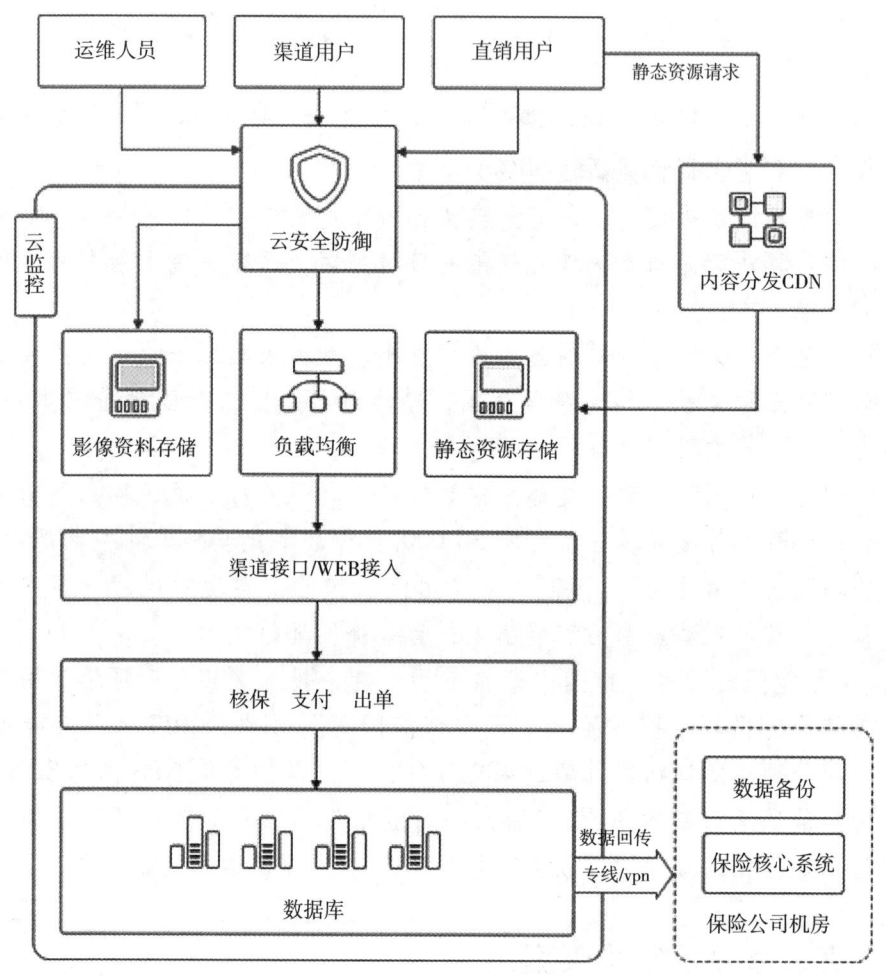

资料来源：百度金融云平台。

图 5　百度金融云保险业解决方案总体框架

2. 腾讯金融云保险解决方案

腾讯金融云为保险行业提供一体化整体解决方案，从保险的业务接入、数据分析、应用服务到公共服务等层面，深入解决保险业务系统布署问题。提供符合金融监管要求的灾备能力，为保险系统稳定性、安全性保驾护航。丰富的基础云产品，汇聚业内最资深专家多年技术积累，灵活满足保险业务需求。

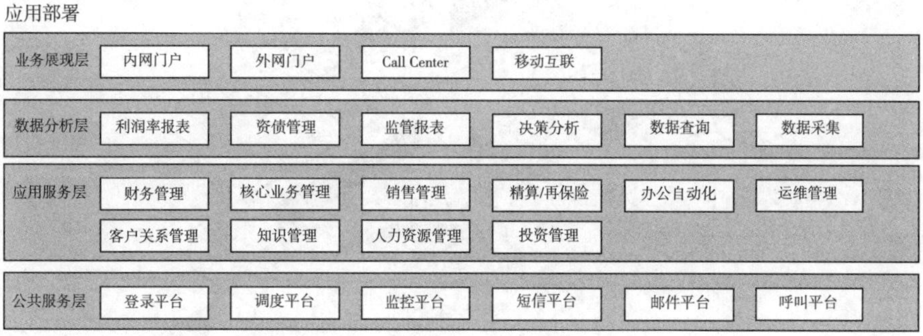

应用部署

业务展现层	内网门户	外网门户	Call Center	移动互联		
数据分析层	利润率报表	资债管理	监管报表	决策分析	数据查询	数据采集
应用服务层	财务管理	核心业务管理	销售管理	精算/再保险	办公自动化	运维管理
	客户关系管理	知识管理	人力资源管理	投资管理		
公共服务层	登录平台	调度平台	监控平台	短信平台	邮件平台	呼叫平台

资料来源：腾讯网站。

图6 腾讯保险行业解决方案应用部署

在保险核心业务系统中，保险理赔业务普遍面临理赔流程繁琐、理赔效率低等问题，腾讯金融云在保险业务解决方案中，一是在线查勘、定损，简化理赔流程。保险公司在接到出险通知后，需要进行现场查勘，而人工查勘效率很低，依托腾讯云提供的一站式视频解决方案，客户能够通过手机端传送的视频和图片数据来确定现场，并且解决延迟和超大并发等访问难题，实现在线查勘、定损，简化理赔流程。二是人脸识别核实客户身份。通过人脸识别技术，能够解决在线理赔或定损时面临的客户身份核实的问题，腾讯优图人脸识别立足于腾讯社交数据大平台收集的海量人脸训练集，准确率达到99.65%，除了人脸核身，在证件识别上也能有效提取信息，优化保险客户信息录入流程。三是电子单据减少人工成本。通过电子单据的方式，能够大幅减少人工成本，提高审核的效率，针对电子单据的存储，腾讯云提供COS对象存储服务，支持无上限容量扩展，拥有完善的鉴权措施，能够保障文件的安全，目前已承载了QQ邮箱超大文件、QQ离线文件等每日十亿级数据的上传下载。

3. 阿里金融云保险解决方案

阿里金融云提供全新的保险云业务架构，包括云平台大数据、开发测试网段、前后应用网段、后台业务网段及外部接入区域，互联网用户

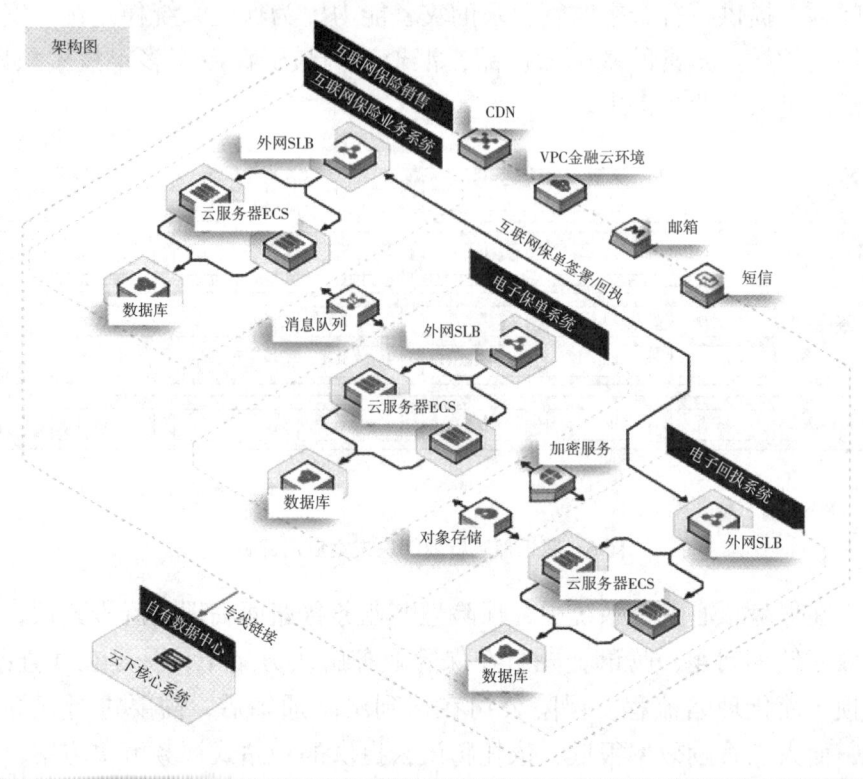

资料来源：阿里云计算平台。

图7 阿里金融云保险业务架构

通过云盾、WAF、安骑士和态势感知系统接入核心架构。其关键系统是业务系统和财务系统，阿里云上有大量的部署参考案例；通过合理的网络和部署规划，在云平台上实现高安全和高可用的规划、方案，包括面向互联网业务的应用体系，非保险相关业务系统的应用架构和部署架构等。

阿里金融云提供的保险解决方案中，电子保单具有突出的特色。通过阿里云上的各类资源和服务，可以快速构建面向互联网的电子保单应用系统，解决电子保单的生成、加密，大规模查询、下载，多渠道向客户送达，客户通过互联网进行查询或验真请求，实现电子保单的智能化管理。

第二节 保险业的智慧化转型与发展

一、中国保险业发展现状

1. 保险功能得到增强

据中国保监会统计，截至 2016 年末，全国共有保险机构 203 家。其中，保险集团公司 12 家，财产险公司 79 家，人身险公司 77 家，保险资产管理公司 22 家，再保险公司 9 家，其他机构 4 家。保险业总资产 15.12 万亿元，全年实现保费收入 3.1 万亿。

2016 年，全国保险业为全社会提供风险保障 2 373 万亿元，同比增长 38.1%，赔款与给付 1.05 万亿元，同比增长 21.2%。其中，农业保险保费收入 417.7 亿元，参保农户 2.04 亿户次，提供风险保障 2.16 万亿元，为 4 575 万户次农户支付赔款 348 亿元。大病保险在 31 个省市开展，覆盖 9.7 亿人，累计支付赔款 301 亿元，大病保险患者实际报销比例在基本医保的基础上提升了 13.85%。城乡居民住宅地震巨灾保险制度正式实施，地震巨灾保险运营平台正式上线，出单数量合计 18 万笔，提供风险保障 177.6 亿元。短期出口信用保险市场稳步放开，为 8.22 万家出口企业提供 4 167 亿美元的风险保障。累计发起设立各类债权、股权和项目资产支持计划 659 项，合计备案注册规模 1.7 万亿元，中国保险投资基金累计募集资金总规模超 1 500 亿元，为"一带一路"、京津冀协同发展、重大基础设施建设等国家战略项目提供资金支持。

2. 中国互联网保险快速发展

中国互联网保险兴起于 2011 年末，2012—2015 年实现爆发式发展，期间保费规模增长 69 倍。2015 年中国互联网保险保费收入高达 2 234 亿元，占保险市场总规模的 7%。随着互联网保险兴起，越来越多的传统保险公司开始加速互联网保险布局，2015 年中国经营互联网业务的保险公司数量是 2011 年的 4 倍，2016 年增加到 117 家，全国保险行业已经有76%的保险公司通过自建网站、与第三方平台合作等不同经营模式开展了互联网保险业务。2015年互联网保费增长率为160.1%，渗透率也从2013年的1.7%到2015年的9.2%。据蚂蚁金服与CBNdata联合发布的《2016互联网保险消费行为分析》，截至2016年3月，互联网保险服务的用户已超过3.3亿，同比增长42.5%。

按照产品结构划分，互联网保险包括互联网财产险和互联网人身险两种。2016年，互联网财产险和互联网人身险分别实现保费收入403.02亿元和1944.95亿元，在互联网保险保费总收入中占比分别是17.17%和82.83%。可以看出，互联网人身险保费收入远远高于互联网财产险保费收入。

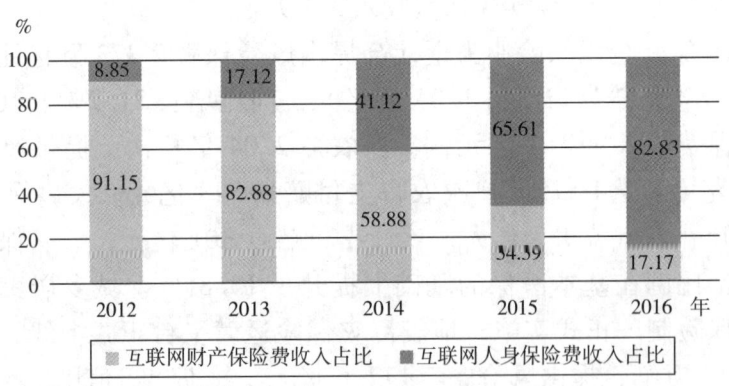

图1　2012—2016年互联网财产险和互联网人身险收入结构比较

现阶段互联网保险高速增长主要基于以下原因：一是国务院和保监会先后发布《关于加快发展现代保险服务业的若干意见》《互联网保险业务监管暂行办法》等文件，规范了互联网保险市场；二是由于理财型保险产品在第三方电商平台等网络渠道上的销售热度继续，同时互联网车险保费收入增速处于一个明显的上升通道；三是由于保险公司对于互联网渠道重视度大增，加大了拓展力度，尤其是中小保险公司转战互联网，寻求新的市场空间。

对互联网保险的监管政策不断完善。2015年7月，《互联网保险监管暂行办法》出台后，互联网保险开始进入规范监管时代，文件对互联网保险经营主体、经营方式、自营网络平台条件、第三方网络平台条件、经营险种、信息披露、经营规则等主要方面均做出了较为明确的要求，为互联网保险的规范提供了依据。2015 年 9 月出台的《关于深化保险中介市场改革的意见》，推行了独立代理人制度，为第三方平台开辟了广阔空间。进入 2016 年，监管政策更加规范和严格，利于行业长久健康发展。

二、传统保险公司的智慧化发展

1. 互联网 + 保险

伴随着国内互联网行业的崛起，传统保险公司纷纷自建官网，销售保险产品，2000 年成为国内保险公司触网的第一波热潮。平安集团上线了 PA18（www.pa18.com），成为国内首家集证券、保险、银行及个人理财等业务于一体的个人综合理财网站，其主要职能为对线下业务的支撑与部分线上产品的维护，主要有四种业务，包括车险、意外伤害险、在线保单查询和代理人业务。

随后，国内保险公司纷纷跟随触网。中国太平洋保险公司 2000 年 8 月 6 日成立国内第一家连接全国、连接全球的保险互联网系统；9 月底，友邦保险上海分公司网站开通，为客户提供线上的售前咨询和售后服务；9 月 22 日泰康人寿保险股份有限公司投资建设的大型保险电子商务网站——泰康在线全面开通，真正实现了寿险的在线投保。

据中保协的数据显示，2011—2016 年，经营互联网保险业务主体从 28 家上升至 117 家。在"触网"方式上，大型保险公司的互联网转型往往集中于自身的渠道建设、牌照争取、服务的线上线下结合等方面，也会和第三方渠道合作。中小保险公司则在险种创新、第三方渠道合作等方面寻找突破点，特别是在人身险领域，中小险企相对更为激进。

与传统保险相比，互联网保险融入了更多的移动互联、大数据和人工智能等技术，在营销上打破了依靠庞大营销队伍的人海战术，通过大数据多维度挖掘分析用户的行为特征，实现精准的场景营销。在运营上打破了传统线下保险的服务效率低下，对保险全程服务进行网络化升级，建立灵活高效的运营机制。在保险产品上，有效避免传统保险的风险识别能力不足总量，对保险业进行风险细分，进行更精准的保险定价。

表 1　　　　　　　　　传统保险与互联网保险比较

	传统保险	互联网保险
市场营销	以人海战术为主，营销效率低下	多维度挖掘和分析用户的行为特征，准确预测潜在需求，实现精准的场景营销
运营管理	客户服务多基于线下模式，人为因素影响服务质量，服务效率较低，客户满意度不高	对客户服务、报案、查勘、理赔等方面进行网络化升级，建立高效灵活的运营机制
保险产品	对大量同质风险进行聚合，风险识别能力较低	对保险业进行风险细分，进行更精准的保险定价

2. 保险直销平台

（1）保险机构线上布局

保险直销平台是指保险公司设立保险电商平台、移动 APP，在业务模式上表现为将线下销售复制到线上，同时利用互联网技术增加线上服务内容，进行保险服务的互联网化尝试。保险直销平台是传统保险机构布局线上保险业务的尝试，除了通过直销平台宣传、销售保险产品外，越来越多的保险机构利用互联网技术推出直赔远程定损等个性化理赔服务，不断增强直销平台的功能体验。

建立直销平台是传统保险机构"触网"的主要方式，目前国内大部分保险公司都已建立了公司网站、直销平台，部分保险公司还推出了手机 APP，实现保险的移动销售、理赔等功能。通过互联网的方式购买保险产品能够摆脱业务员的影响，从而能够自主的购买保险产品，保险的本质功能得到更好的体现。同时短期保险的购买在传统业务流程下难以实现，而通过互联网的渠道可以实现快速比较、下单、支付等一系列流程。

直销保险模式的不足在于线上发展侵蚀线下资源，触动线下渠道利益，引起资源分配冲突是保险企业布局互联网的最大难题，这导致企业触网发展表现束手束脚。保险公司投入较高成本布局互联网平台，但目前主要为原有用户转化，线上新用户转化率处于低水平，互联网化发展遇流量不足尴尬，直销模式使用范围及使用率仍相对较低，保险产品专业与特殊性的要求导致保险服务难以实现服务全部线上，财险、寿险等传统产品承保、核保等环节仍需线下辅助支持。

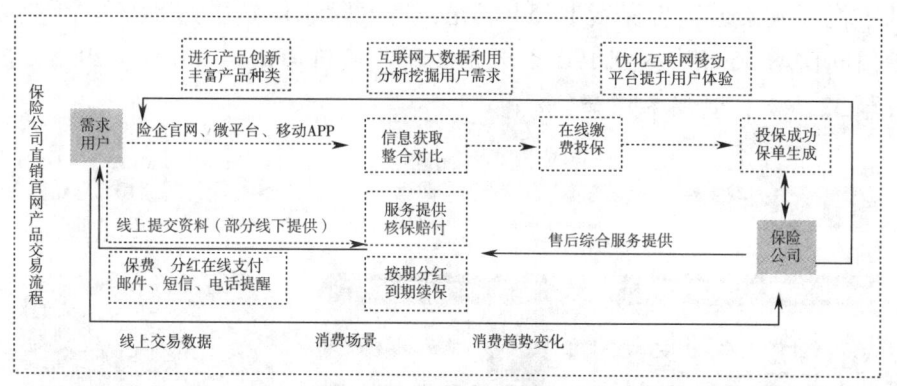

资料来源：易观智库，中国互联网保险发展模式专题研究，2015。

图2　保险公司直销官网交易流程

（2）直销保险案例：中国太保

中国太平洋保险（简称中国太保）成立于1991年5月，是经中国人民银行批准设立的全国性股份制商业保险公司，经营人寿保险、财产保险等多元化保险业务，是国内第二大财产保险公司，仅次于中国财险，也是第三大人寿保险公司，仅次于中国人寿和中国平安。2016年8月，中国太平洋保险在"2016中国企业500强"中排名第52位。

中国太保是国内较早推出直销保险平台的公司。2012年8月，正式推出"太平洋保险在线商城"，2014年1月推出太保生活广场平台。中国太保直销平台整合了集团保险资源，将保险在线商城与生活消费平台"生活广场"相关联，满足了消费者多元化的需求，为平台流量的稳步增长奠定了基础。以"在线商城"＋"生活广场"为大数据平台，可以收集各种用户信息，为公司进一步优化保险产品，改进保险服务提供了决策依据。

随着移动智能设备的普及，中国太保除了布局PC端的直销平台外，于2013年12月正式上线了微信服务账号，2015年发布手机版"中国太保"APP，布局移动端直销服务，提供车险、家财险、人寿险等各类保险产品的展示与销售，客户可以通过微信支付的方式购买保险产品，通过手机 APP 进行自助投保、自助理赔、救援、查询等服务，构建全网渠道的保险生态圈。

据中国太保 2016 年年报，保险业务收入 2 340 亿元，同比增 15%；其中代理人渠道实现保费 1 154 亿元，占寿险总保费已达 84%。新业务价值同比增 56.5% 达到 190.4 亿元，新业务价值率由 2015 年 29.5% 提升至 32.5%，退保率降至 2%。

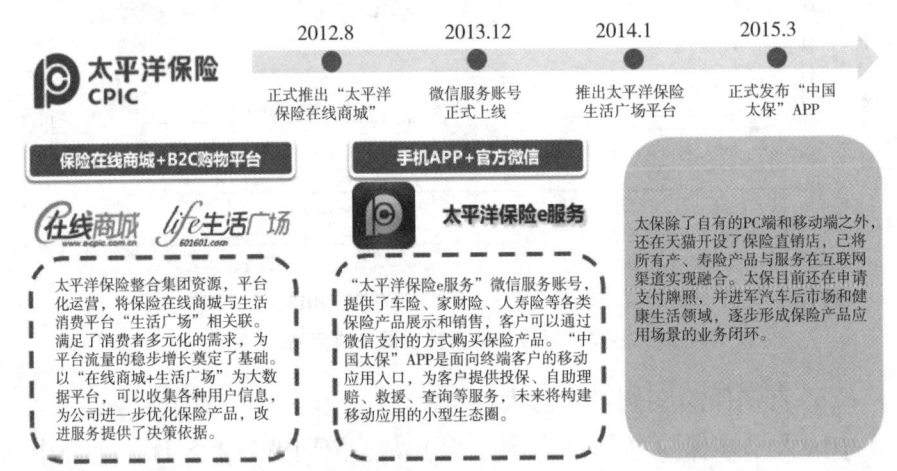

资料来源：易观智库，中国保险市场互联网化专题研究报告，2015.

图3　太平洋保险打造互联网平台业务闭环

（3）传统保险公司互联网转型的挑战

目前传统保险公司的转型也存在着不少的挑战，如测算风险缺乏大数据，组织结构复杂，决策流程长，不适应互联网保险的发展；还有部分公司原有线下渠道利益丰厚，转型动力不强。从保险品种来看，除了部分公司推出了少量的个性化险种外，互联网保险的主力险种均为车险、万能险和短期意外险等标准化产品，同质化问题也比较突出；从运营角度看，大部分公司都只实现了通过互联网完成前端的产品介绍、投保和支付，但是后续的保全、理赔等还要通过线下来完成。总的来说，绝大多数保险公司处于"半互联网"甚至"伪互联网"发展水平，传统保险公司的互联网化程度有待加深。

复制升级原有寿险、财险产品目前仍是传统保险企业产品发展主

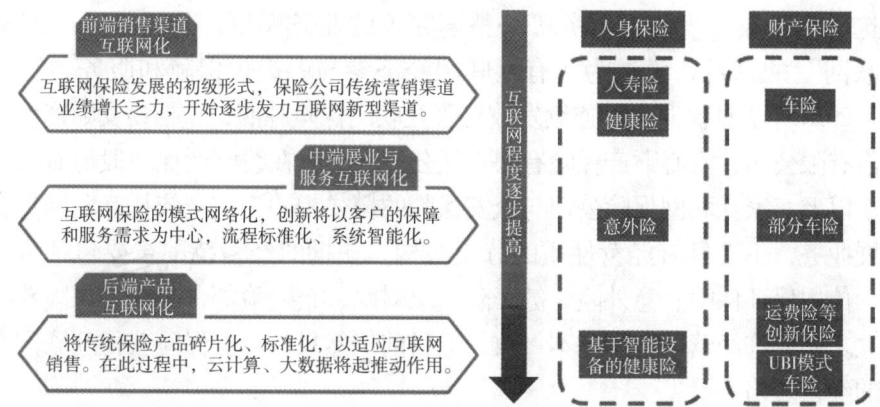

图4 保险产品的互联网化转型

流，产品同质化问题从线下转移至线上，部分企业如平安、泰康、太平洋等保险公司有针对性的对特定领域进行产品创新升级，个性化定制，但总体来看，创新动力不足，互联网创新产品主要动力来自第三方保险机构以及合作平台的促进。

资料来源：易观智库，中国互联网保险发展模式专题研究报告，2015。

图5 传统保险公司互联网产品创新能力的提升

三、互联网保险公司

1. 互联网保险试点运营

2013年9月，我国第一家纯粹的"互联网保险公司"——众安保险成立，注册资本金为12.4亿元，由阿里巴巴、腾讯、平安等国内知名企业发起。它是国内第一家完全线上化的财产保险公司，实现了产品筛选、电子投保、理赔服务等一整套完善的业务模型，公司基于"服务互联网"的宗旨，尝试为所有互联网经济参与者提供保障和服务。

2015 年 7 月保监会又连续发放三张互联网保险牌照，包括易安财产保险股份有限公司、安心财产保险有限责任公司和泰康在线财产保险股份有限公司。以上三家互联网保险公司与众安保险的模式相同，完全依托互联网平台开展业务，不设具有经营性质的分支机构。获批的经营范围主要包括货运险、信用保证保险、意外险、健康险、家财险、企财险等，与众安保险获批成立之初允许经营的范围基本一致，但目前仍然只有众安保险获得互联网车险的经营资格。

表 2 中国互联网保险公司试点

	众安保险	泰康在线	百安保险	其他（易安、安心）
资本组成	阿里持股 20%、平安、腾讯分别为 15%，三家资本持股占比近 50%。	泰康人寿独资成立，中国第一家大型传统保险企业成立的互联网保险公司。	百度、安联、高领资本联合设立的互联网保险公司，持股比例不明。	易安、安心等为多资本参与成立，已获牌照仍在筹建，运营模式暂不明确。
发展动态	至 2015 年 10 月 31 日，累计服务客户超过 3.39 亿，累计服务保单件超过 29.36 亿。	2015 年 11 月正式挂牌成立。	2015 年 11 月成立，旅行健康险、互联网金融险将为业务重点。	仍在筹建中，无进一步经营动态。
产品特点	结合互联网交易场景创新产品是众安特色，但从近期的动作来看，传统产品的深度互联网创新也成为众安产品发展特点。	发布首款"Ai（癌）情预报险"产品，特点是传统产品借互联网技术升级，并增加了与产品相关的医疗服务。	利用百度搜索大数据；结合 O2O 垂直电商平台。	仍在筹建中，无进一步经营动态。

BATJ 携资源布局，成为互联网保险公司重要组成力量。截至 2015 年 11 月底，BAT 企业已经齐聚互联网保险行业，京东也已箭在弦上蓄势待发，以上企业成为互联网保险公司的重要组成力量。随着互联网公司不断深入互联网保险领域发展，互联网保险产品的生态及模式都将发生变化。

2. 互联网保险公司的运营模式

嵌入互联网场景成为互联网保险公司发展的主要模式。社交、理财、购物、美容、餐饮、娱乐等多领域交易互联网化发展，互联网保险公司基于以上互联网场景，联动互联网的参与方，如互联网电商、互联网社交、互联网金融等公司，以及场景消费的个人客户，嵌入互联网背后的物流、支付、消费者保障等环节，创造新的互联网保险产品，并实现保险产品从购买到理赔全环节线上进行。

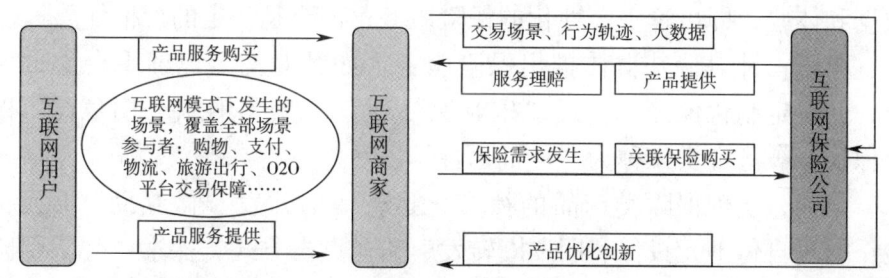

图6 互联网保险公司产品交易流程

产品特征方面，基于纯在线模式，专业互联网保险由客户自助购买，短时间内激发客户兴趣至关重要，因而要求产品简单、清晰、易懂，因此各平台陆续推出基于碎片化场景的创新型保险产品以拓展独立于传统保险市场的增量市场。保费规模方面，目前四家专业互联网保险公司整体保费规模较小，众安保险依托股东资源优势，2016年1～5月实现保费收入10.87亿元，同比增长84%，而安心保险2016年1月开业至今仅实现保费48万元。

3. 互联网保险案例：泰康在线

泰康人寿保险股份有限公司成立于1996年，是一家以人寿保险为核心，拥有企业年金、资金管理、养老社区和健康保险等全产业链的全国性保险公司。目前在个人保险、银行保险、团体保险、电话销售及经纪代理等方面进行全渠道布局，可提供的产品覆盖寿险、健康险、意外险、投连险、年金险等。

泰康在线是由泰康人寿在互联网保险领域打出的第一张牌，上线于2000年8月22日，并于当年9月22日诞生第一张电子保单，2000—2005年，泰康人寿完成了保险电子商务核心业务平台的搭建，整理出整套保险销售体系，包括电子保单、电子批单、在线健康告知、支付平台等。2015 年 6 月，泰康在线财险也拿到获准筹建互联网保险公司的牌照。

泰康在线的互联网化措施有：

第一，网销部门剥离开来独立运作、运营共享。

第二，探索智能设备需求。与可穿戴设备制造商（如咕咚运动）达成合作，开启互动式保险服务"活力计划"，用户通过分享自己的运动数据和体验，即可享受个性化的保险服务，甚至是一定的价格优惠。

第三，针对特殊群体推出保险服务。如针对淘宝电商平台上的卖家，开发定制化保障，上线"乐业保"，涵盖重疾、住院、门急诊等医疗保障，被淘宝卖家称为"电商医保"。

第四，实现保障类产品的社交化运营。如开发"微互助"1 元保险，通过自付 1 元投保、朋友圈转发、粉丝点击方式，探索"你买保险我掏钱"的微保险运营模式。用户只需要用 1 元，就能够获得 1 000 元的防癌保障；分享到朋友圈后，朋友投保 1 元，保额就会提高，直到保额达到 10 万为止。

四、第三方保险中介服务机构

1. 专业代理模式的发展与规范

第三方保险中介代理模式是由保险代理或经纪公司建立网络销售平台，代理销售多家保险企业的保险产品，并提供相关的服务，客户可以通过该网络平台在线了解、对比、咨询、投保、理赔等。

保监会于 2012 年授予第一批互联网保险销售平台资格，诸如慧择网、中民保险网等保险电子商务网站正式获批，标志着中国互联网保险电商进入规范化发展时期。同时，上市公司亦积极参与建立互联网保险在线销售平台，焦点科技、三泰控股、腾邦国际等公司均开展相关布局。

2015 年 9 月出台的《关于深化保险中介市场改革的意见》，推行了独立代理人制度，为第三方平台开辟了广阔空间。意见鼓励专业中介机构探索"互联网＋保险中介"的有效形式，借助互联网开发形成新的业务平台。按照线上线下监管一致性原则，规范电子商务平台等互联网企业开展保险中介服务行为。

保险中介公司积极布局互联网。越来越多的保险代理公司和经纪公司有自己的微信号，还有不少保险中介公司有自己的 APP 开展互联网业务。根据保监会网站显示，截至 2015 年底，保险代理、经纪公司互联网保险业务备案 105 家。不过在 2 500 余家保险中介中，这部分积极布局互联网的目前还只有 4.2%，大部分中介公司还是延续传统业务。

表3   **国内专业第三方保险销售网站基本介绍**

网络平台	第三方网络平台介绍
优保网	国内第一家外资第三方保险平台，其母公司 ehealth 是美国最大的健康险在线投保平台，纳斯达克上市企业。主要险种为意外保险、健康保险、人寿保险。产品实现全国销售，实现电子化保单，最快一小时生效，支持网银、银联、支付宝付款，通过中国电子商务诚信认证。
慧择网	2006 年在深圳成立，产品种类在网络销售的范围内较齐全。主要实现电子化销售的产品有意外险、旅游险、家财险、货运险等。可实现电子化保单，支持网银、银联、支付宝付款。
捷保网	技术支持为深圳安网科技有限公司，2008 年推出，主要产品有意外险、意外医疗险、家财险、部分健康险、保险卡等。网上支付，经营范围全国
E 家保险网	2007 年在上海设立。主要险种有汽车保险、出国保险、意外保险、健康医疗保险、家财保险。实现电子保单，支持支付宝付款。
车盟	总部在上海，成立于 2005 年。经营车险，主要经营范围为上海市，江浙部分城市。在线对比选择获得报价，填写信息，送单收保费。
搜保	于 2006 年北京设立。经营车险，主要经营范围：北京、深圳、广州、东莞、天津。模式为网站＋呼叫中心。车险投保方式为在线选择、获得报价、信息审核制

资料来源：中国产业信息网整理。

2. 专业代理的运营模式

专业第三方互联网保险机构交易模式，起到纽带的连接作用，一边为用户提供尽可能丰富的产品，并衍生出产品优化组合、个性定制、协助理赔等深度的服务；另一边能够拓宽带动传统保险企业的销售渠道，加强产品创新、监督理赔服务，促进传统企业产品、服务的良性竞争，为构建互联网保险的生态环境贡献了较大的力量。

基于大数据进行产品客制化开发成为专业第三方互联网保险机构发

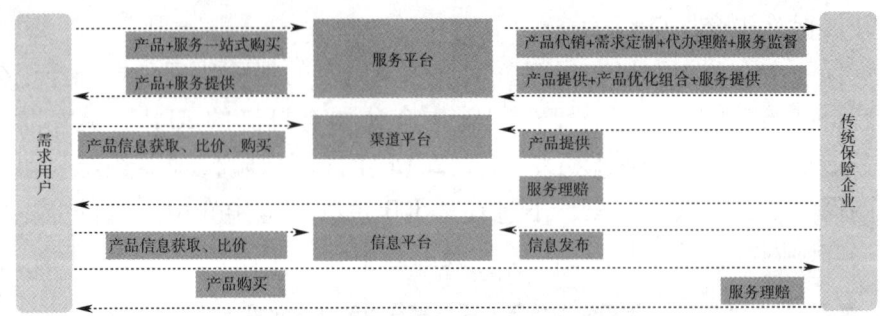

图7　第三方互联网保险机构保险产品交易流程

展特色。在掌握大量用户保险产品交易数据的前提下，根据用户的需求变化进行定制化产品开发已成专业第三方互联网保险机构发展特色，区别于其他互联网保险从业机构，专业第三方互联网保险机构既能够保持传统产品专业的"深度"，又能覆盖互联网保险场景的"广度"。

以蚂蚁金服为例，2015年底正式成立保险事业部，现升级为保险事业群，在整合原淘宝、支付宝等多个电商平台的保险业务基础上，系统地建立综合、开放的互联网保险平台。该平台的定位是做"保险行业的助推器"，通过搭建平台、提供场景，提供保险需求挖掘、数据风控技术输出、理赔体验改善方案、消费者保险意识培育等服务，与保险机构一同推动行业"供给侧改革"，将保险打造为真正的国民服务。截至2015年末，蚂蚁保险平台共有76家保险合作伙伴，包括30家财险公司、37家寿险公司和2家健康险公司以及7家保险中介及代理公司。目前，该平台共提供超过2 000款保险产品，累计服务约3.3亿用户。

然而，由于互联网渠道的特性，可通过在线保险销售/比价平台局限于标准化产品（理财型寿险、车险等）。由于在线保险销售平台的创新仅局限于销售端，在流量、场景、线下服务等多方面均无优势，在整个价值链中议价能力最弱，未来空间有限。

3. 专业代理模式案例——慧择网

慧择网上线于2006年，由保监会批准成立，是首批获得保险网销资格的网站，也是国内成立时间最早、规模最大的第三方独立保险电子商务平台，致力于为个人和企业用户提供包括保险垂直交易、风险评估、理赔协助等在内的一站式保险综合服务。

　　慧择拥有网站和移动应用两个入口，与中国人寿、中国平安、太平洋、安联、美亚等64家保险公司合作，实现系统对接、实时出单，在线保险产品近千款，涵盖意外险、旅游险、健康险、人寿险、车险等险种，并对人群和场景进行细分，采用精选方案、保险品牌和产品排行等方式供用户选择。

图8　慧择网运营模式

　　慧择网定位为"互联网保险服务平台"，提供了销售端的"顾问式服务"，实现"7×24"小时的无间断电话及网络在线客户服务，并推出售后"理赔O2O平台"，满足用户随时上传理赔资料、即时查看赔款进度的需要，满足所承接保险公司的理赔全流程服务需求。

　　慧择网的互联网措施有：

　　第一，顾问式销售服务，建立自己的客户后援中心，深入了解用户需求，为用户提供专属服务。

　　第二，交叉销售及打包服务，一方面结合寿险、健康险、旅意险、财产险、车险进行交叉销售，满足用户基本保险需求，提供定制化产品建议；另一方面，由保险公司提供基本旅行保险产品，在此基础上打包慧择其他衍生服务，如搭配慧择救援与慧择服务，搭配健康险与慧择健康咨询等。

　　第三，黑名单和人机混合双重风控。携手合作的保险公司建立首个业内保险黑名单公共平台，在内部建立"人机混合的风控体系"，在系统内自动筛选出嫌疑对象，再通过人工线下核实判断是否加入黑名单。

第四，打造理赔 O2O 平台，借助慧择平台，用户在住院门诊、航班延误、行李丢失等赔付情况中，只需登录慧择理赔平台，上传资料，就可以收到赔款。

4. 独立代理人模式

2015 年 9 月出台的《关于深化保险中介市场改革的意见》，推行了独立代理人制度，为第三方平台开辟了广阔空间。《意见》里提出要发展一大批小微型、社区化、门店化经营的区域性专业代理机构，形成一个自主创业、自我负责、体现大众创业、万众创新精神的独立个人代理人群体。

推行独立代理人制度就意味着保险中介不再只有大公司，"夫妻店"将扮演重要角色。这也是鼓励保险专业中介机构借助互联网去探索"互联网 + 保险中介"新的业务模式。"独立"的到来将给代理人带来无限的"钱景"，在独立代理人制度已经盛行的美国，他们每年创造五千亿美元的保费，人均产能高达 200 万美元，不到 20 万的独立代理人创造了全美 70% 的保险业务，是我国专属代理人平均业绩的百倍。

独立代理人制度其实质是共享经济在保险业的呈现，一方面将保险产品的销售权共享，交由无固定合同关系的独立代理人（底层的销售逻辑是信任经济和关系链，而非纯商业的价值与使用价值的交换），另一方面也是独立代理人共享给所有保险公司，只要保险公司有推介需求，理论上都能找到合适的独立代理人为其站台，既可解决优秀独立代理人资源稀缺问题，又能保证产品足够曝光，因为足够碎片化后总有独立代理人为其代言。

聚米为独立代理人提供"类 Uber 模式"的支撑平台。聚米网是深圳市慧择时代科技有限公司运营的综合金融推广平台，是深圳市慧择保险经纪有限公司的全资子公司。聚米整合保险产业链资源，推动独立个人代理人制度形成。聚米模式是类 Uber 的模式，Uber 通过一个打车软件将所有闲置的私家车辆调动起来，满足了打车人和车主的双向需求，是共享经济的典型。聚米通过一个平台，将代理人调动起来，重新组织资源和构建游戏规则，将对保险行业产生重要影响。与传统模式相比，聚米模式的优点一是由销售签单导向转变为服务与产品为导向，二是保险销售品牌由单一向多品牌转型，三是产品由拥有多品牌海量保险产品的独立代理人营销，四是能够调动多品牌产品资源发挥代理人作用。

五、电商平台参与保险营销

1. 电商平台抢滩布局互联网保险

随着保险业持续景气及互联网保险蓬勃发展，互联网巨头纷纷抢滩布局。淘宝、苏宁、京东、网易、百度、携程等互联网服务商也开始涉足互联网保险，这些平台普遍具有较大的流量和较高的用户黏性，主要分为如下三类：第一，大型电子商务平台，如淘宝、京东、苏宁易购等，它们纷纷在网站上设置"保险频道"，销售车险、意外险等较为标准化的产品；第二，互联网大流量入口，如百度、新浪、网易等，其中老牌门户网站新浪和网易借助其门口及其他渠道的流量实现保险产品的影响推广，百度则凭借其搜索引擎方面的份额优势以及积累多年的行业数据，通过搜索引擎推广，就足以把许多用户导向"百度金融"，实现成交；第三，行业聚集类网站如携程网、磨房网等，它们通常与某一类保险产品相关，如携程网兼业代理了航意险和旅游意外险等，依靠大流量和场景带动产品销售。

电商平台参与保险的主要商业逻辑为：依托流量优势、纯熟的互联网思维及互联网信息技术优势，实现保费规模迅速放量，将保险打造为重要的流量变现渠道。最初此类保险垂直电商的创立，主要源于用户对旅游、教育等特定渠道的保险服务需求，而这些公司的初创人员更多地来自于互联网行业而非保险行业，网站功能和设计符合互联网特色，在线投保流程优化程度远超保险公司官网的平均水平。随着旅游类、延误类保险的信息普及，"保险类垂直电商"的业务扩展到整个网络上的大众消费者，经过数年的积累和运营，已经培育了多条稳定的业务渠道、一批重视的客户群，成为互联网保险中不可忽视的力量。

2. 电商平台参与互联网保险的主要模式

互联网企业、电商网站参与互联网保险主要有两种方式，一种是以门户、行业分类信息网站为主的基础引流渠道，保险公司利用互联网企业频道资源进行产品宣传展示，将用户引流至自平台交易；以 B2C、O2O 电商平台为主的场景嵌入式渠道，借用互联网交易场景关联保险产品销售。

表4 电商平台+保险的模式比较

	模式	特点	劣势	代表机构
基础引流	仅为网上引流渠道，提供产品展示平台，不参与保险产品销售。	渠道平台流量大，用户多；保险产品丰富便于用户比较	引流渠道，功能单一，互联网场景嵌入式机构的成长使其优势不再突出。	网易保险、新浪微财富和腾讯保险……
场景嵌入	场景带入交易为主要特点，部分获保监会发放的代理牌照，直接参与产品销售，有升级为互联网保险公司的潜力。	与电商购物、理财票务等多网络消费场景相结合，可以根据场景反向调剂创新保险产品。	场景关联销售，服务转移至保险公司，环节衔接问题多发；产品过于依赖场景碎片化发展，传统产品难以植入。	淘宝、京东、去哪儿、携程、苏宁……

场景嵌入式是电商平台参与互联网保险交易的主要渠道。互联网企业、电商网站潜在用户更加多元，除消费用户外也覆盖平台商家，目前购物送险逐渐成电商标配，对于电商平台商家来说是一种低成本营销方式，受到青睐，但缺乏专业保险从业经验、由场景引发的产品碎片化成为互联网企业及电商网站的不足。

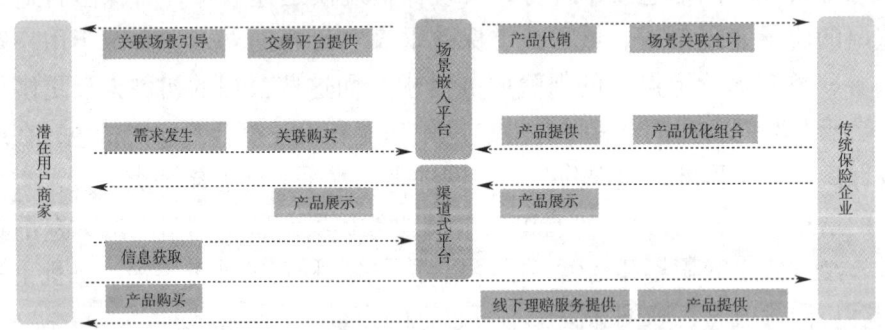

图9 互联网企业电商网站保险产品交易流程

3. 电商平台经营互联网保险案例

淘宝电商平台创新产品，退运险已成标志性产品。退运险是淘宝的标志性产品，该产品和淘宝电商交易牢牢绑定，长期以来退运险以其高性价比、高使用率受到消费者喜爱，2015 年双 11 当天淘宝及天猫平台上共计 3.08 亿个包裹购买了退运险，较去年同期增长 70%；另外，淘宝针对特定人群特定场景的不同需求，有针对性的推出创新产品，如单身人群、春运、高温等主题产品。

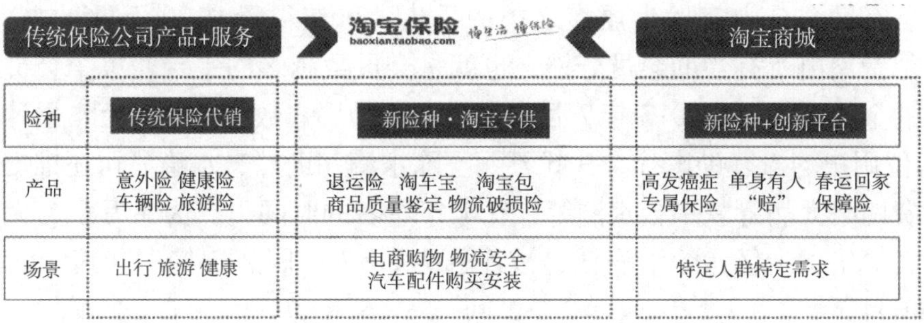
传统保险公司产品+服务
淘宝保险
baoxian.taobao.com
淘宝商城
险种
传统保险代销
新险种 · 淘宝专供
新险种+创新平台
产品
意外险 健康险
车辆险 旅游险
退运险 淘车宝 淘宝包
商品质量鉴定 物流破损险
高发癌症 单身有人 春运回家
专属保险 “赔” 保障险
场景
出行 旅游 健康
电商购物 物流安全
汽车配件购买安装
特定人群特定需求

图 10　淘宝平台保险产品场景化定制

京东除了代销传统的意外险、旅行险、健康险之外，结合自身互联网消费生态圈的优势，基于多维度的场景化和碎片化设计，为京东的消费者提供多样化的保障方案。不仅覆盖了海淘、家居等消费场景，还涉及股权众筹、非标理财产品等投资场景；加上即将推出覆盖汽车电商业务的车险，京东保险提供的产品和服务，基本上可以贯穿于互联网消费场景的始终。不过，京东目前并不像阿里那样拥有众安保险的保险牌照，产品开发等方面仍需与保险公司合作。

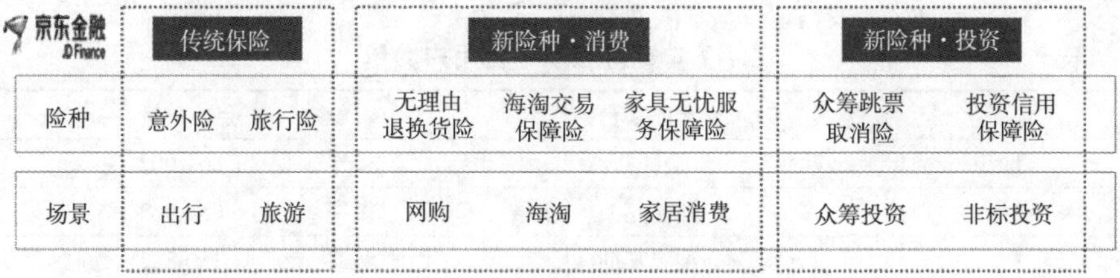
京东金融
JD Finance
传统保险
新险种 · 消费
新险种 · 投资
险种
意外险 旅行险
无理由
退换货险
海淘交易
保障险
家具无忧服
务保障险
众筹跳票
取消险
投资信用
保障险
场景
出行 旅游
网购 海淘 家居消费
众筹投资 非标投资

图 11　京东金融保险产品场景化定制

六、另类保险——互助

1. 我国互助市场的昙花一现

（1）互助项目的快速崛起

2016 年 5 月，水滴互助宣布获得 5 000 万元天使轮融资，投资方包括腾讯、新美大、IDG、高榕资本、点亮基金、真格基金等。随着水滴互助上线，网络互助这一概念开始走入人们的视线。社会公众通过微信公众号关注"水滴互助"，选择适合自己的某个保障计划之后，即可缴纳 9 元钱成为互助会员。这 9 元钱成为会员预存在组织里的赔付费用。一旦互助会员中有发生癌症之类的重疾，可获得最高 30 万元的救助，这个费用由所有互助会员分摊，也就是会员数越多的平台，单个会员分摊的金额就越少。2017 年 7 月末，水滴互助用户数突破 350 万，累计为 84 位用户均摊互助医疗金 936 万元。除水滴互助外，水滴公司还推出了免费网络大病筹款平台水滴筹，在 1 年左右的时间里，为 4 万多名大病患者筹集了十亿元的治病钱，被评选为 2017 中国慈善榜"年度十大慈善项目"。

2016 年，网络互助异军突起，网络互助保障类创业项目层出不穷，抗癌公社、众托帮、17 互助、e 互助、全民保镖、水滴互助、夸克联盟、斑马社、必互互助、同聚保、蚂蚁互保、互助家等平台陆续上线，且有不少项目获得知名机构的巨额早期投资，成为互联网保险领域最受资本热捧的项目。据小饭桌统计，截至 2016 年 10 月，已有 14 家网络互助平台拿到总计约 2 亿元的投资，22 家投资机构参与。

互助保障是国外比较通行的一个概念，在中国尚属新兴蓝海市场。目前虽有抗癌公社、水滴互助、众托帮等创业公司涌现，但会员量过百万的公司很少，至 2017 年 5 月才有 7 家平台会员超过百万。

表5　　　　　　　　　　2017 年 5 月互助平台用户数量

	互助平台	会员数量
1	众托帮	7 864 002
2	轻松互助	6 084 063
3	水滴互助	2 150 822
4	e 互助	1 338 354
5	夸克联盟	1 227 373
6	壁虎互助	1 156 896
7	17 互助	1 057 924
8	抗癌公社	753 813
9	互助街	375 214
10	斑马社	272 156

数据来源：互助之家。

（2）互助的起源与性质

水滴互助是一种比较典型的互助保险，是由一些具有共同要求和面临同样风险的人自愿组织起来，预交风险损失补偿分摊金的一种保险形式。这种互助形式曾存在于古今各种以经济补偿为目的的互助合作组织之中。互助保险比社会保险要早诞生 200 多年。17 世纪初，资本主义还处于工场手工阶段，劳动条件恶劣，劳动者遭遇疾病、工伤和死亡的风险后，得不到救助和保障，于是工人们自发组织起来互相救济，从而萌发了互济运动和互助保险。产业革命促进了互济运动和互助保险的发展。一些国家建立了全国性的互助保险机构，法国"互助协会"的会员在 1909 年达到 82 万人，英国"友好社"的社员 1911 年达到 600 万人，1909 年美国成立的"蓝盾"协会和"蓝十子"互助团体，后来形成了全国性的组织，会员达到 8 000 万人。1922 年第一个国际性的互助合作保险组织——国际合作和相互保险联合会成立（简称 ICA，1992 年改名为国际互助保险联盟，简称 ICMIF），对世界各国群众性互助保险事业的发展起了积极促进作用，目前已有 45 个国家，72 个集团，142 个团体参加了 ICMIF，而且还在继续发展。

互助保险与社会保险有着较为明显的差别，互助保险的范围以其互助团体内部成员为限，以互助为目的非商业活动。国内互助保险平台的运行模式已经完全脱离了传统保险，以重大疾病保险为主，带有浓厚的公益性质。互助保险在短短两年内吸引了数百万会员，凸显了用户对保险的需求。反映出了传统保险高价格、购买的不便利和体验不佳，抑制了保险购买的需求。

（3）互助市场突现停业潮

互助保险中存在的主要问题是会员不能用确定的支出获得未来索赔的确定性，因此保监会对互助保险的监管依据集中在：如果不能给用户保障，那就不能叫保险，也不能和保险产品对比误导用户。既于此，保监会根据《保险法》等法律法规，禁止对于非法实际或变相从事保险业务的，对涉嫌违规向社会公众"承诺赔偿给付责任"、诱导公众产生赔付预期等非法从事保险业务的网络互助平台进行调查取证。

在这种严厉的监管政策下，互助市场"繁荣"不到一年的时间，多家平台宣布退出，行业急速回落。2016 年 9 月上线的"同心互助"，号称用区块链做互助的，几个月内收获三十几万用户。2017 年 1 月 6 日，同心互助正式对外宣布退出。同时宣布停业的还有拥有 95 万用户的八方互助，它原本是国内三大比特币交易平台之一 OKCoin 内部的孵化项目，也宣称使用区块链技术。2016 年 11 月慧择网旗下的蒲公英互助，在推出不到 40 天后，就宣布"对平台进行整体升级和服务暂停"，沦为最"短命"的网络互助平台。宣称"国内最大女性互助社群"的"她互助"在 2017 年初停止互助计划。

2. 互助保险发展的困境

一是互联网互助行业尚未有明确的盈利模式，甚至平台本身也宣称运营将更偏向公益性。据了解，抗癌公社 2011 年成立至今，但仍未实现盈利，相关负责人也表示暂不考虑盈利，以完善用户体验和流程为主。水滴互助也表示，现阶段公司更注重平台的公益性，对盈利模式未作明确规划。互联网互助平台未来的盈利点或许是交叉销售和增值服务，但随着保险监管的收紧，互助平台获取保险经纪资格几无可能。

二是部分互助平台构建资金池，涉嫌非法集资。同时，保监会多次发文专项整治，明确互助平台与相互保险的不同，严禁互助平台涉嫌违规经营保险产品。2015 年 10 月，保监会点明"互助计划"，不具备相互保险经营资质，存在诸多潜在风险。2016 年 4 月，中国保监会联合十四个部门印发《互联网保险风险专项整治工作实施方案》，其中就明确指出要重点整治非法经营互联网保险业务，重点查处非持牌机构违规开展互联网保险业务，互联网企业未取得业务资质依托互联网以互助等名义变相开展保险业务等问题。

2016 年 12 月，保监会发布了《关于开展以网络互助计划形式非法从事保险业务专项整治工作的通知》，里边明确提到了：为大量吸引会员，一些网络互助平台出现违规宣传和经营现象，甚至涉嫌变相或实际经营保险业务，主要表现在以下方面：一是以互助计划名义通过多种形式向社会公众承诺赔偿给付责任，或诱导社会公众产生获取高额保障的刚性赔付预期，公开宣称足额赔付和提取准备金，违规开展保险运营活动；二是违规使用保险术语，将互助计划与保险产品进行对比和挂钩，混淆保险产品与互助计划的区别；三是打着"保险创新""互联网＋保险"等名义进行虚假、误导宣传；四是宣称互助计划及资金管理受到政府监管；五是以互助计划名义收取保险费并非法建立资金池。

3. 互助案例：抗癌公社

抗癌公社原名互保公社，成立于 2011 年，是依托互联网、针对重大疾病的小额互保社区。当参与社员罹患包括癌症在内的 29 种大病及身故时，其他社员为其募集不超过 30 万元治疗和生活费用。截至 2016 年 10 月底，抗癌公社已有超过 70 万社员。

抗癌公社定位为"社保"伴侣，即社员如果不幸罹患重大疾病，在社保的报销之外，每一位社员还能享受到最高 30 万元的义务资助。社员加入需履行义务才能享受其他社员对其的保障权利。正式成员须向其他每一个患癌正式成员支付 m 元（m≤10），而对应正式社员如果患癌，将得到其他成员每人 m 元的支付。其中 m 与社员人数有关，为 30 万元除以人数，例如 3 万名社员一下，则每人次捐助 10 元，10 万社员则每人捐助 3 元。

每人支付金额为资助总额除以正式社员数，社员不需要提前预付，只在其他会员患癌时，通过网站提供的支付通道，使用支付宝向其援助相应金额，社员还可以随时选择退出。为了维护组织的长期稳定运行，抗癌公社进行了简单的精算，并设计了一套规则来增强公平性和可行性。同时为防范风险，只有符合相应健康条件的用户方可加入抗癌公社，会员年龄超过 65 岁不再享有相应的权利和义务，加入时各年龄段会员享有不同权利等。

（1）在抗癌公社的互联网平台上，用户只需点击首页的"即刻入社"，完成注册和实名认证即可加入公社。

（2）参加抗癌公社，40 岁以下社员将面临 180 天的等待期，40 岁以上社员将面临 365 天的等待期，以此来避免患病后加入公社的欺诈行为。

（3）不助人，则视为自动退出公社。

（4）不设立基金，会员捐助是 P2P 的，通过支付工具从捐助人直接到受捐人，不需要担心有人从中截留。

（5）根据成员数量动态的捐助金额。

（6）成员患癌后病情是公示的，经过公证的。

（7）成员随时可以主动退出、放弃捐助而自动退出互保公社，权利与义务同时中止，跟道德及诚信无关。

（8）完全基于支付宝，实名认证和资金流转有据可查，对于成员捐助也更加方便。

抗癌公社模式的互联网化措施有：

第一，消解了保险中介机构，组织的参与人由互联网平台召集，通过共摊风险的形式进行风险保障，同时，平台接触和获取用户的成本较低，能够以便利的方式组织面临同样风险的用户，节省了管理成本和渠道成本。

第二，社员资金直接流动。采用社员间直接的资金流动，社员直接通过支付宝将互助资金转给患癌社员，避免了"暗箱操作"，提高了资金使用的透明度。

第三，后付费模式减少资本占用。抗癌公社的机制中不需要社员提前缴费，在不占用个人资金的同时达到风险保障的目的，模式更显公平。

第四，组织成员权利更为平等。资格申请、保障条款、资助义务等在不同成员之间一致、平等，符合互助的本质。

从抗癌公社案例中发现，作为互助平台，虽然有保障的功能，但与保险仍然有较为显著的区别，主要表现在：一是不预先收取任何费用，二是会员无约束，加入免费，退出免费；三是抗癌公社没有沉淀资金，没有基金；四是相比商业保险，费用低廉，具有一定的普惠性质，但其保障能力具有较大的不确定性。

七、互联网保险模式比较

互联网保险参与机构各具特点，但综合对比来看第三方互联网保险机构发展模式具备综合优势，能够聚合保险公司海量资源促进传统产品升级创新；立足用户角度，聚合独立代理人与平台专业保险团队提供深化的保险服务。

传统保险公司开展互联网营销渠道将成为必然选择。其优势一是保险从业经验丰富，传统用户基础强大。互联网保险在销售简易类寿险和财产保险时，在整体提高效率、节约成本方面具有明显优势，目前市场上的险企已超过七成开展了互联网业务。但也存在产品创新动力不足，线上保险场景缺乏等不利因素，未来保险公司开展互联网业务会成为必然选择。

场景保险将成为互联网电商网站售卖保险的重要优势。电商平台利用自己的流量优势，通过场景保险成功将保险产品由低频率的项目逐渐向高频率，同时现阶段众多保险公司也将保险产品嵌入消费者生活场景之中，在用户还未养成保险消费的习惯时通过场景让消费者主动接触保险，这一类产品思路也将会成为未来互联网保险的重要发展方向。

互联网保险公司创新优势突出，实现跨区域、投保理赔全程线上服务，显现出高效快捷的特点，但产品深度和广度仍需要进一步加强。

第三方专业代理模式聚合多方资源。在产品端，专业第三方互联网保险机构既能通过自平台结合渠道场景，进行产品的优化组合创新，又可以充分利用传统险企的产品资源，调动其创新能力，同时避免互联网保险的过度碎片化，能够提供专业保险产品；在服务端，保险产品对于专业服务的要求更高，从售前保险条款解读到售后的理赔服务，专业第三方互联网机构独立于保险企业与用户，以独立的视角改变传统保险行业销售为先导的现状，促使行业回归到产品服务驱动发展的轨道上；第三方互联网保险机构是互联网保险发展进程中必不可少的力量，在互联网保险的发展竞争中优势将被逐渐放大。专业第三方互联网保险机构利用平台的聚合效应，实现保险资源的共享与合理利用，保险行业生态得到重塑，改变保险公司营销驱动发展的弊病、帮助独立代理人以多产品资源服务用户、最终消费者得到优质的产品与服务，行业里每一个角色都得到更好的回归。

第三节　众安保险——智慧保险发展典范

众安保险，全称众安在线财产保险公司，由阿里巴巴、腾讯、平安、携程等9家国内知名企业在2013年发起设立，股东阵营综合了科技、金融、应用场景、保险同业等各强大资源后盾，是中国内地首家互联网保险公司，也是香港上市的第一家纯粹的保险科技公司。2015年毕马威发布的全球金融科技 100 强报告中，众安保险位列全球金融科技公司第一名。众安保险是智慧保险发展的一个典范。

一、众安保险的成长历程

1. 众安保险的定位

众安保险于 2013 年 10 月 9 日，由蚂蚁金服等 9 家公司联合成立。众安保险定位为纯互联网保险企业，除注册地在上海外，该公司不设任何分支机构，完全通过互联网进行销售和理赔，且深度嵌入互联网背后的物流、支付、消费者保障等环节，改变现有的保险产品结构、运营和服务模式，用互联网的模式去重构消费者、互联网平台等相关各方的价值体系。2015 年 6 月，完成首轮融资 57.75 亿元。2017 年 9 月在香港上市，目前总市值已达 1 267 亿港元，是香港联交所上市的第一家纯粹的保险科技公司。

众安保险的互联网定位，与其背后的股东背景是分不开的。在其股本结构中，阿里巴巴持股 19.9%，中国平安、腾讯分别持股 5%，另外六家中小股东也都有网络科技或投资背景：携程、优孚控股、日讯网络科技、日讯互联网、加德信投资、远强投资。在儿家大股东中，中国平安有保险产品设计、精算和提供理赔服务的专业性优势；阿里巴巴和腾讯主要是有互联网客户的优势，庞大客户群和客户交易量，以及现有低成本业务销售平台的价值。其余中小股东在网络科技上，也具有一定的资源及人才优势。2015 年，毕马威（KPMG）发布的全球金融科技 100 强报告显示，众安保险拔得头筹，位列全球金融科技公司第一名，2016 年，位列第五名。

2. 众安保险的架构与产品

组织架构扁平化。由于不设分支机构，众安保险主要依托大股东电商平台和保险资源，拓展跨界的保险营销，整体的组织架构扁平化，总经理下设运营、技术、风险等若干副总经理职位，每个副总负责几个事业部；采用产品经理制，团队和人员架构围绕产品经理来搭建。众安保险产品开发采用产品管理系统，每名产品经理领导一个团队，与生态系统合作伙伴沟通，采用以客户为中心的方法，产品开发过程通常不到一个月。

注重保险科技应用。从众安保险的开发周期、销售模式、理赔方式、定价模式上来看，众安保险利用人工智能、大数据分析、区块链等技术，实现了开发周期短而高效、销售模式线上化并且绑定到合作伙伴平台、定价模式动态化、理赔方式线上化、自动化。这些技术的应用，也使众安保险产品个性化程度高，险种丰富，用户购买的门槛低。这些特点都大大增强了客户进行投保的体验，并降低了客户的投保成本。

在产品方面，众安保险于 2013 年在淘宝网上推出了第一款退货运费险，2014 年推出了第一款电商保证金险，2015 年推出了"美团食品安全责任保险"和"保骉车险"，2016 年推出了医疗险"尊享 e 生"。截至 2017 年 3 月 31 日，众安保险有 262 项产品条款获中国保监会批准，根据不同场景，设置了超过千项的保险产品及解决方案。众安保险的产品已经涵盖了生活消费生态、消费金融生态、健康生态、汽车生态、航旅生态、O2O 生态等六大生态系统。

2014 年，于"双十一"购物节期间，众安保险在一周内创下了销售 1 亿份保险的记录，又在 2016 年"双十一"购物节一周内创造了销售 2 亿份保险的记录。众安保险从 2013 年 10 月成立至 2016 年 12 月 31 日，已累计销售逾 72 亿份保单，服务约 4.92 亿名保单持有人及被保险人。众安科技的成长是保险科技行业从无到有的缩影，总保费高速增长验证了保险科技行业的潜力。

二、依托场景构建保险生态圈

1. 场景化保险优势

众安保险在发展中，紧紧抓住"场景"这个关键因素，进行了众多的场景式保险产品的开发，抓住了传统机构未覆盖或无法覆盖的细分领域。场景化是智慧金融发展的一个重要特征，场景是金融技术落地的前提，能否在传统机构主导的市场中找到特定场景立足直接决定未来智慧金融的发展潜力。

互联网保险产品具有"碎片化"的特点，众安保险的产品往往能够细化到具体的场景，利用人工智能、大数据分析等技术来分析风险标准，深挖用户在特定场景下的保险需求，开发的产品受到特定用户的青睐。比如众安保险上线的第一款产品——退运险，主要依托电商平台，电商的发展带动了退货运费险的发展。在众安保险总保费构成中，退货运费险占比最大，2016 年占比为 35%，2014 年、2015 年、2016 年，分别产生保费 6. 13 亿元、12. 98 亿元、11. 93 亿元。碎屏险是经支付宝授权认可的手机可免费领取一份碎屏保险保障，自购机日起 30 天内有效，手机碎屏后由众安保险免费提供维修。可以看出，众安保险的很多产品已嵌入到互联网电商的场景之中。

众安保险从场景入手开发保险产品，可以充分发挥场景开发的特定优势。一是依托场景开发产品能够直达长尾客户，满足特定客户的需求；二是场景化的产品可以与合适的合作伙伴进行联合开发，错开与传统保险公司的直接竞争；三是场景开发中，通过与合作伙伴的信息共享，可以获取更多的场景化数据，使数据跟险种之前的关联性更强。

2. 场景化保险生态

众安保险依托场景构建保险生态圈，目前已初步形成了生活消费、消费金融、航空旅行、健康、汽车等五个场景化生态圈：

生活消费保险场景：众安保险与电商平台（如淘宝和微店）合作，为网上交易的产品提供质量、意外损坏、维修服务及安全性风险等保险产品。同时也和电子产品制造商（如小米）合作，为手机及其他智能装置等消费电子产品提供意外损坏及维修服务保险。典型的产品是众安保险和阿里巴巴合作推出的退货运费险和商户保证金险等产品。

消费金融保险场景：众安保险利用跨界合作的大数据，通过保险科技的自动化程序有效管理消费信贷风险的能力，为提供消费金融服务的生态系统伙伴提供信用保证及解决方案的系统保险产品。众安保险已经研发出人脸识别、微表情分析技术及机器学习技术，用以提升潜在欺诈行为的识别。此外，众安保险获准接入中国人民银行征信中心，在互联网保险公司当中占据数据优势。其典型产品是与小赢理财合作的信用保证保险。小赢理财是一家创新型的互联网金融资产配置平台，销售优质精选、严格风控的理财产品，其与众安的合作是针对借款人逾期未还款风险的信用保证保险。众安为其众安专区的理财产品提供本息全额保障，将大型金融机构的安全信誉与互联网平台的灵活创新合二为一。这个全新模式，为整个中国互联网金融行业树立了最高标准的安全标杆。

航空旅行场景保险：旅游保险主要针对不可控的意外情况，如旅行意外、航班延误及航班取消等，提供保障，成为游客应对风险的主要手段。随着各种意外因素增加，我国游客保险意识提升，2016 年旅游意外险投保的游客人数创历史新高，大部分游客出游必买保险。自 2015 年起，众安保险与携程合作提供航班延误险，随后扩展至去哪儿网、艺龙网、同程网、飞猪网等主要互联网旅游代理。

智能健康保险场景：主要利用运动＋大数据技术，在为客户提供增值服务、提高个人健康意识的同时，针对客户产生医疗开支的风险，提供保险产品及解决方案。如基因保产品，是以基因检测为支撑、以健康体检为手段、以保险为保障的个人健康管理计划，实现国内保险业与基因界的首次真正意义上的"联姻"，为用户提供全新的从前端风险预防、中端风险管理到后端风险处置的闭环式、全流程健康管理方案。众安保险推出的步步保产品，携手小米运动与乐动力 APP，以用户的真实运动量作为定价依据，用户的运动步数可以抵扣保费，将可穿戴设备收集的数据纳入健康保险定价流程。目前步步保可以保障 25 种重大疾病，3 种保障方案，20 万最高保额。此外，众安保险还与医院、研究机构医疗设备制造商（如欧姆龙）、互联网医疗平台（如微医）、互联网医疗论谈、医药公司及分销商建立伙伴关系。

汽车保险场景：是针对车辆损坏、人身伤亡及车辆失窃提供的保险产品。2015 年众安保险联合平安保险共同推出保骉车险，截至目前，已取得在中国 18 个地区（覆盖大部分的中国车险市场）承保车险许可证。目前众安保险在此类项目下推出的新产品较少，主要是对原有产品进行优化，改善用户的承保体验。其特点主要有：一是支持分期付款，改变传统的交保费模式；二是嵌入平安 VIP 理赔服务，众安科技数据创新线上操作方便快捷，同时享受平安行业标杆的理赔服务和众安大数据分析的差异化服务；三是贴合客户需求场景化深入服务，甄选好车主享受更多福利；四是通过技术支持来提升价值，在能捕捉司机行为数据的产品（如车载通讯设备）的帮助下，使用人工智能及大数据技术进行风险定价。

O2O 保险场景：针对线上商户上门服务带来的个人隐私、人身安全和家庭财产安全等安全隐患，提升线下供需双方的工作安全保障而提供的保险产品。目前众安保险开发的 O2O 保险产品主要有 O2O 上门美甲保险、O2O 上门家政/洗衣保险、O2O 上门维修安装保险、O2O 上门私厨保险等，分别为用户和服务人员提供众安意外伤害保险及附加人身权利侵害保险和意外伤害医疗费用保险等。如河狸家是目前国内规模最大的美业 O2O 平台，众安为河狸家的服务场景和客户专门定制保障计划，推出美业 O2O 安心保障险，在一定程度上免除了客户上门服务的安全顾虑，进而带动上门服务模式的进一步普及。

三、保险科技优势凸显

1. 有望打破"数据孤岛"

随着业务场景的不断拓展，众安保险综合了众多行业的数据，并且对接了强大的第三方数据库，有望打破现有数据产业"数据孤岛"的现象。众安保险获取数据有两种渠道：一是通过业务合作获取合作伙伴掌握的客户数据。众安拥有 200 多个生态系统伙伴，分布于电子商务、消费电子、消费金融、通信、航空、医疗、金融、旅游等众多行业。二是通过第三方数据供应商，目前众安已经接入多家主要的数据服务提供商，如中国人民银行征信中心、公安局身份识别数据库、芝麻信用、前海徵信、汇法网、同盾及百融金服。随着跨界数据的整合和共享，众安保险作为"数据中心"的价值将逐步凸显，这些数据不但可以在保险领域开创出更为优化的产品，还可以利用综合数据的优势，拓展业务版图。

2. 保险科技主导

众安保险研发的关键技术有很多应用到了产品的研发、运营环节，提高了众安的竞争力。如众安保险利用图像识别技术、远程身份识别等新技术对多款产品实现了线上理赔，大大提高了理赔效率。结合生物识别等技术实现了身份验证技术并已应用到"童安宝，儿童防走失"保险中。同时开发的技术实现了对身份证、银行卡、房产证、票据等证照的文字信息的自动提取，提高了公司在销售等环节的效率。

众安保险在技术研发上进行了大量投入，截至 2014 年、2015 年、

2016 年底，众安保险的研发投入分别为人民币 2 240 万元、6 390 万元、21 440 万元，占总保费的 2.8%、2.8%、6.3%。截至 2017 年 3 月底，众安保险研发人员为 860 名，占雇员总数的 50.6%。

3. 首创无界山云平台

众安保险是中国第一家完全在云平台上运作核心保险系统的保险公司，其开发的无界山云核心系统能够处理大量复杂数据，处理速度最多可达每秒 13 000 份保险产品。在 2016 年双十一购物节，该系统一周内处理了 2 亿份保单。无界山通过在不同的云服务器上备份数据以及安全系统分析来应对恶意攻击。通过该架构和平台，开发周期不超过两周，此外，能够在一分钟之内向生产环境发布新产品或功能。有关生产环境中发生的任何异常的通知能在十秒钟之内接收。

开放平台通过不同的技术和机制将保险产品嵌入各种生态系统，包括标准 API、嵌入式页面组件及嵌入到操作系统中的软件开发套件。通过云平台，能够有效地连接到生态系统合作伙伴，除了提供保险相关的业务服务外，还可以为合作伙伴提供数据相关的风险管理服务。

4. 保险科技输出

众安科技是众安保险在中国成立的一家全资附属公司，除了支持自身的研发外，为业务伙伴及其他从业者提供技术解决方案。目前，众安科技的保险技术服务进行输出项目主要有：

S 系列保险科技产品：主要汇集了众安在线保险科技领域的丰富经验，同时将利用众安科技的平台搭建、运营赋能、技术创新三大优势整合，为传统保险赋能。针对保险业务中的前端销售、客户运营、产品设计到核保核赔等多个环节中的痛点助力保险企业快速搭建互联网电商、微信、APP 等可触达用户的自营渠道，采用分布式微服务架构设计，实现平台的高并发、可扩展、高容错、易维护。平台实现一站式在线投保、整合大数据客户洞察、互联网运营工具，提升营销及销售能力。S 系列主要包括新一代分布式商务平台，新一代营销员 APP、S - 智慧数据 SaaS 平台、S - 用户数据化运营平台、S - 智能客服、S - 保险经纪平台和 S - 资金平台。

X 系列数据智能产品：众安科技智能数据产品基于海量数据源和资深实战经验，为客户提供精细化风险管理及定制化模型搭建服务。通过人工智能、云平台、大数据等技术和各类金融机构无缝对接，打造"金融＋场景＋技术"的跨界融合，提高金融机构的服务水平，降低运营风险，为各类金融机构赋能。智能数据产品根据企业对不同深度的技术支持需求，从数据接口调用，到深入的联合建模，覆盖了智能数据应用和交付的各种方式。产品主要包括 X－data 信息核查，实现一站式征信大数据接入服务；X－Model 风险反欺诈，针对互联网模式下的信贷场景和保险场景，整合运筹算法和知识图谱，实现对欺诈风险由点及面的识别，动态对抗欺诈风险；X－Decision 决策系统，可快速嵌入核心业务系统或业务审批系统，支持业务规则可视化、灵活化的配置及快速更新迭代，实现机器智能化的科学决策；X－brain 智能数据开发平台，机器学习平台是让用户轻松开发、训练、测试、分享机器学习模型的大数据应用平台，集成深度学习算法和 GPU 计算，支持各类机器学习算法；X－Man 用户画像，有助于客户分析其本身客户数据，建立客户档案；智能客户服务，客户服务聊天机器人项目通过基于分析客户问题，使用 NLP 提供相关及有用的回复。

区块链 T 系列产品：众安科技研发的安链云区块链服务网络由链路由、安链以及其他区块链系统组成，利用区块链技术本身具有的公开透明、去中心化、不可篡改、可溯源等特性，为用户提供钛空舱（数据分布式存储）、钛阳（数字身份证）、防伪溯源（智能防伪）、钛合约（电子签约）四个核心 T 系列区块链产品。防伪溯源是通过区块链＋防伪标签＋物联网设备的方案，摈弃由于人为因素造成的数据源虚假，确保产品信息难以复制、难以仿制、难以回收，帮助企业建立商品的唯一标识系统，实时监控审核商品身份、商品动态、商品流向；钛合约是基于区块链技术的线上电子签约产品，签约过程中双方使用符合电子签名法的 CA 证书进行电子签名，签约过程通过区块链授权完成，合约可靠有效不可篡改不可抵赖，有效保护签约方的合法权益；钛空舱是基于区块链技术生态打造的数据存储系统，具有防篡改、防丢失、防泄露等特性；钛阳系统是一套基于区块链的链上 ID 唯一识别登记系统，为生态系统内的任何用户提供独立及安全的数位身份。

第四部分

智慧金融产品

第十三章 智慧型信贷管理

第一节 智慧信贷概述

一、概念

智慧信贷是指银行等金融机构利用大数据、人工智能等技术开展的纯线上自动智能化信贷模式，其所有流程都在线上完成，从风控、授信到贷后管理均由系统自动完成。除了对模型的调整，人工不会干预信贷的流程。智慧信贷具有纯线上流程、大数据征信、人工智能决策、快速简便、边际成本递减、适配线上线下多种场景等优势。

信贷服务是人们最普遍的金融需求之一，是商业银行营收的主要支柱产品。然而传统银行信贷审批流程繁冗、耗时长，民间借贷利率高、渠道复杂甚至不正规，普通人能享受到的信贷服务便捷度、质量、效率不高。受实体经济"三期叠加"、经济结构调整和产业转型升级等多重因素影响，信贷资产质量与盈利能力问题正日益凸显，传统银行信贷业务受到前所未有的挑战。

与此同时，中国电商、O2O、移动交互的普及率甚至超过美国，很多人已经习惯了用数字化的方式（如手机移动端）去处理生活的一切所需。纯数字化的智能信贷条件已经成熟，智慧信贷的发展正迈入快车道。当前，商业银行积极推进智慧型信贷业务的发展，借助消费金融、供应链金融等形式，开发适于小微企业、个人的快速信贷业务，通过首次授信后实现随用随贷。以电商平台为背景的民营金融依托大数据征信和丰富的消费场景，以消费为主的小额信贷业务实现全程自动化审核发放。

智慧信贷是整个智慧金融体系运行的核心，是实现资金融通的最主要渠道，未来全数字化的信贷业务将是信贷展业发展的趋势。当前，受制于数据及人工智能等技术因素，智慧信贷的发展还没有进入成熟阶段，但具有智慧信贷特征的金融业务已经受到越来越多的关注，主要包括银行信用卡业务、部分消费金融、供应链金融、P2P 网络借贷等。

二、智慧信贷流程

智慧信贷是金融机构信贷业务与金融科技高度融合发展的智能化信贷产品，金融科技在智慧信贷全流程中发挥着重要的作用。

1. 金融科技贯穿智慧信贷全流程

在贷前管理阶段，首先改变"等客上门"的书面，以场景消费、用户画像为基础，在信贷业务的起点"获客"阶段，在众多的客户中锁定最有价值的用户，一定程度上也保障了客户转化率和用户产生的价值。通过人工智能、大数据征信夯实全面数据基础，打造信贷审核的"天眼"，对客户进行全面视角的分析审查，并对客户实际业务与报送材料进行一致性检查，协助评判材料的真实性。

在贷中管理阶段，通过全线上信贷工厂式的操作，在风险可控的前提下，发展"智能审批"，实现信贷审批的自动化，减少人力成本，提升业务效率。同时，通过智能化的"定价"环节，为不同信用水平的用户提供差异化的定价。

在贷后管理阶段，通过对不同用户以及信贷情况的监测评估，在贷前、贷中过程中会将用户的逾期风险从高到低排列。用大数据技术对债务人进行画像分析，把分散、海量的不良贷款，通过智能化技术，简化人工操作步骤，进行自动化智能化催收，优化催收资源的配置。在复贷策略上，分析已有客户的还款行为、重复消费等行为数据，并针对性地给予优质客户不同产品的交叉营销，深度挖掘优质客户价值，精准运营。

2. 风险管理是智慧信贷的核心

银行信贷客户经营形态的日益复杂、市场的不断变化以及监管要求的不断加强，对银行的风险识别与应对提出了新的要求和挑战。充分利用不断创新的数字化手段，重塑风险管理理念、强化风险管理手段，是智慧信贷业务的重要着力点之一。

充分利用现代金融科技，提升信贷风险预警能力。一是基于客户资金流、交易行为的分析，进行客户异常行为的预判，并通过有效的筛查机制，实现风险预警和相应处理，提前预测风险。二是监测行业、区域及企业自身舆情，分析企业健康情况，作为客户分析和信贷审批的基础，同时为风险管理和预警提供基础。三是理清对公客户间错综复杂的关联关系、识别隐性关系与隐性集团一直是对公业务的难点，利用数字化的技术可以为用户展现多达数十种企业关联关系，并可以帮助识别核心客户、量化风险传导，提前预警风险，将传统针对单一客户自身的风险进行评估提升到考虑风险传导的风险评估。

3. 智慧信贷的重点领域

在现阶段和未来一定时期，智慧信贷的重点主要在批量化的信贷产品中渗透发展。一是集中消费金融。消费金融（除住房贷款之外）属于额度较小、批量频繁，与大数据征信技术联系紧密，是金融科技与信贷业务结合的重要着力点。目前，包括蚂蚁花呗、京东白条、腾讯微粒贷等互联网巨头打造各自的数字化消费金融业务，智能信贷的热潮在中国愈演愈烈，智能信贷逐渐成为消费金融的主力军。二是供应链金融。传统公司信贷业务主要是银行与借款企业一对一的开展业务，而随着 IT 技术和全球供应链的发展，银行通过技术手段已经可以获取到重点企业产业链上下游企业的信息流、物流、资金流，由此实现一对 N 的智能化信贷输出。三是互联网信贷。P2P 网贷平台是互联网金融发展的重要组成部分，未来互联网借贷仍将是智慧型信贷的重要发力点。本章将重点介绍这三类信贷业务的智能发展进程。

第二节　消费金融

一、消费金融概述

1. 消费金融与智慧型消费信贷

消费信贷（consumer credit service）是指银行或其他金融机构以消费者信用为基础，向自然人（非法人或组织）发放的用于个人消费目的的贷款，主要包括住房按揭贷款、汽车消费贷款、助学及留学贷款、旅游贷款、购买耐用消费品贷款等。消费金融是以消费信贷为核心的综合性金融服务，包括为消费信贷提供数据信息、资金配给、风险管理以及贷后管理的全程金融服务。目前国内开展消费金融业务的机构包括商业银行、消费金融公司、电商金融平台等。

按接受贷款对象的不同，消费信贷又分为买方信贷和卖方信贷。买方信贷是对购买消费品的消费者发放的贷款，如个人旅游贷款、个人综合消费贷款、个人短期信用贷款等。卖方信贷是以分期付款单证作抵押，对销售消费品的企业发放的贷款，如住房贷款、汽车贷款等。

传统消费金融主要面向有征信记录的客户，通过线下网点提供服务，其审批根据成熟的征信和风控体系进行，但审批速度较慢，运营成本较高，主要是针对大额的住房贷款、汽车贷款等。

随着金融科技的快速发展，智慧型消费信贷开始走进人们的视野。智慧型消费信贷主要是指信贷机构利用大数据征信、人工智能、智能风控等技术，全程自动对客户的信贷资料、消费数据、行为信息等多维数据进行交叉验证和综合评价，对符合要求的客户通过电子转账、电子支付等形式发放信贷资金，具有以线上服务为主、审批速度较快的特点。智慧型消费信贷的额度普遍具有小额化，贷款周期更加灵活，主要面向传统消费金融不够重视的长尾客户。

2. 消费金融产业链

消费金融产业链包括消费者、消费金融供给方、资金提供方、征信机构、金融科技公司和催收机构。其中，消费金融供给方主要是开展消费信贷业务的商业银行、消费金融公司以及提供消费金融服务的其他金融性公司，其作为资金需求和提供方的连接桥梁，处于整个产业链的核心环节；征信机构和金融科技公司为消费金融公司的风控环节提供服务；催收机构为消费金融公司提供针对逾期不还的借贷人的催收服务。

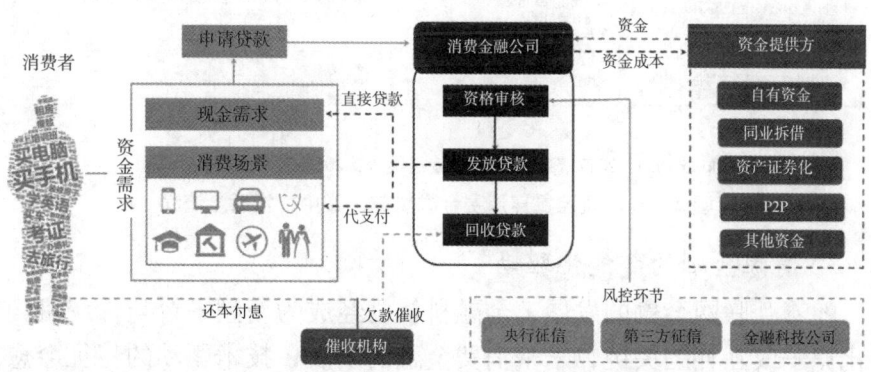

资料来源：Talking Data. 2017 消费金融行业发展报告，2017. 07.

图1　消费金融产业链

在智慧型消费金融产业链中，首先表现为消费场景的拓展日益重要，电商平台通过电商服务搭建消费场景，传统商业银行加快建立在线商城以及与互联网电商加强合作等方式引入消费场景。其次是智能化风控管理处于产业链的重要环节，从营销、反欺诈、身份验证等贷前审核阶段，到负债分析、信用评估、风险定价等贷中评估阶段，再到监控预警、催收管理等贷后控制阶段，智能化风控已经渗透到消费金融整个流程，为消费金融企业整个贷款流程提供全方位的服务。

目前，我国个人住房贷款尽管引入了数据风控技术，但仍以线下业务为主。汽车消费信贷则随着专业汽车金融消费公司的兴起，越来越多的汽车信贷业务实现了线上迁移。因此本节内容将智慧消费金融划分为四类：一是商业银行推出的除住房贷款之外的消费金融产品，主要包括信用卡、汽车消费以及其他小额消费贷款；二是银监会批准成立的消费金融公司，拥有消费金融合法牌照；三是互联网消费金融，包括电商平台和互联网分期平台等；四则是其他机构，包括部分小贷公司和其他类型机构，也在通过变通的渠道参与消费金融市场。

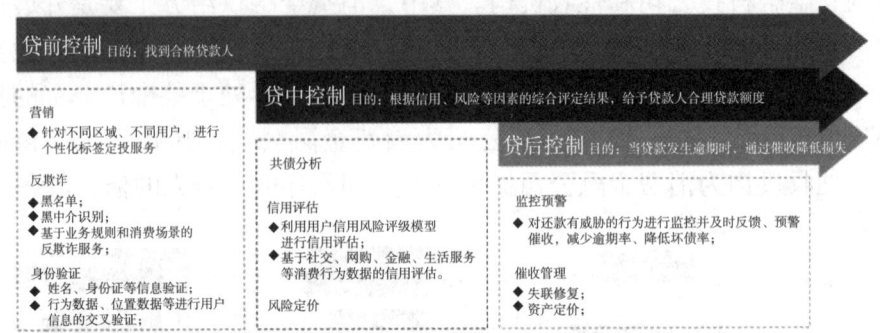

资料来源：Talking Data，2017 消费金融行业发展报告，2017.7.

图 2　智能风控贯穿消费金融贷前、贷中、贷后全流程

3. 消费金融的智能化驱动

随着互联网金融的发展，金融科技已经成为新型平台与传统机构差异化竞争或互补的关键，未来消费金融的发展，技术驱动的特征会愈发明显，新型机构与传统机构之间的合作也会越来越多。

在消费金融领域，技术驱动将贯穿从资产获取到资金对接，乃至用户体验的全过程，主要涉及以下几个方面：一是运用大数据技术和生物技术建立用户画像和关系图谱，精准识别用户并定价；二是运用自动化技术自动生成贷后管理方案并自动实施；三是运用自动化技术自动匹配相关资金提供方，快速提供最合适的资金渠道；四是运用先进交互技术，给予用户平滑顺畅的使用体验，并提供个性化方案和扩展方案，推动消费金融模式的创新与变革。

金融科技正在成为驱动消费金融发展的核心竞争力之一，大数据、人工智能、机器学习、生物识别、智能设备等新技术的应用将越来越普遍。在这种背景下，如何引入并实施新的技术，可能会有两种不同的路径。一种路径是独立第三方进行技术输出。目前国内专门的大数据征信、信贷技术服务商已出现，为消费金融平台提供金融云平台、大数据征信、智能信贷等全方位的科技支持；另一种路径则是电商平台的风控技术扩展与输出。目前，互联网公司尤其电商平台在消费数据积累和大数据应用方面，较独立第三方公司拥有天然优势。预计在未来，电商平台的金融科技开发除了服务自有消费场景外，向传统金融机构提供科技输出和合作将越来越为重要。

二、商业银行消费金融

2012—2016 年，我国消费信贷余额呈现不断上升的趋势，消费信贷占贷款总额的比重也在不断提高，消费信贷在金融机构贷款中的地位逐渐提高。当前，国内消费金融的供给主要包括四类机构。

1. 商业银行消费金融快速发展

国内商业银行长期以公司信贷业务为主，近年来随着公司业务转型和零售业务的发展，商业银行消费金融呈现出快速增长态势。2016 年消费信贷与 GDP 的比值突破 30%，消费信贷对于经济发展的支持作用不断增强。目前，商业银行消费金融产品种类已从早期的装房按揭贷款、汽车贷款、耐用消费品贷款、旅游贷款、助学贷款与信用卡等发展出了更加细化繁多的消费金融产品种类。

目前，商业银行消费金融业务已经形成以住房按揭、信用卡营销为重点的"双支柱"消费金融体系，并在此基础上通过引入场景消费创建丰富的消费金融产品，通过对客户的消费习惯、信用等级等为客户提供多样化的创新信贷产品。比如浙商银行可用理财产品质押申请消费贷款，华夏银行和中信银行开发了住房公积金缴存人申请信用贷款的模式，许多银行推出的基于信用卡的现金分期、小额消费贷等。下表中列出了部分商业银行的主要消费金融产品。

表1　　　　　　　　　　　部分商业银行消费金融产品

银行	主要消费金融产品
工商银行	融 e 借、个人自用车贷款、逸贷、个人家居消费贷款、个人文化消费贷款、主题信用卡（工银途牛牛人信用卡等）
建设银行	个人消费额度贷款、家装贷、房易安、主题信用卡（龙卡信用卡等）
中国银行	中银 E 贷、理想之家双享贷、个人网络循环贷款、安心宝、安易宝、主题信用卡（中银都市缤纷卡等）
农业银行	网捷贷、随薪贷、安居好时贷系列、主题信用卡（乐卡等）
招商银行	购房专享装修贷款、购房专享车位贷款、个人消费贷款、个人汽车贷款、主题信用卡（唯品会联名卡）

银行	主要消费金融产品
交通银行	e贷通2.0个人信用消费贷款、e贷通、个人汽车消费贷款、个人住房装修贷款、主题信用卡（Y–POWER信用卡）
浦发银行	精英贷、好房贷、消贷易、主题信用卡（梦卡等）
民生银行	消费微贷系列产品、家庭综合消费贷款、个人汽车消费贷款、主题信用卡（民生网乐购分期信用卡）
兴业银行	个人综合消费贷款、个人汽车贷款、个人一手商用住房贷款、主题信用卡（兴管家信用卡）
中信银行	网络信用消费贷、新车消费贷款、信用贷款、二手车消费贷款、中信信用卡
光大银行	循环易贷、白领易贷、薪易贷、快易贷、个人汽车贷款、主题信用卡（阳光信用卡银联金卡等）
平安银行	新一贷、平安金领通、平安薪易通、个人小额消费贷款、主题信用卡（平安淘宝卡）
北京银行	短贷宝、金贷宝、消费贷款、主题信用卡（王府井百货联名卡等）

2. 信用卡业务

信用卡是商业银行开展消费信贷的重要载体。我国信用卡业务起步晚，1986年中国银行发行第一张长城信用卡后，我国的信用卡业务才得以缓慢发展，直到2003年银联成立，清算和支付体系及网络建立，加之近几年居民消费支出增长、超前消费理念及消费方式变化，信用卡业务跃然成为个人金融服务发展最快的产品之一。据中国人民银行发布的《中国支付体系发展报告》，截至2016年末全国信用卡发卡量已达4.65亿张，信贷总额达9.14万亿元，分别是2008年的3.32倍和9.23倍，授信使用率更是从2012年的32.66%提升至44.55%。

银行信用卡业务的盈利为收入扣除相应成本部分，其中信用卡业务的收入主要来自于利息收入、分期手续费收入、商户回佣、年费以及取现手续费等，信用卡的成本主要包含发卡成本、资金成本、运营维护成本、营销成本、坏账风险损失等。

为推进信用卡利率市场化，央行于2016年4月15日发布的《关于信用卡业务有关事项的通知》，取消了信用卡透支利率标准，实行透支利率区间管理，降低了持卡人透支利率的预期，鼓励持卡人更多使用循环信用，同时也满足发卡行通过个性化的利率定制拓展细分市场的需求。随着我国信用卡利率市场化的全面放开，透支利息收入对信用卡收入的贡献度将逐步提高，进而成为信用卡收入的主要来源之一。以浦发银行和中信银行为例，2016 年信用卡业务收入同比增速分别高达119.34% 和 52.98%，信用卡收益率在 7% ~8%。

近年来，伴随经济下行，信用卡业务风险持续上升，《2016 年第一季度支付体系运行总体情况》报告显示，信用卡逾期半年未偿信贷总额458.09 亿元，环比增长 20.46%，占信用卡应偿信贷余额的 1.45%。2015 年末信用卡透支不良率为 1.80%，不良贷款余额 591.6 亿元，同比增幅达 50.50%。信用卡风险的上升，与商业银行早期抢占市场份额，过度发展信用卡发卡数量、审核不严导致的风险隐患逐渐暴露。与此同时，随着移动互联网、互联网金融的兴起，蚂蚁花呗、京东白条等互联网金融产品频频发力抢占信用卡客户群，信用卡市场竞争加剧。

在监管政策和市场的双重驱动下，为了适应"互联网＋"发展趋势，商业银行的信用卡业务管理面临智慧化转型发展。未来，商业银行信用卡业务的发展趋势主要是：

一是公司化管理。在 2016 年全国银行业监督管理工作会议上，监管部门政策明确鼓励具备条件的商业银行在体制上积极创新，特别是类似于信用卡、理财、直销银行、私人银行、小微企业信贷等业务板块，具备条件的可发起设立子公司。目前已有多家银行开始着手信用卡业务的拆分，2015 年 7 月中信银行发布公告开展信用卡业务公司化改制，拟设立中信信用卡公司。2016 年 1 月民生银行发布公告将成立全资子公司——中国民生信用卡有限责任公司，招商银行也表示有意向把理财和信用卡等资产从主营业务中拆分出去。

二是网络化获客。目前，商业银行基本完成了信用卡网络申请渠道的建设，使得客户申请信用卡更加便利，移动终端与信用卡的绑定还可以提升客户黏性。据招商银行统计数据显示，每月通过招行信用卡官方微信递交卡片申请的数量已达 15 万人次。部分银行也积极加强与互联网行业领先企业的战略合作，扩展网络获客能力。例如，中信银行与腾讯、阿里、百度深入开展联名卡合作；光大银行信用卡与京东金融、优酷合作；招商银行信用卡在游戏动漫等领域与平台合作推出魔兽游戏信用卡、航海王信用卡等。

三是支付方式多元化。2015 年，银联联合主要金融机构、手机厂商等发布"云闪付",结合 NFC、HCE、TSM 和 Token 等支付创新技术,通过智能手机终端实现"空中发卡、非接闪付、网上支付"。同时,银联卡小额免签免密服务正式推出,蓝牙迷你付、NFC 迷你付、mPOS 等受理端产品创新取得新进展,为消费者带来全新的移动支付体验。信用卡支付方式呈现多元化发展趋势,其中以卡基为基础的闪付和以移动终端为基础的 HCE 云支付将成为主要支付形态。

四是虚拟信用卡业务。随着中国银联推出 HCE 云支付功能,以及 Token 技术在移动支付中的应用,虚拟卡业务得以实现,ApplePay、SamsungPay、HCE 云闪付加速了虚拟信用卡的发展和普及。目前,已有多家商业银行推出了虚拟信用卡业务。如建设银行推出的龙卡 e 付卡,通过短信验证获取卡号、有效期、安全码等信息,并在手机银行或个人网银进行安全绑定,即可开启全新的支付之旅。据了解,龙卡 e 付卡具有诸多优势,如可"快速办卡、即时授信",支持多渠道全网络支付,可实现境内境外、线上线下、消费取现一体化交易。

五是场景化。一是商业银行加快建设场景化金融平台,如工商银行的"工银 e 生活""工银融 e 购",中国银行推出的"缤纷生活",建设银行的"龙行四海",交通银行的"买单吧",浦发银行的"喜大浦奔",中信银行的"动卡空间"等,通过自建电商平台,导入金融消费场景。二是商业银行与电商平台合作,实现消费场景的延伸,从而获取消费金融流量。典型案例包括:建设银行与阿里巴巴、蚂蚁金服的战略合作,推进线下线上渠道业务、电子支付业务合作,并打通信用体系;招商银行与滴滴合作联名卡,并在未来将推出基于支付的消费体系;工行、农行、中行等在信用卡的基础上将消费金融载入旅游行业,推出网购分期、POS 分期、专项分期等个人旅游消费信贷业务等。

3. 传统消费金融 + 互联网

在消费金融领域,互联网金融公司与银行等传统金融机构合作可以达到双赢的目的。银行网点众多,互联网金融公司与之合作有主力拓宽线下开放式的消费场景;而银行对零售金融的风控经验并不像批发金融那么成熟,并且传统风控技术的成本很高,互联网公司基于大量的电商数据可以向其输出技术服务,同时积分共享等特性化的设计也有助于双方的获客。

一是联合贷款。这种模式细分为两种：一种是互联网公司只提供技术和数据等后台支持，而贷款依然仅由银行放出。以京东金融为代表，目前京东与银行合作的产品主要有联名信用卡、白条闪付等。截至 2017 年 2 月，中信、光大、民生三家的小白卡申请人数超过 400 万人。银行作为发卡方，京东金融则提供技术、风控和用户管理支持，推动合作银行的发卡数量和发卡质量，与此同时，京东金融还将为金融机构提供更多菜单式、嵌入式的金融基础设施服务，以此丰富用户的消费权益。另一种是互联网公司不仅提供后台支持，还与银行联合放出贷款。以腾讯"微粒贷"的联贷平台为代表，2015 年 9 月微粒贷建立"同业合作"模式的联贷平台，通过与其他商业银行（主要是中小银行）开展合作，采取联合贷款模式，并按比例分成。这相当于腾讯向其他商业部分开放了微信生态圈，使传统银行能向之前难以触达的客户提供金融服务。目前每天联贷平台发放的微粒贷贷款中，80% 的贷款资金由合作银行提供。

二是黏住支付。信用卡这一消费金融产品的竞争主要就看是否粘住了客户的支付需求，银行在服务零售客户方面由于其产品设置的多样化和网点众多有很多先天的优势。对于互联网金融公司来说，支付一直是竞争白热化的领域。依托支付宝的强势地位，蚂蚁花呗的场景接入覆盖进展迅速。目前除了支持天猫淘宝等网购平台，还接入了滴滴打车、12306、口碑、线下的大型超市、便利店、商场等高频生活场景；音乐、游戏等娱乐场景；医院、水电煤、杭州公交平台，我爱我家房租等便民服务场景，以及韩国乐天等 8 万多家境外门店，也都可以使用花呗。

与借助支付宝的拓展不同，京东金融的场景接入则另辟蹊径：2017 年 1 月，京东金融与中国银联签署了战略合作协议，京东金融旗下支付公司网银在线可以开展银联卡线上线下收单业务，通过 NFC（近场通讯）技术和银联云闪付技术，实现"白条"在全国约 1 900 万台的银联闪付 POS 机上使用，覆盖了线下 800 多万家商户，这也是通过黏住支付拓展线下场景。

三是打通线上线下。在现有的市场环境中，很多银行为了吸引用户黏性，通过消费积分兑换给予相应的消费权益，但通常积分兑换有时效限制，并且大多平台兑换的商品有限，并没有一定的行业标准。对于沉淀在银行体系内的庞大的信用卡积分，目前基本上还是处在一种内部管

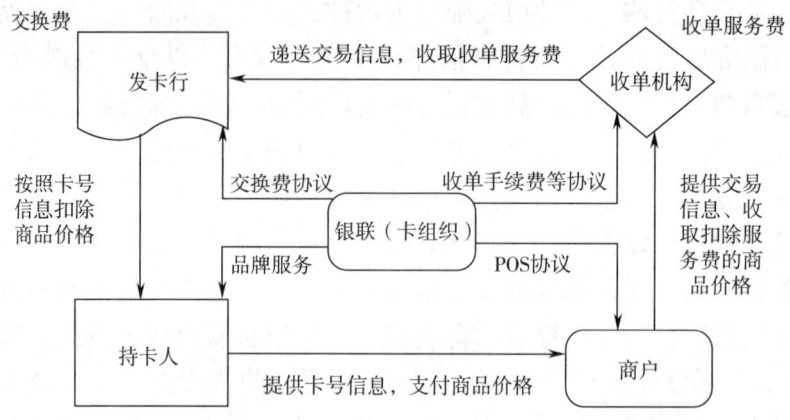

资料来源：网络整理。

图3　白条闪付模式

理比较混乱，缺乏集中积分兑换和价值分享的平台。因此要整合积分资产管理，把线上和线下的消费支付场景相连接。2015 年 5 月，京东钢镚上线，引入了积分资产管理理念，融合了线上 + 线下的消费支付场景，整合了包括银行、各类消费商户的消费积分，改造传统积分价值体系，通过制定一整套积分通兑标准，帮助商户和用户重新建立关联，积分可兑换成钢镚，帮助用户管理忽视的闲散积分，钢镚可在京东商城合作商户使用抵扣消费现金。京东钢镚的出现，打破了银行积分"门槛高""内循环""服务缺失"的封闭状况，为用户带来"点滴成金""积分值钱""通兑易用"的全新体验。

三、消费金融公司

消费金融公司是经银监会批准，定位于不吸收公众存款，以小额、分散为原则，为中国境内居民个人提供消费贷款的非银行金融机构，包括个人耐用消费品贷款、一般用途个人消费贷款等。

1. 消费金融公司试点全面展开

2009 年，经国务院同意，北京、天津、上海、成都开展消费金融公司试点。2013 年银监会发布《消费金融公司试点管理办法》，规范消费金融公司的经营行为并新增 12 个试点城市，试点范围进一步扩大。

2015年6月，国务院召开常务会议，决定将消费金融公司试点扩大至全国。经过多年的发展，至2017年8月，消费金融公司的数量仍然非常少，目前只有22家获批。其中银行系占据九成以上，有20家。从这20家银行系持牌公司来看，提出申请的银行以中小银行为主。

表2　　　　　　　　　　消费金融公司及发起公司

机构名称	批准日期	发起公司
四川锦程消费金融公司	2010－02－25	成都银行、Hong Leong Bank Berhad
中银消费金融有限公司	2010－06－03	中国银行、百联集团、陆家嘴金融、中银信用卡
捷信消费金融有限公司	2010－10－26	捷信集团
北银消费金融有限公司	2011－12－22	北京银行、桑坦德消费金融、利时集团
兴业消费金融股份公司	2014－12－22	兴业银行、泉州商业总公司、福诚、特步
海尔消费金融有限公司	2014－12－23	海尔集团、红星美凯龙
招联消费金融有限公司	2015－03－03	永隆银行（招商银行）、中国联通
湖北消费金融股份有限公司	2015－04－03	湖北银行、TCL、武商集团、商联集团
苏宁消费金融有限公司	2015－05－11	苏宁云商、南京银行、BNP
马上消费金融股份有限公司	2015－06－11	重庆百货大楼、中关村科金技术、重庆银行
中邮消费金融有限公司	2015－11－17	邮储银行、DBS BANK、渤海国际
杭银消费金融股份有限公司	2015－11－25	杭州银行、BBVA、海亮集团
华融消费金融股份有限公司	2016－01－18	华融资产、合肥百货、深圳华强资产、安徽新安资产
晋商消费金融股份有限公司	2016－02－22	晋商银行、奇飞翔艺、天津宇信易诚
盛银消费金融有限公司	2016－02－24	盛京银行、顺峰投资、大连德旭经贸
陕西长银消费金融有限公司	2016－10－31	长沙银行、城市网邻、通程控股
包银消费金融股份有限公司	2016－12－16	包商银行、深圳萨摩耶互联网、百中恒投资
中原消费金融股份有限公司	2016－12－29	中原银行、上海伊千网络
长银五八消费金融股份有限公司	2017－01－13	长安银行、汇通诚信租赁、北京意德辰翔
哈银消费金融有限责任公司	2017－01－22	哈尔滨银行、苏州同程软件、北京博升优势
河北幸福消费金融股份有限公司	2017－06－13	张家口银行、神州优车、蓝鲸控股
上海尚诚消费金融股份有限公司	2017－08－11	上海银行、携程

资料来源：根据银监会及公开资料整理。

消费金融公司的市场定位为传统银行的补充，主要针对中低收入新兴客户群，通过提供宽泛灵活的信贷产品、广泛的地区覆盖和快速的市场来提供金融服务。相比银行，因为单笔授信额度小、审批快、无需抵押担保、服务灵活等特点而具有独特的优势和竞争力。

当前的消费金融公司商业模式可分为三类。一是以线下渠道为主，如锦程消费金融、捷信消费金融等；二是主打 O2O 模式，如海尔消费金融、苏宁消费金融、中邮消费金融；三是将自身定位为互联网金融公司，如招联消费金融、马上消费金融等。

目前，消费金融公司通过与商户合作的方式基本覆盖了网上零售、家装、租房、婚庆、教育、旅游、助业等消费领域，产品主要分为个人耐用消费品贷款和一般用途个人消费贷款等。以苏宁消费金融公司为例。依托线上和线下供应商平台，苏宁电器拥有海量的消费者数据和信用分析，通过对这些数据的分析和运用，可以很好地对用户的信用进行评级打分，可以严格控制风险。截至目前，苏宁消费金融的主要产品有"任性付"和"零钱贷"。"任性付"将消费金融与自有线上平台苏宁易购与线下平台苏宁云商以合作商户有效结合起来，通过免息 30 天等优惠措施，在扩大线上线下平台销售的同时，拓展消费金融业务发展空间；"零钱贷"则通过消费平台与"零钱宝"的有效挂钩，为客户提供多元化产品的同时，完善苏宁金融的 O2O 布局。

2. 数据挖掘：消费金融公司核心商业模式

通过数据模型挖掘低风险高回报的优质客户。消费金融公司成功的前提在于获取用户消费数据。消费金融公司成功的核心在于挖掘出风险较低的优质客户，而挖掘客户的前提是有大量消费数据的积累，所以拥有积累消费数据能力的公司可以通过挖掘数据识别出优质客户，继而获得较好的盈利。掌握特定渠道（如银行、保险等）、特殊消费场景（求学，购车等）以及支付平台的公司可以获取大量有效用户消费数据进行优质用户挖掘，继而提供差异化的消费金融服务。银行拥有传统的消费贷款渠道，通过发行信用卡及提供车贷、房贷，掌握了主流消费群体的海量消费数据，京东、去哪儿等平台打造的消费场景天然积累了用户数据，转型消费金融水到渠成，而微信、支付宝等支付平台为数亿人提供服务，拥有比银行信用卡覆盖面更广的消费数据，从而能够更加有效地挖掘出在消费金融业务中能持续贡献利润的优质客户，这三类消费金融公司均拥有消费金融业务迅速发展的关键要素，从而有望迅速崛起。

通过数据模型挖掘出优质客户是关键。优质客户不是指信用很好，从不欠款，也不为消费金融公司贡献收入的客户，而是指保持稳定欠款，为消费金融公司贡献最多收入的客户，比如那些缺乏流动性、经常分期贷款的用户。消费金融的"小额、分散、大量、短期"特性适合大数据模型。消费金融主要为个人提供购买商品和服务，不包括房贷和经营性信贷，消费者群体构成、消费需求以及消费习性都有多样性，消费者群体、总金额以及需求空间潜力巨大，消费借贷时间一般较短，这些特性使得消费金融对于大数据综合评估模型更为适合。

3. 案例：招联消费金融

招联消费金融有限公司是经中国银监会批准、由招商银行与中国联通共同组建、我国第一家在《内地与香港关于建立更紧密经贸关系的安排》（CEPA）框架下成立的消费金融公司，注册资金 20 亿元。在 2017 年 11 月第二届中国消费金融暨科技创新大会上，凭借近年来在消费金融领域的卓越表现和创新，招联金融荣获"消费金融领军企业奖"。

招联依托强大的市场整合能力，为广大客户提供全线上、免担保、低利率的普惠消费信贷服务，消费场景全面覆盖购物、旅游、教育、装修等多个行业。招联消费金融目前的主推"零零花""好期贷"两款产品，有着明显的互联网基因，全部由线上申请。除了通过自身的手机APP 渠道外，"零零花"入驻了联通网上营业厅，消费者可直接通过该产品分期购买手机；"好期贷"入驻了支付宝平台，芝麻信用分达到700 分的用户，可以在线申请 1 万元以内的消费贷款。

资料来源：艾瑞咨询、华创证券。

图 4 招联金融"零零花"

资料来源：艾瑞咨询、华创证券。

图 4　招联金融"好期贷"

随着消费金融行业快速发展，金融科技对行业的影响越来越强。同时，以大数据、人工智能、区块链等核心技术推动的消费金融场景，已经成为了区别于传统金融生态，能够产生资金、风控、技术、用户和金融服务闭环的一个新潜力区域。通过与消费金融场景和用户结合，依托大数据和风控技术实现科技为基础的线上运营模式，成为了近年来行业炙手可热的互联网金融科技模式。

招联金融与母公司中国联通合作，运用联通大数据服务能力、招联大数据建模及风控能力，基于大数据深度挖掘，打造了一套 KS 值超过 40 的信用分价值评分体系和预授信体系"沃信用分"。通过大数据机器学习，对客户信用情况进行综合评估，从 3 亿联通用户中筛选出近亿的白名单客户，打造联通客户专属的信用体系与服务体系，为客户未来的信用生活加分，创造专属联通客户的高黏性场景。招联业务已打通了中国联通全国近 2 万营业厅，产品嵌入营业厅生产作业流程，实现 99% 自动化审批，以及集约化点对点提供在线客服，实时监测数据，从而改善客户体验、把控风险。

招联通过"沃信用分"不仅打通了联通业务线上线下场景，而且在行业征信缺失问题上也是一大创新。"沃信用分"通过使用产品进行实名验证和反欺诈应用、利用联通集团数据标签在能力开放平台上进行挖掘建模，定期形成全量客户的信用评分及预授信的白名单，实现了对内外部客户的精准触达和营销，有效弥补了现有征信数据覆盖率的不足的问题。

四、电商消费金融

1. 电商消费金融的发展

随着互联网的普及，互联网电商与消费金融的结合更加紧密，包括京东、阿里、苏宁等电商平台纷纷推出消费分期付款等金融产品，形成了独具特色的电商消费金融。电商消费金融通过利用互联网、大数据等技术优势，对客户信息（基本资料、行为信息、征信信息等）进行校验和信用评价，将消费金融产品嵌入和渗透在电商平台中，弥补传统消费金融在场景消费领域的缺失，为符合条件的用户提供"先消费，后付款"的信用分期付款服务。

2014 年 2 月，京东消费金融推出业内第一款互联网消费金融产品——白条；2014 年 7 月，阿里巴巴推出天猫分期，也进入该领域；2015 年 4 月，百度推出百度有钱，抢滩互联网消费金融领域；2015 年 11 月，苏宁消费金融推出了苏宁任性付，"随借随还"业务。

表3　　　　　　　　　　主要电商平台消费金融产品

平台	背景	费用	最高免息期限	最高额度	期限（期）
京东白条	京东	0.5～1%/月	30 天	3 万	3/6/12/24
蚂蚁花呗	阿里巴巴	0.05%/日	41 天	3 万	2003/6/12
苏宁任性付	苏宁	0.5～1%/月	30 天	20 万	3/6/12/24/60
快易花	快钱	0.7%/月	30 天	5 万	12

资料来源：根据互联网资料整理。

互联网的应用使得用户数据获取更为有效和风险控制能力得到显著提升，在获客、场景、风控等方面都具有较强优势，在提升用户体验的同时，提高审贷效率、降低违约率，为消费金融向中低端需求市场渗透提供了有效手段。从数据上看，最近几年来，互联网消费金融交易发展迅猛，2016 年交易规模达到 4 367.1 亿元，同比增长 269%。万得资讯预测 2017 年互联网消费金融交易规模将达到 9 983.4 亿元，同比增长 100% 以上。

电商消费金融在各个不同的领域发展迅速，并形成了几种有代表性的模式。一类是电商平台的消费金融，以蚂蚁金服、京东金融、苏宁金融为代表；一类是主打分期购物互联网消费金融平台，如分期乐、趣分期等等；一类是主打移动端消费信贷的平台，例如手机贷、拉卡拉替你还等等。

2. 电商消费金融的场景延伸

场景是电商消费金融发展的根基，但基于电商平台的互联网消费金融也存在场景单一、金额有限的总量，多场景延伸成为电商消费金融的必然选择。这些延伸的场景基本离不开"住、行、学"，目标客户定位为"年轻人"。目前互联网消费金融平台已覆盖旅游、安居（包括租房、装修）、教育（英语、职业、亲子等类型）、汽车（二手车）、医疗美容、婚庆等多个场景。

以京东金融为例，目前已布局电商、旅游、教育、住房购车、医美和婚庆等场景。2015 年 4 月起，"白条"开始走出京东电商，拓展京东体系外更多线下消费场景，为消费者提供一次性信用贷款。京东金融与线下消费场景商家合作，通过京东金融旗下小贷公司给用户授信，一次性授信，额度不循环，分期还款。目前京东金融已形成多场景消费金融布局，涵盖生活的方方面面，为客户提供全方位的消费服务。

百度金融则主要切入教育分期领域，同时开始布局家装、租房、医美等中大额消费信贷。"百度有钱花"作为百度主推的个人消费金融信贷产品，目前在教育信贷领域基本涵盖各个细分教育培训领域，拓展包括教育信贷，研究生、MBA、留学培训服务等在内的一系列业务，筛选出在线教育平台上的客户，为其提供授信等服务，在教育领域实现闭环。此外还探索并上线了新的垂直领域分期业务，例如家装、租房等。

场景的拓展，还包括固定场景向开放场景的延伸，各大消费金融平台开始推出开放场景式的小额信用贷款产品，如腾讯微粒贷、蚂蚁借呗和京东金融——金条等，通过建立支付黏性，与线下商户展开合作等拓展现金消费场景。如蚂蚁花呗和西单大悦城达成战略合作，将大悦城内超过 200 家商户接入蚂蚁花呗。消费者在西单大悦城内购物时，可以登录支付宝 APP 使用蚂蚁花呗先消费后还款。

表4 电商开放场景的消费金融平台

平台	背景	借款条件	额度	费用	期限（期）	逾期罚息
微粒贷	腾讯	用户银行信用情况	500元~20万	0.03%~0.05%日	2005/10/20	加收50%利息
蚂蚁借呗	阿里巴巴	芝麻信用评分	1元~20万	0.03%~0.05%日	6月12日	加收50%利息
京东金条	京东金融	京东活跃用户	500元~20万	0.03%~0.05%日	1/3/6/12	加收50%利息

资料来源：网络整理。

3. 案例：蚂蚁花呗

蚂蚁花呗自2015年4月正式上线，是蚂蚁金服推出的一款消费信贷产品，申请开通后，将获得500~50 000元不等的消费额度。用户在消费时可以预支蚂蚁花呗的额度，享受"先消费，后付款"的购物体验。

蚂蚁花呗根据消费者的网购情况、支付习惯、信用风险等综合考虑，通过大数据运算，结合风控模型，授予用户500~50 000不等的消费额度。蚂蚁花呗的额度依据用户在平台上所积累的消费、还款等行为动态变化，相应的额度也是动态调整的，当用户一段周期内的行为良好，且符合提额政策，其相应额度则可能提升。

蚂蚁花呗上线仅半个月，天猫和淘宝已有超过150万户商户开通花呗。数据显示，商户接入蚂蚁花呗分期后，成交转化提升了40%。2015年双十一期间，蚂蚁花呗充分发挥了其无忧支付的产品能力，全天共计支付6 048万笔，占支付宝整体交易8.5%。2016年8月，蚂蚁花呗消费信贷资产支持证券项目在上海证券交易所挂牌，这也是上交所首单互联网消费金融ABS。

蚂蚁花呗初期主要服务于天猫、淘宝上购物，目前已经走出阿里系电商平台，将服务扩展至更多的线上线下消费领域，包括大部分电商购物平台，比如亚马逊、苏宁等；本地生活服务类网站，比如口碑、美团、大众点评等；主流3C类官方商城，比如乐视、海尔、小米、OPPO等官方商城；以及海外购物的部分网站。受到了广大消费者，尤其是80后、90后消费者的喜爱。

据支付宝官方微信发布的信息，大部分90后消费者的花呗额度为1 000~1 600元，但实际上他们每月的花呗平均消费金额只有349元，主要花在网购、话费充值、便利店餐厅消费和骑行共享单车上，平均每笔单价不超过 30 块。90 后花呗用户的按时还款率超过 99%，95 后群体的按时履约比例则更高。

第三节　供应链金融

一、供应链金融概述

1. 供应链金融概念

供应链金融（Supply Chain Finance）是指商业银行围绕核心企业，将上下游企业的资金链和物流链进行整合，以产业链为依托、以交易环节为重点、以资金流动为主线获取供应链的各类信息，把单个企业的不可控风险转变为供应链企业整体的可控风险，并在此基础上为核心企业和上下游企业提供的综合性金融服务。

供应链金融不仅包括传统信贷模式中的金融机构、融资企业，还增加了核心企业和其他参与企业（如物流企业）。新增的两个主体在供应链金融发挥着重要的作用。核心企业为供应链金融提供信用支持，其运营状况直接决定了整条供应链的运行情况。供应链金融从核心企业入手研究整个供应链：一方面将资金有效注入处于相对弱势的上下游配套中小企业解决供应链失衡问题；另一方面将银行信用融入上下游企业的购销行为，增强其商业信用，使供应链成员更加平等地协商和逐步建立长期战略协同关系，提升供应链的竞争能力，促进了整个供应链的持续稳定发展。

供应链金融从新的视角评估中小企业的信用风险。基于供应链金融的思想，银行等金融机构从专注于对中小企业本身信用风险的评估，转变为对整个供应链及其交易的评估，这样既真正评估了业务的真实风险，同时也使更多的中小企业能够进入银行的服务范围。首先，供应链金融的授信是针对供应链整体，实现的是"1＋N"的授信方式。这改变了供应链金融的营销方式，它不再孤立地寻找客户，而是围绕核心企业的供应链寻找客户的资金需求，大大降低了供应链的客户开发成本和增加了企业对银行的依存度。其次，供应链金融改变了对中小企业的授信方式，降低了中小企业的融资门槛。供应链金融主要考察的是供应链金融的交易背景，而不是中小企业的静态的财务报表。

正是以上特点，决定了供应链金融是互联网时代供应链全球化过程中的必然产物，其核心不在是纯粹的金融性活动，而是通过互联网、物联网等技术手段，在平台建设上搭建了跨条线、跨部门、跨区域，与政府、企业、行业协会等广结联盟，物联网和互联网相融合的产业生态圈和智慧金融生态圈。

2. 供应链金融风控体系

供应链金融促使银行跳出单个企业的局限，从更宏观的高度来考察实体经济的发展，从关注静态转向企业经营的动态跟踪。这将从根本上改变银行业传统的风控体系，为智慧金融的发展提供了巨大的空间。

供应链金融风控体系包含三个层次：数据层、实践层、技术层。其中数据层包括风控主数据的获取、风险数据的拓展、数据的维护；实践层包括高效的在线审批、精准及时的事中风控；技术层是指利用先进的模型科学地处理和分析数据，帮助预测和决策。

据万联供应链金融研究院2017年3月对供应链金融的问卷调研显示，10%的企业已经建立了领先的风控系统和风险数据库，并以此为基础利用大数据分析技术构建了风险预测模型，建立完善的在线审批及事中监控系统。63%的企业正在将数据分析、IT技术与传统风控流程进行融合进而提升风控能力。仍有27%的企业依赖传统的风控方法和工具。

在供应链金融领域，财务报表、工商注册、法律媒体监控、物流/生产/运营数据、付款拖欠/账期等信息对风险识别与风险控制很有价值。通过比对，基于大数据分析的预测模型能够大幅提升预测的准确性，不同分段的风险概率区分度高，最好分段的未来逾期概率有3%左右，最差分段的未来逾期概率高达45%。因此，基于大数据的风险预测模型正在逐步被行业内的领先企业所接纳，48%的企业已将数据分析引入风险评估中，17%的企业开始使用基于大数据分析的预测模型进行风险量化。

3. 供应链金融的定位

供应链金融之所以能够成为中国和世界其他国家共同关注的话题，

其核心在于供应链金融不是纯粹的金融活动，而是立足在产业供应链并服务于产业供应链的行为，它对于优化供应链现金流量周期，乃至提升产业供应链竞争力都至关重要。供应链金融本身是一个不断发展的概念，它逐渐从要素金融活动走向了流程化金融，从单一的借贷走向了生态化金融，从而实现了依托供应链中的商流、物流和信息流带动金融资源在组织间的流动，同时又反过来推动产业供应链的发展。

供应链金融巨大的市场潜力和良好的风险控制效果，已经吸引了许多银行介入。深圳发展银行、招商银行最早开始这方面的信贷制度、风险管理及产品创新。随后，围绕供应链上中小企业迫切的融资需求，国内多家商业银行开始效仿发展"供应链融资""贸易融资""物流融资"等类似服务。目前，包括四大行在内的大部分商业银行都推出了各自特色的供应链金融服务。

供应链金融成为继第三方支付、消费金融之后各路资本的竞逐之地，不仅传统银行和产业巨头视其为"必争之地"，蚂蚁金服、国美金融、京东金融等互联网金融巨头也将之摆在重中之重的位置，甚至P2P等网贷公司也纷纷加入到供应链金融服务中。

二、供应链金融的演进及发展

1. 供应链金融发展初始阶段：线下"1＋N"模式

2001年，深圳发展银行（平安银行）开始试点"动产及货权质押授信业务"，利用特定化质押下的分次赎货模式，并配合银行承兑汇票的运用，结算和保证金存款合计超过了20亿元，开始了国内供应链金融的服务试点。

深圳发展银行的供应链融资模式总结为"1＋N"的贸易融资方式，即围绕某"1"家核心企业，将供应商、制造商、分销商、零售商直到最终用户连成一个整体，全方位地为链条上的"N"个企业提供融资服务。深圳发展银行通过参与核心企业"1"的供应链运作，在稳定与"1"的业务的同时，培育新兴市场的客户群"N"，拓展了银行的资金去向，同时也解决了供应链成员企业融资瓶颈对供应链稳定性和成本的影响。

该模式由于基于传统线下模式，效率较低具有较大的局限性。与传统借贷相比，供应链金融的借贷关系从传统借贷是点对点转变为点对线（银行与供应链参与各方之间的关系），延伸了金融服务。但银行主要是依托供应链中的某个主体信用，还没有真正参与供应链运营的全过程。

这一阶段的供应链金融也称供应链金融1.0时代，主要是围绕应收账款、库存和预付款而开展的金融业务，如基于应收账款类而开展的保理融资、保理池融资、反向保理、票据池授信等；基于库存类开展的静态抵质押、动态抵质押、仓单质押等业务，以及基于预付类开展的先票/款后货、保兑仓等业务。所有这些业务的管理核心都是保证"物"的真实性、保全性和价值性。

2. 供应链金融成长阶段："四流"初步融合

随着互联网技术的发展，动产质押政策的推进，供应链金融业务向线上化推进，逐步实现了"物流""商流""资金流""信息流"等多流合一。这一阶段的供应链金融也称供应链金融2.0时代，参与的主体也从银行扩展到供应链的核心企业，真正意义上的供应链金融模式随着核心企业实力的上升而最终确立，核心企业成为供应链金融的核心。

这种模式下，核心企业具备了信用优势和业务信息优势，纷纷成立金融部门帮助中小企业解决融资难问题。同时，供应链金融考虑到商流、物流、信息流、知识流、资金流的变化，为产业供应链中的中小企业解决融资难、融资贵、融资乱的问题提供了新的方案。供应链金融服务的提供者逐渐从单一的商业银行转向供应链中各个参与者，也就是说供应链中的生产企业、流通企业、第三方或第四方物流，其他金融机构（如保理、信托、担保等）都可能成为供应链金融服务的提供方。

在供应链金融2.0阶段，由于服务企业不仅与上下游企业、物流服务提供商、商业银行产生关联，而且整个的交易过程、物流过程和资金流过程是由服务企业设计和组织，供应链其他各参与主体与服务企业之间形成了序列依存关系。通过各个流程之间的互动和衔接，能保障供应链运行顺利，从而使得融资行为收益确定、风险可控。在供应链金融2.0阶段，非常强调流动中的"物"，而不是绝对的"物"的状态，即通过把握供应链中的交易结构和运营，来更好地判断资金需求和可能的风险，为供应链融资决策提供支撑。

3. 供应链金融发展成熟阶段：大平台趋势

供应链金融3.0时代是以平台化为显著特征，银行、供应链参与者以及平台的构建者以互联网技术深度介入，比如打造云平台，通过资金流、信息流、物流三维数据风控建模来构建综合化的大服务平台。

供应链金融的网络结构呈现出平台化、高度关联化的特征，因而管理流程既高度复杂又呈现出互动化的特征。具体讲这一阶段的流程管理需要管理好横向价值链流程、纵向价值链流程以及斜向价值链流程。进入互联网供应链金融阶段，不仅仅要求整个网络有清晰的交易结构和交易关系，而且在信息流的维度上实现了高度的融合，通过复杂综合性的信息来刻画供应链网络的状态和活动。

4. 供应链金融的未来：智慧化

产业互联网的浪潮为供应链金融开创新模式提供了更为广阔的空间，供应链金融开始走向智慧化4.0时代，业务模式趋向去中心、实时、定制、小额，产品则以数据质押为主，借助于物联网、人工智能、大数据、区块链等技术，实现了供应链和营销链全程信息集成和共享，同时提升服务能力和效率。在技术上，数据将发挥实质性的担保作用，"数据质押"是指企业在接受银行金融服务时，将自身与交易相关的数据（以资金流、信息流和物流为主）以"质押"的方式授权给银行使用，为自身提供担保，为银行防范风险（唐时达，2015）。

供应链金融4.0时代，物联网将成为交易的主要治理结构。物联网与供应链金融的结合主要是通过传感技术、导航技术、定位技术等方式，在仓储和货运环节来控制交易过程，提高终端交易的真实性。物联网平台与资金端结合以后，通过物联网平台可以提供产业上下游之间的物流、信息流、资金流的真实交易数据，并确保了资金的回笼，形成了封闭的运行。通过物联网平台，实现现代物流与信息系统的高度融合，形成整个产业链的真实交易数据。人工智能和大数据可以巩固核心企业与上下游企业的关系，并提供一个开放式的供应链金融平台。区块链技术可以助力供应链金融创造更多场景并建立信任环境。

三、供应链金融的场景模式

1. 商业银行主导供应链金融

该模式是以平安、中信、民生为代表的股份制银行引领的传统银行主导的。平安银行最早以 N+1+N 为发展模式，以中小企业为敲门砖，逐步渗透至核心企业，再从核心企业为轴向上下游拓展，大力发展线上供应链金融，目前主要以橙 e 网作为主推平台。

在国外比较典型的供应链金融平台模式有苏格兰皇家银行的 Max-Trad 平台，该平台为买卖双方提供了高度自动化和电子化的互动体验，成为供应链金融互联网平台的领先者。通过提供 24 小时的在线服务，为买卖双方自动处理贸易交易及管理应收、预付账款，提供了良好的解决方案；该平台支持客户管理在多家银行的供应链融资服务，更加方便客户的整合统一管理。提供线上平台教学是 MaxTrad 的另一亮点，而平台附带的商业信息分析工具及平台与各国本地银行的连接，也为使用者提供了良好的用户体验。

金融机构按照担保措施的不同，从风险控制和解决方案的导向出发，将供应链金融的基础性产品分为应收类融资、预付类融资和存货类融资三大类。

（1）应收类：应收账款融资

应收账款融资是指在供应链核心企业承诺支付的前提下，供应链上下游的中小型企业可用未到期的应收账款向金融机构进行贷款的一种融资模式。

在这种模式中，供应链上下游的中小型企业是债权融资需求方，核心企业是债务企业并对债权企业的融资进行反担保。一旦融资企业出现问题，金融机构便会要求债务企业承担弥补损失的责任。

应收账款融资使得上游企业可以及时获得银行的短期信用贷款，不但有利于解决融资企业短期资金的需求，加快中小型企业健康稳定的发展和成长，而且有利于整个供应链的持续高效运作。

（2）预付类：未来货权融资

未来货权融资（又称为保兑仓融资）是下游购货商向金融机构申请

贷款，用于支付上游核心供应商在未来一段时期内交付货物的款项，同时供应商承诺对未被提取的货物进行回购，并将提货权交由金融机构控制的一种融资模式。

在这种模式中，下游融资购货商不必一次性支付全部货款，即可从指定仓库中分批提取货物并用未来的销售收入分次偿还金融机构的贷款；上游核心供应商将仓单抵押至金融机构，并承诺一旦下游购货商出现无法支付贷款时对剩余的货物进行回购。

未来货权融资是一种"套期保值"的金融业务，为防止虚假交易的产生，银行等金融机构通常还需要引入专业的第三方物流机构对供应商上下游企业的货物交易进行监管，以抑制可能发生的供应链上下游企业合谋给金融系统造成风险。

(3) 存货类：融通仓融资

融通仓融资模式是企业以存货作为质押，经过专业的第三方物流企业的评估和证明后，金融机构向其进行授信的一种融资模式。在这种模式中，抵押货物的贬值风险是金融机构重点关注的问题，但银行等金融机构可能并不擅长于质押物品的市场价值评估，同时也不擅长于质押物品的物流监管，因此这种融资模式中通常需要专业的第三方物流企业参与。金融机构可以根据第三方物流企业的规模和运营能力，将一定的授信额度授予物流企业，由物流企业直接负责融资企业贷款的运营和风险管理，这样既可以简化流程，提高融资企业的产销供应链运作效率，同时也可以转移自身的信贷风险，降低经营成本。

2. 电商主导供应链金融模式

随着互联网金融在中国的发展，电商平台依托于长期交易建立起的客户关系，开始转型"征信＋信贷"的创新型互联网金融平台，根据上下游的交易、物流、现金流等相关数据作出信用评级，通过系统算法给出融资额度，积极为其企业客户提供信贷融资服务，一定程度上取代了传统供应链金融模式中的金融机构。比如，阿里巴巴电商平台解决了卖家以往的融资痛点，买家付款到确认收货需要 10～12 天周期，其间买家付款资金冻结在支付宝，卖家可能缺乏足够的流动资金进行备货、生产，甚至错过商机。阿里巴巴电商平台解决方案率先在业内实现"融资在线秒杀""期限按日设定"等开创性意义的创新功能，给供应链金融服务带来了全新的体验。京东金融基于京东多年来积累的交易数据，物流数据和仓储数据为基础的金融科技平台，目前已形成了支付、供应链金融、消费金融、众筹、财富管理、保险和证券七大业务板块。

3. 产业主导供应链金融模式

拥有完整供应链资源的公司自建供应链金融平台，依托线上平台进行供应链金融，通过综合运用各种金融工具，满足客户的多种金融需求。一些大型产业集团通过自身的银行平台，借助集团多行业布局的优势开展供应链金融业务。比如海尔集团的海融易互联网平台，经销商可以通过海融易申请贷款，从提交申请到审核放款两个工作日全部流程走完。在海尔供应链金融模式中，海尔可以为上下游提供信用担保，海融易平台由此获得优质安全的资产，海尔将自己的信用注入整个产业链条里，并且对资金流、信息流、物流进行有效控制。海尔采取全风险控制体系，运用海尔产业数据，进货、传统的金融数据、征信数据并建立了风控策略，将单个企业的不可控风险转变为供应链企业整体的可控风险，并将风险控制在最低。海融易目前已将该系统复制到海尔体系外的多个产业，在化工、医药器械、农业、房产、金融等产业链快速复制扩展。

4. P2P 平台涉足供应链金融

供应链金融领域广阔的市场空间以及金融行业的丰厚利润，加上互联网技术对各行业的渗透，核心企业和交易平台能够提供较为全面的用于风险评估的关键数据，因此企业参与积极性很高。据统计，目前沪深两市有 30 余家上市公司涉足供应链金融业务，资金大部分是自有，而自有资金的有限性难以适应不断扩大的业务需求。很多上市公司开始通过搭建自己的财务公司或者自建 P2P 平台，以此获得更多资金，如上市公司瑞茂通等。目前网贷行业涉足供应链金融业务方式一是 P2P 平台与核心企业合作，给核心企业的上下游企业做融资，如开鑫贷；二是大宗商品服务商自建 P2P 平台，如中瑞财富；三是核心企业出资成立 P2P 平台，如海融易；四是 P2P 网贷平台与保理、小贷公司合作开展供应链融资，如爱投资。

第四节 P2P 网络借贷

一、P2P 网络借贷概述

1. 概念

P2P 是英文 person – to – person（或 peer – to – peer）的缩写，意即个人对个人（伙伴对伙伴）。2016 年发布的《网络借贷信息中介机构业务活动管理暂行办法》中，将网络借贷定义为个体和个体之间通过互联网平台实现的直接借贷。个体包含自然人、法人及其他组织。网络借贷信息中介机构是指依法设立，专门从事网络借贷信息中介业务活动的金融信息中介公司。该类机构以互联网为主要渠道，为借款人与出借人（即贷款人）实现直接借贷提供信息收集、信息公布、资信评估、信息交互、借贷撮合等服务。

2. P2P 网络借贷的起源与发展

P2P 网络借贷最初起源于英国。2005 年 3 月，Zopa 于英国伦敦成立，P2P 借贷行业的帷幕就此展开。2005—2010 年，P2P 网贷开始在全球范围兴起，这一阶段的 P2P 网贷平台主要从事个人对个人的贷款业务。由于无须抵押和担保、撮合速度快、借款利率相对较低，P2P 网络借贷迅速赢得市场并逐渐融入主流金融体系。

2005 年 11 月，美国 PROSPER 网络小额贷款平台成立。从 2006 年 2 月上线到 2009 年 1 月 29 日，经由 PROSPER 的借贷金额共计约合 12.5 亿元，超过 3 个月的逾期还款率仅为 2.83%。2007 年 LENDING CLUB 成立，提供无担保、无抵押的消费贷款，平台作为中介负责提供交易场所和信用定价。2011 年成立的 Sofi 专注于提供学费贷款，并在 2013 年底成为美国第一家公开证券化的 P2P 平台。以上是美国最具有代表性的 3 家 P2P 平台，基本能够反映美国 P2P 行业的格局，也大致代表了全球的 P2P 行业演进方向。

在 2011—2013 年，P2P 借贷的高速发展阶段，主要体现在以下三个方面：一是 P2P 平台数据量大幅增加；二是机构投资者开始介入，据 Orchard 统计，截至 2014 年底，Lending Club 和 Prosper 平台上近 6% 的借款项目只有单一投资者。三是起步较早的构架的 P2P 网贷开始出现专注细分市场的平台，如专注于个人贷款、中小企业贷款、房地产贷款以及票据贷款市场。

2014 年以来，P2P 网络借贷呈现出资产端细分与全球化发展阶段，中国 P2P 网贷行业在全球占据了重要地位，行业竞争异常激烈，资产端的细分开始越发重要。同时，P2P 网贷行业在全球更广泛地区开始快速发展，如越南、以色列等国家开始出现 P2P。部分已有的 P2P 平台也开始进行全球化扩张。

美国和英国对 P2P 网络借贷行业的监管采取了不同的思路，对于我国 P2P 网络借贷行业的发展具有一定的借鉴价值。如美国将 P2P 网络借贷业务视为证券发行，由美国证监会（SEC）主要负责其进行监管。英国 P2P 网络借贷的监管由英格兰银行下设的金融行为监管局（FCA）负责。2014 年 5 月 PCA 发布了《关于通过互联网众筹及通过其他媒介发行非易于变现证券的监管方法：对于 CP13/13 的反馈说明及最终规则》，将借贷型众筹（P2P 网络借贷）纳入监管范畴。

3. P2P 网络借贷与银行借贷的比较

P2P 网络借贷作为新兴的互联网金融业态，通过利用大数据、移动互联、云计算等网络信息技术，高效地撮合出借人和借款人需求，实现了小额、分散、公平的直接借贷。网络借贷的贷款期限一般比较短，对财务状况等要求不高，融资门槛相对较低。网络借贷的交易方式灵活、高效，突破了地域限制和时间限制，淡化了层层审批的繁琐程序，注重借款者的信用度评估，能更快速地帮助借款者缓解其困难。与银行借贷相比，网络借贷发展的意义主要表现为：

第一，有利于普惠金融发展。P2P 网络借贷具备融资便捷、对象广泛的特点，可以缓解有小微企业、农民等低收入群体融资难问题。从国际看，弱势群体融资难、融资贵的主要原因在于财务不健全、缺乏抵押物以及长期信用记录积累等。P2P 网络借贷为小微企业和低收入群体提供了阳光化的融资渠道，使民间借贷规范化和透明化。

第二，有利于满足大众多元化投资理财需求。目前社会公众理财意识觉醒，但投资渠道相对匮乏，而资本市场投资的专业要求和投资风险较高，信托、资管、私募等理财产品门槛较离，超过一般老百姓的资金实力。P2P网络借贷行业为社会公众提供了收益较高的投资渠道，有利于盘活民间资金，使其更好地为实体经济服务。

第三，网络借贷是金融科技的实践基地。金融的本质是通过对金融资产的重新整合，达到资产的保值增值和资金的优化配置，而其中因时间、空间的差异、因人力而产生的风险与成本，一直是限制金融业务扩展的桎梏。通过以机器学习和数字技术为代表的金融科技，旧有的金融业务渠道得以重塑，使得更广泛的投资借贷渠道得以建立、金融风险管控也得以更为智能化、公开化、可视化。

二、中国 P2P 由快速扩张到规范整合

1. 中国 P2P 网络借贷的五个阶段

起步发展阶段（2007—2012）。2007 年"拍拍贷"在上海成立，标志着我国个人网络借贷行业起步。这一阶段，从业机构数量较少，业务规模较小，以信用贷款为主，业务模式通常参考借鉴 Zopa、Lending Club、Prosper 等国外企业，行业发展相对缓慢。

快速发展阶段（2012—2013）。该阶段我国 P2P 网络借贷行业逐步发展出信用借贷、抵押借贷、供应链借贷等多种适应我国国情的业务模式，加上 P2P 网络借贷行业进入门槛较低且没有明确的业务规则，大量社会资本加快涌入该行业，以及支付、征信体系的日渐完善，从业机构快速增加，整体规模逐步扩大。2012 年底，全国已成立网贷平台 240 家左右，成交金额 30 亿元。

风险爆发阶段（2013—2014）。该阶段 P2P 网络借贷行业从业者与用户规模增长快速，风险也快速积聚，平台倒闭等恶性事件爆发，社会预期趋于理性。由于 P2P 网络借贷从业者风险意识相对薄弱，且业务规则不清晰，缺乏有力的外部监管，出现了一些不法分子借互联网金融、P2P 网络借贷等名义进行非法吸收公众存款、集资诈骗的活动。2013 年国庆节期间央行升级支付系统，暂停跨行结算 7 天，节后的大量提现积压导致部分 P2P 网贷平台资金链断裂，一百多家平台出现提现困难和倒

闭，造成较大居民财产损失和恶劣的社会影响，P2P 网络借贷行业亟待规范。

行业调整阶段（2015—2016）。这一阶段我国 P2P 网络借贷行业逐步由无序发展向规范发展转变，业务模式、业务规则逐步清晰，行政监管、行业自律、企业内控的治理体系逐步成熟，从业机构逐步分化，整体业务规模稳步增长，行业整体健康。2015 年 7 月，国务院发布了《关于促进互联网金融健康发展的指导意见》，明确了 P2P 网络借贷机构的信息中介性质，要求不得提供增信服务，不得非法集资。根据《指导意见》，2016 年初银监会发布《网络借贷信息中介机构业务活动管理办法》，P2P 网络借贷行业进入调整阶段。

规范发展阶段（2016 年—）。2016 年中国互联网金融协会成立，国务院启动全国范围内为期一年的互联网金融领域专项整治，出台《互联网金融风险专项整治工作实施方案》。这些政策或重大事件主要有三个方面的意义：一是通过限制注册等方式加强 P2P 行业准入控制，明确禁止事项；二是提高 P2P 平台的业务和运营规范，确立平台的信息中介定位，加强合规运营；三是明确了各监管方的责任，减少监管盲区。相关政策的持续出台和完善，使 P2P 信贷市场监管体系逐步完善，行业本土化进程基本完成，P2P 网络借贷将进入规范发展阶段。

2. 中国 P2P 网络借贷发展现状

（1）网贷平台运营数量

据零壹研究院统计，截至 2016 年 12 月底，监测到的 P2P 借贷平台共 4 856 家（仅包括有 PC 端业务的平台），其中正常运营的仅有 1 625 家（占到 33% 的比例）。整体来看各月新增平台数量持续减少，4 月以后均低于 40 家，11～12 月下降至个位数。新上线平台数量的减少直接受多地工商局限制投资类企业注册的影响，而更深层次的原因则是行业风险密集爆发下相关部门监管政策的收紧，网贷行业从"野蛮发展"阶段转入"规范发展"新阶段。

截至 2016 年底，P2P 问题及转型平台已达 3 231 家，占到行业累计上线平台的 67%，其中 2016 年新增问题平台 1 106 家。问题平台中，网站无故关闭的平台共有 433 家，占 39.2%；歇业停业的平台共 395 家，占 35.7%，；失联跑路及提现困难的平台分别有 181 家和 79 家，分别占 16.4% 和 7.1%。据零壹研究院观察，2016 年 P2P 风险事件呈现两个明显特征：一是歇业停业平台占比仍然较大，占 35.7%；二是重大风险事件的增多，比如 808 信贷、e 速贷、四达投资、国诚金融等平台的相继出事。此外，还有 23 家 P2P 经营主体将运营方向投入到别的领域，如互联网众筹、电子商务等等。

（2）网络借贷规模

据零壹研究院观察的数据显示，截至 2016 年末，全国 P2P 借贷行业累计交易额保守估计约为 3.36 万亿元，其中 2016 年交易额 19 544 亿元，同比增幅为 100.4%；P2P 行业成交额年交易额仍在快速增长，预计 2017 年总交易额有望达到 4 万亿。2016 年，行业平均借款期限和投资利率分别为 231 天和 9.93%，基本都趋于稳定；活跃借款人和投资人分别在 572 万和 998 万左右，前者同比增幅超过 100%，后者也接近 40%。

截至 2016 年底，在资金托管方面已实现直接存管或银行直连的平台共有 117 家，仅占正常运营平台数量的 7.2%，合规整改形势严峻。2016 年，整个 P2P 行业共有 92 例融资事件，较上年减少 37 例，但融资总额达到 193 亿元，与上年基本持平，其中 B 轮及以后轮次融资总额占到 134 亿元，成熟度有明显提升。

（3）网贷平台的地域分布

据艾媒咨询数据显示，网贷平台用户数量在地域分布方面，排名前三位是华东、华南和华北，占比分别是 25.7%、21.7% 和 20.8%。经济发达地区 P2P 网贷平台相对集中，并且用户消费水平较高，借贷需求旺盛，承贷能力较强。但随着互联网金融的发展和普惠金融政策的鼓励，其他地区借贷需求将会持续增加。

（4）网络借贷的运营模式

根据 P2P 网络借贷平台在借贷过程中所扮演的角色，P2P 网络借贷的运营模式可以分为四类：一是信息中介模式，是指平台仅提供中介服务，美国的 Prosper 和上海的拍拍贷等采用的就是这种模式，其特点是交易自由，平台仅提供在线撮合业务，收取相应的手续费作为业务收入来源；二是平台合作模式，指 P2P 平台通过与小贷公司、担保公司合作，开发线下借款需求并协助审核和分担风险，实现线下借贷与线上融资相结合的一种模式；三是债权转让模式，P2P 平台通过在线下购买债权，然后在线上通过对债权进行分拆（包括数量和期限的拆分）、转让给投资人；四是担保抵押模式，指 P2P 网络借贷平台对借款人提供增信服务，包括建立平台担保基金、线下资产抵押、引进专业担保公司等模式，对贷款项目提供信用担保和抵押，然后将增信包装后的项目通过线上模式撮合借贷双方达成交易。从目前网贷经营情况来看，采取单一模式的网贷平台占比并不高，大部分平台具有多种复合模式，如平台在交易过程中不仅提供中介服务，还充当追款者等，采用这种模式的有英国的 Zipa 和深圳的红岭创投等。

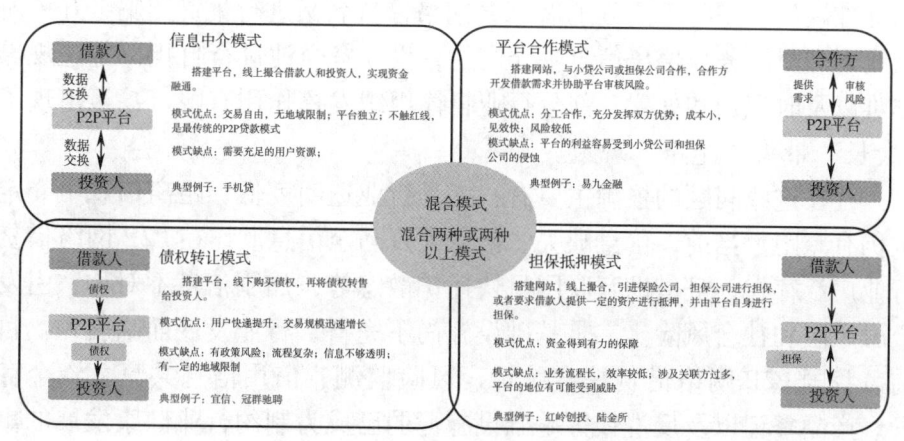

图 1 网络借贷的主要运营模式

（5）案例：宜人贷

宜人贷（NYSE：YRD）是中国在线金融服务平台，由宜信公司 2012 年推出。宜人贷通过互联网、大数据等科技手段，为中国城市白领人群提供信用借款咨询服务，并通过"宜人理财"在线平台为投资者提供理财咨询服务。2015 年 12 月 18 日，宜人贷在美国纽交所成功上市，成为中国互联网金融海外上市第一股。

宜信公司创建于 2006 年，总部位于北京。成立十年以来，宜信坚持以理念创新、模式创新和技术创新服务中国高成长性人群、大众富裕阶层和高净值人士。目前已在 244 个城市（含香港）和 93 个农村地区建立起强大的全国协同服务网络，通过大数据金融云、物联网和其他金融创新科技，为客户提供全方位、个性化的普惠金融、财富管理和互联网金融服务。

三、P2P 网络借贷的监管与展望

1. P2P 网络借贷发展中存在的问题与挑战

近年以来，P2P 网络借贷行业在机构数量上和业务规模上都出现了迅猛增长的势头，但快速膨胀的同时，行业规则和标准缺失问题更为突出，从业机构鱼龙混杂，"卷款""跑路"等事件频繁高发。由于规则和标准缺失，一些不法分子借 P2P 网络借贷名义进行集资诈骗，开展所谓线下理财服务，偏离信息中介定位，设立资金池进行自担保等违规操作难以及时识别和处置。部分行业自律组织发挥作用有限，甚至出现了"会长"带头"跑路"现象。

存在这些问题的根源主要有：一是行业透明度低，距离信息中介定位仍有差距。当前，信息缺失、信息失真乃至信息欺诈在 P2P 网络借贷行业广泛存在，且借助互联网呈快速扩散态势，加剧信息不对称，引发金融风险和社会风险。二是基础设施尚不完备，行业发展面临瓶颈。目前，我国 P2P 网络借贷综合统计、风险监测、信用信息共享、资金存管、产品登记以及反洗钱等基础设施薄弱已成为制约行业健康发展的重要瓶颈。P2P 网络借贷的初衷是以低成本、高效率的互联网平台为小微企业、弱势群体提供普惠性金融服务，但由于网络借贷行业缺少信息共享，导致失信者有空可钻，出现多头借贷、恶意骗贷等风险。三是风险意识防控能力不足，风险事件频发高发。据不完全统计，2015 年我国 P2P 网络借贷行业问题平台 896 家，2016 年问题平台高达 1106 家。个别问题平台涉及资金规模达数百亿元，影响人群数十万，给整个行业形象带来恶劣影响。除某些不法分子假借 P2P 网络借贷名义进行集资诈骗等犯罪活动外，部分从业机构风险意识淡薄和经营能力不足是"跑路"的主要原因。从整体看，由于风险意识和经营能力的差异，我国 P2P 网络借贷行业逐步出现分化。

案例："e租宝"事件

"e租宝"是钰诚集团及其关联公司下属的金易融（北京）网络科技有限公司运营的网络平台。2014年7月上线，2015年12月被查封，其以高额利息为诱饵，持续采用借新还旧、自我担保等方式大量非法吸收公众资金，警方初步查明，其实际吸收资金500余亿元，受害投资人约90万名，遍布全国31个省市区。

"e租宝"对外宣称，其经营模式是由集团下属的融资租赁公司与项目公司签订协议，然后在"e租室"平台上以债权转让的形式融资；融到资金后，项目公司向融资租赁公司支付租金，融资租赁公司向投资人支付收益和本金。然而，据e租宝负责人对警方交待，其95%的项目都是假的，所指的融资租赁项目是通过收买企业或者注册空壳公司等方式虚构的，融到的钱先转给承租人，并给承租人好处费，再把资金转入关联公司，以达到挪用的目的。资金运用上，除了一部分吸取的资金用于还本付息外，相当一部分被用于高管的挥霍、维持公司的巨额运行成本，投资不良债权以及广告炒作。2016年1月14日，"e租宝"平台的21名涉案人员被北京检察机关批准逮捕。其中，"e租宝"平台实际控制人、钰诚集团董事会执行局主席丁宁，涉嫌集资诈骗、非法吸收公众存款、非法持有枪支罪及其他犯罪。

2. 网络借贷的法规体系建设

金融业属于经营风险的行业，高风险属性决定了强监管的必要性。2015年以来，P2P行业的监管力度不断加强，监管盲区不断减少，网贷市场开始脱离野蛮生长，经过高速洗牌、净化过滤后，步入合规化发展轨道。近两年来，监管部门针对规范P2P行业出台了密集的监管政策，以"一个办法两个指引外加一个信息披露标准"（俗称"1＋3"）组成的网络借贷法规体系已经基本完备。

（1）《网络借贷信息中介机构业务活动管理暂行办法》

2016年8月24日公布的《网络借贷信息中介机构业务活动管理暂行办法》（以下简称《暂行办法》）对网络借贷信息中介机构作出以下规定：网络借贷信息中介机构不得从事自融，不得为出借人提供担保或保本保息。不得将融资项目拆分，不得发售银行理财、券商管理、基金、保险或信托产品等金融产品。不得从事股权众筹或实物众筹等业务。不得吸收公众存款，不得设立资金池，网贷机构具体金额应当以小额为主。《暂行办法》整体体现了从非正规金融向正规金融的过渡趋势，通过备案制、负面清单、第三方资金存管、信息披露、投资者保护和教育制度等制度，逐步通过地方性试验、行业性征求意见、国际性监管借鉴，将 P2P 等新生业态纳入体系内；立法层级也随着经验的总结、市场的反馈和配套制度的完善，不断提升立法位阶；实施细则有望进一步完善，最终实现"良币驱逐劣币"。

（2）《网络借贷信息中介机构备案登记管理指引》

2016 年 11 月，银监会发布《网络借贷信息中介机构备案登记管理指引》，是对《暂行办法》备案相关规则的具体规定。《备案指引》对已设立并发展经营的平台，按照分类处置结果，对合规类机构的备案登记申请予以受理，对整改类机构，在其完成整改并经有关部门认定后受理其备案登记申请。申请前还应当先到工商登记部门修改经营范围，明确网络借贷信息中介等内容。对新设立平台，应在完成工商登记注册、领取企业法人营业执照后，向工商登记注册地方金融监管部门申请备案登记。这些规定充分体现了国家金融监管的进步，考量被监管对象的具体情况，给予适当监管，减少监管成本，也放松对积极合规者的管制程度，有利于引导监管对象主动合规、积极合规，实现了监管成本下降和监管效率上升的双赢。

（3）《网络借贷资金存管业务指引》

2017 年 2 月 22 日，银监会发布《网络借贷资金存管业务指引》（以下简称《指引》），充分吸收和采纳了国家有关部委、地方金融监管部门、银行业金融机构、网贷机构和有关自律组织的意见。明确了网贷资金存管业务应遵循的基本规则和实施标准，鼓励网贷机构与商业银行按照平等自愿、互利互惠的市场化原则开展业务。规定了网络借贷信息中介机构作为委托人、商业银行作为存管人的资质和职责要求，对具体的存管业务、存管业务的监督机制也做了比较全面的规范。

《指引》也为互联网理财、互联网众筹、互联网保险、互联网信托等金融科技业务解决安全资金保障问题提供了良好的典范和借鉴，意义非常重大。因为整个互联网金融、金融科技发展的大趋势不可阻挡，《指引》有效了降低网贷行业面临的流动性风险、信用风险、政策风险、道德风险、资金风险、系统风险等各方面的风险，加强了金融消费者教育，从根本上保护了消费者，有利于行业健康发展。

（4）《网贷信息中介机构业务活动信息披露指引》

2017 年 8 月 25 日，银监会公布了《网络借贷信息中介机构业务活动信息披露指引》（以下简称《信息披露指引》），这标志着网络借贷法规体系已经基本完备，中国互联网金融行业进入一个真正有法可依的时代，是具有中国特色的互联网金融监管体系，既有银监会又有地方金融办的类双峰监管体系已经初步形成。

《信息披露指引》中规定：网贷机构备案信息主要是指网贷机构已经备案登记的相关信息，包括备案登记地方金融监管部门、备案登记时间、备案登记编号等。规定网贷机构应该披露的审核信息包括财务审计报告、重点环节、审计结果、合规报告三部分。

3. 网络借贷发展展望

随着网络借贷监管法规体系的建立和健全，野蛮生长的 P2P 正式告别了"无监管"模式，开始向着规范化市场前进。据统计，P2P 正常运营平台数量，从 2016 年 8 月的 1 760 家降到了 2017 年 7 月的 1 015 家，将近 42.3% 的平台在《暂行办法》发布后被淘汰。而 P2P 行业的成交量仍在稳步上升。根据网贷之家数据显示，截至 2017 年 7 月底，P2P 网贷行业历史累计成交量达到了 50 781.99 亿元，突破 5 万亿大关，去年同期历史累计成交量为 23 904.79 亿元，上升幅度达到了 112.43%。未来，P2P 网络借贷的发展将呈现出以下趋势：

一是行业发展日趋规范，治理体系逐步健全。随着《关于促进互联网金融健康发展的指导意见》各项措施的落地，P2P 网络借贷行业将加快走向规范。行业监管方面，"1+3"网络借贷法规体系已经确立，明确了中央和地方联合监管的框架，对从业机构提出负面清单和行为规范。行业自律方面，中国互联网金融协会于 2016 年第一季度正式挂牌成立，协会成立后将认真履行行业自律职责，加快制定 P2P 网络借贷行业标准和经营规则，与行业监管有效联动。此外，针对 P2P 网络借贷等互联网金融领域的违法违规行为，国家相关部门将加大打击力度，防范化解风险隐患。随着上述监管、自律的落地，我国 P2P 网络借贷行业治理体系逐步健全，从业机构业务范围和经营规则将逐步明确，行业风险管理能力将获得长足提高。

二是信息披露和资金存管加速落地，行业透明度持续提升。从业机构通过披露基础信息、财务信息、负债信息、受处受罚与交易及逾期等信息，达到机构信息透明，通过客户资金存管，达到资金流转透明，通过披露项目借贷用途、借贷合同、相关风险与借款人基本情况及信用状况，达到业务风险透明，符合信息中介定位的内在要求与本质规律。

三是基础设施不断完备，为行业健康发展缔造良好环境。当前我国 P2P 网络借贷行业基础设施不完善问题突出，但随着《关于促进互联网金融健康发展的指导意见》各项措施的落地，P2P 网络借贷行业发展环境将不断完善。中国互联网金融协会正着手建立互联网金融综合统计、风险监测预警、信用信息共享等方面基础设施，为监管部门、从业机构和社会公众提供公共服务。信用信息共享方面，中国互联网金融协会正式成立后有望逐步改善 P2P 网络借贷行业信用信息共享体系，帮助从业机构提升风控能力。

四是行业规模增长趋稳，从业机构逐步分化。一方面，在监管政策不断出台的背景下，P2P 行业自身也在不断优化中前行，网络借贷大平台迈向综合化、规模化经营，交易累计过百亿的 P2P 平台不断出现。这些大平台正向综合化理财迈进，在开发一系列创新业务的基础上，试图探索新的市场空间。如陆金所尝试引入海外优质资产和海外资金，与饿了么、杜蕾斯、东方梦工厂等展开跨界合作；宜信上线智能投顾平台"投米 RA"，利用移动互联和量化投资的技术为投资者提供服务。另一方面，中小网贷平台走向行业细分。在监管政策驱动下，中小网贷平台的转型整体上分为两类：一类是彻底结束网贷业务，转行做众筹或电商。如投金所转型做股权众筹，雅堂金融转为电商平台，寻钱网涉足股票专业资讯服务等等。另一类是在网贷市场寻求细分领域，探索更具个性化的市场定位和发展方向，消费金融、供应链金融、房地产金融、不良资产处置等业务是网贷平台转型的主要方向。比如，美利金融关闭了线上理财端，不再面向广大客户募集资金，而是将重心转移到寻找优质信贷资产；易贷宝、搬金网，专注于分期贷款领域等。

第十四章 智慧金融资产管理

第一节 概 述

一、大资管与智慧资产管理

"资管"即资产管理，是指将资产托管给机构去管理；"大"是一个泛指的概念，缘于随着监管的不断放开，原有资管业务外延不断拓展。"大资管"站在机构的角度称为"资产管理"，站在客户的角度则称为"财富管理"。

2017年11月人民银行会同银监会、证监会、保监会、外汇局等部门起草的《关于规范金融机构资产管理业务的指导意见（征求意见稿）》中，明确资产管理业务是指银行、信托、证券、基金、期货、保险资产管理机构等金融机构接受投资者委托，对受托的投资者财产进行投资和管理的金融服务。资产管理业务是金融机构的表外业务，金融机构开展资产管理业务时不得承诺保本保收益。出现兑付困难时，金融机构不得以任何形式垫资兑付。金融机构不得开展表内资产管理业务。

资产管理产品包括但不限于银行非保本理财产品，资金信托计划，证券公司、证券公司子公司、基金管理公司、基金管理子公司、期货公司、期货公司子公司和保险资产管理机构发行的资产管理产品等。

近年来，我国金融机构资产管理业务（以下简称资管业务）快速发展，规模不断攀升，截至2016年末，银行表内、表外理财产品资金余额分别为 5.9 万亿元、23.1 万亿元；信托公司受托管理的资金信托余额为 17.5 万亿元；公募基金、私募基金、证券公司资管计划、基金及其子公司资管计划的规模分别为 9.2 万亿元、10.2 万亿元、17.6 万亿元、16.9 万亿元；保险资管计划余额为 1.7 万亿元。据波士顿咨询的预测，到 2020 年中国泛资管市场管理资产总额将达到 174 万亿元，2015—2020 年均复合增长率可达 13%；剔除通道业务，管理资产规模将达到 149 万亿元，2015—2020 年均复合增长率达到 17%。

资管业务在满足居民财富管理需求、优化社会融资结构、支持实体经济等方面发挥了积极作用。随着人工智能、大数据等技术的发展，对资产管理的升级、对财富管理的改造不断推进和创新，"大资管"产业即将进入一个全新的时代。智慧资产管理就是利用金融科技手段，对资产的配置实现智能化管理。

金融科技的创新发展推动了资产管理的智能化进程。一方面，资产管理正逐渐从股票、债券等投资走向全面资产配置，在投资管理中通过程式化交易和算法交易，可以迅速地将大批量的交易智能执行。正是因为有这种快速交易执行系统，一些指数基金和套利模型能够快速实现自己的投资策略，快速提升交易执行效率。另一方面，大数据和智能投资使人资管行业更具智能化。已经有公司开始尝试使用量化策略的智能投资工具，通过对市场数据、已发生交易数据的分析，预测未来的交易趋势，从而实现程序自动下单。这种应用模式可以摒弃人为的主观因素，自动执行预先设置好的策略。

二、中国私人财富市场概览

据招商银行与贝恩公司联合发布的《2017 年中国私人财富报告》，中国私人财富市场继续保持高速增长。2016 年，中国个人持有的可投资资产[①]总体规模达到 165 万亿元。其中，个人持有的信托、基金专户、

---

① 可投资资产：个人投资性财富（具备较好二级市场，有一定流动性的资产）总量的衡量指标。可投资资产包括个人的金融资产和投资性房产。其中金融资产包括现金、存款、股票（指上市公司流通股和非流通股，下同）、债券、基金、保险、银行理财产品、境外投资和其他境内投资（包括信托、基金专户、券商资管、私募股权、黄金和互联网金融产品等）等；不包括自住房产、非通过私募投资持有的非上市公司股权及耐用消费品等资产。

券商资管、黄金、私募股权投资基金、私募证券投资基金、互联网金融产品等增速达35%，领先所有资产类别。在各类型资产管理机构资管中，银行理财占比25.0%，信托占比18.0%，保险资管占比16.0%，券商资管占比13.0%，公募基金占比13.0%。

公开数据显示，2017年6月底全国基金证券期货等投资机构资产管理业务规模达52.5万亿元。其中证券公司资产管理规模接近20万亿元，基金管理机构及其子公司资产管理规模约35万亿元。目前国内资产投资业务正稳步上扬，随着投资者市场教育继续深入，未来将有更多投资者交托专业机构进行理财服务。

银行理财的整体发展良好。据统计，2017年上半年，全国497家银行有存续的理财产品达到7.42万只，银行理财资金账面额达29.05万亿元，累计兑付客户收益达9 772.7亿元。部分商业银行开始试水智能投顾领域，率先发出银行理财转型升级信号。未来银行理财服务的智能化发展，满足客户个性化需求将成趋势。

艾媒咨询（iMedia Research）数据显示，2016年，中国互联网理财用户达3.11亿人。预计到2017年底，中国互联网理财用户将达3.84亿，增长率为23.5%。随着互联网金融的发展，大众互联网理财的观念渐渐普及，大众理财规模越来越大，而智能投顾的低成本、风险分散等特点迎合大众理财需求。未来，愈加庞大的互联网理财用户规模将促进智能投顾的发展。

三、智慧金融资产管理体系

《关于规范金融机构资产管理业务的指导意见（征求意见稿）》中，明确资产管理业务是指银行、信托、证券、基金、期货、保险资产管理机构等金融机构接受投资者委托，对受托的投资者财产进行投资和管理的金融服务。

由此分析，智慧金融资产管理体系主要包括投资人、资产管理机构和资产管理产品。资产管理机构包括了上述的各类金融机构，资产管理产品从资金募集方式划分，分为公募产品和私募产品两大类。公募产品面向不特定的社会公众，风险外溢性强，在投资范围、杠杆约束、信息披露等方面监管要求较私募严格，主要投资风险低、流动性强的债权类资产以及上市交易的股票，除法律法规另有规定外，不得投资未上市股权。其中，现阶段银行的公募产品以固定收益类产品为主，如发行权益类产品和其他产品，须经银行业监管部门批准。私募产品面向拥有一定规模金融资产、风险识别和承受能力较强的合格投资者，对其的监管要求松于公募产品，更加尊重市场主体的意思自治，可以投资债权类资产、上市交易（挂牌）的股票、未上市企业股权和受（收）益权。

从资金投向划分，资产管理产品根据投资资产的不同分为固定收益类产品、权益类产品、商品及金融衍生品类产品、混合类产品四大类。固定收益类、混合类、权益类产品的投资风险依次递增，分级杠杆要求依次趋严，根据所投资资产的不同，各类产品的信息披露重点也有所不同。

智慧金融资产管理体系突出的是金融科技在提升资产管理水平、效率的结合点。当前和未来一段时期，从金融科技在资产管理领域的应用来看，重点在于财富管理、智能投顾以及股权众筹等领域。本章将以这些领域探讨智慧化金融资产管理的发展。

第二节　资产管理

一、概述

资产管理与财富管理是一对既有联系又有区别的概念。投中研究院发布的《中国财富管理行业研究报告》中，将财富管理的含义概括为"以客户为中心设计出一套全面的财务规划，通过向客户提供现金、信用、保险、投资组合等一系列的金融服务，将客户的资产、负债、流动性进行管理，以满足客户不同阶段的财务需求，帮助客户达到降低风险、实现财富增值的目的"的金融服务；而资产管理是由资产管理人根据资产管理合同约定的方式、条件、要求及限制，对客户资产进行经营运作，为客户提供证券、基金及其他金融产品。

可见，财富管理提供的不是金融产品，而是以客户的需求为中心，其核心是为客户提供的理财服务，财富管理公司向客户提供灵活的顾问服务和理财方案。资产管理的业务核心在于投资，强调的是以专业投资能力为实现客户资产保值升值为目标。

而在现实中，资产管理与财富管理往往是一对孪生兄弟。目前国内规模较大的财富管理公司如诺亚财富、宜信财富、钜派投资等，采取的都是财富管理和资产管理混合的业务模式，将服务者角色和产品供应者角色相结合，未来可能会有更多财富管理机构积极向资产管理产业链上游拓展，推动财富管理与资产管理业务协同发展，完善自身产品线。因此，很多时候对于资产管理的标的，站在资产管理公司的角度称之为"资产管理"，站在客户的角度则称之为"财富管理"。

2012 年以来，银行、信托、证券、保险、基金等各类金融机构纷纷瞄准资产管理业务，随着政策的逐步出台，类似期货公司的金融机构也将先后加入竞争。2015 年的金融市场围绕"资产管理"这一主线展开人才、产品、渠道、营销等方面的激烈竞争，由于资产管理业务对人才结构、团队管理水平、资源整合能力、客户服务能力、风险防控能力有较高要求，加之金融机构之间的牌照垄断和专属经营格局正在逐渐"破冰"，因此资产管理业务的发展水平实际上是在考验金融机构的市场化程度和机制创新水平，资产管理行业也将步入"以客户为中心"的财富管理模式。

二、银行资产管理

1. 银行资管产品类型

《2016 年中国银行业理财业务发展报告》显示，截至 2016 年末，中国大资管行业规模达 116.18 万亿元，其中银行理财规模为 29.05 万亿元，占比达到 25%，相当于住户存款余额的一半，资管业务已经成为国内银行业新的业务增长点。

银行理财产品是商业银行在对潜在目标客户群分析研究的基础上，针对特定目标客户群开发设计并销售的资金投资和管理计划。在理财产品这种投资方式中，银行只是接受客户的授权管理资金，投资收益与风险由客户或客户与银行按照约定方式双方承担。

银监会出台的《商业银行个人理财业务管理暂行办法》对于"个人理财业务"的界定是，"商业银行为个人客户提供的财务分析、财务规划、投资顾问、资产管理等专业化服务活动"。商业银行个人理财业务按照管理运作方式的不同，分为理财顾问服务和综合理财服务。我们一般所说的"银行理财产品"，其实是指其中的综合理财服务。

2008 年，股票市场的风险让投资人主动选择回避风险，低风险类产品成为理财市场的主流产品。商业银行在进行低风险类产品投资有丰富经验，短期、低风险的理财产品销售非常火爆。根据客户获取收益方式的不同理财产品分为保证收益理财产品和非保证收益理财产品。其中，保本理财产品实为国际通行的结构性存款，与非保本理财产品"代客理财"的资产管理属性存在本质差异，已纳入银行表内核算，视同存款管理。因此，只有非保本理财产品才是真正意义上的理财产品。

商业银行理财产品根据投资领域的不同，大致可分为债券型、挂钩型及 QD II 型产品。债券型理财产品指银行将资金主要投资于货币市场，一般投资于央行票据和企业短期融资券。因为央行票据与企业短期融资券个人无法直接投资，这类人民币理财产品实际上为客户提供了分享货币市场投资收益的机会。投资的主要对象包括短期国债、金融债、央行票据以及协议存款等期限短、风险低的金融工具。

挂钩型理财产品。挂钩型理财产品也称为结构性产品，其本金用于传统债券投资，而产品最终收益与相关市场或产品的表现挂钩。有的产品与利率区间挂钩，有的与美元或者其他可自由兑换货币汇率挂钩，有的与商品价格主要是以国际商品价格挂钩，还有的与股票指数挂钩。为了满足投资人的需要，这类产品大多设计成保本产品，特别适合风险承受能力强，对金融市场判断力比较强的投资者。尤其是股票挂钩产品，已经从挂钩汇率产品，逐渐过渡到挂钩恒生、国企指数，继而成为各种概念下的挂钩产品，种类十分丰富。

QDII型理财产品。简单地说就是投资人将手中的人民币资金委托给被监管部门认证的商业银行，由银行将人民币资金兑换成美元，直接在境外投资，到期后将美元收益及本金结汇成人民币后分配给投资人的理财产品。例如：光大银行发售的"同升三号"股票联结型理财产品，投资于全球著名的金融公司股票，精选了全球 5 个金融子行业中市值最大公司，分别为：花旗集团、美国国际集团、高盛集团、汇丰控股、瑞士银行。

2. 银行资管产品概况

据银行业理财登记托管中心发布的《中国银行业理财市场年度报告

（2016）》，截至 2016 年底，全国共有 497 家银行业金融机构有存续的理财产品，理财产品数 7.42 万只，理财产品存续余额为 29.05 万亿元，较年初增加 5.55 万亿元，增幅为 23.63%。2016 年，理财产品日均存续余额为 27.01 万亿元，较去年增长 7.47 万亿元。据统计，2016 年底全国住户人民币存款余额 59.8 亿元，银行理财产品已接近商业银行存款的一半。

2016 年，银行业理财市场有 523 家银行业金融机构发行了理财产品，共发行 20.21 万只，平均每月新发行产品 1.68 万只，累计募集资金 167.94 万亿元（包含开放式理财产品在 2016 年所有开放周期内的累计申购金额，下同），平均每月募集资金 14 万亿元，2016 年全年发行产品数和募集资金额分别较 2015 年提高 8.17% 和 6.01%。从开放式理财产品来看，全年累计募集资金 121.1 万亿元，较 2015 年增加 4.8%；从封闭式产品来看，累计募集资金 46.83 万亿元，较 2015 年增加 9.27%。

从资产配置情况来看，债券、存款、货币市场工具是理财产品主要配置的三大类资产，截至 2016 年底，余额占比为 73.52%。债券作为一种标准化的固定收益资产，是理财产品重点配置的资产之一，在理财资金投资的资产中占比最高，达到 43.76%。其中，国债、地方政府债、央票、政府支持机构债券和政策性金融债占理财投资资产余额的 8.69%，商业性金融债、企业债券、公司债券、企业债务融资工具、资产支持证券、外国债券和其他债券占理财投资资产余额的 35.07%。

理财产品在给投资者创造收益的同时，也通过合理配置各类资产直接或间接地进入实体经济，有力地支持了经济发展。截至 2016 年底，有 19.65 万亿元的理财资金通过配置债券、非标准化债权类资产、权益类资产等方式投向了实体经济，占理财资金投资各类资产余额的 67.41%，较年初增加 3.77 万亿元，增幅为 23.75%。

3. 银行资管产品销售

经过十年的高速发展，目前银行理财产品已然成为了居民最重要的金融资产配置品种。从销售渠道来看，由于银行营业网点数量及分布区域较为广泛，网点销售始终是理财产品销售的主要渠道。但随着金融科技的飞速发展，加上互联网理财的快速崛起，网上银行逐步成为了继营业网点又一大销售渠道，且部分发展较快的银行在网上银行销售的规模占比超过了 50% 甚至更高。

银行通过互联网销售理财产品的渠道主要是电子银行，包括网上银行、手机银行、直销银行和微信银行等渠道，各个商业银行都将银行理财产品作为电子银行最重要的功能模块之一。如中国建设银行的龙支付APP，投资理财功能模块中包括速盈、基金投资、理财产品、账户商品、账户贵金属以及保险产品等。各行直销银行受限于远程线上开户的制约，Ⅱ类账户和Ⅲ类账户仅限于本人账户间的资金划转和小额消费交易，理财产品的营销成为直销银行的主要功能。

无论是线下渠道还是线上渠道，无论是自建平台还是外部资源，商业银行拓展理财产品销售渠道的步伐不会停止，且会随着老百姓可投资资产的增长而不断加快。从实际情况来判断，线下向线上转换是大势所趋，在此基础上银行与金融同业之间的交叉销售将更加频繁，这可以从目前银行或其他金融机构纷纷建立互联网综合理财平台来看出。未来的银行理财产品销售渠道能够多方合作，从而形成一张多元化、开放化、专业化的纵横交织网络。

4. 银行资管的规范与创新

(1) 银行资管业务回归更改

银行资管业务的本质在于"受人之托，代人理财"。负债端资金来源于个人客户和机构客户的理财需求资金，资产端对接的是拥有动产、不动产、股权、债权和其他财产收益权的融资人需求，银行资管机构利用其人才、专业、信息等的优势，发挥着桥梁与纽带作用。让银行资管业务回归本质，就是要充分发挥好银行资管业务在社会经济活动中提供融资机制、提高资源配置效率、管理好不确定性和风险、处理不对称信息等的职能作用，最终实现资产的保值、增值。

让银行资管业务回归理性，既是银行资管业务回归本质的客观要求，又是实现银行资管业务规范有序、可持续发展的前提和基础。一方面，要从投资的收益与风险对等原则出发，全面持续加强投资者教育，帮助客户逐步消除"预期收益"理念，妥善解决好"刚性兑付"问题；另一方面，银行资管机构要加大理财直融工具、净值型和股债混合型投资产品的创新力度，有效解决好理财"资金池"业务带来的"滚动发行、集合运作、期限错配、分离定价"问题，让投资者的需求由"预期收益"回归到"真实收益"。

（2）银行资管业务的创新发展

在银行资管业务创新上，一是要实行差异化策略，打破资管产品高度同质化的竞争局面。鼓励银行资管机构寻找自身比较优势与资源禀赋，在资管产业链中精准进行功能定位，培养独具特色的投资风格与价值主张，实行差异化投资策略，走差异化发展之路。二是构建"品牌化"竞争战略，围绕理财服务的"品牌化"策略心，打造"精品资管"和"可托付资管"。加快金融科技与资产管理的融合，持续关注特定行业和特定资产，提升优质资产获取能力，建立健全尽调体系、信评体系与投后管理体系，全面提升资产管理的风险控制能力。三是打通海内外资产管理通道。在国家政策鼓励下，我国成为海外投资的生力军，2016年中国对外投资达到1 830亿美元，国内投资者具有强烈的全球资产配置意愿，但QDII供给严重不足。国内银行资管要顺应金融国际化的发展大势，把握资管业务国际化发展的有利时机，主动加强与国外资管机构合作，立足于国际国内两个市场，广泛开展跨境经营、跨界合作，有效提高国际化水平。

（3）银行资管业务的风险防范

银行理财产品在销售过程中，虚假理财和埋单现象屡见不鲜，其根源在于银行资管业务中存在内控漏洞。对此，在银监会于2013年建立了全国银行业理财信息登记系统，中国理财网（www.chinawealth.com.cn）是全国银行业理财产品信息集中披露的门户网站。2016年，中国理财网不断丰富网站内容、优化用户体验，全年进行了10余次功能性升级，进一步强化了投资者保护功能。根据监管规定，未在"理财登记系统"进行登记、获得系统自动赋予的登记编码的理财产品，银行不得发行和销售。投资者既可以要求银行提供产品登记编码，也可以在"中国理财网"查询产品登记编码，随时查看在售、存续的一般个人类理财产品信息并进行产品对比，查询私人银行专属、机构专属和银行同业专属理财产品，核实所购买的理财产品是否为银行发行的正规理财产品，从而有效防范"虚假理财"和"飞单"。

三、证券投资基金

1. 投资基金与互联网基金销售

投资基金（investment funds）是一种利益共享、风险共担的集合投资制度。投资基金集中投资者的资金，由基金托管人委托职业经理人员管理，专门从事投资活动。投资基金的投资领域可以是股票、债券，也可以是实业、期货等，是介于储蓄和股票两者之间的一种投资方式。目前，主要的投资基金类别有私募股权投资基金（PE）、私募证券基金（PSF）、风险投资基金（VC）、天使投资基金（AI）、政府引导基金（FOF）、信托投资基金（Its）、产业投资基金（IIF）、战略投资基金（SIF）等。

狭义的基金，仅指证券投资基金。证券投资基金是指通过发售基金份额，将众多投资者的资金集中起来，形成独立资产，由基金托管人托管，基金管理人管理，以投资组合的方法进行证券投资的一种利益共享、风险共担的集合投资方式。证券投资基金是一种间接的证券投资方式。基金管理公司通过发行基金单位，集中投资者的资金，由基金托管人（即具有资格的银行）托管，由基金管理人管理和运用资金，从事股票、债券等金融工具投资，然后共担投资风险、分享收益。根据不同标准，可以将证券投资基金划分为不同的种类：根据基金单位是否可增加或赎回，可分为开放式基金和封闭式基金。开放式基金不上市交易，一般通过银行申购和赎回，基金规模不固定；封闭式基金有固定的存续期，其间基金规模固定，一般在证券交易场所上市交易，投资者通过二级市场买卖基金单位。

证券投资基金以股票、债券为主要投资对象，其与证券投资的差异表现三个方面：一是反映的经济关系不同。股票反映的是一种所有权关系，投资者购买股票后就成为公司的股东；债券反映的是债权债务关系，投资者购买债券后就成为公司的债权人；基金反映的则是一种信托关系，是一种受益凭证，投资者购买基金份额就成为基金的受益人。二是所筹资金的投向不同。股票和债券是直接投资工具，筹集的资金主要投向实业领域；基金是种间接投资工具，所筹集的资金主要投向有价证券等金融工具或产品。三是投资收益与风险大小不同。通常情况下，股票价格的波动性较大，是一种高风险、高收益的投资品种；债券可以给投资者带来较为确定的利息收入，波动性也较股票要小，是一种低风险、低收益的投资品种；基金投资于众多股票，能有效分散风险，是一种风险相对适中、收益相对稳健的投资品种。

我国投资基金行业起步较晚，但发展迅速。中国证券投资基金协会公布的数据显示，自1992年我国第一家投资基金淄博乡镇投资基金起，到2016年的109家，基金管理公司管理公募基金规模达9.16万亿元，基金管理公司及其子公司专户业务规模16.89万亿元，私募基金管理机构资产认缴规模10.24万亿元、实缴金额7.89万亿元。

互联网基金是互联网基金销售的简称，是指在借助互联网媒介的基础上实现投资基金的发行、销售与赎回等流程，是对传统金融理财服务的延伸和补充。互联网基金的特点，一是互联网基金依靠大数据、社交网络、移动支付等现代信息技术，实现了交易场所的虚拟化，降低了运营成本，提高了业务效率。二是可以实现基金产品和客户投资需求的高效匹配。在互联网基金理财模式下，投资者可以通过网络平台掌握更多有利于自身投资的信息并能轻松完成对各种基金产品的比对，从而筛选出适合自己的优质投资标的。

互联网基金的发展在销售端表现突出，主流基金公司不仅开发了互联网销售平台，还大量通过银行的互联网销售平台、证券公司的客户端和第三方销售公司的互联网平台和移动互联网平台实现销售。《2016年中国互联网金融年报》采用抽样分析的方法发现我国互联网基金的发展呈现以下特征：一是互联网基金销售规模增长迅猛，占整个基金销售额的近70%；二是基金公司新增网上开户数量增长较快，其中基金公司直接开户人数占96%以上，其余通过第三方基金销售、银行券商网上销售渠道；三是互联网基金直销规模增长较快，占互联网基金销售额比重的近九成；四是互联网货币基金仍是互联网基金的主力，约占互联网基金的96%。

2. 互联网基金主要模式

当前，我国公募基金的销售仍然需要有合格的金融牌照，互联网公募基金销售的模式虽然向多元化发展，但主要还是围绕基金牌照开展的优化组合，包括传统基金销售机构的互联网化、独立基金销售机构的网销平台和互联网平台的基金销售三种模式。

（1）传统基金销售机构的互联网化

传统基金销售的互联网化是指基金公司自身或具有基金销售资格的银行、证券公司和保险公司等传统基金销售机构通过互联网销售基金的模式。目前，基金销售资格由证监会负责审核。基金公司自身或取得基金销售资格的传统销售机构，通过自身的网站，将线下销售业务转到线上，面对的仍然是该企业自身固有的用户。通常，投资者可以通过相应机构的官方网站进行登录，并实现投资。由于我国基金销售仍没有摆脱对传统销售渠道的依赖，所以传统基金销售机构的互联网化仍然是现在的主流模式。

目前，各大商业银行都已建成门户网站、手机 APP 等，开设投资理财专区，将线下基金的销售转移的线上。如交通银行手机 APP 的基金超市，提供基金购买、基金排行、交行优选等，其中的基金筛选神器，可以通过对 14 种基金类型、基金排名、基金经理人从业年限、热门基金公司等筛选基金信息。此外，交通银行手机 APP 还设有理财专区，主要提供私人银行、活期类和定期类货币基金、结构性理财工具的购买与赎回功能。

工银瑞信的微信服务号中可以进行基金交易登陆、交易开户和交易账户的绑定及解绑，同时能够实现对绑定账户的查询、充值、快速取现和及时查询净值的业务。部分基金经常在微信上进行申购"0 费率"的活动，以吸引投资者。

（2）独立基金销售机构的网销平台

独立基金销售机构的网销平台是指完全独立的销售全部或部分基金产品的专业基金销售机构，通过开设网上平台的方式售卖基金的模式。自 2012 年证监会开始对独立的基金销售机构发放牌照以来，目前共有 93 家独立基金销售机构通过证监会核准，该模式的典型代表有天天基金网、数米基金网等。

以天天基金网为例，天天基金网是国内首批获批机构，作为一个独立的网上销售渠道，它和基金公司合作，直接在自身平台售卖基金产品，并且提供包含基金数据统计、投资工具分析、资讯互动交流综合性理财辅助服务，给投资人提供了便利。通过天天基金网申购基金，首先要注册成为会员，关联银行卡后需完成风险承受能力评级，之后即可在平台完成基金申购。在每日 15 点前，投资者还可以撤销当日申购。在该模式下，基金销售网站是金融机构的代理方，在投资人和金融机构间起到居间的作用，并不作为基金交易的主体。

（3）互联网平台的基金销售

互联网平台的基金销售是指并不具有基金销售牌照的公司依靠互联网销售公募基金的模式，该模式又可以细分为以下两种模式：

一是基金公司与电商平台合作导入流量。流量导入模式是指平台公司与独立基金销售机构或基金公司合作，作为流量导入的入口，并不直接销售基金，仅将潜在的投资人引向相应的基金销售渠道。2013 年 11 月，淘宝网获得证监会出具的无异议函，正式成为开展基金销售业务的第三方电子商务平台，各家证券公司开始与电商开展合作，如广发基金公司、华夏基金公司等。投资者在淘宝搜索特定基金产品，就会看到相关基金公司推出的相应的基金产品。在这种模式下，电商平台不作为基金销售的主体，仅为基金公司直销提供销售平台以及进行投资者分类、价款支付等辅助服务。截至 2016 年 5 月共有 34 家基金公司开淘宝开店，以店铺成交量最高的广发基金为例，该公司在淘宝店上共计上架 33 只产品，其中广发美国房地产有 85.75 万件的销量，3 年时间共计销售 8.5 亿元，平均每年销量在 3 亿元左右。2016 年 5 月因营销成本较大，以及蚂蚁金服向专业化运作发展，淘宝基金店全面关闭。

二是依托支付平台嵌入基金销售模式。部分第三方支付机构经证监会备案，成为为公开募集基金销售机构提供支付结算服务的第三方支付机构，这些第三方支付机构与基金公司进行合作，在用户将资金存入第三方支付账户时，即视同购买了基金公司相应的基金产品，形成了独具特色的直销嵌入模式。该模式的典型代表是余额宝、理财通、薪金煲等。

余额宝的准确名称是天弘增利宝货币市场基金，该基金是天弘基金为支付宝客户定制的一款基金产品，支付宝用户通过支付宝平台可以直接申购天弘增利宝基金。当用户将资金通过支付宝购买余额宝时，就视为购买了一定份额的货币市场基金，获得一定的基金份额。余额宝具有四个特点：第一，门槛低，1分钱也可以买余额宝。第二，收益高，余额宝刚上市时年化收益率高达6%以上。第三，兼具投资与消费功能，支付宝用户可以用余额宝直接进行网上购物。第四，申购赎回便捷。为实现基金T＋0日赎回，即比正常情况下T＋1日或T＋2日赎回快1天至2天，中信银行与天弘基金签订法人账户透支协议，通过法人账户透支方式为天弘基金提供流动性支持，透支额度为6亿元，天弘基金用该笔资金回购客户申请赎回的基金份额，对于客户而言即实现了T＋0。高流动性和高收益性的完美结合，让余额宝一跃成为世界第四大货币市场基金。

在该模式下，第三方支付机构没有直接销售基金，而是作为支付工具，它们与投资人达成协议，在投资人向它们转账时，即视为要求通过该账户购买相应份额的基金。

（4）互联网基金的智慧化发展

目前，互联网基金还处在运用互联网拓展营销渠道的阶段，随着金融科技的持续发展，未来互联网基金的智慧化环节将成为基金公司差异化营销的重点：

第一，运用互联网的大数据分析能力，促进新产品研发。互联网基金在运行过程中已经积累了大量的客户数据信息，利用大数据对客户的数据信息进行分析，了解客户的需求。实现客户需求的智能推荐，为客户提供个性化的产品和服务，促进互联网基金产品的创新，从而跳出现有互联网基金的同质竞争，通过细分客户和产品差异化，促进基金行业的发展。

第二，运用大数据，促进互联网基金项目投放的智能化。收集项目投放信息，分析不同项目投放的收益率、盈利期间、风险大小等信息，运用大数据分析技术将相关信息量化。在此基础上，依据互联网基金销售前端分析出的特定客户群的产品特征偏好（例如预期收益率、预期投资时间段、风险承受能力等量化信息），通过购建模型等方式，由数据分析、决定资金的投放项目及投放比重。

第三，利用技术手段，加大信息公开力度，降低信息不对称性，防范基金管理人"败德行为"。传统基金和互联网基金都没有解决信息不对称性问题，但是随着技术的不断发展，可以将基金从资金收集、资金投向，到资金运作现状，再到资金回笼的整个资金链条的信息收集起来并运用科技手段向基金持有人公开，降低信息不对称性。

四、保险资产管理

1. 保险资管产品定义

保险资管产品是保险资产管理公司作为管理人，向投资人发售标准化产品份额并募集资金，由托管机构担任资产托管人，为投资人利益而运用产品资产进行投资管理的金融工具。

保险资管产品包括向单一投资人发行的定向产品和向多个投资人发行的集合产品。其中，向单一投资人发行的定向产品初始认购金不得低于3 000万元人民币，而向多个投资人发行的集合产品，投资人总数不得超过200人，单一投资人初始认购资金不得低于100万元。

2013年2月份发布的《关于保险资产管理公司开展资产管理产品业务试点有关问题的通知》，规定将保险资管产品投资范围限于银行存款、股票、债券、证券投资基金、央行票据、非金融企业债务融资工具、信贷资产支持证券、基础设施投资计划、不动产投资计划、项目资产支持计划及中国保监会认可的其他资产。

2015年12月下旬，保监会资金部下发《关于调整保险资产管理产品投资范围有关事项的通知（征求意见稿）》，保险资管产品投资的基础资产范围调整为：符合监管规定的保险资金可投资范围，以及债权收益权等保监会认可的其他投资品种。保险资产管理产品投资范围增加了信托等资产。

自此，保险资管的投资范围大大拓宽，基本涵盖了市场上所有的投资品种。按照投资标的的不同，保险资管产品可以分为基础设施债权投资计划、不动产债权投资计划、股权投资计划等。

2. 我国保险资产管理的发展

我国保险资管行业是紧随保险资金的运用拓展而不断发展的，因而保险资金运用的不同阶段也基本代表了不同的保险资管发展阶段。

新中国成立后，我国保险资金运用大致经历了四个阶段：(1) 轻投资或无投资阶段（1949—1987），由于经济发展水平低，市场主体少，保险资金基本进入了银行形成银行存款，资金运用风险虽小但收益低；（2）无序投资阶段或混乱投资阶段（1987—1995），由于经济增长过热且无法可循，投资方向繁杂，盲目投资无所不及，造就大量不良资产；（3）监管严控或逐步规范阶段（1995—2002），以 1995 年国内第一部《保险法》出台为标志，保险资金运用严格限制在银行存款、政府债券、金融债券和国务院规定的其他渠道，改变了无序发展状况；（4）专业经营或放开投资阶段（2002 年至今），以《保险法》修订为开端，投资渠道放开，保险资金引入专业资管机构。保险资金余额配置从以银行存款和债券投资为主，向股票投资基金和其他投资益增加，保险资金资产配置越来越均衡。

2006 年《保险资金间接投资基础设施项目试点管理办法》发布后，第一只基础设施投资计划的诞生揭开了保险资管产品发展的帷幕。2013 年 2 月保监会发布《关于保险资产管理公司开展资产管理产品业务试点有关问题的通知》，允许保险资产管理公司发行"一对一"定向产品和"一对多"集合产品。同年，保监会推行保险资产管理产品注册制，保险资产的配置空间得到提升，投资效益得到提高，保险资管产品发展更加迅猛。2014 年 9 月中国保险资产管理业协会成立，是中国资产管理监督方式转变的标志性创新，为保险资管市场化转型奠定了基础。2016 年 6 月，监管层再次针对保险资管的投资行为和产品规范加大了管理力度，体现了金融投资防风险态度，其杠杆约束等规定也符合目前金融去杠杆的政策方向。

保险资管虽然年轻，但发展势头良好，已经成为我国大资管行业的重要角色。截至 2016 年底，中国大资管行业规模为 116.18 万亿元，其中保险公司资管规模 15.12 万亿元，占比 13.01%。由此可见，保险资管已是大资管行业的重要角色，而且大有追赶信托之势。截至 2017 年 6 月，保险资金运用余额 14.5 万亿元，其中银行存款 2.16 万亿元，占比 14.89%；债券 4.97 万亿元，占比 34.24%；股票和证券投资基金 1.80 万亿元，占比 12.35%；其他投资 5.56 万亿元，占比 38.52%。截至 2017 年 7 月，我国已有 36 家综合性保险资产管理公司。

3. 保险资管产品

目前市场的保险资管产品主要指保险资产管理公司作为管理人所发

行的定向及集合产品。据统计，截至 2016 年年末，注册产品数量达 152 个，注册规模共计 3 174.39 亿元，31 家机构管理资产规模较上年增长 14.69%。截至 2017 上半年，注册的保险资产管理机构已达 32 家，上半年注册规模就超过 2 000 亿元，注册产品投资标的以不动产债权投资为主，产品所涉及的投资范围根据投资者风险偏好的不同，主要有固收类、现金类、权益类、指数类、FOF 及混合类等。

平安资产、太平洋资产及太平资产注册发行的资管产品规模占比超过市场规模的一半，其原因是这几家保险资管公司起步较早，已具有一定先发优势。但近两年来，保险资管行业整体发展速度加快，行业规模逐步扩张。自 2015 年起，除平安资产、太平资产、太平洋资产外，其他 29 家保险资管机构在业务发展上呈现迎头追赶之势。数据统计显示，2015—2017 年，产品发行数量仍以平安资产为首，太平洋资产排在行业第五，泰康资产、长江养老、中意资产、中英益利分居第二、三、四、六位。这六家机构在注册数量上占总数的半壁江山，产品投资范围涉及不动产、交通运输、水电能源、基础设施建设、煤炭钢铁技改、租赁、医疗及环保等项目，主要以债权类及基金项目股权投资为主。

太平洋资产平安资管旗下以"卓越""稳健""鑫安久赢"系列为主的产品共计 53 只，多数产品是固收类集合投资型，其他产品以权益类投资和混合型投资组合为主。其中"股息价值"和"成长精选股票型"两只权益类产品表现最为抢眼，成立三年来收益率达到 40% 以上。

五、信托资产管理

1. 信托概述

（1）信托与互联网信托

信托是一种特殊的财产管理制度和法律行为，同时又是一种金融制度。《中华人民共和国信托法》中，信托是指委托人基于对受托人的信任，将其财产权委托给受托人，由受托人按委托人的意愿以自己的名义，为受益人的利益或者特定目的，进行管理或者处分的行为。

我国现代信托业的发展始于 1979 年 10 月中国国际信托投资公司的成立。近年来，我国信托业积极推进自身的供给侧结构性改革，加速转型升级，信托资产规模高速增长。据中国信托业协会《2016 年度中国信托业发展评析》，截至 2016 年末，全国 68 家信托公司管理的信托资产规模达到 20.22 万亿元，同比增长 24.01%。信托业跨入"20 万亿时代"，居第二大金融行业，已经成为服务实体经济的重要力量和创造国民财富的重要途径。

随着以互联网、大数据、区块链为代表的新一代技术迅速发展，金融科技的浪潮冲击了信托行业，改变了传统营销模式和市场环境，互联网信托模式应运而生。互联网信托是运用互联网思维，将互联网的创新成果与信托业务发展深度融合，推动信托产品创新、信托经营模式变革，促进信托业竞争力提升，形成更为有效的服务实体经济和实现普惠金融的新型金融业务模式。互联网信托通过金融科技和信托业融合发展，开拓不同的应用场景，从而衍生多样的互联网业务模式，进一步延伸了信托业务服务半径，拓展了信托业务服务的广度和深度。

（2）互联网信托的发展

随着互联网技术的发展和信托业自身调整，除了既有的信托公司利用互联网技术和信息通信技术创新开展信托业务外，一些拥有互联网技术和客户资源优势的互联网金融公司也在积极筹划进入这一新兴业务领域。互联网信托发展可以概括的分为三个阶段：

起步阶段（2013—2014）。互联网信托处于萌芽阶段，少数公司已搭建互联网金融平台，涉足"互联网+信托"，但业务缺乏合规性，存在风险隐患。2013 年 12 月，由财商通（北京）有限公司运营"信托100"正式上线，成为互联网信托的开创者和专注于信托业的创新型互联网理财平台。但"信托100"拆分转让信托受益权的作法备受争议。

探索阶段（2014 年至 2015 年 9 月）。信托公司利用其产品设计和开发优势与互联网机构进行合作，对新型信托产品进行大胆尝试。大多数信托公司转变营销手段，上线涵盖微信公众号和手机客户端的网络服务平台。2014 年 9 月，中信信托携手百度金融、中影股份及德恒律所在北京联合推出"百发有戏"，探索"消费众筹+电影+信托"的全新互联网金融商业模式。2014 年 11 月，平安集团旗下平安财富理财管理有限公司推出平安财富宝移动客户端应用，产品包括信托权益、货币市场基金、养老保障管理产品等。2014 年 11 月，高搜易与合作机构联合推出信托互联网化产品——"信托宝"，以低门槛、高收益、分散风险的独有优势，成功解决信托产品收益权流转痛点。2015 年 5 月初，中信信托与网易、顺丰快递三方合作，率先成立了互联网金融业务运作平台——深圳中顺意金融服务有限公司，平台业务定位为互联网金融和消费信托。

规范阶段（2015 年 9 月至今）。人民银行等十部委发布的《关于促进互联网金融健康发展的指导意见》，提出"互联网信托"概念并纳入互联网金融业态系统，强调信托公司通过互联网进行产品销售及开展其他信托业务的，要遵守合格投资者等监管规定，标志着互联网信托的进入发展规范阶段。互联网信托的平台化、服务型的创新发展符合信托公司战略转型要求，信托公司纷纷自建互联网金融平台或与互联网公司联手共建平台，不断涌现出互联网信托创新产品①。2015 年 9 月，中信信托联合百度推出互联网消费众筹平台，运用信托理念融入现有互联网的众筹模式，在符合现有法律法规的前提下，创新性地实现"消费众筹 + 信托"的新型商业架构。2016 年 12 月，中国信托登记有限责任公司正式揭牌，成为我国信托产品集中登记平台、统一发行交易平台和信托业运行监测平台②。通过平台，信托产品的"非标转标"（从非标准化资产转化为标准化资产）有望实现。2017 年 3 月，华融信托推出"融华精选"消费信托服务，提供"消费 + 金融"双重体验。2017 年 5 月，中航信托对博普科技、万维资产进行了战略入股，共同推出以人工智能为主导的资产配置平台"万维智慧财富管理平台"，实现人工智能在模型开发、策略管理、资产组合配置及风险管理等方面的应用。

2. 互联网信托模式

（1）互联网信托直销

互联网信托直销，是指信托公司通过官方网站、手机客户端、微信平台等互联网渠道销售信托产品，或者提供线上签订合约、产品推介、账户管理等。互联网信托直销的兴起主要受到一定的政策因素影响，

---

① 刘进一.《互联网金融：模式与新格局》，法律出版社，2016 版.

② 中国信托登记有限责任公司主要业务范围，一是信托产品、受益权信息及其变动情况登记；二是信托受益权账户设立和管理；三是信托产品发行、交易、清算、结算、估值、信息披露等服务；四是与信托登记、发行、交易等业务相关的信息查询、咨询和培训服务；五是提供其他不需要办理法定权属登记的信托财产的公示服务等。

2007 年，银监会出台《信托公司集合资金信托计划管理办法》，禁止信托公司通过非金融机构进行产品推介；2014 年，银监会出台《关于信托公司风险监管的指导意见》，禁止第三方理财机构直接或间接代理销售信托产品，基于以上政策，信托公司纷纷取消和第三方合作，建立自己的直销平台。2015 年 12 月，中融国际信托有限公司正式开通了首个视频开户和视频面签系统，可以在线上完成信托产品销售①。

（2）互联网理财平台的信托拆分

以"信托 100 交易平台"为代表，"信托 100"是由财商通投资（北京）有限公司（以下简称"财商通"）发起并负责运营，信托公司和第三方支付平台共同参与的互联网信托理财平台。在该模式下，投资者起投金额仅为 100 元/份。

具体操作流程是：投资者在"信托 100"交易平台上选择信托产品，然后与财商通签订《委托认购协议》，信托受益权属于投资者，并确定投资者和财商通的委托代理关系。当资金募集完成后，财商通以委托人身份与信托公司签订信托合同，将汇集的资金投向信托公司中的具体信托产品，并持有投资者的信托受益权；产品到期后，由信托公司兑付，然后本息返还投资者。在资金保障方面，委托第三方支付平台国付宝对"信托 100"投资者的资金进行管理。

"信托 100"是适应互联网金融发展而产生的网络投资理财平台，该模式将原本 100 万元起步的信托计划拆分成 100 元/份起投，规避了信托产品投资门槛限制，使信托产品以社会普通大众均可购买，但也存在与现行信托法规冲突、侵犯投资者权益等问题。一是"财商通"不具备信托业务许可资格，"财商通"通过委托代理的关系，投资购买信托产品，属于从事信托业务，但是财商通却未获得银监会批准，未持有金融许可证②，属于超范围经营。二是违反现行信托业相关规定。"信托 100"的平台投资者起投金额为 100 元，不符合信托合格投资者的认定规定；投资人数大大超过 50 人，超出投资者者人数的限制范围；"信托

---

① 金融界，http：//trust. jrj. com. cn/2017/07/04095922693117. shtml. 信托与互联网的碰撞——互联网信托业务模式梳理。

② 根据《信托公司管理办法》第七条规定："凡是设立信托公司，须经银监会批准并领取金融许可证。未经批准，任何单位和个人不得经营信托业务。

100"实质上将所持有的信托受益权，向自然人转让或拆分转让，也不符合现行信托业法规。三是涉嫌非法吸收公众存款。财商通通过向社会公众募集资金购买集合信托计划违反了《中国银行业监督管理委员会办公厅关于信托公司风险监管的指导意见》中关于投资人不得违规汇集他人资金购买信托产品的规定。基于以上问题，这种信托模式已经被银监会紧急叫停[1]。

（3）互联网消费信托

互联网消费信托是指将信托、互联网、消费三者有机结合一种新型理财形式。该模式下，同时连接投资者与产业端，在为投资者提供消费权益的同时，对投资者的预付款或保证金进行投资理财，从而实现消费权益增值。

2015年9月，中信信托联合百度推出互联网消费金融平台，互联网消费信托项目包括电影、养老、黄金等多个品类。在整体商业模式的设计中，中信信托通过对消费者拥有的消费权益进行集中管理，消费权益所对应的资金运用，将根据不同投向、不同项目分别设立资金信托，每个部分均为独立的信托架构，以完成平台的统一性要求和资金的独立运用要求。具体模式是：互联网消费众筹平台中提供各种商品，消费者通过购买消费券的形式，获得相关消费权益，之后将消费权益注入百度消费权益信托项目，由中信信托对消费权益进行集中管理。中信信托作为独立第三方，发挥信托财产的独立性和破产隔离方面的独特功能[2]，为消费众筹项目增信，同时进行监督管理，确保资金专项运用，间接实现了对上端消费权益的保障性监控。中信信托对消费信托项目进行审慎审查，完善信息披露、提高项目透明度、增加项目安全性，从而增强消费信托平台对项目资质和信用的审查能力。

互联网消费信托在性质上属于财产权信托，因此资金信托中100万元的合格投资者标准不适用于消费信托，这就为广大中小投资者参与信托创造了条件；信托公司在消费信托中能够通过其强大的事务管理能

---

① 叶文辉.《互联网金融理财业务监管与防范——以"信托100"互联网平台百元团购信托产品为例》[J].《征信》2014（10）.

② 消费权益信托中，信托财产为消费权益，产生于消费者和消费券发行人通过合同关系确定的某种商品的消费和服务约定，即消费券。

力，解决交易双方信息不对称的问题，能够有效提高对金融消费者的权益保障。

（4）信托受益权质押

信托受益权质押，是指信托受益权持有人可以其持有的信托受益权为质押物在银行或者其他金融机构办理融资的行为。实际操作中，信托公司或者互联网公司通过搭建互联网平台开展信托受益权质押业务，实现线下业务转线上办理。如平安信托的"平安财富宝 APP"、深圳市高搜易信息技术有限公司旗下的"高搜易"。具体模式是：该平台与借款方合作，借款方以其持有的信托份额为质押物，向该平台申请融资；平台在对借款方相关信息审核后，依据质押的信托份额和借款需求，生成产品在平台发售；投资方选择符合自己偏好的产品进行投资，资金募集完成后平台一次打给借款方；到期后借款方还本付息，由平台转给投资方，如果发生不能偿付的风险，平台则处置质押物以实现债权。在该模式下，平台属于中间方，撮合借款方和投资方达成借贷关系，信托资产起到了担保作用，并不涉及信托资产的转移。

从各业务模式发展现状看，除互联网直销和互联网消费信托尚有生存空间外，互联网理财平台的信托拆分和信托受益权质押均受制于当前监管政策的影响，被监管部门叫停或要求整改，未能大面积推广，互联网信托业务创新之路任重道远。

3. 信托资产管理发展趋势

虽然信托是一种金融工具，但本质上体现的是一种人际关系、生产关系。这种关系不是少数高端群体专享的权利，不能将普通大众排斥在外，应让更多的人参与信托，参与资本收益分配，让金融惠及社会大众[①]。互联网信托未改变信托的本质属性，但金融科技作为一种技术手段，可以促进信托业务的创新发展，增强信托的普惠性，实现"人人可信托"。

一是金融科技促进信托业务的私人定制。互联网信托直销模式仅是互联网信息科技和信托初步结合阶段，互联网、大数据、云计算、区块链的综合运用将是信托业的未来。一方面，信托公司可以为高净值人群

---

① 蒲坚、张继胜等. 《论信托》，中信出版社，2014 版.

提供"私人订制"式的财富管理服务，为客户配备 1 对 1 的专业投资管理团队，统筹信托资产的运用与配置，实现客户收益最大化。另一方面，信托公司通过互联网技术，汇集掌握客户交易数据、搜索产生的行为数据、社交软件的人际关系数据等，经过大数据与云计算技术进行深入处理分析，准确判断客户的金融服务需求，为客户设计精准化财富管理方案。

二是推进信托产品大众化的发展。在现有法律体系下，一方面，拓展消费信托产品，是降低信托门槛的重要形式，可作为未来互联网信托的发展方向。消费信托推出的产品比如蔬菜、生活家电等，更加生活化、实用化，并且投资门槛低，信托公司可以与互联网平台深度合作，开发消费信托类产品，消费权益由信托公司进行管理，通过互联网平台促进产品销售能力最大化。另一方面，探索现金管理类信托产品。传统的非标融资类信托产品很难满足互联网时代客户的需求，现金管理类信托在流动性管理领域具有差异化的特色优势，信托公司可以在合规范围内最大限度地发挥信托制度的灵活性，开展现金管理类信托产品探索，开发一些门槛较低、期限多样的系列化现金管理类信托产品。

第三节　智能投顾

一、智能投顾概述

1. 智能投顾的概念

2008 年金融危机冲击了人们的投资及财富管理理念，传统金融机构面临着巨大的公众信任危机；同一时期，移动互联网及大数据等新兴技术快速发展，以 Betterment 和 Wealthfront 为代表的智能投顾企业应运而生，以现代投资组合理论和数字化的技术手段，为投资者构建个性化的投资策略组合，迅速获得市场的广泛青睐并驶入高速成长阶段。

智能投顾汇集了投资组合理论、大数据、人工智能的高度自动化资产管理形式，正在重塑财富管理的面貌。智能投顾又称机器人投顾

（robo－advisor），结合投资者的财务状况、风险偏好、理财目标等，运用云计算、大数据、机器学习等技术搭建的数据模型和后台算法为投资者提供相关资产配置建议，具有自动化、智能化、定制化的特征。与传统意义上的量化交易不同的是，由于机器学习辅助的介入，智能投顾的投资模型参数可以做到实时变化从而达到自动优化的效果。

作为科技驱动金融创新的典型应用，智能投顾的演进与计算机技术的发展高度相关。在投顾 1.0 时代，传统投资顾问开始使用计算机进行数据的处理分析，但投资组合本质上还是由人工管理，机器在整个决策过程中只起到相当弱的辅助作用，主要针对高净值人群；互联网的普及，以在线投顾为特征的将投资顾问服务进入投顾 2.0 时代，部分投顾业务被放到了互联网平台上，有效实现其服务范围向中等净值人群的扩张，但这一阶段的资产配置建议依然主要依靠人力，差异仅在于市场渗透手段的提升；直到大数据、云计算、人工智能等出现，投顾服务真正开始走向以智能化、个性化、泛在化为主要特点的投顾 3.0 时代，在提升投顾服务用户体验的同时，极大拓展了投顾服务的边界，让以往因投资门槛等条件而被拒之门外的庞大中低净值客户能享受到更为便捷优质的投资顾问服务。

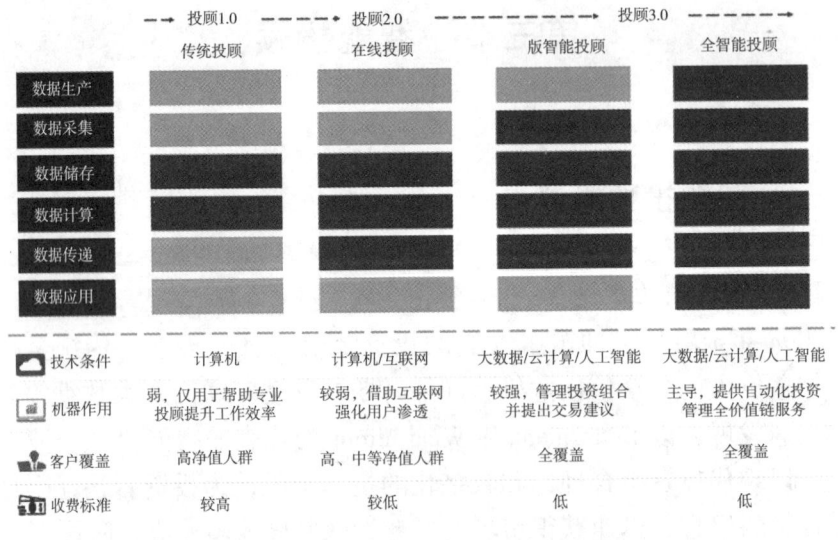

资料来源：华创证券。

图 1　智能投顾的发展

2. 智能投顾背后的金融科技

金融科技已有燎原之势，其中投资及财富管理行业有望成为重点突破领域。云计算、大数据、人工智能等计算机技术的出现，是智能投顾模式诞生的基础。伴随金融市场的不断发展，多维高频的金融数据及投资者交易数据呈现几何式增长，一方面对极为有限的传统人工数据处理能力提出挑战，另一方面也为基于海量动态数据挖掘分析的智能投顾提供底层支撑。同时，人工智能算法模型持续优化，智能芯片、高性能计算机等硬件以及云计算技术快速发展，有效夯实了智能投顾实现的技术基础。通过人工智能及大数据技术与现代投资组合理论的结合，串联起一个"投资策略生成（ISM）——量化投资策略——智能代理（IA）"的完整智能化投资决策系统，从而实现低成本、高效率、个性化、动态调整的投资组合配置。

当前，受技术因素与使用习惯的影响，智能投顾还不能实现完全意义上的人机交互。按人工介入程度划分，当前主流的智能投顾可以细分为全智能投顾和半智能投顾两种模式，目前行业以半智能投顾模式为主，但全智能投顾代表行业未来。

（1）全智能投顾（Robo-advisor）：是指资产配置建议完全由机器人投顾的人工智能算法给出，人工只做必要的有限干预甚至完全不予干预，主要应用于投资组合构建与交易执行；全智能投顾（Robo-advisor）是智能投顾模式的缔造者，公司大多以新兴互联网平台投顾公司起家，如 Betterment、Wealthfront、SIGFIG 等、蓝海智投，理财魔方、百度股市通等。

（2）半智能投顾（Cyborg-Advisor），资产配置计划由机器人投顾给出，但只是作为一种参考，最终投资建议必须经过人工检视、处理后才能提供用户使用，用户与传统投资顾问有更多的互动，其中可以涉及用户税收筹划、房地产投资、子女教育投资等更广泛的财富管理增值服务。半智能投顾（Cyborg-Advisor）主要是由传统金融机构自主研发或是吸收兼并全智能投顾公司产生，如先锋基金 PAS、嘉信理财 SIP 等。

3. 智能投顾的优势

智能投顾在资产管理领域提供了一种高效低费的解决方案，以科技手段真正实现"普惠金融"的发展要求。相比传统投资顾问模式，智能投顾具有以下优势：

一是管理费率低，透明度高。传统投顾主要依靠专业财务顾问个人知识及时间精力的消耗，收费率较高，典型值约为资产管理规模的1%甚至更高。而智能投顾通过机器处理，人工成本大为降低，综合费率一般只有人工投顾的1/4～1/2，且可选产品范围、投资风险、费用交割等高度透明，对于投资理财市场的长尾客户更强的吸引力。

二是投资门槛低，用户覆盖广。传统投顾主要针对高净值客户，投资门槛较高；智能投顾具有显著的互联网特征，其边际成本将随着用户的增加而逐渐趋近于零，而算法模型的可复制性亦为其提供了同时服务大量客户的可行性，因而智能投顾公司为吸引用户多采用无门槛或极低门槛的策略，具有显著的获客优势。

三是实时监测，控制风险。全天候管理。智能投顾严格遵照现代投资理论和算法模型，在充分收集分析投资者个人及市场数据的基础上给出投资建议，资产配置覆盖更分散，其全流程依托互联网上实现、可实时监控市场变动并随时做出快速响应，在严格控制风险同时满足投资者的多样化需求。

四是理性客观，克服情绪干扰。传统投顾模式下，再优秀的投资顾问都无法避免人性上贪婪和恐惧的弱点，尤其在市场波动时更易干扰其决策能力；智能投顾全程由机器参与，根据固定的设置，达到止盈或者止损点位即会及时提醒投资者进行操作，将情绪干扰因素降至最低。

4. 智能投顾在国外的发展

（1）智能投顾的产生与发展

2010年，智能投顾公司Betterment在纽约成立，同年Futures Advisor公司开始为美国1 000家券商提供自动的投资和退休金账户管理方案，一年后Wealthfront公司在硅谷成立，这一系列事件标志着智能投顾正式诞生。继Betterment和Wealthfront以后，各类智能投顾公司如雨后春笋般层出不穷，已达数十家之多。经过短短几年发展，多家智能投顾公司已经具备了成长为独角兽公司的潜质，Wealthfront、Betterment、Personal Capital等都已融资过亿美元，行业两大巨头Wealthfront、Betterment的估值均已达到10亿美元水平。至2015年智能投顾行业融资规模达2.46亿美元，新成立公司达44家，以Betterment、Wealthfront为代表的创业公司凭借其领先于市场的投资理念和技术能力，获得迅速发展。

快速增长的资产管理规模和投资者的高度热情，刺激着众多科技创业者和金融机构布局智能投顾，抢占未来传统金融行业转型的历史机遇。传统金融机构凭借自身强大的用户基础和自身业务的协同优势，通过自建或收购等途径切入智能投顾市场，并且推动了整个行业规模加速扩张。截至 2017 年 2 月，Vanguard 私人顾问服务所管理资金达 470 亿美元，Schwab Intelligent Portfolio 位列第二，资产管理规模达 102 亿美元，二者合计占到智能投顾资管总规模的 75.8%。

（2）智能投顾发展趋势

随着互联网进一步普及以及人工智能在投资决策领域的不断成熟，人们对智能投顾服务模式的认可程度在不断提升，智能投顾服务将惠及更多人群。AT. Kearney 公司预测，2016—2020 年美国智能投顾市场年均复合增长率高达 68%；2020 年整个智能投顾市场的资产管理总额为 2.2 万亿美元，占当时全球财富管理规模比例超过 2.2%，市场渗透率则将从 0.5% 猛增至 5.6%。

在美国，年青一代正成为财富管理市场的主力。根据 Accenture 统计显示，由于 Generation X（1961—1981 年出生）进入财富高峰期，未来 5 年之内 Generation Y（1982—2002 年出生）所掌管可投资资产也将由目前的 2 万亿美元增长至 7 万亿美元。年青一代投资对于机器化、自动化服务和互联网的交互方式具有更高的接受度和依赖性，将带来美国智能投顾市场长期稳定发展的良好机遇。

被动投资接受度提高，打牢智能投顾发展基础。欧美金融市场经过多年发展，通过主动投资策略博取超额 α 收益变得相当困难，越来越多投资者开始转向被动投资。以美国为例，1995 年到 2014 年其被动投资金额占共同基金的比例从 3% 上升至 16%。在这一趋势下，综合考虑成本、收益、风险，被动投资的市场接受度不断提升。2007—2014 年，指数型 ETF 资金净流入超过 10 000 亿美元，而主动管理型基金则有 659 亿美元净流出。由此可见，美国市场中以 ETF 为代表的被动投资理念越来越受投资者欢迎，同时数量众多的 ETF 产品又为智能投顾产品提供丰富广泛的选择空间，进一步刺激着智能投顾服务热度的增长。

二、中国智能投顾市场发展

1. 人工智能理财市场

智能投顾作为科技＋金融跨行业组合所催生的新产物，自身尚处于发展初期，国内的智能投顾市场还处于起步阶段，潜在市场空间广阔。2016年包含线上基金销售、网络保险、债权类产品等在内的互联网理财达7.85万亿元，市场规模持续扩张，预示着用户对于线上财富管理方式的选择程度提升，人工智能理财对传统财富管理市场的改变使得更多的财富长尾用户得以受益。

我国经济的高速发展，带来了居民财富的加速积累，中产阶级、大众富裕阶层及高净值人群不断扩大，带来个人理财需求的迅速膨胀。居民财富管理观念转变，金融资产比重持续上升，财富配置趋于多元。由于可投资标的匮乏，长期以来我国居民资产配置形成了"重储蓄、轻投资、轻配置"的特点，我国居民在金融产品方面还有相当大的投资潜力尚未释放。但近年随着我国房地产市场的调控及投资理财观念的普及，居民财富逐渐由不动产、储蓄向金融产品投资流动，且在标的配置上也呈现出更为多元的趋势。智能投顾以分散化的资产组合配置为基本理念，将为居民多元化的金融投资决策提供高效低价的辅助手段，将从中获益得到加速发展。

智能投顾的出现，突破传统投顾的简单资产管理模式，凭借其独特的技术优势实现多场景多阶段的数据搜集与分析，从而根据投资者未来养老、教育、婚假、休闲等多元投资目标为其提供私人的资产配置方案，满足未来高净值人群财富管理的升级需求。我国传统财富管理行业的发展并未像欧美发达国家那样形成一个多层次的相对完善的财务顾问体系。传统投顾的相对缺失，既强化了人们对于全新智能投顾手段的尝试意愿，也削弱了来自传统行业固有利益群体的阻碍。据Capgemini和RBC WM调查显示，亚太地区（除日本）相较于北美、欧洲等发达国家市场，对智能投顾产品的接受度更高。

据BCG 2016年预测数据，在中国经济步入"新常态"、经济中速增长的大背景下，以2015年末中国个人可投资金融资产总额约为113

万亿元人民币为基准，5 年内保持 12% 的年均复合增长率，到 2020 年底我国个人财富总规模将接近 200 万亿元人民币；其中高净值人群可投资金融资产年均增速约为 15%，至 2020 年将占据中国整体个人财富的半壁江山，占比达 51%，未来智能投顾管理的资金或将高达 8 万亿人民币。

2. 独立第三方智能投顾平台

以技术驱动的智能投顾创业公司和转型中的互联网金融公司为典型，目前在国内市场中占主流，如蓝海智投、弥财、理财魔方以及宜信旗下的投米 RA、积木盒子转型后的"综合智能理财平台"等。

弥财。弥财 2015 年 10 月正式上线，主打手机端的移动互联网智能投顾，所有服务及功能均通过弥财 APP 完成，与美国证券经纪机构盈透证券（Interactive Brokers）合作，投资范围以海外股指 ETF、美国企业债券为主，能帮助用户个性化海外资产配置，投资门槛为 5 000 美元，年费率为 0.5%。弥财目前已获得高瓴资本、清流资本等领投的 1 000 万元天使投资。

胜算在握。胜算在握由新三板挂牌公司祥云信息开发，分为面向普通投资者的"胜算在握 APP 版"和面向机构的"胜算在握机构版"两类产品，前者已于 2014 年 7 月上线，后者目前仍处于研发测试阶段。胜算在握 APP 版通过深度学习、增强学习等人工智能的技术与金融大数据相结合，为用户提供针对 A 股市场的懒人炒股、解套专家、个股测评、仓位优化、自建组合、跟随组合等智能投顾服务。依托母公司祥云信息的专业技术实力和客户资源，胜算在握目前与民生证券、国信证券、海通证券等主流券商，以及新浪财经、和讯网、中证资讯等财经媒体展开广泛合作。截至 2015 年底，胜算在握 APP 版累计激活用户人数达 112 万人，与去年同期增长 334%；公司合作机构用户达 11 家，较去年同期增长 450%。

3. 基于互联网公司智能投顾平台

基于互联网公司的智能投顾平台主要由互联网金融科技公司，凭借其掌握的流量和技术优势，进行智能投顾业务线条的扩张，如雪球财经、京东智投以及同花顺的 iFinD 等。

同花顺 iFinD 智能投顾。2016 年 5 月，同花顺 iFinD 智能投顾正式登录同花顺 i 策略平台。iFinD 智能投顾主要通过对 iFinD 金融数据库、舆情监控系统、i 问财知识库等的深度学习来构建投资决策模型，实时结合市场信息来提供 A 股市场投资建议。iFinD 智能投顾目前针对 iFinD 用户免费开放，iFinD 正式用户在关注智能投顾个人主页后，就能实时收到大盘走势预测与风险提示，未来 iFinD 智能投顾有望效仿 i 策略平台现有的付费打赏模式实现收入变现。同花顺作为国内主要互联网金融信息服务公司之一，自 2009 年便开始布局智能投顾产品，具有技术、客户、数据等相关领域的资源储备和明显的先发优势。

京东金融智投于 2015 年 8 月 18 日正式推出，产品基本流程是先让用户提交包含六个问题的调查问卷，确定用户的风险收益偏好及预期，依据投资组合理论，进行大数据建模计算，向用户推荐符合自身投资偏好和风险承受能力的个性化投资组合，用户可以通过关注组合，了解组合的整体收益，同时进行持续追踪。以京东金融推出的智能投顾产品"智投"为例，用户在京东金融官网填写一份问卷调查进行风险测评，涵盖用户的年龄、投资金额、资产状况、投资期限、主观风险承受态度及收益预期等 6 个方面。推荐的产品包括京东金融平台销售的公募基金产品、定期理财产品、固定收益产品以及京东开发的小金库理财产品等。

京东金融已经形成了比较齐全的理财产品线，包括小金库、基金、小白理财、票据理财、定期理财、固收理财等多种理财产品，对于理财小白而言，众多的产品无从下手。不同类型的理财产品也有各自为战的意味。通过智投产品，可以将各类理财业务进行串联，帮助用户梳理各类产品，降低使用成本。目前京东并未发布智投业务的用户使用情况，京东对于智投的处理也略显低调，智投入口在京东金融官网的入口并不显眼，需要聚焦到理财频道后才会发现智投的入口。

4. 传统金融机构智能投资平台

以证券和银行业传统金融机构为典型，纷纷推出主打智能化投资服务的线上平台，如招商银行（摩羯智投）、中国平安（平安一账通）、嘉实基金（金贝塔）、华泰证券（收购 AssetMark）等。

摩羯智投。招商银行推出的摩羯智投是运用机器学习算法，并融入招商银行十多年财富管理实践及基金研究经验在此础上构建的以公募基金为础、全球资产配置"智能组合服务"。招行摩羯投当前阶段也只是根据用户自行选择的风险等级和投资期限，给出多个公募基金的投资组合。摩羯智投系统已经对 3400 多只公募基金进行分类优化和指数编制，每天还要做 107 万次计算，确保最优组合方案。

广发证券贝塔牛。2016 年 6 月上线，属于国内券商开发的第一款智能投顾产品。该产品嵌入广发证券易淘金 APP 之中，提供持股票智能投顾和大类资产（ETF 为主）配置智能投顾两大类服务，并能对智能投顾所构建的投资组合实现一键批量下单。其中股票智能投顾共提供 4 类策略，包括"短线智能、综合轮动、价值精选、灵活反转"。大类资产配置智能投顾按照用户风险偏好和投资期限不同，量身定制个性化资产配置方案。

平安一账通是平安集团旗下的财富管理平台，其智能投顾业务在其官网称为智能财富顾问，对接货币类、固定收益类、债券类、权益类产品，官方资料显示，智能财富顾问汇聚平安的财富顾问经验，精准分析用户在平安的交易数据，基于资产组合理论，为用户提供理财建议。

对于产品线丰富的平安而言，要服务越来越多的新理财用户。需要有一个智能投顾类产品，对用户的资产配置健康程度进行科学评估，为用户在大量的理财产品中挑选合适的产品进行投资，降低投资者使用难度，也使产品得以梳理，更加体系化。

不过可能是由于智能投顾还在发展初期，加上平安一账通用户多是平安各类业务的老用户，对理财较为熟悉，平安在 PC 端对于智能投顾的处理也并不高调，入口较难寻找。不仅在首页找不到，即使在平安金融旗舰店的理财频道，也没有智能财富顾问的入口。

三、中国智能投顾展望

1. 国内智能投顾发展瓶颈

中美市场在资本市场环境、金融监管环境、大众投资理念成熟度等方面存在诸多差异，目前国内智能投顾在技术上已日渐成熟，但市场的培育和发展依然面对着用户教育、配置标的、技术突破及牌照限制等问题。

一是资产配置根基薄弱，投资者长期价值投资的理念尚未成熟。国内投顾市场还存在一定的误解，把投顾重心放在股票市场和基金市场。而资本市场中往往追逐高收益，在投资行为上追涨杀跌、短线操作的特征尤为明显。智能投顾根据量化分析和大数据形成投资决策，是追求风险收益平衡的长期投资策略，具备客观性、自动化、风险分散等优点，但也具有对市场变化反应缓慢、同质化等缺点。在国内追涨杀跌的特点下，智能投顾的核心投资理念得不到应有的发挥。

二是可选标的范围窄，资本市场待优化。ETF是智能投顾进行大宗资产配置是的主要标的类型之一，我国ETF的缺乏将在一定程度上限制智能投顾的发展。截至2016年末，美国市场ETF基金数量达1 716只，管理资产规模达2 524万亿美元。而我国仅有ETF基金150只，管理资产规模384亿元人民币，且类型上以传统的指数型ETF为主，债券型ETF、商品型ETF等较少，缺乏对冲工具，难以有效分散风险。

三是金融数据质量及开放度有待提升。中国金融市场发展时间相对短，在数据积累量上较欧美发达国家已存在一定差距，更关键的问题在于数据质量。受投资者行为的影响，我国金融市场整体波动大，如何从大量数据中清洗出有效数据才是核心。若缺乏有效的数据沉淀，则将难以满足智能算法训练的需要，拖后模型迭代更新的进度，真正意义上的"智能化"投顾服务将变得可望而不可即。

四是投顾与资管牌照两分，代客理财受限。我国《证券法》和《证券投资顾问业务暂定规定》规定，投资顾问与资产管理管理两块业务实施分开管理，投资顾问只能提供投资建议，不得进行全权委托管理。这事实上就将国内相关智能投顾业务主要限制在做投资推荐的范围之内，且因为不能以机构为主体或受托在二级市场上直接交易，所以多只能将购买门槛较低的公募基金作为资产配置的主要标的。

2. 智能投顾的场景化发展转型

尽管当前我国智能投顾发展面临现实困难，但随着我国财富的快速增长，各类投顾障碍的减弱、消除，智能投顾仍有巨大的发展空间。伴随着人工智能、大数据技术的日益成熟，投资标的和牌照问题的逐步解决，未来的行业竞争将围绕用户与金融数据两大要素展开。换而言之，"场景"将成为智能投顾公司的核心竞争力，拥有丰富的投资理财场景的公司，才能掌握住广阔的用户流量入口和金融数据累积基础，享受到 Fintech 与普惠金融所带来的行业红利。"场景化"对互联网企业和用传统金融机构开展智能投顾都具有十分重要的意义：

对拥有金融业务基础的互联网企业，因其融合了金融行业经验及数据、互联网流量基础和人工智能技术储备三大智能投顾业务发展的必须要素，可以充分利用手中"场景＋技术"的两大武器实现优势转化。传统金融机构在投顾管理上的智能化转型。传统金融机构拥有丰富的线上线下金融场景，掌握着一定的金融牌照资源，智能投顾业务发展基础良好；同时传统金融机构亦有着拓展智能投顾业务的强烈需求，通过智能投顾手段一方面可以将其理财服务实现低成本向下渗透，覆盖长尾客户群体，另一方面可为中高端客户提供差异化的多元增值服务，增强用户黏性。综合来看，智能投顾将成为传统金融机构保持市场领先地位，实现与投资者共赢的重要支点。

第四节　股权众筹

一、众筹起源与发展

1. 众筹概念

众筹，指项目发起人通过互联网向投资人发布其创意，以实物、服务或股权等为回报募集资金的模式。相对于传统的融资方式，众筹更为开放，能否获得资金也不再是以项目的商业价值作为唯一标准。只要是公众喜欢的项目，都可以通过众筹方式获得项目启动的第一笔资金，且一般首次筹资的规模都不会很大，为更多小本经营或创作的人提供了无限的可能。

中国人民银行发布的《中国金融稳定报告（2014）》中把众筹纳入中国互联网金融六大主要业态，并将其定义为：是指通过网络平台为项目发起人筹集从事某项创业或活动的小额资金，并由项目发起人向投资人提供一定回报的融资模式。众筹融资大致可分为奖励众筹、股权众筹、公益众筹和债权众筹四种类型。

（1）奖励众筹是一种基于实物、权益或服务作为回报的筹资方式。这也是中国目前最为流行的众筹类型，涉及智能硬件、农业、二手车、影视等各大领域，回报方式及种类繁多。项目发起人通过线上推出产品资料或服务信息，对此产生兴趣的投资者可以选择支付购买，从而完成项目融资。这在一定程度上能够替代传统的市场调研，并直接进行需求的有效分析。

（2）股权众筹主要为公司出让一定比例的股份，面向普通投资者，投资者通过出资入股公司，获得未来收益。其中项目发起人通常为初创企业，投资人与项目发起人共担风险，共享收益。中国证券业协会《场外证券业务备案管理办法》第二条第（十）项"私募股权众筹"修改为"互联网非公开股权融资"。股权众筹是互联网资产管理的重要组成部分。

（3）公益众筹是指公益机构或个人在众筹平台发起的公益筹款项目，出资者对项目进行资金支持，但不获得任何实质性的补偿。公益众筹项目的发起需符合众筹平台的具体规则，它跟传统的公益筹资的区别就在于它的门槛特别低，而且非常强调大众的参与性。

（4）债权众筹是指投资者对项目进行投资，获得其一定比例的债权，未来获取利息收益并收回本金。P2P 网络借贷属于债权众筹，它由多位投资人对 P2P 网贷平台上的借款项目进行投资，按投资比例获得债权，未来获取利息收益并收回本金。

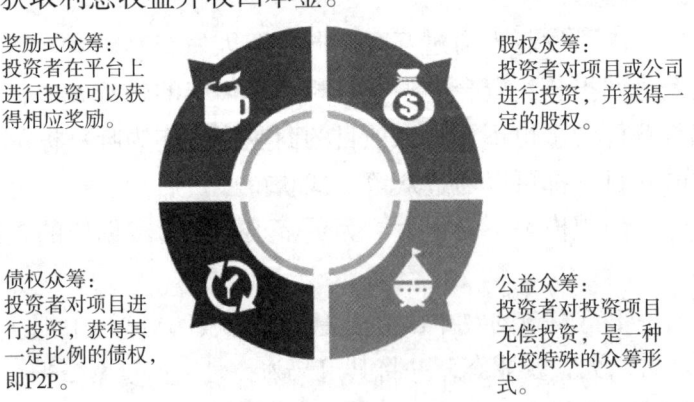

图 1　众筹的四种模式

2. 众筹的起源与发展

众筹的雏形最早可追溯至 18 世纪，当时很多文艺作品都是依靠一种叫做"订购（subscription）"的方法完成的。例如，莫扎特、贝多芬采取这种方式来筹集资金，他们去找订购者，这些订购者给他们提供资金。当作品完成时，订购者会获得一本写有他们名字的书，或是协奏曲的乐谱副本，或者可以成为音乐会的首批听众。1894 年美国在修建自由女神像时，用时六个月 12.5 万人筹集了 10 091 万美元。但上述众筹现象既无完整的体系，也无对投资人的回报，不符合商业模式特征。

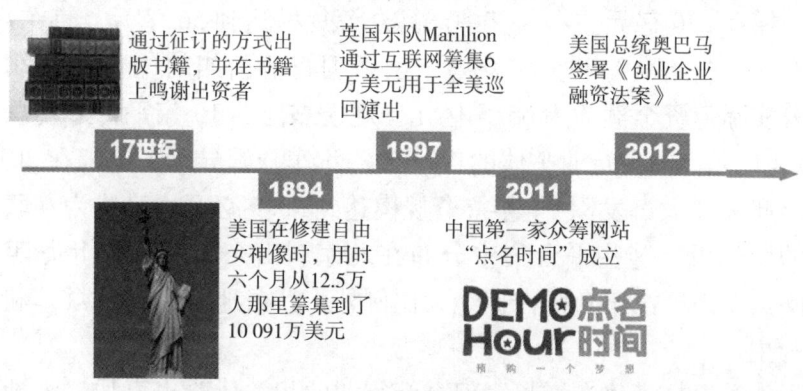

图 2　众筹的起源与发展

众筹作为一种商业模式最早起源于美国，随着互联网的日益普及，基于网络的互联网众筹发展速度不断加快。2001 年，Artist Share 众筹网站在美国成立，该网站与传统众筹领域相切合。此后，互联网众筹平台不断出现，如 Sellaband（2006 年）、Slice The Pie（2007 年）、Indie Go-Go（2008 年）、Kickstarter（2009 年），互联网众筹时代从此开启。互联网众筹具有低门槛、低成本、高创意、高效率以及风险自担的特征。据 Massolution 调查显示，2011 年全球众筹平台不到 100 个，筹集资金 14.7 亿美元，2012 年度全球众筹平台数量已达 700 个，筹资金额达到 28 亿美元。至 2014 年全球众筹融资交易规模已达到 162 亿美元。

3. 国内众筹行业的发展现状

（1）众筹发展阶段

我国互联网众筹起步于 2011 年，随后大批众筹平台相继成立。2015 年 3 月底，"京东东家"正式上线，标志着互联网巨头开始试水股权众筹；10 月，蚂蚁金服战略投资 36 氪（旗下股权众筹平台于 6 月上线），并于同年底开始试运营"蚂蚁达客"。进入 2016 年，更多互联网巨头或科技公司加码股权众筹：奇虎 360 在 1 月推出"360 淘金"，4 月苏宁"私募股权"板块、"百度百众"和"和讯众投"相继上线，小米科技也在 9 月推出旗下私募股权众筹平台"米筹金服"。

据零壹研究院的研究报告，截至 2016 年末国内已上线 608 家众筹平台，其中问题平台和已转型平台至少达到 271 家，正常运营平台仅剩下 337 家。其中股权众筹平台 156 家，产品众筹平台 75 家。众筹整体筹资规模在 220 亿元左右，其中产品众筹规模达到 56 亿元，京东众筹、淘宝众筹、开始众筹和苏宁众筹依次占据行业前四的位置。2016 年股权众筹实际筹资金额约为 65.5 亿元，规模靠前的 15 家平台筹资总额达到 32.0 亿元，约占行业整体的 48.9%。汽车众筹异军突起，在 2016 年下半年迎来"大爆发"，全年筹资规模达到 93.9 亿元，已成为互联网众筹新的增长极。这些平台集中分布在北京、山东、广东和上海四个省市，除山东地区汽车众筹占据绝大比例外，其余地区以产品众筹和股权众筹为主。

虽然筹资规模仍在增长，但众筹行业的相关风险也更加清晰地显露出来，比较突出的是股权众筹和汽车众筹。前者需要面对政策及市场两方面的风险：多地工商局限制该类公司开立，互联网金融专项整治工作也将其纳入重点整治对象。汽车众筹从 2016 年第三季度起风险密集爆发，平台的欺诈风险和经营不善等问题特别突出。

（2）产品众筹

据零壹研究院数据中心统计，2014 年之前我国产品众筹平台仅有 27 家，累计筹资额约为 0.12 亿元。此后随着平台数量的快速增多特别是京东等巨头的加入，产品众筹行业的交易规模也一路走高，2014 年全年成功筹款金额达到 2.7 亿元。2015 年，平台数量继续大幅增长的同时，京东众筹、淘宝众筹、开始众筹等老平台的规模大幅飙升，全年筹款金额攀升到 27 亿元，为上一年的 10 倍。

2016 年，在监管日趋收紧的环境下，平台数量开始减少，交易规模进入存量增长阶段，全年成功筹资额达到 56.0 亿元，同比增长 107%。截至 2016 年末，我国产品众筹累计筹款金额达到 86 亿元。成功筹款金额靠前的 15 家平台，筹资总额为 52.95 亿元，占行业整体的 94.6%。其中京东众筹以 21.76 亿元的规模独占鳌头，占到 38.9% 的市场份额；其次是淘宝众筹和开始众筹，二者分别为 14.96 亿元和 8.17 亿元，分别占到 26.7% 和 14.6% 的市场份额。2016 年产品众筹人气继续飘升，全年总支持人次达到 3454 万，同比增长 126%，京东、淘宝和苏宁 3 家平台仍为增长主力，合计占到整个行业 93.1% 的比重。

国内产品众筹的发展，经历了内涵本土化的转变。主要表现为：

一是电商众筹平台占据主导地位。电商平台带着流量优势切入产品众筹，迅速将独立产品众筹平台淘汰出局。截至 2014 年底，当年 7 月上线的京东众筹以 31.6% 的市场份额，位居第一；当年 3 月上线的淘宝众筹以 8.9% 的份额，位居第三。2015 年底，电商平台的市场份额则达到了 69%；至 2016 年上半年，电商平台的市场份额已经达到 86%。

二是"产品众筹"转变为"产品预售"。电商平台的进入推动了产品众筹平台完成本地化改造，产品众筹平台的商业模式从"产品众筹"转变为"产品预售"。这一转变主要体现在两点：首先是核心价值的变化，由"筹资"转变为"预售"，使得平台的"项目曝光"能力成为核心竞争力；其次是创业者将项目的融资时间从硬件项目的"概念期、原型期"延后到"试产期、量产期"，以降低交付风险、使大众人群接受和参与。

表 1 2016 年产品众筹筹资额 TOP10 项目

序号	来源	项目标题	项目类别	已筹金额（万元）	支持人数
1	京东众筹	PowerEgg 无人机	科技	10 132	65 251
2	京东众筹	小牛电动 M1 智能锂电踏板车	出行	8 138	96 632
3	苏宁众筹	BenelliTRK502 全路况欧式陆巡拉力车	出行	4 100	23 218
4	开始众筹	在世界上最美的地方，建一座桃源	民宿/空间	3 901	2 418
5	京东众筹	一房一车一路，也行也餐也趣	旅游	3 303	3 313
6	淘宝众筹	凯迪仕 K7 推拉式云智能指纹锁	科技	3 039	1 598
7	苏宁众筹	NANO 琅龙无人机——口袋里的飞行自拍神器	科技	3 001	33 165
8	淘宝众筹	HornetS 大黄蜂，竞速超跑——我的第一台无人机	科技	2 921	147 089
9	苏宁众筹	无油烟系统大卫·杨	科技	2 793	6 705
10	京东众筹	SOCO 城市锂电跨骑车	出行	2 447	91 459

（3）汽车众筹

汽车众筹并不是国际通行的众筹概念，最早起源于汽车产业与众筹模式结合的尝试，汽车众筹能够很好地解决二手车经销中的融资难问题。2014—2015 年，我国零星地出现了几家创业型汽车众筹平台，然而此时 P2P 正处于发展的黄金时期，汽车众筹并没有获得过多的关注。2016 年，相关部门开始对互联网金融进行集中整治，P2P 行业开始降温。汽车众筹由于属于实物类众筹不在整治之列，一跃成为互联网金融行业的一匹"黑马"。

据不完全统计，截至 2016 年底，我国汽车众筹已实现融资 83.19 亿元，占众筹行业总融资额的 38.26%；2017 年上半年，我国汽车众筹实现融资 52.90 亿元，占众筹行业总融资额的 48.02%。通过这两组数据可以看出，汽车众筹发展迅猛，已经成为了我国众筹行业相当重要的一部分。

然而繁荣发展的背后，汽车众筹存在的问题也渐渐凸显出来。相比于 P2P 网贷，汽车众筹因其高收益、期限相对灵活的特征吸引大量投资者的参与，但是行业尚处于监管真空地带，平台实力参差不齐，参与人员鱼龙混杂，风险已经开始大量爆发。2016 年 8 月初，"金福在线"卷款跑路，拉开了汽车众筹风险事件的序幕，自 9 月开始每个月都有 10 家以上的平台跑路、停业或提现困难。截至 2016 年末，汽车众筹问题平台已达到 54 家，包括聚创众筹、宝易得等上线时间较早、规模较大的平台也未能幸免，涉事总金额达到 2 亿~3 亿元。在各汽车众筹平台 2016 年全年融资额排名中，排名前 20 的平台中，有一半平台出现问题，其中有 4 家平台跑路，且其中 3 家排入了融资额前十位。据零壹研究院数据中心显示，截至 2016 年末，汽车众筹平台共计 173 家，其中正常运营的共 119 家，约占 68.8%。

二、股权众筹

股权众筹与风险投资（VC）或私募股权投资（PE）类似，实质上已经承担了金融服务提供者角色。因此，股权众筹通常被各国认定为纳入金融监管的范围。

1. 股权众筹的界定

股权众筹一种通过互联网针对普通大众投资者进行公开小额股权融资的活动，主要突出"公开、小额、大众"的特征。具体是指创新创业者或小微企业通过股权众筹融资中介机构互联网平台（互联网网站或其他类似的电子媒介）公开募集股本的活动。股权众筹仅指互联网上的公开股权融资，带有"私募"性质的股权融资不再属于股权众筹融资范畴。

互联网非公开股权融资主要是指通过相关互联网融资平台对特定对象或合格投资者以非公开发行方式进行股权融资的一种活动，根据该定义，当前国内的互联网股权融资活动均属于非公开的私募性质。

证券业协会在2014年12月18日发布的《私募股权众筹融资管理办法（试行）（征求意见稿）》中，认为私募股权众筹融资是指融资者以非公开的发行方式，通过股权众筹平台进行股权融资的活动。该意见稿的发布将股权众筹分为私募股权众筹和公募股权众筹，而平时所称股权众筹，一般指私募股权众筹。此时的股权众筹强调非公开和互联网平台。《互联网金融发展指导意见》发布后，"私募股权众筹"这一概念统一更改为"互联网非公开股权融资"。

2. 股权众筹主要模式

目前市场上开展的以"股权众筹"为名义的活动，均是通过互联网形式进行的非公开股权融资或私募股权投资基金募集行为，具体包括个人直接投资、领投＋限投和基金间接投资三种模式。

（1）个人直接投资模式

在该模式下，个人投资者可通过直接浏览股权融资平台列出的融资项目，挑选其认为有潜力的项目或企业进行投资。项目融资成功，投资者会首先通过平台电子化程序处理包括股权凭证、转让协议在内的相关文件，在收到纸质版股权证书、投资协议书等文件后，投资者成为融资企业的股东。

由于个人直接投资需要投资者基于自身判断来进行投资，对投资者个人要求较高，投资人需要对融资项目有一定的专业知识或具备一定的行业经验。平台一般会对投资者作出风险警示，建议个人投资者采取小额单笔投资，多样化行业项目的方式分散风险。某些平台还会替投资者代持股份和管理投资，并及时反馈项目发展和股利分红等情况，项目发放分红或转让股份也由平台转移给投资者，平台因此收取一定的管理费用。

（2）领投＋跟投模式

源自国外股权众筹平台的 syndicates 模式。与个人直接投资模式相比，该模式下融资项目或企业可以配一位或多位"领投人"，自身投出该项目所需的部分资金。其他资者作为"跟投人"跟随"领投人"进行投资。领投人在投资过程中实际起到项目评估的核心作用。普遍做法是由具备一定资金实力、投资经验或行业经验，有救强的风险承受能力作为领头人。领头人通过杠杆效应撬动一批资金，面对融资方时，比"跟头人"拥有更多议价权和影响力，同时也享有项目的附加收益。

与股权众筹模式不同的是，该模式下的投资人是特定对象。非普通大众。一个项目的所有投资人不能超过30人，为了实现集合投资，领投人和跟投人通常会签订管理协议确定双方的权利，如果人数较多或者股权协议比较复杂，双方也可以成立合伙企业，以特殊目的公司（SPV）等形式来参与企业的管理。

（3）基金间接投资模式

相较于个人直接投资模式，基金间接投资模式加入了基金代理的因素。在此种模式下，股权融资平台通常会事先成立全资子公司负责管理旗下的私募股权基金，通常一只基金仅投资于一家企业。在具体流程上，投资者仍然直接通过股权独资平台对可投资项目进行浏览，并依据自己的判断选择其认为有潜力的项目。与个人直接投资模式有区别的是，投资者的投资资金并不是直接以投资者的名义进入融资企业，而是转入其所挑选的项目所对应的基金，并最终以基金的名义投资项目企业。投资者是股权融资平台中项目个股的基金持有者，基金的面值和项目公司的价值等值。这中模式中，投资者是项目的间接股东，其所有投票权被基金所代理，投资者对融资项目公司基本上没有影响力。即投资者的所投票权被基金所代理，全资子公司行使对基金的管理权，代表基金行使股东权。

3. 国际股权众筹发制度

（1）国外股权众筹的发展

众筹起源于美国。2012颁布的"JOBS法案"促进了股权众筹行业在整个北美洲大范围开展，而美国众筹行业的发展水平可以说代表了世界众筹行业的发展水平。美国几乎所有州都涉及股权众筹项目，且主要集中在东部、东南部及西海岸等人口密集地区。随着美国众筹平台逐步走向成熟化，平台也趋向垂直化，更加专注于房地产、消费品、科技等行业。

AngelList 成立于 2010 年，是美国股权众筹平台的典型代表，也是全球股权众筹的鼻祖。由创业家 Naval Ravikant 和风险投资家 Babak Nivi 联合创立。AngelList 作为股权众筹平台，其核心业务是在线投融资。它主要有 3 种投融资模式：联合投资（Syndicate）、自发合投（Self – Syndicate）和基金（Fund）模式。

欧洲股权众筹发起于 2012 年，但各国众筹市场之间发展差距明显：法国、德国、英国、瑞典等国众筹已成为金融市场的重要组成部分。

2016 年 11 月，意大利国会通过 2017 年预算法案，允许全体中小企业通过股权众筹平台融资。从鼓励创新性生态成长和发展的角度来说，2017 预算法案可以说是"欧洲最先进的法律"，预算法案让意大利拥有了世界上最先进的有关股权众筹的法律，为商业项目的落成提供便捷、安全和有效的途径。

英国金融行为监管局计划调整众筹监管政策。英国众筹市场规模目前已经达到 34 亿英镑，主要分为借贷众筹和投资众筹两类。然而，随着行业逐步发展，信息误导、复杂营销以及平台倒闭前相关挽救措施规定不足等情况也逐渐出现。为规范行业发展，2016 年 12 月，英国金融行为监管局（FCA）宣布将对众筹市场监管政策进行相应调整。2011 年至今，英国股权众筹行业累计融资金额已达 3.68 亿英镑，股权众筹项目平均可以为投资人带来接近 20% 的内部收益率。

亚洲股权众筹整体起步于 2011 年，2014 年以来经历快速发展，现已经成为全球股权众筹发展的主要阵地之一。中国、以色列、新加坡、日本、韩国等国家是亚洲股权众筹发展的主要聚集地。

（2）股权众筹制度

目前全球范围内，很多国家通过出台或者修改相关法律，为股权众筹的发展提供制度空间，为存在资金缺口的中小微企业提供支持，起到鼓励创新、创业和创意的作用，有助于缓解当前全球经济衰退等问题。

国外立法普遍将股权众筹视为证券发行，并普遍建立了小额股权众筹融资豁免审批制度。

2008 年国际金融危机发生后，美国为了刺激创业，增加就业，发布了一系列与资本市场密切相关的法律，其中 JOBS 法案第三部分就是直接针对股权众筹的立法。美国在 JOBS 法案中为股权众筹新设豁免条款，符合条件的企业可以公开发行，只承担较轻的信息披露义务。

在经历了主权债务危机之后，欧盟将众筹纳入了"2020 战略"，通过"实现欧洲经济长期融资需求路线图"，致力于众筹融资体系和科研创新支持体系建设。欧盟 MiFID 法案允许各成员国根据自身情况，设定一个低于 500 万欧元的小额公开发行豁免上限，并可免于发布招股说明书。英国金融行为监管局计划调整众筹监管政策。英国众筹市场规模目前已经达到 34 亿英镑，主要分为借贷众筹和投资众筹两类。然而，随着行业逐步发展，信息误导、复杂营销以及平台倒闭前相关挽救措施规定不足等情况也逐渐出现。2016 年 12 月，英国金融行为监管局（FCA）对众筹市场监管政策进行相应调整。

（3）股权众筹的监管

在股权众筹的监管上，各国都从准入门槛、功能定位、宣传推介、投资者保护四个方面着手建立监管制度。

市场准入方面，通常采用牌照管理，如美国为股权众筹平台新设了"集资门户"牌照类型，相对普通金融机构，资本金要求明显降低，但要求集资门户不得开展承销、投顾、投资咨询等传统证券类业务。

功能方面，几乎所有国家都要求平台开展一定程度的尽职调查，重点包括核实发行人的真实身份、关联方和利益冲突、资金用途等，这被认为是股权众筹平台的核心服务，类似但要求低于证券公司办理企业上市尽职调查。

宣传方面，股权众筹平台要本着中立、透明的原则进行广告宣传，不得提供有偏向的投资建议，部分国家要求平台披露从发行人处获得的报酬，以便投资者评估投资建议的独立性和真实性。

在投资者保护方面，一是限定投资额度上。美国、英国限定了个人资产中用于众筹投资的比例，大部分国家则采取划定了投资单个项目金额上限的办法，如加拿大为 2 500 加元、澳大利亚为 2 500 澳元、日本为 50 万日元。鉴于投资初创期、早期的企业一般可能面临的高风险，采取设定投资金额上限的方法可以有效降低可能的损失。二是明确冷静期。各国都给予投资者解除合约的权利，允许投资者在一定期限内合法取消投资，意大利的冷静期是 7 天，美国和韩国的投资者都有在募资截止日前取消投资的权利。三是加强投资者教育。一般都规定新用户要在注册时签署风险提示表格，内容包括对潜在资金损失、流动性风险等的提示，并明确要求投资者自担风险。荷兰还强制要求投资者将大规模资金分配到不同的项目中，投资额越高，分配的项目就越多。

案例：JOBS 法案

JOBS 法案的英文全称为 Jumpstart Our Business Startups Act（创业企业帮扶法案），2012 年 4 月 5 日由时任美国总统奥巴马签署，被认为是目前众筹行业最成熟的法律，对全球的众筹行业监管产生有效的示范作用。其签署背景与落实过程，对其他国家在众筹行业上的监管指导与发展指引具有重要的借鉴价值和启示意义。

金融危机之后，随着美国银行信贷业务的缩紧，在美中小企业同样遭遇了融资难的问题。根据美国的证券法，企业公开发行证券需要在 SEC 登记，并进行严格的信息披露，成本相对较高，并不利于中小企业进行股权募资。而非公开发行虽然可以援引 D 条例免于注册，但提出了发行过程中不能进行公开宣传，购买者不能是证券承销商等诸多要求，也限制了股权众筹的发展。2012 年，美国正式通过了《创业企业扶助决案》，即 JOBS 法案。决案主要修订了五方面的内容：

第一，对股权众筹豁免注册，并提出了新的限制条件。对符合下列条件的众筹融资豁免注册发行。（1）发行人通过网络平台发行证券不超过 10 万美元；（2）投资者年收入或者资产净值不足 10 万美元的，每年所投金额不得超过 2 000 美元或者其年收入或资产净值的 5%，超过 10 万美元的，每年投金额不得超过 10%；（3）众筹必须通过合法的融资平台进行；（4）发行人必须遵循相关信息披露等方面的有关条款。

第二，发行人有基本的信息披露义务。普通证券的信息披露规则烦琐，且成本较高，不适用于小成本的众筹。新的决案减轻了发行人的信息披露负担，只有基本的信息披露要求。

第三，建立小额投资者保护机制。通过限制投资者每年的投资额度，降低了投资者可能承担的风险投资总额。同时，依然不允许发行人通过广告来促进发行，但允许发行人通过网络平台向投资者发出通知。

第四，定义了众筹的融资中介角色。众筹融资平台必须在 SEC 登记成为经纪人或者融资平台，并且遵守一系列义务，包括要在众筹证券发行前 21 天，向 SEC 和潜在投资者披露信息等。

第五，在某些特定条件下，允许转让众筹股份。转让对象包括发行人、家庭成员和其他合格投资者。

三、中国股权众筹的发展

1. 中国股权众筹发展现状

（1）政策推动

在政策推进上，中央提出加快推进众筹发展，北上深积极推动开展众筹融资业务试点，各地纷纷探索开发、打造具有地方特色的众筹融资平台。在众筹监管与规范上，国家政策表现出全面整治和创造良好竞争环境的决心，从投资者、融资方、众筹平台，募投管退流程对众筹的各个方面进行监管。

相关部门在推进互联网股权众筹试点的同时，关于"股权众筹"的定义也一直在探索中。目前已明确公募类（股权众筹）与私募类（非公开股权融资）分类监管：①只有公募性质的股权众筹才是股权众筹，私募性质的股权众筹改称互联网非公开股权融资；②互联网非公开股权融资受现有法规框架（公司法、证券法）监管，只能以非公开方式面向200 人以内的特定人群募资；③股权众筹明确为"小额、公开、大众"，但尚无具体监管细则出台。目前为止，国内市场以私募性质的互联网非公开股权融资为主，公募性质的股权众筹尚未在国内开展实践。

2014 年底出台的《私募股权众筹融资管理办法（试行）（征求意见稿）》使股权众筹开始走向阳光化。而 2015 年初出台的《国务院办公厅关于发展众创空间推进大众创新创业的指导意见》鼓励地方政府开展互联网股权众筹融资试点等，增强众筹对大众创新创业的服务能力。2015年9月国务院印发的《关于加快构建大众创业万众创新支撑平台的指导意见》，再次提出稳步推进股权众筹，拓展创新创业融资。2016年1月，国务院《推进普惠金融发展规划》出台，指出"发挥股权众筹融资平台对大众创业、万众创新的支持作用"。2016年4月，国务院支持上海成为股权众筹融资试点，要求上海通过2~3年的努力，进而形成一批向全国复制推广的改革经验。国家战略层面的重视及一系列政策法规的出台突出了互联网股权融资在创业创新上的重大意义和积极作用。

（2）市场发展

中国的股权众筹行业发展在亚洲最为繁荣，无论平台数量还是融资规模，均居亚洲之首。国内最早开展互联网非公开股权融资业务的平台是天使汇和创投圈，这两家平台上线时间分别为2011年6月和2011年11月。在2012年，新增了众投天地、大家投等9家正常运营平台。2014年开始，互联网股权众筹相关平台数量呈爆发式增长，2014—2016年的三年中，年均新增正常运营平台数为39个。虽然自2016年初开始了互金专项整治，但2016年全年的新增正常运营平台数仍然维持在30个以上。据小米金融研究院统计，截至2016年底，国内共有的正常运营的股权众筹相关平台（含互联网股权众筹、非公开股权融资及开展互联网股权众筹类业务的其他平台）120家。2015—2016年，阿里、百度、京东、奇虎360、36Kr、平安等大型互联网和金融企业先后进入互联网非公开股权融资领域。

国内120家互联网股权众筹相关平台2016年全年融资规模约58亿元（约为2016年国内VC投资总额的4.4%），仅同比增长14%，远低于2015年融资规模364%的同比增长率。受互金专项整治影响，互联网非公开股权融资平台的融资规模增长显著放缓。

2016年全年成功融资的互联网股权众筹与非公开股权融资项目共1 345个，约为2016年国内VC投资案例数的36.5%，但融资规模仅为VC投资总额的4.4%，体现出股权众筹融资与传统VC融资相比"小额化"的特点。

（3）商业模式

互联网股权众筹与非公开股权融资平台的商业模式，是利用互联网技术对接融资方与投资者。同时向创业者提供融资中介、项目推广等增值服务服务，向投资者提供股权投资产品。互联网股权众筹与非公开股权融资的核心价值是在资金端和融资端作为传统股权投资（VC/PE）的重要补充。资金端，通常以"机构领投＋投资人跟投"为主，大多数平台在实践中都采用了"设有限合伙企业"或"股份代持"的方式将领投方和跟投方集合，使更多资金参与股权投资；融资端，除融资功能外，还具有低成本的市场推广价值，进一步压缩运营成本。

在运营模式上，国内股权众筹相关市场在发展过程中共形成三类运营模式：一是在线 FA 平台：以对接融资方与投资机构为主；依托优质机构与优质项目资源，定位为融资中介平台。二是综合众筹平台：以对接融资方与中产阶级个人投资者为主；依托大型互联网公司流量资源、品牌背书，覆盖多行业、多领域，定位为融资中介＋市场推广平台。三是垂直众筹平台：以对接融资方与中产阶级个人投资者为主；专注细分行业、垂直领域，定位为融资中介＋市场推广平台。

在盈利模式上，国内互联网股权众筹与非公开股权融资平台的主要借鉴产品众筹的经验，以向融资方收取融资佣金为主要盈利模式，佣金比例为 1%～5% 不等。还有部分平台会酌情收取增值服务费，作为补充盈利的方式。对融资方来讲，其融资成本则包括三部分：①1%～5% 的融资佣金；②与项目估值和融资金额对应的股权出让比例；③平台酌情收取的增值服务费用。

2. 中国股权众筹案例

（1）案例：京东东家

京东于 2015 年 3 月上线互联网非公开股权融资平台"东家"。2016年全年成功融资金额约 6.6 亿元，日均融资金额 181 万元/天。运营模式为综合众筹平台。京东东家借助京东在产品众筹领域的领先地位和高质量的电商流量，能够为融资方提供高效和精准的曝光＋投资人对接，打通产品众筹和股权融资板块，为股权融资平台输出大量经历过产品众筹检验的优质项目。

京东东家私募股权的运作模式为领投＋跟投模式，领投人从预融资项目中选择想要领投的项目，在确定领投后，对项目进行尽职调查并出具尽职报告或者领投理由，并完对跟投人的融资。项目成功融资后，协助融资人按照《融资人信息披露规则》完善融资项目的信息披露，同时接受跟投人的委托，设立有限合伙企业，由领投人对项目进行投后管理，并选择合适的时机以公允合理的价值退出。具体流程如图 3 所示：

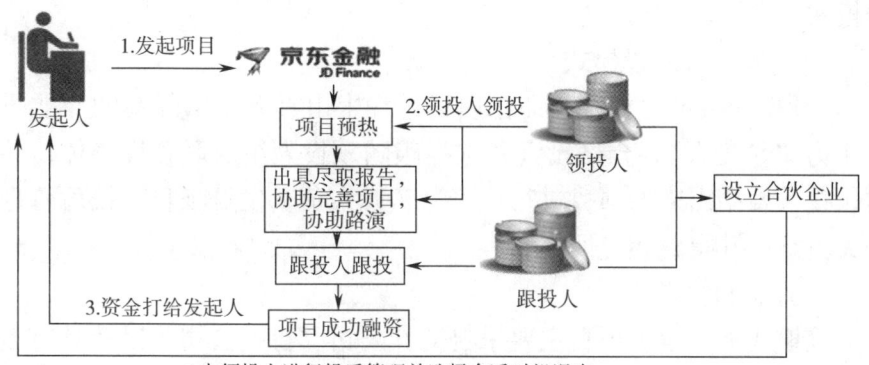

图 3 京东东家平台的运作流程

在流量、项目两大核心优势的基础上，东家也在探索除"领投 + 跟投"之外的其他筹资方式，比如"轻领投"和设立跟投基金。"轻领投"是在"领投 + 跟投"的基础之上延伸出来的产品创新。由平台方承担更多领投人的义务，替领投人解决投资过程中繁杂的流程性事务，从而让专业的投资人更加专注于投资，最大程度地提高领投人的投资效率。跟投基金是京东东家在创投板、消费板之外，探索的第三种模式，京东设立跟投基金"熙金资本"，投资人可以将钱投给跟投基金，跟投基金再根据专业判断，将投资人的钱投进不同的项目标的里。该模式更加接近风险投资本质、风险更加分散、投资也更加专业化。

（2）平安众 +

平安众 +（www. zhong. com）是平安集团旗下的众筹交易平台，是平安集团互联网金融产业链的重要组成部分，由 2015 年 3 月成立的深圳前海普惠众筹交易股份有限公司营运。平安众 + 平台专注于提供优质的众筹平台的服务，致力于搭建融资者与投资者之间高效的合作通道。

目前，平安众 + 平台的产品包括四类：非公开股权融资产品、债权众筹产品、特色金融众筹产品和非金融众筹产品。特色金融众筹产品专注于特定的金融细分行业，为投资者带来房地产、汽车和保险等平安深耕领域的优质项目。非金融众筹产品主要包括公益众筹产品和实物众筹产品。对于非公开股权融资产品和公司债众筹产品，平台设置了一定的认证条件，普通投资者须经平台认证方可成为合格投资者。

对于非公开股权融资产品和公司债众筹产品，平台主要采取以下两种模式：

（1）领投—跟投模式

"领投—跟投"模式，即在项目过程中由具有丰富经验的专业投资人作为"领投人"，合格投资者选择跟随领投人组成联合投资体，共同向领投人发掘出来的项目进行投资。领投人负责发掘项目、投后管理等相关事宜，并得到相应回报。

（2）项目推荐人模式

该模式下，投资项目主要来自证券公司、投资公司，以及具有多年投资经验、行业经验（包括但不限于保荐代表人、会计师和律师）的个人推荐。项目推荐人通过平台发布项目信息，但并不会参与投资及投后管理。与"领投—跟投"模式不同，项目推荐人模式下并没有专业投资人充当投资顾问的角色，是否进行投资以及相应投后管理均需合格投资者自行判断决策，因此该模式比较适合具有较高专业判断能力及风险承受能力的合格投资者。

平安众＋向众筹项目收支平台费用，平台有权将该等费用按照本轮融资后融资金额入股融资企业。平安众＋设有预约期，为投资者提供有限认购预约股份的权利，而且设有冷静期，让投资者的投资行为更加理智。平安众＋同样可以折价入股项目，提高利润点，但平台投资门槛较高，且面临其他股权众筹平台的冲击。

（3）天使汇

天使汇2011年11月正式上线运营，截至2015年7月底，天使汇已帮助近400个创业项目完成融资，融资总额超过40亿元人民币。平台上注册的创业者超过14万名，登记创业项目约51 000个，注册投资人超过4 800名，认证投资人超过2 500名，全国各地合作孵化器超过200家。在天使汇平台注册的创业项目主要集中在云联网及移动云联网领域，涵盖社交网络、企业服务、游戏、电商、O2O、教育、健康等门类。平台上已获得融资的项目融资额度多集中在100万~500万元人民币之间。

天使汇现有四个模式帮助投资者筹资：

一是宅男基金模式：TMT 行业在种子阶段可以得到天使汇平台宅男基金的资助，筹资者只需向平台申请，审核通过后便可得到天使汇平台不超过 20 万的基金支持；亿宅男创业基金是一只专注于技术创业的种子投资基金，投资额度为 20 万人民币。宅男创业基金有"不需要谈估值、网络自动申请，通过大数据辅助决策，快速审批放款"的特点。

二是闪投＋快速合投模式：企业在天使阶段分为两种众筹模式，一种是闪投，即从上百个项目中选择 8 个项目集中展示，组织超过 50 名活跃投资人分享观点后，将项目与投资者偏好相匹配，快速进行私密约谈并达成筹资目的，其特点是筹资速度很快，平均每期 9 个闪投项目，50 位投资人到场，50% 项目现场达成超募，最高超募 460%；另一种是快速合投，进入快速合投的项目融资额均已达到目标金额的 50%，有靠谱投资人背书，类似于跟投阶段，该阶段项目发起者可以享受媒体报道及三十天快速融资服务。两者可以结合起来，加速融资进程。

三是 100x 加速器模式：产品盈利或者处于概念阶段均可申请加入 100x 加速器。100x 加速器是由 16 位具备持续创业和投资经历的天使投资人联合推出的创业加速器。成功申请者能够获得 50 万 ~300 万元人民币投资并在 100 天加速期中获得投资人的全方位指导。截至 2015 年 7 月，这一全新模式的实验性加速器已经帮助 15 个精品创业项目获得融资，实现近百倍估值加速增长。

四是天使汇跟投指数基金模式：主要投资于 TMT 等相关天使项目，基金为被动投资模式，当领投项目占比超过本轮融资额的 50% 时，天使汇跟投指数基金进行跟投。跟投范围占当轮融资的 5% ~30%，跟投金额在 80 万元人民币以内，项目估值 3 000 万元人民币以内。

3. 股权融资的发展趋势与展望

股权众筹进一步拓宽了企业融资渠道，提高了融资效率。中小企业由于规模较小、可抵押资产不足、管理机制不够健全等因素，造成其在传统融资渠道上面临一定的融资障碍和较高的融资成本。互联网股权融资模式的出现，有效补充了中小企业的融资渠道，帮助中小企业聚沙成塔，解决其发展过程中的资本瓶颈。互联网股权融资大部分信息披露、项目审核等程序均在线上完成，大大缩短了融资流程，有效提高了企业的融资效率。互联网股权融资模式所需个人投资金额相对较小，也降低了民间资本的投资门槛，增加了民间资本的投资渠道，有利于盘活存量资金，促进民间资本流向实体经济。

我国互联网股权融资仍处于发展初期，其中股权众筹相关管理办法还在制定过程中，大部分非公开股权融资平台的审核管理、投资者教育、盈利模式等方面仍处于摸索阶段，与美、英等西方国家还存在一定差距。结合国外互联网股权融资行业的发展轨迹与我国资本市场的发展现状来看，未来该行业的发展不仅需要国家政策层面的引导和规范，也需要行业自身的积极作为和创新探索。

随着互联网股权融资的监管思路逐步明晰，相关管理办法的制定和完善，未来管理层对行业的监管将更加细化和标准化，行业趋向规范发展。互联网股权融资平台作为企业融资的信息中介，竞争的关键除了平台自身的专业性、便利性、活跃性以及上线项目数量外，平台的投后管理与投资者风险警示将是未来平台培育、积累融资人和投资人的重要环节。由于企业通过互联网股权融资所让渡的股份有限，作为独立的法人实体，平台难以全面介入其投后管理，在实践中可能更加侧重于企业的财务管理、信息披露以及相关资产处置，确保其核心财务制度、资金运用健康有序，从而降低投资者的风险。

第五部分

智慧金融服务与监管

第十五章　智慧金融服务体系

　　智慧金融服务既包括金融基础设施服务系统，如征信体系、支付结算系统、货币发行体系等，也包括商业性金融机构提供的各种智能化金融服务，如智能安防系统、智能客服系统、智能风控系统等。本章将重点介绍智能化的公共金融服务。

第一节　征信体系

一、征信体系概述

1. 征信体系概念

　　在社会经济生活中，征信业是提供信用信息服务的行业，其起源于信用交易的需要。征信机构作为提供信用信息服务的企业，按照一定规则合法采集企业、个人的信用信息，加工整理形成信用报告等征信产品，有偿提供给经济活动需求的信息使用者，为交易一方了解对方的信用状况提供便利。征信业务是指征信机构对企业、事业单位等组织的信用信息和个人的信用信息进行采集、整理、保存、加工，并向信息使用者提供的活动。

　　征信体系包括征信制度、信息采集、征信机构和信息市场、征信产品与服务、征信监管等方面，其目的是在保护信息主体权益的基础上，构建完善的制度与安排，促进征信业健康发展。征信体系通过提供信用信息产品，解决制约信用交易的瓶颈问题，能够有效促进金融信用产品和商业信用产品的创新，扩大信用交易的范围和方式，带动信用经济规模的扩张。

征信体系建设是社会信用体系建设的重要手段和核心环节，发展征信业有助于遏制社会不良信用行为的发生，维护良好的经济和社会秩序，促进社会信用体系建设的不断发展完善。在过去的几十年里，征信体系在世界各国得到了快速发展。在市场经济发达国家，征信业已成为重要的服务产业之一，在经济发展和社会信用体系建设中发挥着重要的基础性作用。我国的征信体系建设从信贷征信起步，随着金融信用信息基础数据库的正式运行，征信系统为金融机构加强信用风险管理、保障金融稳定发挥了重要作用。

2. 征信行业的发展模式

经过上百年的市场经济发展，发达国家形成了相对比较完善的社会信用体系。但是，由于各国经济、文化、历史不同，各国社会信用体系的模式也存在差异。从国际发达国家的经验看，征信体系模式主要有市场主导、政府主导和会员制三种模式。美国、加拿大、英国和北欧国家采用市场主导型模式，政府主导型模式的代表是法国、德国、比利时、意大利等几个欧洲国家，日本则采用会员制模式。

（1）美国的市场主导型

1841 年，美国第一家征信机构 The Mercantile Agency R. G. Dunn Company 成立，到 1970 年已成立两千多家信用局。但经过优胜劣汰和兼并组合，形成了 Equifax、Trans Union 和 Experian 三大信用局为主体的高度集中的征信市场格局。美国三大征信局都是市场成熟度高、竞争力强的公司，它们专门从事信用信息的收集、加工、处理、分析、保存、销售。

美国的征信业是典型的市场主导型模式，其征信业以商业性征信公司为主体，并由民间资本投资建立和经营。从简单征信服务到比较完善的现代信用体系的建立，美国经历了 160 多年的历史，它们独立于政府和金融机构之外，是第三方征信机构，并且按照市场经济的法则和运作机制，以盈利为目的，向社会提供有偿的商业征信服务。在美国，征信机构提供的信用报告是商品，按照商品交换的原则出售给有需求者或委托人，他们除直接收集信息外，还从其他独立征信公司购买和整合数据，信息内容较为全面，不仅收集负面信用信息，还收集正面信息。这些机构面向全社会提供信用信息服务，既相互合作又依靠各自的产品差异形成竞争，共同推动着美国征信行业的不断发展。

美国是全球征信业最发达的国家，世界上最著名的企业征信机构、个人征信机构、信用评级机构都在美国。例如，世界最著名的企业征信机构美国邓白氏公司，个人征信机构 Equifax、Experian，以及世界最著名的信用评级机构穆迪投资者服务公司、标准普尔公司和惠誉评级公司。

美国是全球最早为征信单独立法的国家，有较为完善的信用法律体系和政府监管体系，形成了独立、客观、公正的法律环境。政府基本上处于社会信用体系之外，主要负责立法、司法和执法，同时其本身也是商业性征信公司的评级对象，保证了征信公司能确保其独立性、中立性和公正性。

（2）欧洲的政府主导型

欧洲的征信业主要采用政府主导型模式，又称公共模式或中央信贷登记模式。这种模式是以中央银行建立的"中央信贷登记系统"为主体，兼有私营征信机构的社会信用体系。欧洲的征信模式与美国的市场化模式的差别体现在三个方面：信用信息服务机构是被作为中央银行的一个部门建立，而不是由私人部门发起设立；银行需要依法向信用信息局提供相关信用信息；中央银行承担主要的监管职能。

在政府主导型的征信模式中，德国具有一定的代表性。德国征信体系主要包括三部分：公共征信系统、私营征信系统和行业协会内部征信系统，这三部分中均包括企业征信及个人征信。德国的公共征信系统类是以德国联邦银行信贷登记中心系统为主体，同时采集行政司法系统的相关信息，主要提供数据信息的基本收集、整理、保存、加工，是德国征信体系的重要数据来源。私营征信系统和行业协会两部分作为公共征信系统强有力的补充。

欧洲征信体系有较为完备的监管体系和法律体系，如英国公平贸易办公室和信息专员办公室主要负责征信机构准入，监督《个人数据保护法》的执行情况。1995 年 10 月，欧洲议会通过了欧盟《个人数据保护指令》，这是欧盟第一个涉及个人征信的公共法律，该部法律的立法宗

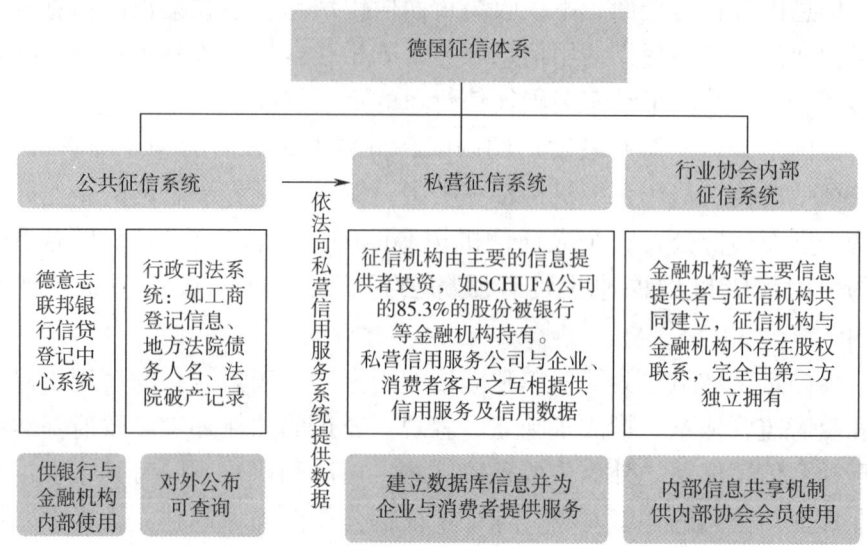

资料来源：德国社会信用体系建设对我国的启示国际信用体系比较。

图1 德国征信体系

旨和基本原则是在保护人权和开放数据之间取得平衡。1997年12月欧盟公布了第二部《数据保护指南》，对成员国的信用管理法律体制进行完善。

（3）日本的会员制征信

日本的征信体系明显区别于美国和西欧国家，采用的是会员制征信模式。这种模式以行业协会为主建立信用信息中心，为协会会员提供个人和企业的信用信息共享平台，通过内部信用信息共享机制实现征集和使用信用信息的目的。在会员制模式下，会员向协会信息中心义务地提供由会员自身掌握的个人或者企业的信用信息，同时协会信用信息中心也仅限于向协会会员提供信用信息查询服务，协会信用信息中心不以盈利为目的，只收取成本费用。

目前，日本的个人征信体系大体上可划分为银行体系、消费信贷体系和销售信用体系三类，分别对应银行业协会、信贷业协会和信用产业协会。这些协会的会员包括银行、信用卡公司、保证公司、其他金融机构、商业公司以及零售店等。例如日本银行业协会建立的全国银行个人信息中心，信息来源于会员银行，会员银行在与个人签订消费贷款合同时，均要求个人义务提供真实的个人信用信息。

同时，日本征信业还存在一些商业性的征信公司，如帝国数据银行，它拥有亚洲最大的企业资信数据库，有 4 000 户上市公司和和 230 万户非上市企业资料。

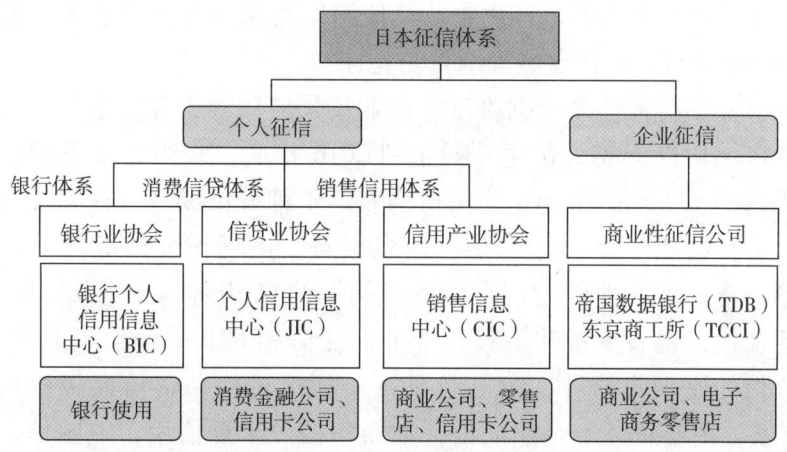

图 2　日本征信体系

二、我国征信业发展现状

1. 征信业发展历程

1999—2002 年，由人民银行组建的银行信贷登记咨询系统上线运行，并建成地、省、总行三级数据库，实现全国联网。2003 年，十届全国人大一次会议审议通过"政府工作报告"，首次提出"加快建立社会信用体系"。

2003 年，国务院批准中国人民银行设立征信管理局，地方性征信机构设立并迅速发展，中国人民银行为征信业监督管理部门。2004 年，全国集中统一的个人信用信息基础数据库建成。2005 年银行信贷登记咨询系统升级为全国集中统一的企业信用信息基础数据库。

2008 年，国务院将中国人民银行征信管理职责调整为"管理征信业"，推动建立社会信用体系。2013 年 3 月《征信业管理条例》正式实施，明确了中国人民银行为征信业监督管理部门，征信业步入有法可依的轨道。

目前，我国征信体系建设呈现出以人民银行征信系统为代表的公共征信机构为主、市场化征信机构为辅的多元化格局。人民银行征信中心由银行、小贷公司等金融机构、类信贷企业提供信用数据，征信中心对数据统一处理，具有信息安全度高等特点。截止到 2017 年 3 月底，央行征信中心收录 2 294 万户企业及其他组织与超过 9 亿自然人，其中仅 640 万户企业与 4.4 亿自然人有信贷记录。

为补充央行征体系数据维度、商业场景应用等方面的不足，企业征信行业市场化进程较为快速。截止到 2016 年底，我国完成备案的企业征信机构约 137 家。市场化征信机构立足于细分市场，发挥其细分数据优势，向社会提供多样化的信用信息服务。市场化征信机构可分为三类：第一类是地方性信用信息服务机构，约有 20 来家，主要服务于地方企业征信，也有少量开始服务于个人征信和 P2P 平台，如上海资信、鹏元资信、安融惠众等。第二类是社会征信机构和资信评级机构，约 120 来家，主要服务于企业征信，如新华信、华夏信用、中诚信、大公国际等。第三类是新兴民营征信机构，有 10 多家，主要服务于企业内部的信用风险控制，如阿里巴巴的芝麻信用、平安集团的前海征信等。

与企业征信快速市场化相比，监管层对个人征信相对谨慎。2015 年初，央行下发《关于做好个人征信业务准备工作的通知》，腾讯征信、芝麻信用、前海征信、拉卡拉征信、中智诚征信、中诚信征信、鹏元征信和华道征信等八家单位参与了央行组织的个人征信试点。2017 年 4 月，政策层表态 8 家试点机构无一合格，个人征信牌照的发放再次推迟。

2. 案例：人民银行征信中心

2006 年 3 月，经中编办批准，中国人民银行设立中国人民银行征信中心，作为直属事业单位专门负责金融信用信息基础数据库的建设、运行和维护。征信中心的信息采集方式是接入金融机构的总行（总部、数据中心）直接按数据要求，报送本机构的征信数据。征信中心直接接入全国的营业网点，无须另行搭建专门的征信网点，使得征信中心具有运营成本低，涵盖样本全面，覆盖社会阶层广的优势。

（1）征信系统覆盖范围广泛

目前，人民银行征信中心征信系统已经建设成为世界规模最大，收录人数最多，收集信贷信息最全，覆盖范围和使用最广的信用信息基础数据库，基本上为国内每一个有信用活动的企业和个人建立了信用档案。征信系统收集的信息以银行信贷信息为核心，还包括企业和个人基本信息以及反映其信用状况的非金融负债信息、法院信息和政府部门公共信息等；既有正面信息，也有负面信息。

立足社会融资规模口径，征信系统接入了所有商业银行、信托公司、财务公司、租赁公司、资产管理公司和部分小额贷款公司等，部分保险公司信用保险业务开始接入，基本覆盖各类放贷机构。征信系统数据质量保持在较高水平，实现信贷信息次日更新，信用报告查询秒级响应。人民银行分支机构2 100多个信用报告现场查询点基本覆盖到全国基层县市，征信系统30多万个信息查询端口遍布全国各地的金融机构网点，信用信息服务网络覆盖全国。

非银行信息采集实现新突破。为了全面反映企业和个人信用状况，人民银行从2005年开始积极推动工商、环保、质检、税务、法院等公共信息纳入征信系统，共采集了16个部门的17类非银行信息，包括行政处罚与奖励信息、公积金缴存信息、社保缴存和发放信息、法院判决和执行信息、缴税和欠税信息、环保处罚信息、企业资质信息等。

（2）征信产品与服务全面

人民银行征信中心形成以信用报告为核心的多元化征信产品服务体系。征信产品不断创新、丰富，逐步形成以信用报告为核心的多元化征信产品服务体系。企业和个人信用报告主要用于信贷审批和贷后管理，也广泛用于政府依法履职、资格审查等方面，已经成反映企业和个人信用行为的"经济身份证"。

目前，个人信用报告根据服务对象及使用目的不同，分为4个版本：为以银行为代表的授信机构服务的银行版，含配套的仅包含本行报送信息的银行异议版；满足消费者本人查询需求的个人版以及个人明细版；为其他社会主体服务的社会版；供征信系统管理使用的征信中心版。个人信用报告的基本内容包括：报告头、个人基本信息、信贷交易信息、公共信息、声明信息、查询记录和报告说明。不同版本的信用报告对上述内容各有侧重。

基于征信系统的海量数据创新开发的增值产品，为金融机构加强风险管理提供信息支持，主要有关联企业查询、对外业务重要信息提示、征信汇总数据、征信系统信贷资产结构分析等。

3. 案例：中诚信

央行的征信中心是国内最大的信用基础数据库，此外鹏元、中诚信等传统企业征信是企业征信市场重要的补充。随着移动互联网时代的到来，企业征信也在转型中，一些互联网大数据征信公司以互联网络为核心，利用大数据技术为用户提供更为及时全面的征信服务。

中诚信国际信用评级有限责任公司（以下简称中诚信国际）始创于1992年，是经中国人民银行总行批准成立的中国第一家全国性的，从事信用评级、金融债券咨询和信息服务的股份制非银行金融机构，是目前国内规模最大、业务范围最广泛、信誉最好、资质最完备的评级机构。

中诚信的主要产品及服务包括：个人征信、企业征信、电商认证、小微金融贷前风控、市场调查及研究咨询服务、应收账款管理咨询服务、信用风险管理培训服务、信用风险管理软件系统开发服务等。公司拥有全球性的个人征信、企业征信和市场调研网络、独立的民间征信数据库以及先进的电子商务平台，能够为企业、政府、金融机构等提供全面、专业的征信及信用管理咨询服务。

三、我国互联网大数据征信的发展

1. 互联网大数据征信概述

（1）大数据征信的概念

近年来，伴随互联网金融和大数据技术的发展，大数据征信开始兴起。大数据征信是指通过对海量的、多样化的、实时的、有价值的数据进行采集、整理、分析和挖掘，并运用大数据技术重新设计征信评价模型算法，多维度刻画信用主体的"画像"，向信息使用者呈现信用主体的违约率和信用状况。

传统征信在方便个人信贷、辅助金融授信决策、防范信用风险和提升金融获得性等方面发挥着关键作用，但其在互联网金融领域的局限性也不容忽视。一是全国还有超过6亿的人口没有信贷记录，传统征信难以评价其信用状况。二是随着"互联网＋"的发展，互联网上产生、沉淀了大量与个人征信相关的数据，为大数据征信的提供了数据基础。与传统征信相比，大数据征信强调数据量大、刻画维度广、信用状况动态交互等特点，可作为征信体系的有益补充。

为加快大数据部署，推进落实"互联网＋"国家战略，2015 年国务院印发的《促进大数据发展行动纲要》中，提出开放政府数据和推动产业创新，鼓励大数据在征信业的应用和发展。大数据和云计算技术的进步为大数据征信的发展提供了支撑和便利，人工智能算法模型为全面刻画用户违约概率和信用状况提供了有力补充。一方面，借助大数据和云计算技术对互联网上产生的大量与征信相关的数据进行采集、记录、储存和分析成为可能。另一方面，以机器学习为代表的人工智能技术相继被采用，不仅可以分析、归纳和汇总各种渠道获取的结构化和非结构化数据，还可设计多种预测模型（欺诈模型、身份验证模型、还款意愿模型和稳定性模型等），预测信用主体的履约意愿和履约能力，减少违约风险和坏账率。

（2）大数据征信特点

从表面上看，大数据征信和传统征信似乎只是数据的获取渠道不同，前者主要来自于互联网，后者主要来自于传统线下渠道，但是二者存在较大的差异。大数据征信创新主要表现在覆盖人群广泛、信息维度多元、应用场景丰富及信用评估全面四个方面，由此带来征信成本的降低和征信效率的提高。

首先，覆盖人群广泛。传统征信主要覆盖在持牌金融机构有信用记录的人群。大数据征信通过大数据技术捕获传统征信没有覆盖的人群，利用互联网留痕协助信用的判断，满足 P2P 网络借贷、第三方支付及互联网保险等互联网金融新业态身份识别、反欺诈、信用评估等多方面征信需求。

其次，信息维度多元。在互联网时代，大数据征信的信息数据来源更广泛，种类更多样。大数据征信数据不再局限于金融机构、政府机构以及电信提供的个人基本信息、账单信息、信贷记录、逾期记录等，还引入互联网行为轨迹记录、社交和客户评价等数据。这些数据在一定程度上可以反映信息主体的行为习惯、消费偏好以及社会关系，有利于全面评估信息主体的信用风险。

再次，应用场景丰富。大数据征信将不再单纯地用于经济金融活动，还可将应用场景从经济金融领域扩大到日常化、生活化的方方面面，如租房租车、预订酒店、签证、婚恋、求职就业、保险办理等各种需要信用履约的生活场景，在市场营销支持、反欺诈、贷后风险监测与预警和账款催收等方面具有良好的应用表现。

最后，信用评估全面。大数据征信的信用评估模型不仅关注信用主体历史信息的深度挖掘，更看重信用主体实时、动态、交互的信息，以信用主体行为轨迹的研究为基础，在一定程度上可以精准预测其履约意愿、履约能力和履约稳定性。此外，大数据征信运用大数据技术，在综合传统建模技术的基础上采用机器学习建模技术，从多个评估维度评价信用主体的信用状况。

（3）大数据征信的主要问题

大数据征信借助大数据技术能够更全面地了解授信对象，减少信息不对称，增加反欺诈能力，同时更精准地进行风险定价，从数据维度和分析角度提升传统征信水平。但从数据范畴和内涵的效用性、征信机构独立性及隐私保护等方面看，大数据征信仍存在诸多问题，须加以重视。

第一，数据范畴和内涵突破"金融属性"，效用性尚待验证。传统征信的数据主要来源于金融机构和公共部门构成的数据循环，以银行信贷信息为核心，包括社保、公积金、环保、欠税、民事裁决与执行等公共信息，数据相对完整且权威性高。大数据征信采集数据的范畴突破"金融属性"，数据主要来源于电商类平台、社交类平台以及生活服务类平台等，涵盖网上交易数据、社交数据及互联网服务过程中生成的行为数据，这些数据多与借贷行为关系不大，权威性较弱，且各平台的数据完整性各有不同，因而能否作为判断信用主体信用状况的主要指标，尚待市场验证。

第二，数据整合难度大，强相关数据稀缺。互联网企业虽然通过各自产品和服务间接获取了多元化的数据，但很多数据资源均来源于公共事业机构和垄断性国企。类似于移动通信协议用户的缴费记录、公共事业费的缴费记录等公共事业部门的数据，不仅是对互联网征信企业公关能力的考验，还包括能否利用手中的核心资源换取公共事业部门的数据，实现双赢的效果。而金融交易数据高达80%的比例掌握在国有机构手中，即传统金融机构、运营商以及税务、公安、法院等政府公共部门，包括芝麻信用在内的8家首批试点的民间个人征信机构，都面临着难以获取全面数据的困境。

第三，数据采集和使用未遵循"独立第三方"基本原则。传统征信坚持独立第三方征信原则，征信机构是"市场中立"的——既不与信息提供者或信息使用者有直接的商业竞争关系，也不介入或影响信息提供者或信息使用者在各自细分市场的竞争。而大数据征信突破"独立第三方"的边界，征信机构数据的采集和使用多源于并应用于自身开展的业务，这样征信报告的有效性得不到保障，公信力备受质疑。而且如果信息提供者或信息使用者控制征信机构，也很难约束其不滥用征信数据，或者损害个人征信权益。另外，征信机构无形当中会获取一定的市场影响力，可能扭曲信息提供者和信息使用者的行为，并对收费有操控力。因此，大数据征信的发展应坚持独立第三方征信基本原则，保持"市场中立"。

第四，隐私保护形势日趋严峻。大数据时代，数据挖掘和抓取技术广泛应用，信用主体全方位信息数据得以被全盘收录，海量信息数据的收集给信用主体隐私带来巨大挑战，隐私防护变得更加困难。比如用于特定场合的信息数据被用于其他商业用途，不同机构之间信息数据的交叉验证，隐私侵犯的风险大大增加。此外，存储在云端的大量数据可能会成为黑客攻击的目标，一旦黑客入侵系统，窃取重要的用户信息，造成数据的丢失或损坏，将会给用户带来无法估量的损失。

2. 国内大数据征信的发展

随着近年互联网技术的日益成熟，大数据征信得到了较快发展。在企业征信领域，启信宝是我国企业大数据征信的代表。

启信宝（苏州贝尔塔数据技术有限公司）是一家聚合了多维度、多层次企业信息的征信企业，拥有全量工商数据及全景企业数据，通过互联网技术手段更新及挖掘数据件的相关信息，能够提供全国7 500万＋企业的工商、司法、知识产权、舆情等信息查询服务，并通过数据分析、处理，为用户降低执业风险、经营风险、投资风险、借贷风险等提供建议。目前，贝尔塔旗下有启信宝微信公众号、启信宝 APP、启信宝网页端 qixin.com。与传统征信企业相比，启信宝在数据收集、数据处理、产品及服务提供上都有所升级。最新信用数据随时查看，信用报告提供时间缩短，而传统企业征信提供信用报告通常需要4~5个工作日。

在个人征信领域，在首批入围的八家个人征信机构中，都是以大数据征信为主。每家企业都具有各自的优势和劣势，针对的市场也不同。蚂蚁金服的芝麻信用是电子商务平台征信的代表，依托阿里集团电商平台数据，在数据挖掘上可以依托任何旗下的多个领域和产品拓展；腾讯征信则是支付业务征信和社交平台征信的代表，拥有 8 亿 QQ 账户、超过 5 亿的微信账户和超过 3 亿的支付用户，庞大的用户和数据处理能力，也为其发展征信业务提供了无限可能；前海征信是全牌照金融企业平安集团下属子公司，平安集团旗下陆金所作为 P2P 网络信贷的领头羊，曾联合多家 P2P 企业实行黑名单共享机制。

互联网大数据征信企业依托自身独特优势，一方面提供各具特色的征信产品；另一方面通过信用评价体系，提供个性化的增值服务，与互联网平台其他产品进行捆绑营销，最终实现互联网产品与征信产品的叠加销售。

表1 国内首批试点的八家个人征信机构简表

公司名称	背景简介	征信产品
芝麻信用	蚂蚁金融独立的信用评估及信用管理机构	个人芝麻信用评分
腾讯征信	腾讯是国内最大的社交网络公司	主要提供反欺诈、信用评估、风险预警等
前海征信	母公司平安集团拥有大量金融数据	数据类产品、功能性插件及信用云系统
鹏元征信	受深圳市政府委托由鹏元征信有限公司承建的深圳市个人信用征信系统	鹏元征信的评分 个人及企业信用评价体系
中诚信征信	前身为中国诚信信用管理股份有限公司征信与商账管理事业部	互联网征信联盟 个人信用信息认证 互联网大数据征信
中智诚	民营第三方征信公司	个人征信评分服务 申请反欺诈服务 全国公民身份信息认证服务

续表

公司名称	背景简介	征信产品
考拉征信	拉卡拉控股，数据来源多维度，依托大数据和互联网平台，数据来源有拉卡拉积累多年的个人、商户金融、消费等数据。	考拉信用分 考拉商户分
华道征信	专注个人征信及相关业务，由银之杰（40%），北京创恒鼎盛（30%），清控三联（15%），新奥资本（15%）2013年发起成立。	同业征信联盟 华道租房信用报告 华道个人信用报告

资料来源：根据互联网信息整理。

3. 国内大数据征信的主要模式

互联网大数据征信模式以互联网企业为核心，融合多种资源和数据展开征信业务。根据互联网企业的核心业务，可将互联网征信细分为电子商务平台征信、支付业务征信、网络信贷征信、社交平台征信等。

（1）电商平台征信模式

电子商务平台模式的大数据征信是以电商平台交易数据为基础的征信采集模式，比较典型的例子是阿里集团旗下的芝麻信用。

芝麻信用，是蚂蚁金服旗下独立的第三方征信机构。芝麻信用基于阿里巴巴的电子商务交易数据和蚂蚁金服的互联网金融数据，并与公安网等公共机构以及合作伙伴建立数据合作，与传统征信数据不同，芝麻信用数据涵盖了信用卡还款、网购、转账、理财、水电煤缴费、租房信息、住址搬迁历史、社交关系等等。芝麻信用通过分析大量的网络交易及行为数据，可对用户进行信用评估，这些信用评估可以帮助互联网金融企业对用户的还款意愿及还款能力做出结论，继而为用户提供快速授信及现金分期服务。

早在 2002 年，阿里巴巴就推行"诚信通"计划，通过身份认证、客户反馈等信用数据形成可视化的信用评分建立了企业会员信用体系。2004 年设立第三方支付平台——支付宝，对资金进行监控和管理，解决资金纠纷隐患。阿里巴巴旗下淘宝、天猫也同时获得了卖家的商品交易量、商铺活跃度、用户满意度等数据。阿里小贷依托阿里巴巴集团的电商平台交易数据，积累了庞大的客户群体，也在原有电商数据基础上增加了信贷业务的数据。四年时间，阿里小贷累计投放贷款额超过1 700亿元，服务小微企业超过70万家，不良贷款率小于1%，低于银行等传统金融机构的不良贷款率。

2015年，芝麻信用评分系统正式上线，其数据来源包含五个维度——信用历史、行为偏好、履约能力、身份特征、人脉关系。信用历史，是指过往的信用账户还款记录和信用账户历史；行为偏好是指在购物、缴费、转账等活动中的偏好和稳定性；履约能力是指使用各类信用服务并确保及时履约；身份特质是指在使用相关服务中留下丰富和可靠的个人基本信息；人脉关系是指好友的身份特征以及与好友的互动程度。用户在这五大维度的成绩体现在图像上，具有一定警示作用，可根据自身情况调整相关行为，实现不断提升芝麻分的目的。

电商模式的大数据征信，需要征信企业将自身业务的营销与互联网征信相结合，提高电子商务平台业务的用户粘性和使用率；同时，通过提供定制化的征信产品和服务，包括偿债能力预测、收入预测等风险评估产品，扩展征信的应用场景，为社会经济发展服务。目前，芝麻信用已开放五大模块功能，包括出行、住宿、金融、购物和社交，提供免押金租车、免押金入住、借款、分期等服务。

（2）支付平台征信模式

第三方支付是介于银行、电子商务企业、互联网企业的关键环节，拥有大量的支付交易记录，特别是贷记卡交易对个人信用水平的评估具有十分重要的意义，支付平台开展征信业务的优势显而易见。

第三方支付公司不同于电子商务企业，它的数据种类较为稳定和单一，主要包括两类：其一，是商户信息，包括订单信息、买方身份信息、送货信息等；其二，交易信息，包括支付方式、支付金额等。因此，支付公司具备了互联网征信的基础数据和资源，与电子商务平台的大数据相比，这些数据资源更具逻辑性和结构化。

考拉征信是第三方支付平台模式的大数据征信代表。考拉征信是由拉卡拉牵头，联合蓝色光标（A股上市公司，全球第六大传播集团，是大数据营销的代表企业）、拓尔思（A股上市公司，中国互联网行为数据挖掘领先公司）、旋极信息（A股上市公司，中国两家营改增服务商之一，拥有全国企业税务数据）、梅泰诺（A股上市公司，三大通讯运营商通讯数据，全国企业工商数据）共同出资成立。在第九届金融科技与支付创新 2017 年度会议上，考拉征信荣获"最具影响力征信服务平台"奖。

考拉征信的数据来源依托大数据和互联网平台，既有拉卡拉十年积累起来的便民、电商、金融及近亿级个人用户和百万线下商户日常经营的相关数据，同时蓝标、拓尔思、梅泰诺和旋极等四家上市公司也同步共享其数据，此外还有公安、法院、航空、通讯、学历、学籍、工商等公共部门及其他行业合作的数据。

考拉的征信产品主要有两类：一是考拉信用分。考位信用分根据个人用户信息进行加工、整理、计算后得出的信用评分，是考拉征信对海量信息数据的综合处理和评估，主要包含了用户信用记录、履约能力、身份属性、社交关系、交易行为五个维度。从形式来看，考拉分与美国的 FICO 信用评分类似，采用了国际上通行的信用分直观表现信用水平高低，可以应用于各类生活服务商户与金融机构提供信用评估服务，有助于改善用户服务体验。

二是考拉商户分。考拉商户分是中国第一个面向小微商户的信用评分，是考拉征信根据商户信息进行加工、整理、计算后得出的信用评分，商户可以通过登录拉卡拉微信商服平台查询自己的商户信用分，进而直接向拉卡拉小额贷款公司或其他合作伙伴申请信用贷款，无须任何抵押。

作为国内领先的大数据征信机构，考拉征信致力于征信技术和产品创新，助力合作伙伴准确量化信用风险、远离欺诈，提供风控全周期一站式服务，让企业和个人体验信用带来的价值。其率先推出个人、职业、科技金融、商户等全领域征信服务平台，开创出考拉征信 APP、信用直贷车、考拉云智风控引擎系统、考拉职信 APP 等产品，在互联网金融、普惠金融、消费金融等新金融细分领域取得了显著成就，搭建起独具特色的征信服务体系。

（3）网络信贷征信模式

我国网贷行业发展中，面临着较大的风险，包括诈骗跑路、提现困难和资金链断裂等。因此，做好风险控制是国内网贷平台稳定发展的关键环节。建立基于大数据的网络信贷征信平台，将有利于解决类似问题的出现。在央行批准准备设立个人征信机构中，前海征信就是网络信贷平台模式的征信代表。

前海征信中心股份有限公司是世界 500 强企业——中国平安保险（集团）股份有限公司旗下全资子公司，于 2013 年 8 月在深圳前海深港合作区注册成立，公司股东为深圳平安金融科技咨询有限公司和深圳市平安置业投资有限公司。2015 年 1 月 5 日首批获得人民银行批准开始个人征信业务试点工作。

前海征信植根于平安集团，积极探索多样化和创新性的数据采集、存储、处理与分析方式，拥有大数据时代要求的海量线下和线上数据，前海征信已自主研发并成功推出覆盖贷前、贷中、贷后全流程的 10 大征信产品，并自建了拥有 5 000 核超强计算能力的国内金融业界的大数据"最强大脑"，其数据多为金融类数据，质量高。

前海征信已建立起全面的产品体系，包括反欺诈、信用风险、数据开放平台和综合报告四大类，先后推出 30 余款产品，向市场提供大数据征信产品和服务。前海征信的安全云系统，包括信审云、催收云和反欺诈云，是根据平安集团多年积累的风控经验，设计出针对'贷中、贷后'的云系统，主要针对 P2P 和小贷公司。针对互联网金融领域大量爆发的欺诈问题，前海征信推出了一系列反欺诈产品。其代表性产品好信盔甲，是一款基于大数据的反欺诈系统产品，由前端埋点，后端规则引擎＋管理系统，以及前海征信大数据组成，可以为机构用户提供一整套的反欺诈解决方案。目前，已有陆金所、宜信、拍拍贷、好贷网、分期乐、鹏金所、搜易贷等互联网信贷平台与前海征信开展了合作。

除前海征信外，针对网贷平台的征信服务还有 NFCS 和安融惠众。2013 年 6 月，上海资信开发并上线了网络金融征信系统（NFCS），与三十余家 P2P 网贷企业建立了合作关系，收集 P2P 网贷平台的贷款申请、发放、偿还等信用交易信息，为 P2P 网贷行业提供全国性的电子信息服务。截至 2014 年 7 月 25 日，NFCS 共接入 P2P 平台 203 家，日均查询量达到 2 000 次。这是我国互联网征信行业在企业征信业务上的一次成功的尝试。

北京安融惠众征信有限公司创建的"小额信贷行业信用信息共享服务平台"（MSP）于 2013 年 3 月上线。截至 2014 年 9 月 15 日，MSP 征信平台接入机构达到 405 家，接入机构涉及的共享信用信息查询量达到日均 9 000 余次，具有有效信用交易信息的自然人信息主体人数达 100 余万人。

（4）社交平台征信模式

社交平台积累了大量用户的场景信息记录，包括用户的基本信息、朋友圈、兴趣爱好、生活与工作区域、交通信息等，特别是目前一些规模较大的社交软件还建立了支付平台，各种线上线下丰富的支付场景记录，为建立大数据征信提供了海量数据资源。社交平台征信模式的主要代表是腾讯征信。

腾讯征信是首批经人民银行批准开展征信业务的机构之一，专注于身份识别、反欺诈、信用评估服务，帮助企业控制风险、远离欺诈、挖掘客户，切实推动普惠金融。早在 2012 年就曾上线了"腾讯信用"网站，2015 年还获得了央行发出的征信牌照，但之后一直不见动静。据悉，是由于马化腾以"保护用户隐私"为由叫停了产品开发。直到 2016 年，马化腾在"云 + 未来"峰会上表示，为保障合作伙伴的权益，腾讯会将每一个用户的信用长期记录下来，之后腾讯信用开始加速发展，2017 年 8 月开始公测，2 个月后就正在上线了。

腾讯凭借 QQ、微信、财付通、QQ 空间、腾讯网、QQ 邮箱、微博等多种服务聚集了海量的个人用户，截至 2017 年 9 月底，单是微信及 Wechat 的用户数就达 9.8 亿，腾讯开展个人征信业务无疑具有极大的优势。这些用户大部分在人民银行个人信用信息基础数据库中无记录或者记录很少，但是用户在腾讯体系留下大量有价值的信息，凭借在人群覆盖、用户活跃及产品特点上的显著优势，依托社交、支付、金融、社会等多维度数据综合评估，通过海量数据挖掘和分析技术来预测其风险表现和信用价值，为其建立个人信用评分，并能通过实时监控，更为有效的判断出用户的还款意愿和违约概率。

腾讯信用评分及报告来自于腾讯社交大数据优势，全面覆盖腾讯生态圈 8 亿活跃用户，通过先进大数据分析技术，准确量化信用风险，有效提供预测准确、性能稳定的信用评分体系及评估报告。对于个人用户不但可以查询个人信用报告，还可以提高和完善自身信用情况，形成良性循环；对于银行等商业机构，该信用评分体系可以与自有体系形成交叉比对，帮助机构更准确的对用户个人信用作出判别，挖掘更多价值用户。通过多家金融机构实用验证证明，腾讯信用评分体系预测效果适用于银行，且评分性能稳定。

除了信用评分外，腾讯征信的产品还有人脸识别技术、反欺诈核查产品等，主要服务对象是银行/P2P/小贷公司/保险等机构。能帮助企业识别用户身份，发现恶意或者疑似欺诈客户，避免资金损失。

4. 构建中国特色大数据征信体系

2015 年初，央行下发《关于做好个人征信业务准备工作的通知》，腾讯征信（微信）、芝麻信用（支付宝）、前海征信（平安）等八家单位参与了央行组织的个人征信试点。通过试点，国内个人大数据征信领域取得了较大进展，初步建立了电商平台、社交平台、支付结算、网络借贷等领域的个人征信数据库，但不同领域的数据仍未能有效共享，"数据孤岛"问题较为突出，征信机构之间的数据存在隔阂。

2017 年末，中国互联网金融协会发起设立"信联"个人信用信息平台，由互金协会与首批 8 家试点机构共同出资 10 亿元注册成立"百行征信"。"信联"的组建参与机构具有非常丰富、稳定并可持续获得数据的入口，通过这些丰富的数据，可以对用户进行精准的定位。百行征信主要在银、证、保等传统金融机构以外的网络借贷等领域开展个人征信活动，与人民银行征信中心运维的国家金融信用信息基础数据库形成错位发展、功能互补的市场格局。组建百行征信有利于共享个人征信信息，化解信息孤岛的困局，缓解个人征信产品有效供给不足的问题；有利于防范系统性金融风险，有效遏制"过度多头借贷""诈骗借贷"等乱象，促进互联网金融行业的健康有序发展；有利于贯彻个人信息隐私权益保护原则，防止个人信息被过度采集、不当加工和非法使用。

第二节 支付与清算体系

一、现代支付体系的架构

1. 支付体系概述

支付是商品或劳务的转移以及债务的清偿过程。根据国际清算银行支付与结算委员会的解释，支付是付款人对收款人进行的当事人可以接受的货币债权转让。支付的形式随着商品发展与技术进步的改变而发和改变，主要经历了三个阶段：实物支付、信用支付和电子支付。实物支付最初表现为物物交换，后来由充当一般等价物的金银，在支付过程中相当于其实物本身的价值。信用支付是以政府信用背书的现金货币进行的支付，使用方便，适合小额交易。电子支付则是基于计算机和网络技术的支付系统进行的支付形为，特别是随着互联网技术的发展，电子支付促使了支付发生重大变革。

电子支付包括交易、清算、结算三个标准化过程，支付体系就是为保证这个过程的完整实现的一系列法规制度、相关基础设施的有机整体，包括支付系统、支付工具、支付服务组织和支付系统监管。

支付体系作为我国的核心金融基础设施，是金融业乃至整个国民经济运行的基础。2012 年以来，人民银行统筹兼顾国内支付和跨境支付安排，不断完善我国支付清算系统。2013 年 10 月我国第二代支付系统切换上线，建立起国内社会资金流转的网络中枢；2015 年 10 月人民币跨境支付系统（CIPS）投产上线，铺设起跨境资金流转的大动脉，标志着我国跨境支付安排取得重大进展，金融市场基础设施建设再上新台阶。在大规模系统建设的同时，支付领域的法规制度不断完善，形成了以《中国人民银行法》为统领、以《票据法》《个人存款账户实名制规定》等为基础的法规制度体系。

2. 现代支付体系的构成

近年来，我国支付服务市场快速发展，支付服务供给日益完善和丰富，形成以人民银行为核心、银行业金融机构为基础、特许清算机构和非银行支付机构为补充的多元化支付服务组织，支付服务市场的专业化分工不断细化，支付服务的能力、效率和质量不断提升。同时，我国金融交易后续服务主体不断健全，通过证券登记结算系统、中央对手等金融市场基础设施，为金融交易提供集中清算、结算、记录和托管等高效服务。

目前，我国已经形成了以中国人民银行大小额支付系统为核心、银行业金融机构行内支付系统为基础、其他支付系统共同组成的支付体系，初步建成了世界领先的现代化支付体系。

我国现代化支付清算系统包括四个层次：一是央行支付系统：包括

大额支付系统、小额支付系统、全国支票影像支付系统、跨境人民币支付系统等。二是商业银行行内支付系统，包括政策性银行、商业性银行及农村信用社行内业务系统。三是银行卡清算系统，包括中国银联、中国网联，其中银联主要商业银行跨行支付与清算服务，中国网联则主要为第三方支付公司提供银行资金的清算服务。四是金融市场支付清算系统，包括中央国债登记结算系统、全国银行间外汇交易系统、中央证券登记结算系统等。

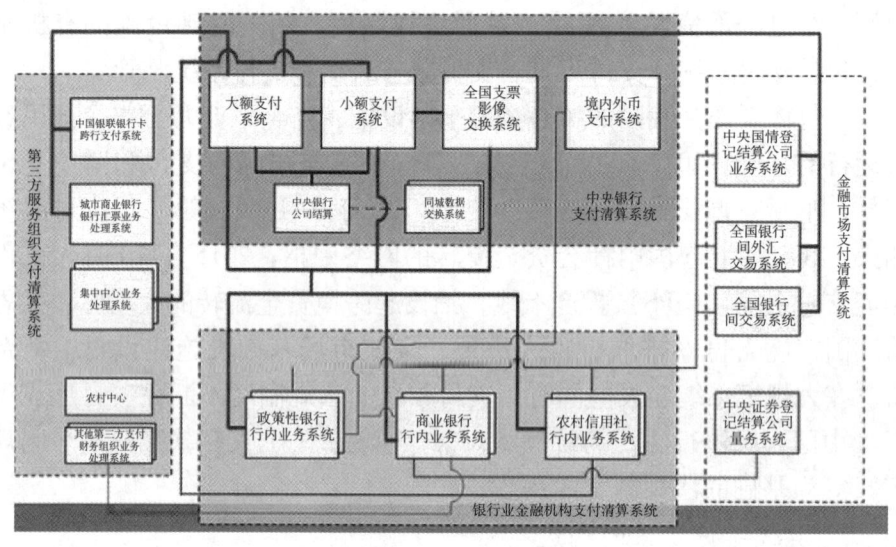

资料来源：互联网资料。

图1　中国支付清算系统总体架构

3. 我国支付体系运行简况

根据中国人民银行发布的《中国支付体系发展报告（2016）》，2016年全国共办理非现金支付业务1 251.11亿笔，金额3 687.24万亿元，同比分别增长32.64%和6.91%。其中票据业务量持续下降，共发生票据业务2.93亿笔，金额187.79万亿元，同比分别下降29.64%和21.17%。银行卡业务快速增长，全国银行卡在用发卡数量61.25亿张，同比增长12.54%，人均持有银行卡4.47张，人均持有信用卡0.31张。全国共发生银行卡交易1154.74亿笔，同比增长35.49%；金额741.81

万亿元，同比增长 10.75%，日均 3.16 亿笔，金额 2.03 万亿元。银行卡信贷规模继续增长，授信总额为 9.14 万亿元，同比增长 29.06%；银行卡应偿信贷余额为 4.06 万亿元，同比增长 23.63%。银行卡卡均授信额度 1.96 万元，授信使用率 44.45%。

网络支付业务增长迅速。2016 年，银行共发生网上支付业务 461.78 亿笔，金额 2 084.95 万亿元，同比分别增长 26.96% 和 3.31%；电话支付业务 2.79 亿笔，金额 17.06 万亿元，笔数同比下降 6.61%，金额同比增长 13.84%；移动支付业务 257.10 亿笔，金额 157.55 万亿元，同比分别增长 85.82% 和 45.59%。2016 年，支付机构累计发生网络支付业务 1 639.02 亿笔，金额 99.27 万亿元，同比分别增长 99.53% 和 100.65%。

在支付渠道上，中国人民银行大额支付系统和银行业金融机构行内支付系统资金交易规模继续占据主导地位。2016 年，支付系统业务量继续稳步增长。各类支付系统共处理人民币支付业务 626.37 亿笔，金额 5 120.33 万亿元，同比分别增长 33.42% 和 16.82%。其中大额支付系统业务金额占比 70.63%，银行业金融机构行内支付系统业务量金额占比 23.74%。

表 1　　　　　　　　　2016 年支付系统人民币业务统计表

单位：百万笔、千亿元、%

系统名称	业务量		业务占比	
	笔数	金额	笔数	金额
大额支付系统	825.67	36 162.96	1.32	70.63
小额支付系统	2 348.30	309.13	3.75	0.60
全国支票影像交换系统	7.92	4.10	0.01	0.01
网上支付跨行清算系统	4 453.15	374.61	7.11	0.73
境内外币支付系统	1.99	54.7	0.00	0.11
同城票据交换系统	372.47	1 308.05	0.59	2.55
人民币跨境支付系统（一期）	0.64	43.6	0.00	0.09
银行业金融机构行内支付系统	25 830	12 154.7	41.24	23.74
银行卡跨行交狗日的清算系统	27 107	728.9	43.28	1.42
城市商业银行汇票处理系统和支付清算系统①	8.86	8.29	0.01	0.02
农信银支付清算系统	1 681	54.3	2.68	0.11

资料来源：中国支付体系发展报告（2016）。

二、央行支付系统

由中国人民银行清算总中心作为主体建设、运行和管理的中国现代化支付系统（China National Advanced Payment System，CNAPS），是我国金融市场基础设施的重要组成部分。经过二十多年的发展，我国已经逐渐形成以 CNAPS 为核心的多元化支付清算体系，并在人民银行的统一组织下建立了较完善的制度框架。2016 年，CNAPS 全年处理业务76.35 亿笔，金额 3 685.08 万亿元，相当于我国 GDP 总量的 49.5 倍；系统参与机构数量已达 14 万余家，覆盖全国所有银行机构及绝大部分非银行金融机构、农村金融机构、特许清算机构及债券、外汇等结算组织。

1. CNAPS 的发展历程

1989 年之前，我国支付结算业务基本依靠手工处理，资金在途时间最长可达半个月，严重制约了经济社会发展。1989 年，中国人民银行组建清算总中心，负责建设、运行和管理电子联行系统。2002 年，全国电子联行系统已发展成包括两个卫星主站、1 924 个小站（遍布全国所有地级市和绝大多数县城）、连接 2 万多个通汇网点的大型联机交易系统，业务覆盖了全国各地。金融卫星通信专用网和全国电子联行系统的建成运行，使资金在途时间缩短为三天，标志着中国支付清算工作开始进入电子化、信息化和网络化时代。

2000 年 10 月，人民银行适时作出"调整定位、借鉴吸收、完善需求、以我为主，加快中国现代化支付系统建设"的重大决定。2002 年10 月，作为 CNAPS 的核心系统——大额支付系统（即中国的 RTGS 实时全额清算系统）率先在北京、武汉两地投产试运行；2003 年底推广到所有省会（首府）城市和深圳市，形成了 32 个城市处理中心和 1 064个电子联行小站融合运行的局面，资金在途时间缩短为几秒。2005 年 6月 24 日，伴随着参与机构清算账户合并上收到省级，全国电子联行系统完成了历史使命，退出生产序列。

2006—2009 年，随着经济金融活动对支付清算服务需求的快速增长，CNAPS 也进入快速发展时期，小额支付系统、支票影像交换系统、境内外币支付系统、电子商业汇票系统等多个清算业务系统先后上线运行，满足了不同时间、金额、币种的跨行清算和使用多类支付工具进行资金结算的需求。

2009 年底，中国人民银行要求清算总中心启动第二代 CNAPS 建设。网上支付跨行清算系统作为第二代 CNAPS 首先投产的业务系统，于 2010 年 8 月上线运行，大额支付系统、小额支付系统于 2013 年 10 月升级为第二代。银行以法人为单位以"一点接入、一点清算"模式接入第二代 CNAPS，商业银行的各个分支机构均可使用本行统一的清算账户实现资金结算，支付清算效率和银行资金使用效率得以大幅提高，银行流动性状况普遍得到大幅改善，风险控制更加有效。

2015 年 10 月，人民币跨境支付系统（CIPS）正式投产，标志着国内外统筹兼顾的现代化支付体系建设取得重要进展。截至 2017 年 5 月底，CIPS 共有 28 家直接参与者、560 家间接参与者，范围覆盖全球 6 大洲 85 个国家和地区（含自贸区），境外间接参与者占比 61.43%。

2. 安全高效的支付清算服务

CNAPS 由 7 个不同的业务系统组成，共同为银行金融机构和金融市场提供快速、高效、安全、可靠的支付清算服务。

大额实时支付系统的支付指令逐笔实时发送、全额清算，一笔跨行的支付业务不到 1 分钟即可到账，系统服务于参与机构即时转账和资金清算业务。

小额批量支付系统的支付指令批量发送，轧差净额清算资金，为全社会提供了低成本、大业务量的支付清算服务，有力地支持了支票资金清算，方便了代发工资、水电费集中收付等社会公众性金融服务。

网上支付跨行清算系统主要处理 5 万元及以下的网上支付、移动支付等新兴电子支付业务，可实现跨行账户信息查询及资金归并。

境内外币支付系统主要为国内商业银行提供外币清算服务，目前开通了港元、英镑、欧元、日元、加拿大元、澳大利亚元、瑞士法郎和美元 8 种货币支付业务，基本满足了国内对多币种支付的需求。

电子商业汇票系统包括电子商业汇票货币给付与资金清算、纸质商业汇票登记和查询，以及商业汇票公开报价等服务。

人民币跨境支付系统（一期）为境内外金融机构人民币跨境和离岸

业务提供资金清算、结算服务，采用实时全额结算方式支持跨境货物贸易和服务贸易结算、跨境直接投资、跨境融资和跨境个人汇款等业务。

在人民银行的指导下，CNAPS 整体运行规范有序、业务处理高效，逐渐形成了一套较完备的制度框架体系。CNAPS 的清算账户是各商业银行在人民银行开立的法定存款准备金账户。第二代 CNAPS 上线后，所有资金清算均通过法人机构单一清算账户完成。近年来，为适应第二代 CNAPS 运行后的管理要求，中国人民银行先后修订、完善中国人民银行支付系统参与者监督管理、运行管理、数字证书管理、业务处理、危机处置预案等制度办法，明确了参与者加入或退出央行支付清算系统、参与者各项职责和义务、各系统业务处理的流程、运行维护、风险事件的处置流程和程序，进一步完善了支付体系制度框架。

3. 未来发展与展望

经过二十余年的发展，CNAPS 较好地适应了中国经济、金融、科技的发展，特别是在系统开发建设和运维管理体制机制方面取得了长足的进步。CNAPS 系统的建成，在畅通货币政策传导机制、加快社会资金周转、优化社会资源配置、维护金融稳定并促进经济增长、满足城乡居民需求方面发挥着日益突出的作用。CNAPS 数据中心基础设施建设达到了国家标准（GB50174）定义的最高机房标准（A 级）；计算、存储、网络均采用高可用架构设计，数据中心具备"双活"运行能力，部分业务可以实现"一键切换"；拥有因地制宜的城市处理中心（CCPC）备份网络，采用了同城备份、同城转接、集中备份等多种备份方式和策略，来确保系统的安全稳定和数据的安全完整；利用业界主流的技术及产品，将各个独立系统的相关功能进行筛选、集成及优化，形成优势互补的有机整体。

作为世界上体量最大的央行清算平台，确保全国各家商业银行资金数据的完整性，规避风险、确保安全是 CNAPS 必须始终放在首位的目标。在保证安全的基础上，致力于提高自身研发水平，树立市场化的竞争意识，依靠创新不断提高效率。在持续优化服务、夯实现有市场的基础上，主动转型，在 IT 架构调整、数据中心布局、大数据分析、云计算等方面加强研究，不断提升系统的安全性、可靠性和可用性，巩固 CNAPS 的核心地位。

三、银联卡支付与清算服务

1. 中国银联

（1）中国银联的发展

中国银联是经国务院同意，中国人民银行批准设立的中国的银行卡联合组织，成立于 2002 年 3 月，总部设于上海。公司采用先进的信息技术与现代公司经营机制，建立和运营全国银行卡跨行信息交换网络，实现银行卡全国范围内的联网通用，推动我国银行卡产业的迅速发展，实现"一卡在手，走遍神州"，乃至"走遍世界"的目标。

为了促进银行卡的联网联合，1993 年我国启动了"金卡工程"，到 2000 年，陆续建立了 18 个城市银行卡交换中心和一个总中心，部分实现了当地城市的同城跨行通用和部分城市之间的异地跨行通用。2002 年 3 月，经国务院同意，中国人民银行组织各商业银行，在合并原有银行卡信息交换中心的基础上，成立了中国的银行卡联合组织（简称中国银联），开启了我国银行卡产业联合发展的新篇章。中国银联，是我国支付服务市场的特许参与者，其成立标志着"规则联合制定、业务联合推广、市场联合拓展、秩序联合规范、风险联合防范"的产业发展新体制正式形成，从此我国银行卡产业开始向集约化、规模化发展，进入了全面、快速发展的新阶段。

作为中国的银行卡联合组织，中国银联处于我国银行卡产业的核心和枢纽地位，对我国银行卡产业发展发挥着基础性作用，各银行通过银联跨行交易清算系统，实现了系统间的互联互通，进而使银行卡得以跨银行、跨地区和跨境使用。在建设和运营银联跨行交易清算系统、实现银行卡联网通用的基础上，中国银联积极联合商业银行等产业各方推广统一的银联卡标准规范，创建银行卡自主品牌；推动银行卡的发展和应用；维护银行卡受理市场秩序，防范银行卡风险。通过银联跨行交易清算系统，实现商业银行系统间的互联互通和资源共享，保证银行卡跨行、跨地区和跨境的使用。截至 2016 年 6 月，银联网络遍布中国城乡，并已延伸至亚洲、欧洲、美洲、大洋洲、非洲等境外 160 个国家和地区。2017 年 1 月，中国银联同京东金融签署战略合作协议，并宣布后者旗下支付公司正式成为银联收单成员机构。

（2）中国银联的运作模式

中国银联成立，创立了银联卡，提供了对于收单机构和发卡机构之间的跨行清算服务和代替收单机构针对商户和收单专业化服务机构的收单清算服务。银联卡成为了连接不同银行之间支付清算体系的桥梁。消费者只需拥有一张银联卡就能在全国任何拥有 POS 的机构消费。国内的刷卡消费方式，也从之前的城市内部互通，各个银行的 POS 之间无法兼容，发展到只要拥有带有银联标识的银行卡就可以在国内任何有 POS 机的机构采取刷卡消费。

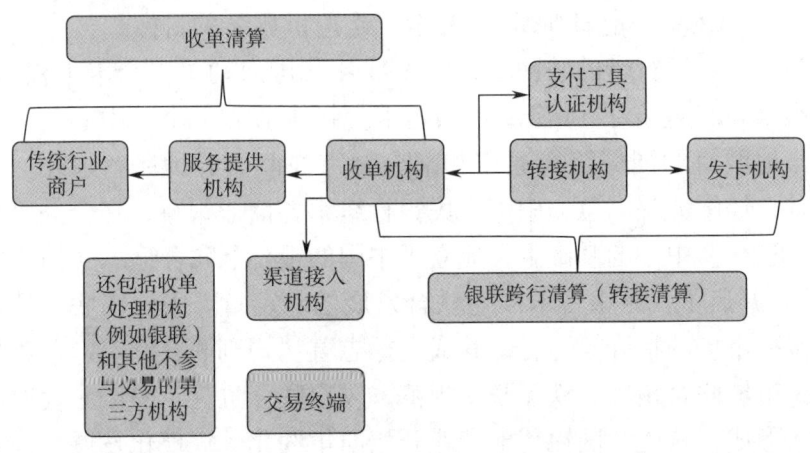

图 2　中国银联跨行清算服务示意图

2. 商业银行支付变革

（1）商业银行支付焕然新生

"存、贷、汇"是传统商业银行的三大业务，其中的"汇"则是泛指当前的支付清算服务。随着科技进步，中国的支付行业经历了网银支付模式、支付平台模式，移动支付、近场通讯功能支付（NFC）等跟随互联网发展而开发出来的新型支付模式方兴未艾，第三方支付平台的快速崛起。在此背景下，传统商业银行支付服务也不断发展：

一是构建灵活开放的账户体系。统一的账户体系是互联网金融平台发展的重要基础，商业银行可以立足现有账户体系及创新Ⅱ类、Ⅲ类账户应用，整合包括第三方支付在内的多种支付形态，构建开放、融通的支付结算平台。账户可以打通商业银行及其子公司已有账户，链接他行卡，以及账户系统中资讯类的账号信息，记录客户的存款信息、理财信息、交易信息等。

二是要划分账户模块，拓展应用场景。账户模块包含客户基本信息，行为模块包含除账户模块以外的客户可应用的全部场景、系统交互等。应用场景包括理财、保险、缴费、消费、贷款、资讯等。利用Ⅱ类账户，配合商业银行自有互联网支付渠道，为客户电子商务、社区生活、线下支付等各类消费场景提供服务，并不断拓宽支付场景；利用Ⅲ类账户在小额多频次、对效率要求极高的支付场景即时获客，实现更多场景的获客覆盖。账户体系将支付创新及场景应用融入其中，贯穿于服务全流程，最终实现通过场景牢固客群、影响客群，培育客群的新型支付习惯，构建线上客群支付生态。

三是加快推进移动支付。移动支付是智能手机发展的必然结果，线下支付的场景不断更新，逐步实现线上线下联动。据估算，2016年我国非现金支付渗透率为42.2%，其中线下扫码支付的渗透率为1.9%。随着用户线下移动支付习惯的进一步培养，线下扫码支付规模将迎来进一步地增长。

四是商业银行与第三方支付竞合发展。商业银行为第三方支付提供清算服务，第三方支付也增加了线上银行卡的使用频率。商业银行相较于第三方支付平台，具有在大额支付上的不可撼动的优势，同时因历史原因具有更好的安全性和稳定性，部分功能无法被第三方支付机构取代。商业银行可以充分发挥自身的风控优势，直接再造互联网支付链，从构建联通内外的用户体系开始，以移动支付为重点，推动自身网上银行、手机银行的创新转型。

（2）移动支付创新之"云闪付"

2015年12月，在人民银行指导下，中国银联联合20多家商业银行发布了移动支付新品牌"云闪付"。"云闪付"运用近场通信（NFC）、卡模拟（HCE）和支付标记化（Token）等技术，将实体银行卡映射在手机等智能设备上，同时支持近场非接支付与远程支付，不仅包括银联与相关机构合作推出的基于HCE的移动支付产品，还包括与银行和国内外手机厂商等合作方共同推出的ApplePay、SamsungPay等各类移动支付服务。

"云闪付"具有以下优势：一是便捷安全的客户体验。"云闪付"

通过将实体银行卡映射到手机等智能终端上，将手机等智能终端变成可以"随时、随地、随心"支付的"银行卡"，操作简便，满足了消费者对便捷、时尚、超值的需求。同时，商户、收单机构以及技术服务商不直接处理卡号，只处理通过严密算法转换的标记号，交易验证上采用多重身份验证机制，相关产品严格遵循国家金融行业移动支付标准，并通过权威机构的相关检测和认证，确保了用户的资金安全和信息安全。二是实现融合发展与资源节约。近年来我国银行卡产业正在经历由磁条卡升级成芯片 IC 卡、接触式 IC 卡升级成非接 IC 卡的重大产业结构升级。截至 2015 年末，全国具备非接受理能力的 POS 终端达到 708.5 万台。2015 年全国金融 IC 卡非接交易累计 6.50 亿笔和 554.29 亿元。"云闪付"模式，可以充分利用我国银行卡产业已有资源，减少商户终端机具的改造，实现金融 IC 卡与移动支付的融合发展。三是实现产业开放合作共赢。在"云闪付"中，商业银行、非银支付机构和银行卡组织继续扮演其在传统银行卡业务中角色—发卡、受理和转接，共同遵循相关业务规则和技术标准，分别承担各自法定和合约职责。参与合作的手机厂商和通信运营商不拥有支付账户，不介入支付流程，不接触支付数据，仅仅提供手机终端、安全介质和技术支持。同时，"云闪付"仍旧基于银行卡账户，不存在因资金沉淀在虚拟账户带来的金融风险，消费者资金更有保障，支付额度更高，支持交易类型更多，使用更为便捷。此外，商业银行可以获取与传统银行卡支付一致的、透明的、完整的支付信息，有利于风险识别管控和客户关系管理。

"云闪付"的推出引起良好的市场反响，获得产业相关方的广泛认同和积极参与，展现出很好的发展潜力。自 2015 年 12 月上线发布以来到 2016 年 10 月份，银联云闪付用户已经突破两千万，支持云闪付受理终端已达到 1 050 万台。凭借着庞大的持卡群体和终端优势，"云闪付"的在交通、旅游、交易市场、自动售货机、公共服务等领域的应用不断拓展。

（3）移动支付创新之扫码支付

2017 年 5 月 27 日，中国银联联合 40 余家商业银行共同宣布，支持持卡人通过银行 APP 实现银联云闪付扫码支付。联合全国 40 个知名商圈约十万家商户，使用银联云闪付挥卡、手机以及扫码支付均可享受加大折扣优惠的营销活动。银联二维码支付在起步时主要采取"付款扫码模式"，即由商户提供包含收款账号、商品价格等信息的收款二维码，消费者用手机客户端读取二维码信息，连接支付机构完成支付。

银联二维码采用了 Token 令牌技术，是具备金融安全级别的支付产品，达到了央行和国际的 EMV 标准（国际三大卡组织欧陆卡、万事达卡和维萨卡发起制定的智能 IC 卡标准）要求，EMVCo 的扫码标准也将在近期发布。

凭借低成本和操作便捷的优势，二维码支付在便利店、餐馆、自助售货机、超市等线下零售、消费等小额支付领域广泛应用。二维码支付弥补了其他支付方式在线下小额支付场景中的缺失，推动了线上线下支付的融合，深化了支付对商业生活场景的渗透，增强了支付的灵活性和多样性。

（4）创新移动支付场景

受到互联网公司和第三方平台对市场的挤占，传统商业银行纷纷觉醒，开始跑马圈地，抢占互联网金融的支付渠道。譬如以行内小额支付为主打的建设银行"龙支付"、交通银行"立码付"，以商户、银行客户为主要对象的兴业银行支付平台"钱e付"，雄心勃勃与各大电商联姻的招商银行"一网通支付"等等。在传统商业银行大张旗鼓反攻支付体系的同时，也有互联网公司的战略合作和转型重塑。比较典型的案例有：

一是建设银行"龙支付"。"龙支付"是建设银行推出统一的支付品牌，该品牌在整合现有网络支付、手机支付、移动支付等全系列产品功能，包含建行钱包、全卡付、建行二维码、龙卡云闪付、随心取、好友付款、AA 收款、龙商户等多个版块。"龙支付"的使用对象拓展到了全体大众，没有建行账户的客户，开通"龙支付"就相当于开立了一个建行的 II 类账户。

二是交通银行"立码付"。交行手机银行以及信用卡客户端"买单吧"推出的"立码付"业务，为收付款双方通过二维码或条形码方式发起资金划付，适用于出租车、菜场、水果店、外卖、快递、AA 收款、大中型连锁商户等支付场景，可以实现个人与个人、个人向商户之间快速资金划付。

三是兴业银行"钱e付"。兴业银行的新支付产品"钱e付"将支付宝、微信支付、QQ 钱包、掌柜钱包等市场上主流移动支付方式集成并提供给银行及其合作商户。该平台将主要使用对象拓宽到了兴业的银银平台合作银行，中小银行支付无需与支付宝、微信支付等逐一议价、对接系统，节约了其 IT 建设和维护成本。

四是招商银行"一网通"。从 2016 年开始，招商银行的"一网通"不仅将招行客户的账户浓缩为用户，同时开发了新的"一网通支付"，支持用户绑定多家银行的银行卡进行移动支付。"一网通"对接滴滴出行、国美在线、饿了么、优酷等大型商户，主动引入支付场景，覆盖受众广泛。

五是工商银行与微信二维码互认互扫。2017 年 4 月起，工商银行二维码支持微信支付、银联二维码及主要第三方支付二维码产品，开展聚合支付收单业务。2016 年 7 月，工商银行正式推出工银二维码支付，支持主扫和被扫两种模式，主扫模式支持的平台包括融 e 行、融 e 联、工银 e 生活和微信，而被扫模式则支持融 e 行、融 e 联及微信。

四、非银行支付机构发展

1. 中国网联

（1）中国网联的成立

随着支付服务主体的多元化，第三方支付产业作为新兴支付主体，逐渐兴起并蓬勃发展。2010 年 6 月，人民银行出台《非金融机构支付服务管理办法》，允许符合规定的支付机构（称为非银行支付机构）提供网络支付、预付卡的发行与受理、银行卡收单等支付服务，支持其利用现代信息技术开展业务创新，引导其加强内部管理，推动其更好地适应市场竞争。短短几年之内，非银行支付机构达到 200 余家，在 2015 年度曾达到 270 家。非银行支付机构成为支付服务市场的重要补充，极大地丰富了零售支付方式，激发了市场活力，便利了居民的日常支付，有效支撑了电子商务发展，在支持"改善民生、促进消费、扩大内需"方面发挥了积极作用。

在第三方支付蓬勃发展的同时，其与商业银行直联的模式也存在较大的资金监管漏洞。直连模式是指第三方支付机构直接和银行系统进行连接，非银行支付机构在实际操作中承担了清算职能，与商户、资金托管银行共同构成新的三方模式，完成整个支付过程。直联模式下，支付机构只需在内部轧差之后，调整不同银行账户的金额，就完成所有支付交易的流程。在这个过程中，支付交易的具体信息只会留存在支付机构内部，而监管机构只能够看到支付机构在各家银行账户上的资金变动，无法有效监管支付过程中的违法违规现象，容易产生金融风险。

在这种背景下，为进一步规范非银行支付机构的经营行为，促进支付清算市场有序发展，2016 年 8 月人民银行牵头启动支付机构网络支付清算平台（以下简称网联）建设，为非银行支付机构提供统一的资金清算服务，改变现有的非银行支付机构与众多银行机构直联的现状。2017 年 3 月末"网联"建设工作顺利完成，进入试运营阶段。8 月 4 日，央行支付结算司向下发了《关于将非银行支付机构网络支付业务由直连模式迁移至网联平台处理的通知》，要求自 2018 年 6 月 30 日起，支付机构受理的涉及银行账户的网络支付业务全部通过网联平台处理。同时，各银行和支付机构应于 2017 年 10 月 15 日前完成接入网联平台和业务迁移相关准备工作。这意味着第三方支付直联时代彻底终结，网联时代正式开启，第三方支付平台业务将全面纳入央行支付监管的范围。

（2）中国网联的运作模式

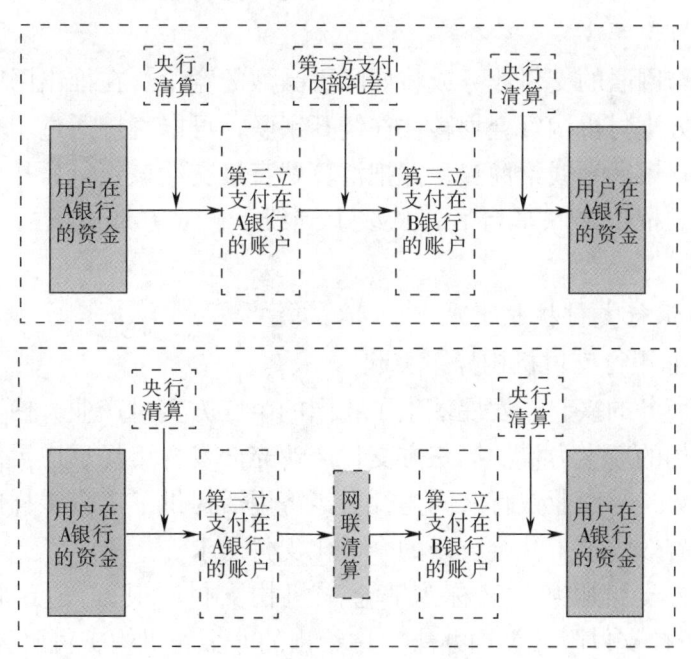

图 3 网联平台成立前后的资金清算模式变化

网联平台在第三方支付业务中承担独立、集中的清算职能，改变了第三方支付机构内部轧差后在不同银行账户间直接调整差额的模式，即改变了第三方支付机构在不同银行开立账户并自主完成跨行清算的情况，有效防范第三方支付机构直连银行模式带来的风险。更重要的是，网联平台是央行牵头成立的中介平台，有助于监管机构了解第三方支付资金流向等详细信息，及时地进行监管。

（3）中国网联的影响

中国网联平台建成投入运行后，央行可掌握更多的金融数据，有利于加强非银行支付机构的监管。一是掌握了更多非银行支付机构资金交易和清算的数据，积累到一定量数据后，可以对接和完善央行的征信系统数据；二是通过风险检测，可以防范和处理诈骗、洗钱等违规风险。

网联平台为第三方支付机构提供统一、公共的支付清算服务，节约了连接成本，提高了清算安全性。尤其是对于一些中小型的支付机构来说，减少了对接不同银行的费用支出，也提升了其风险防范能力。同时，第三方支付机构的备付金将由网联统一托管管理，备付金管理将更加透明。

银联与网联的支付业务或将面临更激烈的竞争。在推出网联平台之前，第三方支付机构资金划转往往绕开银联，可以直接通过用户绑定银行卡的开户银行划钱给商户，并把清算费直接交给该银行，从而绕开了银联通道。推出网联平台后，从线上到线下，双方形成了一定的竞争关系。

2. 非银行支付机构发展

（1）非银行支付机构异军突起

电子商务的兴起与发展催生了我国的第三方支付产业，使其成为零售支付市场的新生力量。第三方支付产业充分发挥市场反应灵敏、机制灵活等优势，与商业银行共同为社会经济生活提供了丰富多样的零售支付产品，有效满足了社会公众的个性化支付需求。

第三方支付服务，又称为非金融机构支付。根据央行 2010 年在《非金融机构支付服务管理办法》中给出的非金融机构支付服务的定义，第三方支付是指非金融机构作为收、付款人的支付中介所提供的网络支付（包括互联网支付、移动支付、固定电话支付和数字电视支付）、预付卡、银行卡收单以及中国人民银行确定的其他支付服务。其中银行卡收单、互联网支付和移动支付三种支付模式在第三方支付中占据主导地位。

第三方支付经历了从自由无序到逐步规范的发展过程，与电子商务的发展历程遥相呼应。20 世纪 90 年代末，电子商务开始在我国出现。尽管网上银行已经有所发展，但由于各个银行的业务处理标准并不统一，电子商务企业只能分别与各个银行机构分别进行对接，受众范围受到很大限制。1999 年，有银行之外的机构开始为电子商务企业提供支付服务，被称为"第三方支付平台"。第三方支付平台发挥专业化优势，一边对接电子商务企业，一边连接多家银行，解决了电子商务企业与银行的联通问题，疏通电子商务的支付通道。2003 年，淘宝网推出"担保交易"，以虚拟账户作为中间过渡账户，先行接收客户通过各种渠道转入的资金，并在交易完成后转给卖方。第三方支付平台开始介入到支付交易过程中，成为支付交易的其中一方，并逐步演变为基于支付账户的网络支付方式。2010 年，第三方支付平台推出"快捷支付"，根据客户事先授权直接从其银行账户中扣划资金，免去了每次转接银行核验密码的重复操作，大大提高了支付效率，使网络支付得以在线下小额支付领域广泛应用。

2011 年，人民银行发布《非金融机构支付服务管理办法》（人民银行令〔2010〕第 2 号），正式将从事网络支付等支付业务的的非金融机构纳入规范化管理框架，使众多第三方支付平台告别了无法可依、无序经营的发展状态，成为我国支付体系中的重要组成部分。央行自 2011 年以来陆续发放支付牌照 270 张，在扣除因注销、主动申请注销、不予续展和续展合并等情况的企业，调整完毕后中国市场的第三方支付机构缩减至 246 家。2015 年，非银行支付机构累计发生网络支付业务 821.45 亿笔、金额 49.48 万亿元，网络支付业务量已经超过银行的网上银行。

（2）电商时代催生第三方支付

互联网发展带动线上交易场景出现，电子商务时代到来。互联网在国内得到快速的发展，基于互联网的线上小额度、大批量交易场景需求开始出现，国内支付行业迎来电子商务时代。但线上买方与卖方之间缺乏信任，同时交易量的不断攀升，对于银行的清算工作带来了很大的压力。2003 年 10 月，淘宝网推出了"支付宝"担保支付模式，并喊出了"你敢付，我敢赔的口号"。所谓"担保交易"，是指买家在下订单之后，将钱先打入一个淘宝网在银行的对公账户，淘宝网收到买家的付款信息后，通知卖方发货，在买家收到货物并确认货物与描述相符时，淘宝网才会将钱打给卖家。由此，第三方支付应运而生。

支付宝提出虚拟账户概念，促使银行将人工清算改进为电子清算，确立第三方支付模式。虚拟账户的概念是支付宝的一个创新性的提案，通过虚拟账户，用户可以将钱由网上银行转入支付宝虚拟账户直接进行消费，而所有的转账信息都以电子的形式传递给银行，银行不需通过票据来手动对账清算，这变相促进了银行电子清算体系的建成。银行清算压力得到大幅度的缓解，虚拟账户的模式也得到了诸如财付通等第三方支付机构的青睐，正式确立了第三方支付的模式。虚拟账户深层次的意义在于，用户会产生用户粘性，同时用户的消费行为数据得以沉淀，这为无现金支付的发展打下基础。

（3）移动时代支付变革

智能手机时代，交易场景移动化，促进了移动支付的诞生与发展。2014 年支付宝公司推出了扫码支付，使得移动支付便捷性和低成本的特点得到了进一步的体现，只需通过付款码、收款码和一台能连网的智能手机即可完成支付。二维码作为一种低成本、操作简单的媒介能完美取代传统 POS 的作用，虽然由于安全性等问题，被央行叫停，但经过两年的等待，二维码支付的地位得到了央行的认可和推广。

各种线下生活场景，如与消费者的日常吃喝玩乐相关的小额度、大批量支付，成为了移动支付渗透的绝佳入口。支付宝率先发现了线下支付场景的广阔市场，2014 年淘宝网举办"双十二促销节"，与"双十一"不同的是，支付宝这次将重心放在了线下支付场景。支付宝与旗下的"口碑网"和各种线下商家包括超市、便利店以及各类店铺合作，支付宝用户只要凭借支付宝支付，就能获得 5 折优惠。到 2017 年，支付宝的线下支付场景，已经从超市、便利店、打车覆盖到商场、KTV、丽人、亲子、旅游等等各种人们吃喝玩乐，日常必须接触到的领域。

微信支付异军突起。微信红包是微信于 2014 年 1 月推出的一款应用，用户只需要在微信中关联一张银行卡，完成身份认证，就可以直接进入微信红包的页面开始发红包。据艾瑞咨询，2013 年除夕开始至大年初一，参与微信抢红包的用户超过 500 万。微信支付通过"微信红包"一夜走红，充分利用了 QQ 和微信中建立的社交平台，迅速渗透到各种线上线下场景支付中，成功打破了支付宝一方称霸的格局。

通过阿里巴巴与腾讯之间激烈的资本比拼，更加凸显了线下经济的规模之大，而通过这样的比拼，毫无疑问更是推动了移动支付的发展。2013—2016 年，移动支付业务量的笔数与金额，均以超过 100% 的幅度上升，其占电子支付业务的比重也逐年上升，2015 年和 2016 年，移动支付笔数占电子支付总笔数超 50%。

2016 年 Q4 的第三方移动支付交易规模达到 18.5 万亿元，支付宝占比 55%，财付通占比 37%，市场份额上升至 92%。根据易观最新统计数据显示，2017 年 Q1 我国第三方移动支付市场规模达 18.8 万亿元，其中支付宝占比 53.7%，财付通为 39.51%，包括支付宝和财付通两家在内的前八名共占市场份额 97.98%。

（4）第四方支付的诞生——聚合支付

在各种第三方支付工具遍地开花的今天，纷繁不一的支付方式给消费者的消费造成一定的困扰，同时支付场景的碎片化也给商户的运营管理造成一定的不便。因此，应支付痛点而生的聚合支付作为连接第三方支付机构和商户的第四方悄然兴起，整合各种主流支付渠道，解决了支付场景碎片化的问题，一方面方便了商户、消费者的收付款，另一方面也可以帮互助第三方支付机构扩张支付场景覆盖领域。

聚合支付是指只从事"支付、结算、清算"服务之外的"支付服务"，借助银行、非银机构或清算组织的支付通道与清结算能力，利用自身的技术与服务集成能力，将一个以上的银行、非银机构或清算组织的支付服务，整合到一起，以此减少商户接入、维护支付结算服务时面临的成本支出，提高商户支付结算系统运行效率的，并收取增值收益的支付服务。

聚合支付示意图。

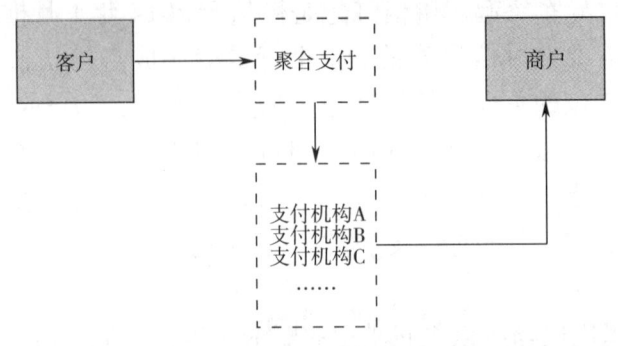

图 4 聚合支付示意图

移动支付场景的丰富化象征着聚合支付能够融合的支付场景也越来越多，包括公共缴费、信用卡缴费等都是未来聚合支付的潜在市场，同时移动支付产品遍地开花，谋求更多支付通道的整合也是聚合支付未来发展的方向之一，只有做到能容纳更多的支付工具，才能把零碎的支付数据收集起来，构造出更加完善的数据库，为聚合支付公司未来开展衍生业务有着更加全面科学的数据支持。

当前，聚合支付作为支付通道的入口，主要是解决支付场景碎片化的市场问题和积累支付数据构建相应数据库。未来，聚合支付将作为移动支付的下一个产业风口，在强大的数据背景和央行政策的支持下实现数据变现，其增值业务有巨大的发展空间和潜力。

3. 第三方支付的价值延伸

在当前越发严苛的支付市场中，基础支付服务利润一再被稀释，增值业务的开展无疑是支付公司新的利润增长点。目前行业内的增值业务包括金融增值业务，如信贷、理财等，商业增值业务，如营销、会员管理等，技术增值业务，如金融科技输出等。

（1）消费金融

第三方支付的金融增值服务开展是在构造支付金字塔顶端的高价值服务，其重要支撑点是支付服务过程中所积累的支付数据的分析：支付及支付相关机构通过为商家提供支付中介服务或者支付设备服务，可以从支付服务中获得相应的支付数据，通过对海量的支付数据进行多维度分析，得出消费者相关的基本信息、人生轨迹、生活方式等等，并在此基础上进一步进行数据挖掘，刻画用户画像、征信情况以及企业的营销方向，真正实现消费金融向长尾客户的渗透。

长尾市场的巨大商机，吸引各大机构争相挖掘。依托支付宝和淘宝平台的庞大数据，蚂蚁金服率先发力，形成了以电商为特色的个人信用体系，目前已覆盖银行业务、旅游、公共交通、房屋租赁等多个领域。其旗下的微众银行、蚂蚁花呗通过芝麻信用，从不同维度对长尾用户进行评级，为不同等级客户提供消费信用服务。京东支付平台依托京东商城和京东金融平台，推出的京东白条从线上走向更广阔的线下应用场景，抢滩细分领域市场，包括租房、旅游、教育、装修等。第三方支付平台通过增值服务，促使消费金融的市场规模迎来跨越式发展。

（2）财富管理

第三方支付的衍生价值还在于改变面向中等富裕和中产及以下人群的财富管理稀缺的现状。传统的财富管理是指投资顾问以服务高净值客户为核心，为其提供全面的金融理财服务，如现金管理、投资组合构建、风险管理和税务筹划等。由于专业理财顾问稀缺，且服务半径有限，只有为财富规模较高的客户服务，才能对冲成本。余额宝、理财通等互联网平台促进了长尾人群的财富管理，在2013年掀起一波"宝宝"理财热潮。

余额宝是支付宝旗下的余额增值服务和活期资金管理服务产品，于2013年6月推出。余额宝对接的是天弘基金旗下的货币基金，特点是操作简便、低门槛、零手续费、可随取随用。除理财功能外，余额宝还可直接用于购物、转账、缴费还款等消费支付，是移动互联网时代的现金管理工具。目前，余额宝依然是中国规模最大的货币基金。余额宝的出现，一方面满足了居民日益增长的资产配置需求，对现有的投资产品是一个很好的补充；另一方面也提高了理财收益，降低了理财门槛，更唤醒了公众的理财意识。

（3）金融科技输出

据支付百科不完全统计，截至2017年3月，一共有24家支付机构获得了跨境电商外汇支付业务试点许可，其中联动优势获准开展的试点业务范围最广，包括货物贸易、旅游服务、酒店住宿、航空机票、留学教育、国际展览、通信服务、国际运输及软件服务九大类。面对海外支付市场，未来将会有越来越多的支付机构加入跨境支付行列。

当前，适合我国支付企业全球化拓展模式主要有两种：一是进行战略性投资。相比于其他国家而言，我国的移动支付行业是具备成熟优势的，通过入股扶持国外本土支付企业实现技术与经验的输出，在不断从获得的国外资源基础上发展自身的海外移动支付业务，打造国外的本土化支付。目前，支付宝已经在印度、泰国、菲律宾、印度尼西亚、新加坡、韩国、马来西亚等7国实现商业模式的输出落地。蚂蚁金服与泰国领先的支付企业 Ascend Money 签订战略合作协议，帮助 Ascend Money 建立类似支付宝的电子钱包平台，未来5年有望服务泰国一半以上的网民。2015年9月，阿里巴巴和印度最大移动支付和商务平台 Paytm 合作，Paytm 已成为印度版"支付宝"，是印度最大的移动支付平台。

二是乘旅游、游学、海淘之大潮，与国外较为热门的商家进行合作，向其推行支付服务，建立全球化商户支付网络。以支付宝为例，支付宝与国内外180多家银行以及 VISA、MasterCard 国际组织等机构建立战略合作关系，成为金融机构在电子支付领域最为信任的合作伙伴。目前，支付宝可以在欧美、日韩、东南亚、港澳台等30多个国家和地区使用，在24个国家提供消费退税服务。数十万线下商家支持支付宝付款，涵盖餐饮、超市、百货、便利店、免税店、主题乐园等热门消费场景。

第三节　数字货币

一、数字货币概述

1. 数字货币的概念

基于区块链的比特币，为金融科技的创新提供了重要的技术和应用支持，受到了越来越多的人的重视和追捧。数字货币（Digital Currency）通常是指依靠密码技术和校验技术来创建、分发和维持，以电子媒介形式存在于互联网环境中的密码货币。数字货币与电子货币有着本质的区别。电子货币（Electronic Money）是指用一定金额的现金或存款通过使用电子化途径将银行中的余额转移,从而能够进行交易。目前全世界发行有数千种数字货币,比较有代表性的是比特币、莱特币、以太币等。对于数字货币的概念,需要从以下三个方面来界定:

第一,信用机制。数字货币是否是法定货币,决定了其背后的信用机制不同。法定信用货币是由国家法律规定的,强制流通的独立发挥货币职能的货币;加密数字货币的信用支撑,则是某种智能程序"自维系"的"共识信用",仍然存在缺陷和不足。

第二,货币属性。货币是充当一般等价物的职能,交换媒介、价值尺度、支付手段、价值储藏是其最重要的功能。如果其前面的功能不稳定,则货币属性就严重弱化,甚至难以成为严格意义上的货币。比特币等数字货币之所以被诟病,就在于其价值的巨大波动造成的货币功能上的不稳定。

第三,国家权力。货币本质上是一种所有者与市场关于交换权的契约,根本上是所有者相互之间的约定,反映的是个体与社会的经济协作关系。各类法定货币的存在,意味着国家(央行作为代表)在契约关系中发挥绝对主导作用,而加密数字货币,则弱化了主权地位。

正是基于以上原因,目前各国对数字货币的认识存在较大差异,同时一些国家的央行开始研究央行法定数字货币(Central Bank – issued Digital Currency, CBDC)。国际清算银行(BIS)在 2017 年 9 月 17 日发布的一份报告称,央行是否为现金提供数字形式替代品的政策决定,在瑞典这样现金流通量下降的国家最为紧迫,但是所有中央银行最终都必须面对发行 CBDC 是否切合自身需要的抉择。

2. 从比特币看全球数字货币发展

(1)比特币发展历程

2008 年爆发全球金融危机,当时有人用"中本聪"的化名发表了一篇论文《比特币:一种点对点的电子现金系统》,阐述了基于 P2P 网络技术、加密技术、时间戳技术、区块链技术的电子现金系统的构架理念,2009 年 1 月 3 日第一个序号为 0 的比特币创世区块诞生,2009 年 1 月 9 日出现序号为 1 的区块,并与序号为 0 的创世区块相连接形成了链,标志着比特币和区块链的诞生。

比特币是一种由计算机生成的一串串复杂代码组成,通过"挖矿"

来生成新的比特币。所谓"挖矿"实质上是用计算机解决一项复杂的数学问题，来保证比特币网络分布式记账系统的一致性。比特币网络会自动调整数学问题的难度，让整个网络约每 10 分钟得到一个合格答案。随后比特币网络会新生成一定量的比特币作为赏金，奖励获得答案的人。

比特币建立一个分布式账本，每一个参与账户验证和打包的节点都能查询存储的自创世以来发生的所有交易细节来保障任意账户内的一笔钱不会被花销两次。每 10 分钟内发生的交易被打成一包成为"区块"，使用加密签名技术，后一个区块使用前一个区块的签名信息对自己签名，形成签名"链"。这样一个"区块链"能保证账户和交易信息不被篡改。

2009 年比特币诞生的时候，每笔赏金是 50 个比特币。诞生 10 分钟后，第一批 50 个比特币生成了，而此时的货币总量就是 50。随后比特币就以约每 10 分钟 50 个的速度增长。当总量达到 1 050 万时（2 100 万的 50%），赏金减半为 25 个。当总量达到 1 575 万（新产出 525 万，即 1 050 的 50%）时，2016 年 7 月赏金再减半为 12.5 个。

比特币交易所的出现，鼓励投资者用各国法币进行兑换。在大量投资者参与下，比特币价格一路上升，从最初的零点几美元，到 2013 年 11 月 29 日，仅用了四年时间，就达到历史高峰，盘中高达 1 242 美元，一度超过 1 盎司黄金。其后，经过 6 年的发展，虽然受不同国家对比特币的政策扰动，比特币价格出现波动，但总体变化趋势却是不断上升，至 2017 年 11 月中旬，比特币币值超过 8 000 美元，比特币总体市值估计超过 1 150 亿美元。

（2）比特币的基本理论

比特币作为一个带有实验性质的虚拟货币，在设计之初就被其发明人"中本聪"赋予了一些反经济学的的理念，"中本聪"在其"挖出"创世区块的时刻，正是当时全球金融危机愈演愈烈。"中本聪"设计比特币的初衷是对传统金融体系的不信任，而比特币以及其背后的核心技术区块链本质是去中心，反监管，试图颠覆传统的受管制的金融体系，而其颠覆之处在于：

比特币是一种通缩的货币，总量有限，发行次序以及时间点已知；

比特币去除央行这样的中心监管节点，由整个网络参与发行与账目监管；

"中本聪"人为通过协议强制规定比特币发行速度在 2009—2012 年保持约每十分钟 50 个不变，以后约每四年减半一次，在 2009—2013 年比特币发行约 1 050 万枚，按照 4 年减半的速度，最终将发行约 2 100 万枚后饱和。这样这种货币由固定的协议而不是央行决定发行量，自然也就没有滥发货币和通胀之虞。

为了达成以上的目的，比特币以及其背后的区块链技术采用了以下机制：

一是建立一个全球分布式账本，每一个参与账户验证和打包的节点都能查询存储的自创世以来发生的所有交易细节来保障任意账户内的一笔钱不会被花销两次。每 10 分钟内发生的交易被打成一包成为"区块"，使用加密签名技术，后一个区块使用前一个区块的签名信息对自己签名，形成签名"链"。这样一个"区块链"能保证账户和交易信息不被篡改。

二是每 10 分钟都将选择一些未确认的交易对照历史区块链验证并打包成一个"区块"（受区块协议大小限制，比特币系统只能容纳约全网每秒十次左右交易），但并非所有比特币矿工打包的区块都是有效区块，而是接下来需要参与一场难度不断提升的算术竞赛，胜出者的结果才能获得全网认可并得到奖励（新发行的比特币）。

（3）比特币的影响

在比特币总量有限、产出趋缓、市场避险情绪升温、投资人逐利天性等因素的驱动下，比特币的价格一再被推高，短短八年暴涨了 500 多万倍。截至 2017 年 6 月 10 日，以比特币为代表的数字货币总市值里程碑式地突破了 1 000 亿美元。亚洲投资者为比特币等数字货币价格的疯涨作出了巨大"贡献"。过去一年新增的数千万比特币钱包平台注册用户，主要集中在中国、韩国和日本。2016 年中国比特币交易量占据全球交易量的 93%；2017 年由于日本金融厅承认比特币，日本超越美国成为比特币交易量最大的国家，占比达 40%；韩国以太币交易额超过了比特币交易额，以太币韩元交易量超过全球以太币总交易量的 30%。

以比特币为代表的数字货币具有三个最突出的特点：一是数字货币

是开源的，任何人都可以查看源代码；二数字货币是去中心化的，分布式的；三是数字货币的总供给量是恒定的，确保价值的稳定。这些特点也造成了数字货币的先天不足，主要表现为：

一是交易平台的脆弱性。比特币网络很健壮，但比特币交易平台很脆弱。交易平台通常是一个网站，而网站会遭到黑客攻击，或者遭到主管部门的关闭。2016 年，香港比特币交易所 Bitfinex 近 12 万枚比特币遭窃，价值约 7 200 万美元，最终解决方案是让用户平摊 36% 的损失。2017 年，韩国最大比特币交易所 Bithumb 遭入侵，用户损失数十亿韩元，预计约有 100 名受害者将对 Bithumb 提起集体诉讼。由于法律缺乏和监管规定不明，即使损害被证明，交易平台对遗失的资金也难以判定法律责任并赔付。

二是数字货币脱离金融监管，容易被犯罪分子用于各种违法犯罪中。根据英国财政部 2015 年的一份风险评估报告，犯罪分子利用数字货币，多数是在进行线上市场的传统犯罪交易。数字货币交易所很容易成为洗钱、恐怖主义等的犯罪平台。2017 年 7 月 28 日，美国政府对俄罗斯商人 Alexander Vinnik 提起控诉，罪名包括洗钱和使用 BTC – e 交易所的比特币交易进行违法犯罪活动。BTC – e 交易所是世界上最大最早的虚拟货币交易所之一，涉嫌利用比特币为犯罪组织洗钱 40 多亿美元。

三是投机风险极大。由于缺乏实际兑换价值，且自身价值不以"货币锚"为基准，容易受到监管政策变化的影响，数字货币价格易发生巨幅震荡，投机风险巨大，普通投资者盲目跟风容易遭受重大损失。数字货币交易所缺乏对消费者合法权益的保护，当出现非法经营、经营者携款潜逃时，投资者损失惨重。2013 年，国内比特币交易平台 GBL 以遭黑客攻击为由突然"跑路"，用户直接损失超过 2 000 万元。

数字货币的这些特征和存在问题，一是加大了金融监管的难度。在金融监管中，几乎所有国家都非常依赖银行系统来查验交易的资金进出。而比特币独立的支付网络则有效地躲开了这种追查途径，使得监管资金动向非常困难。比特币由于其匿名特性，甚至成为犯罪资金的主要载体，一些网络勒索病毒也把比特币作为唯一支付手段。二是比特币挖矿增加了大量的电力资源消耗。昂贵的专用矿机提高了挖矿的效率，使得传统的采矿技术无法生存，随着时间的推移和竞争的加剧，整个比特币产业链成为极端资本密集型行业。目前，在我国西部水电资源丰富的地区已形成了规模庞大的比特币挖矿基地，中国也成为世界最重要的比特币出产国。

3. 数字货币的 ICO

大量资金不断涌入数字货币市场，与之相关的 ICO 项目市场持续火爆。2017 年，ICO 概念成为投资市场上最火热的概念之一，在造就一个个资金募集神话和暴富传奇后，ICO 的风险积累也引起监管层和部分理性投资者的高度重视。

（1）ICO 的含义

ICO（Initial Coin Offering）指基于区块链技术的首次公开募币，是创业公司绕过需要严格规范的风投资本或银行，为新的数字加密代币项目募集资金的过程。ICO 的一般由融资主体在某区块链上发行自己的企业代币或项目代币，投资者用比特币、以太币等较为通用的数字加密货币来兑换项目代币。融资主体获得数字加密货币形式的资金，持有项目代币的投资者能够享有融资主体提供的某种权益，这种权益可以表现为收益权，或者可供流通转让的代币。

ICO 代币可以分成 3 种：第一种是应用代币（Appcoin），是在区块链应用中作为一种交易媒介，可以非常方便地与其他应用代币或者央行货币进行兑换。应用代币 ICO 是最早出现的，也是目前 ICO 最多的一种代币种类，包括比特币（BTC）、以太币（ETH）都是这样的应用代币。第二种是权益代币（Equity Token），类似于持有这个区块链应用的股份，比如新加坡的 Digix 就是通过发行 DGD 的权益代币来进行应用众筹的。第三种是债权代币（Debt Token），主要是用来解决区块链应用流动性不足的问题，本质上和企业发债是一个道理。

在 ICO 活动中，一部分代币被出售给项目的早期支持者，以换取法定货币或其他数字货币。ICO 项目参与门槛较低，缺乏监管，为初创企业提供了一种快速的融资方式；投资者对项目涉及的数字货币抱有未来升值的预期。

比较典型的 ICO 项目有：2013 年 7 月 Mastercoin（现更名为 Omni）是可查到的最早 ICO 项目，通过 meta - protocol 拓展比特币功能，募集 5000 BTC。2013 年 12 月，NXT（未来币）创建首个完整的 PoS 区块链，其 ICO 仅募集 21 BTC，但市值峰值曾到达过 1 亿美元，创造了 ICO 的神话。2014 年 7 月，Ethereum（以太坊）ICO 募集 3 万余个比特币曾创下纪录，是近两年最成功的 ICO，也是至今为止除比特币以外市值最高的数字货币/区块链项目。

ICO 融资主体并不限于实体企业，ICO 投资者了解项目信息的途径主要是通过 ICO 融资平台简单的项目介绍和白皮书，对于募集资金的用途、资金的审计、项目的定期审核等信息则是很难获取，因此极易导致发行代币的价值严重偏离项目的内在价值。ICO 风险包括项目失败或跑路导致的资金损失风险、价格剧烈波动引起的金融风险、借 ICO 进行的诈骗、非法集资等违法犯罪风险等。

（2）ICO 的野蛮增长

2017 年全球 ICO 总融资额超过了初创企业通过传统风投公司获得的资金。募币速度上，ICO 项目也享受着野蛮生长带来的"红利"。2017 年 6 月，web 浏览器创业公司 Brave 的 BAT 项目，其代币 ICO 在数十秒内便筹集到了 3 500 万美元。而后，甚至相对不知名的项目 Bancor，在数小时内也融到了价值 1.53 亿美元的以太币，创下了 ICO 的新纪录。

在中国，据国家互联网金融风险分析技术平台发布的数据，2017 上半年国内共有 43 家相关平台提供 ICO 服务，累计融资 26.16 亿元，参与人次累计 10.5 万人。累计上线并完成 ICO 的项目 65 个，其中 2017 年以前共上线完成 5 个项目，2017 年 1～4 月上线 8 个，5 月上线 9 个，6 月上线 27 个，7 月已上线并完成 16 个，项目上线频率呈指数级加速趋势。

2017 年以来，通过上述平台完成的 ICO 项目累计融资规模达 63523.64BTC、852753.36ETH 以及部分人民币与其他虚拟货币，折合人民币总计 26.16 亿元。从 ICO 平台看，融资金额最多的平台分别为 ICOAGE（经营主体为上海趣块信息科技有限公司）、ICOINFO（经营主体不明）和 ICO365（经营主体为深圳众链科技有限公司），分别占 30.7%、22.9% 和 10.6%。

（3）ICO 的风险

一是金融"脱媒"风险。与传统融资模式不同，ICO 能够使资金供给绕开现有的商业银行体系和证券发行体系，直接输送给资金需求方和融资者，完成资金的体外循环，导致金融交易脱离现有的金融监管。2017年7月25日，美国证监会（SEC）发布对THE DAO项目的调查报告，认定ICO在性质上属于证券投资邀约。

二是短线交易风险。理论上，代币的价格应当由ICO项目的内在品质决定。若ICO项目主体不是实体项目，本身没有实质价值，上家买入代币仅是期待下家能以更高的价格接盘，那么这种击鼓传花式的投机炒作和短线交易必将使得ICO彻底沦为少数投机分子的金钱游戏。

三是技术与信息安全风险。互联网固有的黑客风险将给ICO运作造成巨大影响，黑客攻击事件将导致ICO大量数据丢失，造成难以弥补的损失。2014年2月，全球最大的比特币交易平台Mt. Gox价值近5个亿的85万个比特币被盗一空，导致Mt. Gox宣布破产。Mt. Gox此前曾因软件编程错误使得数千个比特币丢失，但并没有吸取教训对自身的技术进行改进加固，最终因交易系统存在缺陷令黑客盗取大量比特币。

四是监管风险。作为新兴事物，监管不确定性是ICO长期面临的最大政策风险。具体而言，进行ICO时可能涉嫌非法吸收公众存款、非法经营，涉嫌诈骗、内幕交易，以及为洗钱等犯罪行为提供渠道等。

（4）央行全面叫停ICO

针对国内ICO的过度投机，2017年8月31日，中国互联网金融协会发布《关于防范各类以ICO名义吸收投资相关风险的提示》，明确提出部分机构采用误导性宣传等手段进行诈骗、非法证券、非法集资等行为，部分ICO项目资产不清晰，投资者适当性缺失，给投资者带来较大风险。

2017年9月4日，中国人民银行等7部门下发了《关于防范代币发行融资风险的公告》（以下简称《公告》）。《公告》要求，任何组织和个人不得非法从事代币发行融资活动，加强代币融资交易平台的管理，各金融机构和非银行支付机构不得开展与代币发行融资交易相关的业务。

《公告》指出，代币发行融资是指融资主体通过代币的违规发售、流通，向投资者筹集比特币、以太币等所谓"虚拟货币"，本质上是一种未经批准非法公开融资的行为，涉嫌非法发售代币票券、非法发行证券以及非法集资、金融诈骗、传销等违法犯罪活动。

公告明确指出自发布之日起，各类代币发行融资活动应当立即停止，已完成代币发行融资的组织和个人应当作出清退等安排，合理保护投资者权益，妥善处置风险；任何所谓的代币融资交易平台不得从事法定货币与代币、"虚拟货币"相互之间的兑换业务，不得买卖或作为中央对手方买卖代币或"虚拟货币"，不得为代币或"虚拟货币"提供定价、信息中介等服务。

《公告》发布后，各类虚拟数字货币应声全线下挫，比特币当日跌幅超过4%，莱特币、以太坊等则大跌逾10%，国内多家代币平台陆续停止运营。但 ICO 作为投机者的天堂，部分平台及 ICO 项目开始向国外迁移。

二、央行法定数字货币

1. 数字货币受到各国央行重视

数字货币在全球发展的历史较短，但是发展速度较快。许多国家都在进行官方或者民间的尝试，不断总结经验教训。作为货币发行的主管部门，各国央行对数字货币尤为关注。

2016 年 1 月 2 日报道，英国央行也在研究考虑是否由央行来发行数字货币，目前研究工作还处于初级阶段。英国央行首席经济学家安迪·霍尔丹表示，改用数字货币将是"伟大的技术大跃进"。英国央行也推出了一款全新的加密货币 RSCoin，它不仅具备分布式记账技术的优势，还拥有中央管理的传统货币的可控性。"RSCoin"比特币底层区块链技术不同的是，中央银行完全控制货币供应，同时依赖于一些机构来防止货币重复消费。

挪威最大的银行 DNB 早已取消了现金柜台服务。该银行呼吁，政府应该彻底停止使用纸币。数据显示，目前每天只有 6% 的挪威人还在使用现金，大部分是老年人。现金支付的社会成本是电子货币支付社会成本的两倍。在一天的生活中，乘车、购物、缴费、加油，甚至停车全部刷卡完成支付，只有孩子学校举行义卖活动的时候才可能用到纸币。

中国香港金管局研发数字货币原型，支付与结算是重点应用领域。作为央行和金融监管部门，香港金融管理局（HKMA）和香港行间清算有限公司（自持股权的清算所）、几家未公开身份的银行以及分布式账本初创公司 R3 共同合作研发这一项目。世界各国央行，包括加拿大、新加坡和英国都在近几个月发起了类似的项目。近期，HKMA 还透露他们和部分银行以及 R3 完成了一个贸易金融项目。

相比于纸币，数字货币优势明显，不仅能节省发行、流通带来的成本，还能提高交易或投资的效率，提升经济交易活动的便利性和透明度。由央行发行数字货币还保证了金融政策的连贯性和货币政策的完整性，对货币交易安全也有保障。

虽然数字货币的发行方式目前仍在研究之中，但是纸币已被一些专业人士看成"上一代的货币"，被新技术、新产品取代是大势所趋。由于中国人口太多、体量太大，发行数字货币的时间表依然没有确定。有人预测，数字货币和现金在相当长时间内都会是并行、逐步替代的关系。

2016 年 11 月，中国数字货币研究所成立，旨在培养数字货币高层次人才，开展数字货币研究、咨询、发展规划及相关活动，致力于促进数字货币行业的科研与实践融合发展。2017 年 2 月，中国人民银行推动的基于区块链的数字票据交易平台测试成功，未来由中国人民银行主导的数字货币发行前景值得期待。

表 1　　　　　　　　部分国家央行对数字货币的研究进展

管理机构	数字货币发展进程	具体应用
新加坡央行	测试发行数字货币	用于银行间支付，来简化跨行支付流程和降低交易成本，该项目还有新加坡股票交易所和 8 家银行参与
突尼斯央行	发行数字货币 dDinar	突尼斯有 50 万人使用央行发行的 dDinar，同时突尼斯邮政将于 Monetas 和 DigitUs 合作，将该国数字货币与区块链技术结合
塞内加尔央行	数字货币 eCFA 将整合区块链技术	新货币与该国法比西非法郎一起流通
英格兰央行	成立金融科技加速器	公开讨论和探索发行一种使用区块链技术的数字货币
加拿大央行	将公布区块链测试结果	加拿大银行构造了一个功能区块链原型和基于法定货币的数字代币
乌克兰央行	明年发行基于区块链的数字版格里夫纳	作为国家无现金经济项目的一部分，初期阶段将于实体货币一起流通

续表

管理机构	数字货币发展进程	具体应用
瑞典央行	测试研究基于区块链的数字版瑞典克朗－Ekrona	2009 年以来瑞典纸质钞票流通量下滑 40%，考虑数字货币与现钞一起流通
丹麦政府	推行无现金社会	商店和服务场所可以选择完全的无现金交易，零售商应获准仅接受移动支付的信用卡支付

2. 中央银行加密货币 RSCoin[①]

在英格兰银行的建议下，英国伦敦大学研究人员提出并开发了一个法定数字货币原型系统，即中央银行加密货币（Centrally Banked Cryptocurrencies）——RSCoin 系统。RSCoin 系统是有一定典范性的中央银行数字货币原型构想，其核心功能、体系架构、关键实现技术和交易模型对研究中央银行数字货币具有较好的借鉴价值。

RSCoin 项目的研究者认为，比特币底层技术不适用于中央银行发行数字货币的应用场景，这源于比特币内在机制存在的一些问题，主要包括如下方面：一是比特币网络的可扩展性差，无法承载大容量、高速率的货币交易，目前比特币网络中每秒最多进行 7 笔交易；二是去中心化的货币发行体系，导致中央银行无法对货币供应进行宏观调控，比特币本身的价格极度不稳定，不利于在更大范围、更大规模上的应用，尤其是不利于在主权货币上使用。

针对以上问题，RSCoin 的设计目标是站在中央银行的视角，实现一种受中央银行控制的、可扩展的数字货币，为中央银行发行数字货币提供一套发行流通的参考框架和系列准则。RSCoin 解决方案的核心内容主要有：

一是货币发行可控性。将货币的发行和交易总账的维护分开，采用中心化的货币政策，货币由中央银行统一发行，而交易账本分布式存储，由多个可信的 mintettes（可理解为商业银行）来记录维护，最后由中央银行进行统一对账和管理。简言之，系统总体设计采用了中央银行—商业银行的二元分层体系结构，基于区块链技术实现了分层管理的分布式账本；mintettes 由中央银行授权接入系统，中央银行对 mintettes 的

---

① 本节内容参阅了姚前撰写的《中央银行加密货币——RSCoin 系统之分析》，原载于 2017 年第 6 期《财经》

行为进行审查，故不需要采用比特币的工作量证明来达成共识；

二是可扩展性。RSCoin 采用了一种称为两阶段提交（Two – PhaseC-ommit：2PC）的共识机制来进行分布式记账，使得每秒可处理的交易能达到 2 000 笔，通过提高 mintettes 的数量，每秒可处理的交易上限还能不断提高，从而实现了系统的可扩展性。

三是通用性。不同央行均可使用 RSCoin 平台发行各自的数字货币。

RSCoin 系统中包含中央银行、mintettes 和最终用户三类角色。中央银行完全控制货币的产生，并通过生成全局账本（higher – levelblock）向整个系统发布最终交易数据。Mintettes 代表央行授权的商业机构，用来收集、核实用户的交易，中央银行对 mintettes 进行授权认证，并定期向整个系统发布授权的 mintettes 列表。mintettes 得到授权后，在某个时间周期内负责维护交易账本，并定期将低层账本交易数据提交到中央银行，由中央银行汇总生成全局账本，并对外发布确认的交易数据。最终用户和央行之间不直接发生信息交互，而是通过 mintettes 这一中间层代为传递，汇总交易记录；央行更多是冲突调解者、最后确认人，以及全局账本确认。

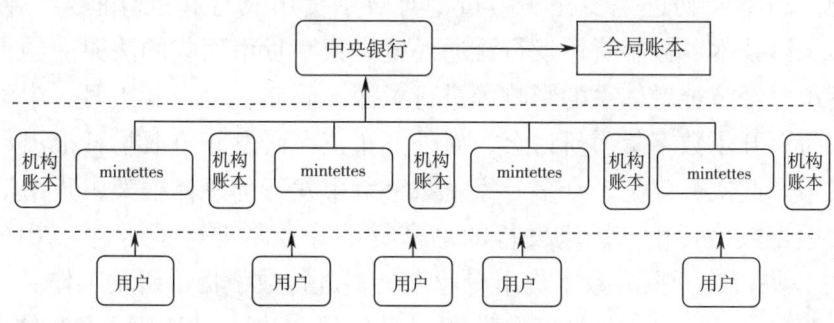

资料来源：姚前，中央银行加密货币——RSCoin 系统之分析，财经，2017.06。

图 1　RSCoin 系统总体构建

与以往的加密数字货币相比，RSCoin 具有中心化货币发行、分布式账本维护、交易容量可扩展、交易账本可审计的特点，而这些特点正是解决主权货币数字化的重要内容，为各国央行研究和发行数字货币提供了很好的借鉴。但 RSCoin 也存在如下一些不足，主要表现在：

一是 RSCoin 使用二层分布式账本，通过增加 mintettes 数量提高系统的处理能力，但并没有减少总账本的数据量。而对于更为庞大和复杂的系统，总账本的数据量和系统的可靠性及效率之间需要找到一个平衡点，RSCoin 对此仅做了简单的处理，并未深入探究；二是在二层分布式记账方法中，RSCoin 将大量的对账工作交由中央银行来处理，中央银行可能成为系统的瓶颈。同时，中央银行对账以及对账结果反馈给底层 mintettes 的协议还不完备；三是 RSCoin 照搬了比特币记录交易流水的记账模式，没有使用银行业普遍应用的复式记账法。

RSCoin 只是一个概念原型系统，目前已经在亚马逊网络服务上在 30 台计算机上对 RSCoin 进行了测试。银行接下来的计划是探索在现实世界的应用。George Danezis 在 Github 源代码库中发表了 RSCoin 代码。澳大利亚联邦银行、NAB、西太平洋银行（Westpac）和麦格理银行（Macquarie Bank）都纷纷加入了 R3 CEV 项目的 42 个全球金融机构，进行区块链系统测试。

3. 我国央行数字货币体系

（1）中国人民银行数字货币进程加速

从 2014 年开始，中国人民银行就已经组建团队研究发行数字货币问题。2015 年初进一步充实力量，对数字货币发行和运算框架、数字货币关键技术、数字货币发行流通环境、数字货币面临的法律问题、数字货币对经济金融体系的影响等进行了深入研究。2016 年 1 月，中国人民银行召开了数字货币研讨会，对外宣布正在研发并争取早日推出数字人民币。此次会议上，众多专家就数字货币发行的总体框架、货币演进中的国家数字货币、国家发行的加密货币等专题进行了研讨。2016 年 11 月，央行公开招募数字货币专业人员，进行数字货币研发工作。

2017 年 11 月，由北京大学数字金融研究中心（IDF）主办的 IDF 第二届年会聚焦"数字金融的中国时代"，央行数字货币研究所所长姚前发表题为"推进法定数字货币研发，助力数字经济发展"的演讲，对法定数字货币做了解读和指示，明确了法定数字货币的框架安排。

目前中国人民银行的数字货币将以"央行——商业银行"的安排发行已具备条件。综合现有的信息，我国央行研发的数字货币是由央行发行、代表国家信用、中心化、可控匿名、加密的数字化法定货币。

（2）央行数字货币的基本模式

　　由央行发行的数字货币，因为有国家信用做担保，其本质与流通纸币相同，主要属于现金（M0）范畴，是用以替代现有纸币的数字化货币。其特点一是与现金货币等值流通，可以互相兑换；二是支持点对点直接支付、借贷或投资，不需要通过任何银行等中间环节；三是央行法定货币由特定密码学与共识算法验证的、可代表具体金额的加密数字串，可储存在数字钱包中，应用于移动终端、PC 终端或卡基上，进入流通及支付环节。用户可以将其如同现金一样存在银行现金账户，获取其流通、支付等功能，也可以将其存放在银行电子账户里，形成电子货币并获取利息。

　　通过应用密码算法，用户可以用私钥签名进行账户操作，但是也会因为泄露私钥，导致数字资产损失，所以数字货币要在匿名的情况下，实现可追溯和可控的功能。以"数字化"及"中心化"两大特性为基础，利用区块链等技术，央行数字货币除可追踪性外，还将拥有可流通性、可存储性、可离线交易性、可控匿名性、不可伪造性、不可重复交易性、不可抵赖性七大特征。

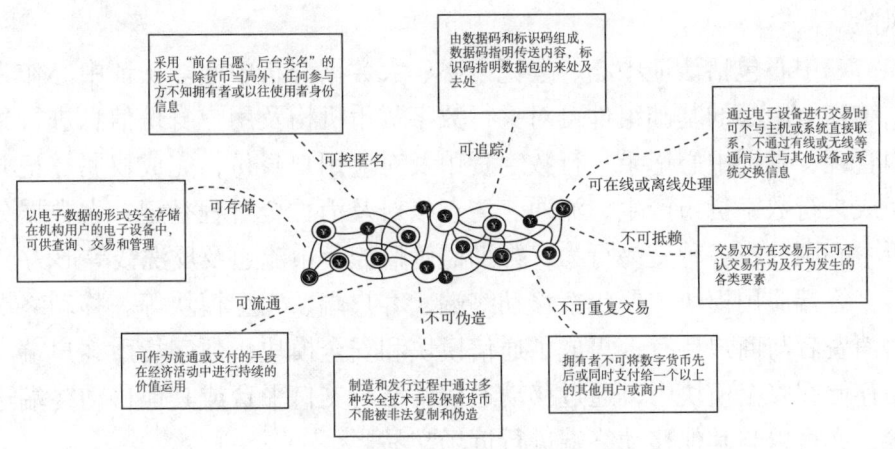

资料来源：中国金融杂志，安信证券研究中心。

图 2　央行数字货币特征

（3）央行数字货币运行体系

　　数字货币以密码学与共识算法验证的数字的形式存储在数字钱包中，数字钱包可以应用于移动终端、PC、卡基，最终需要运行在特定的货币网络中，形成独立的运行体系。央行数字货币既可以存储于数字钱包，并运行在特定数字货币网络中进行支付、结算，也可以存入银行电子账户，形成普通存款货币通过银行中介进行支付、获取利息等。

央行数字货币的发行在现有纸币发行基础上，构建以"一币两库三中心"为核心要素的体系架构：

一币是指央行数字货币是由央行发行的，具有强制性和唯一性。央行法定数字货币并没有改变流通纸币的本质及二元体系整体运行框架，只是运送及保存方式上有所改变。

二库是指数字货币发行库和数字货币银行业务库。我国央行发行的数字货币将按照中心化管理原则，构建数字货币与纸币相同的"中央银行—商业银行机构"二元体系搭建。二中央银行与商业银行等金融机构各自建立一套发行库和业务库，中央银行将发行货币调入银行业金融机构，再由银行业务库统一管理业务库货币的投放与回笼。选择二元体系，一方面可以延续当前的货币发行体系，充分利用现有资源，不至于造成货币发行体系混乱；另一方面，可以调动商业银行在法定数字货币使用和推广方面的积极性，在一定程度上分散中国人民银行所承担的风险。

三中心包括认证中心、登记中心、大数据分析中心。认证中心作为系统安全中心的基础组件可对央行数字货币机构及用户身份信息进行集中管理；登记中心记录央行数字货币及对应用户身份，完成权属登记并完成央行数字货币产生、流通、清点核对及消亡全过程登记；大数据分析中心则分析各种交易行为，帮助监管监控货币流通及反洗钱等形为。

终端应用模块主要包括移动终端、客户端、安全模块等。移动终端由消费者与商户持有，集成了通信模块和安全模块，数字货币客户端应用存储在安全模块中，通过移动通信网络与支付平台或其他移动终端连接，亦可以与其他移动终端进行近场交易。

4. 央行数字货币的独特优势

（1）控制货币供给及流通，优化货币政策执行

控制货币供给。经济发行所确定的货币规模对应着全社会商品物资和服务价值足以满足社会交易流通所需的货币。传统货币条件下，国家增发货币的效果并不明显，从近年来国家基础货币供给量（Monetary-Base，即印钞量）和流通中现金（M0）数据来看，实际流通现金大约

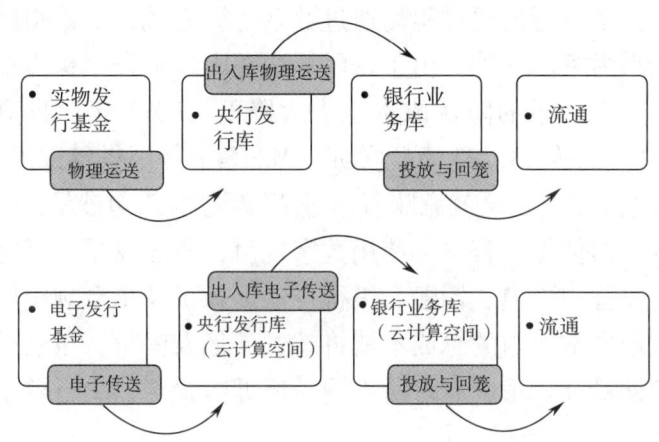

资料来源：《中国金融》，华金证券研究所。

图3 实物货币与数字货币的流通框架

只有货币发行量的五分之一。在国家货币政策不明显的前提下，央行往往进一步增加货币供给，因而极易造成货币超发、出现通货膨胀，破坏经济正常发展。相比之下，央行数字货币可以在庞大数据基础的前提下，帮助监管当局根据需要采集不同频率、不同机构的完整真实的实时交易账簿，在特定时间针对特定人群准确增加供给。理论上，央行数字货币不存在超发的可能，央行可以极有效地控制货币供给，提升货币政策操作的准确性和灵活性。

完善利率传导机制及风险评估机制。央行数字货币的法制性使得它被全社会普遍接受，而基于点对点的支付方式大大提升流通效率必将提高单个金融市场的市场流动性以及不同金融市场间的资金流动性。这将使利率期限结构更平滑，货币政策利率传导机制更顺畅。另外，法定数字货币的可追踪性使得国家监管机构可以通过对账本信息和法定数字货币流通环节的追溯，第一时间全面准确地掌握资金流动情况，追踪资金流向，进而帮助监管当局全面监测和评估金融风险。

（2）全面降低成本，提升货币流通效率

多方面降低货币成本。央行数字货币的出现使得法定货币从造纸、印刷、切割、存储、运送的整套实体货币生产流程全部转换成在服务器中执行的数字运算。央行不再需要印钞而只需创造有对应加密数字的数字货币，商业银行不再需要大额运钞而只需通过云计算空间电子传送。

并且，由于整个发行流通过程均通过数字运算完成，货币损耗成本及维护成本也几乎为零。此外，由于密码算法在内多种技术保障下的不可伪造性，央行数字货币的防伪成本也大大降低。2015 年，我国广义货币供给量（M2）约为 139.23 万亿美元，M2 等于货币供给乘以货币乘数，同年货币乘数约为 5，这就意味着超过 27 万亿的总印钞量，对应着大量的货币成本。据估算，若全部使用数字货币，我国仅单年度降低的包括纸币印制、发行、更换、销毁、银行自动提款机及柜台现金服务、企业商户现金管理成本在内的总成本就将超过千亿人民币。虽然世界各个经济体每年印钞量及货币成本有所不同，但毋庸置疑，央行数字货币的出现定使得货币成本全面降低。

大幅提升货币流通效率。由于区块链技术去中心化的特征的存在，央行数字货币可通过这项技术打造点对点的支付方式，支付清算过程的实现不再需要第三方清算机构或者支付中心，具有全天候支付、即时到账、提现容易且没有隐形成本等多个优势。使用央行数字货币后，企业及个人的日常支付将更加便捷，支付清算费用大大降低，这将大幅提升货币流通效率。以数字票据为例，其清算过程无需中介也无须背书，作为数字货币先行者一旦率先落地，将大幅增加企业划款的及时性，降低企业对商业票据的确认、清算、结算成本，增加流通效率。京东金融已经率先筹建专门数字票据项目组，对其进行实践探索和研发。

（3）监管当局追踪资金流向，减少洗钱、逃漏税等违法行为

有利于打击洗钱、逃漏税等违法行为。传统纸币的不记名特点使得监管机构无法准确全面掌握纸币的使用流通情况，利用纸币进行偷逃税、洗钱等经济犯罪成为现实中无法避免的黑洞。相比之下，区块链技术不可篡改和无法伪造的时间戳可完整反映交易明细和对手信息，如实记载每位参与者的交易信用，并在全系统范围形成统一账本，这使得央行数字货币所有交易信息都透明化。央行一方面可以在转移数字货币所有权时登记持币人变动数字货币的信息，另一方面也可以保持追踪持币人身份的线索信息，因而，央行数字货币具有可控匿名性及可追溯性。国家监管机构通过对区块链形成的账本信息及流通环节的追溯，可确认企业及个人的过往交易及开支状况，有效打击洗钱、逃漏税等违法行为，提升经济交易活动的透明度，建立起覆盖全社会的信用体系。

5. 数字票据——央行数字货币的前端试点

中国人民银行选择票据市场作为我国法定数字货币的试验田。票据市场是货币市场的重要组成部分，但目前我国的票据市场存在真实性、划款及时性以及违规交易等问题。针对这些问题，区块链技术可以提供有效的解决方案，如分布式记账技术可以保证数据完整和信息透明，解决了票据市场中的贸易背景造假问题；智能合约在区块链上的应用可以解决票据背书不连续的问题。

2016 年 12 月，数字票据基于区块链的登记流转和基于数字货币的票款对付（DVP）结算平台建设成功。2017 年 1 月，数字票据平台、数字货币系统模拟运行环境完成上线部署，并与工商银行、中国银行、浦发银行、微众银行、杭州银行等多家试点银行进行了网络试联通。2017 年 2 月，中国人民银行推动的基于区块链的数字票据交易平台测试成功。

基于区块链的数字票据是一个全新的增强性票据形态。数字票据平台基于区块链技术形成具有高信用背书特征的记账节点，使得交易对手和交易过程被完整的记录在联盟链上、不可篡改。用户身份管理机构首先识别参与方身份，提供参与方身份的证书颁发、存储、验证、授权以及丢失恢复的服务，参与方在票据交易平台中进行业务操作时使用私钥进行认证和加密。数字票据平台采用智能合约编程方式完成对数字票据业务类型以及交易要求限制的实现，从而自动完成资金转移、所有权变更等一系列票据交易动作。数字票据作为数字货币的一种具体存在形式，具备数字货币交易过程自动、无支付中介、过程可追溯等一系列特征及优势。

我国的数据票据交易平台集合了众多前沿科技亮点，包括数字货币、区块链、数字票据、智能合约等，该项目自主研发了一套符合数字票据和数字货币等金融业务场景特点的底层联盟链，在底层技术、安全加密、隐私保护等方面进行了大量创新性实验，为数字货币的研究和实施奠定了理论和实践基础。

表 2 数字票据与纸质票据、电子票据的区别

	纸质票据	电子票据	数字票据
定义及特征	由收款人或存款人（或承兑申请人）签发，由承兑人承兑，并于到期日向收款人支付款项的一种票据	指出票人依托电子商业汇票系统，以数据核文形式制作的，委托付款人在指定日期无条件支付确定的金额给收款人或者持票人的票据	一种基于区块链技术的增强型票据形态，可编程的数字化票据，支持智能化风控及交购日的结算，是电子票据的有益补充
汉通形式	依托票据本身，必须在票据上加盖有效印章后，方能流通	依托于央行 ECDS，一般需要接入银行才能办理据的各项业务	基于点对点的分布式对等网络，通过联盟链的形式实现私服据业务从发行到兑付的全过程

第十六章　智慧金融监管体系

第一节　探寻有效金融监管体系

一、金融监管的理论回顾

金融监管是伴随着金融市场发展而不断发展演进的。早期的金融监管是市场自发实现的。比如，1792 年华尔街的"梧桐树协议"开启了美国证券行业的自律管理。1907 年私人银行家摩根出面组织私人银行共同应对金融恐慌，最终促成了美联储的诞生。英国央行英格兰银行诞生之初也是一家私人银行。而随着金融危机的频度和烈度不断提升，尤其是"大萧条"之后，人们意识到金融危机所产生的巨大外部性和经济社会成本，仅仅依靠市场自律无法弥补市场失灵、防范系统性金融风险。理论上，经济学家们从权衡监管收益和成本的角度肯定了公共部门参与金融监管的重要性。实践中，出于降低危机外部性的考量，中央银行衍生出"最后贷款人"的职能，从而对金融机构的经营活动进行监督检查，实现金融监管从私人部门市场自律向公共部门监管的过渡。

第二次世界大战后，随着凯恩斯政府干预主义的盛行，金融监管以"重度监管、安全优先"为导向，普遍实行严格的金融管制，由此造成严重的金融抑制而效率损失。随着凯恩斯主义在 20 世纪 70 年代遭到"滞涨"的阻击，金融监管理论开始反思金融管制的局限性，提出了管制供求失衡、寻租、监管俘获等监管失灵的理论解释。西方发达国家此后纷纷放松对金融业的严格管制，开始转向"轻度监管、效率优先"，奉行金融自由化。美联储前任主席格林斯潘将之描述为"最少的监管就是最好的监管"。

2008 年国际金融危机爆发之后，轻触式监管下金融体系的脆弱性超过了微观层面的风险管理能力和宏观层面的监管能力，被认为是本轮危机爆发的重要原因，金融监管理论回到"安全与效率并重"，宏观审慎管理的重要性逐渐成为共识，对中央银行与金融稳定的关系也有了重新认识。一方面中央银行货币调控离不开金融监管政策的协调配合，而监管政策直接作用于金融机构，权威性强、传导快，在很大程度上决定了货币政策传导的有效性。另一方面，中央银行为了维护金融稳定，必须具有承担最后贷款人职能，这种职能需要建立在中央银行掌握金融体系中各类型的融资风险基础上和金融监管政策的协调配合上，防止系统性风险的蔓延。2017 年，我国央行提出建立健全货币政策和宏观审慎政策"双支柱"的金融调控政策框架，2017 年全国金融工作会议又明确了金融稳定委员会作为货币政策执行与金融监管的协调机制。

金融科技的发展，也影响着金融监管技术的改进。近期金融管理当局相继推出一些监管改革措施，如互联网金融治理改革、金融机构资管业务新规、股票发行督查机制等，在社会上引起广泛关注。这些新规一方面是坚持问题导向，着力解决监管的短板和空白，体现了统一监管、责任监管、功能监管和行为监管的要求，把守住不发生系统性风险底线放在突出位置。另一方面，进一步提升了金融科技与金融监管的协同监管，注重监管科技的发展与应用。监管科技可以提高金融机构的合规效率。监管科技是指金融机构利用新技术来更有效地解决监管合规问题，旨在减少不断上升的合规费用（如法定报告、反洗钱和欺诈措施、用户风险等法律需求产生的费用）。监管科技已在多个领域得到应用，如数据聚合、风险建模、情景分析、身份验证和实时监控等，通过对海量的公开和私有数据进行过自动化分析，帮助金融机构核查其是否符合反洗钱等监管政策，利用云计算、大数据等新兴数字技术帮助金融机构遵守相关监管制度，避免由不满足监管合规要求而带来的巨额罚款。

在未来的智慧金融监管体系中，监管活动将向金融监管和科技监管的有机融合发展。一方面，传统的金融监管体系处于不断的变革发展之中，金融监管的覆盖率不断提升，对维护金融的稳定与安全具有十分重要的意义。另一方面，伴随着人工智能等技术在金融中的应用，金融机构暴露在互联网体系中的威胁也越来越多，使得金融网络安全面临严峻挑战。金融与科技的融合不断深化，传统金融监管难度不断提升，只有依托监管科技对决金融科技，才能在金融发展中不断提高监管效率、降低监管成本。

二、金融科技背景下的智慧金融监管

金融科技的突飞猛进对金融业的各种功能产生了一系列的颠覆性冲击，正在重塑金融机构、消费者、市场基础设施、监管和法律等金融生态。一是加速金融脱媒化。金融科技降低了行业的壁垒，加速了金融机构和非金融机构的深度融合，是一种开放共享的金融服务模式，可降低金融供给方对金融机构的依附性，传统金融机构作为资金中介的角色作用逐步下降。二是场景与金融的融合。移动互联网和智能终端技术使金融服务与各种消费场景相互融合、渗透，传统金融机构和互联网公司通过提升对特定消费场景的把控能力、对目标客群的低成本触达能力以及风险识别能力，才能在竞争中占据优势。三是真正实现普惠金融。金融科技企业在提供强有力的技术支持的基础上，针对中小企业、小微企业以及个人客户创新金融产品，提升用户满意度，在传统金融行业痛点处发力，进一步促进普惠金融落地。同时，金融科技催生了许多新型金融业态，利用信息技术拓宽共享经济的适用范围，提高社会资源的配置和利用效率，促进资本和信息的高效流动，降低供给方对商业组织的依附性，进一步实现共享经济的普惠效应。

金融科技的本质是金融，科技是服务金融的手段，因此，金融科技的核心仍是风险防控。一方面，金融科技强化了金融的固有风险。金融科技的轻资产特性强化了金融的高杠杆，互联网的高创新性容易产生合规风险和操作风险，互联网的低利润率则强化了金融的流动性与收益性的平衡难度，互联网的规模效应则直接强化了金融的外部风险。传统的按照大数定律管控流动性风险的方法将不再适用于"长尾分布"状态下的流动性管理，同时"长尾"人群的金融知识、风险意识和承受能力相对欠缺，加上缺乏资本充足率的监管，更容易产生突出的偿付能力的问题，形成较大的违约风险。

另一方面，金融科技更易产生风险"黑天鹅"。金融科技和互联网金融，不仅强化了金融的固有风险，将风险复杂化，还改变了风险分布的常态。传统经济金融的理论与现实基础是正态分布或称高斯分布，其风险管理方法论也是以此为基础的，但人类社会、经济、金融历史中的极端风险事件或称"黑天鹅"事件（Black Swan Event）是不在正态分布的理论框架中的，风险分布的常态由正态分布转化为极值分布，经济金融的稳定性受到严重挑战。在金融科技的推进下，金融风险节点的复杂化和风险传导能力的增强，以正态分布为基本方法论的金融风险管理体系或将不再适用于金融科技，急需新的监管理念和监管规范的制定。如何加强金融科技监管和防范风险，正在成为全球监管者备受关注的话题。

欧盟委员会提议改变现有监管制度，用以完善金融科技监管。该提议包括对当前欧洲三大金融监管机构的职权和管理等作出部分变更。根据提议，欧洲监管机构（ESAs）将负责欧盟内技术创新工具的监管，例如建立创新中心或者沙盒。欧洲证券及市场管理局（ESMA）将成为资本市场中数据的直接主管部门，负责批准在欧盟法律框架下各种欧盟以及和非欧盟国家相关的协议和计划；还将监管投资基金并在协调滥用市场调查方面具有更大权力。

美联储也十分关注金融科技风险防范。美国证券交易委员会（SEC）在7月警告说，一些虚拟代币（ICO）发起人正在通过发行数字化代币而不是出售传统证券来获取公司利润，以此实现规避证券法的目的。SEC表示，未来将迫使发行人向监管机构登记其代币，同时也会将相关的汇款等行为纳入监管范畴。与美联储类似，英国金融行为管理局（FCA）9月表示，正在密切关注过去12个月中虚拟代币的快速升值。

第二节　金融科技监管的国际经验

一、金融科技监管综述

监管政策是金融科技行业和地区之间发展造成差别的关键手段。英国是施行金融科技政策的先行者，为了提高国家在金融科技创新方面的竞争力，构建富有竞争力的生态环境，同时防范金融科技带来的风险，各国针对金融科技制定了"创新中心"或"监管沙盒"等包容性的监管举措。在监管方式上，采取了更加主动、透明、树立底线的监管方法，将监管评估和判断作为金融科技监管工作的中心，加强监管人员对微观商业模式的认知，从而构成各国金融监管改革的重要组成部分。

目前，各国相关金融科技的监管通常采取多管齐下的策略。一方面，督促初创的金融科技企业加强自身合规与内控工作，组织行业协会统一服务和技术标准；另一方面，采用"柔性监管"策略，以及与"金融科技"（Fintech）相对应的"监管科技"（Regtech）。我们以英国金融行为管理局等机构推出的金融科技政策作为参考，监管机构可通过设立孵化中心、监管沙盒、创新中心，参与到金融科技企业的运营全过程之中。尤其值得注意的是"监管沙盒"这一创新监管手段：经营新兴金融的企业，可向监管机构提出申请，在一定的时间范围获得监管机构豁免以开展营业，但是其经营规模受到限制，经营过程中的数据信息也需及时提交至监管机构备案审查。

各国监管机构的监管技术随着金融科技企业的发展而不断进化。英国金融行为管理局首次提出"Regtech"，金融科技所赖以发展的大数据、人工智能技术也能够为监管机构所用。同时，金融科技企业信息化程度相比传统金融机构更高，监管机构能够与企业的信息系统更为便捷地接入，在合规方面进行实时的过程控制，金融科技企业易合规的特征体现得更为明显。

梳理各国的监管政策，研究发现有以下几个特点。首先，各国金融科技监管的目标在于保护金融消费者，维护金融市场秩序。其次，除金融现代化程度较高的国家，各国监管面临着完全不同于以往的新兴金融业务，比如说移动支付、互联网众筹等，如何监管此类业务，各国有所差别。再次，除了针对具体的金融领域进行规制之外，各国更加看重对具体技术的规制，对技术造成的系统性风险较为谨慎，但是对于技术的合伦理性审查稍显不足。最后，也是各国当下政策所缺少的，由于金融科技发展时间较短，尚无统一的国际组织对各国间的金融科技业务进行协调，目前国际证监会等组织也仅仅对金融科技的未来发展前景有所研究，难以胜任各国和各金融科技企业间的协调任务。

二、主要国家金融科技监管政策比较

1. 英国

英国作为历史悠久的全球金融中心，金融科技的发展一直处于领先位置，英国政府为了保持金融科技的创新力和竞争力，不断推出创新的监管政策。

英国将 FinTech 作为当前金融发展的重要目标，监管模式主要特点是集中适度监管，最大的创新是监管沙箱模式。监管的职能主要由 2013 年 4 月成立的金融行为监管局（Financial Conduct Authority，FCA）承担，出台了对借贷类众筹等业务的监管政策，并先后推出了项目革新计划与监管沙盒（Regulatory Sandbox）。监管沙盒由 FCA 于 2016 年 5 月 9 日正式启动，通过提供一个"缩小版"的真实市场和"宽松版"的监管环境，在保障消费者权益的前提下，允许 FinTech 初创企业对创新的产品、服务、商业模式和交付机制进行大胆操作。

"监管沙盒"以实验的方式，创造了一个"安全区域"（safe place），适当放松参与实验的创新产品和服务的监管约束，激发创新活力，对各国金融科技的监管提供了借鉴，后文将对"监管沙盒"实施的背景、流程、益处、风险、限制和客户保护方法做专题介绍，以期为中国的金融科技监管提供参考。

2. 美国

美国金融体系属于混业经营模式，对 FinTech 的监管主要是功能性监管，即不论 FinTech 以何种形态出现，都根据 FinTech 的金融本质，将 FinTech 所涉及的金融业务，按照其功能纳入现有金融监管体系。比如，涉及资产证券化的 P2P 业务，属于美国证监会监管；虚拟货币方面，要被美国国税局征税，并且纽约州金融服务管理局还要将其纳入"虚拟货币活动商业许可证"的监管范围。另外，美国还有对 FinTech 监管的完整政策法律体系，并能适时动态地进行调整。比如，奥巴马在 2012 年签署了《创业企业融资法案》（Jump start Our Business Startups Act，简称 JOBS 法案），填补了美国在股权众筹方面的监管空白，并在换届前，由白宫国家经济委员会发布《美国 Fintech 框架》，详细阐述美国政府对 FinTech 的态度和展望；美国金融业监管局（Financial Industry Regulatory Authority）出台了《对数字化投顾使用的指导意见》；美国金融消费者权益保护局（Consumer Financial Protection Bureau）制定了《CFPB 创新细则》来促进对消费者有利的创新。2017 年 1 月美国国家经济委员会（National Economic Council）发布美国金融科技监管框架，在该文件的第四部分，提供了由十条总体原则构成的框架，便于政策制定者及监管层思考、参与及评估金融科技生态圈，从而实现相应的政策目标。

3. 新加坡

根据全球金融中心指数（Global Financial centres index），新加坡金融中心排名全球第四。近年来，新加坡成为全球金融科技枢纽，政府顺应金融科技发展潮流，积极制定金融科技政策，新加坡从各种举措中获益，使其成为具有吸引力的创业之地。

新加坡由于金融市场相对较小、市场创新相对不足，因此也采用监管沙箱模式对 FinTech 进行监管，以此来推动 FinTech 的发展。2016 年 6 月 6 日，新加坡金管局发布了《FinTech 监管沙箱指南（征求意见稿）》。该意见稿对沙箱评估标准、退出机制和申请流程都有明确的阐述和提议，通过推出监管沙箱模式为 FinTech 的发展开辟出一个安全有益的环境，以试验性的方式向市场推出其产品和服务，让一些初创企业获得更大的发展空间，然后根据实际的市场影响来进行一些监管。与英国所不同的是，英国的监管沙箱适用于所有的科技类企业，而新加坡的监管沙箱仅适用于 FinTech 企业。另外，新加坡金融管理局还成立 FinTech 与创新组织（FTIG）来负责 FinTech 的政策、发展和监管，为企业提供一站式服务。新加坡还加强国际监管合作，与澳大利亚、英国和瑞士等国签署了双边合作条约，在 FinTech 的新兴趋势以及创新监管方面将与这些国家进行积极的共享。

4. 日本

日本对 FinTech 监管的政策主要体现在银行可持股科技公司。日本的 FinTech 公司一方面受到严格的法律和监管限制，吸引 FinTech 产业风险投资水平一直较低，比如，金融集团受限于只能持有初创企业

5%～15%股权的规定；另一方面由于日本利率水平低，该国居民倾向于持有现金，金融服务创新需求偏弱，从而制约了 FinTech 的发展。面对 FinTech 发展落后其他国家的状况，日本决定放松对 FinTech 企业投资的限制，日本政府在 2016 年对相关法律进行了修改，允许银行持有5% 以上的科技公司的股份，并允许银行收购非金融企业100%股权，前提是该公司将信息技术应用于金融领域。日本的银行从此可以与 Fin-Tech 企业建立合作关系，以开发包括机器人投资咨询和区块链在内的服务和技术。这一政策改变后，日本银行立即将数百万日元投向了 Fin-Tech 创业公司。

5. 中国香港

2016 年 3 月，中国香港特别行政区成立"金融科技促进办公室"（Fintech Facilitation Office），目的是促进金融科技在港稳健发展。香港金管局还将成立"金融科技监管沙盒（Sandbox），容许银行小范围推出新金融科技产品或服务时，无须全面符合相关监管要求，也不需要通过所有测试和第三方认证。

香港金管局启用的金融科技监管沙盒项目（Fintech Supervisory Sandbox，FSS）按照如下原则使用：FSS 可供认可机构计划在香港推出的金融科技或其他科技项目使用。在 FSS 环境中，认可机构可就其项目进行试行，试行可涉及真实的银行服务，和有限数目的参与客户（例如职员或由经选中客户组成的焦点小组），而认可机构在试行期间可无须完全符合金管局一般的监管规定。有关安排的基础及条件是认可机构管理层会确保受实验金融科技企业的产品与服务界限、保障客户的措施、风险管理措施以及准备情况及监察。由于 FSS 是一项全新的监管安排，金管局会因应实施经验及业界发展，于日后改进有关安排。

三、监管沙盒的理论与实践

1. 监管沙盒概念

"监管沙盒"项目为金融科技、新金融等新兴业态提供"监管实验区"，支持初创企业发展。"监管沙盒"以实验的方式，创造了一个"安全区域"（safe place），适当放松参与实验的创新产品和服务的监管约束，激发创新活力。沙盒（Sandbox）原本是一个计算机用语，是指在开发软件的过程中，所建立的一个与外界环境隔绝的测试环境，工程师会在沙盒内放置软件测试其功能。通过建立沙盒，为一些来源不可信、具备破坏力或无法判定程序意图的程序提供试验环境，同时，沙盒中进行的测试多是在真实的数据环境中进行的，兼顾了测试的准确性与安全性。

英国金融行为监管局（Financial Conduct Authority，FCA）将这个概念应用在金融科技（Financial Technology，FinTech）的创新上，推出监管沙盒机制（Regulatory Sandbox），即从事金融创新的机构在确保消费者权益的前提下，按 FCA 特定简化的审批程序，提交申请并取得有限授权后，允许金融科技创新机构在适用范围内测试的监管政策。广义上说，监管沙盒是政府给予某些金融创新机构以特许权，使其在监管机构可以控制的小范围内测试其新产品、新服务等的一种机制。通过沙盒测试，一方面可以在监管机构的控制下实现小范围内的真实环境测试；另一方面，沙盒测试可以为监管机构提供清晰的视角来看待监管规定与金融创新的辩证关系，及时发现因限制创新而有损消费者长远利益的监管规定，并第一时间调整，最终达到达到保护消费者，支持真正金融创新的目的。

本质上看，监管沙盒是监管者为履行其促进金融创新、保护金融消费者职能而制定的一项管理机制。这种机制的特别之处在于，金融机构或为金融服务提供技术支持的非金融机构，可以在真实的场景中测试其创新方案，而不用担心创新与监管规则发生矛盾时，可能遭遇的监管障碍。概括起来就是，监管者在以保护消费者权益、严防风险外溢的前提下，通过主动合理地放宽监管规定，减少金融科技创新的规则障碍，鼓励更多的创新方案积极主动地由想法变成现实。在此过程中，能够实现金融科技创新与有效管控风险的双赢局面。

2. 主要国家监管沙盒的发展比较

监管沙盒计划的推出为建立金融监管环境促进金融科技行业创新提供了新的思路，受到国际上的广泛欢迎，新加坡、澳大利亚、日本、中国香港等国家和地区也陆续展开其各自版本的制度规划。监管沙盒由英国首创，不同国家在沿袭英国监管沙盒的基础上又对其进行一定改良。

比较而言，不同国家的监管沙盒制度有以下特点。

首先，在监管主体方面，2013年起，英国将对金融科技的监管划入 FCA 的监管范畴；新加坡则在 2015 年新设金融科技和创新团队（FTIG），并于 2016 年 5 月设立金融科技署（FinTech Office）来管理金融科技业务并为创新企业提供一站式服务；澳大利亚成立了 ASIC 管理监管沙盒。

其次，在监管内容方面，新加坡较英国和澳大利亚更为灵活，英国身为传统老牌金融中心，制度设立方面较为严格，比如在监管时间上，英国对监管沙盒中的时间有明确的要求，一般为 3～6 个月；澳大利亚试运营期一般为 12 个月，并可申请最长 12 个月的延期；新加坡对于监管沙盒中金融科技企业也有时间要求，但却没有给出具体时长。此外，在企业准入方面，澳大利亚豁免许可可针对某类服务，但准入条件较为严格，对资金风向敞口有一定规定并取得银行及相关部门支持，新加坡与英国的企业准入门槛相似，主要有相关监管部门对金融科技企业的创新性与价值性进行衡量。

最后，在监管沙盒适用范畴方面，英国、新加坡和澳大利亚均是为了支持金融创新，但是适用范围却有区别。新加坡发布的《金融科技监管沙盒指南》的征求意见稿中明确将沙盒监管的范围局限于金融科技领域，而英国和澳大利亚颁布的监管沙盒的适用范围则更广，积极推行有颠覆性的金融模式发展，其要求为产品或服务显著异于传统的金融业务，核心标准为是否有益于消费者。

综上所述，以上三个国家对监管沙盒制度的运用方式大体一致，但因各国金融背景、当前金融环境以及预期目标有所差距，相关监管规则制定上存在着差异。因此，其他国家借鉴监管沙盒制度推动金融科技发展时，需根据本国国情，理论结合实际，提出适合本国金融科技的监管道路，切不可硬搬照抄。

3. 监管沙盒对中国的金融监管启示

监管沙盒制度是非常值得肯定的金融监管政策，其制度的初衷在于鼓励金融科技创新，增强金融消费者保护，引导金融科技的合规发展，对中国金融科技监管提供了理论与实践上的借鉴与启示。

监管沙盒是中国转变金融科技监管理念的有益借鉴。包容是世界各国监管者对待金融创新的普遍态度，但究竟如何在法律框架内实现包容、包容到何种程度而不至于风险上升并无统一标准。当前，中国金融监管的包容性就体现为互联网金融监管所表现出的"先发展后规范"思路。但"e租宝"等事件对消费者权益造成的损害无疑是这种思路的一项较大弊端。而监管沙盒有助于监管者在创新中发挥建设性作用，通过监管措施的主动调整促进市场创新的主动实现，将被动响应、等待风险事件驱动的监管理念转变成为主动引导的理念。

监管沙盒可以弥补现有金融监管机制的不足。首先，监管沙盒将为金融服务提供支持的科技企业也纳入金融监管范围，明确了现有金融监管对金融科技创新的监管职责。其次，金融科技创新使得金融混业经营特征进一步明显，且部分金融科技创新的出发点正是监管套利。当前的分业监管体制在应对类似情况时，往往存在监管滞后或是监管空白的情况。监管沙盒则让不同监管部门在创新面世前就有机会了解伴随创新的风险，从而提前沟通协调相应机制，降低了产品面世后的监管协调成本。

监管沙盒是平衡创新与风险的有效监管手段。首先，通过监管沙盒，事前授权的传统监管模式得到改进。监管沙盒内的风险相对可控，监管者通过颁发有限的授权，在确保安全的情况下为初创企业提供了创新的机会。其次，创新发展和风险管控得到兼顾。监管沙盒在创新的测试过程中嵌入了监管者的审核、监督、评估以及对消费者保护的要求，不但能够保证最终进入市场的都是真正的创新，而且让创新在较大限度内得到测试的同时，还有效减少了潜在风险的扩散。

4. 中国实施监管沙盒的建议

借鉴已实施沙盒监管体制国家的经验，结合我国金融科技行业的发展态势，我们应该不断促进监管沙盒机制在中国落地生根，以此完善我国互联网金融监管政策，推动互联网金融产业发展壮大。

当前，中国已经初步具备实施监管沙盒的基础条件。一方面，现有监管机制并不排斥监管沙盒，其弥补了现有金融监管在应对金融科技创新方面的不足。另一方面，互联网金融监管规则以及与之配套的第三方支付、P2P监管规则都已经出台，为实施监管沙盒积累了有益经验。而中国的金融科技监管的研究已经起步，尤其是对数字普惠金融监管问题的研究正在深入推进。监管沙盒作为一项全新的金融监管机制，在未来的架构设计方面需要重点考虑以下几个方面。

第一，明确监管职责，确立监管沙盒工作机制。鉴于金融科技创新具有多样性、混业性、颠覆性等特征，与分业监管存在不匹配的地方，监管沙盒的实施应该明确主体职责，可以把监管沙盒的设立主体与当前正在进行的金融监管框架的改革相配套。可以在未来的金融监管协调部门下设立监管沙盒的操作主体，确立相应的工作机制，负责监管沙盒的实施、管理和改进。

第二，转变金融科技监管理念，为监管沙盒整合资源。规则也是创新的一部分，树立主动引导的观念才能更好把握监管沙盒的标准，将监管沙盒的效果最大化发挥。而要践行这种理念，满足监管沙盒对资源配备的要求，尤其是对信息科技专业知识的要求，金融监管部门可以借助信息科技部门力量，将金融监管与科技创新治理结合起来，发挥各自比较优势，充分利用现有的政府管理资源。

第三，从具体措施开始逐步实施。监管沙盒将企业、消费者和监管者有机结合在一起，其构建具有一定的复杂性，且监管沙盒的具体实施效果尚无实际验证。对于这一全新的管理机制，监管沙盒的管理主体可以先吸收借鉴监管沙盒的限制性授权、监管豁免、免强制执行函等措施，就个别金融科技创新，先行试用，再逐步实现企业、消费者和监管者的良性互动，逐步构建起完整的沙盒体系。

第四，协调监管沙盒与现有法律法规。一方面，监管沙盒在授权、监管豁免等方面的宽松条件需要得到现有法律法规的认可，避免监管者与企业间的权责不清。另一方面，监管沙盒需要在法律框架下展开，监管沙盒中管理者的行为、创新企业的行为以及监管机构和企业间的相互合作等都应该得到规范。

第三节　新型金融业态的监管比较

面对日新月异的金融科技发展新业态，各国在规制金融科技的规范散落在各国的基本法律、电子商务法律和一些规则、判例之中，在整体上已构成一个较为完整的法律体系，如美国等国针对金融科技公司和传统金融机构的监管也加以了区分。

一、电子支付监管政策

1. 美国电子支付监管

随着第三方网上支付业务的蓬勃发展，美国通过出台安全政策和实施战略规划进行顶层设计，加强电子支付安全。1996 年下半年，美国财政部颁布《全球电子商务选择税收政策白皮书》，明确了电子交易中的安全政策。1997 年 7 月，美国发布《全球电子商务框架》，提出发展安全可靠的电子支付系统，为美国电子商务提供基础服务。该框架是一部通过改善基础环境促进电子支付发展的战略文件，从整体上对电子支付系统的发展起到了保驾护航的作用。2015 年 1 月，美国发布《改善美国支付系统战略报告》，要求升级国内的 ACH、电汇和电子支票系统等电子支付系统，提高端对端支付的速度和安全性，并要求制定电子支付安全标准和协议，推进电子支付行业合作。

对第三方网上支付机构的监管，美国统一州法全国委员会在 2000 年 8 月通过了《统一货币服务法》，对第三方支付机构准入门槛的内容包括：（1）事先监管：以保证金要求为核心的准入规制；（2）持续监管：最低净资产要求及投资限制；（3）要求货币转移商应按照通用的会计准则保持一定数额的净资产（networth）。

美国移动支付的监管机构，分为联邦和地方州政府层面，此外还包括行业协会的自律管理。在联邦层面美国联邦储备委员会及消费者金融保护局、货币监理署、财政部金融犯罪执法网络等都有介入移动支付产业发展的监管权限，联邦贸易委员会对涉及移动支付业务的非金融机构实施监管。州层面的监管主体会严密关注区域内的新型支付问题，而作为监管层和从业人员沟通媒介，业界存在的行业协会也是监管体系的重要组成部分。

在风险控制机制方面，美国针对电子支付中可能出现的安全问题，建立健全了多项安全防护机制，包括建立电子支付风险管理机制、建立电子支付灾难备份机制和电子支付系统审计管理机制等，提高了整个电子支付系统的安全水平。

以 Paypal 为例看美国第三方支付的监管。Paypal 是美国重要的互联网支付机构，服务遍及全球 200 个国家和地区，拥有超过 1.88 亿活跃账户。2015 年全年，Paypal 营收 92.4 亿美元，净利润 12 亿美元。Paypal 支持 100 多种货币的支付，支持从 Paypal 账户转到 57 种货币的银行账户，支持 26 种货币的 Paypal 账户余额。其监管思路为：

一是市场定位。在美国，联邦存款保险公司是定义银行类金融机构的最权威机构，其认为 "Paypal 没有在其服务中处理存款或者持有存款"，未将其列为商业银行，而仅仅是货币转移服务商，与商业银行面对的审批和规定都有简化。

二是市场准入。美国的监管实施的是双重多头的管理体制。即联邦和各州政府都具有监管权，而且具有多个履行金融监管职能的机构，如联储、消费者金融保护局、货币监理署、联邦存款保险、联邦贸易委员会等。Paypal 需要与每个州的不同的监管者打好交道，比如获取这些州的转账业务许可，符合消费者保护的要求等项目。

三是清算通道。根据美国的法律，任何参与存款保险的金融机构，都要对其客户交易行为负有最终责任。2014 版《第三方支付处理中的风险管理》（managing risks in third – party payment processor relationship），指出第三方支付机构与传统机构的存款关系的往来，不同于一般的商业客户关系，会带来一些战略、信用、合规、交易、法务和声誉风险。即便银行和 Paypal 签署了免责条款，按照消费者保护法等规定，银行仍然对 Paypal 的交易负有最终责任。

四是反洗钱和反恐怖主义融资。在美国，监管机构对支付类机构能否完善地反洗钱以及反恐怖主义融资要求很严格。因此，支付机构都会建立一个完善的反洗钱系统，这一套系统包括政策、规章流程、内部控制等，以防止自身系统被洗钱或者恐怖主义融资团伙所利用，严格筛选出那些 OFAC（美国财政部外国资产管理办公室）颁布的黑名单。

2. 印度电子支付监管

在过去的一年多里，印度人轰轰烈烈地开展了一场"无纸化"的支付革命。越来越多的印度人加入到电子钱包的用户大军，享受电子支付所带来的便利。在这场支付革命中，最为突出的风潮引领者无疑是此前两次接收蚂蚁金融投资的印度第三方支付平台——Paytm。

　　Paytm 的全称是"Pay through mobile"，在 2015 年已经拥有规模不小的客户群，随后更是在来自中国的资本和技术支持下迎来了用户数量的井喷：在跟蚂蚁金服合作后仅仅一年半，其用户数量翻了六倍，成为了全球第四大电子钱包。2016 年，莫迪政府废除旧币后，各线上支付平台的用户数和交易量都迎来了井喷式增长，以 paytm 为例，印度政府宣布废除旧币后，Paytm 一夜之间流量暴涨 435%，交易量激增 250%，成为行业最大赢家。年终促销期间四天销售额达到 22 亿卢比，其估值再次上升 4.7 个百分点。

　　Paytm 与蚂蚁金服合作，双方在资本、底层技术、商业模式、企业文化等方面都进行着深度的合作，这种国际战略协同带来的将是巨大的双赢。未来，双方计划将建立支付网络的通用系统，支付宝的用户在印度可以刷 Paytm 的二维码，Paytm 的用户到中国乃至世界各地为支付宝网络所覆盖的地区，都可以刷支付宝的二维码，两个人口大国的合作将推动建立一个占世界人口数目接近 40% 的庞大市场。Paytm 的案例是中国力量进入印度市场战略的又一个成功的缩影。

　　但值得注意的是，印度互联网金融高歌猛进的态势与我国 2015 年野蛮生长的互金市场颇有相似之处。其一，在金融监管问题上，印度市场并没有一个明确地监管责任方。在一个新兴市场发展之初，监管的滞后似乎已成必然现象。对标中国市场在互金行业野蛮发展近 3 年后，于 2016 年初推进监管落地政策，从政府、协会、市场等多方面进行监管，这也直接导致了中国互金市场的在 2016 上半年频频爆雷，平台跑路、倒闭、关停现象频出。

　　其二，在牌照问题上，印度政府尚没有明确的方向，更没有针对第三方支付的法律法规，而 paytm 则通过谋求成立付款银行来获取正规牌照，目前其支付银行已获得印度储备银行（RBI）的最终批准。

　　其三，在征信问题上，基于印度人民重现金交易的传统，其银行卡持有人数不足 20%，群众征信数据严重缺失，信贷市场的发展受到制约。

　　3. 韩国电子支付监管

　　通常在发达国家，由于信用卡的普遍使得第三方支付姗姗来迟。同样，韩国韩国银行卡普及率非常高，借记卡用户达96.1%，信用卡普及率达到了90.2%。人均信用卡持有数1.91张，人均借记卡持有率为1.26张，一直倾向于刷卡支付的习惯使得韩国一直没有出现实力强劲的第三方移动支付平台。但近年来大量中国游客的到来，韩国第三方支付市场发生较大的变革。

中国赴韩游客成倍剧增，韩国各大百货、免税店面向中国顾客的销售额同比增长20%～40%。随着中国游客的巨大消费需求增长，中国支付也席卷了韩国，韩国便利店巨头CU便利店从2015年开始支持支付宝；在之前，腾讯"微信支付"和友利银行、韩亚银行等韩国境内多家支付机构签署了结算协议；蚂蚁金服更是大动作频繁，与仁川机场合作推动机场商铺消费支付宝化，包括三大免税店和各大便利连锁店在内的三万商户都开始提供扫码支付服务。但是，韩国相关法律规定中国的支付企业只能够针对赴韩的中国游客提供支付服务。

中国支付平台的强劲刺激了韩国金融界的革新力量。韩国在原有体系下缺少能够与支付宝相抗衡的支付体系，业界人士开始呼吁官方解除限制，鼓励韩国本国企业开发支付系统。在2014年之前韩国严厉管控移动支付行业，通过Active-X方式强制要求必须要同时安装电子证书，安装防病毒软件，以及安全虚拟键盘等软件，符合这些条件的也只有银行卡发卡机构。

2013年5月韩国政府修改了《电子金融交易法案》，主要废除了支付中要求使用电子认证的要求；2014年，发布了关于"简化在线支付"以及"促进金融与科技融合"的两份指引性文件。随着2014年废除诸多限制之后，韩国的第三方支付逐渐发展，由以前的发卡机构APP扩展到平台提供商、电信运营商以及手机制造商等通过手机APP的移动支付服务。目前，韩国已经涌现出了韩国最大通讯应用Kakao旗下的Kakao Pay和韩国最大搜索引擎Naver旗下的Naver Pay等第三方支付平台先驱，还有依托三星智能手机的Samsung Pay。

二、互联网银行的监管政策

1. 美国互联网银行监管政策

对于互联网银行的监管，美国采用部门分工合作监管，美联储以及美国货币监理署主要负责监管职能，同时财政部与联邦储蓄保险公司也担负一部分的监管职责。现行有效的互联网银行监管的法律法规主要规范了互联网欺诈、互联网隐私泄露，以及互联网金融交易中电子证书的效力认证等问题，为互联网银行的平稳运行提供了保障。

在互联网银行的风险控制上，美国的监管主要关注这几个方面。第一，市场准入方面的设置。设立网络银行主要流程及审批标准规定于美国货币监理署于 2001 年发布的《国民银行网上银行注册审批手册》之中。第二，互联网银行的风险控制。对于互联网银行的风险监管，最为详尽的规则体现在 1999 年由美国财政部货币总监署颁布的《互联网银行业务：监管手册》之中，并分别规定了银行的董事长、高级管理人员应具备的防控风险的技能。

2. 英国互联网银行监管政策

英国互联网银行监管具有非正式性、弹性和审慎原则的特点。英国的互联网银行监管当局是英国金融服务局，依据《消费信贷法》《数据保护法》《金融服务法》等法律的规定，通过对网上银行报送的资产负债表、损益表、资金和外汇头寸表及资本充足率等报表，对网上银行进行监管。此外，根据英国金融服务局的要求，网上银行的内部风险控制需遵循一定的流程。在监管指导原则方面，金融行为监管局认为，保护消费者利益是金融监管的根本所在，但不能因担心网上银行的安全问题就限制或阻碍网上银行的创新与发展，此外在网络经济时代，努力保持监管的透明度和一致性等。

3. 新加坡互联网银行监管政策

新加坡金融监管局于 2001 年 7 月发布了《网上银行业务技术风险管理条例》，作为网上银行业务的最佳实践标准，要求所有从事网上银行业务的机构遵守。该指引涉及风险管理框架、网络金融服务类型、安全与控制目标、安全原则与实践、系统恢复与业务连续性、外包管理、银行信息披露以及客户培训等多项内容。

4. 韩车网络银行监管政策

韩国政府在 2015 年底首次颁布了互联网许可，并从商业规划、资本结构、投资者能力等考量因素挑选合格的候选企业。韩国金融监管委员会（Financial Service Commission）将首次发行的网络银行执照给了 Kakao

Bank and K – Bank，这是韩国社交软件 Kakao Talk 运营商 Kakao 公司与前政府部门通讯独家供应商 KT 公司合作设立的新型银行，也是韩国政府近 20 年来首次在银行业授予新机构经营资质。Kakao Bank 的母公司得到了微信的投资，后者则得到了蚂蚁金服的投资。

韩国金融监督委员会表示，希望能够融合信息技术和金融两个行业，促进韩国银行业的竞争力。韩国政府已决定允许 Kakao bank 信用卡业务。金融委员会 2016 年 1 月决议，改变信用卡事业执照有关指南，获得信用卡许可时的必须条件（确保金融与计算机从事员工 300 名以上、店铺 30 个以上）不适用于网络银行，为网络银行开展所有业务而消除壁垒。

Kakaocard 结算方式与现有信用卡截然不同。现有的信用卡每次结算时，加盟店将结算金额中最多 4% 交给在线（PG）和离线（VAN）的结算中介公司及信用卡公司，作为手续费。Kakaobank 计划使用独有技术来解决迄今为止中介公司进行的结算代理等业务，消除了 VAN·PG 手续费（约 2%），在剩下的手续费中除了最低限度的金额，回报给加盟店和消费者。

三、互联网证券监管政策

1. 国际证券监管机构的建议

证券委员会国际组织（IOSCO）在 1998 年、2001 年、2003 年其所制定的网上证券行为报告中指出互联网证券监管框架必须明确新法规的制定不能违反制定证券法规的基本原则，应当树立三个目标：一是保护投资者；二是保证证券市场公平、有效、透明；三是减少系统风险。

2. 美国对网络证券欺诈监管的路径选择

1933 年《证券法》、1934 年《证券交易法》、1940 年《投资公司法》和《投资顾问法》是三部针对网络证券欺诈监管的重要法律规范。1933 年《证券法》规定了证券发行注册制度，未经注册的证券不能发行，从而成为反欺诈条款的基石。1934 年《证券交易法》对证券欺诈做出了纲领性规定，最重要的就是第 10 条 b 款，已成为 SEC 提起证券欺诈诉讼的主要依据。1940 年《投资公司法》和《投资顾问法》规定了重要的登记制度，即提供证券投资咨询服务的公司和从事证券投资咨询并获取利益的个人必须向证券委员会登记，否则就可能构成欺诈。可以说，这四部法律成为美国对网上证券交易监管的法律基础。

网络证券欺诈是伴随着网上证券交易的开展而发生的，与电子商务有关的法律同样适用于对网络证券欺诈的监管。美国的电子商务法律包括：《统一计算机信息交易法》《统一电子交易法》《全球及全国商务电子签名法》《电子证券交易法》。

在规则与判例层面。SEC 根据国会的授权制定了一系列的规则。最重要的是 10b-5 规则：任何人直接或间接利用洲际商业方式或工具，或利用邮政或国家证券交易所的设施进行下列行为，皆为非法：使用任何设施、计划或技巧从事欺诈行为；对重大事实做不实陈述，或漏报可以使报告不致被误解的重大事实；在任何证券的买卖过程中，参与对他人进行欺诈或欺骗的行为、业务或商业活动。法院关于网络证券欺诈的判例，对一些问题的解释和阐述，使得对网络证券欺诈的规制更具有灵活性。

3. 英国互联网证券监管

与美国的"集中立法"管理体制不同，英国的证券业管理实行的是"自律管理"体制，政府对证券市场的管理实行以自律管理为主，辅以政府有关职能部门实施监督管理的体制。

四、P2P 监管政策

1. 英国 P2P 监管政策

网络 P2P 金融模式则发源于英国。2005 年 Zopa 创立后，英国政府将 P2P 划定为消费信贷，属于债务管理类消费信贷业务，由英国公平交易管理局（Office Fair Trading, OFT）暂为管理。从行业规范，良性竞争和消费者保护方面出发，目前英国金融行为监管局 FCA 和 P2P 行业自律协会 P2PFA 共同对 P2P 进行监管。

FCA 宏观监管：2013 年，英国金融市场行为监管局（FCA）代替原先的公平交易局（OFT）管理 P2P 互联网金融行业。P2P 平台需向管理局申请获批《消费者信贷许可证》，方可开展相关金融服务业务。FCA 于 2014 年 3 月出台《关于互联网众筹及通过其他媒介发行不易变现证券的监管方法》，这是全球第一部针对 P2P 监管的法律法规。其主要内容包括：FCA 要求平台具有一定的资金数额，以确保能承受一定的金融冲击；P2P 平台必须有后备计划，设立风险准备基金，以便在发生破产或者停止运作时继续对已存续的款项合理服务，直至借贷双方资金结清为止；提供用户取消投资的权限；持续报告要求，定期向 FCA 报告相关审慎数据、财政状况、客户资金等情况。

P2PFA 微观监管。2011 年，英国 P2P 行业 Zopa，Funding Circle 和 RateSetter 自发成立了 P2P 互联网金融协会（P2PFA），并向英国政府提出对 P2P 行业实行运行监管机制，要求成员需要履行"P2P 金融协会运营原则"。P2PFA 在最低运营资本金、高级管理人员和平台 IT 系统等方面对成员提出了基本要求，强调具体化、细节化，侧重于关注平台的经营体系，是对宏观层面行业监管法律法规的有效补充。

英国针对 P2P 行业规范问题的管理办法，也是全球范围内 P2P 网贷行业的法案模板。Zopa 是全球首家 P2P 互联网贷款平台，至今仍为欧洲最大的 P2P 公司。

2. 美国网络贷款监管

在美国，网络借贷（网贷）（Online marketplace lending）网贷企业最初的呈现形式是 P2P 公司，使得个人投资者能够借款给个人借款人。逐渐地，网贷平台的投资者扩大到机构投资者、对冲基金等；在过去的十年里，网贷公司已经从连接借款人与贷款人的平台，演变为以机构投资者、金融机构合作关系、直接贷款和证券化交易为特点的复杂的网络。名称也从"Peer to Peer market"更新为"Online marketplace lenders"。因此，目前美国网贷市场不能简单地描述为 P2P 市场，而是为网络贷款平台。

从具体模式上，现在美国的网络贷款平台主要分为两种模式：一是直接借贷，即平台发行贷款，并持有贷款作为公司投资组合的一部分；二是平台借贷，平台与存款性金融机构合作，平台购买后者的贷款，然后将这些贷款整笔或者通过发行证券产品的方式卖给投资者。

美国监管机构认定，网贷平台的交易的权证为证券，所有网贷平台必须在 SEC 注册并按照股票发行的标准进行信息披露。因此，相比于众筹另立新规不同，网贷主要还是采取适用现有的监管规则为主。2016

年 5 月，美国财政部发布了网贷行业白皮书，汇集了包括消费者金融保护局（CFPB）、联邦存款保险公司（FDIC）、美联储、联邦贸易委员会（FTC）、货币监理署（OCC）、小企业管理局（SBA）、证券交易委员会（SEC）等各类监管机构的意见，对网贷平台监管的重点主要是兼顾"促进信贷资源供给"和"网贷行业稳健发展"的目标。美国对于网贷行业的主要监管思路为：

一是持续保护借款方小企业的利益。网贷平台应努力提供对借款人的强大服务保障，即便借款人陷入财务困境也要优质服务，尽可能降低违约风险；在平台频临破产时，也要对借贷合同的顺利完成予以安排；在平台与传统金融机构的分销合作中，要遵循行业标准为借款人提供好服务。

二是强化信息披露，为借贷双方提供高透明度的市场。监管机构应督促网贷行业建立标准化的项目陈述、担保和执行机制；确保贷款数据来源和相关投资组合绩效采用一致的报告标准；增加贷款证券化绩效的透明度；保证市场导向定价方法标准的一致性。

三是鼓励拓展贷款合作渠道。鼓励网贷机构与社区发展融资机构（CDFI）开展合作，实现共赢。社区发展融资机构可以学习网贷机构的贷款技术（underwriting technology），网贷机构可以运用社区发展融资机构对当地的了解来开拓低收入群体（distressed communities）。

四是注重公共数据的分享和安全使用。基于互联理念的网贷平台的发展，不再依靠传统渠道的信息进行分析，而是充分运用各个场景的数据源来管理风险。

五是设立网贷市场常务委员会，促进跨机构监管协调。包括财政部、美国消费者金融保护局（CFPB）、联邦存款保险公司（FDIC）、联邦储备委员会（FRB）、美国联邦贸易委员会（FTC）和美国证券交易委员（SEC）等机构在内。

3. 德国对网贷的监管

德国的 P2P 借贷始于 2007 年，截至目前，德国市面上有三大巨头平台：Auxmoney、Lendico 和 Zencap。Smava 于 2012 年重新出发，目前的业务重心为银行贷款经纪。德国排名第五的服务平台 Finmar 目前正竭尽全力获取更大的关注。Auxmoney 自成立以来已发行高达 1.28 亿欧元的贷款规模，目前 Auxmoney 的月增长贷款额近 700 万欧元。

根据德国法律，只有银行才能发行贷款。为了符合监管政策，几乎每个 P2P 借贷平台都需与银行合作，银行发行贷款，然后通过 P2P 平台将债权出售给投资者。这就涉及一个较复杂的法律结构，事实上借款人和投资者之间无直接的合同关系。Auxmoney 与 SWK Bank 合作，Lendico、Zencap 与 Wirecard Bank 合作，Smava、Finmar 和 Fidor Bank 合作。

监管环境是德国 P2P 平台无法形成二级市场的主要原因，虽然德国 P2P 平台三大巨头表示该法律问题是可解的，但他们不开通二级市场的原因是由于目前二级市场还不是公司发展战略的优选项。德国的法律还禁止高利贷，禁止借贷利率超出市场平均水平的两倍，这意味着 P2P 借贷利率的上限为 16%～18%。

德国政府对 P2P 新型融资的监管力度并不大，而且德国媒体对 P2P 新型融资的报道远不及英国媒体。德国 P2P 消费贷款平台面临的一个挑战在于，无担保分期贷款的市场大环境竞争非常大。银行当前无担保分期贷款的利率为 5.7%，P2P 平台的有竞争性的价格空间并不多。Smava 尝试专注于向个体户借款，毕竟个体户申请银行贷款的成本非常昂贵。

而德国国内信用卡的使用不像英美那么普遍，所以德国的 P2P 平台没有太多高利率消费信贷的再融资贷款。大部分德国人的短期借款需求都是通过银行账户直接透支，透支利率为 9%～13%。受此市场环境影响，德国的 P2P 平台很难在合理的营销成本下更好的获取借款人，相比而言，获取投资人的难度都没有获取借款人来的高。

五、互联网众筹监管政策

1. 美国对众筹的监管

美国众筹行业依据的主要法律是乔布斯法案 JOBS（Jumpstart our business startups act），又称《创业企业融资法案》。2015 年，美国证券监督管理委员会也形成了对众筹规则的最终稿，创业企业融资第三部分（Title Ⅲ）生效。JOBS 法案可以追溯到 2012 年，当时美国经济逐步走出阴霾，为推动中小企业融资（美国中小企业对就业的贡献率高达 50%），美国政府决议通过立法推动工商初创企业的发展，颁布了《创业企业融资法案》（Jumpstart Our Business Startsup Act），第三部分专为众筹制定。

2015 年最终稿主要有三方面的突破：

第一是确立了非认证合格投资人制度。众筹可以面向非认证合格投资人来募资，社会大众都可以参与投资于初创企业，而不再是富人群体或者机构投资人的特权。在具体的投资额上，有如下规定：如果个人投资者年收入或者资产净值低于 10 万美元，则每年的投资额不得超过 2 000 美元或者年收入/年资产净值的 5% 的较大值；如果个人投资者年收入或者资产净值大于 10 万美元，则每年的投资者不得超过年收入/年资产净值的 10%。

第二是明确了公募型股权众筹豁免的监管要求，促进了初创企业融资效率提升和降低成本。美国历来重视对投资人的保护，认为公众不具备足够的风险识别能力，因此对发行人有强制披露信息的要求（私募发行豁免）。在最终版本中明确：创业公司每年可以募集小于 100 万美元的股权众筹，其中：如果总的融资额大于 50 万美元，则发行人需要提供独立于发行人的经过公共会计师审计的财务报表资料；如果总的融资额介于 10 万 ~50 万美元，则发行人需要提供经独立公共会计师复核的财务报表资料；如果总的融资额低于 10 万美元，则需要由公司主要执行高级管理人员提供自身核证过的财务报表和纳税申报材料（企业可能会使用隐私设置功能，对企业的核心信息分对象披露，融资完成后仅对已有投资人开放）。

第三是对中介结构的监管。发行人一次发行证券只能通过一个平台，众筹中介平台需要向 SEC 注册，禁止性行为包括：投资咨询服务、劝诱购买平台发行证券、持有或管理运用投资者的资金或者证券等行为。

总之，乔布斯法案在法律层面承认了众筹模式的合法性，对众筹融资的年度总额设立上限，对发行人的信息披露要求设置了分等管理，对合格投资者的投资按照年收入或者资产净值设定了上限，对平台的禁止行为限定了范围。

2. 德国对众筹的监管

在德国的众筹市场中，占有支配地位的平台有 Seedmatch，Companisto 和 Innovestment 等机构。尤其是 Seedmatch 一度曾经占据 59% 以上的市场份额。德国对于众筹的主要监管法规有两个重要的里程碑。

第一是 2012 年 9 月德国联邦金融监管局发布关于众筹的专家报告，强调要将互联网平台的融资模式纳入监管，强化监管当局的权利，对金融交易的全流程全链条加强监测，保护好投资者利益。

第二就是 2015 年 7 月正式生效的《小投资者保护法》。如果融资额超过 250 万欧元，则发起人需要披露众筹项目说明书（类似于传统渠道的招股说明书），报德国联邦金融监管局（Bafin）审批，有效期限不得超过 12 个月，超过 12 个月就要更新新的说明书。如果单个项目的筹资额不超过 250 万欧元，可以豁免众筹项目说明书，融资人在这种情况下需要提供项目投资信息文件（含项目的详细信息、发起人债务情况等），并在醒目的位置告知投资者此文件未经 Bafin 的审核。

六、征信监管政策

1. 美国征信监管体制

经过 100 多年的探索和调整，美国形成了较为成熟的征信业监管机制。联邦贸易委员会（Federal Trade Commission）和消费者金融保护局（Consumer Financial Protection Bureau）是美国征信体系的主要监管部门。

美国征信业执法机构大致分为两类，一类是银行系统的执法机构，另一类是非银行系统执法机构。银行系统的执法机构主要有财政部货币监理署、联邦储备理事会、联邦存款保险公司等。非银行系统的执法机构主要有联邦贸易委员会、消费者金融保护局、司法部、国家信用联盟管理局办公室等。

征信法规体系。美国征信业成熟的市场化运行和其完善健全的监管法规密不可分。从 20 世纪 70 年代至今，美国建立了以《公平信用报告法》（Fair Credit Report Act，FCRA）为核心的较为完善的征信法律体系。FCRA 从 1971 年开始实行，并历经数次修订，其中最主要的修订是1996 年的《客户信用报告改革法》和 2003 年的《公平和正确信用交易法》。FCRA 建立了对消费者个人隐私的保护，规定消费者报告机构在履行职责时应尊重消费者的隐私权，并规定了禁止采集的信息。行业自律。美国高度成熟的市场化征信业离不开征信机构的自我约束和行业协会的自律性监管。美国形成了关于数据采集、信用报告制作和信息使用等行业自律组织，它们通过制定行业规章和标准、促进会员间交流、开展专业教育和培训、举办从业资格考试等方式对征信行业进行规范和监管。

2. 欧洲征信监管

欧洲的征信业为公共模式或中央信贷登记模式，其征信系统由两部分组成，一部分是由各国中央银行管理，主要采集一定金额以上的银行信贷信息；另一部分由市场化的征信机构组成，一般从事个人征信业务。1995 年 10 月，欧洲议会通过了欧盟《个人数据保护纲领》，这是欧盟第一部涉及个人征信的公共法律，该法的立法宗旨和基本原则是在保护人权和开放数据之间取得平衡。

另一类国家则以个人数据保护为主要立法对象，信用征信只是作为个人数据保护法规范的对象之一。比如英国，公平贸易办公室（the Office of Fair Trading）根据《消费信用法》，对征信机构设定准入条件，对高管人员资质和业务能力以及信息技术和安全保护提出了一定要求，根据准入条件审批并颁发许可证。境外机构必须在英国建立分支机构或代理机构才能采集个人数据；个人数据不得转让给欧洲经济区以外的国家和地区，除非这个国家或地区对数据采取安全保护措施。

《数据保护法》没有明确界定个人数据采集范围，但确定了三项采集原则：一是必须公平合理地取得个人信息，不允许以欺骗的手段从数据主体取得信息，取得信息必须征得个人同意等；二是不得超过已经声明的目的所要求的范围采集、保存和使用数据；三是敏感数据不能作为采集范围，特殊情况例外。

英国征信行业之间成立了一个类似于协会或者俱乐部性质的组织，由组织成员共同决定信息共享的方式和类型。信息共享遵循互惠原则，任何征信公司必须先成为组织成员，才能参与信息共享并获得其他组织成员的信息。

第四节 中国金融科技监管的制度演变

从 2013 年互联网金融爆发以来，各个监管单位及机构开始出台对互联网金融的监管政策，监管要求和规范也根据实际业务需要不断进行更新调整。随着互联网金融整治方案、网贷监管细则、资金存管指引等系列法规相继出台，互联网金融正逐步合规发展之路。

一、金融科技监管脉络

1. 2013—2014 年：互联网金融监管起步

2013 年互联网金融的发展开始进入监管层的视野，在金融监管上主要按照"包容发展、鼓励创新、防范风险"的思路，陆续出台了一些规章制度，但对互联网金融的监管框架还没有形成。

2013 年，十八届三中全会颁布了《中共中央关于全面深化改革若干重大问题的决定》，该决定提出了要发展普惠金融，鼓励金融创新，丰富金融市场层次和产品；在监督方面，提出健全民主监督、法律监督、舆论监督机制，运用和规范互联网监督，标志着互联网金融首次进入决策范畴。

2014 年 1 月，国务院办公厅颁布了《关于加强影子银行监管有关问题的通知》（国办 107 号文），该文将互联网金融企业纳入影子银行。中国的影子银行分三类：一是不持有金融牌照，完全无监管的信用中介机构，包括新型网络金融公司、第三方理财机构等；二是不持有金融牌照，存在监管不足的信用中介机构，包括融资性担保公司、小额贷款公司等；三是机构持有金融牌照，但存在监管不足或规避监管的业务，包括货币市场基金、资产证券化、部分理财业务等。

2014 年 3 月互联网金融首次被写入政府工作报告，提出要促进互联网金融健康发展，完善金融监管协调机制，密切监测跨境资本流通，严守系统性和区域性金融风险。4 月银监会与人民银行联合发布《关于加强商业银行与第三方支付机构合作业务管理的通知》，对商业银行与第三方支付机构合作业务进行规范，保障客户资金和银行账户安全。12月保监会和银监会分别发布了《互联网保险业务监管暂行办法（征求意见稿）》和《私募股权众筹融资管理办法（试行）（征求意见稿）》，对互联网保险和股权众筹的发展提出了监管思路。

2. 2015—2016 年：互联网金融及监管爆发

2015 年 1 月中国银监会宣布进行机构调整，新成立普惠金融局并将P2P 网贷纳入普惠金融，意味着 P2P 行业"普惠金融"的性质已经被监管层认可。之后在全国两会中两次提到了互联网金融，对其重视程度日益凸显。以 P2P 的行业风险爆发，则触动了监管层加快对互联网金融的监管力度。

2015 年 7 月，国务院颁布了《关于积极推进"互联网＋"行动的指导意见》，将"互联网＋"普惠金融列为 11 项重点行动之一，指明了互联网金融的三大发展方向：探索推进互联网金融云服务平台建设；鼓励金融机构利用互联网拓宽服务覆盖面；积极拓展互联网金融服务创新的深度和广度。

随后，中国人民银行等十部门联合印发《关于促进互联网金融健康发展的指导意见》，为互联网金融不同领域的业务指明了发展方向，同时也预示着互联网金融公司或将开启新一轮洗牌。《指导意见》首次明确了互联网金融的概念，并划分各个互联网金融形态的监管职能部门，确立了互联网支付、网络借贷、股权众筹融资、互联网基金销售、互联网保险、互联网信托和互联网消费金融等互联网金融主要业态的监管职责分工，落实了监管责任，明确了业务边界。

表1　　　　　　　　　　　　　　　互联网金融监管分工

互联网金融形态	监管规定及分工
互联网支付	第三方支付机构与其他机构开展合作的，应清晰界定各方的权利义务关系，建立有效的风险隔离机制和客户权益保障机制。互联网支付业务由人民银行负责监管。
网络借贷	个体网络借贷机构要明确信息中介性质，主要为借贷双方的直接借贷提供信息服务，不得提供增信服务，不得非法集资。网络借贷业务由银监会负责监管。
股权众筹融资	股权众筹融资方应为小微企业，应通过股权众筹融资中介机构向投资人如实披露企业的商业模式、经营管理、财务、资金使用等关键信息，不得误导或欺诈投资者。股权众筹融资业务由证监会负责监管。

续表

互联网金融形态	监管规定及分工
互联网基金销售	不得通过违规承诺收益方式吸引客户；不得与基金产品收益混同。第三方支付机构的客户备付金只能用于办理客户委托的支付业务，不得用于垫付基金和其他理财产品的资金赎回。互联网基金销售业务由证监会负责监管。
互联网保险	保险公司通过互联网销售保险产品，不得进行不实陈述、片面或夸大宣传过往业绩、违规承诺收益或者承担损失等误导性描述。互联网保险业务由保监会负责监管。
互联网信托和互联网消费金融	审慎甄别客户身份和评估客户风险承受能力，不能将产品销售给与风险承受能力不相匹配的客户。互联网信托业务、互联网消费金融业务由银监会负责监管。
互联网支付	第三方支付机构与其他机构开展合作的，应清晰界定各方的权利义务关系，建立有效的风险隔离机制和客户权益保障机制。互联网支付业务由人民银行负责监管。

2015 年 11 月，在"十三五"规划中互联网金融首次被纳入中央五年规划，指出要规范发展互联网金融，加快金融体制改革，提高金融服务实体经济效率。之后国务院印发《关于积极发挥新消费引领作用加快培育形成新供给新动力的指导意见》，提出全面改善优化消费环境，支持发展消费信贷，鼓励符合条件的市场主体积极筹建消费金融公司，推动消费金融公司试点范围扩充至全国。

2015 年底，由中国人民银行会同银监会、证监会、保监会等国家有关部委组织建立的中国互联网金融协会正式成立。中国互联网金融协会将在人民银行指导下，积极配合监管部门开展工作，推动互联网金融规范发展。互金协会计划在协会内部逐步设置符合互联网金融业务发展特点的专业部门和后台支撑部门，同时搭建互联网金融各领域的专业委员会。

2016 年 3 月，由央行条法司、科技司组织，中国互联网金融协会逾 40 多家成员单位、行业研究机构及部分银行参与制定《互联网金融信息披露规范（初稿）》，针对个体的网络贷款、互联网非公开股权融资及互联网消费金融从业机构的信息披露标准进行了单独要求。由央行、银监会联合印发《关于加大对新消费领域金融支持的指导意见》，要求大力发展消费金融市场，积极构建消费金融组织体系、不断推进消费信贷管理的模式和产品创新。

2016 年 4 月，国务院联合 14 个部委召开电视会议，会议决定将展开为期一年的互联网金融领域专项整治。当天由央行牵头联合各金融监管部门成立了专项整治小组，并且出台了《互联网金融风险专项整治工作实施方案》，要求有关部门配合开展互联网金融领域专项整治，推动对民间融资借贷活动的规范和监管，最大限度减少对社会稳定的影响。

2016 年 8 月至 10 月，中国人民银行、保监会、证监会和银监会联合其他部门各自印发有关互联网金融监管的方案，其中包括中国银监会公布的《网络借贷信息中介机构业务活动管理暂行办法》，意味着在中国发展近十年的网贷行业迎来全面监管时期，监管层对互联网金融的监管进入新的时期。

3. 2017 年：互联网金融监管新起点

2017 年国家对金融业监管进一步加强，在各个方向都明确要求要防控风险，金融行业普遍面临去杠杆压力。在 2 月 23 日，银监会发布《网络借贷资金存管业务指引》，标志着平台投资人资金流向透明化、明确化将会得到重大的提高。

2017 年 4 月，互金整治工作领导小组办公室下发《关于开展"现金贷"业务活动清理整顿工作的通知》及补充说明，对现金贷业务进行规范清理。

2017 年 5 月，中国人民银行成立金融科技委员会，旨在加强金融科技工作的研究规划和统筹协调，做好金融科技发展战略规划与政策指引，建立健全适合我国国情的金融科技创新管理机制，强化监管科技应用实践，提升跨行业、跨市场交叉性金融风险的识别、防范与化解能力。

2017 年 7 月，在全国金融工作会议上，提出要以强化金融监管为重点，以防范系统性金融风险为底线，加快相关法律法规建设，完善金融机构法人治理结构，加强宏观审慎管理制度建设，加强功能监管，更加重视行为监管。要坚决整治严重干扰金融市场秩序的行为，严格规范金融市场交易行为，规范金融综合经营和产融结合，加强互联网金融监管，强化金融机构防范风险主体责任。

2017 年 9 月，中国人民银行、中央网信办、工信部、工商总局、银监会、证监会和保监会等部委联合发布《关于防范代币发行融资风险的公告》，指出代币发行融资本质上是一种未经批准非法公开融资的行为，涉嫌非法发售代币票券、非法发行证券以及非法集资、金融诈骗、传销等违法犯罪活动。《公告》要求，各类代币发行融资活动应当立即停止。

2017年11月，中国人民银行起草了《关于规范金融机构资产管理业务的指导意见（征求意见稿）》，对规范金融机构资产管理业务，统一同类资管产品监管标准，有效防控金融风险，提出了监管意见。

二、互联网金融风险"1+N"专项整治

过去两年里，互联网金融在快速发展的同时也出现了大量风险事件，以"e租宝""快鹿""泛亚"等事件为代表的欺骗投资者行为时有发生，成为"野蛮生长"的重灾区。这一切让规范互联网金融创新、保护消费者利益迫在眉睫。为此，2016年4月，国务院组织14个部委召开电视会议，在全国范围内启动为期一年的互联网金融专项整治，17个部委首次强强联手实施"1+N"整治方案，重点治理互联网金融领域的主要风险隐患。

1. 项实施方案

2016年10月，国务院办公厅印发《关于互联网金融风险专项整治工作实施方案的通知》（以下简称《专项方案》），将对从事金融信息或金融服务的互联网金融平台从市场准入、防范风险、规范市场秩序、投资者适当性管理等方面提出明确要求，在一定程度上体现了监管规则的公平性，并为互联网金融企业发展进一步创造了公平公正的市场环境，明确业务边界，指明规范发展方向。这次整治的特点表现为：

一是"穿透式"监管。在多种新技术、新理念的构筑下，当前互联网金融以及传统金融呈现的最新状态即"混业"，原有金融框架下不可能发生关系的金融机构产生了合作的可能，而这些合作在创造更多行业机会、打造更多金融创新业务的同时，也造成了"风险混业"，让原本仅在某领域内部自循环的风险向更多外领域蔓延。《专项方案》联合17个部委，一方面运用"穿透式"监管方法，根据业务实质执行相应的行为规则和监管要求。另一方面是加强部门协作、加强金融管理部门和地方政府的协调配合，建立数据交换和业务实质认定机制，共同落实整治

责任。

二是多领域重点防控。《专项方案》对互联网金融多个子领域提出了具体的风险整治边界，并针对这些边界行为提出了防控风险的禁止性行为。从这些领域的分布可以逆向推导出，在互联网金融高速发展的几年中，风险暴露较为集中的领域包含 P2P 网络借贷、股权众筹、互联网保险及第三方支付等，并对这些高风险领域进行进行细化整治。

三是首次 17 部委联合出动。在顶层设计的引导下，经国务院批准，人民银行、中央宣传部、中央网信办、中央维稳办、国家发展改革委、工业和信息化部、公安部、财政部、住房和城乡建设部、工商总局、国务院法制办、银监会、证监会、保监会、国家信访局、最高人民法院和最高人民检察院 17 个部门将联合开展此次的互联网金融风险专项整治。落实各省级政府为第一责任人，在排查过程中按照注册地对从业机构进行归口管理，同时实施条块结合的整治方式，实现多部门协同监管、整治。

专项整治的目标，短期是规范各类互联网金融业态，优化市场竞争环境，扭转部分业态偏离正确创新方向的局面，维护广大金融消费者的切身利益，保护投资者合法权益，维护金融市场秩序，守住不发生系统性区域性金融风险的底线。从长远看，实现规范与发展并举、创新与防范风险并重，促进我国互联网金融规范有序健康发展，切实发挥互联网金融支持双创的积极作用。

专项整治分为 4 个阶段：第一阶段 2016 年 7 月底前完成摸底排查；第二阶段、第三阶段 2016 年 11 月底前完成清理整顿、督查和评估；第四阶段 2017 年 1 月底前完成验收和区域报告，总体报告上报国务院 2017 年 3 月底前完成。根据整治工作中发展的新问题，2017 年 1 月相关部门决定将互联网金融专项整治工作延期至 2018 年 6 月。

2. N 项专治方案

在国务院办公厅《关于互联网金融风险专项整治工作实施方案的通知》的统领下，相关监管机构针对互联网金融风险重点领域陆续出台了 N 项专项实施方案，形成了"1＋N"的互联网金融专项整治。

（1）网络借贷

10 月 13 日，银监会联合、工业和信息化部、公安部、国家互联网信息办公室等十五部委联合发布《P2P网络借贷风险专项整治工作实施方案》。按照任务要明、措施要实、责任要清、效果要好的要求，坚持重点整治与源头治理相结合、防范风险与创新发展相结合、清理整顿与依法打击相结合，妥善处置风险事件，遏制网贷领域风险事件高发势头，维护经济金融秩序和社会稳定。

专项整顿工作的主要内容包括：一是网贷机构基本情况核查；二是网贷机构各类产品及业务运营情况，包括产品期限、综合收益率、逾期率等；三是网贷机构存在的主要问题，包括但不限于机构是否存在设立资金池、自融、向出借人提供担保或者承诺保本保息、大规模线下营销、误导性宣传、虚构借款人及标的、违规债权转让、参与高风险证券市场融资或利用类HOMS等系统从事股票市场场外配资行为等。重点是整治和取缔互联网企业在线上线下违规或超范围开展网贷业务，以网贷名义开展非法集资等违法违规活动。强调信息中介职能以及个人对个人借贷，即网络借贷是指个体和个体之间通过互联网平台实现的直接借贷。

（2）股权众筹

由证监会等部门联合印发的《股权众筹风险专项整治工作实施方案》，旨在规范互联网股权融资行为，惩治通过互联网从事非法发行证券、非法集资等非法金融活动，切实保护投资者合法权益。建立和完善长效机制，实现规范与发展并举、创新与防范风险并重，为股权众筹融资试点创造良好环境，切实发挥互联网股权融资支持大众创业、万众创新的积极作用。

《实施方案》按照"高度重视，加强协作；周密部署，全面排查；突出重点，集中整治；积极稳妥，讲究策略；近远结合，注重实效"的工作原则，将互联网股权融资活动纳入整治范围，重点整治互联网股权融资平台以"股权众筹"等名义从事股权融资业务，以"股权众筹"名义募集私募股权投资基金，平台上的融资者擅自公开或者变相公开发行股票，平台通过虚构或夸大平台实力、融资项目信息和回报等方法进行虚假宣传，平台上的融资者欺诈发行股票等金融产品，平台及其工作人员挪用或占用投资者资金，平台和房地产开发企业、房地产中介机构以"股权众筹"名义从事非法集资活动，证券公司、基金公司和期货公司等持牌金融机构与互联网企业合作违法违规开展业务 8 类问题。按照分类处置的工作要求，对于整治中发现的问题分类进行规范和查处。在查处违法违规行为过程中，视违法情节、整改情况、危害后果等区别处理。

（3）互联网保险

2016 年 4 月，中国保监会联合 14 个部门印发《互联网保险风险专项整治工作实施方案》，对互联网保险风险专项整治工作进行了全面部署，专项整治将围绕规范经营模式，优化市场环境，完善监管规则，实现创新与防范风险并重，促进互联网保险健康可持续发展的目标，坚持突出重点、积极稳妥，分类施策、标本兼治，明确责任、加强协作的原则。

整治重点包括以下三个方面，一是互联网高现金价值业务，重点查处和纠正保险公司通过互联网销售保险产品，进行不实描述、片面或夸大宣传过往业绩、违规承诺收益或者承担损失等误导性描述。二是保险机构依托互联网跨界开展业务，重点查处和纠正保险公司与不具备经营资质的第三方网络平台合作开展互联网保险业务的行为；保险公司与存在提供增信服务、设立资金池、非法集资等行为的互联网信贷平台合作，引发风险向保险领域传递；保险公司在经营互联网信贷平台融资性保证保险业务过程中，存在风控手段不完善、内控管理不到位等情况。三是非法经营互联网保险业务，重点查处非持牌机构违规开展互联网保险业务，互联网企业未取得业务资质依托互联网以互助等名义变相开展保险业务等问题；不法机构和不法人员通过互联网利用保险公司名义或假借保险公司信用进行非法集资等。

在专项整治工作中，中国保监会负责总体部署和重大事项的协调处理；在省级人民政府统一领导下，省金融办（局）与保监会省级派出机构共同牵头负责本地区分领域整治工作。同时，以专项整治为契机，从完善制度、深化改革、加强监督入手，引导保险机构加强风险管控，推进长效机制建设，切实发挥互联网保险在促进普惠金融发展、服务经济社会方面的独特优势。

（4）互联网金融广告

为防范、打击金融违法行为，切实维护市场经济秩序，根据党中央、国务院决策部署，2016年4月，工商总局、中央宣传部、中央维稳办等17个部门联合印发了《开展互联网金融广告及以投资理财名义从事金融活动风险专项整治工作实施方案》，在全国范围内部署开展专项整治工作，对互联网金融广告和以投资理财名义从事金融活动行为进行集中清理整治。

按照"谁审批、谁监管，谁主管、谁监管"的要求，规范互联网金融广告及以投资理财名义从事金融活动的行为，防范化解潜在风险隐患。以专项整治为契机，推动长效机制建设，努力实现规范与发展并重、创新和风险防范并举，为互联网金融健康发展创造良好的市场环境。清理整治互联网金融广告。

重点清理虚假违法广告行为，金融管理部门会同有关部门抓紧制定金融广告发布的市场准入清单，明确发布广告的金融及类金融机构是否具有合法合规的金融业务资格、可以从事何种具体金融业务等。对大型门户类网站、搜索引擎类网站、财经金融类网站及互联网金融自设网站发布的广告进行重点整治。明令禁止互联网金融广告中的九个方面不实内容宣传。

（5）第三方支付

由中国人民银行牵头印发的《非银行支付机构风险专项整治工作实施方案》，按照安全与效率兼顾、鼓励创新与规范发展相结合、监管与服务并重、监管标准一致性的原则，规范非银行支付机构经营模式，清理整治无证机构，遏制市场乱象，优化市场环境。促进支付机构坚持服务电子商务发展和为社会提供小额、快捷、便民小微支付服务的宗旨，坚持支付中介的性质和职能。

专项整治工作的重点内容，一方面是开展支付机构客户备付金风险和跨机构清算业务整治，包括加大对客户备付金问题的专项整治和整改监督力度，建立支付机构客户备付金集中存管制度，逐步取消对支付机构客户备付金的利息支出，规范支付机构开展跨行清算行为，按照总量控制、结构优化、提高质量、有序发展的原则，严格把握支付机构市场准入和监管工作。另一方面是开展无证经营支付业务整治，排查梳理无证机构名单及相关信息，并根据其业务规模、社会危害程度、违法违规性质和情节轻重分类施策，整治一批典型无证机构，发挥震慑作用，维护市场秩序。

第三方支付牌照只减不增，续展从严，存量消化。自 2011 年到 2015 年央行一共发放 271 张第三方支付牌照，2016 年没有再新发牌照，与此同时，2016 年 4 月央行下发文件对支付机构分级分类监管，8 月给首批支付牌照续展时称"一段时期内原则上不再批设新机构，重点做好对现有机构的规范引导和风险化解工作"，标志着第三方支付牌照进入存量时代。截至 2017 年 6 月底，市面上正常运营的第三方支付机构还剩 247 家，中 112 家仅支持预付卡发行与受理一项业务，且绝大多数还受到地域限制；支持全国范围银行卡收单的仅剩 37 张，支持移动支付的仅有 48 家，而同时具备开展互联网支付、移动支付和银行卡收单三项业务的仅有 26 家。被注销的 24 家包括 10 家被合并，10 家未能续展，3 家违规被注销，1 家主动注销。

（6）资产管理

2016 年 10 月，由中国人民银行牵头印发的《通过互联网开展资产管理及跨界从事金融业务风险专项整治工作实施方案》，按照业务定性要准、整治责任要清、整治措施要实的要求，坚持防治结合，通过督促整改一批、取缔关停一批等整治措施，鼓励和保护有益的创新，形成正向激励机制，正本清源。同时建立健全行业奖惩机制、举报机制、信息披露和投资人保护机制，实现规范与创新并重，促进行业良性发展。重点整治的内容：

一是具有资产管理相关业务资质，但开展业务不规范的各类互联网企业。重点查处以下问题：①将线下私募发行的金融产品通过线上向非特定公众销售，或者向特定对象销售但突破法定人数限制。②通过多类资产管理产品嵌套开展资产管理业务，规避监管要求。③未严格执行投资者适当性标准，向不具有风险识别能力的投资者推介产品，或未充分采取技术手段识别客户身份。④开展虚假宣传和误导式宣传，未揭示投资风险或揭示不充分。⑤未采取资金托管等方式保障投资者资金安全，侵占、挪用投资者资金。

二是跨界开展资产管理等金融业务的各类互联网企业。重点查处以下问题：①持牌金融机构委托无代销业务资质的互联网企业代销金融产品。②未取得资产管理业务资质，通过互联网企业开办资产管理业务。

③未取得相关金融业务资质，跨界互联网金融活动（不含 P2P 网络借贷、股权众筹、互联网保险、第三方支付、资产管理业务）。

三是具有多项金融业务资质，综合经营特征明显的互联网企业。重点查处各业务板块之间未建立防火墙制度，未遵循禁止关联交易和利益输送等方面的监管规定，账户管理混乱，客户资金保障措施不到位等问题。

三、新业态金融专项监管政策梳理

经过互联网金融的专项整治，监管部门对新型金融业态的监管基本达成了共识，从完善制度、深化改革、加强监督入手，推进长效机制建设，切实发挥互联网金融在促进普惠金融发展、服务经济社会方面的独特优势。相关的金融监管制度不断完善，监管套利空间不断收缩，为建立智慧金融监管生态体系提供了理论基础和实践经验。

1. 互联网借贷

2015 年以来，监管部门针对规范 P2P 行业出台了密集的监管政策，以"一个办法三个指引"组成的"1 + 3"网络借贷法规体系已经基本完备。

（1）一个办法：《网络借贷信息中介机构业务活动管理暂行办法》

2016 年 8 月，银监会印发《网络借贷信息中介机构业务活动管理暂行办法》，肯定了网贷业务的合法地位，确定了网贷业务的基本规范，标志着在中国发展近十年的网贷行业迎来监管时期。暂行办法确定了网贷行业监管总体原则：一是强调网贷机构本质上是信息中介机构，不是信用中介机构。二是坚持底线监管思维，实行负面清单管理。通过负面清单界定网贷业务的边界，明确网贷机构不能从事的十三项禁止性行为，对符合法律法规的网贷业务和创新活动，给予支持和保护；对以网贷名义进行非法集资等非法金融活动，坚决予以打击和取缔；加强信息披露，完善风险监测，守住不发生区域性系统性风险的底线。三是创新行业监管方式，实行分工协同监管。网贷具有跨区域、跨领域的特征，传统的监管模式无法适应网贷行业的监管需求，因此由银监会及其派出机构制定统一的业务规则和监管规则，督促和指导地方人民政府金融监管工作，由省级人民政府对机构实施监管，承担相应的风险处置责任。

网贷业务的主要管理措施，一是对业务经营活动实行负面清单管理，采用以负面清单为主的管理模式，明确了包括不得吸收公众存款、不得设立资金池、不得提供担保或承诺保本保息、不得发售金融理财产品、不得开展类资产证券化等形式的债权转让等十三项禁止性行为。二是对客户资金实行第三方存管，防范网贷机构设立资金池和欺诈、侵占、挪用客户资金。三是限制借款集中度风险，规定网贷具体金额应当以小额为主。四是建立网贷平台信息披露制度，加强对网贷机构的信息披露要求，完善行业事中事后监管与防范行业风险。

（2）三个指引：《网络借贷信息中介机构备案登记管理指引》《借贷资金存管业务指引》和《网络借贷信息中介机构业务活动信息披露指引》

2016 年 11 月，银监会发布《网络借贷信息中介机构备案登记管理指引》（以下简称《备案指引》），是对《暂行办法》备案相关规则的具体规定。《备案指引》对已设立并发展经营的平台，按照分类处置结果，对合规类机构的备案登记申请予以受理，对整改类机构，在其完成整改并经有关部门认定后受理其备案登记申请。申请前还应当先到工商登记部门修改经营范围，明确网络借贷信息中介等内容。对新设立平台，应在完成工商登记注册、领取企业法人营业执照后，向工商登记注册地地方金融监管部门申请备案登记。这些规定充分体现了国家金融监管的进步，考量被监管对象的具体情况，给予适当监管，减少监管成本，也放松对积极合规者的管制程度，有利于引导监管对象主动合规、积极合规，实现了监管成本下降和监管效率上升的双赢。

2017 年 2 月，银监会发布《网络借贷资金存管业务指引》，充分吸收和采纳了国家有关部委、地方金融监管部门、银行业金融机构、网贷机构和有关自律组织的意见。明确了网贷资金存管业务应遵循的基本规则和实施标准，鼓励网贷机构与商业银行按照平等自愿、互利互惠的市场化原则开展业务。规定了网络借贷信息中介机构作为委托人、商业银行作为存管人的资质和职责要求，对具体的存管业务、存管业务的监督机制也做了比较全面的规范。《网络借贷资金存管业务指引》是继《暂行办法》和《备案指引》发布后，又一项对行业有重大意义的明文规定，标志着平台投资人资金流向透明化、明确化将会得到重大的提高。

2017 年 08 月，银监会发布《网络借贷信息中介机构业务活动信息披露指引》，规定网贷机构备案信息主要是指网贷机构已经备案登记的相关信息，包括备案登记地方金融监管部门、备案登记时间、备案登记编号等。规定网贷机构应该披露的审核信息包括财务审计报告、重点环节、审计结果、合规报告三部分。

"1+3"网络借贷法规的建立，标志着我国网络借贷法规体系已经基本完备，中国互联网金融行业进入一个真正有法可依的时代，初步形成银监会和地方金融办的类双峰监管体系，是具有中国特色的互联网金融监管体系的重要内容。网络借贷的监管举措对于行业的直接影响是经营机构的清洗和淘汰。根据网贷之家数据，截至 2017 年 10 月，正常运营的网贷平台还有 1 975 个，相当于 2015 年 11 月最高峰 3 476 的56.8%，若算上已经退出的近 4 000 个问题平台，则当前还能正常运营的仅占累计总平台数的1/3。

2. 电子支付

随着支付行业的快速发展，行业监管体系也在不断完善。2015 年支付行业综合监管、分层监管的主旋律基本定调，非银行支付机构监管制度框架不断完善，多层次、全领域的支付清算行业监管体系基本形成。2016 年，人民银行不但明确了一段时期内原则上不再批设新支付机构，更是对违规支付机构严惩不贷。2017 年，互联网金融整治持续，备付金管理集中存管通知、网联上线都意味着监管持续趋严，支付行业将进一步规范经营。

2015 年 12 月，中国人民银行发布《非银行支付机构网络支付业务管理办法》，明确支付机构网络支付业务的监管标准和规则，规范非银行支付机构网络支付业务，建立支付账户分类监管机制，对实名制审核、业务和风险管理、网络和信息安全、客户权益保护等作出系统性制度安排，有利于进一步规范我国支付服务市场秩序，平衡支付安全与效率，促进支付服务创新和互联网金融健康发展。《办法》确立了坚持支付账户实名制、平衡支付业务安全与效率、保护消费者权益和推动支付创新的监管思路。

2016 年 7 月，《非银行支付机构网络支付业务管理办法》开始实施，个人支付账户分类管理机制正式确立。根据开户申请人身份信息核验方式和风险等级，个人支付账户分为功能依次递增的Ⅰ类、Ⅱ类、Ⅲ类账户。中国人民银行组织全面开展个人支付账户实名比例核查，督促支付机构切实履行客户身份核实义务，保障支付账户实名制落实。2016 年11 月，央行下发《关于落实个人银行账户分类管理制度的通知》，从 12月 1 日起，个人账户将分为Ⅰ类、Ⅱ类、Ⅲ类账户，个人在银行开立账户，每人在同一家银行只能开立一个Ⅰ类户。

2017 年 1 月，人民银行印发《非银行支付机构客户备付金集中存管的通知》，针对第三方支付机构挪用客户备付金、进行高风险投资以及变相行使央行清算职能、走偏试图吃利差等行为，明确支付机构应将客户备付金按照一定比例交存至指定机构专用存款账户，该账户资金暂不计付利息。目前支付机构开展的支付业务类型共分三种，即预付卡发行与受理、网络支付、银行卡收单。支付机构客户备付金的交存比例根据支付机构的业务类型和分类评级结果综合确定。一方面，根据支付机构开展的业务类型，对客户备付金利息收入的依赖程度越高，交存比例越高，以抑制支付机构扩张客户备付金规模的冲动；另一方面，人民银行每年对支付机构开展分类评级工作，综合反映支付机构的合规经营和风险控制等情况，支付机构的合规和风控能力及管理能力越差，评级结果越低，适用的交存比例越高。

在严监管的背景下，对第三方支付行业最重要的监管措施则是网联平台的成立。网联平台全称为"非银行支付机构网络支付清算平台"，是在央行指导下，中国支付清算协会组织支付机构，按照"共建、共有、共享"原则共同发起筹建的。在央行的定位中，网联平台旨在为支付机构提供统一、公共的资金清算服务，纠正支付机构违规从事跨行清算业务，改变目前支付机构与银行多头连接开展业务的情况。按照央行的要求，自 2018 年 6 月 30 日起，支付机构受理的涉及银行账户的网络支付业务全部通过网联平台处理。这意味着第三方支付机构不能直接和银行联网进行网络支付业务，相关的支付结算服务将全部纳入央行监管体系。

3. 消费信贷

（1）消费金融的规范发展

我国消费金融正处于高速发展阶段，参与主体逐渐增多。商业银行借助专营机构与特色网点、网上银行、移动服务、信用卡等多渠道的服务手段，加大对新消费信贷领域的支持；持牌消费金融公司、京东金融、蚂蚁金服等创新互联网公司以及 P2P 网贷平台、小贷公司等主体也积极参与其中。截至 2017 年 9 月，获得银监会批复的消费金融公司共有 25 家。

在消费金融的规范与监管政策上，早在 2009 年银监会颁布《消费金融公司试点管理办法》以及 2010 年首批消费金融公司获批以来，政策层面对消费金融的发展一直持鼓励和支持的态度，国内消费信贷规模也快速增长，银行、互联网公司以及持牌消费金融公司等主体纷纷入场。2013 年银监会修订《消费金融公司试点管理办法》，新增武汉、泉州等 10 个城市参与试点。2014 年修订后的《消费金融公司试点管理办法》促进消费金融公司股权的多元化。2015 年《非银行金融机构行政许可事项实施办法》修订试点范围扩大至全国，审批下放省级。2016 年央行及银监会联合印发《关于加大对新消费领域金融支持的指导意见》，提出在全国开展试点，鼓励金融机构创新消费信贷等一系列金融支持新消费领域的细化政策措施。

在消费金融呈现快速发展的过程中，也存在一些问题。消费金融借助互联网渠道和模式，服务人群不断扩大，包括农民工等流动人口以及大学生等中低端无卡人群成为目标受众。但我国个人征信体系建设不完善，消费金融风控建设尚处于起步阶段，贷款规模的扩张，服务人群的下沉进一步加剧消费金融平台所面临的坏账风险。

（2）现金贷的清理整顿

在整个金融监管趋严的大背景下，2017 年 4 月银监会发布《关于银行业风险防控工作的指导意见》，针对现金贷高利率和催收等环节存在问题提出整改意见。6 月，银监会、教育局等发布《关于进一步加强校园贷规范管理工作的通知》，要求一律暂停网贷机构开展在校大学生网贷业务。10 月中国互联网金融协会下发互联网消费金融信息披露标准，催收管理被列入强制性披露内容。11 月，互金整治办叫停新增网络小贷公司批设，剑指"现金贷"。12 月 1 日，互金整治办印发《关于规范整顿"现金贷"业务的通知》，对现金贷进行全面清理整顿。

现金贷是小额现金贷款业务的简称，一般指额度不超过 3 000 元的线上现金借贷方式，其特点是无场景依托、无指定用途、无客户群体限定、无抵押。现金贷在满足部分群体正常消费信贷需求方面发挥了一定作用，但过度借贷、重复授信、不当催收、畸高利率、侵犯个人隐私等问题十分突出，存在着较大的金融风险和社会风险隐患。在现金贷业务上，银行系为主导的消费金融公司信用成本相对较低，但是一些较为激进的互联网金融平台在现金贷业务上风控逻辑不是控制坏账，而是使用高利率覆盖坏账和获客成本，带来极大的行业隐患和不良社会影响。

《关于规范整顿"现金贷"业务的通知》中，对现金贷的监管实行区别对待原则：网络小贷公司暂停发放无场景、无用途的现金贷，P2P平台不能撮合现金贷，未来一段时间只有银行业金融机构可以直接从事现金贷业务。同时从资金源头上控制现金贷流量，网络小贷不得对接互联网平台、P2P和地方交易所，ABS融资必须纳入表内计算。银行不能投资现金贷为基础资产的ABS产品。通知提出当前中国的征信环境还不够成熟，要谨慎使用"数据驱动"的风控模型，不得以"大数据"为名窃取、滥用客户隐私信息。

4. 股权众筹

2014年底，中国证券业协会发布了《私募股权众筹融资管理办法（试行）（征求意见稿）》，这是第一次从官方角度发布的最详细的股权众筹监管法规，而在当时股权众筹还没有明确由哪个部门监管。这份意见稿明确股权众筹平台为通过互联网平台（互联网网站或其他类似电子媒介）为股权众筹投融资双方提供信息发布、需求对接、协助资金划转等相关服务的中介机构。

2015年《关于促进互联网金融健康发展的指导意见》中，涉及股权众筹的主要内容，一是明确股权众筹定义，主要是指通过互联网形式进行公开小额股权融资的活动。股权众筹融资必须通过股权众筹融资中介机构平台（互联网网站或其他类似的电子媒介）进行。股权众筹融资中介机构是信息中介平台，不能兜底，不能刚性兑付。二是明确了股权众筹的监管部门，正式划归证监会监管。这些规定成为以后股权众筹监管的总纲。

2015年8月，证监会发布《关于对通过互联网开展股权融资活动的机构进行专项检查的通知》，规定"股权众筹"特指"公募股权众筹"，而现有"私募股权众筹"将用"私募股权融资"代替，并规定单个项目可参与的投资者上限为200人。同期，中证协发布《关于调整场外证券业务备案管理办法》，将"私募股权众筹"修改为"互联网非公开股权融资"。这意味着，股权众筹正式将"互联网非公开股权融资"排除在外。目前大多数平台的模式都将归为私募股权融资，而并非是真正的股权众筹。

2016年，在十部委联合发布《关于促进互联网金融健康发展的指导意见》，确立了互联网金融主要业态的监管职责分工后，股权众筹行业率先迎来了监管。8月，证监会表示已致函各地方政府，将规范通过互联网开展股权融资活动，部署对通过互联网开展股权融资中介活动的机构平台进行专项检查。检查的重点内容包括平台上的融资者是否进行公开宣传，是否向不特定对象发行证券，股东人数是否累计超过200人，是否以股权众筹名义募集私募股权投资基金。该文提出未经国务院证券监督管理机构批准，任何人不得开展股权众筹。

2016年10月，证监会发布《股权众筹风险专项整治工作实施方案》，方案中，重点整治互联网非公开股权融资平台以"股权众筹"等名义从事股权融资业务；平台以"股权众筹"名义募集私募股权投资基金；平台上的融资者未经批准，擅自公开或者变相公开发行股票；平台通过虚构或夸大平台实力、融资项目信息和回报等方法，进行虚假宣传，误导投资者等八种行为。从目前市场上看，取得公募股权众筹试点资格仅有平安、阿里、京东三家，未来股权众筹的发展还有待相关法规的不断完善。

5. 互联网保险

2014年12月保监会发布了《互联网保险业务监管暂行办法（征求意见稿）》，对互联网保险的发展提出了监管办法，规定保险机构应保证互联网保险消费者享有不低于其他业务渠道的投保和理赔等保险服务，保障保险交易信息和消费者信息安全。互联网保险业务的核保、理赔、退保、投诉及客户服务等关键环节应当由保险机构直接负责，不得委托第三方网络平台进行操作和管理。

2015年7月27日，中国保监会印发《互联网保险业务监管暂行办法》，明确互联网保险是指保险机构依托互联网和移动通信等技术，通过自营网络平台、第三方网络平台等订立保险合同、提供保险服务的业务。暂行办法对参与互联网保险业务的经营主体、经营条件、经营区域、信息披露、监督管理等方面，明确了基本的经营规范和监管要求。

适用对象为保险机构和第三方网络平台。保险机构是指保险公司、全国性的保险专业中介机构。第三方网络平台是指除保险机构的自营网络平台外，在互联网保险业务活动中，为保险消费者和保险机构提供网络技术支持辅助服务的网络平台。保险公司或保险集团下属的非保险类子公司或其他子公司、保险资产管理公司、区域性保险专业中介机构、保险兼业代理机构等，都不能经营互联网保险业务。

在对互联网保险产品的监管上，《办法》并未做出特殊规定。尽管互联网保险产品种类繁多，创新产品层出不穷，但与传统保险产品并没有本质上差别。因此，采取与线下产品一致的监管要求，由保险公司根据自身管控水平、信息化水平及产品特点，自主选择符合互联网特性的产品开展经营。

6. 资产管理

中国的资产管理业务呈现出加速发展态势，截至 2016 年末，大资管行业总体规模超过百万亿元。为加强资管业务的监管，一行三会陆续出台了一些规章制度，如银监会《关于进一步加强信托公司风险监管工作的意见》，保监会《关于加强组合类保险资产管理产品业务监管的通知》，证监会《证券期货经营机构私募资产管理业务运作管理暂行规定》等，但长期以来，对资管业务缺乏统一的监管标准，部分业务发展不规范、多层嵌套、刚性兑付、规避金融监管和宏观调控等问题。

2017 年 10 月中国人民银行会同银监会、证监会、保监会、外汇局等部门起草了《关于规范金融机构资产管理业务的指导意见（征求意见稿）》（以下简称《指导意见》）。《指导意见》按照资管产品的类型制定统一的监管标准，对同类资管业务做出一致性规定，实行公平的市场准入和监管，最大程度地消除监管套利空间，为资管业务健康发展创造良好的制度环境。

《指导意见》主要适用于金融机构的资管业务，即银行、信托、证券、基金、期货、保险资管机构等接受投资者委托，对受托的投资者财产进行投资和管理的金融服务，金融机构为委托人利益履行勤勉尽责义务并收取相应的管理费用，委托人自担投资风险并获得收益。资管产品包括银行非保本理财产品，资金信托计划，证券公司、证券公司子公司、基金管理公司、基金管理子公司、期货公司、期货公司子公司和保险资管机构发行的资管产品等。

《指导意见》从两个维度对资管产品进行分类。一是从资金募集方式划分，分为公募产品和私募产品两大类。公募产品面向不特定的社会公众，风险外溢性强，在投资范围、杠杆约束、信息披露等方面监管要求较私募严格，主要投资风险低、流动性强的债权类资产以及上市交易的股票。私募产品面向拥有一定规模金融资产、风险识别和承受能力较强的合格投资者，对其的监管要求松于公募产品，更加尊重市场主体的意思自治，可以投资债权类资产、上市交易（挂牌）的股票、未上市企业股权和受（收）益权。二是从资金投向划分，根据投资资产的不同分为固定收益类产品、权益类产品、商品及金融衍生品类产品、混合类产品四大类。固定收益类、混合类、权益类产品的投资风险依次递增，分级杠杆要求依次趋严，根据所投资资产的不同，各类产品的信息披露重点也有所不同。

《指导意见》规定，资管产品投资非标准化债权类资产，应当遵守金融监督管理部门有关限额管理、风险准备金要求、流动性管理等监管标准。避免资管业务沦为变相的信贷业务，减少影子银行风险，缩短实体经济融资链条，降低实体经济融资成本，提高金融服务的效率和水平。

首先，《指导意见》从根本上抑制多层嵌套和通道业务的动机，要求金融监督管理部门对各类金融机构开展资管业务平等准入、给予公平待遇，不得根据金融机构类型设置市场准入障碍，既不能限制本行业机构的产品投资其他部门监管的金融市场，也不能限制其他行业机构的产品投资本部门监管的金融市场。其次，从严规范产品嵌套和通道业务，明确资管产品可以投资一层资管产品，所投资的资管产品不得再投资其他资管产品（投资公募证券投资基金除外），并要求金融机构不得为其他金融机构的资管产品提供规避投资范围、杠杆约束等监管要求的通道服务。

加强监管协调，强化宏观审慎管理，按照"实质重于形式"原则，实施功能监管和行为监管，是规范资管业务的必要举措。一是人民银行加强宏观审慎管理，建立资管业务的宏观审慎政策框架，从宏观、逆周期、跨市场的角度加强监测、评估和调节。二是金融监督管理部门在资管业务的市场准入和日常监管中，强化根据产品类型进行功能监管，加强对金融机构的行为监管，加大对金融消费者的保护力度。三是按照资管产品的业务实质属性，进行监管穿透，向上穿透识别产品的最终投资者是否为合格投资者，向下穿透识别产品的底层资产是否符合投资要求，建立覆盖全部资管产品的综合统计制度。四是加强监管协调，金融监督管理部门在《指导意见》框架内，研究制定配套细则，配套细则之间要相互衔接，避免产生新的监管套利和不公平竞争。同时，要持续评估资管业务监管标准的有效性，适应经济金融改革发展变化适时调整。

第五节　我国智慧金融监管的模式选择

随着中国经济结构转型发展，传统金融模式迫切需要金融科技的创新，为新一轮产业革命提供新的动能，促进经济增长。在金融科技促进下的金融创新对增强金融业活力、增加普惠金融供给、提升金融消费者福祉发挥着重要作用。但我国现有的金融监管体系在应对智慧金融发展中还存在诸多滞后和不足，监管真空、监管套利、金融脱媒等问题突出。我国智慧金融监管体系，需要强化监管科技的发展与应用，建立和完善以功能监管＋审慎监管为重心的双支柱监管体系。

一、构建智慧金融监管双支柱体系

我国具有金融市场规模较大、金融创新动力强、防控系统性金融风险刻不容缓这三大特征，而智慧金融体系下的混业经营、跨区域跨市场跨平台经营是其主要特征，需要建立微观功能监管与宏观审慎监管为一体的双支柱监管体系。

微观功能监管。一是建立 FinTech 行业监管准则，建立行之有效的多层次监管机制，实现风险监管全覆盖，避免监管空白，确定各类 Fin-

Tech 公司监管主体，明确监管职责权限。二是建立适应金融发展与风险防范并存的长效监管机制。按照实质重于形式的原则，实行"穿透式"监管。把资金来源、中间环节与最终投向穿透联接起来，综合全链条信息判断业务属性和法律关系，执行相应的监管规则。三是积极研究探索分类分级监管。针对经营规模、资本、技术和风控能力不同的机构，在各类业务准入、创新方面采取分类分级监管方式，提高监管效率。

宏观审慎管理。金融机构在采用机器学习和人工智能技术来处理金融大数据和管理风险时，将具有更强的风险识别能力，客观上强化了顺周期行为。依托大数据、人工智能等分析技术，金融机构能够在经济下行时更快地捕捉到经济形势的变化，于是收缩贷款，贷款的收缩又将导致经济加速下滑，坏账风险增加，结果导致了金融机构更审慎的贷款行为，呈现出恶性循环的态势，这就是加入金融科技之后的顺周期行为，因此更需要进行逆周期的调节。另外，一些 FinTech 公司收取客户备付金，可能造成流动性风险。当前已建立支付机构客户备付金集中存管制度，可以将其纳入整个宏观审慎管理框架之中。

二、在部分领域实施监管沙盒治理

金融科技公司很难从法律上对其进行统一界定，政策监管缺失或者盲目地强化监管不利于行业的发展和金融消费者保护。从各国经验来看，一般施行"试点型"政策鼓励金融科技产业发展，如英国、新加坡等国把金融科技创新风险限制在"监管沙盒"内，简化市场准入标准和流程，根据企业在"监管沙盒"内的测试结果再准予推广。监管的创新手段，既保护了金融科技企业的创新热情，又能有效管控创新的风险，促使金融科技公司提供真正有利于提升消费者福祉的产品和服务，是在"严格管制"和"完全放开"两种监管方式中走出来的一条中间道路，是平衡鼓励创新与风险防范双重目标的做法。从促进金融消费者权益保护出发，我国可借鉴此类监管方式，确立金融消费者保护的规则和底线，鼓励适格的金融科技公司进入沙盒，为企业缩短创新周期、节省合规成本提供帮助，通过早期介入化解风险。比如，对数字货币初创企业引入"监管沙盒"，既保护投资者权益又支持金融创新。

三、用科技监管金融科技

监管科技（RegTech）是指使用新技术高效解决合规要求，以减少如法定报告、反洗钱和反欺诈措施等监管合规需求产生的费用。监管科技由监管机构设立科技中心，建立一套监管科技解决方案，通过监管的技术系统直连每个金融机构的后台系统，实时获取监管数据，运用大数据分析、数据可视化等技术手段完成监管的报告、建模与合规等工作。针对金融科技运用监管科技，监管政策有了调整的空间，即可不强制对该公司实行牌照监管，但要求该公司接入监管部门的技术系统，满足实时合规（Real-time compliance）的技术要求，这在实质上创建了监管部门与被监管主体的非现场"联合办公"机制，保证了金融科技"易合规"的基本特征。

四、专设金融科技监管职能

各国通常都有专门的监管机构引导、管理金融科技业的发展。例如，英国金融行为监管局（FCA）、澳大利亚证券和投资委员会（ASIC）是专门负责金融科技管理的机构。目前，中国实行金融分业监管模式，新技术和新资讯快速传播，银行、证券、保险等业态专业化分工的界限不断被打破，金融机构在加速向混业经营模式转变，受制于"分业经营、分业管理"的体制，监管要实现产品的全面覆盖，可专设机构实施功能监管，及时发现商业模式或产品中创新中的潜在问题，实现协调联动。

五、强化行业自律标准化体系

科技金融还处于高速发展阶段，从风险识别到风险控制再到制度建设还存在时间差，以外部的监管促进行业的健康发展无法实现帕累托最优。从国外经验来看，"行业自律先行、监管随后跟进"的监管方式，有利于充分发挥行业协会的自律作用，在规范行业行为、促进保障公平竞争等方面起到积极作用，为监管的立法提供重要的参考。我国互联网金融协会的成立，加快建立健全行业自律机制，规范从业机构市场行为，营造良性竞合的行业氛围上发挥了积极作用。同时，各省互金协会也陆续成立，为金融监管的行业标准、业务规范提供了先行准备。

六、加强跨国监管合作

金融科技的全球化步伐加快，需要全球统一标准化的监管措施以及国际间的监管合作，来促进 FinTech 国际业务的健康快速发展。目前，我国金融科技的发展已经进入国际领先水平，主动加强跨国间的监管合作，有利于监管经验的相互学习和借鉴，促进我国 FinTech 适应他国的监管政策，为推进我国金融业的国际化发展提供监管支持。加强跨国监管的合作，有利于争取智慧金融全球监管规则与行业标准制定的主动权。当前，重视 FinTech 发展的国家（如英国、新加坡等）都主动与他国加强对 FinTech 的监管合作。我国 FinTech 的发展水平已位居世界前列，应该加快跨国间金融监管合作的步伐，逐步掌握全球金融监管规则制定的主动权，以及 FinTech 发展行业标准的制定权，从而进一步推动我国 FinTech 的全球化发展。

参考文献

本书在编写过程中参阅了大量的参考文献与研究报告，汲取了国内外众多研究机构对智慧金融、数字金融、金融科技等领域的研究成果，编者向开展这一研究的机构和学者致以诚挚谢意和致敬。除正文中对引用内容加以标注外，还参考和引用了以下报告和文献的部分观点：

［1］2016 传统券商移动证券应用，TalkingData 移动数据研究中心，2016 年 6 月。

［2］2016 年互联网保险消费行为分析，第一财经商业数据中心，蚂蚁金服。

［3］做有温度的保险——金融科技渲染金融生活蓝图，众安保险，艾瑞咨询，2016 年 7 月。

［4］2016 年中国证券业调查报告，毕马威，2016 年 9 月。

［5］2017 年 Q1 中国手机银行市场研究报告，艾媒咨询集团，2017 年 4 月。

［6］中国保险科技发展白皮书（2017），复旦大学中国保险科技实验室，2017 年 5 月。

［7］中国保险市场互联网化专题研究报告 2015，易观智库，2015 年 7 月。

［8］中国手机银行市场年度报告 2016，易观智库，2016 年 6 月。

［9］中国第三方支付行业专题分析 2017，易观智库，2017 年 7 月。

［10］中国人工智能理财市场专题分析 2017，易观智库，2017 年 7 月。

［11］2016 中国电子银行调查报告，CFCA，2016 年。

［12］大数据与分析解决方案集——智慧的银行业，IBM，2016 年。

［13］2017 年中国互联网证券年度报告，券业星球，2017 年。

［14］中国智能投顾市场发展趋势研究报告，慧辰资讯，2017 年。

［15］2016 年中国财富管理行业研究报告，投中研究院，2017 年1 月。

［16］不再野蛮——中国互联网金融发展报告（2016），艾瑞咨询，2016. 07。

［17］中国 P2P 网贷年度报告（2016），零壹财经，2017 年1 月。

［18］中国银行业理财市场年度报告（2016 年），银行业理财登记托管中心，2017 年5 月。

［19］中国征信行业专题研究报告 2016，易观智库，2016 年3 月。